신라경영사연구

이 강식 지음

경영학자, 교수·명예교수(전), 경영학박사

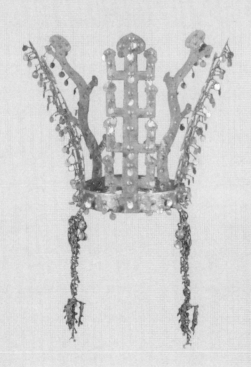

FOUNDED 1998 ©1998 이강식

선도신모 대왕님 그리고 박혁거세거서간 황제님과
알영황후님 2聖님께 이 책을 바칩니다

표절경고　　　　　　**표절경고**

　나의 모든 논문, 저서, 학문의 독창적이고 독자적인 새로운 학설의 어떠한 부분도 표절, 우라까이, 베끼기, 무단전재, 무출처인용, 비양심적행위 등등을 하는 자 및 부당이득을 편취하는 자는 끝까지 추적하여 언제든지 모든 학문학술연구책임, 신의성실도의책임 등을 무관용으로 지게하며, 또 표절을 인용 또는 표절하는 자, 동시에 이러한 행위를 하는 자들을 감싸고, 옹호, 비호, 은폐, 사주, 2~3차 등 가해하는 자 등등 역시 동일한 책임을 지게 함을 엄중히 경고한다. 특히 내 학설에 영향을 받고도 이를 밝히지 않고 다른 견해를 말하는 것도 표절과 같이 엄중히 책임지게 함을 엄중히 경고한다. 이들 표절꾼과 이를 비호하는 자 등 모든 사문난적 전원은 진리와 학문질서를 훼손하는 자로써 천벌을 받아 당사자뿐만 아니라 자손대대로 무간지옥에 빠져 반드시 지옥의 영벌의 불길 속에서 이를 갈며 후회한다!

　그리고 내가 매우 어렵게 쓰고 뜻깊고 소중히 생각하며 비싼 비용과 장구한 시간을 들여 애써 쓴 "김유신 장군의 본가가 현재의 포항시 기계면 현내리라는 변증"(Ⅲ-16-21) 논문(2010)을 전적으로 표절하여, 김유신 장군님과는 아무 상관도 없고, 역사와는 아무 관계도 없으면서 갑자기 포항시에서 돈을 타서 『기계·기북향토지』를 발간 (위원장, 위원, 2023. 12. 5)하고, 출판기념회(2023. 12. 8)를 하고, 포항시 정책단에서 아이디어를 표절발표(발표자, 조력자, 2023. 12. 28)하여 노력상을 수상하였는데, 이 모든 조상모독자와 배은망덕자와 학문기망자와 부당이득편취자와 이를 비호하고 2~3차 등 가해하는 자, 또 이를 홍보, 선동선전하는 자들은 역시 당사자들 뿐만 아니라 자손대대로 무간지옥에 빠져 영벌의 불길 속에서 이를 갈며 후회한다!

표절경고　　　　　　**표절경고**

고지　　　　　　**고지**

　이 저서와 논문을 저술함에 있어 통상적인 논문집필발표게재 과정을 거쳤으며 누구로부터도 부당한 권유, 강요 유인 등등을 받지 않았고, 더불어 합당하게 지급되는 원고료, 연구비 등 외에 어떠한 명목으로든지 금품을, 특히 비공식적으로 수수하지 않았음을 일러두며, 다만 차후에 변동이 있으면 가능한 방법으로 명백히 고지한다.

고지　　　　　　**고지**

천년제국 신라의 광명리세 건국경영사상을
학문적으로 구명하며

1천년제국 신라는 光明理世, 弗矩內, 밝은 누리의 건국경영사상으로 인류역사상 그
<small>광명 리세   불구내</small>
어느 국가보다도 찬란한 문명을 건설하였다. 그 광명리세, 불구내, 밝은 누리 건국경영
사상은 워낙 심대하고 심오하며 호한하여 연구가 쉽지는 않지만 많은 선학이 연구에
연구를 거듭하여 하나하나씩 우리 대한민국 국사와 인류역사의 진리를 밝혀가고 있다.

나는 일찍이 경영학에 입문하여 신라경영사에도 깊이 뜻을 두고 오랜 시간동안 신라
경영사를 첫 걸음부터 연구하여 논문을 써왔다. 이번에 그간 발표게재한 논문을 종합하여
첫 한 권의 책으로 엮어내니 감회가 무척 새롭다.

이 신라경영사를 시작으로 나는 실로 오랫동안 학문과 법칙의 추구로, 과학과 기술의
양면에서, 보편성과 특수성의 양면으로, 이론연구를 겸한 실천연구로, 현장답사연구를
겸한 실무집행연구로, 기초연구를 겸한 응용연구로, 지식과 실행연구로, 경영학연구를
겸한 역사연구로, 문사철연구를 겸한 사회과학연구로, 학제적 연구로, 인문 역사 사상
철학 경영 조직 마케팅 등등을 학제적으로 유기적으로 결합한 학문융복합연구를 발전
시켜왔다.

신라경영사와 신라경영사상사를 굳이 나누기가 어려운 부분은 같이 실었다.

원래 경영사Business history의 학문분야가 이미 경영학에서 훌륭하게 성립되어 있는데
이는 기업경영사로서 영리조직의 역사를 다룬다. 이에 비해 나의 경영사는 영리조직을
포함하여 비영리조직까지 포괄하는 일반경영학의 경영사를 처음으로 창안하였다.

학자는 학문을 창조한다!

이제 계속 노력하면서 더 나아가 이를 종합하고 정교화하고, 학문적으로 과학화하여
현실에서 행동하고 실행하고 구현하도록 "진짜 신라사"를 가일층 구명하여 체계화하
는 일만이 남았다.

"리얼Real 신라사"는 어떤 모습으로 우리 대한민국 국사와 인류사에 나타나서 우리

밝은 누리 모두의 행복에 기여할 것인가?

이 역시 대단히 학자로서 가슴이 뛰는 주제인데 나는 이를 스스로 기쁘게 받아들이고 정진하여왔고 또 계속 정진할 것이다.

어느 논문인들 어렵지 않게 연구하였겠냐만 이번에 다시 정독하며 읽어보니 논문 쓸 당시의 상황이 눈에 선하고 논문 모두가 현재에도 함의와 시사성이 매우 높다는 것을 새삼 느낀다.

특히 나는 신라경영학으로 문화마케팅학분야를 개척하였는데 그때의 상황이 어제 일처럼 눈에 선하게 떠오른다. 지금부터 만 27년전, 1997년 내가 사는 동네의 당시 동천동 동사무소 2층에 서류를 떼러 방문하였다. 그런데 그때 동천신문이 책상위에 있었고, 그때 제호가 "동천타임스"라고 지금 기억이 나는데, 이 동네신문이 우연히 눈에 띄어 끌어다 보니 경주의 사적지의 입장료 수입이 거의 다 엄청나게 적자라는 것이었다. 그래서 내가 오랜 국제관광도시인 경주의 사적지 입장료 수입이 엄청나게 적자라는 뜻밖의 사실에 매우 흥미를 갖고 곧바로 사명감까지 갖고 지역밀착형연구에 뜻을 두고 문화마케팅분야를 내가 처음 수립하여 첫 논문을 쓰게 되었다.

새롭지 않으면 논문이 아니다.

그런데 문화마케팅에는 다르게는 문화상품을 활용한 문화마케팅분야가 있는데 내가 처음 수립한 문화마케팅분야는 그것이 아니고 역사문화유물유적을 대상으로 마케팅하는 분야로서 내가 이 학문분야를 처음 창안하였다. 이 첫 논문이 바로 "통일전의 문화마케팅 전략구축"(1997)(III-1-6)이었다. 지금으로부터 만 27년전의 일이었다. 당시 기사에서 입장료수입이 가장 적자인 유적지를 찾아보니 바로 통일전이어서 이를 첫 연구대상으로 한 것이다.

이 문화마케팅학 분야의 연구논문을 쓰면서 많은 보람도 느꼈고 또 수많은 일화, 비화, 에피소드를 남겼고 발로 뛰는 연구로 현장답사에서 몸으로 부딪치는 연구로 많은 고초와 어려움과 보람도 남달리 있었다. 그런데 사적지 수입이 엄청난 적자라는 것도 발로 뛰는 현장연구를 해보니 실상은 다른 측면이 매우 많았다. 이해의 경영학이었다.

한 해는 경주인근에서 가장 높고 험준한 단석산을 봄철 해빙기의 봄비 오는 날, 우산까지 쓰고 혼자 답사를 감행하며 길도 없는 산속 숲풀 진흙길을 길을 찾아 오르다가 뒤로 쭐떡 미끄러져 거의 7~8m를 머리를 밑으로 하고 비에 젖은 산등성이를 등으로 미끄러져 내려오면서 생명의 위험까지 크게 느꼈지만 사실 미끄러져 내려올 때는 그 무엇도 느낄 새가 없었다. 그러나 그때도 사실 적지 않은 나이였지만 전혀 다치지는 않고 타박상 하나 없이, 아픈데 하나 없이, 멍 자국 하나 없이, 긁힌 자국 하나 없이, 툭툭 털고 일어나 다시 답사를 계속 했으나 역사유적은 찾지는 못하고 비속에 우중골로 해서 흙투성이가 된 몸으로 산중턱 새로 만든 아스팔트 큰길로 올라와 산내에서 나오는 시내 버스를 타고 가까스로 밤늦게 시내로 나왔는데 그 와중에도 헌 신문을 마을에서 구해서 시내버스 의자에 깔고 앉는 매너까지 발휘했던 것이다. 그래도 운전기사에게 미안한 마음을 느꼈지만 기사도 이상하게 생각은 했겠지만 모른 척 해주어서 고마웠다. 시내로 나오며 "이제 나도 우아하게 살자."는 다짐도 몇 차례씩이나 했지만 그게 쉽게 되겠는가? 원래 논문이 2월말, 3월초, 대학에서 가장 바쁠 개학, 입학, 신학기초 때에 마감이 많이 걸리기 때문에 항용 어쩔 수는 없는 일이었다. 그래도 오직 나의 논문을 쓴다고 쾌활 무비하고 내심으로 사기는 만장하였다. 그때 크나큰 행운이 함께 하였으니 참으로 감사한 일이다.

논문은 발로 쓰는 것이다.

그 직후 다시 답사를 계속 이어가 그 자리를 지나가면서 보니 내가 등으로 미끄러져 내려간 자리가 길게 파여 그대로 말라서 굳어 있었다! 역사의 현장은 현장인데 내 연구의 현장이었다. 얼마 후 현장답사를 잘 마치고 무사히 논문을 잘 쓸 수 있었는데 모두가 환국이래의 대한민국의 국신, 조령의 신, 단석산의 신, 학문의 신, 흥무대왕 김유신 태대각간 장군님의 도움 때문이었다. 근데 그렇게 관계자에게 탐문을 하고 생고생을 하고 혼자답사를 하여 논문을 썼지만 정작 논문에 들어가는 부분은 사진 2장과 2페지 가량의 논술뿐이었다. 그러나 역사현장을 직접답사하여 유일하게 증명하여 논문에 남겼다는 의의에 그렇게 즐거운 것이다.

학자는 머리도 믿지만 튼튼한 다리를 믿는다!

그런데 세상일이 항용 그렇듯이 나중에 다시 알고 보니 그 유적자체 하나로는 단석산 으로 높이 올라가서 길도 없는 산길을 찾아 내려오는 길 보다 마을에서 매년 정월 보름 동제를 지내며 다니는 조그만 산길이 있는데, 이 길도 혼자 찾아가는 게 결코 쉽지는 않지만, 더 안전하고 쉽고 가깝고 훨씬 빠른 것이었다.

이 뿐만 아니라 사람과의 고초와 어려움도 많고 보람도 많았는데 여기서는 모두 줄이고 나중 회고하는 기회를 별도로 갖기로 하겠다.

진리도 학문도 끝이 없다!

나의 주 연구분야는 몇 개가 있는데 이 문화마케팅학분야도 많은 성과를 남겼고 지역 밀착형연구로 지역사회에 기여도 많이 하여 지역성과 현장성과, 실천성과 실행성과 행동성, 호응성이 매우 높고 결과도 무척 좋았다. 물론 나의 신라경영사연구의 주요한 한 축을 형성하고 있다. 여기서 먼저 수록한 18편 논문의 수록지를 보면 다음과 같다.

본 저서 『신라경영사연구』(환국, 2024)에 실린 논문 18편

(Ⅲ-1-6) 통일전의 문화마케팅 전략구축, 신라학연구소 논문집, 창간호, 1997. 12, 경주: 위덕대학교 부설 신라학연구소, pp.53~93.

(Ⅲ-2-7) 선도신모가 화랑도조직의 기원이라는 변증, 신라학연구소 논문집, 제2집, 1998. 12, 경주: 위덕대학교 부설 신라학연구소, pp.53~100.

(Ⅲ-3-8) 화랑도조직의 이론과 실천, 경영학연구, 제27권 제1호, 1998년 2월, 서울: 한국경영학회, pp.185~219.

(Ⅲ-4-9) 고조선 3한조직의 3국으로의 계승, 국학연구, 제4집, 1998. 5, 서울: 국학 연구소, pp.117~184.

(Ⅲ-5-10) 첨성대의 본질에 따른 문화마케팅전략구축, 경주대학교 논문집, 제10집, 1998, pp.33~65.

(Ⅲ-6-11) 노동·노서동 고분군의 문화마케팅전략구축, 경주대학교 관광학논총(1998. 12), pp.39~64.

(Ⅲ-7-12) 경주향교의 문화마케팅전략구축, 경주대학교 논문집, 제12집 1권, 1999. 8, pp.13~33.

(Ⅲ-8-13) 사다함 풍월주의 화랑도조직경력, 경주문화, 제5호, 1999. 12, 경주문화원, pp.82~117.

(Ⅲ-9-14) 『화랑세기』에 기록된 화랑도조직의 3신5제조직구조, 신라학연구, 제4집, 경주: 위덕대학교 부설 신라학연구소, 2000. 12, pp.79~108.

(Ⅲ-10-15) 박혁거세거서간의 신과 성: 신라조직사상의 원형, 신라학연구, 제5집, 경주: 위덕대학교 부설 신라학연구소, 2001. 12, pp.175~206.

(Ⅲ-11-16) "신라역사문화대공원" 조성을 통한 경주역사문화도시 문화마케팅전략구축, 신라학연구, 제9집, 경주: 위덕대학교 부설 신라문화산업센터, 2005. 12, pp.27~48.

(Ⅲ-12-17) 일정교와 월정교의 신비에 따른 문화마케팅전략구축, 신라학연구, 제10집, 경주: 위덕대학교 부설 신라문화산업센터, 2006. 12, pp.33~79.

(Ⅲ-13-18) 염촉의 월정과 검군의 풍월지정: 화랑도조직의 새로운 기원으로서의 태자 교육조직, 신라학연구, 제11집, 경주: 위덕대학교 부설 신라문화산업센터, 2007. 12, pp.59~76.

(Ⅲ-14-19) 박혁거세거서간의 탄강유적인 동천의 발견과 문화마케팅전략구축, 신라학연구, 제13집, 경주: 위덕대학교 부설 신라문화산업센터, 2009. 12, pp.65~97.

(Ⅲ-15-20) 아도화상의 엄장사와 김극기의 엄장루: 신라불교 첫 전래지의 연구, 신라학연구, 제14집, 경주: 위덕대학교 부설 신라문화산업센터, 2010. 12, pp.127~154.

(Ⅲ-16-21) 김유신 장군의 본가가 현재의 포항시 기계면 현내리라는 변증, 비화원, 제10호, 2010. 11, 경주: 안강문화연구회, pp.57~80.

(Ⅲ-17-22) 처용랑의 월명항과 월명사의 월명리, 비화원, 제11호, 2011. 11, 경주: 안강문화연구회, pp.43~66.

(Ⅲ-18-23) 신라 세 여왕의 삶과 경영, 여성과 경영, 제3권 제2호, 2011. 2, 서울: 성신여자대학교 경영연구소.

이렇게 18편의 논문을 실은 것은 대학에서 한 학기 강의가 18주를 원칙으로 하기 때문이다

그리고 기존에 학술저서에 실린 논문이 4+1=5편이 있는데 게재 학술저서는 다음과 같다.

『조직개발』(환국, 2021)에 수록된 논문 4편

(II-1-2) 조직개발기법이 조직성원의 태도변화에 미치는 영향
　　　　　경북대학교 대학원 경영학과 경영학박사학위논문, 1995년 12월, pp.1~214.
(II-2-3) 조직개발의 개념적인 상황적합적 모형의 구축
　　　　　경주대학교 논문집, 제7집, 1995년, pp.37~59.
(II-3-4) 2원적 조직의 특성과 조직개발
　　　　　경북대학교 대학원 경영학과 경영학석사학위논문, 1982년 12월, pp.1~130.
(II-4-5) 『1984년』은 지나갔는가?
　　　　　경주대학교 논문집, 제4집, 1993년, pp.1~24.

『천부경의 진실성과 조직사상』(환국, 2016)에 수록된 논문 1편

(I-1-1) 천부경의 조직론적 해석(상, 하 합편)
　　　　　(상): 『한배달』, 제4집, 서울: 한배달, 1989 여름, pp.219~43.
　　　　　(하): 『한배달』, 제5집, 서울: 한배달, 1989 가을, pp.166~87.

　이로써 현재까지 나의 논문 23편을 단독 학술저서에 상재하였다. 앞으로도 이 작업은 계속될 것이다. 대한민국이 있기까지의 모든 열성조와 신라의 수호신과 조령과 선학의 도움으로 가능하였고 늘 감사드리는 바입니다.

2024년 갑진세 5월 3일 금

광명리세인, 불구내인, 밝은 누리의 사람 이강식

(Ⅲ-1-6)
신라학연구소 논문집, 창간호, 1997.12.

통일전의 문화마케팅 전략구축

이강식 *

Ⅰ. 첫말

통일전은 역사상 고조선 이후 3국으로 분단된 우리 민족과 국토를 처음으로 다시 통일한 신라의 3국통일 성업(聖業)과 이를 이룩했던 태종무열왕(재위 654~61), 문무왕(재위 661~81), 김유신(595~673) 태대각간의 위대한 업적을 우리와 우리 후손이 길이 선양하게 하고 또 현실적으로 남북으로 분단된 조국통일의 실현을 다짐하는 엄숙한 기원전당을 목적으로 1974년 6월 10일 박정희(1917~79) 전 대통령의 조성지시로 1974년 11월 8일에서 1975년 2월 28일까지 문공부에서 시설계획을 수립하여 1976

---

* 경주대학교 교수·경영학

53

년 4월 22일 착공하여 1977년 7월 30일에 준공하였는데 당시 총투자비는 7억 3천 9백만원이 들었다. 그리고 위치는 경주시 남산동 920-1번지로서 노천박물관, 울타리없는 박물관이라고 일컬어지는 남산의 동쪽기슭이다.

따라서 통일전이 건립된 지도 만 20년의 시간이 흘렀다. 그리고 국민소득 등 그간의 국내외 여러 분야의 변화는 여기서 논급할 필요는 없을 것이다. 그러나 통일전은 첫 건립후 전혀 변화가 없었다. 만 20년전 건립할 때나 지금이나 전혀 변화가 없이 그대로이다. 박정희 전 대통령의 지시 후 불과 3년 1개월 20일만에 준공을 본 통일전은 그 후 계속적인 보완 작업이 있어야 했을 것이나 지금까지 통상적인 유지보수이외의 아무런 보완작업 내지 2차, 3차 후속공사가 없었던 것이다.

논자가 당시 관계자를 면담한 바로는 처음부터 2, 3차의 후속공사계획은 없었다고 한다. 그렇지만 현재의 모습대로 완성되었다고 보기에는 여러 가지로 미흡한 점이 많다고 본다. 물론 통일전이 그간 조성목적을 충실히 잘 지켜 와서 신라 3국 통일의 위업과 또 현실의 분단된 조국통일의 서원을 국민들에게 정신교육을 하는 장(場)으로서의 역할을 충분히 해온 것도 사실이다.

그러나 현재 통일전은 이러한 환경변화에 적응하지 못하여 계속 참배자가 줄어들고 있고 또 수입도 계속 줄고 있다. 이미 이러한 누적되는 적자를 견디지 못하고 건립 직후인 1977년 9월 7일에서부터 1986년 12월 31일까지 경상북도에서 관리를 하다가 1987년 1월 1일부터 경주시에 이양해 지금까지 경주시에서 관리를 하고 있다. 이것을 보더라도 사회 각 분야의 비약적인 발전에 비했을 때 더욱이 통일전이 침체되고 있는 것을 알 수 있다. 따라서 참배자의 감소와 이에 따른 재정적자를 계속 방치해 둔다면 통일전의 본래의 목적을 달성하는 데에도 심각한 지장을 초래할 뿐 만 아니라 지방자치체의 향후 문화사업, 공익사업, 국익사업에도 많은 장애가 될 것이다.

물론 공익사업의 효과를 재정적 측면에서만 볼 수 없다는 견해도 있다. 재정적자가 난다는 이유만으로 그 효과가 없다고 볼 수는 없는 것은 사실이다. 통일전이 통일에 대한 국민계도효과는 사실 재정적으로 측정할 수 없는 큰 가치가 있다. 그러나 굳이 행정의 경영마인드를 들지 않드라도 계속 적

54

자가 누적되는 사업을 지역주민과 시의회가 방관할 수는 없을 뿐만 아니라 지방자치단체인 시당국도 예산의 효율성을 감안할 때 수수방관할 수는 없는 것이다.

이에 대해 경주시는 관람료 징수를 민간위탁으로하여 징수원의 인건비를 절감하는 방안외에는 별다른 방안을 제시하지 못하고 있다. 그러나 이는 극히 부수적인 방법일 따름이다. 따라서 통일전에 대한 체계적인 문화마케팅 전략구축이 시급하다고 본다.

그러므로 이 연구는 통일전의 문화마케팅전략을 구축하여 신라 3국통일과 신라문화를 내외국민에게 알리고 또 통일에 대한 국민의 서원을 구체화하여 참여하도록 하며 통일전의 참배자를 증가하고 재정수입을 최소한 수지균형을 맞추도록하는 데에 목적이 있다.

이러한 마케팅전략은 주로 비영리조직의 마케팅이론(Kotler 1982)을 활용하여야 할 것이지만 여기서는 이론적 배경은 줄이도록 하겠다. 그리고 이는 결국 지방자치체인 공공기관의 문화사업의 마케팅전략이라는 측면에서 문화마케팅이라는 이름을 붙였다. 그런데 통일전은 관광지가 아니기 때문에 관광마케팅의 이론을 적용할 수는 없을 것이지만 그러나 이의 이론을 원용하도록 하겠다.

그리고 연구방법은 실증연구를 수행하는 것이 일반적이지만 그러나 현재 통일전에 대한 선행연구와 마케팅개념에 입각한 전략을 실천하는 것이 전혀 없기 때문에 실증연구는 차후의 과제로 하고 여기서는 실천경영학의 측면에서 실천적 지침을 연구하여 통일전의 문화마케팅전략을 구축하고자 한다. 물론 이러한 지침은 기존의 마케팅전략에서 개발되어 일반화된 전략수단을 주로 다루게 될 것이며 이러한 실천적 지침이 실무가를 위해서는 원론적인 이론과 가설검증식 실증연구보다는 현 단계의 통일전의 문화마케팅전략구축을 위해서는 오히려 보다 실무적으로 유용할 것으로 본다. 이는 또한 실무가들의 오랜 요청이기도하다. 그러면 통일전의 현황과 문제점을 보도록 하겠다.

II. 통일전의 현황과 문제점

55

1. 통일전의 시설의 소규모와 무변화

통일전의 시설규모현황은 〈표 1〉과 같다.

〈표 1〉 통일전의 시설규모현황

면 적	66,000㎡ (2만평:경내 3,853평, 경외 16,047평)
건 물	7동 1,175㎡ (355평:본전 47평, 회랑 205평, 서원문 9평, 흥국문 14평, 관리사무소 58평, 매표소 4평, 별가 18평)
조 경	수목 59종 5,500주, 잔디 26,446㎡ (8,000평), 연못 5,015㎡ (1,517평)
시 설	기념비 1기, 사적비 3기, 무명용사비 1기, 영정 3폭, 기록화 17폭
주차장	5,000평(대형버스 100대 동시 주차가능)

자 료 : 통일전 안내책자

〈표 1〉에서 보는 시설현황의 문제는 다음과 같다.

첫째, 건물이나 기념물이 너무 적다는 것이다. 특히 기념관이 없어서 신라 3국통일을 전체적으로 조망하지 못하고 단지 비석 5개와 영정 3폭, 기념화 17폭을 둘러보면 끝나기 때문에 신라 3국통일의 의의를 알기에는 너무 간략하다는 것이다.

둘째, 이러한 시설도 1977년 건립 당시의 모습에서 하나도 증가하거나 변한 것이 없기 때문에 참배자의 재방문의사가 매우 낮다는 것이다.

셋째, 이러한 시설이 참배자의 흥미를 끌만한 참여의 기회가 전혀 없는 그야말로 정적인 조형물이기 때문에 신라 3국통일에 대해서 별다른 감동을 주지 못한다는 것이다. 물론 통일전은 참배의 장소로서 그 분위기가 신성, 엄숙, 통일서원의 전당이기는 하지만 그러나 참배자가 방문하지 않으면 그러한 점들도 소용이 없다는 것을 먼저 이해해야 할 것이다.

넷째, 현재의 시설도 충분히 활용하고 있지 못하다. 예를 들어 서원문 양편의 누각도 현재 비워 두고 있으며, 연못도 별달리 활용을 하고 있지 못하며, 또 각종 수목도 현재 일부 이름표를 붙여 두고 있으나 빈약하며 교과정에 도움을 줄 수 있도록 체계적으로 수목관리를 하면 초·중·고등학생들을 위한 훌륭한 자연학습자원이 될 수 있고 또 희귀수목의 판매사업도 고려해

56

볼 수 있는데 이를 너무 방치하고 있다는 것이다. 또 건물의 활용에서도 예를 들면 내·외벽에 벽화를 그려 그 활용도를 높일 수 있는데 전혀 고려가 없다는 것이다.

다섯째, 통일전의 건물은 신라시대의 양식을 고증하여 건축하였지만 이에 대한 설명문이 없어 역시 건축사적인 측면에서도 학습의 활용도가 없다는 것이다. 그리고 건물을 신라양식으로 할 때에는 매표소도 역시 신라양식으로 건축하는 것이 좋을 것이다.

이외에도 여러가지 세부적인 것을 지적할 수 있지만 이상의 문제점은 비교적 주요한 것이다. 이를 앞으로 하나하나씩 해결해야 할 것으로 본다.

2. 참배자감소와 수지적자

참배자와 수지적자는 〈표 2〉와 같다.

〈표 2〉 참배자와 수지적자 〈단, '97년 수치는 예정〉

연도	'94	'95	'96	'97
유료참배자	184,900면	164,631명	157,223명	150,000명
무료참배자	26,640명	37,820명	21,668명	(단,10.21현재
계	211,540명	202,433명	178,891명	102,896명)
입장료수입	16,749천원	15,484천원	15,256천원	15,000천원 (단,10.21현재 10,390,690원)
총지출 (시설사업비)	257,840천원 (12,982천원)	269,855천원 (38,222천원)	317,182천원 (23,700천원)	330,000천원
적자	-241,091천원	-254,371천원	-301,926천원	-315,000천원

자 료: 관련기관에서 입수하였으나 출처를 밝히지 않기로 하였음. 이하 같음.

〈표 2〉에서 보는 참배자감소와 수지적자의 문제는 다음과 같다.

첫째, 94년부터 97년까지의 4년 동안의 누적적자만 해도 11억 1천 2백 3십 8만 8천원이다. 이는 적은 금액이 아니며 지방자치체로서 감당하기에는 어려운 금액이다. 뿐만 아니라 총지출에서 시설사업비를 뺀 금액은 모두 관리 공무원의 인건비로서 총예산이 사실상 인건비로만 편성되어 있다고

57

해도 과언이 아니며 이는 통일전의 기획사업이 전무한 실정을 반영하고 또 현실적으로 못하게 하고 있다. 따라서 예를 들면 기획, 영업, 홍보비 성격의 예산이 편성되어야 하나 이 역시 현재 적자상태로서는 어려울 것이다.

이와 같이 참배자의 수와 입장료수입은 감소하고 있고, 총지출과 적자는 계속 증가하고 있다.

둘째, 당초 1977년 총투자비가 7억 3천 9백만원임을 감안한다면 20년 동안의 누적적자는 더욱 클 것이다. 물론 통일전이 갖고 있는 현 자산가치 와도 비교를 해보아야 할 것이나 통일전의 경우는 공공자산이므로 부동산 가액은 큰 의미가 없을 수도 있다.

셋째, 그런데 통일전의 '97. 10. 21 현재 유료참배자 수는 104,896명이고 수입은 10,390,690원으로서 1인당 평균 입장료는 99.05원으로서 너무 낮다는 것이다. 그렇게 본다면 우선 지적할 수 있는 것은 입장료가 어른 개인의 경우 〈표 3〉에서 보는 것처럼 200원으로서 너무 낮다는 것이다.

불국사 입장료가 3천원이고 특히 통일전의 주차료가 소형 500원, 대형 1,000원임에 비해 정작 입장료 200원은 오히려 참배의 의미마저 감소시키 는 경향이 있다.

〈표 3〉 통일전 관람료   97. 10. 21 현재

구 분	개 인	단 체
청소년 · 군인	100원	70원
어 른	200원	150원

따라서 이는 전체 사적지의 입장료와 비교하여 인상할 필요가 있다. 물론 이 경우에도 어른 개인과 초 · 중 · 고등학생 단체들로 시장세분화하여 차별 적 가격전략을 수립하는 것이 좋을 것이다. 그러나 통일전 자체만으로는 사 실 가격을 인상하기 어려울 것이다. 이는 뒤에서 다시 설명하도록하겠다.

이와 같이 아무리 국민계도, 문화사업이라고 하더라도 그 자체가 누적적 적자를 보일 때에는 사업을 시민에게 설득하기가 어렵다는 것을 인식해야 할 것이다.

3. 태종무열왕-문무왕 영정의 재배치

58

그런데 사실 더 큰 문제점으로 논자가 지적하고 싶은 것은 〈사진 1〉에서 보는 것과 같은 영정배치의 문제점이다.

이는 관계자들도 인정하고 있는 바와 같이 1977년 개관 직후부터 많은 논란을 빚어 왔지만 구체적으로 공식적으로 거론되지는 못하여 왔다. 그러나 이는 바로 잡혀져야 한다고 본다. 즉 〈사진 1〉에서 보는 바와 같이 현재는 문무왕의 영정이 중앙에 있고 전면을 향해서 그 왼편에 문무왕의 아버지인 태종무열왕의 영정이 있고. 전면을 향해서 그 오른편에 김유신 태대각간의 영정이 있다. 그렇지만 이는 마땅히 효의 입장에서 아버지인 태종무열왕의 영정이 중앙에 오고, 아들인 문무왕의 영정은 지금의 태종무열왕의 자리로 가는 것이 타당하리라고 본다. 또 충의 측면에서도 공식적으로 왕위의 계승순위를 본다면 마땅히 문무왕의 직전의 왕인 태종무열왕의 영정이 중앙에 와야 하는 것이다.

〈사진 1〉 현재의 영정 배치

물론 어떻게 보면 태종무열왕은 백제를 통일하였고 문무왕은 고구려를 통일하였기 때문에 문무왕을 더 높이는 것이 타당하다고 할 수도 있지만 그러나 그것은 너무 지나친 후손의 현실적 입장이고 효와 충의 측면에서 국민교육과 신라사의 공적 측면에서 볼 때 그럴 수는 없고 태종무열왕의 영정이 중앙에 와야 한다고 본다. 물론 이는 앞으로 더욱 공적이고 공개적인 절차를 거쳐서 바로 잡아야 할 것이다. 논자도 1977년 개관때부터 이러한 의견을 갖고 있었지만 이제야 비로소 공론화하는 바이다.

〈사진 2〉 3왕의 사적비

뿐만 아니라 〈사진 2〉에서 보는 것처럼 홍국문안에 있는 태종무열왕. 문무왕. 김유신 태대각간사적비도 그 위치를 재배열할 필요가 있다. 즉 이 역시 앞에서 설명한 대로 태종무열왕 사적비가 중앙에 와야 한다고 본다.

4. 김유신 태대각간(흥무대왕)의 영정의 수정 내지 재 도화(圖畵)

김유신 태대각간(흥무대왕)의 영정에서의 관과 요대. 요패도 논자가 보기에는 큰 문제라고 본다. 즉 김부식(1075~1151) 등의 『3국사기』「열전 제3」〈김유신 하〉(1145)에 따르면 김유신 태대각간은 흥덕대왕(재위 826~36)이 흥무대왕으로 봉했다고 하였고. 일연(1206~89)의 『3국유사』「김유신」(1281~3년경)에서는 경명왕(재위 917~24)이 흥무대왕으로 추봉하였다고 하였다. 따라서 김유신 태대각간이 흥무대왕으로 추봉된 것은 분명한 이상 현재 〈사진 1〉에서처럼 관과 요대. 요패를 은관, 은요대, 은요패로 하는 것은 전혀 사리에 맞지 않으며 마땅히 금관, 금요대, 금요패로 하여야 할 것이고 또 의복도 마땅히 태종무열왕과 문무왕처럼 자색의 비단으로 왕의 복장을 하여야 한다고 본다. 특히 은관은 신라고고학적으로도

60

근거가 없다고 본다. 이 역시 바로 잡혀져야 할 것이다. 다만 논자는 이 논문에서 식별의 편의상 김유신 태대각간과 흥무대왕을 혼용하여 호칭하기로 하지만 앞으로 호칭도 흥무대왕으로 바꾸어야 할 것으로 본다.

뿐만 아니라 태종무열왕은 60세의 상을 그렸고, 문무왕은 40세의 상을 그렸는데 김유신 태대각 간은 74세의 상을 그려서 3분의 용안이 나이차를 반영하여 그렸는지 너무 차이가 나서 형평상 맞지 않으며 또 특히 김유신 태대각간의 용안은 그분의 위엄과 업적을 나타내기에는 매우 형상화가 잘 못되어 있다고 본다. 이는 황성공원의 동상의 얼굴모습과도 매우 차이가 나는 것이다. 따라서 김유신 태대각간의 영정은 수정하든지 그렇지 않으면 다시 그리는 것이 좋을 것으로 본다. 뿐만 아니라 사적비에서도 현재 김유신 장군의 직명이 〈태대각간〉이라고 표기되어 있는데 이에 〈흥무대왕〉이라는 추봉된 왕명을 추기하여야 한다고 본다.

5. 3국통일순국무명용사비의 재배치

신라의 3국통일은 영도자인 태종무열왕, 문무왕, 흥무대왕의 통일의지와 함께 온 신라국민의 열망으로 이루어졌다. 따라서 이 성업(聖業)에는 수 많은 무명용사의 순국으로 성취된 것이므로 이 무명용사의 넋을 위로하기 위하여 〈사진 3〉과 같은 3국통일순국무명용사비를 세웠다.

〈사진 3〉 3국통일순국무명용사비

61

그러나 이 비는 〈사진 3〉에서 보는 것처럼 현재 홍국문 밖에 위치하여 관리사무소와 그 안에 있는 공중변소와 마주 보고 있다. 이는 논자가 보기에는 매우 잘못된 것으로서 이 무명용사비는 당연히 홍국문안에 위치하여야 한다고 본다.

즉 무명용사의 순국이 홍국에 절대적 영향을 주었는데 이를 사실상 통일전 밖에 위치시킨다는 것은 무명용사를 매우 홀대하는 것이기 때문이다. 이 역시 후손들에게 올바른 교육효과를 가져주기 어려운 것으로서 반드시 시정되어야 한다고 본다.

따라서 논자는 이 비를 홍국문안으로 옮겨 홍국문안의 태종무열왕, 문무왕, 김유신 태대각간 사적비 및 3국통일기념비와 함께 기념의 공간으로 조성하여야 한다고 보는데 이는 계속해서 설명하기로 한다.

6. 기념화의 재배치와 추가 도화(圖畵)

현재 3국통일 기념화는 17폭이 있는데 이 역시 만 20년이 지나도록 거의 변화가 없으며 이를 통한 파생상품의 개발도 전혀 이루어지지 않고 있다. 앞으로 이 측면에서 활용방안이 나와야 할 것으로 본다. 그리고 이의 관람 순서는 〈표 4〉와 같다.

〈표 4〉 17폭 기념화의 현재 순서

김유신장군 단석산 수련도(611) → 김유신장군과 천관녀도 → 김유신장군 출전도 (재매정)(645) → 무열왕 남천정 출전도(660) → 남산성 축성도(663, 679) → 황룡사 9층탑 조영도(643~5) → 강수 외교문서 작성도 → 원광법사 세속5계 교화도 → 3국통일 영광도(677) → 문무왕 호국 해룡도(681) → 원효 군사 자문도(662) → 평양성 함락도(668) → 기벌포 대첩도(676) → 화랑관창 용전도(660) → 황산벌 혈전도(660) → 4천왕사 호국불사도(670) → 매초성 당군 격멸도(675)

주 : 기념화의 이름과 연대는 통일전 관리과에서 발행한 안내책자에 의거 표기.

이상과 같이 17폭의 기념화의 배열이 별다른 논리적 근거가 없고 연대가 뒤섞여 이를 관람하는 참배자는 오히려 연대적으로 혼동만 일으키고 있어 별다른 교육적 효과를 거두지 못하고 있다.

뿐만 아니라 주요 전쟁그림도 빠진 것이 있는데 대표적인 것이 663년 백

62

제와 연합한 왜의 1천척의 배와 왜병 4만 2천명을 격멸한 백강구전쟁의 장면이다. 이 전쟁 역시 신라 3국통일에서 매우 주요한데 이 전쟁그림은 꼭 추가해야 할 것이다. 이외에도 추가되어야 할 그림이 많을 것으로 본다.

따라서 기념화의 논리적 배열과 추가 도화문제는 반드시 해결되어 이 기념화를 한번 둘러 보면 참배자가 신라의 3국통일의 전체 면모를 쉽게 이해할 수 있게 해야 할 것이다. 이는 앞으로 별도로 더 깊이 연구되어야 할 것으로 본다.

이상의 문제점은 별개의 것이 아니고 서로 유기적으로 연결되어 있으며 앞으로 통일전의 장기적 마케팅전략을 위해 꼭 해결되어야 할 것이다. 바꾸어 말하면 결국 참배자의 감소와 수지적자 문제가 주요하다고 하더라도 다른 문제가 또한 관건이 되는 것이다. 왜냐면 문화상품의 개발에서 논리적으로 타당하지 않는 제품은 타당성을 결여하여 참배자들에게 이해시키기 어렵고 따라서 설득력을 가지고 소구하기가 어려운 것이다. 이 연구에서는 이를 바로 잡아야 효과적인 통일전의 문화마케팅전략을 구축할 수 있다고 보는 것이다. 그러면 이제 구체적으로 문화마케팅전략구축을 보기로 하자.

Ⅲ. 통일전의 문화마케팅전략구축

1. 목표

통일전의 문화마케팅전략구축의 기본적인 목표는 신라 3국통일을 기념하고 신라문화를 선양하고 또 현실의 남북통일에 대한 국민의 서원을 더욱 높여 참배자의 증대와 재무적으로 최소한 수지균형을 이루는 것을 목표로 한다.

이를 위한 세부적인 목표는 다음과 같다.

첫째, 이 전략구축은 1년 이내의 단기 전략을 중심으로 중. 장기 전략을 수립하기로 한다. 일단 단기에 실행가능한 전략을 우선으로 하는 것이 주요하기 때문이다.

둘째, 또한 이 전략은 비예산·저예산사업과 비용절감을 중심으로 한다. 현재 지방자치체가 투자할 여력이 적다고 보기 때문이다. 따라서 현재 통일전이 보유하고 있는 인원과 가용자원을 최대한 활용하기로 한다. 그러므로

63

인원감축과 같은 방법은 사용하지 않는다.

셋째, 그러나 통일전은 어디까지나 관광지가 아니고 신라 3국통일의 기념관이며 또 국민의 현실적인 통일염원을 하나로 묶어 통일서원을 하는 엄숙한 장소로서의 역할을 다하도록 한다. 그러면서도 참배자의 흥미를 유발하여 재방문의사를 제고할 수 있는 마케팅전략을 수립하도록 한다.

넷째, 따라서 이 전략은 하드웨어(H/W)를 크게 바꾸는 형태의 큰 걸음(big step)전략이 아니고 쇼프트웨어(S/W)를 바꾸는 형태의 작은 걸음(small step)전략을 중심으로 한다.

다섯째, 다만 이 연구에서는 계량적 목표는 세우지 않기로 한다. 물론 이에 대해서 논급은 하겠지만 구체적인 제시는 어려울 것으로 본다. 이는 이러한 전략의 더 많은 자료와 선행연구가 있어야 가능하기 때문이다.

물론 장기적, 고예산, 큰 걸음 전략도 이 연구에서 강조할 것이나 이는 이 연구를 바탕으로 계속 수립하는 것이 좋을 것이고 이 연구에서는 우선 시급한 당면과제를 해결하는 것을 목표로 하는 것이다.

또 전략수립을 위해서는 마케팅 리서치를 통한 소비자 욕구조사 등의 실증연구가 필요하지만 앞에서 논급한 것처럼 통일전은 현재 선행연구나 어떠한 마케팅개념에 입각한 전략적 실천이 전혀 없기 때문에 우선 이 연구에서는 먼저 실천적 지침으로서의 전략을 구축하기로 하겠다. 마케팅 리서치도 이 연구 후에나 가능할 것이기 때문이다. 그러면 마케팅전략수단(Kotler 1984)의 4P중 가격전략을 먼저 보기로 하겠다.

2. 가격전략

가격전략을 위해서는 먼저 손익분기점분석(break-even point analysis)(한경수 1997:pp.302~4)을 보는 것이 좋을 것이다. 현재의 가격은 전형적인 공공재의 저가이어서 손익분기점(break-even point)에도 훨씬 미치지 못하기 때문에 이를 과감히 탈피하여 고가전략으로 전환하여야 한다. 물론 이것이 쉬운 것은 아니나 문화상품의 저가는 오히려 명성을 형성하지 못하고 손익분기점 도달을 어렵게 한다. 따라서 통일전이 공익문화사업임을 감안하여 당장 우선은 이익을 남길 필요까지는 없지만 가격을 최소한 손익분기점에 도달할 정도로 인상하여야 한다고 보는데 이것만 하더라도 현재로서는 상당한 고가이지만 그러나 이를 목표로하여야 한다. 따라서 이를 위해 고가전략을 위한 몇가지 가격전략을 수립하였다.

1) 원가중심의 가격결정과 BEP분석

통일전의 가격결정은 원가중심의 가격결정(이우용 외 1993:pp.514~5)을 적용하면 총평균비용으로 하면 된다. 즉 통일전은 공공사업으로서 비영리이기 때문에 현재로서는 굳이 일정률의 이익을 가산할 필요는 없을 것이다. 그러므로 현재의 평균 관람료 99.05원으로 총지출 3억 3천만을 나누면 BEP상의 관람자수는 3백 3십 3만 1천 6백 5십명이라야 한다. 그러나 이는 현재로서는 도저히 달성하기 어려운 수치이다. 따라서 먼저 예상 참배자를 계산하면 〈표 5〉와 같다.

〈표 5〉 통일전의 예상 유료 참배자수   단위:명

구 분	유료 참배자			
	'95	'96	'97(예측)	10. 21. 현재(%)
개 인	32,816	36,513 (11.2% 증)	40,638	어른 21,471(80.2)
				청소년 5,286(19.8)
				소계 26,757(100)
단 체	131,809	120,710 (8.4%감)	110,571	어른 1,227(1.6)
				청소년 76,912(98.4)
				소계 78,139(100)
계	164,625	157,223	151,209	104,896

주 : '97예측은 추세분석법을 사용하였는데 그 중에서도 변화율법을 적용하였다.

이와 같이 1997년의 총지출예산이 3억 3천만원이고 예측 참배자가 약 15만명이므로 BEP상의 1인당 균일가격은 2천 2백원이 된다. 그러나 현재 통일전을 이 가격에 입장할 참배자는 극소할 것이다. 뿐만 아니라 개인 참배자를 약 4만명으로 예상하고 있고, 단체 참배자를 약 11만명으로 예상하고 있기 때문에 단체할인을 감안한다면 개인 참배자의 가격이 너무 높게 책정된다. 예를 들어 단체할인을 전원 청소년할인으로 가정하고 1천 5백원으로 하면 수입은 1억 6천 5백만원이므로 나머지 1억 6천 5백만원을 어른 개

65

인 참배자에게 부담하면 1인당 4천 1백 2십 5원이 되는 것이다. 그런데 청소년 단체할인을 2천원으로 하면 수입은 2억 2천만원이 되고 나머지 1억 1천만원을 어른 개인 참배자에게 부담시키면 1인당 2천 7백 5십원이 된다. 그러나 97. 10. 21 현재의 단체할인의 98.4%가 청소년이라는 것을 감안한다면 단체할인을 2천원으로 책정하기는 매우 어렵다. 또한 불국사의 개인 입장료가 3천원임을 감안한다면 사실상 현재로서는 이 가격을 적용하기가 어렵다. 뿐만 아니라 현재 상태로는 2백원에서 갑자기 개인 3~2천원, 단체 2~1천원으로 인상하기도 어렵다. 그러나 논자는 다른 사적지의 가격 및 통일전의 원가를 감안할 때 개인 3~2천원, 단체 2~1천원은 되어야 한다고 본다. 또한 장래를 대비해서 일정률의 감가상각충당금, 수선료충당금을 위한 수익을 계상하지 않을 수 없는 것이다. 따라서 현재로서 할 수 있는 방법은 다양한 상품을 개발하고 가격을 인상하는 것이 타당할 것이다.

그러므로 논자는 1단계로 가격을 어른 개인 2천원, 청소년 단체할인 1천원으로 가격을 책정하여 수입 8천만원+1억 1천만원=1억 9천만원으로 예정하고 나머지 수입 1억 3천만원은 참배자의 증가나 기타수입, 그리고 비용절감을 통해서 해결해야 한다고 본다. 그런데 나머지 1억 3천만원을 순수하게 참배자의 증가를 목표로 하면 어른 개인 4만명을 증가시켜 8천만원의 수입과 청소년 단체할인을 5만명 증가시켜서 5천만원의 수입을 추가하여 모두 1억 3천만원의 수입을 보충하는 전략이 필요한데 물론 이것은 개략적인 수치이지만 이는 사실상 어른 개인 참배자를 200% 증가하는 것이고 청소년 단체할인의 참배자를 145% 증가하는 것이기 때문에 사실상 어렵다고 본다. 그리고 2단계로는 어른 3천원, 청소년 단체할인 1천 5백원으로 하여 관람료수입을 1억 2천만원+1억 6천 5백만원=2억 6천 5백만원으로 하고 나머지 4천 5백만원은 참배자의 증가나 기타수입, 그리고 비용절감을 통해서 해결해야 한다고 본다. 물론 가격인상과 참배자의 증대를 동시에 도모하는 것은 매우 어렵지만 그러나 통일전의 기본목표는 참배자를 증가시키는 것이기 때문에 우선 이 둘 다를 목표로 하는 것이 좋을 것으로 본다. 그러나 현재의 통일전의 시설로는 가격인상과 참배자의 증대를 동시에 달성하는 것이 전혀 무망하므로 주위의 몇개의 사적지를 묶어서 가격인상을 해야 할 것으로 본다. 따라서 이러한 목적으로 패키지상품(정익준 1995:pp.429~42)을 개발하여 보았다.

66

2) 통일전의 패키지상품개발을 통한 광역화와 신라촌화

통일전은 신라시대의 사적지라고 보기 어려운 것이 사실이다. 또 시멘트 골조 건물이기 때문에 어떠한 문화재적인 가치를 느낄 수도 없다. 따라서 통일전의 이미지가 문화유적지라고 볼 수 없기 때문에 유형적 문화가치는 높다고 볼 수 없고 따라서 더 높은 가격을 받을 수가 없다. 그러므로 이를 보완할 필요가 있다고 하겠다. 그런데 이 주위에는 다양한 신라의 사적이 있다. 이 사적지들은 모두 주요한 신라의 사적지임에도 불구하고 현재 울타리를 쳐서 보호하고 있지도 않을 뿐만 아니라 입장료도 받지 않고 있다. 이는 매우 문화재보호정책에 어긋날 뿐 아니라 경주를 찾는 관광자들에게도 오히려 소개가 제대로 안되게 하는 요인이 되고 더 나아가서 시의 관광재정 수입에 도움을 주지 못하고 관리비의 적자만 안겨주고 있다. 그러므로 이 사적을 묶어 통일전과 연계해서 패키지상품을 개발한다면 문화재도 보호하고, 관광자들에게도 홍보가 되고 입장료수입도 높게 할 수가 있을 것이다. 이렇게 통일전을 광역화하면 자연히 신라촌이 형성될 것으로 본다. 논자가 이를 위해 조사한 패키지상품개발이 가능한 주요 사적지는 다음과 같다.

(1) 서출지와 양기못[원(原)서출지]

서출지는 『3국유사』「사금갑」에 따르면 이미 신라 21대 비처왕 10년 (488)에 불교가 전래되어 왕실에 까지 내전 분수승이 있었음을 보여줄 뿐만 아니라 정월 보름의 오기일의 유래를 알려주는 매우 주요한 사적지이다. 이는 이차돈이 순교한 528년을 신라의 불교공인으로 보는 견해를 뒤엎는 매우 주요한 사적지인 것이다. 자세한 사화를 생략하기로 한다. 〈사진 4〉에서 보는 것처럼 경치도 수려하다. 그러나 현재는 연못주위가 별달리 철책 등으로 보호되지도 못하고 있을 뿐만 아니라 이요당(二樂堂)의 정자에는 관광자가 접근을 할 수 없게 되어 있다. 이 서출지는 바로 통일전의 동남쪽 담모서리와 길하나 떨어져 있기 때문에 이를 통일전과 합하여 입장료를 받으면 좋을 것으로 본다. 이는 문화재도 보호하고 또 관광자에게 널리 알리는 기회도 되며 수입도 올릴 수 있는 것이다. 물론 담장을 설치하는 비용은 소요되나 이는 어차피 해야할 일이다. 다만 길을 막게 되면 주민의 불편이 있을 것이나 주위의 절은 외국인에게 신라불교문화를 보여주기 위해서 라도 통일전의 역내에 편입되어도 무방하다고 보지만 민가는 향후 어차피 정

67

리되어야 할 것으로 본다.

〈사진 4〉서출지 전경

그런데 이 서출지의 남쪽에 또 하나의 연못인 양기못[양피못]이 있는데 이 연못이 원래의 서출지라고 보는 견해도 있다(함종혁 1989:P.44: 윤경렬 1993:p.78, pp.95~6). 〈사진 5〉에서 보는 것처럼 이 곳 역시 경관이 수려하므로 가능하면 이 곳까지 통일전의 역내로 편입하면 좋을 것으로 본다. 다만 이는 단계적으로 하면 좋을 것이다. 그것은 이곳이 남산리 3층석탑과 인접하고 있기 때문에 더욱 필요성을 느낀다.

〈사진 5〉양기못〔원(原)서출지〕

68

〈사진 6〉 남산리 3층석탑

　(2) 남산리 3층석탑(보물 124호)과 양피사 터
　통일전의 남쪽에 〈사진 6〉의 남산리 3층석탑이 민가와 절에 둘러싸여 있다. 이 역시 동서쌍탑이 서로 다른 형이고 또 동탑은 모전(模塼)석탑의 모습을 보여 주고 있고, 서탑의 8부신중은 조각이 매우 아름답고, 보물 124호로 지정된 주요한 문화재이며 이곳은 신라의 양피사 터로 알려져있으나 현재 민가와 절에 둘러싸여 있으므로 통일전의 역내로 편입되어 보호되어야 한다고 본다.

　(3) 폐탑지와 염불사 터
　그런데 남산리 3층석탑의 더 남쪽에 규모가 상당히 웅장한 쌍탑이 폐탑이 되어있는데 이곳은 염불사 터로 알려지고 있다. 그러나 〈사진 7〉에서 보는 바와 같이 폐탑사이로 시멘트 길이 나고 민가가 들어서 있다. 이는 매우 우려스러운 것으로서 마땅히 폐탑은 복원하고 민가는 정리해야할 것으로 본다. 정리하는 방법으로는 규모가 큰 한옥민가는 구입해서 3국통일 기념관 내지 신라민속관, 신라민속상가로 활용해야 할 것이다. 어차피 지방자치단체에서 그러한 목적으로 새로 짓는 것보다는 구입해서 통일전의 역내에 편입하여 활용하도록 하는 것이 좋을 것이다.
　이상의 3곳은 통일전의 남쪽에 있는 사적지이고 이제 북쪽방면에 있는

69

사적지를 보자.

〈사진 7〉 폐탑지

(4) 정강왕릉

통일전의 정문에서 화랑교육원쪽으로 조금가서 남산으로 들어 가면 신라 50 대 정강왕(재위 886~7)의 능이 있다. 12지 신상으로 둘러싼 다른 왕릉처럼 화려하지는 않지만 그러나 〈사진 8〉에서 보는 것처럼 매우 고적지의 분위기를 보여주고 있다. 이 곳 역시 통일전의 역내로 편입하는 것이 좋을 것으로 본다.

〈사진 8〉 정강왕릉

70

(5) 헌강왕릉

정강왕릉에서 길을 따라 화랑교육원쪽으로 조금 더 가면 신라 49 대 헌강왕(재위 875~86)의 능이 있다. 구체적인 내용은 줄이기로 하겠지만 헌강왕은 신라 하대의 주요한 왕인데 〈사진 9〉에서 보는 것처럼 왕릉도 매우 단순하면서도 웅장하다. 이 역시 통일전의 역내로 편입하는 것이 좋을 것으로 본다.

〈사진 9〉 헌강왕릉

지금까지 통일전의 사적지로서의 이미지를 보완하고 또 통일전의 고가전략을 위한 패키지상품을 구축해 보았다. 이와 같이 서출지 2곳, 탑지 2곳, 왕릉 2곳을 포함한다면 통일전의 가격은 어른 개인 3~2천원, 청소년 단체할인 2~1천원을 받을 수 있다고 본다. 이는 비용도 크게 드는 것이 아니며 또한 담장은 어차피 문화재 보호를 위해 설치해야 하는 것이다. 다만 사유재산은 충분히 보상하여야 하기 때문에 우선 가능한 곳부터 먼저 실천하면 좋을 것으로 본다.

이와 같이 당장은 한옥가옥의 민가를 신라민속상가로 개발하여 통일전의 역내화로 만들어 나가는 것이 바람직할 것으로 본다. 달리 말하면 통일전은 현재로도 광역화를 하면 그 자체가 하나의 신라촌으로 발전해 나갈 수도 있다는 것이다. 물론 이는 장기적인 전략이다.

71

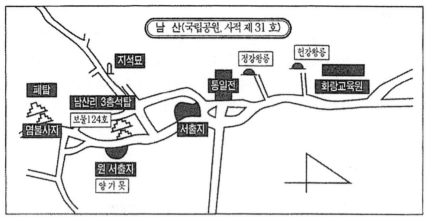

〈그림 1〉통일전의 패키지상품개발을 통한 광역화와 신라촌화

그리고 더 나아가서 장기적으로는 통일전의 시멘트 골조 건물로서의 수명이 다하면 다음에는 정식으로 신라 목조건물로 지어야 그 자체의 문화재적 가치가 형성될 것으로 본다. 이상의 통일전 패키지상품개발을 통한 광역화방안을 나타내면 〈그림 1〉과 같다.

3) 비용절감방안

물론 이는 엄격히 가격전략은 아니지만 가격전략의 목표가 수지균형이기 때문에 이를 보완하는 측면에서 제시하였다. 현재 지방자치체에서도 이를 위해 관람료징수 업무를 민간인 위탁관리를 하는 방안을 마련해 두고 있다. 그것도 한 방법이 되리라고 본다. 그런데 여기서는 또 다른 방법을 모색해 보기로 한다.

(1) 관람권의 유료광고게재

현재 통일전의 관람권의 인쇄비는 〈표 6〉과 같다.

〈표 6〉관람권 인쇄비

구 분	평균소요매수	인쇄단가	인쇄비	비고
개인권	35,000매	30원	1,700,000원	
단체권	1,600매	180원	176,000원	
계	36,600매		1,876,000원	

72

이와 같이 관람권 인쇄비는 1백 8십 7만 6천원이 소요된다. 이를 절약하고 더나아가서 이를 통해 수입을 올리고 또 경주의 관광산업의 홍보와 발전을 위해서는 오히려 이 관람권에 경주의 관광사업체의 유료광고를 공개입찰해서 싣는 것이 수입증대와 경주관광사업의 홍보를 위해 훨씬 유효한 방법이 될 것으로 본다. 물론 업체는 경주시의 관광사업체로 한정해야 할 것이다. 관광자중에서 최적형(optimizers)은 유형적 증거(tangible evidence)를 추구하는 욕구가 강하기 때문에 (Mayo et al. 1981:p.94) 관람권을 수집하는 경우도 많으므로 1년동안 이 광고가 계속 실리게 되면 그 광고효과는 상당히 클 것으로 보는 바, 유료광고비는 인쇄비를 상쇄하고도 남을 것으로 본다. 이로써 상당한 비용절감 뿐만 아니라 수입도 있을 것으로 본다. 이것은 비단 통일전 관람권만이 아니고 다른 사적지에도 적용할 수 있을 것이다. 물론 이러한 문화사업의 유료광고화는 비판의 소지가 있을 수도 있으나 외국의 경우에서 보는 것처럼 불교 법당안에서 관광기념품을 판매하는 것보다는 나을 것이다. 그러므로 삽화와 문안을 신중히 검토하면 이 자체도 경주를 알릴 수 있는 훌륭한 수집품이 되어 좋은 효과를 거둘 수 있을 것으로 본다.

(2) 검표원의 대학생 아르바이트화

검표원은 아르바이트 대학생을 활용한다면 상당한 비용절감이 있을 것으로 본다. 검표원을 1명 고용하면 월 8십만원 × 12개월 = 9백6십만(원)이 들지만 아르바이트생은 시간당 2,천원× 8시간× 365일 = 5백8십4만(원)이 소요되기 때문에 3백7십6만원의 비용을 절감할 수 있다. 물론 아르바이트생은 인력관리가 쉽지는 않겠지만 이는 관광경영계열의 학생을 활용한다면 보다 잘 할 것으로 본다. 따라서 이와 같이 한다면 굳이 위탁관리를 할 필요가 없을 것이다. 더 나아가서 통일전 자체의 인원감소를 꾀하는 방법은 바람직하지 않을 것이다.

뿐만 아니라 대학생 아르바이트생을 고용해서 신라 군사복을 입혀서 검표를 하는 것이 매우 효과가 있을 것으로 본다. 이는 뒤에서 다시 논급하기로 하겠다.

73

4) 성금함설치방안

절에 가면 복전함, 회사함이 마련되어 있다. 예불을 위한 성냥값, 향값, 초값은 스스로 내는 것이 바람직하다. 따라서 통일전에서도 성금함을 마련하여 3분의 왕들께 참배를 하고 참배자가 약간의 성금을 낼 수 있도록 성금모금함을 마련하는 것이 필요하다. 그러나 이 경우는 참배자가 참배를 위해 본전안으로 들어갈 수가 있어야 한다. 현재는 밖에서 신발을 신은 채, 향을 피우고 합장, 묵념정도의 참배를 하도록 되어 있는데 문밖에서 하는 이러한 참배는 3왕에게 대한 예의가 되지도 못할 뿐아니라 참배자의 참여욕구를 충족시키지 못하는 것이므로 가능한 한 신발을 벗고 안으로 들어가서 엎드려서 하는 큰 절을 하도록 해야 한다. 이때 향촉대를 내도록 성금함을 마련해 두면 자연스럽게 낼 수 있을 것이다. 만약 4만명의 어른 개인 참배자가 평균 1천원만 회사해도 4천만원의 수입증가를 가져올 수 있다. 이는 물론 통일전의 자체 수입으로 하여 통일전의 재투자에 쓰일 수 있도록 엄격히 관리하여야할 것이다.

5) 지역주민을 위한 가격차별화

논자는 모든 문화 사적지의 개발과 보존에서 지역주민에게 혜택이 돌아가야 한다고 강조한다. 이러한 혜택이 없는 어떠한 개발과 보존도 성공할 수 없다고 본다. 따라서 현재 경주지역에 주민등록이 되어 있는 주민에게는 관람료의 50~70%까지 할인해 주는 가격차별화전략이 필요하다고 본다. 지역 주민이 친근히 접근할 수 없는 개발과 보존은 결코 바람직하지 않다. 뿐만 아니라 지역주민은 아무래도 재방문회수가 다른 참배자 보다는 많을 것이기 때문에 다사용자를 위해 가격 할인은 당연히 필요한 것이다. 물론 지금 경주지역의 초·중·고등학생 단체는 무료관람을 시키고는 있지만 그것으로는 효과가 적다고 본다. 즉 성인에게도 혜택이 필요하다. 그렇게 해도 이는 재방문회수를 높여 최소한 수입감소를 가져오지는 않을 것으로 본다.

이상과 같이 가격전략을 수립하였다. 이 전략이 전부는 아닐 것이지만 그러나 목표는 고가전략임을 분명히 하였다. 이 전략을 뒷받침하기 위해서는 다양한 제품전략, 촉진전략, 유통전략이 따라야 할 것이다.

74

3. 제품전략

현재의 통일전은 영정 3폭과 기념화 17폭을 제외하면 볼거리가 전혀 없다. 이는 통일전이 갖고 있는 신성, 엄숙, 통일서원전당의 이미지를 주고는 있지만 그러나 참배자의 재방문의사를 전혀 갖게 하지 못하게 하는 요인이 될 것이다. 따라서 제품전략의 기본목표는 이러한 기존의 이미지를 계속 유지하면서 참배자의 흥미와 참여를 불러 일으키는 다양한 제품개발이 필요하다. 그러면서도 앞서 본 것처럼 비예산·저예산사업을 위주로 해야하는 것이다. 그리고 여기서는 현재의 통일전 경내에 한정하여 제품전략을 수립하고자 한다. 앞서 논자가 통일전의 광역화를 통한 패키지상품개발을 제시했지만 이의 제품전략은 차후의 과제가 될 것이다.

그리고 목표시장은 일단 세분화하지 않고 비세분화 시장으로 하는데 다만 제품은 다양하게 개발하기로 한다. 물론 〈표 5〉에서 보면 '97년 10월 21일 현재 청소년 개인 참배자가 5,286명, 청소년 단체 참배자가 76,912명으로 합계가 82,198명으로서 총참배자 104,896명의 78.4%를 차지하고 있어서 절대적이기는 하지만 그렇다고 청소년을 위한 제품을 개발할 수는 없다. 왜냐면 〈표 5〉에서 보는 것처럼 '95 보다 '96의 개인 참배자가 오히려 11.2% 증가하였고, 단체의 그것은 8.4% 감소했기 때문에 개인 시장은 현재 증가추세에 있다고 볼 수 있고 단체 시장은 감소 또는 정체추세에 있다고 볼 수 있기 때문이다. 따라서 관람료를 더 고가로 받을 수 있는 어른 개인 시장을 위한 제품을 개발해야하지만 그러나 통일전은 청소년을 위한 통일교육의 장으로 활용하는 것이 또한 주요하기 때문에 어른 개인만을 위한 제품을 개발할 수는 없고 따라서 비차별적으로 전체 시장에 소구할 수 있는 공통적인 제품을 만드는 것이 주요할 것으로 본다.

1) 제품개발을 위한 공간의 3구분과 개념확립

현재 통일전은 통일서원전당으로서의 주요한 기능을 가지고 있다. 따라서 이러한 신성, 엄숙, 통일서원전당으로서의 역할을 다하면서 참배자에게 흥미있는 다양한 신라문화를 보여주어 재방문의사를 높여야 하는 것이다. 따라서 이를 위해 먼저 통일전의 경내공간을 〈사진 10〉에서 보는 것처럼 (1)참여의 공간, (2)기념의 공간, (3)서원의 공간으로 3부분으로 구분하였다.

75

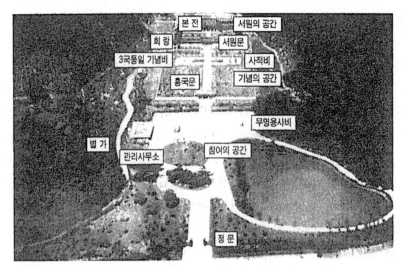

⟨사진 10⟩ 통일전 경내공간의 3구분

즉 정문에서 흥국문까지를 (1)참여의 공간으로하여 이에는 참배자가 흥미있고 다양한 신라문화, 특히 3국통일에 관한 여러 상황을 참배자가 흥미를 갖고 참여할 수 있는 제품을 제공하는 것이다. 특히 논자는 이 참여의 공간이 주요하다고 본다. 여기에서 흥미를 충분히 이끌어 다음 공간으로 이동하는 것이다. 그리고 흥국문에서 서원문까지의 공간을 (2)기념의 공간으로 하여 각종 기념비를 건립하여 참배자로 하여금 신라 3국통일을 기념하는 마음이 들도록하는 것이다. 그리고 마지막으로 서원문안의 본전과 회랑은 (3)서원의 공간으로하여 3왕에게 참배를 함과 동시에 신성, 엄숙, 통일서원전당의 역할을 다하여 참배자가 스스로 통일서원을 하는 분위기를 조성하는 것이다. 이를 구체적으로 설명하면 다음과 같다.

2) 참여의 공간-정문과 흥국문 사이

참여의 공간은 신라문화와 신라 3국통일의 원동력을 참배자가 실제로 체험하고 느끼고 공간으로 조성하도록 제품개발을 하였다. 이곳은 ⟨사진 11⟩에서 보는 것처럼 지금은 텅 비어 있다.

이를 참여상품으로 채워야 한다. 그리고 앞서 논급한 것처럼 이곳에 있는 ⟨사진 3⟩에서 본 무명용사비는 기념의 공간으로 옮겨야 한다.

76

〈사진 11〉 정문에서 흥국문 사이-참여의 공간

(1) 3국통일 기념실의 조성

우선 시급한 것은 현재 통일전을 다 둘러 보아도 사실상 신라 3국통일의 전모를 알기는 어렵기 때문에 이를 일목요연하게 설명해 줄 기념관이 필요하다. 그러나 이를 새로 짓는다는 것은 많은 예산과 시간이 걸릴 것이다. 따라서 신설은 장기적 과제로 하고 다행히 현재 통일전에는 〈사진11〉의 오른쪽에 보이는 관리사무소(58평)가 있으므로 이를 약소하지만 3국통일기념실로 꾸며서 참배자에게 관람하게 하는 것이 좋을 것으로 본다. 관리사무소는 별가(18평)으로 옮기는 것이 좋을 것이다. 그러면 이를 어떻게 꾸미는 방안도 모색해 봐야 할 것이다. 우선 외관상으로는 관리사무소에 기와를 얹어 신라식의 한옥의 모양을 갖추어야 할 것이다. 그리고 내부적으로는 다음과 같은 방안을 중심으로 꾸미면 좋을 것으로 보나 구체적인 것은 별도의 기획이 필요할 것이다.

가. 3국통일지도, 당시 국제형세도
나. 3국통일시의 군사유물
다. 3국통일시의 군사복 모형-장군복, 장교복, 사병복 등
라. 3국통일시의 무기모형
마. 대첩지, 군사유적지의 사진자료, 비디오

77

바. 3국통일 CD롬 개발 및 비치, 판매

사. 남북통일해설도

이외에도 여러가지 기획이 있을 수 있을 것이다.

(2) 신라복의 착용

모든 근무자는 신라복을 각자 직위, 직책에 맞게 착용한다. 이에는 남녀
복, 장군복, 장교복, 사병복, 화랑복 등이 있을 것이다.

(3) 신라복의 대여와 사진촬영

또 신라복을 참배자에게 대여하여 직접 입고 사진촬영도 할 수 있게 하면
좋을 것으로 본다. 사진촬영을 할 수 있는 그림판, 또는 화랑상 등을 만들어
도 좋을 것으로 본다.

(4) 신라군사 근무교대식 또는 출정식의 연출

주 1회 내지 2회 신라군사의 근무교대식, 또는 출정식을 연출한다. 이는
아르바이트 대학생이나, 생활보호대상자, 또는 자원봉사자의 지원을 받으
면 큰 인건비가 들지 않고도 할 수 있다. 의상은 물론 신라문화제 가장행렬
시 사용하던 것을 재사용하거나 안되면 새로 맞춰야 할 것이다. 또 신라왕
의 행차연출을 할 수도 있다. 이는 신라문화제 때 이미 많이 했으므로 새삼
스런 것도 아니다.

(5) 신라민속놀이의 재현과 참배자의 참여유도

신라민속놀이 또는 경주지역의 전통놀이를 재현하여 참배자를 참여시키
거나, 또는 경주지역 농촌의 농악을 주 1회 내지 2회 공연하는 것도 좋을
것으로 본다.

(6) 신라 선박의 진수

안압지 출토 신라 배 등 신라의 선박을 복원하여 〈사진 12〉의 연못에 진
수하고 장기적으로는 신라 수군의 모형을 재현하는 것도 좋을 것이다. 그리
고 연못도 통일못 등으로 의미있는 이름을 붙여야 한다. 또 〈사진 12〉의 다

78

리도 만약 이 다리가 신라 형식의 다리라면 다리 이름도 예를 들어 반굴교 등으로 붙이고 자세한 안내판을 부착하여 참배자에게 공부가 되도록하는 것이 좋을 것으로 본다.

〈사진 12〉 연못과 다리

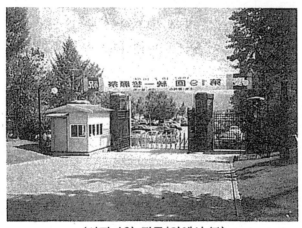

〈사진 13〉 정문(안에서 본)

(7) 정문정비

지금의 정문은 〈사진 13〉과 같은데 이를 신라 형식의 대문으로 축조함과 동시에 매표소를 신라 한옥가옥으로 하고 검표원을 수문장의 신라복을 입히는 것이 바람직하다. 물론 지금 외부에 매표소가 있기는 하나 지금 사용

79

은 별로 안하고 있으므로 이를 기념품점 또는 다른 방도로 활용하도록 하여야 할 것이다.

이외에도 참여의 공간에서는 신라 3국통일의 의의와 신라문화의 우수성을 다양하게 느끼고 체험하는 여러가지 참여상품이 더 있을 것으로 본다. 이의 개발은 또 별도의 기획이 필요하다고 본다.

3) 기념의 공간-흥국문과 서원문 사이

이제 참배자는 기념의 공간으로 왔다. 그런데 사실 현재는 이 공간에도 3왕의 사적비와 3국통일기념비 1개를 제외하고는 〈사진 14〉에서 보는 것처럼 텅 비어 있다.

〈사진 14〉 흥국문과 서원문 사이-기념의 공간

이 공간은 이제 엄숙한 기념의 분위기가 나야할 것이다. 따라서 논자는 이 공간에는 신라 3국통일을 기념하는 각종 기념물이 조성되어야 한다고 본다. 무명용사비의 이전도 그 한 예이다.

그런데 이 기념물에는 다양한 형태가 있을 수 있는데 예를 들면 매초성대첩비, 백강구대첩비, 또 김반굴사적비, 화랑 관창사적비, 또는 예를 들면 관창을 기념하는 조각물 등 주로 비와 조각물이 될 것이다. 그리하여 비를 많이 세워 비림(碑林)을 만든다면 새로운 우리나라의 명소가 될 것으로 본다.

80

물론 이외에도 다양한 기념물이 있을 것인데 신라통일후의 3국민화합비도 있을 수 있다. 또 신라통일기의 무수한 장군, 재상의 기념비, 사적비, 또는 그들의 기념조각을 만들어 참배자가 한송이의 꽃을 헌화하고 향을 사르며 3국통일을 기념하는 그러한 마음이 저절로 들도록 한다.

그런데 이는 예산이 많이 소요되는 사업이다. 그러므로 이를 해결하는 한 가지 방법은 지금까지는 국가예산으로 사업을 했지만 지금부터는 민간자본으로 비와 기념물을 건립하는 것이 좋다고 본다. 즉 후손들의 성금으로 이를 건립하는 것이 한 방법이 될 것이다. 후손들은 그 가문의 위인을 널리 기념하는 사업에 동참할 것으로 본다. 그렇게 하면서 동시에 이 연구에서 제안된 여러 수입으로 가능한 범위내에서 하나하나씩 만들어 나가는 것이 좋다고 본다. 이것은 물론 장기적 사업이 될 것으로 보며 매우 의미있는 사업이 될 것이다.

4) 서원의 공간-서원문안의 본전과 회랑

가장 주요한 공간은 서원의 공간이다. 이곳도 〈사진 15〉에서 보는 것처럼 지금은 기념화 17폭외에는 텅 비어 있다. 따라서 참배자가 구체적으로 통일서원을 하고 싶어도 할 수 있는 제품이 없다. 물론 마음속으로 서원을 하면 되지만 그것도 포함해서 보다 참여할 수 있는 제품이 필요하다고 할 것이다.

〈사진 15〉 본전과 회랑-서원의 공간

81

물론 기본적으로는 기념화를 대폭 증가해야 한다. 그리고 본전에 3국통일의 주요 장면을 벽화로 그려서 기념하는 것도 매우 필요하다고 본다. 이를 위한 기획은 앞서 살핀 것처럼 별도로 수립해야 할 것이다. 이외에도 가능한 몇가지를 제시하면 다음과 같다.

(1) 문무백관과 사자상 등의 석조물 배치

3왕이 있는 곳은 문무백관이 있어야 한다. 원성왕(재위 785~98)의 능에서와 같은 문무백관과 사자상을 석조물로 만들어 배치하여야 한다. 물론 이는 장기적 사업이 될 것이지만 왕이 있으면 신하가 있어야 할 것이다. 또 이는 신라 정부의 어전회의를 재현하는 효과가 있으므로 참배자의 신라문화 공부를 위해서도 필요한 것이다.

(2) 통일서원등(燈)으로 통일서원에 참여

통일전에서는 매년 10월 7일 통일서제를 개최하고 있다. 이 때 이 한달전인 9월 7일부터 10월 7일까지 통일서원기간으로 정하고 이 기간 동안 통일서원등을 달 수 있도록 1년 동안 이를 접수하여 경내에 달도록 한다. 이 역시 통일서원을 구체적으로 참여할 수 있는 방안이 될 것이다. 2천개의 등을 1만원에 제공하면 약 2천만원의 수입을 가져오게된다. 등은 차후년에도 계속 사용할 수 있을 것이기 때문에 그 비용은 극소할 것으로 본다.

(3) 통일서원종의 타종 또는 북의 타고

통일을 서원하는 종이나 북을 서원문의 양편 누각에 달아 참배자가 이를 엄숙하고 경건한 마음으로 타종 또는 타고하여 통일을 기원하는 마음을 구체화하게 한다. 이때도 1회 타종시 5백원, 또는 1천원씩 성금을 내도록 하면 더욱 좋을 것이다. 그리고 이 종과 북을 가능한 기증받도록 하는 것도 통일서원을 더욱 뜻깊게 할 수 있다. 물론 이 때 기증자의 이름을 알리는 동판을 붙이는 것이 좋다고 본다.

(4) 기념화의 엽서화

현재의 기념화는 별도로 활용하는 바가 전혀 없기 때문에 이를 민간 관광

82

사업체에 그림의 저작권을 일정기간 무료로 위양하여 기념엽서를 만들어 판매를 하도록 한다. 다만 이를 청소년과 현대 감각에 맞게 다양하게 디자인을 해야 할 것으로 본다.

(5) 기념상의 건립

이는 장기적 과제가 될 것이지만 3국통일에는 많은 무관과 문관, 화랑, 그리고 스님, 민간인의 노력이 있었다. 이들의 사적을 기념화로만 기념하기는 참배자에게 주는 감동이 작다고 본다. 따라서 기념화 앞에 기념석조상을 조성해서 보다 입체적으로 기념할 수 있어야 할 것이다. 이는 역시 지자체의 예산만으로 할 수 없고 민간인의 성금으로 해결해야 한다. 즉 매년 한 분씩 또는 몇 분씩의 목표를 세우고 한해한해 장기적으로 사업을 펼쳐야 할 것이다. 기본계획은 별도의 기획이 있어야 할 것으로 본다.

5) 상가조성방안

장기적으로는 통일전의 역외에 상가를 조성하여 참배자의 편의를 도모할 뿐만 아니라 더 나아가 시의 수입도 증대시켜야 한다. 공중화장실도 상가내에 위치시켜 상가에서 관리하도록하여 관리비를 절감하고 또 참배자의 편의를 도모하는 것이 바람직하다. 물론 이는 경관을 해치지 않는 범위에서 신라식으로 조성하는 것이 좋을 것이다. 물론 현재 상가가 일부 있으나 보다 더 현대적 시설이 필요하다. 이는 장기적인 과제이다.

이외에도 여러가지 제품전략이 있을 수 있고 또 특히 지자체가 1998년부터 개최하고자 하는 문화 엑스포와 관련한 통일전의 여러 제품개발이 있을 수 있지만 그것은 그 분야의 계획에 맡기기로 하겠다.

그리고 이 정도의 제품을 개발한다면 통일전을 광역화 하지 않더라도 어른 개인 3~2천원, 청소년 단체 2~1천원의 가격을 책정할 수 있다고 본다. 즉 고가정책을 쓸 수 있다. 물론 이 제품의 개발이 한꺼번에 다 이루어질 수는 어렵다고 보기 때문에 앞에서 말한 광역화방안 중에서 가능한 몇몇 사적지를 더 포함하여 이 가격을 책정하면 될 것으로 본다. 서출지와 정강, 헌강왕릉은 지금이라도 포함할 수 있을 것이다.

83

4. 촉진전략

촉진전략의 수단은 촉진믹스라고도 하는데 광고, 인적판매, 판매촉진, 홍보 등이 있다(최병용 1990b:pp.458~562). 그러나 여기서는 촉진믹스의 측면보다는 전반적인 과제별로 보겠다. 역시 비예산·저예산 촉진전략이 필요하다고 본다.

1) 통일서원제의 TV중계

통일전에서는 매년 10월 7일 통일서원제를 지내고 있다. 이를 TV로 생중계함으로써 촉진효과를 최대한 높일 수 있다. 그러나 이렇게 하기 위해서는 이 서원제의 전 참석자가 신라복을 착용하고 또 3왕의 행차, 신라군의 출정식과 같은 이벤트성 행사가 있어야 할 것이다.

이외에도 통일서원제의 홍보를 위한 여러 방안이 마련되어 이 제가 국민의 통일여망을 하나로 묶는 전국적인 행사로 발돋움해야 할 것이다.

2) 홍보-신라통일사 전문인력의 배치

이러한 제품전략과 촉진전략을 수행하기 위해서는 전문인력이 필요하다. 이 인력은 이벤트와 마케팅, 홍보, 그리고 큐레이터, 신라통일사의 전문가로서의 임무를 수행해야 하기 때문에 중요도가 매우 높다. 그런데 이 인원은 기존의 인력에 증원하는 것이 아니고 현재로서는 기존의 사무직 공무원을 한 명 줄이고 임용하는 것이 좋을 것으로 본다.

3) 청소년 통일백일장의 개최

청소년이 참배를 마치고 돌아가면 참배 소감문이라든지, 통일에 대한 열망을 글짓기하여 1년간 우편 또는 PC 통신으로 접수하여 사계의 권위자로 하여금 심사하여 통일서원제 때에 이를 시상하도록 한다. 이는 청소년을 위한 참여상품으로도 좋을 것으로 본다.

4) 인터넷의 활용을 통한 홍보와 사이버 신라 3국통일자료관의 개설

장기적으로는 인터넷을 활용하여 통일전과 신라 3국통일을 홍보하고 더 나아가서 인터넷을 통해 신라 3국통일의 사이버 자료관을 개설한다. 이를

84

통해 신라 3국통일의 논문, 저서, 각종 자료를 열람, 검색할 수 있게 하여 국내외 학생, 학자의 공부와 연구에 도움을 준다.

5) 국내외 저명방문인사의 통일전참배방안

특히 국외방문인사가 오면 국립묘원을 참배하거나 판문점을 둘러보고 간다. 그러나 남북한의 통일의 정당성이 신라의 3국통일에 있다는 것을 보여주기 위해서는 가능한한 통일전을 참배하도록 하는 것이 효과가 클 것으로 본다. 이것은 물론 국내인사의 경우도 마찬가지일 것으로 보며 경주를 방문하는 저명인사의 공식일정에 통일전참배를 넣도록하는 것이 중요하다.

물론 이외에도 여러 촉진전략이 있을 수 있지만 문화상품은 구전효과가 크므로 결국 제품개발이 잘 이루어지면 촉진은 큰 비용을 쓰지 않아도 잘 될 것으로 본다.

5. 유통전략

문화상품의 특성상, 그리고 관공서의 상품이라는 측면에서는 유통전략을 수립하기가 쉽지 않다.

그러나 경로구성원에 대한 평가(이우용 외 1993:p.334)를 통해 문제점을 파악하고 이에 대한 전략을 수립할 수 있다. 통일전은 청소년단체의 거의 대부분이 수학여행단체이므로 유통경로가 극히 한정되어 있다. 이를 여행사, 호텔, 항공사 등의 패키지, 연계상품으로 적극 개발하여야 한다. 그러나 관공서의 상품은 업계촉진(trade promotion)(서성한 외 1993:p.349)이 쉽지 않기 때문에 유통경로기관에 접근할 수 있는 다양한 촉진전략을 수립해야 할 것으로 본다.

6. 전략실시의 문제점

이상의 전략을 실시하면 효과는 클 것이지만 그러나 이에 따르는 문제점도 살펴봐야 할 것이다. 이에는 몇가지 경영적 측면에서의 주의점이 있다.

1) 전문인력의 양성

사실 가장 주요한 것은 이러한 마케팅전략을 수행할 수 있는 전문인력이

85

공무원조직내에는 부족하다는 것이다. 또 통일전의 측면에서는 신라통일사를 이해해야하고 전시를 위해서는 큐레이터의 역할을 수행할 수 있는 인력이 있어야 하고 또 이벤트를 수행할 수도 있어야 할 것인데 이러한 인력을 교육훈련 또는 신규채용을 통해 꾸준히 양성해야 한다. 그때까지는 외부의 자문을 받는 수밖에는 없을 것이다.

2) 인센티브보상

그리고 주요한 것은 인센티브보상이다. 통일전의 회계를 독립채산제로 할 수는 없다고 하더라도 매출액이 오르고 또 이익이 나면 통일전의 근무자에게 특별수당의 형식으로라도 반드시 공식적인 보상이 있어야 한다. 또 근무평정에 양호한 평가가 이 측면에서 반드시 있어야 한다. 그렇지않으면 이 전략은 거의 실행하기가 어렵다. 공공기관의 인센티브보상은 물론 앞으로 더 깊은 연구가 있어야 할 것이다.

3) 법제도 정비

또 문제점은 법적인 문제다. 지자체가 이러한 전략을 실시할려면 많은 법적 문제와 제도적 문제를 해결해야 한다. 이것도 쉽지 않고 오랜 기간과 관계부처의 꾸준한 협의가 필요할 것이다.

4) 재원조달

이 연구에서는 비예산 · 저예산사업을 위주로 하였기 때문에 별다른 재원조달방안은 제시하지 않았다. 다만 몇가지 민간인의 재원을 성금, 기부채납 형식으로 조달한 부분이 있는데 이의 사업은 장기적인 것이기 때문에 큰 문제는 되지 않는다고 본다.

5) 비용-수익분석

이 연구에서는 비용-수익분석도 생략하였다. 왜냐면 이는 초기비용이 적게 드는 사업을 단계적으로 선정하였을 뿐만 아니라 통일전의 회계는 매우 단순하여 이 전략을 실시하면 그 효과는 바로 측정이 되기 때문이다.

86

이상의 문제점을 감안하여 실행가능하고 단기에 실행할 수 있는 전략을 채택하는 것이 좋을 것으로 본다. 이를 위해서 이 전략을 장단기 마케팅전략으로 구분하여 보도록 하자.

VI. 통일전의 장단기 마케팅전략

여기서는 앞의 전략수단을 기간별로 분류하여 그 목록을 제시하고자 한다. 그리고 또 장기적 과제로서 수행해야 할 전략도 가능한 범위에서 구축하고자 한다.

1. 단기전략(1년)

단기전략은 주로 1년 내에 수행할 수 있는 전략으로서 이 연구에서 수립한 것을 적시하면 다음과 같다. 물론 이 중에는 중기까지 진행되는 것도 있을 수 있으나 대개 단기로 수행할 수 있다고 본다.

1) 초목이름표 및 설명문부착, 수목판매사업
2) 통일전 건물 설명문
3) 3국통일순국무명용사비의 재배치
4) 패키지상품의 1단계 광역화개발(서출지, 헌강, 정강왕릉의 편입)
5) 관람권의 유료광고게재
6) 검표원의 대학생아르바이트생 고용
7) 본전안 참배 및 성금함설치
8) 지역주민을 위한 가격차별화
9) 모든 근무자의 신라복 착용
10) 신라복의 대여와 사진촬영을 위한 그림판의 설치
11) 신라군 근무교대식의 연출
12) 신라민속놀이의 재현과 농악공연
13) 연못 및 다리이름 명명
14) 다리 양식 설명문 부착
15) 신라선박의 건조와 진수

87

16) 통일서원제의 TV중계

17) 통일서원의 달 선포와 통일서원등 달기

18) 통일서원종 및 북의 설치

19) 청소년통일백일장의 개최

20) 국내외 저명인사의 통일전참배

21) 업계촉진

22) 홍보-신라통일사 전문인력배치

23) 공간의 3구분(참여, 기념, 서원의 공간)

24) 관람료 1단계 현실화(어른 개인 2천원, 청소년 단체 1천원)

25) 법제도 정비

2. 중기전략(2~4년)

2~4년에 실행할 수 있는 중기전략은 다음과 같다.

26) 본전 내 · 외부벽화

27) 태종무열왕-문무왕 영정재배치 및 3왕사적비재배치

28) 김유신 태대각간의 영정의 수정 내지 재도화, 사적비 추기

29) 기념화의 재배치 및 추가 도화

30) 패키지상품의 2단계 개발(원 서출지, 남산리 3층석탑, 폐탑지의 편입)

31) 3국통일기념실의 개관(지붕기와얹기)과 관리사무소의 별가 이전

　　　가. 3국통일지도, 당시 국제형세도

　　　나. 3국통일시의 군사유물

　　　다. 3국통일시의 군사복 모형-장군복, 장교복, 사병복 등

　　　라. 3국통일시의 무기모형

　　　마. 대첩지, 군사유적지의 사진자료, 비디오

　　　바. 3국통일 CD롬 개발 및 비치, 판매

　　　사. 남북통일해설도

32) 신라군사 출정식연출

33) 신라왕의 행차연출

34) 신라수군 모형조성

88

35) 기념화의 엽서화
36) 인터넷홍보와 사이버 신라 3국통일자료관의 개설
37) 인센티브보상
38) 관람료 2단계 현실화(어른 개인 3천원, 청소년 단체 1천 5백원)

3. 장기전략(5년이상)

5년이상으로 실행할 수 있는 장기전략은 다음과 같다.

39) 정문-매표소 정비
40) 기념비 기념조각 조성(기념의 공간)
41) 문무백관과 사자상 등의 석조물 배치(서원의 공간)
42) 기념상의 건립(서원의 공간)
43) 상가조성(통일전 역외)
44) 본전의 목조건물로 재건축(최장기 계획)

이외에도 이 연구에서 직접 논급은 하지 않았지만 다음의 방안도 통일전의 장기전략으로 수립하면 좋을 것이다.

45) 신라 3국통일기념관의 건립
46) 신라 3국통일연구소의 개설과 국내외학술회의 개최, 관계 서적 발행
47) 해외 신라 3국통일 유적연구와 개발
48) 통일원과 연계사업의 추진
49) 통일전의 장(長)을 별정직 상위직급으로 임명
50) 해외 통일전 분원설치

이상과 같이 50개의 통일전의 문화마케팅전략구축을 수행하였다. 이외에도 더 많은 전략이 있을 수 있으나 차후의 과제로 하겠다. 이제 결론을 보기로 한다.

89

V. 맺는말

통일전은 신라 3국통일의 정신을 받들어 현금의 국가 당면과제인 남북통일을 위한 서원을 하는 국가의 주요 참배지이다. 그런데 갈수록 중요성이 희박하게 되어가고 있고 참배자의 감소와 수지 적자라는 어려움을 겪고 있다. 이는 결국 통일전의 문화마케팅전략이 지속적으로 구축되지 않았기 때문이라고 볼 수 있다.

이 연구에서는 이를 위해 통일전의 문화마케팅전략을 구축하였는데 실천경영학의 측면에서 실무적인 전략을 개발하여 실무가들이 실천할 수 있게하였다. 앞으로 지속적인 전략구축과 실천이 더욱 필요할 것이다. 이를 위해서 먼저 이 연구에서는 현재 통일전의 문제점을 살펴보았는데 특히 통일전 시설이 만 20년전과 조금도 변함이 없음을 지적하여 참배자의 재방문의사가 낮고 참배자의 감소와 수지적자가 발생하므로 이를 해소하기 위한 전략을 구축하는 것을 주요목적으로 하였다. 이와 동시에 통일전의 내용적 문제점으로 태종무열왕-문무왕 영정 재배치, 김유신 태대각간의 영정의 수정내지 재 도화, 무명용사비의 재배치, 기념화의 재배치와 추가 도화를 지적하였다. 이는 국민교육적인 측면에서도 반드시 바로 잡혀져야 할 것으로 본다.

구체적인 문화마케팅전략구축으로는 비예산 · 저예산사업을 목표로 하여 4P를 중심으로 50개의 전략수단을 구축하였다. 특히 고가전략을 위한 다양한 제품개발전략을 구축하였는데 이에는 통일전의 광역화와 신라촌화방안도 있다. 그리고 통일전의 공간을 효율적으로 활용하기 위해 3개의 공간으로 구분하는 것을 주요 전략으로 구축하였다. 이러한 전략은 실무에서 매우 유용할 것으로 본다. 물론 이는 통일전에만 해당하는 것은 아니고 문화사적지의 마케팅전략으로 공통적으로 응용될 수 있는 부분이 많다고 본다. 물론 이러한 전략의 문제점도 있는데 홍보-신라통일사 전문인력의 확보, 인센티브보상, 법제도 정비가 특히 먼저 해결되어야 할 것이다.

그리고 이를 다시 시간적으로 단기 · 중기 · 장기전략으로 분류하여 목록을 작성함으로써 단계별 전략의 실천을 원활히 하고자 하였다. 가능한 전략을 하나하나씩 꾸준히 실천하는 것이 중요하다.

90

물론 이러한 전략은 고정된 것이 아니고 향후 꾸준히 실천과 환류를 통해 개선될 수 있다. 그것은 참배자의 변화하는 욕구를 항상 충족하도록 노력해야 할 뿐만 아니라 그것을 통하여 국민들의 통일에 대한 서원을 더 한층 고조할 수 있는 방안을 늘 새로이 마련해야 한다는 것을 의미하는 것이다.

그리고 이 연구에서는 비록 수행하지는 않았지만 향후 이러한 전략의 수행과정에서 보다 이론적인 실증연구도 수행하면 더 좋을 것으로 본다.

이러한 전략을 통해 통일전은 우리의 신라 3국통일에 대한 국민의 자부심의 증대와 함께 생동하는 통일서원전당으로서의 본래의 모습을 찾을 것으로 보며 남북통일의 산 교육장으로서의 역할을 다 해낼 것으로 본다.

�‹› 참고문헌 �‹›

김부식(1145), 3국사기.

경주신문,　　　 "통일전 관리 및 관람료 징수 조례중 개정 조례안,"
　　　　　　　　1997. 10. 2.

김염제(1990), 소비자행동론, 2쇄, 서울:나남.

김호정(1996), "한국의 공무원과 기업체직원의 무사안일행태 비교,"
　　　　　　　한국행정학보, 한국행정학회, 제 30 권 제 3 호.

박세정(1996), "정부조직관리의 개혁," 한국행정연구,
　　　　　　　한국행정연구원(KIPA), 제 5 권 제 2 호.

사적공원관리사무소 통일전 관리과 발행, 통일전 안내책자 3종.

서성한, 최덕철, 이신모(1993), 관광마케팅론, 서울:법경사.

손대현(1996), 관광마키팅론:이론과 실제, 수정판 3쇄, 서울:일신사.

윤경렬(1993), 겨레의 땅 부처님의 땅, 서울:불지사.

이선희(1995), 관광마아케팅개론, 초판 3쇄, 서울:대왕사.

이우용, 정구현(1993), 마케팅원론, 대구:형설출판사.

이유재(1994), 서비스마케팅, 서울:학현사.

이종영, 이상환, 김경훈(1994), 마케팅, 서울:삼영사.

이학식, 안광호(1995), 소비자행동:마케팅전략적 접근, 초판 7쇄,
　　　　　　　서울:법문사.

91

일연(1281~3), 3국유사.

정익준(1995), 관광마케팅관리론, 대구:형설출판사.

최병용(1990a), 소비자행동론, 서울:박영사.

_____(1990b), 신마케팅론, 전정판, 서울:박영사.

최승이, 한광종(1993), 관광광고홍보론, 서울:대왕사.

한경수(1997), 관광마케팅의 이해, 서울:학문사.

함종혁(1989), "잘못된 문화재지정- 재고증으로 바로잡아야 한다," 천고, 통권 제 55호 호, 경주: 신라문화동인회.

Coltman, Michael M.(1989), Tourism Marketing, N.Y.:Van Nostrand Reinhold.

Hawkins, Dell., Best, Roger J., Coney, Kenneth A.(1986), "Consumer Behavior:Implications for Marketing Strategy," 3th ed., Plano, Texas:Business Publications, Inc..

Kotler, P.(1982), Marketing for Nonprofit Organization," 2nd ed., N.J.:Prentice-Hall, Inc.:

_____(1984), Marketing Management:analysis, planning, and control, 4th ed., N.J.:Prentice-Hall, Inc..

Mayo, Edward J., Jarvis, Lance P.(1981), "The Psychology of Leisure Travel:Effective Marketing and Selling of Travel Services," Boston, MA:CBI Publishing Company, Inc.. 손대현, 장병권 옮김(1994), 여가관광 심리학, 3쇄, 서울:백산출판사.

92

Abstract

A Building of Cultural Marketing Strategies for TongIlGeun

KangSik Lee

TongIlGeun was built in KyongJu city in 1977 in order to memorize Silla's unification about one thousand and three hundreds years ago and pray reunification of our country. But, after twenty years, at present it has much problems like reduction of worshiper and deficit operation.

Therefore the purpose of this paper is to build Cultural Marketing Strategies for TongIlGeun in order to solve these problems.

And so, I develop fifty practical strategies for practitioners of TongIlGeun, which bases upon 4P of marketing. Of course, although these strategies have some problems, I think these problems can be overcome enough.

I believe that these strategies are useful practically. And I hope, hereafter, empirical study will be done.

93

신라학연구소 논문집, 제2집, 1998. 12.

仙桃神母가 花郞徒組織의 起源이라는 辨證

李 康 植*

Ⅰ. 첫 말

仙桃神母는 新羅組織史에서 매우 주요한 위치를 차지하고 있다. 그럼에도 불구하고 지금까지는 왜 연구가 되지 않았는지가 오히려 연구대상이 될 수 있다고 볼 만큼이나 거의 연구가 되지 않았다. 표면적으로 보면 신라 始祖 박혁거세거서간이 〈큰 알〉에서 탄생했다는 『3국사기』나 『3국유사』의 기록에 가리워서 그런 것으로 볼 수 있다. 그러나 사서에서는 박혁거세거서간이 仙桃神母의 아들이라는 기록도 나타나고 있다. 따라서 논자의 논지는 다르다. 즉 仙桃神母는 신라조직사에서 신라사의 중추라고 할 만큼 신라사의 뼈대를 이루고 있을 뿐만 아니라 仙桃神母가 신라사에서 공식적으로 역사체계로 정립되지 않은 것은 깊은 구조에서 보다 복합적으로 원인을 찾아야 한다고 본다.

특히 논자는 그 중에서도 仙桃神母의 神仙術에서 화랑도조직이 기원한다고 본다(이강식 1998a:pp.186~93). 지금까지 화랑도조직의 기원에 대해 몇가지 견해가 있기는 하였으나 신라사의 측면에서 귀납적으로 본격적인

---

* 경주대 교수

53

연구가 있었다고 보기는 어렵다. 화랑도조직의 기원에 대해서는 뒤에서 다시 보기로 하겠다.

그러므로 이 연구의 목적은 仙桃神母의 出自를 밝히고 仙桃神母의 神仙術이 화랑도조직의 起源이라는 것을 분석하고 辨證하고자 하는 것이다.[1]

이를 이해하면 신라의 건국과 본질, 그리고 신라조직사에서 여성이 평등한 이유, 그리고 신라조직사와 화랑도조직의 기원에 대해서 더 깊이 이해할 수 있고 더 나아가서 논자가 제창한 조직사와 조직사상사에 대해서도 더 잘 이해할 수 있을 것으로 본다.

Ⅱ. 仙桃神母의 出自

1. 金富軾 등의 『3國史記』의 〈古有帝室之女〉

김부식(1075~1151) 등의 『3國史記』「신라본기」의 첫 면에서는 신라 始王 박혁거세거서간(재위 -57~4)이 나정 가의 숲속의 말 옆의 〈큰 알[大卵]〉에서 태어났다고 기록하여 그 부모의 世系를 밝히지 않았다. 그러면서도 김부식 등은 동시에 이 첫면에서 〈이에 앞서 조선유민이 산과 계곡사이에 나누어 거주하였는데, 6촌조직이 되었으며, …이것이 진한 6부조직이 되었다.〉라고 하여 〈고조선 신라계승론〉을 기록하였다(이강식 1998b:pp.119~26).

그런데 文烈公 김부식은 『3國史記』「신라본기」〈경순왕 9년〉의 맨 마지막 끝 면의 〈論 曰〉에 와서는 비로소 박혁거세거서간의 어머님이 仙桃神母임을 직접 밝히지는 않았지만 매우 간접적으로 시사하고 있다. 그런데 여기서도 첫 문장에서는 〈신라 박씨·석씨는 모두 알로부터 태어났고 김씨는 금궤속에 들어 있다가 하늘로부터 내려왔다고 하며 혹은 말하기를 금수레를 타고 내려왔다고 하나 이는 더욱 괴이하여 가히 믿을 수 없다. 그러나 세속에서는 대대로 전해 내려와 사실이 되었다.〔爲之 實事.〕〉라고하여 자신도 믿지는 않지만 〈사실이 되었다.〉라고 하면서 이를 사실로서 기록하였다.

그러면서도 文烈公 김부식은 박혁거세거서간의 어머니가 仙桃神母임을 매

---

1) 여기서 "辨證"은 이규경(1788~1883)의 『5주연문장전산고』에서 사용된 용어로서 논자는 이를 특히 〈옳고 그름을 辨론하여 證명함〉의 뜻으로 사용하고자 한다. 물론 辨證法(Dialektik)과는 다른 용어이다.

54

우 완곡하게 시사하는 2개의 문장을 남기고 있다. 그런데 그가 인용한 2개의 문장은 신라의 고기록에서 근거를 두지 않고 모두 자신이 살았던 當代인 중국 宋人과 관련한 기록으로 나타내고 있다. 이는 仙桃神母가 중국에서도 오래동안 존숭되고 있다는 것을 밝혀 신라사의 위대함을 나타내고자 한 것으로 본다. 그러나 이 기록이 후대로 갈수록 다소 이해가 완전하지 않게 되었다고 본다.

1) 그러면 첫째 문장을 살펴보자. 김부식이 尙書 李資諒을 輔行하여 文翰의 직책을 맡아 政和년간(중국 宋 휘종의 연호, 1111~7)에 중국 宋에 갔을 때, 佑神舘의 한 당우〔一堂〕에서 女仙像을 보았는데, 이때 접빈하러 나온 舘伴學士 王黼의 우연한 설명을 듣고 처음으로 仙桃神母를 안 것처럼 기록하고 있다. 즉 이때 왕보가 〈"이 분은 貴國의 神인데, 公들은 아시오?"〉라는 질문을 듣고도 별다른 답변을 했다는 기록이 없고, 계속해서 왕보가 〈"엣 제실의 딸〔古 有 帝室之 女〕이 있어, 夫君이 없이 잉태하자, 사람들에게 의심받는 바 되어, 이에 배를 타고 바다에 떠서 辰韓에 이르러 아들을 낳으니, 해동의 첫 임금〔海東 始主〕이 되었고, 帝女는 地仙이 되어 仙桃山에 오래 살았는데, 이것이 그 분의 초상화이다."〉라는 설명을 처음 듣는 것처럼 생소하게 기록하였고 그 전에 仙桃神母에 대해서 알고 있었다는 기색은 전혀 보이지 않았기 때문에 기록 자체만으로 보면 이때 비로소 仙桃神母를 처음 안 것으로 보인다. 그런데 여기서 帝女가 仙桃山에 오래 살았다고 했기 때문에 이 분이 仙桃神母임은 분명하다. 그리고 김부식이 奉使한 것은 고려 예종 11년(1116. 정화6년)으로서 이는 『고려사』「세가 14」〈예종 11년 7월〉에 기록되어 있다.

2) 뿐만 아니라 두 번째로 김부식은 고려 예종 5년(1110)에 중국 宋에서 고려에 사신으로 온 信使 王襄이 고려에 와서 지은 「祭 東神聖母 文」에서 〈賢人을 임신하고 국가를 창건하였다.〔娠 賢 肇 邦.〕〉이라는 귀절이 있는 보고, 〈이에 東神이 즉 仙桃山 神聖임을 알았으나, 그러나 그 분의 자제가 왕이 된 것이 어느 때인지를 알지 못한다.〉라고 하여 역시 다소 한정된 기록을 남겼다. 그리고 王襄이 信使로서 고려에 온 것은 고려 예종 5년(1110)으로서 이는 『고려사』「세가 13」〈예종 5년 6월〉에 기록되어 있다.

    그러므로 김부식이 輔行하여 송에 가서 王黼를 만나 仙桃神母에 대해서
안 것은 王襄이 고려에 와서 「祭 東神聖母 文」을 지은 6년 후라는 것을
알 수 있다.

    그러므로 이 전체 문맥에서 김부식은 王襄이 1110년에 고려에 와서
지은 「祭 東神聖母 文」의 東神聖母가 누구인지를 몰랐다가 6년후인
1116년에 자신이 중국 송에 가서 王黼의 설명을 듣고 알았는 것처럼 기
록하였고 또 〈그러나 그 분의 자제가 왕이 된 것이 어느 때인지를 알지
못한다.〉라고 하여 후학으로서는 논리적으로 이해하기가 쉽지 않은 기록
을 남겼다.

    경주에서 태어나 신라-경주에 기반을 둔 김부식이 조상을 주요시하는 당
대의 대표적인 유학자이며 사학가로서 『3國史記』의 저술자의 한 사람인
데, 처음에 仙桃神母를 몰랐고 중국 宋에 가서 중국사람 때문에 알았고, 또
그 자제분이 누구라는 것을 명시하지도 않고, 또 언제 왕이 되었는 지도 몰
랐다는 것은 이해하기가 쉽지 않다. 또 처음에는 몰랐다고 하더라도 『3國
史記』를 저술할 때에는 이미 仙桃神母에 대해서 자세히 알았을 터인데 왜
깊이 기술하지 않았는지도 이해하기 어렵다.

    더 나아가서 김부식 같은 대학자가 〈알지 못한다.[不知:모른다]〉는 것을
그대로 기록한다는 것 자체가 더 이해하기 어려운 것이다. 몰라서 모른다고
기록했다고 보기는 어렵다. 이는 알지만 기록할 수는 없다는 유교식 춘추필
법으로 봐야할 것이다. 그러면서도 굳이 이 仙桃神母에 대한 기록을 남긴
것을 볼 때 여기에는 상당한 역사적 연유가 있는 것으로 보이는데 이것이
그가 仙桃神母의 출자를 명백히 밝히지 않고 박혁거세거서간이 큰 알에서
태어났다고 기록한 한 원인을 형성하고 있다고 본다.[2]

    이렇게 『3國史記』는 신라로 부터 매우 후대이며 고려의 김부식과 같은
시대인 2명의 王氏姓을 가진 중국 宋人에 근거하여 〈古 有 帝室之 女〉가

---

2) 다시 한 번 강조하면 〈怪力亂神〉(『論語』,「술이 제7」)을 말하지 않는, 합리
   성을 추구하고 조상의 족보를 중시하는 유학자가 왜 ① 仙桃神母의 世系와 出自
   를 분명하게 밝히지 않았는지, ② 또 뚜렷이 있는 박혁거세거서간의 부모의 世
   系를 밝히지 않고 큰 알에서 태어났다는 초합리적 표현으로 그 世系를 덮으려
   하였을까? 가 역사의 큰 의문이며 앞으로 계속 연구할 부분이라고 본다.

56

仙桃神母이고 神母의 자제분이 해동의 첫 임금이 되었다는 것을 밝혔지만 그 자제가 박혁거세로서 신라의 첫 임금이라는 것은 직접 밝히지는 않았다. 그러나 이 기록이 「신라본기」의 끝 면에 있고 仙桃山은 신라에 있으므로 神母의 자제가 박혁거세로서 신라의 첫 임금이라는 것을 시사했다고 보겠다. 물론 직접 밝히지 않은 것은 첫 면에서 박혁거세거서간이 큰 알에서 태어났다는 것을 사실로서 이미 기록하였기 때문일 것이다.

그런데 여기서 仙桃神母의 출자에 대해서도 〈古 有 帝室之 女〉라고 하여 그것을 분명하게 밝히지 않았다는 것이다. 물론 중국 宋의 우신관에서 모시고 있는 仙桃神母에 대해 왕보가 말한 〈帝室〉은 당연히 〈中國帝室〉처럼 보이지만 그러나 왕보는 仙桃神母가 〈貴國의 神〉, 즉 신라-고려의 神이라고 분명하게 밝혔기 때문에 그 〈帝室〉이 반드시 〈中國帝室〉이라고 보기는 어렵다. 물론 처음에는 중국인이지만 나중에 신라의 神이 되었기 때문에 왕보가 단지 〈貴國의 神〉이라고 할 수는 있을 것이나 그러나 그럴수록 중국인인 왕보가 仙桃神母의 원류가 중국에 있다는 중국쪽의 世系를 분명하게 밝혔을 것이다. 그러나 그렇게 하지 않았다는 것은 仙桃神母가 결코 중국에서 출자한 것이 아니라는 것을 의미하는 것이다. 즉 〈中國帝室之 女〉가 아니라도 중국 宋의 우신관에서 賢神을 모실 수도 있는 것이기 때문이다. 물론 이에 대해서도 왕보와 질의응답이 있어야 했고, 있었을 것으로 보이나, 현전 『3국사기』의 기록에는 생략이 되어 나타나지 않는다. 그러므로 가능성은 여러가지이지만 크게 대별하면 왕보가 그 어떤 仙桃神母의 출자를 밝혔는데도 김부식이 기록을 안했거나, 왕보가 밝히지도 않았고 김부식 등이 질의도 안해서 기록을 안했을 2개의 가능성을 가장 높게 상정해 볼 수 있다. 논자는 대체로 前者라고 본다. 왕보가 몰라서 안 밝혔을 리는 없을 것이고, 김부식 등이 질의를 안했을 리도 없기 때문이다. 그러나 이를 생략하였기 때문에 중국 宋人들을 등장시킨 전체적 기록속에서는 〈中國〉이라고 지칭을 안해도 대체로 은연중에 〈中國帝室之 女〉로 보이게 되었다. 즉 마치 仙桃神母의 출자가 중국처럼 보이지만 꼭히 중국이라고 지칭하지도 않는 묘한 화법이 구사되어 있는 것이다. 뿐만 아니라 박혁거세거서간이 큰 알에서 태어났다고 하면서도, 또 그것이 아니고 仙桃神母에게서 태어났다는 것을 시사하고 있다. 이것이 김부식의 매우 묘한 화법이라고 하지 않을 수 없다. 이

57

것이 그후 약 140년 뒤의 일연의 『3國遺事』에 영향을 준 듯하다.

그런데 여기서 왕보가 仙桃神母의 출자를 밝혔다면 그것은 물론 중국 아니면 중국이외의 다른 나라일 것이다. 그런데 왕보가 仙桃神母의 출자를 중국으로 밝혔다면 김부식이 이를 명시하지 않았을 것으로 볼 수는 없다. 만약 그랬다면 이는 김부식 등의 『3국사기』가 매우 자주적이라고 할 수 있을 것이지만, 그러나 논자는 『3국사기』가 〈고조선 신라계승론〉을 기록할 만큼 자주성이 매우 높다고 평가하지만 중국인인 왕보가 仙桃神母의 출자를 중국으로 밝혔는데도 굳이 자주성을 살리기 위해서 이를 기록하지 않을 정도로 사실성을 훼손했다고 보기는 어렵다. 이는 뒤에서 계속 보기로 하겠다. 그러므로 논자는 왕보가 仙桃神母의 출자를 중국이외의 다른 나라로 밝혔기 때문에 김부식이 이를 기록하지 않았을 가능성이 높다고 본다. 이 역시 계속 살펴보기로 하자.

뿐만 아니라 중국 宋의 信使 왕양이 와서 「祭 東神聖母 文」을 지었다는 것을 볼 때, 仙桃神母는 고려와 중국에서 매우 널리 알려진 國神이었는 것으로 볼 수 있으므로 그 출자를 몰랐거나 그 자제분이 어느 때에 왕이 되었는지를 몰랐다는 것은 이해하기 어렵다. 그런데 왜 중국 사신이 와서 「祭 東神聖母 文」을 지었는지도 더 설명을 남기면 좋았을 것으로 보나 이 역시 생략이 되고 말았다. 그런데 고려 인종 원년(1123)에 고려에 사신으로 온 중국 宋의 徐兢이 지은 『宣和奉使高麗圖經』「祠宇」에 의하면 개경의 東神祠에 〈東神聖母之 堂〉이 있는데 사신들은 이에 제사를 지내는 의례를 하였다고 한다. 이것은 고려가 國神을 모시는 사당에 신라의 仙桃神母를 제사지냈고, 외국의 사신도 이를 참배하도록하였다는 것이다.3) 그렇다면 더욱이 김부식이 東神聖母에 대해서 宋에 갔다와서 알았다는 것은 이해하기 어려운 것이다. 그렇게 보면 宋의 우신관에서 仙桃神母를 제사지낸 것을 이해할 수 있다. 즉 외국우호국가의 國神을 제사지냄으로써 외국에 대한 우호감을 표시한 것으로 볼 수 있다. 이는 우리도 箕子사당이나 孔子사당 또는 關羽(?~219)廟를 만들어 제사를 지내는 것과 같다. 다시 말해서

---

3) 이는 현대에도 외국의 고위 사절이 오면 현충원에 참배하는 것과 마찬가지의 행사였을 것이다.

仙桃神母이후 약 1천2백년후의 중국 宋人들이 仙桃神母를 높이 존숭했는 이유는 고려 東神祠의 〈東神聖母之 堂〉에서 仙桃神母를 높이 존숭했기 때문으로 본다. 이는 물론 신라에서 높이 존숭했기 때문이므로 신라에서의 仙桃神母의 위격을 알 수 있다. 그런데 경주 선도산의 聖母祠에 대해서는 『동국여지승람』(1451)에 기록이 나오는데 이처럼 조선초기에 聖母祠가 있었다면 이는 남존여비의 조선시대에 와서 건립된 것으로는 볼 수 없고 신라-고려 때부터 이미 있었고 『동국여지승람』(1451)에 기록이 될 정도로 유서깊게 전승되어 내려왔다고 봐야 할 것이다. 그렇다면 더욱이 고려 때의 경주 태생의 김부식이 仙桃山의 仙桃神母와 聖母祠를 몰랐다고는 할 수 없을 것이다. 앞으로 仙桃山의 仙桃神母의 聖母祠에 대해서는 개경의 東神聖母之堂과 함께 연구자들이 더 연구해야 할 것이다.

그런데 뒤에서 볼 『3國遺事』에서는 仙桃神母에 관한 신라 자체의 비교적 상세한 기록을 남기고 있어 김부식 당대까지도 이 기록이 남아 있음을 알 수 있다. 그런데도 김부식이 굳이 이를 기록하지 않고 중국측에 근거하여 중국 宋人들도 仙桃神母를 찬양하여 신라가 매우 훌륭한 국가임을 나타내면서도 그 출자를 명백히 밝히지 않아 후인들이 仙桃神母가 마치 중국에서 출자한 것으로 보이게 하는 유도적인 기록을 남기게 되었는데 이는 역시 의도적일 가능성도 배제할 수는 없을 것이다.

이것은 우선적으로 문맥적으로 보면 김부식이 〈論 曰〉에서 신라가 중국을 지성으로 섬겨 신라가 중국의 힘을 활용하여 통일하여 성대하였다고 하면서, 그 다음에 불교의 폐단을 지적하여 〈신라불교망국론〉을 제시한 것과 수미쌍관의 관계가 있다고 본다.

즉 논자는 〈論 曰〉의 문장의 전개가 상당히 미묘하다고 보는데, 김부식은 먼저 신라의 박씨·석씨·김씨의 출자가 가히 믿을 수는 없지만 사실로 전해지고 있다고 하면서 다소 신빙할 수 있는 仙桃神母의 출자를 마치 중국처럼 보이게 하는 기록을 남기면서 그 다음 문장에서는 신라의 내정을 유교적 관점에서 높이 평가하고, 곧이어 신라가 중국을 섬겨 중국의 힘을 활용하여 3국을 통일할 수 있어 참으로 성대했는데 그런데 신라는 불교 때문에 망했다고 한 것이다. 그리고 더 나아가 〈이러한 때에[於 是時也]〉 55代 경애왕(재위 924~7)이 荒樂을 더하여 포석정에서 화를 당하였다고 하여 신라의 종

59

망과 포석정에서의 화까지 불교 때문으로 기술하고 있다. 논자는 이를 『3국사기』의 유교사관에 따른 〈신라불교망국론〉으로 본다. 이에 비해 일연은 『3國遺事』「處容郎·望海寺」에서 제49代 헌강대왕(재위 875~86)의 포석정·금강령·동례전에서의 故事를 들고 신라의 고유종교가 그 종망을 예언했음에도 불구하고 오히려 그 예언을 잘못 해석해 고유종교가 祥瑞를 보였다하여 헌강대왕 이후 耽樂에 빠져 종망하였다고 하였다. 즉 고유종교의 뜻을 잘못 해석한 헌강대왕에서부터의 실책으로 돌리고 있다. 그리고 일연은 같은 「金傅大王」에서 경애왕의 포석정에서의 故事를 들긴 했지만 불교와의 관계는 일절 언급하지 않고 단지 〈포석정에서 잔치를 열어 즐겁게 놀고 있었는데[遊 鮑石亭 宴娛]〉, 견훤이 습격하여 화를 당한 것으로 기록하고 있다. 물론 이 부분은 단순히 『3국사기』의 〈경애왕 4년〉의 기록을 전재한 것으로도 보인다. 그러나 전체적으로 이 기록들은 김부식 등의 견해에 정확히 대응하여 묵시적으로 이를 반대하는 일연의 불교사관의 입장을 개진한 것으로 본다. 그러나 일연은 『3국사기』를 직접 공박하지는 않고 또 「金傅大王」의 뒷 부분에서 『3국사기』의 이 〈論 曰〉을 거의 그대로 전재하여 매우 객관성을 유지하면서도 자신의 주장을 다 기록하는 매우 완곡한 화법을 사용하였다. 이것이 일연이 불립문자를 강조하는 禪僧으로서 굳이 『3국유사』를 저술한 주요 동기중의 하나로 본다. 그러나 그러면 경애왕은 『3국사기』에서 본 것과는 달리 불교와 전혀 관계가 없을까? 그렇지는 않다고 본다. 일연의 『3국유사』「金傅大王」의 바로 앞 부분에서는 「경애왕」이 편수되어 있는데 이 내용이 바로 〈제55대 경애왕이 즉위한 동광 2년(924) 갑진[갑신]2월 19일에 황룡사에서 百座를 열어 불경을 설법하였다. 겸해서 禪僧 3백명에게 음식을 먹이고 대왕이 친히 향을 피워 불공을 드렸다. 이것이 百座를 통해 禪敎를 설법한 시초였다.〉라고 하였는데 이로 본다면 경애왕이 불교를 매우 숭상하였음을 알게 해주어 『3국사기』의 기록이 타당성이 있는 것으로 보인다. 그런데 『3국사기』〈경애왕〉에서는 경애왕이 불교를 신봉하였다는 이 기록자체는 없다. 이처럼 『3국사기』와 『3국유사』는 유교사관과 불교사관의 입장에서 신라의 종망원인에 대해 다툼이 있는 것으로 보인다. 이에 대해 고유종교에서는 그렇게 보지않고 외래종교 때문에 종망하는 것으로 본다. 즉 李嵓(1297~1364)의

60

『단군세기』「서」(1363)에서는 〈부여가 부여의 도를 없앤 연후에 漢人
이 부여를 침입하였고, 고려가 고려의 도를 없앤 연후에 몽고가 침입하였
다.〉라고 하였고, 北崖子의 『규원사화』「漫說」(1675)에서는 〈保性〉을
제시했는데 이는 모두 고유종교를 지키지 않고 외래종교를 받아들이면 종
망한다는 뜻이다.

그런데 다시 포석정으로 돌아가서 이러한 기록에서 보면 포석정은 신라의
국운에 영향을 미치는 중대한 기능을 하는 장소로 나온다. 따라서 포석정은
단순히 대왕들의 연희장이라고 볼 수는 없는데 근년에 발견된 『화랑세
기』(모본)에서는 〈鮑石祠, 鮑祠〉로 나오면서 신라의 神祠의 기능을 했음을
밝히고 있다. 논자도 이것이 타당하다고 본다(이강식 1998c). 따라서 포석
사와 신라의 전통 종교, 그리고 외래종교와 신라의 종망과의 관련에 대해서
는 앞으로 계속해서 연구할 분야이다.

그리고는 김부식은 다시 신라의 끝왕인 경순왕(재위 927~35)이 고려에
귀부한 것을 매우 높이 평가하였는데 특히 중국의 故事를 들면서 신라의
귀부는 이 보다 더 훌륭하다고 하였다〔過於彼遠矣.〕. 그리고는 고려 현
종(재위 1009~31)이 신라의 외손이며 그 자손이 대대로 고려의 왕이되었
다고 하여 은연중에 고려가 신라를 계승하였음을 시사하고 있다. 이것은 묘
청(?~1135)의 서경천도운동이후 당시 고려의 국내외 정세를 반영하여 김
부식 등의 유학계의 입장을 개진한, 국가적으로 신중히 절제된 사관으로 보
인다.

그렇다면 김부식은 仙桃神母의 출자를 중국으로 하는 것이 좋았을 것이
나, 그렇게 하지 않았다는 것은 그것은 사실이 아니기 때문이며 이것은 김
부식 등이 「신라본기」의 첫면에서 〈고조선 신라계승론〉을 기록한 것으로
도 알 수 있다. 따라서 이는 『3국사기』가 매우 자주적인 사서임을 보여
주는 것인데 다만 仙桃神母의 출자를 명백히 밝히지 않은 것은 고조선-선
도신모의 역사와 中國史가 다툼이 있기 때문에 김부식 등이 이를 명백히
기록하지 못한 것으로 본다. 논자는 결국 그 과정 속에서 김부식의 기록이
그의 원뜻과는 달리 후대인에게 仙桃神母의 출자를 중국처럼 보이게 되었
다고 본다. 따라서 다시 말하면 이러한 김부식의 儒敎史觀으로 본다면 왕보
가 그 출자를 중국으로 밝혔다면 그것을 기록하지 않았을 까닭이 없는 것

61

이다. 그러므로 논자는 왕보는 그 출자를 중국이외의 국가로 밝혔다고 본다. 그렇게 볼 때 김부식 등이 중국이외의 국가로부터 출자한 仙桃神母로부터 신라사의 체계를 세우지 않은 것은 仙桃神母로부터 신라사의 체계를 세울 수 없는 그 어떤 역사적 연유가 있었는 것으로 본다. 즉 중국이외의 어떤 다른 국가라면 「신라본기」의 첫면의 〈고조선 신라계승론〉에서 본 것처럼 古朝鮮일 것인데. 김부식 등의 입장으로는 〈고조선에서 출자한 仙桃神母〉를 기록할 수 없고 따라서 더나아가 仙桃神母로부터 신라사의 체계를 세울 수 없었는 것으로 본다. 그렇지만 仙桃神母를 강조하여 신라사의 독자성을 밝혔다. 이는 계속 살펴보기로 하겠다.

이를 다시 한 번 요약설명하면 『3國史記』는 仙桃神母가 1110~6년경의 중국의 宋에서까지도 숭상받고 있는 신라의 神임을 잘 보여주고 있다. 이것은 『3국사기』에서 면면히 흐르고 있는 자주적인 사관과 일치한다. 이렇게 본다면 김부식이 仙桃神母에 관한 2개의 기록을 중국 宋人에 근거해서 기록한 것은 仙桃神母가 중국에서까지도 존경을 받고 있는 것을 자랑스러워 해서일 것이다. 그러나 김부식이 仙桃神母의 출자를 명백히 밝히지 않은 점, 무의식적이라고 하더라도 그 출자를 마치 중국처럼 보이게 하면서 신라가 중국과 연합한 것을 매우 높이 평가했다는 점, 신라인이 원래 그러했다고 하면서 仙桃神母로부터 신라사의 체계를 세우지 않고 天卵思想으로부터 신라사의 체계를 세운 것에는 그와는 차원을 달리하는 별도의 史觀이 개재되어있다고 보는데 논자는 이것이 古朝鮮-仙桃神母史와 중국사가 어떤 다툼이 있기 때문에 김부식 등이 유교사관과 국가의 입장에 따라 신중하고 절제된 기록을 하였을 가능성이 크다고 본다. 이는 계속 설명하도록 하겠지만 앞으로 더 많은 연구가 필요하다고 할 것이다.

이처럼 중국-유학을 강조하는 유학자인 김부식이 중국인도 숭상하는 仙桃神母로부터 신라사의 체계를 세우지 않은 것은 무슨 까닭일까? 이에는 몇 가지 연유를 추론해 볼 수 있다.

첫째, 仙桃神母의 원래의 출자가 중국이 아니며 논자는 『3국사기』의 맥락에 따르면 그 출자가 고조선이라고 본다. 그런데 이 고조선이 원래 중국지역에 있었기 때문에(이강식 1994:pp.32~7, 1998b:pp.119~41). 만약 선도신모의 출자를 밝히게 되면 이 모두를 밝혀야하기 때문에 묘청의

62

서경천도운동이후의 국내정세와 외교적으로 중국과의 분쟁을 꺼려하여 이를 밝히지 않은 것으로 본다.

둘째, 仙桃神母가 여성이기 때문일 가능성이 있다.

셋째, 仙桃神母의 종교사상이 중국의 유교와는 다르기 때문일 가능성이 있다.

넷째, 仙桃神母가 신라의 神이지만 묘청의 서경천도운동과 종교사상적으로 맥락이 닿아 있기 때문일 가능성이 있다.

다섯째, 仙桃神母 보다는 天卵思想이 신라 왕가를 더 神聖視 할 수 있다고 보았기 때문일 수도 있다. 물론 이 天卵思想은 김부식이 설명한 것처럼 그가 처음 기록한 것은 아니고 신라인이 그렇게 기록하였을 것이나 김부식이 仙桃神母의 출자를 알면서도 天卵思想을 신라사의 체계로 했다는 것이 주요한 논점이 된다. 이처럼 『3국사기』가 天卵思想을 체계로 했기 때문에 이의 본문에서는 仙桃神母가 직접적으로 등장할 여지는 없게 되었다. 그러므로 『3국사기』 본문에서는 仙桃山보다는 西兄山으로 나온다. 그리고 〈제사〉에서는 西述로도 나온다. 그리고 신라인이 왜 天卵思想을 신라사의 체계로 했는지를 더 심층분석해야 할 것이다.

지금까지 살펴본 것처럼 김부식 등의 『3국사기』는 고조선-선도신모-박혁거세거서간으로의 체계를 분명하게 세우지 않고, 천란사상-박혁거세거서간의 체계를 수립하였지만 본문의 내용에서는 깊은 구조에서 오히려 고조선-선도신모-박혁거세거서간의 체계를 시사하고 있다. 그렇지만 선도신모가 중국에서 출자하였다는 명시적인 기록을 하지는 않으면서도 독자들에게 마치 그렇게 보이도록 유도하고 있는 것처럼 보인다. 그러나 이 기록의 원뜻은 중국 宋人도 仙桃神母를 존숭하고 있다는 신라사의 자주적인 사관을 개진한 것으로 본다. 다만 그 기록을 소략하게 하려다가 중국에서 출자한 것으로 보이게 된 것일 가능성이 크다고 본다. 그런데 이것이 의도적인 것인지 아니면 우연히 그렇게 보이게 된 것인지는 계속 연구해 보아야 하겠지만 그러나 논자는 의식적이든 무의식적이든 간에 이는 김부식 등의 유교사관을 반영하여 자주성을 내세우면서도 중국과의 마찰을 피하기 위해 한정적으로 기록하려다가 이렇게 된 것으로 본다. 논자는 『3국사기』를 매우 자주적인 사서로 보는데 다만 『3국사기』는 유교식

63

춘추필법에 의해서 쓰여진 사서라는 것이다. 이러한 논점들이 이 연구에서 계속 탐구될 것이다.

2. 一然의 『3國遺事』의 〈本中國帝室之女 ; 古有中國帝室之女〉

一然(1206~89)의 『3國遺事』(1281~3년경)도 「新羅始祖 赫居世王」에서 박혁거세거서간이 楊山 밑의 蘿井 옆에서 한 白馬가 꿇어 앉아 절을 하고 있던 〈한 자색알〔一紫卵〕또는 푸른 큰 알〔青大卵〕〉에서 태어났다고 하였다. 그런데 백마는 곧 하늘로 올라갔다〔上天〕고 하였고 또 이 뒷 부분에서 신라인이 다투어 축하하여 말하기를, "지금 천자께서 이미 하강하셨다.〔今 天子 已 降.〕"라고 했기 때문에 논자는 이를 〈天卵思想〉이라고 이름 짓는다.

그러나 일연은 곧이어 註를 달기를 〈···해설하는 사람은 말하기를, "곧 서술성모가 탄생시킨 바이다〔說者 云, 是 西述聖母之 所誕也.〕"라고 하였다. 그런 까닭으로 중화인이 선도성모를 찬양하기를, "현인을 임신하고 국가를 창건하였다."라고 했던 말이 곧 이것이다〔故 中華人 讚 仙桃聖母 有. 娠賢 肇邦之語, 是也.〕)라고 하고 또 이어서 말하기를, 〈이에 계룡이 이르러 알영을 낳는 상서를 보였는데 이것이 또 서술성모가 현신한 것이 어찌 아니라고 하겠는가?〔乃 至 雞龍 現 瑞 産 閼英, 又 焉 知 非 西述聖母之 所現耶?〕)라고 하였다. 여기서는 박혁거세거서간이 선도신모의 자제분이라는 것을 분명하게 주를 달았다. 그리고 또 仙桃神母를 西述聖母라고 하였는데 이로서 仙桃山이 西述山으로도 불려졌음을 나타내고 있다고 본다. 『3국사기』〈제사〉에서도 신라의 3祀의 맨 끝에 〈西述(牟梁)〉이라고하여 이 표현이 나타난다. 이것은 김부식 등의 『3國史記』와는 비교적 다른 史觀과 더 다양한 표현을 보이고 있다. 따라서 일연은 김부식 등이 인용하지 않은 더 많은 사서를 보았다는 것을 의미한다. 그러므로 김부식 등도 실제로는 이러한 신라의 사서를 보았고 또 설명도 들었을 것이다. 그리고 일연은 중화인이 仙桃神母를 찬양하였다고 하였는데 이 부분은 일연이 『3국사기』의 원 뜻을 잘 이해했다고 본다.

그런데 여기서 王襄이 〈"현인을 임신하고 국가를 창건하였다.〔娠 賢 肇邦.〕"〉라고 하였는데, 이를 지금까지는 박혁거세거서간을 낳고 박혁거세거

64

서간이 국가를 창건한 것으로 본 듯 하다. 그러나 논자는 문장을 더 엄격히 해석하면 仙桃神母가 신라국가의 창건에 큰 역할을 다한 것으로 봐야한다고 본다. 신라의 건국은 이처럼 仙桃神母와 6부조직의 촌장들의 노력이 있었을 것이다. 물론 이는 중국 宋代의 기록이지만 그러나 왕양도 어떤 근거를 가지고 이러한 기록을 하였을 것으로 본다.

그런데 이제 보다 본격적으로 일연의 「仙桃聖母 隨喜佛事(선도성모가 좋아서 기꺼이 불사에 시주를 함)」를 살펴보기로 하자. 사실 仙桃神母의 기록은 이 기록이 핵심이라고 할 수 있다. 이 節의 문장은 모두 5단락으로 나누어 볼 수 있는데 하나씩 차례로 살펴보기로 하자.

1) 첫 문단에서는 별다른 기록상의 전거를 밝히지 않고 〈진평왕(재위 579~632) 정부때에 비구니가 있었는데 이름을 智惠라고 하며 어진 행실이 많았다. 安興寺(논자주-경북 영주군 팔공산에 있던 절)에 거주하였는데 새로 佛殿을 수리하고자 하였으나 재력이 미흡하였다. 그때 꿈에 風儀가 아주 부드럽고 곱고, 진주와 비취구슬로 머리를 장식한 한 女仙이 와서 위로하여 말하기를, "나는 곧 仙桃山 神母다.〔我 是 仙桃山 神母也.〕 네가 불전을 수리하고자 하는 것이 기쁘구나. 원하건대 金 10근을 시주하여 돕고자 한다. 내가 있는 좌석 밑에서〔於 予 座下〕 금을 꺼내어 主尊 3佛을 장식하고, 벽위에는 53佛·6類聖衆·諸 天神·5岳神君을 벽화로 그리고, 해마다 春秋 두 계절의 10일 동안 선남선녀를 많이 모아 널리 一切含靈을 위하여 점찰법회를 설치하고, 이를 항규로 하라." 라고 하였다. 지혜는 이에 놀라 깨어나 신도를 데리고 神祠의 좌석 밑〔神祠座下〕에 와서 황금 160량을 발굴하여 취득해서 불전수리하는 공을 세웠는데 모두 神母가 유시한 바대로 하였다. 그 사적은 여전히 남아 있지만 法事는 폐지되었다.〉라고 기록하였다. 이 내용을 보다 자세히 살펴보면 다음과 같다.

첫째, 여기서 보면 신라의 神佛合一을 볼 수 있다는 견해도 있을 수 있지만 그러나 그것은 신라에 불교가 들어온 6세기 이후의 일이고, 仙桃神母는 -1세기경의 사람이므로 仙桃神母 자신의 종교는 어디까지나 〈諸 天神·5岳 神君〉을 존숭하는 天神教로 볼 수 있다. 따라서 논자는 신라의 전통종교를 仙桃神母가 전파한 天神教로 보는 것이다. 논자는 신라의 전통 종교를 天神教로 보고, 첨성대가 천신교의 사원인 天柱寺의 天柱와 천문대의 겸용목적

65

으로 건립되었음을 논증한 바가 있다(이강식 1998c). 또 여기서 보면 仙桃神母가 〈나는 곧 仙桃山 神母다.〔我 是 仙桃山 神母也.〕〉라고 했기 때문에 정확한 이름은 〈仙桃神母〉가 맞다는 것이다.

둘째, 그런데 더 주요한 것은 〈내가 있는 좌석 밑에서〔於 予 座下〕〉와 〈神祠의 좌석 밑〔神祠座下〕〉이라는 기록을 볼 때, 진평왕 정부때의 6~7세기 이전부터 仙桃神母의 神祠가 있어왔고 天神敎의 신도가 황금 160량이라는 거금을 仙桃神母의 神祠에 시주하였다는 것이다. 그리고 이 神祠는 신라의 仙桃山에 있었고, 황금 160량이라는 거금이 시주될 만큼 天神敎의 주요한 寺院이었다고 본다. 지금도 慶州의 仙桃山에는 〈仙桃舊基〉라는 바위에 새겨진 글이 있고 또 그 터가 있는데 이의 유적으로 본다. 『동국여지승람』(1451)에 聖母祠가 기록되어 있으므로 그 건립은 역시 신라-고려라고 봐야 할 것이다. 그리고 현재는 1975년에 건립된 聖母祠가 있어 그 전통을 잇고 있다. 이로 보면 신라 전통의 天神敎와 그 寺院에 대해서 잘 이해할 수 있을 것이다.

셋째, 그리고 논자는 이 기록의 근본적 의미는 신라의 天神敎가 불교를 적극 포용-습합하고자 한 노력을 나타낸 것으로 본다. 즉 재력이 풍부한 天神敎가 불교도입초기에 재력이 미약한 佛敎를 많이 원조해준 것을 나타낸 것으로 본다. 근년에 발견된 金大問(?~704~?)의 『화랑세기』에는 이를 〈仙佛一道〉(모본 98면)라고하여 신라의 天神敎가 초기의 불교를 포용-습합하고자 한 것을 나타내고 있다. 다만 『3국유사』의 이 기록에서 〈主尊 3佛·53佛·6類聖衆·諸 天神·5岳神君〉 등으로 불교의 主佛이 앞선 것은 일연의 『3국유사』가 불교사관에 입각해 있음을 상기하면 이해가 될 것이다. 따라서 仙桃神母가 부촉한 〈점찰법회〉도 단순히 불교만의 행사는 아닐 것으로 본다. 즉 〈仙佛一道〉의 행사로 본다. 이러한 논점은 계속 살펴보기로 하겠다.

넷째, 그리고 仙桃神母가 특히 比丘尼, 즉 女僧를 도와주었다고하여 仙桃神母가 신라의 女性司祭와 관계가 깊고 특정 종교를 떠나서 女性司祭의 대표적인 인물임을 알 수 있다. 즉 신라의 女性司祭의 기원과 전통이 仙桃神母에 있음을 알 수 있다. 따라서 신라조직에서 源花의 女性司祭와 여성평등의 전통은 仙桃神母에게서 비롯되었다고 본다.

66

뿐만 아니라 『3국유사』「태종 춘추공」에서 보면 김유신의 누이 〈寶姬가 꿈에 西岳에 올라가 오줌을 누니 오줌이 서울안에 가득찼다.〉라고하여 다소 파격적인 꿈을 꿨는데 이는 역시 신라여성의 힘을 보여주는 것이며 서악이 仙桃神母의 主席處라는 것을 감안할 때, 보희의 이러한 꿈은 신라여성의 大母인 仙桃神母의 무의식적인 영향력에서 나온 것으로 본다.

다섯째, 一切含靈을 위한 점찰법회에 대해서는 앞으로 더 많은 연구가 필요하다고 본다.

2) 다음 두 번째 문단에서 일연은 역시 전거를 밝히지는 않고 仙桃神母에 대한 핵심적인 기록을 남겼다. 즉 〈神母는 본래 중국 제실의 딸[本 中國帝室之 女]이고, 이름은 娑蘇이며, 어려서부터 神仙術을 습득하여[早 得 神 仙之 術] 해동에 시집와서 산지[歸 止 海東] 오래되었고, 돌아가지 않았다. 父皇이 소리개의 다리에 서신을 매어 부치면서 말하기를, "소리개[鳶]를 따라가서 앉는 곳에 집을 짓고 살아라." 라고 하였다. 娑蘇는 서신을 보고 소리개를 놓아 보냈더니 이 산으로 날라와 멈추므로 드디어 와서 집을 짓고 살아서 地仙이 되었다. 때문에 西鳶山이라 이름하였다. 神母는 오랫동안 이 산에 살면서 국가를 진호하니 靈的인 異蹟이 심히 많았다. 따라서 국가가 창건된 이래[有國 已來] 항상 3祀의 하나가 되었고, 그 차례도 여러 望祭의 위에 있었다.〉라고 하였다. 이의 내용을 분석하면 다음과 같다.

첫째, 여기서 일연은 仙桃神母의 원래의 이름을 〈娑蘇〉라고 하였다. 이 〈娑〉의 사전적 의미는 〈춤출 사, 옷너풀거릴 사, 앉을 사〉이고, 〈蘇〉를 뒤에서 보는 것처럼 蘇塗의 준말로 본다면, 〈娑蘇〉부인은 〈소도에 주석하고 있는〉부인으로 해석할 수 있는데, 여기서 〈소도에 앉아 있음〉이라는 뜻은 仙桃神母의 神仙術을 상기할 때, 坐式 단전호흡의 수련법을 뜻한다고 본다. 즉 논자는 娑蘇부인의 신선술을 道家의 坐忘, 후대 선불교의 坐禪에 해당하는 신라 전통 仙教의 수련법을 나타낸 표현으로 본다. 이 神仙術의 수련법은 고조선에서 계승한 것으로 본다.

둘째, 일연은 仙桃神母의 출자를 〈본래 중국 제실의 딸[本 中國帝室之 女]〉이라고 하였다. 그러나 〈본래 중국 제실의 딸[本 中國帝室之 女]〉이라는 것은 앞서 본 것처럼 김부식 등의 『3국사기』에서 무의식중에 영향을 받은 것으로 보이며 사실이라고 볼 수는 없다. 따라서 여기서의 父皇은 〈本

67

中國帝室)의 父皇이라고 볼 수 없고 논자는 원래 진한-신라가 계승한 고조선-부여제실의 부황이라고 본다. 이것은 뒤에서 계속 살펴보기로 하자.

셋째, 仙桃神母의 神仙術을 흔히 중국 道敎로 보는 견해도 있으나(三品彰英 지음, 李元浩 옮김 1995:pp.204~7;유병덕 1987:p.65;이석호 1987:pp.85~6;차주환 1991:pp.154~5), 그러나 이러한 견해에서도 仙桃神母의 사상중에서 구체적으로 어떠한 부분이 중국 도교와 관련이 있는지는 전혀 밝히지 못하였다. 다만 『漢武故事』라는 책에서 道家의 西王母가 漢 무제에게 불사약으로 주었다는 〈仙桃〉와 도교에서 符籙의 재료로서 자주 사용되는 복숭아나무가 〈仙桃神母〉의 도교적 성격을 극명하게 보여주고 있다는 견해가 있다(고법종 1996:p.424, 註 10).

그러나 〈仙桃〉는 물론 〈仙의 복숭아나무〉라는 뜻이 있는데 이는 열매라기보다도 神檀樹와 같은 소도에서의 神樹를 의미한다고 보며 더 주요한 것은 앞서 본 것처럼 소도의 음·훈역이라는 것이 먼저 고려가 되어야 할 것이다.[4] 논자는 고조선의 신선도를 仙桃神母가 직접 계승했기 때문에 仙桃神母가 원류라고 본다. 그리고 복숭아나무는 민간에서의 오랜 자연신앙이므로 꼭히 도교적이라고 볼 수는 없다. 즉 논자는 仙桃神母의 神仙術은 중국 道敎와는 다르게 본다. 흔히 神仙術하면 중국 道敎를 떠올리나 중국 道敎는 물론 춘추-전국시대의 老·莊子를 시조로 하지만 그러나 그것은 道家사상이고 현재의 도교는 대체로 後漢(25~219)末-6朝(229~589)시대에 걸쳐서 형성되었다고 본다. 특히 교회도교는 5세기경의 北魏(386~534)의 공인을 받은 寇謙之의 新天師道가 최초이다. 따라서 -1세기경의 仙桃神母의 神仙術이 중국 도교의 영향을 받았다기 보다는 그러한 견해라면 오히려 仙桃神母의 神仙術이 중국 道家·道敎에 영향을 주었다고도 볼 수 있다. 특히 여기서 보면 신라 진평왕 정부때의 6~7세기경 이전에 이미 선도신모의 神祠가 설치되어 내려왔었음을 알 수 있고, 또 그 설치는 국가 창건초기부터 국가에서 神祠에 제사를 지냈기 때문에 -1세기경으로 보여 중국 도교보다 연원적으로 훨씬 먼저 성립했음을 알 수 있다. 따라서 仙桃神母의 神仙術을 중

---

4) 『漢武故事』라는 책의 書誌的 측면도 살펴봐야 한다. 이러한 견해라면 오히려 〈仙桃神母〉가 중국 도교에 영향을 주었다는 견해가 성립될 수도 있다.

68

국 도교에서 영향받았다고 볼 수는 없고 다만 논자는 -3세기 무렵의 燕·齊(河北省·山東省지방)에서 나타났던 〈方儒道〉와 다소 관계가 있다고 본다. 특히 논자는 이 방선도가 고조선에서 건너간 것으로 보고 있으므로(이강식 1993:pp.357~70. 1995:pp.85), 고조선-부여에서 출자한 것으로 보이는 仙桃神母의 神仙術도 고조선에서 전래되었다고 본다. 즉 논자는 仙桃神母의 神仙術은 고조선의 그것을 계승한 본류사상으로, 중국의 방선도는 지류사상으로 본다. 그것은 그후의 신라에서의 天神敎-神仙道의 전개를 보면 중국 도교와는 매우 다르고 고유한 본성을 간직하고 있기 때문에도 그렇게 볼 수 있다. 이는 계속해서 설명하도록 하겠다.

넷째, 논자는 특히 仙桃神母의 父皇이 ("소리개[鳶]를 따라가서 앉는 곳에 집을 짓고 살아라.")라고 했는 〈소리개가 앉는 곳의 집〉을 國史의 전통에 따라 솟대-蘇塗로 본다. 더 나아가서 논자는 父皇이 보내준 소리개는 父皇이 〈솟대〉를 보내주어 天神敎의 정통성을 계승하게 하였다는 의미로 본다. 즉 논자는 선도신모가 솟대를 설치하고 천신교를 전파하였는데 이를 신라인이 〈소리개의 집〉으로 불렀을 가능성이 있다고 본다. 이로써 仙桃神母와 신라의 천신교의 솟대-소도-神祠를 더 잘 이해할 수 있고 천신교의 5악신군의 사상도 더 잘 이해할 수 있다. 즉 5악신군도 산악의 소도에 설치된 神祠에서 배향하였음을 알 수 있다. 따라서 仙桃神母, 또는 蘇塗神母는 중국사와 어떤 관계가 있다고 보기는 어렵다. 즉 이와 같이 〈소리개가 앉는 곳〉은 국사의 전통에서는 곧 〈솟대〉를 의미하므로 이는 중국 도교의 전통이라고 할 수는 없고 오로지 국사의 전통이기 때문에(이강식 1998a:pp.190~3), 선도신모의 출자를 중국으로 볼 수는 없는 것이다.

다섯째, 仙桃神母가 주석한 仙桃山을 논자는 蘇塗山으로 해석하는데(이강식 1994:p.27), 그 음이 유사해서 그렇기도 하지만 그 보다도 현재도 태종무열왕릉을 넘어가는 고개를 〈소태고개〉라고 하는데 보통 경주인은 이를 〈솟티-솟대고개〉로 발음하고 있기 때문이다. 따라서 서술[서수리]-서연-소태-소티-솟티-솟대-소도-선도로 차자되었다고 볼 수 있기 때문에 仙桃山은 蘇塗山으로, 仙桃神母는 蘇塗神母를 의미한다고 본다.5) 더 나아가 선도산

---

5) 다만 〈소티·소태·소티고개·孝峴:이 마을의 뒷산은 풍수지리설에 의하면 金剛山

69

을 여기서 西鳶山으로 불렀는데 이 역시 소리개-솟대의 의미를 갖고 있으므로 더욱이 선도산을 소도산으로 보는 것이다. 뿐만 아니라 西述山 역시 서수리산-서연산의 의미이므로 蘇塗山으로 볼 수 있다.6) 따라서 蘇塗는 중국 도교의 전통이라고는 전혀 볼 수 없기 때문에 仙桃神母의 神仙術은 고조선의 그것을 계승한 신라 고유의 것으로 본다.

여섯째, 仙桃神母가 특히 〈어려서부터 신선술을 습득하여[早 得 神仙之術].〉라고 했는데 이는 신선술의 습득은 어려서 하는 것이 효과적이었기 때문이었을 것이다. 그런데 이를 보면 선도신모의 자제분인 신라 초대 국왕

<hr/>

의 끝줄기로 명산이며 소가 누운 형상이라고하여 이 마을의 이름을 소태라고 불렀으며 오늘날에는 발음이 와전되어 소티라고 부른다.(하략)(吳道根:男 58 外 2名)〉라는 견해도 있고(경상북도교육위원회 1984:p.36.), 또 〈『소태(沼台)』는 '소티'라고도 부른다. 조선 말엽 청소(淸沼)로 되어 있는 이곳에 집을 짓고 마을을 이루었다는데, 고개 아래 소가 있다고 해서 '소티'라 불렀다 한다.(하략)…소티고개【고개】효현동과 서악동 사이에 있는 고개로 소태고개, 효현이라고도 하는데, 밑에 맑은 소(沼)가 있었다 한다. 또는 옛날 고개 위에 소도둑이 많아서 붙인 이름이라고도 하고 건천, 아화, 영천, 산내 등의 장을 다녀오다가 이 고개에서 소를 매어놓고 쉬어 갔다고 붙인 이름이라고도 한다.(하략)〉는 견해도 있다(金載植·金基汶 편저 1991:pp.197~8). 그러나 논자는 이러한 민간어원을 존중하지만 그러나 이러한 地名도 결국 仙桃-蘇塗가 있고 난 연후에 이에 기원하여 각 시대에 따라 전개된 이름이라고 본다. 이러한 사례는 古地名에서 매우 많다고 할 것이다.

6) 이에 대해 〈娑蘇는 나의 管見으로는 西述 西鳶(소리)의 지명을 神格化시킨 同音의 이름이라고 생각되며, 또 鳶의 설화도 西述을 或稱 西鳶으로 쓰는데서 꾸며낸 것임은 再言할 필요가 없다. 鳶의 訓인 『소리』와 述(술)과 蘇가 서로 音近하여 혼용된 이외에 다른 이유는 없을 것이다.〉라는 견해(이병도 1986:p.264)가 있으나 鳶의 설화를 꾸며낸 것이라고 하는 것은 아무런 근거가 없는 견해이다. 그러면서도 또 이 6면 뒤에서는 별다른 근거없이 〈仙桃聖母(仙桃는 蘇塗의 雅義化한 異寫인듯)〉이라고 하였는데(이병도 1986:p.270), 이는 앞뒤가 논리적으로 안맞는 견해이다. 鳶과 蘇塗는 매우 관계가 깊기 때문이다. 뿐만 아니라 별다른 근거없이 〈(仙桃는 蘇塗의 雅義化한 異寫인듯)〉이라고 하였지만 그러나 논자는 蘇塗를 군이 雅義化할 필요가 있다고 보지는 않으며, 〈雅義化〉라기보다도 蘇塗에서 仙敎를 행했기 때문에 仙桃라고 음·훈역을 동시에 한 것으로 본다. 이 역시 고대에서 자주 있는 譯法이다.

70

박혁거세거서간과 알영왕후가 13세에 등극한 이유를 알 수 있다. 즉 선도신모의 신선술을 어려서부터 습득하여 우리 전통 종교의 『31神誥』에서의 〈性通功完〉(이강식 1995:pp.130~3), 그리고 『단군세기』에서의 〈性通光明〉(이강식 1995:pp.100~1) 등의 계제를 통과하여 2聖으로 추앙을 받고 王과 王后로 추대되었다고 본다. 이는 內聖外王사상을 보여주는 것이다. 그러므로 박혁거세거서간과 알영왕후가 〈聖人, 2聖〉으로 존숭된 것이 단순히 정치적인 수식사가 아니고 종교적인 표현으로서 종교수련을 통해 〈마음이 밝아졌기〉 때문이라고 본다. 따라서 논자는 10代의 화랑-원화의 시조는 바로 박혁거세거서간과 알영왕후로 보는 것이다. 이는 뒤에서 다시 보기로 하겠다.

일곱째, 그리고 여기서도 『3국사기』에서처럼 仙桃神母가 〈地仙이 되었다〉고 하였다. 이 地仙은 역시 天地人 3神사상의 天父-地母-人君사상에서 형성되었다고 본다. 따라서 이는 신라의 3神사상을 잘 보여주는 기록인데 이처럼 天地人 3神사상은 고조선-신라의 天神敎의 고유사상으로 본다. 논자는 이미 신라의 3神-3皇사상을 연구한 바가 있다(이강식 1995:pp.337~63).

여덟째, 이처럼 仙桃神母는 〈국가가 창건된 이래〔有國 已來〕항상 3祀의 하나가 되었고.〉라고 하였는데 따라서 국초부터 神祠가 설치되어 제사를 받았을 가능성을 시사해 주고 있다. 그런데 『3국사기』 「잡지 제1」〈제사〉에 보면 大祀가 3山으로서 내력·골화·혈례이고, 中祀가 토함산·지리산·계룡산·태백산·부악의 5岳과 4鎭·4海·4瀆이고, 小祀가 24곳이 있는데 그 중의 하나로서 〈西述(牟梁)〉이 맨 끝에 나와있다. 따라서 여기서 보면 『3국유사』에서 〈그 차례도 여러 望祭의 위에 있었다.〉라고 한 것과 다소 차이가 난다고 볼 수도 있다. 그러나 이는 『3국사기』와 『3국유사』가 인용한 저서의 저술년대의 차이에 따른 변화라고 본다. 그러나 3祀로서 제사를 받았다는 것도 女性神으로서는 대단한 것이라고 할 수 있다. 물론 이외에도 신라는 여성신을 山神에 배향하여 모신 것이 기록에 남아있는데 즉 2代 남해차차웅(재위 4~24)의 妃인 雲帝夫人을 雲帝山의 神으로 모셔 그 사당의 유적이 남아있고, 또 박제상의 부인인 鵄述神母도 대표적이다. 이는 당시 동양사회에서 매우 특이한 것이며 仙桃山神인 仙桃神母에서 그 전통이 형

71

성되었다고 본다. 그리고 이 전통은 물론 아사달산신이 된 고조선의 단군왕검에서 기원한다고 본다. 이처럼 仙桃神母의 神祠가 그 연원이 國初로서 위격이 매우 높았음을 알게 한다. 그러므로 선도산의 聖母祠가 신라國初부터 있었을 가능성이 크고 고려 때에도 있었을 것이기 때문에 김부식이 중국宋의 우신관보다는 선도산의 聖母祠를 언급하여 仙桃神母를 기록하는 것이 더 적절하였을 수도 있다.

아홉째. 그리고 여기서 논자가 한가지 강조할 것은 이러한 仙桃神母의 仙桃山의 神祠-聖母祠가 나중에 박혁거세거서간의 神宮의 기원이 되었다는 것이다. 즉 박혁거세거서간을 모신 神宮은 국초의 仙桃神母의 天神敎의 神祠-聖母祠에서 발전하였다고 본다. 이는 계속해서 연구하여야할 것이다.

3) 이제 셋째 문단을 보면 〈제54대 경명왕(재위 917~24)이 매사냥을 좋아해서 일찍이 이 산에 올라가서 매를 놓았다가 잃어버렸다. 그래서 神母에게 기도해서 말하기를, "만약 매를 찾게 해주신다면 마땅히 爵을 봉하겠습니다."라고 하였다. 이윽고 매가 날라와서 궤상위에 앉았다. 이로 인하여 大王의 爵에 봉하였다.〉라고하여 역시 수리〔鳶〕과 매〔鷹〕 등 새·솟대와 仙桃神母가 연관이 있음을 보여주고 있다. 그리고 이때 신라말기에 仙桃神母가 大王으로 추봉되었음을 알게 해준다. 따라서 아마 國初나 이때는 3祀의 제일 첫째에 왔을 가능성도 있다고 하겠다. 『3국유사』는 이를 반영한 기록일 수도 있다.

4) 그러면 이제 네 번째 단락을 보자. 역시 인용서를 밝히지 않고 〈그 분이 처음 진한에 도착하여 聖子를 낳아 東國의 첫 임금이 되게하였으니, 필경 혁거세·알영 2聖을 낳았을 것이다. 그러므로 雞龍·雞林·白馬 등으로 일컬으니 雞는 西쪽에 속한 까닭이다. 일찍이 여러 天仙을 시켜 비단을 직조하게해서 붉게 염색하여, 朝衣를 만들어 夫君에게 드리니 나라사람들은 이로 인하여 그 분의 神聖함과 靈驗함을 알았다.〉라고 하였다.

이처럼 仙桃神母는 『3國史記』와 뒤에서 볼 이맥의 『太白逸史』에서는 〈夫君이 없이 잉태하자.〉라고 하였지만, 여기서는 〈일찍이 여러 天仙을 시켜 비단을 직조하게해서 붉게 염색하여, 朝衣를 만들어 夫君에게 드리니〉라고 하여 오히려 夫君이 있고 또 朝廷에 출사할 정도의 고급 관직에 있었다는 것을 알게 한다. 그리고 신라정부가 朝衣를 갖추어 입을 정도로 격식을

72

갖추었다는 것도 알 수 있다. 물론 -1세기경이면 문물이 많이 발달하였을 것이다.

따라서 앞에서도 논자는 〈해동에 시집와서 산지[歸止]〉라고 번역하였는데 仙桃神母의 출자는 근본적으로는 신라에 고조선-진한-부여 제실의 정통성을 잇는 왕실을 형성할 목적으로 진한에 시집을 왔는 것으로 본다(이강식 1998b:p.140). 그런데 그 夫君에 대해서는 앞으로 더 연구가 필요하다고 하겠다.

5) 이제 다섯째로 마지막 문단에서 일연은 김부식 등의 『3국사기』를 인용하여, 비로소 인용서를 밝혀서 기록하기를, 〈또 『국사』에서 史臣이 말하기를, 김부식이 정화 연간에 일찍이 사신을 받들고 宋에 입국하여 佑神館에 갔더니 한 堂宇에 女仙像이 설치되어 있는데 관반학사 왕보가 말하기를, "이 분은 곧 귀국의 神인데 공은 아시오?" 라고 하고 이어 말하기를, "옛 중국제실의 딸[古 有 中國帝室之 女]이 있었는데, 바다를 건너 진한으로 가서 아들을 낳아 海東始祖가 되게 하였고, 帝女는 地仙이 되어 오랫도록 仙桃山에 살았습니다. 이것이 그 분의 초상화입니다." 라고 하였다. 또 중국 宋의 사신 왕양이 우리 정부에 와서 지은 「祭 東神聖母 文」에 "현인을 임신하고 국가를 창건하였다." 라는 귀절이 있다. 지금 능히 시주를 하여 부처를 받들게하고 중생을 위해 향화법회를 열어 津梁을 만들었으니 어찌 단지 장생술만을 배워 어둡고 아득함 속에서 사로잡혀 있다고 하겠는가? 讚하여 가로되,

서연산에 와서 집을 짓고 산지 몇 10년인가?
帝子를 불러 신선의 옷을 짰도다.
장생술도 반드시 이적을 낳지 않는 것은 아니네.
그러므로 金仙을 뵙고 玉皇이 되었도다.

라고 하였다. 대체로 김부식 등의 『3국사기』를 충실히 전재하면서도 다소 다른 관점을 보여주고 있다. 이를 분석하면 다음과 같다.

첫째, 여기서 일연은 김부식이 인용한 왕보의 〈古 有 帝室之 女〉이란 말을 재인용하면서 굳이 중국 2글자를 더 넣어서 〈古 有 中國帝室之 女〉라고

73

하여 仙桃神母를 중국에서 출자한 것으로 보았다. 이로써 앞부분의 〈본래 중국 제실의 딸[本 中國帝室之 女]〉과 함께 후대의 대부분의 연구가들이 仙桃神母의 중국출자설을 별로 의심하지 않고 심지어는 仙桃神母의 神仙術을 중국의 도교로 까지 오해하게 되는 계기가 되었다. 이는 일연이나 후대의 연구가들이 앞서 논자가 논급한 김부식의 묘한 화법을 깊이 이해하지 못한 결과로 보인다. 그러나 또 다른 측면에서 보면 일연이 지칭한 中國이 과연 漢族의 중국을 가르키는지 아니면 고조선이 있었던 지역이 원래는 중국으로서 仙桃神母는 그 중국지역에서 출자하였다는 의미로서 사용하였는지도 더 연구되어야 할 것으로 본다. 논자는 後者로 본다. 왜냐면 일연은 「辰韓(역시 秦韓이라고도 한다.)」에서 최치원(?~857)의 말을 인용하여 『3국사기』의 〈고조선 신라계승론〉과도 일맥상통하는 〈신라 중국 燕 涿水 출자론〉을 제시하였기 때문에(이강식 1998b : pp.126~31). 따라서 이 중국을 단순히 漢族의 중국만으로 보기는 어렵다. 그러나 이후 仙桃神母가 중국에서 출자하였다는 것에 대해 별다른 의문을 갖지 않았고 별다른 연구도 없었는 것으로 보인다.

둘째, 여기서는 仙桃神母가 夫君없이 임신하여 진한으로 왔다는 말이 『3국사기』의 원문과는 다르게 생략되어 있다. 물론 그것은 앞에서 夫君이 있음을 기록하였기 때문이다.

셋째, 그런데 여기서 주요한 것은 일연은 仙桃神母의 신선술을 중국 도교의 장생술 정도로 보고 이를 다소 폄하하고 있는 것으로 본다. 물론 이는 불교사관에 따라 신라의 고유 종교인 天神敎를 불교보다 낮게 보는 입장을 개진한 것으로 본다. 따라서 讚에서 〈그러므로 金仙을 뵙고[謁] 玉皇이 되었도다.〉라고 한 것도 金仙을 부처라고 본다면, 부처는 배알하고 玉皇이 되었다 라는 것도 이를 반영한 것으로 본다. 그러나 논자는 仙桃神母의 신선술을 단순히 중국 도교식의 장생술로 보지 않으며 매우 고등 종교로 보는데 이는 뒤에서 다시 살피기로 하겠다.

이처럼 『3國遺事』 「仙桃聖母 隨喜佛事」에서는 김부식 등의 『3國史記』가 기록하지 않는 신라의 고기록을 인용하여 仙桃神母에 대해 더 구체적인 기록을 하고 있다. 그러나 일연은 『3國史記』의 묘한 화법의 영향을 받았는지 仙桃神母의 출자가 중국이라고 명시하였지만 그러면서도 그 내용

74

에서는 오히려 〈중국〉과는 다른 출자를 보여주는 여러 가지 기록을 남기고
있다. 그리고 일연은 『3국사기』보다는 仙桃神母의 실체에 가까운 여러
기록을 남겼지만 역시 전체적으로는 불교사관에 중점을 두어 불교에 도움
을 준 것을 冒頭에 기록하고 있다. 앞으로 더 깊이 있는 연구가 필요할 것
으로 본다. 이제 이맥의 『太白逸史』를 보기로 하자.

3. 이맥의 『太白逸史』의 〈昔有夫餘帝室之女〉

『桓檀古記』에 합편된 조선시대의 李陌(1453~1528)의 『太白逸史』
(1520)에서는 선도신모의 출자를 〈옛 부여제실의 딸[昔 有 夫餘帝室之
女]〉로 기록하고 있다. 즉 〈斯盧 始王은 선도산 聖母의 아들이다. 옛 부여
제실의 딸 婆蘇가 있어 夫君없이 잉태하자, 사람들에게 의심받는 바 되어,
嫩水로부터 도피하여 동옥저에 도착했는데, 또 배를 타고 남하하여 辰韓 奈
乙村에 도착하였다. 이때 蘇伐都利가 있어 듣고 가서 집에 거두어와 길렀는
데 나이가 13세가 되자 지혜는 높고 숙성하며 성덕이 있어 이때 진한6부조
직이 같이 받들어 居世干이 되었고, 도읍을 서라벌에 세우고 국호를 진한이
라 칭하고, 역시 사로라고도 하였다.〉라고 하였다(이맥 1520:「고구려국본
기」;『환단고기』, 114~5면). 이처럼 이맥은 선도성모가 〈옛 부여 제실
의 딸〉이라고 하여 고조선-부여-신라 계승론을 제시하고 있다. 논자는 이러
한 기록을 종합하여 仙桃神母가 고조선-부여에서 출자하였다고 본다(이강
식 1998a:p.190).

그런데 여기에는 이제 더 종합적인 정밀한 논증이 필요하다(이강식
1998b:pp.138~41). 즉 박혁거세거서간은 -57년에 13세의 소년왕으로
등극하여, 우리 나이로 보면 -69년에 태어났고, 따라서 仙桃神母가 시집오
기 위해 남하한 것은 그 1년전인 -70년으로 볼 수 있다. 물론 -69년으로
볼 수도 있지만 -70년으로 보는 것이 순리적이다. 그런데 이때 중국은 前
漢 宣帝(재위 -74~-49) 때이고, 따라서 눈수-동옥저에서 남하한 선도신모
를 중국 前漢의 帝室의 딸로 보기는 어렵다. 만약 그렇다면 왕보나 김부식
이 이를 밝혔을 것이다. 물론 당시의 눈수를 지금의 만주 흑룡강방면의 눈
강으로 보는 것은 앞으로 더 연구해 보아야 하겠지만, 당시 중국 서쪽 長安
에 거주하였을 것으로 보이는 西漢의 帝室의 딸이 동족의 중국 땅을 두고,

75

굳이 눈수-동옥저를 거쳐 진한으로 남하하고, 또 진한에서 漢族의 아들을 왕으로 추대한다는 것은 당시 중국 秦·漢의 진한·조선침략으로 볼 때, 상정하기 매우 어렵다. 뿐만 아니라 『3국유사』에 따라 중국 漢의 帝室의 딸로 본다면, 다시 한 번 설명하면, 그 父는 중국 漢 宣帝(재위 -74~-49)라는 뜻인데, 그가 자기 딸이 중국 道家로 추정되게 되는 신선술을 어려서부터 배우는 것을 묵과하고, 자라서는 조선계의 辰韓으로 시집보내고, 또 傳書鳩를 활용하여 연락을 취하여 〈"소리개[鳶]를 따라가서 앉는 곳에 집을 짓고 살아라.">라고 했는 것은 이례적인 神仙道的인 행동으로서 유교국가인 前漢 말기의 국왕의 일반적인 행동이라고 보기는 어렵다. 물론 중국에서도 유교가 국교로 뿌리내리기 전에 〈方僊道〉에 심취한 왕이 없었는 것은 아니지만 이 정도의 靈的 교감을 가진다는 것은 어려울 것이다. 또 만약 이때 仙桃神母를 辰韓으로 시집을 보냈고 그 자제가 신라의 始王이 되었다면 그 정치적 의미에서 지금 정도의 내용으로 신라사나 중국사에서 다루어지지는 않을 것으로 본다. 그런 측면에서 『3국유사』의 중국출자설은 매우 사실과 다르며 이는 『3국사기』에서 무의식중에 유도되었거나 아니면 이 중국은 고조선이나 부여를 의미하는 중국이라고 보아진다. 또는 일연이 의도적으로 신라사를 중국과 관련지으려는 입장을 개진한 것으로도 볼 수 있다 (이강식 1998b:pp.167~9).

그런데 『桓檀古記』에 합편된 고려 때의 범장의 『북부여기 하』에 의하면 이 -70년 때의 단군이 바로 북부여(하)의 시조인 高豆莫 단군이다(『桓檀古記』. 42면). 뿐만 아니라 安含老의 『3聖記 全 상편』에서는 고두막한이 〈부여 고도로 나아가 나라를 칭하고 東明이라 하니 곧 신라의 옛 땅이다.〉라고 하였다(『桓檀古記』. 5면). 따라서 선도신모가 남하할 때의 〈父皇〉은 중국계가 아닌 조선계의 북부여(하)의 신라 옛 땅의 고두막 단군으로 보인다. 이는 선도신모의 신선술을 중국계가 아니고 조선계로 보는 것과 같은 맥락이다. 그러므로 이 선도신모의 출자에서 이맥의 『太白逸史』가 정확하다고 본다. 더욱이 김부식 등은 단지 〈옛 제실의 딸〉이라고 하여 다소 기록을 감춘 듯한데 그랬다면 필시 『3국사기』의 史觀을 감안할 때, 선도신모가 〈夫餘帝室〉의 딸임을 감춘 것이라고 볼 수도 있다. 그리고 일연이 〈中國帝室〉의 딸이라고 한 것은 혹 그가 부여를 중국으로 본 표현일 수도 있다고 본다. 이렇게 보면 중국 宋의 왕보가 김부식에게 선도신모를 〈貴國의 神〉, 즉 신라-고려의 神이라고 명확하게 말한 까닭을 알 수 있다. 만약 원래 중국계 漢族이라면 굳이 〈貴國의 神〉이라고 까지는 하지 않았을 것으로 본다.

그런데 이맥(1453~1528)의 『太白逸史』에서는 선도신모의 이름을 〈婆蘇〉라고 하였다. 그러나 이는 『太白逸史』 뿐만이 아니고, 權鼈(1589~1671)의 『海東雜錄』에도 〈婆蘇〉로 기록되어 있어 婆蘇라는 이름도 같이 전승되어 왔음을 알게 한다. 이때의 〈婆〉를 사전적인 의미로 〈할머니〉로 보아서 파소부인을 〈蘇塗의 큰 어머니〉로 해석할 수 있다. 그러나 〈婆娑〉라는 단어 자체가 있고, 이에도 여러 뜻이 있지만 그 중에 〈편안히 앉은 모양〉이라는 뜻이 있기 때문에 전체적으로 보면 〈파사소도부인〉, 즉 〈蘇塗에 주석하고 계시는 신라의 큰 어머니〉라는 뜻이 있는 원래의 이름에서 〈사소〉, 〈파소〉 등으로 각기 파생되어 나간 것으로 본다. 그러면 왜 〈婆婆〉가 아니고 〈婆娑〉냐고 하겠지만 그러나 신라에는 5대 婆娑니사금(재위 80~112)이 있고 또 종교적으로는 婆娑석탑이 있기 때문에 이 婆娑가 정치·종교의 핵심용어로 사용되었다고 보기 때문이다.

그런데 이 〈파사〉를 〈편안히 앉은 모양〉으로 보면 이를 종교적으로는 단전호흡, 명상의 뜻으로 해석할 수 있다. 즉 道家의 坐忘, 후대 불교의 坐禪에 해당하는 新羅 天神敎-神仙術에서의 표현으로 볼 수 있다.

지금까지 본 것처럼 신라에서 선도신모가 신선술을 전파하였고 따라서 화랑도의 풍류-풍월-仙敎의 기원이 이에 있으므로 이제 이 연구의 핵심적 주제를 살펴보기로 하자.

Ⅲ. 仙桃神母의 神仙術이 花郎徒組織의 起源

1. 花郎徒組織의 起源에 관한 先行研究의 檢討

花郎徒組織의 起源에 대해서 지금까지 많은 견해가 있었지만 여기서는 논제전개상에 필요하다고 보이는 대표적인 견해만을 중점적으로 보기로 하겠고 상론은 차후의 기회에 하도록하겠다.

먼저 〈'남여가 함께 어울려 노래부르며 즐기는' 등 자연스럽고 단순했던 집회

77

풍습〉에서 화랑의 연원이 있다는 견해도 있으나(김충렬 1998:pp.104~5), 이는 풍류도-풍월도-풍교-선교 등의 종교적 의미와 인재양성기능을 설명하는 데에는 미약하다고 본다.

그리고 〈신라의 이러한 사회적 자연적 환경에서 자연발생적으로 생긴 것이 즉 花郞徒라는 일종의 민간청년단체이었다.〉라는 견해가 있는데(이병도, 檀紀4287[서력1954]:p.108), 이는 삼품창영의 견해와 비슷하고 더 나아가 신라인이 肉體美를 존중하는 정신과 靈肉一致사상을 가져 특히 표리(안밖)가 아름다운 남성과 여성으로써 源花·花郞을 삼은 것이라고 해석한다. 그리고 〈어떻든 愚見으로 신라에는 원시공동체에서 파생된 若者 「두레」의 修養團이 있었다.〉라고 하여(이병도 1987:pp.676~7), 이를 화랑의 기원로 보았는데 이는 본격적인 화랑연구라고 보기는 어려우나 이 견해에서 화랑을 〈민간청년단체〉 또는 〈두레〉로 본 것은 화랑이 명백히 신라의 國敎인 風流道-仙敎조직인 종교조직이며 동시에 국가인재양성조직으로 발전하였음에 비추어 볼 때 타당하다고 보기는 어렵다. 또 이와 비슷한 견해로서 화랑도조직을 청년조직으로 보는 견해도 있으나(이기동 1992:pp. 309~15), 이는 학문적으로 어떤 의미있는 설명이라고 보기는 어렵다. 이는 오늘날의 대학교조직을 청년조직으로 보는 것과 같은 견해다.

또 화랑도의 사상을 불교의 彌勒사상이라고 보는 견해도 있으나.[7] 이에 있어서도 사상교류의 시간적 선후관계를 먼저 살펴봐야 할 것이다. 현재 花郞徒의 미륵사상이 강조된 것은 대체로 『3국유사』에서 기인한 것인데 이는 『3국유사』가 불교사서라는 측면을 감안해야 할 것이다. 논자는 기본적으로 신라의 전통종교인 신선도가 불교의 미륵사상을 포용-습합하였기 때문에 이러한 기록이 형성되었다고 본다. 즉 김대문(?~704~?)의 『화

---

[7] 삼품창영은 〈미륵불이 화랑의 무리에게 일종의 수호신처럼 숭배되었음은 뚜렷한 사실〉이라고 하고(앞책, p.66), 〈화랑의 俗信과 습합한 불교신앙중 미륵신앙을 그 첫째로 한다.〉라고 하였다(앞책, p.217). 그러나 신라에 불교가 들어오기 전부터 仙桃神母의 신선술이 있었기 때문에 이는 신라의 神仙道가 불교의 미륵신앙을 포용-습합한 것이지 불교의 미륵신앙이 위주가 되어 이 때문에 화랑도조직이 형성되었다고 볼 수는 없다. 이외에도 이처럼 미륵과 관련지은 견해(김영태 1966:p.148)가 있다.

78

랑세기」「14세 호림공」에서는 〈仙佛一道〉사상이 나오는데(모본 98면),
이는 화랑의 신선도가 불교를 적극 포용-습합해야한다는 사상을 개진한 것
이다. 이에 비해 『3국사기』는 유교사서로서 묘청의 서경천도운동직후 저
술되었기 때문에 國仙-彌勒仙花 등과 같은 仙敎-佛敎에서의 종교적 의미가
깊은 용어는 사용되지 않고 비교적 중립적으로 보이는 花郎이 주로 사용되
었다고 본다.

그리고 道敎와 관계된 견해는 앞서 仙桃神母의 신선술에서 살펴본 것처럼
대체로 화랑도조직의 풍류도의 신선을 道敎의 神仙과 혼동하였다.[8]

또 화랑도조직의 종교를 巫敎로 보는 견해도 많이 있으나[9] 이 역시 화랑
도조직이 자신의 종교를 風流道-風月道-風敎-仙敎-神仙으로 분명하게 밝혔

---

[8] 삼품창영이 대표적이다. 특히 그는 〈김유신의 행동에는 이 같은 도교적 방술과
   습합된 것이 적잖게 있었던 것으로 풀이된다.〉라고 하였지만(앞책, p.213) 역시
   구체적으로 어떤 부분이 도교와 관련이 있는지는 전혀 설명하지 못하였다. 이처
   럼 삼품창영은 김유신장군을 한 번은 도교로 보았다가 뒤에서 보는 것처럼 한
   번은 무교로 보는 등의 모순을 보이고 있다. 이외에도 도교와 관계가 있다고 보
   는 견해(양은용 1994:pp.7~32)가 있다.

[9] 삼품창영(1902~71)은 화랑을 原始韓族의 男子集會舍에서 유래하였다고 했는
   데 男子集會舍라는 것은 학문적으로는 의미가 없는 무의미한 견해이다. 다시 한
   번 설명하면 이는 오늘날의 대학교조직을 남자집회사라고 보는 것과 같은 무의
   미한 견해이다. 또 그러면서 源花를 여성무당으로 花郎을 남성무당인 박수로 보
   았다(앞책, pp.92~110). 그러나 이는 巫敎나 花郎의 본질을 이해하지 못한 견
   해에 불과하다. 巫敎의 가장 핵심은 接神에 있는 것이나 원화·화랑이 接神했다
   는 기록은 전혀 나타나지 않으므로 이는 전혀 사실이 아니다. 司祭가 제사를 집
   전한다고 해서 巫敎로 볼 수는 없는 것이다. 김유신 장군이 목욕재계하고 하늘
   에 아뢰어 맹세한지 4일만에 難勝이라는 훌륭한 스승을 만나 비법을 전수받은
   것을 무슨 靈夢의 탐구(vision quest)(앞책, p.60)라거나 더 나아가서 接神이
   라고는 전혀 볼 수 없다. 또 보호령이 있다고 해서 무당이라고 볼 수도 없다.
   또 삼품창영은 화랑도를 戰士團으로도 보았는데 무당이 戰士團을 이끈다는 것도
   語不成說이다. 즉 무당은 종교기능이고 戰士團은 군사기능인데 이 둘이 7세기경
   의 신라에서 결합되어 김유신장군이 황산벌전투(660)에서 백제의 계백장군과
   전투를 했다는 것은 무교의 기초도 이해하지 못한 소치로서 그야말로 靈夢의 탐
   구같은 소리다. 이외에도 화랑을 무교로 보는 견해(유동식 1981: pp.82~97:
   김인회 1987:pp.116~25:조흥윤 1997:pp.43~7, 330~66)가 있다.

79

기 때문에 사실과 다르다고 본다. 즉 화랑은 자신의 종교를 巫敎라고 지칭한 적이 한 번도 없는 것이다. 그들이 巫敎를 몰라서 자신의 종교를 風流道-風月道-風敎-仙敎-神仙으로 밝혔다고 볼 수는 없으며 仙敎와 巫敎는 字義에서부터 엄연히 다른 것이다. 그리고 이러한 견해에서는 巫敎의 본질을 도외시하고 있는 경향이 있다. 즉 巫敎의 가장 핵심은 接神(theosophy)에 있는 것이나 원화·화랑이 接神했다는 기록은 전혀 나타나지 않으므로 이는 전혀 사실이 아니다. 물론 후대에 와서 무당이 이름난 화랑을 자신의 神, 즉 몸주로 모시는 경우는 있을 수 있으나 그러나 그렇다고 화랑 그 자신이 무당이라고 볼 수는 없는 것이다. 최영(1316~88)장군을 무당이 神으로 모신다고 해서 최영장군을 무당으로 볼 수는 전혀 없는 것이다. 또 후대에 와서 화랑과 접신한 무당이 자신을 화랑이라고 한다고 해서 화랑 그 자신을 무당이라고 볼 수는 없는 것이다. 또한 고대에서의 司祭를 모두 巫敎로만 볼 수는 없는 것이다. 그리고 이러한 견해에서 신라 2대 남해차차웅(재위 4~24)을 巫王으로 보기도 하나 그렇게 보기는 어렵다. 즉 『3국사기』〈남해차차웅 원년〉에서는 〈차차웅은 자충이라고도 한다. 김대문(?~704~?)은 말하기를, "방언으로 巫를 이르는 것이다. 世人이 巫로써 귀신을 섬기고 제사를 주관하게 했기 때문에 외경하여 마침내 존장자를 자충이라고 불렀다." 라고 하였다.〉라는 註를 달았다. 이 문장의 뜻은 남해차차웅의 약 7백년 후의 김대문이 차차웅-자충이라는 칭호를 설명하면서 그 칭호가 원래는 무당에서 유래하였는데 마침내 尊長者를 이르는 호칭이 되어 남해차차웅을 존경하여 그러한 호칭을 사용했다는 것이지 남해차차웅을 巫王이라고 한 것은 전혀 아니다. 다시 한 번 강조하면 남해차차웅이 무당이라서 자충이라고 한 것이 아니고 尊長者라는 뜻으로 자충이라고 했다는 것이다.

또 〈花郞은 본래 上古 蘇塗祭壇의 武士 곧 그때에 「선비」라 칭하던 者〉로 본 견해(신채호 1924~5:p.104)도 많이 알려져있고, 소도와 화랑의 관계는 논자의 논지와도 비슷한 점도 있으나, 그러나 이 견해에서는 기본적으로 첫째, 신라에 소도가 있는지를 논증해야 하고, 둘째, 祭壇의 성격을 구명해야 하며, 셋째, 화랑은 武士 뿐만이 아니고 文士도 배출한, 文武兼全의 성격을 갖고 있음을 상기해야 할 것이다. 따라서 이 견해는 논증이 되었다고 볼 수 없다. 그러나 논자는 신라의 仙桃神母가 주석하고 있는 仙桃山을

80

蘇塗山으로 논증하고 仙桃-蘇塗에서 仙敎의 수련이 이루어졌고 이에서 仙敎의 司祭 내지 花郎이 형성되었다고 본다.

또〈대개 『밝』은 光明과 神이요, 『뉘』는 世界이니 『밝의 뉘』라 함은 光明世界, 곧 神의 뜻대로 하는 세상이란 意味를 나타내는 말입니다.…朝鮮에서는 예로부터 固有信仰이 있어 그 名稱은 『밝의 뉘』, 뒤에 변하여 「부루」요, 그 主旨는 天道를 實現함에 있었는데…〉라고 하고〈이 敎團의 중심된 聖童을 風月主, 源花, 花郎, 國仙 또는 仙郎이라 하는 등…그 語源은 다 『부루』에서 나온 것입니다.〉라고 하고 또 최치원이 말한〈風流〉를〈부루〉로 해석한 견해가 있었다(최남선 1937:pp.146~57). 논자도 仙桃神母가 궁극적으로는 古朝鮮에서 출자하였고, 花郎徒조직이 古朝鮮부터 있었다고는 보지만 그러나〈風流〉를 단순히 밝은 누리인〈부루〉로 볼 수는 없다고 본다. 물론〈風流〉도 主旨는 天道의 실현이고 『밝의 뉘』, 光明世界의 구현이지만 『밝의 뉘』를 단지〈神의 뜻대로 하는 세상〉으로 규정지을 수는 없는 것이다.

그런데〈花郎徒는 新羅에 와서 돌연히 창설된 것이 아니라, 단군조선시대 또는 그 이전 한웅천황 시대의 蘇塗儀式(神仙道)과 더불어 있었던 것을 新羅時代에 와서 復活再組織된 것이라 할 수 있다.〉는 견해(안창범 1988:pp.221~54)와〈設敎의 淵源이 《仙史》에 備述되어 있다고 한 것을 통해, 風流道는 결국 韓族 固有의 神仙思想에서 由來하였다고 理解하게 된다.〉라는 견해(차주환 1989: p.49)가 나왔다. 논자도 이의 견해와 비교적 비슷하나 그러나 신라에서의 창시자를 仙桃神母로 보며 風流道-神仙道의 본질에 대해서는 다른 논지를 갖고 있다.

지금까지 화랑도조직의 결성과 종교사상적 배경에서의 기원에 대해 살펴본 이러한 견해에서는 각자 자신의 학문적 입장에서만 살펴보려고하는 문제점을 갖고 있는 견해가 많았다. 花郎徒組織은 물론 다양한 측면을 갖고 있으므로 인식대상의 측면에서 자신의 학문분야에서 다양하게 고찰하는 것은 당연하고 또 무방하지만 그러나 그것이 전부라고 보아서는 안될 것이다. 뿐만 아니라 학문적 논증을 거치지 않은 견해의 피력은 가능한한 삼가하는 것이 연구를 위해서 바람직할 것이다. 역사는 기록에 입각하여 귀납적으로 연구하여야 하고, 그리고 신라사는 신라사로써 해석해야 한다는 명제를 항

81

상 상기하여야 한다. 이제 논자의 논증을 보도록 하겠다.

2. 仙桃神母의 神仙術에서 기원한 花郎徒組織의 風流道

최치원(857~?)은 「난랑비 서」에서 말하기를, 〈국가에 현묘한 道가 있는데, 風流라고 하며, 敎를 설립한 근원이고, 『仙史』에 상세히 갖추어져 있다.〉라고 하였다(김부식 등 1145:「신라본기」〈진흥왕 37년〉). 여기서 보면 화랑의 근원은 玄妙道인 風流道인데, 『仙史』에 설명이 상세히 갖추어져 있다고 했기 때문에 〈풍류〉도는 신라 고유 언어의 어떤 차자이고, 『仙史』는 필시 『仙敎史』이기 때문에 漢字로는 이를 〈仙〉敎라고 한다는 것을 알게 해준다. 그리고 최치원은 이 風流道-仙敎가 실로 儒道佛 3敎를 모두 포함하고 있다고 하였다. 여기서 보면 신라 고유의 風流道의 〈仙敎〉는 儒道佛 3敎를 포함하지만 이와는 또 다른 신라의 전통종교라는 것을 알 수 있다.

그리고 『3국유사』에서 보면 〈제24代 진흥왕(재위 540~76)은 姓은 김씨이고, 이름은 삼맥종인데 다르게는 심맥종이라고도 하며, 양 대동 6년(540) 경신에 즉위하였고, 백부 법흥왕의 뜻을 흠모하여, 일심으로 부처를 모셨고, 불교사찰을 널리 건축하였고 국인으로 하여금 승니가 되게 하였다. 또 天性이 風味가 있고, 神仙을 많이 숭상하여 人家의 娘子중에 미염자를 선택하여 原花로 받들었으며 요컨대 조직원을 모아 士계층을 선발하고〔聚徒選士〕, 孝悌忠信을 가르치고자 함이었는데 역시 국가경영의 大要〔理國之大要〕이다.〉라고 하였다(『3국유사』「미륵선화 미시랑·진자사」). 논자는 이 기록이 『3국사기』의 「신라본기」〈진흥왕 37년〉의 화랑도기록에 정확히 대응하는 일연의 기록이라고 본다. 이제 이를 살펴보기로 하자.

일연의 『3국유사』에서는 진흥왕이 불교에 심취하여 불교사찰을 건립하고 國人으로 하여금 비구와 비구니〔僧尼〕가 되게 했지만 이와 대귀를 이루어 동시에 〈天性이 風味가 있고, 神仙을 많이 숭상하여 원화도를 조직〉했다고하여 原花徒組織의 기원이 풍미-신선에 있다는 것을 비교적 분명하게 명시를 하였다. 뿐만 아니라 뒤에서 〈반드시 풍월도를 먼저 해야한다.〉면서 이번에는 남성의 花郎徒組織을 형성하였다. 그러므로 일연은 불교-僧尼와 풍미-신선-원화, 풍월도-화랑을 대비한 것이다. 이는 당연히 풍미-신선도-

82

풍월도는 종교이고. 신선-원화-화랑도는 이 종교를 믿는 司祭조직임을 보여주는 것이다. 즉 원화-화랑도의 원의미는 神仙인 것이다. 이것이 지금까지는 명확하게 인식이 되지 않았다.

또 〈처음으로 설원랑을 받들어 國仙으로 삼으니 이것이 花郎國仙의 시초다.〉라고하여 풍월도-화랑-국선이 같은 기원임을 밝혔다.

그리고 〈彌勒仙花 未尸郎〉이 〈예의와 風教가 보통사람과 달랐고. 風流를 세상에 빛내기 거의 7년이었고.〉라고 하였다(같은 「미륵선화 미시랑·진자사」). 따라서 화랑·원화의 종교는 신라 고유어로서는 〈風流-風味-風月-風教〉이고 이를 漢字로는 〈仙教-神仙-國仙-仙花〉로 차자했다는 것을 알 수 있다.

이처럼 風味-神仙道에서 형성된 여성사제 원화의 원형은 新羅史에서 원류를 찾으면 神仙術의 仙桃神母이다. 또한 풍월도-화랑도는 남성조직이지만 이의 원류도 그 기원은 신선술의 仙桃神母이다. 그러므로 종합적으로 보면 風流-風味-風月-風教-『仙史』-仙教-神仙-國仙-仙花-源花-花郎이 모두 같이 神仙術-仙桃神母를 계승했다는 것을 알 수 있고 仙桃神母가 이 모두의 기원이라는 것을 알 수 있다. 이것이 논자의 주요 결론이다. 이는 계속 설명하도록 하겠다.

신라에서 女性司祭는 『3국사기』 「잡지 제1」 〈제사〉에 보면 남해차차웅(재위 4~24)이 재위 3년(6)에 시조 박혁거세거서간의 廟를 세우고 친누이 阿老로 하여금 제사를 주관하게 한 것으로 잘 알 수 있고.[10] 阿老는 仙

---

10) 그런데 『3국사기』 〈제사〉에서는 阿老는 남해차차웅의 친누이라고 했고. 〈탈해니사금 원년〉에서는 탈해니사금(재위 57~80)의 妃는 남해차차웅의 장녀인 阿孝부인이라고 하였고 또 〈남해차차웅 원년〉에서는 남해차차웅의 妃는 雲帝부인인데 다른 이름을 阿婁부인이라고 하였다. 그런데 『3국유사』에서는 「왕력」에서는 탈해니사금의 妃가 남해왕의 딸 阿老부인이라고 하였고. 「제4대 탈해왕」에서는 남해왕의 맏공주 阿尼부인이라고 하였다. 따라서 이 당시 阿老·阿孝·阿尼 등 비슷한 이름을 가진 여성이 혼동된 것으로 보나 혹 탈해니사금의 妃가 남해왕의 딸 阿老부인이라고 한다면 이는 신라 왕비가 이러한 女性司祭의 전통을 계속 이어갔고 이러한 전통에서 女性司祭長인 源花가 男性司祭이며 仙徒인 花郎을 지휘하였고 이러한 전통이 진흥왕의 원화도조직으로 표출되었을 가능성이 있다고 보는데 이 역시 앞으로 계속 연구할 주제라고 본다.

83

桃神母의 孫女로서 이 여성사제의 전통은 역시 仙桃神母를 계승한 것으로 본다. 이러한 仙桃神母의 전통이 신라에서 여왕이 3명이나 즉위하고 신라 조직에서 여성이 평등한 원인이 되었다고 본다.

따라서 『화랑세기』에서 원화도조직의 기원으로 든 燕夫人은 논자가 보기에는 仙桃神母일 가능성이 매우 높다고 본다. 즉 仙桃神母가 출자한 고조선-부여지역이 후대의 중국 燕지역이 되었음을 나타내는 것으로 볼 수 있다. 이는 최치원의 〈신라 중국 燕 탁수 출자론〉과 같은 맥락으로 볼 수 있다.

이처럼 일연의 『3국유사』는 풍미-신선-풍월도에서 원화-화랑도조직이 기원한다는 조직의 원류를 불교사관의 범위내에서 비교적 적시하였다. 이것이 문장 구성상에 적절한 것이다. 반면에 김부식 등의 『3국사기』에서는 이 종교사상의 원류는 거두절미하고 곧바로 인재양성을 위해 源花를 설치하였다고 하고 그 실패로 인해 다시 화랑을 설치했다고 하면서 주로 유교적 관점에 배치되지 않는 범위내로 보이는 화랑의 3가지 수련내용과 인재평가기준과 인재추천에 관한 기록을 하였고, 이 연후에 김대문의 『화랑세기』를 실었는데 이 역시 화랑이 文-武士를 겸전하였고 그 인재양성이 우수하였다는 기록만 실었고, 『화랑세기』에 반드시 실려 있을 것으로 보이는 仙敎의 종교사상적 배경에 대해서는 역시 침묵하였다. 근년에 발견된 현전 『화랑세기』「서문」(발췌본)에는 〈화랑은 仙徒이다. 우리나라는 神宮에서 하늘[天]에 大祭를 봉행했는데, 燕의 桐山과 魯의 泰山에서 지내던 天祭와 같은 것이다. 옛날 燕夫人이 仙徒를 좋아하여 美人을 많이 받아들여 이름을 國花라고 하였는데 그 풍습이 東漸하여 우리나라에서도 여자를 源花가 되게 하였다. 只召太后가 원화를 폐지하고 花郞을 설치하여 國人으로 하여금 받들게 하였다. 이에 앞서 법흥대왕은 魏花郞을 총애하여 이름을 화랑이라고 하였는데, 이름은 이것에서 비롯되었다. 옛 仙徒는 단지 神을 받드는 것을 爲主로 하였으나 國公이 仙徒를 줄을 지어 행[列行]한 이후부터 仙徒는 道義로써 서로 권면하였다. 이때부터 賢佐忠臣이 이에 종사하여 빼어났고, 良將勇卒이 이로 말미암아 생겨났다. 그러므로 花郞徒組織史는 가히 몰라서는 안될 것이다.〉라고 한 부분에서 〈이때부터 賢佐忠臣이 이에 종사하여 빼어났고, 良將勇卒이 이로 말미암아 생겨났다.〉를 제외하고는 모두

84

삭제한 것으로 보인다. 그리고 거의 뒷 부분에 와서야 최치원의 「난랑비서」를 前後문장과의 연결관계에 관한 별다른 설명없이 〈슬쩍〉 실어 행간의 뜻에서 원화·화랑의 원류가 풍류-선교에 있음을 매우 간접적으로 시사만하면서 직접적으로는 풍류-선교와 원화·화랑의 관계에 대해서는 아무런 설명을 하지 않았다. 다시 한 번 강조하면 원화·화랑도조직이 풍류도에서 유래하였다고 직접 말하지 않으면서도 최치원의 「난랑비 서」의 앞뒤에 원화·화랑의 직접적인 기록을 배열하여 무의식중에 독자로 하여금 그렇게 知覺하게 하는 묘한 화법을 구사하고 있다. 이는 현대의 신문이나 잡지에서도 쉽게 보기 어려운 고도의 기법일 것이다. 즉 자료만 나열하여 독자가 스스로 그렇게 판단하면 하는 것이고 기록자는 독자의 그러한 판단에 대해 별다른 책임이 없다는 수사법이다. 이는 앞에서 仙桃神母의 기록에서 본 것과도 같은 화법이다. 이를 보면 김부식 등은 역시 고려의 명문장가라는 것을 알 수 있지만 원화·화랑과 풍류·풍월도를 왜 이렇게 연결짓는 것을 꺼려했는지는 아무리 묘청의 서경천도운동의 직후의 국내외 정세를 반영한 것이라고 본다 하더라도 이해하기가 쉽지는 않다. 그러고는 또 風流-仙敎가 儒道佛 3敎를 포함하고 있다고하면서 외래종교를 오히려 많이 거론하여 외래종교인 3敎는 비교적 핵심을 자세히 설명하였지만 풍류도-선교는 그러한 3敎를 모두 포함하고 있다고 하면서 직접적인 자세한 설명은 〈슬쩍〉 피했다는 것이다. 이것이 오늘날 風流-仙敎보다 오히려 화랑도와 3敎가 더 많이 연구되는 결과를 가져왔다고 본다. 이 역시 김부식 등의 묘한 화법이라고 하지 않을 수 없다. 그런데 3敎중에서도 김부식 등은 특히 유교를 앞에 세워 유교를 강조하였다. 최치원의 「난랑비 서」에서 3敎중 유교가 먼저 실린 것은 최치원이 기본적으로는 유학자이기 때문에 그러했을 수도 있지만 김부식 등이 유학자로서 이를 인용하면서 먼저 실었을 수도 있다고 본다. 이 기록은 그러해서인지 일연의 『3국유사』에서는 다른 최치원의 문장이나 故事는 비교적 자주 자세히 기록하였으면서도 이 기록은 싣지 않은 것 같다. 아마 불교가 3敎중 가장 늦게 나온 것도 한 이유일 것이다. 물론 『3국사기』에 이미 실었기 때문에 생략했을 수도 있다. 그러나 또 논자는 이 풍류도-선교의 3교포함론은 이미 『仙史』에 실려있는 것을 최치원이 인용했고 이를 김부식 등이 재인용했을 가능성도 있다고 본다. 그런데 『仙

85

史」에서도 유교가 가장 먼저 기록되어 있었을 가능성도 있다고 본다. 왜냐면 충효는 화랑도조직에서도 높이 평가하는 덕목이기 때문이다. 그래서 김부식 등이 특히 이 귀절을 인용했을 수도 있다. 즉 자료채택에서의 주관적 객관성이다.

그리고는 김부식 등은 또 마지막으로 중국인이 쓴 『신라국기』를 인용하여 花郎의 뜻이 마치 〈美者와 傳粉粧飾〉에 있는 것처럼 기록하였는데 그러나 논자는 花郎을 그런 뜻으로는 볼 수는 없고 역시 종교적인 뜻으로 봐야 한다고 본다.

그리고 끝으로 김부식 등은 진흥왕이 어려서부터 즉위하여 一心奉佛하다가 말년에 왕과 왕비가 스님이 되었다고 기록하여 불교는 비교적 핵심적인 내용도 기록하였다고는 보나, 풍류-풍월-신선교에 대해서는 특히 『3국유사』에 있는 〈또 天性이 風味가 있고, 神仙을 많이 숭상하여〉와 〈나라를 흥하게 하려면 반드시 風月道를 먼저 해야 한다.〉라는 기록을 전혀하지 않아 풍류-풍월-신선교의 기록을 대폭 삭제한 것으로 보인다. 그러므로 오늘날 우리 연구자들은 『3국사기』나 『3국유사』를 바탕으로 진정한 신라사를 찾아야 할 것이다.

그러므로 『3국사기』는 상당한 의도를 가졌든지 아니면 무의식적이든지 간에 상당히 원화·화랑도조직의 탈종교화를 시도하고 있다. 특히 風流-仙敎의 내용을 의도적으로 축소시키고 있어 이는 脫風流敎化라고도 볼 수 있으며 용어에서도 國仙, 彌勒仙花, 風月主 등은 사용하지 않고, 傳粉粧飾한 미모남자의 뜻으로 사용한 花郎이라는 용어를 비교적 중립적으로 보았는지 이를 사용하고 있다. 그러므로 『3국사기』에서 國仙이라는 용어가 나오지 않는 것은 이러한 이유에서이다. 그러므로 國仙이라는 용어가 고려시대에 나와서 『3국사기』에는 사용이 안되고 『3국유사』에서만 追稱하여 사용되었다고 본 견해(삼품창영 지음 1995:pp.207~11)가 있으나, 이는 전혀 사실이 아니다. 화랑도조직이 최번성하였던 신라시대에 사용하지 않았다는 國仙, 즉 國家의 仙人 또는 國家의 彌勒仙花라는 극존칭을 그렇지 못했던 고려시대에 와서 사용할 리도 없을 뿐만 아니라 불교 國師인 일연이 굳이 國仙이라는 화랑의 존칭을 소급해서 사용할 리가 없는 것이다. 그리고 신라와 김유신장군 당대에 國仙이 사용 안 되었다고 보기는 어렵다. 『3국사

86

기」「열전 김유신 下」와 『3국유사』「미추왕·죽엽군」을 보면 김유신장
군은 백제와 고구려를 평정한 후에 〈鷲仙寺〉를 건립하였다고 기록하고 있
는데 여기서 〈仙〉은 〈國仙, 彌勒仙花〉이기 때문에 신라와 김유신장군 당대
에 화랑을 〈仙〉이라고 호칭을 했고, 그랬다면 〈仙〉의 長인, 國家의 仙人이
라는 뜻의 〈國仙〉도 반드시 있었을 것이다. 〈鷲仙寺〉의 〈鷲〉는 불교에서도
나오는 새이지만 신라의 고유종교인 神仙道에서도 앞에서 본 것처럼 소도
에 있는 솟대에 수리[述, 鳶], 또는 매[鷹]가 있었기 때문에 〈鷲仙寺〉는 불
교의 사찰로만 볼 수는 없고 화랑을 기리는 神仙敎의 사찰 내지 적어도 仙
佛一道의 사찰로 보인다. 그리고 彌勒仙花라는 용어도 이때에 사용되었을
가능성이 크다. 왜냐면 같은 「열전 김유신 上」에서는 김유신장군을 〈龍華
香徒〉라고 불렀는데 이때 〈龍華〉역시 신라 전통종교나 불교의 神獸이겠지
만 특히 불교계열로 본다면 〈彌勒〉과 〈龍華〉는 밀접한 관계가 있기 때문이
다. 따라서 〈龍華香徒〉라고 불렀다면 이때 〈彌勒仙花〉라고도 불렀을 것이
다. 더욱이 앞에서 『3국유사』를 분석하여 원화-화랑도의 원의미는 神仙
으로 보았는데 〈仙〉이라는 용어가 사용되지 않았다고 보는 것은 인정할 수
없고 〈仙〉이 사용되었다면 〈仙〉의 長인 〈國仙〉도 반드시 사용되었을 것이
다. 그러나 김부식 등은 유교사관으로 보이는 일관된 원칙에 따라 이러한
종교적 명칭을 사용하지 않았다. 따라서 『3국사기』는 오히려 원화·화랑도
조직의 儒敎化까지도 상정해 볼 수 있을 정도로 유교에서 용인할 수 있는
범위내의 내용만 선별하여 채택하여 마치 원화·화랑도조직이 유교에 기반을
두고 있는 것같은 무의식적인 느낌마저 들게 한다. 그러면서도 최치원의
「난랑비 서」를 인용하여 風流-仙敎의 기록을 인용 안한 것은 아니라는 고
난도의 화법을 구사하고 있다. 사실 『3국유사』가 아니라면 최치원의 「난
랑비 서」를 왜, 무엇 때문에 김부식 등이 여기에 인용하였는지를 알기가
어려울 정도이다. 지금까지는 이것도 간과되어왔다. 그렇지만 더욱이 논자는
『3국사기』 내의 꼭 같은 기록을 갖고서도 최치원의 「난랑비 서」를 가장
앞부분에 배열한다면 형태심리학(gestalt psychology)의 측면에서 그 내
용을 지각(perception)할 때에, 선택(selection), 조직(organization),
해석(interpretation)이 매우 달라지게 될 것으로 본다. 즉 이를 冒頭에
두면 풍류도에서 원화·화랑조직이 형성되었다고 지각되기가 쉬울 것이다. 이

87

려한 자료배열 역시 김부식 등의 의도성이 있다고 보는 것이다. 이는 논자가 항용 강조하는 묘청의 서경천도운동이후 유교사관을 갖고 있는 김부식 등이 특히 풍류-풍미-풍월도-풍교-신선-국선을 삭제하고자하는 의도를 보여준다고 보며 이는 고려의 국내외정세의 상황변화를 보여주는 것으로 본다. 그리고 유교국가인 조선에 와서는 더욱이 풍류-풍미-풍월도-풍교-신선-국선-화랑의 본질적 의미는 더 이상 공식적으로 나타나지 않은 것으로 본다.

이에 비해 다시 한 번 강조하면 『3국유사』는 원화·화랑도조직이 진흥왕이 숭상해온 풍미-신선-풍월도에서 기원한다는 것을 비교적 적시하여 다소 상황을 알게 해 준다.

지금까지 살펴본 것처럼 원화·화랑도조직의 風流-風月-風教-神仙-仙教의 기원은 고조선-부여에서 출자한 仙桃神母의 神仙術이라는 것을 알 수 있다. 그러므로 논자는 신라의 전통종교는 仙桃神母의 神仙術의 天神教라고 보는 것이다. 이 天神教의 교리에 따라서 仙桃神母의 神祠와 박혁거세거서간의 神宮이 건립되고 다른 여성도 山神으로 배향되었다고 본다. 그러므로 이러한 특성을 가진 종교는 결코 유-도-불-무교가 될 수 없는 것이다.

그러나 위에서 본 각 史書의 史觀과 기록방법의 묘함, 그리고 후대의 잘못된 견해 때문에 지금까지는 仙桃神母의 神仙術이 원화·화랑도조직의 기원이라는 사실이 인식되지 않았다고 본다.

뿐만 아니라 仙桃神母의 신선술과 화랑도조직은 수련면에서도 유사성이 많다. 이를 더 자세히 설명하면 仙桃神母는 어려서부터 神仙術을 습득하였는데, 이는 앞서 본 것처럼 이분의 자제분인 박혁거세거서간과 알영왕후가 13살에 소년왕·소녀왕후가 된 것과 관계가 있고, 風流-風教-神仙-仙花를 수련하는 화랑·원화가 10代의 청소년·소녀로서 조직된 것이 이에 기원한 것으로 본다. 이는 어린 나이에 神仙術-風流道를 수련하는 것이 효과가 더 있었기 때문으로 본다.11) 따라서 논자는 박혁거세거서간과 알영왕후를 신라의 화랑-원화의 시조로 보며 신라왕실이 화랑도조직과 관계가 깊고 또 왕위계승에서 화랑도혈통이 존중되는 것은 이에서 기원한다고 본다.

---

11) 이는 논자가 神仙術-風流道의 방계로 보는 중국 방선도에서 童男童女를 특히 태워서 배를 타고 불로초를 찾으려고 한 것과도 비교가 된다고 하겠다.

88

그러면 이제 신라전통의 신선술-풍류도의 본질을 살펴보자.

3. 신라 전통종교의 神仙術-風流道는 丹田呼吸

지금까지는 神仙術-風流-風月道의 본질에 대해서 그렇게 깊이있는 연구가 있었다고 보기는 어렵다. 흔히 『3국사기』에 기록된 최치원의 〈風流〉를 漢文字 그대로 보아서 辭典대로 〈자연을 즐기어 시나 노래를 읊조리며 풍치있고 멋스럽게 노는 일〉로 해석하여 왔다.12) 물론 이러한 해석에는 화랑의 〈類聚 群遊 : 或 相 磨 以 道義, 或 相 悅 以 歌樂, 遊娛 山水〉라는 『3국사기』 〈진흥왕 37년〉의 기록도 곁들여져서 대체로 〈멋스럽게 노는 것 [遊]〉으로 해석되었다. 그러나 〈類聚 群遊 ; 或 相 磨 以 道義, 或 相 悅 以 歌樂, 遊娛 山水〉는 비단 화랑도조직만이 아니고 다른 종교에서도 마찬가지이다. 예를 들어 유-도-불-무교라고 해서 〈類聚 群遊 ; 或 相 磨 以 道 義, 或 相 悅 以 歌樂, 遊娛 山水〉를 일부 또는 전부를 안하는 종교가 어디 있겠는가? 그러므로 이는 神仙術-風流道의 고유한 특색을 나타내는 형용으로 볼 수는 없다. 이는 앞에서도 논급하였지만 김부식 등의 유교사관이 용인할 수 있는 범위내에서의 풍류도의 수련활동을 기록한 것으로 보는 것이 타당할 것이다. 뿐만 아니라 이러한 기록들을 통하여 화랑도조직이 〈놀이〉와 서약의 2가지를 통하여 수련했다는 견해를 도출하여 왔는데(이기동 1992:pp.341~54), 놀이는 성립되기 어렵다. 戰士團이 무슨 〈吟風弄月의 놀이〉를 통하여 수련한다는 것은 상상하기 어려운 것이다. 더욱이 김유신장군의 여러 수련을 보면 전혀 그 무슨 〈吟風弄月의 놀이〉와는 상관이 없는

---

12) 이러한 해석례는 굳이 예를 들지 않아도 될 것으로 보는데 이러한 견해는 대체로 〈詩歌·음악·무용 등의 예술을 중시하고 이를 즐김으로써 인간정신의 超俗的이고도 優雅한 조화적 昇化를 도모하는 가치이다. 이 풍류의 道를 통해 신라인은 정신의 純化와 심정의 內的 調和와 대자연과의 和諧를 이룸으로써 玄妙한 경지에 들어 갔다.〉라고 보는 견해(민주식 1986:pp.3~25)로 집약될 수 있을 것이다. 또 이러한 견해에서는 풍류를 〈자연의 섭리, 이법〉으로도 해석하였다 (한국문화상징사전편찬위원회 1992:p.302). 그리고 더 나아가서 풍류가 중국으로부터 전래된 말로서 〈동아시아 문화 속에서 풍류는 자연·예술·인격·생활·유회 등 다양한 층에 걸쳐 논의될 수 있는 미의식의 발현이다.〉라고도 보았다(민주식 1994:pp.179~207).

89

것이다. 본질적로도 풍류는 神仙-仙教의 종교이지 〈놀이〉라고 보는 것 자체가 성립하기 어려운 것이다. 그러므로 대체로 지금까지는 이 〈풍류〉라는 첫 단어에서 화랑도조직의 연구가 막혀버리고 말았는 것같다. 그러면 풍류는 무엇일까?

그런데 지금까지는 최치원(?~857)의 〈풍류〉만을 너무 辭典的 문자대로 강조하여 왔다. 오히려 진흥왕(재위 540~76)의 風月道와 진지왕(576~9) 때의 미시랑의 風敎가 연원적으로는 더 오래이기 때문에 이를 동시에 고찰하여야 한다고 본다. 즉 신라의 전통종교는 〈풍류〉만으로 불려진 것이 아니고 풍월-풍교라고도 불려졌기 때문에 〈風流-風月-風敎〉는 그 모두가 그 어떤 신라고유어의 차자로 봐야할 것이다. 즉 漢字의 뜻이 아니고 신라고유어를 漢字化한 것으로 봐야한다. 그렇게 보면 〈風流〉는 글자의 뜻 그대로 〈바람의 흐름〉이 되고 〈風月〉은 〈바람과 달〉, 〈風敎〉는 〈바람의 가르침〉이 된다.

그러면 이 〈바람의 흐름, 바람과 달, 바람의 가르침〉은 일단 고대의 자연신으로서의 風神숭배사상으로 볼 수 있다. 즉 오늘날에도 민간에서 바람의 神으로 섬기는 靈登할매를 보면 알 수 있다. 또 고대에서는 환웅천황이 지휘한 風伯이 바로 바람신의 숭배사상에서 그 명칭이 유래하였을 것으로 보는 것이다. 이 풍백의 다른 이름이 箕子인데 바로 箕星이다. 뿐만 아니라 돌개바람, 회오리바람은 용오름이라고 해서 神의 현현이라고 까지 여겼는데 이것이 화랑의 〈龍華香徒〉라는 이름에 영향을 주었을 가능성도 있다고 하겠다. 즉 天神敎의 전통종교에서의 龍神사상은 風神사상과도 관계가 깊다고 할 것이다. 따라서 논자는 신라의 자연신으로서의 風神숭배사상이 풍류-풍월도-용화향도사상을 형성한 것으로 본다. 즉 논자는 용화향도사상은 신라의 전통종교에서 형성되었고 이 측면에서 불교의 용화-미륵사상을 포용-습합하였다고 본다.

그러나 논자는 풍류-풍월도는 단순히 자연신으로서의 바람을 숭배한 것만은 아니라고 본다. 그것도 포함하지만 화랑도조직의 수련을 그것만으로는 설명하기에는 부족하다고 하겠다. 그런데 바람은 우주의 호흡이요, 우주의 숨인 것이다. 따라서 논자는 바람의 흐름[風流], 바람과 달[風月]이라는 표현을 볼 때, 신라인이 바람, 大氣를 우주의 생성 에너지, 氣, 프라나

90

(prāṇa), 또는 푸라나(purāṇa, 波那바나, 呼氣:인도 요가의 호흡, 氣息)
으로 보고, 이를 호흡하고 숨쉼으로써 사람도 우주의 진리를 깨달을 수 있
다는 종교를 갖고 있었다고 보는데, 이는 신라인이 호흡을 통하여 丹田에
氣를 축적함으로써 우주의 진리를 깨닫는다는 단전호흡법을 수련했다는 것
을 의미하며(이강식 1998a:pp.187~9), 신라인이 이러한 〈바람의 흐름〉
에 해당하는 신라 고유어를 風流라는 漢字로 차자하였다고 본다. 이는 전통
종교의 『31신고』에서의 〈止感, 調息, 禁觸〉중 調息과 관계가 있다고 본
다. 뿐만 아니라 미트라교에서는 생식력의 바람을 프뉴마(pneuma, 靈)라
고 하였는데13) 이 역시 풍류로 차자된 신라 고유어와 晉과 訓이 비슷하다
고 하겠다. 그러므로 그 고유어는 결국 바람-불다-風流-風(중국)-프라나(푸
라나, 인도)-프뉴마(그리스)-blow(영어)의 晉과 비슷할 것으로 본다. 따라
서 논자는 고대 조선-신라어의 〈바람-불다-風流〉에 해당하는 언어가 風(중
국)-프라나(푸라나 인도)-프뉴마(그리스)-blow(영어)의 기원이라고 본다.
즉 고대 조선-신라의 風流道가 중국의 방선도-신선-도교, 인도 요가의 프라
나의 기원이라고 보는 것이다. 그것은 기록상 연원이 가장 깊고 또 〈바람-
불다-風流〉의 음과 뜻의 원형이 가장 잘 남아 있기 때문이다. 그러므로 풍
류는 바람의 흐름이라는 그 어떤 신라어의 晉譯이며 동시에 訓譯으로 본다.
그래서 풍류로 차자되었다고 보는데 지금까지는 풍류의 사전적인 뜻에만
집착하여 해석해 온 것이다.

그렇게 보면 風月도 비교적 종교적 의미로 해석할 수 있다. 즉 달은 종교
사상계에서는 주로 깨달음의 상징으로 보기 때문에 風月은 〈풍류도에서 깨

---

13) 미트라교에서 해 디스크(sun disk, 최고신의 상징)에는 손발과 함께 남근[管]
이 붙어 있다. 그 남근에서 생식력의 바람(pneuma, 靈:결실을 가져오는 태양광
선)이 나와 세상을 풍요롭게 한다(한국문화상징사전편찬위원회 1992:p.304). 즉
그리스-헬라어에서는 프뉴마는 영혼, 생명의 호흡을 뜻하는데 이는 또 바람, 공
기, 숨결을 의미하며 '푸'하는 숨소리를 흉내낸 의성어로서 호흡에 의해서 공기
로부터 몸 속으로 들어가는 생명원리로 본다(진 쿠퍼 지음, 이윤기 옮김
1994:p.476). 이는 『聖經』에도 나타나는데 즉 靈(spirit)을 나타낼 때, 그리
스-헬라어에서의 바람, 숨의 뜻인 프뉴마로 표기하였다. 이러한 것은 고대에서
나 지금에서나 보편적인 사상일 것이나 풍류도는 특히 이의 수련을 통하여 우주
의 진리에 도달하였다고 본다.

91

달아서 마음이 밝음〉을 의미한다고 본다.14) 즉 논자는 신선술-풍류도를 수련하였을 것으로 보이는 박혁거세거서간의 이름에 나타난 〈밝은 누리, 光明理世〉가 바로 이 풍월을 뜻한다고 본다.

그리고 이러한 호흡법을 수련하기 위하여 山水를 즐겁게 여행한 것이 史書에서 〈遊娛山水〉로 기록되었다고 본다.15) 그러나 그것은 김유신장군의 수련에서 보는 것처럼 당사자에게는 목숨을 건, 고통을 수반하는 수련이지 결코 멋스럽게 놀러 다니는 것은 아니다.

그리고 이 풍류도는 道家의 坐忘, 후대 불교의 坐禪과 같이 주로 坐式 호흡수련법으로 보이는데 논자는 仙桃神母와 미륵선화 미시랑의 수련법을 坐式 호흡수련법으로 해석하였다(이강식 1998a:p.190, 200). 이는 또 『3국유사』 「包山2聖」에서도 다소 살펴볼 수 있는데 여기서 〈道成聖師는 살고 있는 뒷산 높은 바위 위에 항상 연좌〔宴坐〕하고 있었는데,〉라고 했는데 이 연좌는 일연이 坐禪과 비슷한 뜻으로 사용하였을 것이다. 그런데 일연은 이러한 2聖을 讚하여 말하되 〈두 老師의 風流 몇 백년이 지났는고?〉라고 하였다. 그렇게 보면 일연은 연좌와 풍류를 坐禪과 비슷하게 본 것으로 볼 수 있다. 더욱이 〈包山2聖〉과 더 나아가서 여기의 9聖은 불승이라기 보다는 그 이전의 神仙-風流徒로 보인다. 물론 화랑도가 풍류도-단전호흡만을 수련한 것은 아니고 이를 중심으로 여러 수련법을 활용하였을 것으로 본다.

그리고 선도신모의 신선술은 앞서 본 것처럼 중국의 道教계통으로 보아서는 안될 것이며, 『太白逸史』에서 본 것처럼 〈옛 부여제실의 딸〉이므로 고조선-부여를 계승한 것으로 보아야 한다. 따라서 仙桃神母의 神仙術은 고조선의 仙人王儉을 계승한 것으로 봐야할 것이다. 그러므로 고조선에서도 천

---

14) 물론 해〔日〕도 깨달음의 상징으로 많이 사용된다. 특히 논자는 『天符經』에서의 〈本 心 本 太陽 昻 明〉을 仙學的으로는 〈본래의 마음을 깨달으면 본래 태양처럼 높고도 밝다.〉라고 해석하는데 이는 깨달은 마음을 달로 보는 것과 같은 해석이다.

15) 오늘날도 대학생이 MT를 가려하면 흔히 보는 사람들은 놀러간다고 쉽게 생각하는 것과도 비슷하다. 그러나 설사 놀러간다고 하더라도 준비와 비용이 만만하지 않기 때문에 쉬운 일은 아니다. 화랑의 〈유오산수〉라는 표현에도 이러한 측면이 게재되어 있을 것으로 본다.

92

지화랑, 국선소도 등의 화랑도조직이 있었다고 보나 이는 차후의 연구과제로 해야 할 것이다.

이처럼 신라는 신선술-풍류도-풍월도-풍교의 나라임을 알 수 있고, 논자는 이 신라의 풍월-풍류도가 현대의 단전호흡법에 해당되는 것으로 신라에서 이의 창시자는 바로 仙桃神母로 본다.

Ⅳ. 源花徒組織의 創設과 花郞徒組織으로의 發展

1. 源花徒組織의 創設과 복수최고경영층개념의 채택

이처럼 신라가 花郞에 앞서 源花를 먼저 조직한 원인은 바로 어려서부터 신선술을 습득한 선도신모에 있다고 본다. 따라서 仙桃神母-알영왕후-운제[아루]부인-아로[아효?] 등으로 이어지는 女性司祭長의 전통을 이어 진흥왕이 화랑도조직보다 원화도조직을 먼저 형성하였다고 보는 것이다. 또 그 전통이 신라에서 여성의 권력평등화를 가져와 3명의 여왕이 즉위하였다고 보는데 특히 선덕왕(재위 632~47)은 〈지기3사〉로 미루어 볼 때, 신선술-풍류도의 수련이 있었을 가능성도 있다고 본다. 또 仙桃神母도 비록 후대이지만 이러한 전통속에서 大王으로 추봉되었다고 본다. 그렇지않다면 단순히 왕의 매를 찾아주었다고 해서 대왕으로 추봉되기는 어려울 것이다. 이것은 국초부터 평소 仙桃神母는 신라건국의 어머니라는 의식이 있었기 때문으로 본다. 이러한 여성의 권력평등화는 동양에서 매우 특이한 組織史的 전통이라고 아니할 수 없을 것이다. 이는 앞으로 더 깊이 연구되어야할 인류조직사의 주요 영역이라고 할 수 있다.

그런데 초기의 원화도조직이 와해된 것은 흔히 생각하는 것처럼 여성의 질투심 때문이기[16] 보다는 조직론적으로 보면 계층화의 원리에 따라 2명의 원화 사이에 서열관계를 명백하게 해줘야 하는데 그렇지 않았기 때문에

---

16) 이는 모두 史書가 hi-story이기 때문이다. 만약 she-story이면 이렇게 기록되지는 않을 것이다. 김부식은 선덕왕(재위 632~47)이 〈聖祖皇姑〉라는 칭호를 받았다고 하면서도 〈史 論〉에서는 여자를 왕으로 하고도 〈나라가 망하지 않은 것이 다행이다.〉라고 하였다. 이러한 儒敎의 남존여비의 사고가 仙桃神母의 기록을 제외하는 데에도 영향을 주었을 것으로 본다.

93

같은 조직에서, 같은 지위를 가진 2명의 長인 원화들사이에 권력투쟁이 일어난 것으로 볼 수 있다.

또 이 저변의 심층문제는 종교수련조직을 국가인재양성조직으로 전환하는 조직화의 초기에 여러 가지 갈등과 문제점을 합리적으로 극복하지 못했기 때문에 발생한 문제로 본다. 즉 집단발전에는 크게 4단계가 있는데 ① 형성단계 ② 집단내 갈등단계 ③ 초기통합단계 ④ 전체적 통합단계이다(신유근 1987:pp.314~6). 특히 원화도조직의 와해의 문제는 ② 집단내 갈등단계를 합리적으로 극복하지 못했기 때문으로 본다. 물론 원화를 2인 임명한 것은 선의의 경쟁을 통하여 유능한 인재를 양성하고자 했기 때문이겠지만 조직사회에서는 쉽지는 않는 일이다. 그러나 이렇게 조직의 長을 2인이상 임명하여 복수최고경영층개념(multiple management concept)을 채택한 것은 또한 원래의 신라조직사의 전통이라고 할 수 있기 때문에 사실 원화도조직만의 사례는 아니나 원화도조직은 조직화의 초기에 2명의 長에 의한 갈등이 수습되지 못하고 증폭된 것으로 본다. 신라조직의 이 복수최고경영층은 앞으로 더 깊이 연구되어야 할 것이다.

이후 『3국유사』 「미륵선화 미시랑·진자사」에 따르면 진흥왕은 풍월도를 선양하면서 이번에는 薛原郎 1人을 國仙으로 받들었는데, 논자는 이 역시 화랑도조직의 성공의 한 원인이라고 보며, 이는 조직력이 뛰어난 진흥왕이 남모와 준정의 교훈을 잘 이해하여 過誤를 되풀이 하지 않았기 때문으로 본다. 그리고 『화랑세기』에도 보면 풍월주는 시종일관 1人이 임명되어서 계층화의 원칙이 분명하여 큰 성과를 가져왔다고 본다.

2. 花郎徒組織으로의 發展

원화도조직에서 화랑도조직으로 계승된 것에서 특히 강조하고 싶은 것은 〈花郎〉의 뜻이다. 김부식 등은 앞에서도 논급하였지만 중국인이 쓴 『신라국기』를 인용하였는데 이를 보면 마치 화랑이 〈傅粉粧飾을 한 미모남자〉의 뜻으로 보이게 되었다. 이것이 여성 源花와 함께 또 『3국유사』 「미륵선화 미시랑·진자사」에서의 〈花娘화낭〉과 함께 본의 아닌 오해가 분분한 것으로 보인다.17)

먼저 화랑이 傅粉粧飾을 한 것을 무슨 분을 바르고 여성처럼 화장을 하고

94

장신구를 패용한 것으로 보는 것은 전혀 오해이다. 戰士團의 여성화라는 것은 상상하기조차 어렵다. 이는 남자는 화장을 하지 않는다는 현대적 관점에서 보기 때문이다. 그러나 현재도 아메리카 인디언은 얼굴에 분을 바르고 깃털모자를 써서 지위상징을 나타내고 용맹성을 과시하고 있고 또 아프리카 戰士들도 얼굴에 붉은 흙을 칠해 용맹성을 나타내고 있다. 화랑의 傅粉도 이와 같은 것이다. 현대에서도 특수부대원인 코만도(commando)는 얼굴에 위장하기 위한 분을 바르는데 이와 같다고 보면 된다. 이처럼 남성이 얼굴에 분을 바른다고 해서 무조건 여성화는 아니고 화랑의 경우 역시 지위상징, 용맹성, 또 전장에서 죽음을 두려워하지 않으려는 신앙심의 발로로 봐야할 것이고 또 적에게 두려움과 위압감을 주기 위한 목적으로 봐야 할 것이다.

또 粧飾 역시 마찬가지이다. 신라는 왕의 각종 금장신구에서 보는 것처럼 지위상징이 대단히 화려하였다. 화랑 역시 왕부터 받드는 바이기 때문에 지위상징이 화려하였을 것이다. 지금은 물론 남자가 화려한 금장식을 하지는 않지만 신라에서는 화랑이 지위상징을 위해 금장식과 같은 각종 화려한 장식을 하였을 것이나 여성화 보다는 오히려 남성화가 강조되었을 것이다. 그런데 이러한 부분장식의 원래의 기원은 역시 종교적 의미에서 찾아야할 것이다. 즉 미륵의 相好莊嚴을 모방하였다(김영태 1966:p.147)는 견해가 있었고 또 최근에 우리나라의 석불·석탑 전체가 원래 채색되어있었다는 연구(박홍국 1998)를 감안할 때, 논자는 이를 종교에서의 일반적인 흐름으로 보아, 원래 신라고유의 신선도-풍류도에서 神仙인 원화·화랑을 부분장식하여 높이 숭상한 것에서 유래하였을 것으로 본다. 그러므로 논자는 신선술-풍류도에서의 부분장식이 오히려 신라 미륵의 상호장엄에 영향을 주었을 것으로 본다.

---

17) 삼품창영은 〈미소년을 부분장식시켰다는 기이한 습속의 의의도 그 전신인 여성화랑을 고려함으로써 비로소 이해될 수 있으며, 여기에서 화랑이 女裝하고 있었다고 상상해도 크게 지나치지 않을 것이다.〉라고 하였는데(앞책, p.104), 이는 근거도 없을 뿐만 아니라 고의적인 왜곡이며 정상적인 학문적 자세라고 보기 어렵다. 뿐만 아니라 무당이나 박수가 남장이나 여장을 하는 것은 대개 몸주의 性을 따르는 것이지 화랑의 부분장식과는 아무 상관이 없는 것이다.

95

그러면 花郎이란 무슨 뜻일까? 논자는 앞서 김부식 등이 國仙, 彌勒仙花와 같은 종교적 명칭보다도 다소 중립적인 것으로 보이는 화랑이라는 명칭를 쓴 것으로 보인다고 하였다. 그러나 화랑 역시 풍류도-신선술에서 사용한 용어이므로 종교를 떠나서 해석하기는 어렵다. 다만 漢字에서 비교적 종교적 색채가 적게 보이는 것처럼 借字 내지 飜譯되었을 뿐이라고 보는 것이다.

이 화랑은 연원적으로는 國花-源花로서 마치 여성을 꽃에 비유한 것을 연장하여 미모남성에게도 꽃남자라고 하였던 것처럼 보이지만, 仙花-龍華를 보면 반드시 그런 것은 아니고 종교적인 의미를 또한 탐구해야 할 것으로 본다. 즉 仙花는 〈仙의 꽃〉이라는 뜻이므로 이때 꽃은 仙에서 깨닫는 순간의 활짝 피는 모습을 상징하고 있는 것으로 보인다. 그렇게 보면 仙花는 〈神仙道에서의 깨달은 이〉를 뜻한다고 본다. 이는 연꽃이 갖고 있는 여러 상징과도 같은데 연꽃은 고대에서는 天帝, 빛과 생명을 상징하였고 불교에서는 蓮華(lotus)로서 이는 깨달음에 이른 수행자의 모습에 비유되었던 것이다(한국문화상징사전편찬위원회 1992:pp.477~8). 道敎에서도 金華(황금꽃, golden flower)는 빛의 結晶, 道, 영원한 생명을 얻음, 영적 재생을 뜻한다(진 쿠퍼 지음, 이윤기 옮김 1994:pp.141~2). 따라서 논자는 종교적 측면에서 볼 때, 화랑이 〈풍류도에서의 꽃처럼 깨달은 이〉라는 그 어떤 신라어, 즉 예를 들면 〈바람이-파람이-화랑이〉라는 말에서 푭·訓譯이 되어 花郎으로 차자되었다고 본다. 결국 화랑은 풍월주(풍류도에서 깨달은 이)와 그 뜻이 같을 것으로 본다. 논자의 주요 결론 중의 하나는 화랑-풍류-풍월이 신라어에서는 동일한 음과 뜻을 가졌는데, 다만 한자로 차자될 때 각기 다르게 표기된 것으로 보는 것이다. 물론 앞으로 이러한 부분은 계속 연구되어야 할 것이다.

V. 맺는말

仙桃神母가 신라건국의 어머니로서 신라조직사의 중추임을 지금까지 살펴보았다. 지금까지 문헌실증을 통하여 살펴본 바의 주요 결론은 다음과 같다.

첫째, 仙桃神母의 出自는 3개의 기록이 있으나 이맥의 〈옛 부여제실의 딸〉

96

이 비교적 정확하다고 본다. 그리고 夫君없이 잉태하여 진한으로 온 것이 아니고 진한에 정식으로 시집을 온 것으로 본다.

둘째, 仙桃神母의 神仙術은 고조선-부여의 종교사상을 계승한 것으로서 특히 고조선의 仙人王儉을 계승한 것으로 본다. 따라서 仙桃神母가 화랑도 조직의 기원이므로 앞으로 고조선-부여에서의 화랑도조직에 대해서도 더 깊이 연구하여야 할 것이다.

셋째, 仙桃神母의 仙桃는 蘇塗의 다른 표현이고 婆蘇·娑蘇라는 이름도 〈소도에 주석하고 계시는 신라의 큰 어머니〉라는 뜻으로 본다.

넷째, 仙桃神母의 神仙術은 그후 신라의 神仙-仙花-仙徒와 또 신라의 고유어로서의 風流道-風味-風月道-風敎-風月主의 起源이 되었고, 이는 현대로는 坐式단전호흡법을 위주로 하는 수련법으로 본다. 따라서 풍류도는 결코 불교·유교·도교·무교가 아니며 오히려 고대에서 이의 원류로 본다.

다섯째, 仙桃神母가 어려서부터 神仙術을 습득한 것이 10代의 박혁거세 거서간·알영왕후의 등극과 화랑·원화조직의 起源이 되었다. 특히 신라에서 원화조직을 먼저 만든 것은 바로 여성사제의 원류로서의 仙桃神母의 영향 때문으로 본다. 그리고 원화도조직이 와해된 것은 계층제의 원칙과 집단발달과정에서의 갈등을 합리적으로 극복하지 못하였기 때문으로 본다. 그런데 원화를 2명 임명한 것은 신라조직사의 전통인 복수최고경영층제도에서 형성하였다고 본다. 그리고 화랑의 의미는 〈풍류도에서의 꽃처럼 깨달은 이〉로 본다. 이처럼 논자는 화랑-풍류-풍월이 신라어에서는 동일한 음과 뜻이었다고 본다.

여섯째, 仙桃神母의 蘇塗에서의 神仙術이 神仙道-風流道-風月道-風敎가 되었고 이를 수련하는 風月主-仙徒-仙花-神仙-花郎-原花로서 敎團을 형성하였으며 이 風敎가 불교·유교·도교 등 외래종교가 들어오기 전의 신라의 전통 종교였다. 따라서 화랑을 傳粉粧飾한 것은 외래종교의 영향이라기 보다도 신라고유의 신선술-풍류도에서의 영향으로 본다.

일곱째, 仙桃神母는 중국에 까지 널리 알려져 宋代의 중국인까지 높이 숭상하였다.

여덟째, 仙桃神母의 神祠-聖母祠에서 발전하여 박혁거세거서간의 神宮이 건립되었는데 이는 신라의 天神敎의 사원으로 본다. 이러한 天神敎의 사원

97

이 곧 소도로서 이 곳이 원화-화랑도조직의 풍류도수련이 이루어진 〈風月之 庭〉이라고 본다.

아홉째, 仙桃神母의 신라 건국에서의 역할이 현전 사서에서 분명하게 전달되지 않은 것은 현전 각 사서의 史觀에 기인한다고 본다. 특히 김부식 등의 『3國史記』는 유교사관으로서 선도신모의 신선술과 풍월도, 여성의 역할을 알리고 싶지 않았고 또 중국에서의 근거를 강조하고 싶었기 때문으로 본다. 일연의 『3國遺事』도 좀더 구체적인 기록을 남기고는 있으나 불교 사관을 강조한 것으로 본다. 앞으로 『3국사기』와 『3국유사』의 話法과 수사법을 더 깊이 연구하여야 할 것이다. 그러나 『仙史』에서는 잘 기록되었을 것으로 본다. 그리고 『花郎世紀』(발췌본, 모본)를 잘 연구하여야 할 것이다.

이 연구는 仙桃神母가 고조선-부여에서 출자하였고 이 분의 神仙術이 화랑·원화도조직의 기원임을 밝혔다. 따라서 仙桃神母의 연구없이는 신라사의 연구가 가능하지 않다는 것을 잘 이해해야 할 것이며 앞으로 진정한 신라사를 찾아 신라가 神仙道의 나라임을 이해해야할 것이다.

(4331. 8. 20.~12. 26.)

참고문헌

고려사.

고법종(1996), "화랑관계 용어의 검토 - 중국의 神仙思想과의 관계성을 중심으로 -," 화랑문화의 신연구(한국향토사연구 전국협의회 엮음), 서울:문덕사.

경상북도교육위원회(1984), 경상북도지명유래총람, 대구:경상북도교육위원회.

金載植·金基汶 편저(1991), 慶州風物地理誌, 경주:普宇文化財團.

김대문(704전후), 화랑세기(발췌본, 모본).

김부식 등(1145), 3국사기.

김영태(1966), "미륵선화고," 불교학보, 3·4합집.

김인회(1987), 한국巫俗思想연구, 서울:집문당.

98

김충렬(1998), 한국유학사(1), 서울:예문서원.

노사신 등(1451), 동국여지승람.

論語.

민주식(1986), "風流道의 美學사상," 미학, 제11집, 한국미학회.

민주식(1994), "東洋美學의 기초개념으로서의 風流," 민족문화논총, 제15 집, 영남대 민족문화연구소.

박홍국(1998), 한국의 전탑연구, 서울:학연문화사.

北崖子(1675), 규원사화.

三品彰英 지음, 李元浩 옮김(1995), 신라화랑의 연구, 서울:집문당.

徐兢(1123), 宣和奉使高麗圖經.

손인수(1996), 신라화랑도의 공간, 서울:문음사.

신유근(1987), 조직행위론, 개정4판, 서울:다산출판사.

신채호(1924~5), "朝鮮歷史上 一千年來 第一大事件," 조선사연구초 (1930), 단재신채호전집(중), 개정3판, 대구:형설출판 사, 1982.

안창범(1988), 민족사상의 원류 - 仙道의 근원적 규명 -, 서울:교문사.

양은용(1994), "통일신라시대의 道敎사상과 風流道," 道敎의 한국적 수용 과 轉移(한국도교사상연구회편, 한국도교사상연구총서 Ⅷ), 서울:아세아문화사.

유동식(1981), 한국巫敎의 역사와 구조, 3판, 서울:연세대출판부.

유병덕(1987), "한국 정신사에 있어서 道敎의 특징," 道敎와 한국사상(한 국도교 사상연구회 편, 한국도교사상연구총서1), 서울: (주)범양사출판부.

이강식(1993), 神市組織史 -5事組織辨證-, 서울:아세아문화사.

이강식(1994), "『神誌祕詞』에 기록된 古朝鮮 3韓組織의 構造와 機能 (Ⅱ)," 경주대논문집, 제6집.

이강식(1995), 한국고대조직사상사 - 天地人 3神사상의 組織論的 解釋 -, 서울:아세아문화사.

이강식(1997), "통일전의 문화마케팅전략구축," 신라학연구소논문집, 창 간호, 경주:위덕대학교 부설 신라학연구소.

이강식(1998a), "花郎徒組織의 理論과 實踐," 經營學硏究, 제27권 제1

99

호. 한국경영학회.

이강식(1998b). "古朝鮮 3韓組織의 3國으로의 繼承." 國學硏究. 제4호. 서울:국학연구소.

이강식(1998c). "첨성대의 본질에 따른 문화마케팅전략구축." 경주대논문 집. 제10집.

이기동(1992). "신라 花郎徒의 기원에 대한 一考察." 신라骨品制사회와 화랑도. 중판. 서울:일조각.

이맥(1520). 태백일사.

李丙燾(檀紀4287). 國史大觀. 修正11판. 서울:白映社. 서력1954.

李丙燾(1986). "武臣跋扈時代의 國情과 陰陽 圖讖." 고려시대의 연구. 재 판. 서울:아세아문화사.

李丙燾(1987). 韓國古代史硏究(修訂版). 수정중판. 서울:博英社.

이석호(1987). "중국 道家·道敎사상이 한국 고대사상에 미친 영향." 道敎 와 한국사상(한국도교사상연구회 편. 한국도교사상연구총 서1). 서울:(주)범양사출판부.

李喦(1363). 단군세기.

일연(1281~3년경). 3국유사.

鮎貝房之進(1932). 花郎攷·白丁攷·奴婢攷. 京城:近澤出版部.

조흥윤(1997). 巫-한국무의 역사와 현상. 서울:민족사.

진 쿠퍼 지음. 이윤기 옮김(1994). 세계문화상징사전. 서울:도서출판 까치.

차주환(1989). "花郎道와 神仙思想." 花郎文化의 再照明(신라문화제학술 발표회논문집 제10집). 경주:신라문화선양회·경주시.

차주환(1991). "통일신라시대의 道家 및 道敎사상." 한국道敎와 道家사상 (한국도교사상연구회 편. 한국도교사상연구총서Ⅴ). 서 울:아세아문화사.

최남선(1937). 조선상식문답(1937). 중판. 서울:삼성미술문화재단. 1989.

한국문화상징사전편찬위원회(1992). 한국문화상징사전. 서울:동아출판사.

한국향토사연구 전국협의회 엮음(1996). 화랑문화의 신연구. 서울:문덕사.

100

185 經營學研究 제27권 제1호 1998년 2월(pp. 185~219)

花郎徒組織의 理論과 實踐

이강식

경주대학교 관광경영학과

이 연구는 조직사·조직사상사·역사조직학의 측면에서 신라 화랑도조직의 이론과 실천을 현대조직론으로써 분석한 것이다. 지금까지 화랑도조직에 대하여 조직론의 측면에서 연구한 것은 없었는데, 이 연구에서는 먼저 화랑도조직의 주요 연구과제인 기원에 대해 신라 풍류-선교가 단전호흡법에 해당하고, 이의 창시자는 선도신모이며, 화랑·원화도조직의 원형이 박혁거세거서간과 알영왕후에 있음을 논증하였고, 화랑도조직의 유효성에 영향을 준 주요 조직이념으로서 '빛밝음으로 누리를 다스림'조직사상, 홍방이국조직사상, 화랑5계조직사상을 살폈고, 또 영향을 준 주요 이론으로는 가부장적 조직사상으로서의 부황사상, Y이론의 민주적 리더쉽과 성왕정치, 평가센터법과 조직생활, 능력주의와 사(士)계층의 양성, 자아실현의 동기부여와 위로부터의 솔선수범, 팀조직·학습조직적 유형, 코칭법의 채택, 모델링과 지위상징, 철저한 보상과 상사서조직의 9가지를 논증하였다. 그리고 화랑도조직의 실천에서는 가야통일에서의 견격전, 백제통일에서의 돌파전, 왜군격멸에서의 선봉전, 고구려통일에서의 병참전과 돌파전, 당군격멸에서의 전방위전, 발해와는 견제와 협력으로 나타남을 논증했다. 화랑도조직의 높은 유효성은 신라 조직이론가와 실천가들의 합리적인 조직관리에서 기인했다고 보며, 특히 조직이념으로서의 〈밝은 조직〉사상은 현대에서도 계승해야 할 것이다.

Ⅰ. 첫 말

신라의 3국통일이 국사에서 그 중요성이 매우 크고, 또한 화랑도조직이 신라의 3국통일에서 그 중요성이 매우 크다는 것은 역사적으로, 그리고 역사학적으로 분명하다고 하겠다. 그것은 결국 역사조직학·조직사·조직사상사의 측면에서 보면[1], 3국통일에서 신라가 유효성(effectiveness)이 높은 화랑도조직을 형성하였다는 의미이다. 그러나 지금까지는 화랑도조직의 조직론적 측면에 대한 연구는 실제로는 없었다고 본다. 물론 그간 여러 학계에서 화랑도조직의 연구에서 매우 주요한 〈조직〉을 부분적으로나마 표제로 한 논문이 없었던 것은 아니지만, 그러한 논문들이 조직이론에 전혀 바탕을 두고 있지 않았기 때문에 사실상 조직을 연구대상으로 한 연구라고 보기는 어렵다. 따라서 이 연구가 화랑도조직의 조직론적인 첫 연구가 된다고 할 수 있다. 또한 현대조직론에서도 신라 3국통일의 원동력인 화랑도조직이 왜 유효성이 높았는지를 연구하는 것은 긴요한 연구과제가 될 것이다.

그러므로 이 연구의 목적은 현대조직론의 분석틀로써 신라 화랑도조직이 높은 유효성을 형성하도록 한 조직이론과 실천을 연구하고자 하는 것이다.

따라서 이 연구는 문헌연구법(documentary methods)으로서의 역사적 방법(historical method)[2]을 활용하여 특히 현대조직론의 유효성의 측면에서 화랑도조직을 기술하고(describe), 설명하

---

1) 역사조직학·조직사·조직사상사에 대해서는 이강식(1987, 1988, 1993, 1995)의 해당부분을 참고할 것.
2) 역사적 방법은 김경동·이온죽(1986:pp.307-34), Helmut Seiffert(1994:pp.55-221)를 참고할 것.

논문 접수일 : 97. 4   게재확정일 : 97. 8

고(explain), 이해하는(understand) 데에 분석의 촛점을 맞추었다. 물론 이 연구는 실증연구가 아니기 때문에 예측하고(predict), 통제하는(control) 데에는 실증연구와 같은 방법상의 정밀성은 기하기 어렵다고 보지만 그러나 역사과학의 범위내에서는 그러한 측면에서도 체계적 지식을 구축할 수 있다고 본다. 그러므로 다시 한번 설명하면 이 연구는 신라에서 15·6세의 소년화랑이 필마단기로 적진을 돌격하여 장렬히 전사를 할 때까지 전투를 하였는데, 그렇게 하게 한 조직이론과 실천은 무엇인가 하는 주요한 조직론적 논점을 이해하고자 하는 것이다. 지금까지는 이러한 조직론적 논점이 분명하게 인식되어 연구되지 않았다. 그러므로 이 연구에서는 화랑도조직에서 구현된 이론과 실천이 보편성과 특수성의 측면에서 현대조직론의 일반적인 이론들에 비추어 보았을 때, 왜 유효했는지를 중점적으로 살펴봄으로써, 화랑도조직이 유효한 원인을 알고자 한 것이다. 물론 현대조직론에서도 나타나지 않는 화랑도조직만의 고유한 이론도 밝히고자 노력하였다. 따라서 이 연구에서는 조직론의 전반적인 측면에서 화랑도조직을 있는 그대로의 모습으로 최대한 재구성하고자 하였다. 다만 이 연구에서 활용한 현대조직론의 이론들을 좀더 자세히 살펴보아야 하나, 이 이론들은 이미 일반화되어 주지하고 있기 때문에 최소한의 설명외에는 줄이도록 하였다. 또한 비교조직학의 측면에서 볼 때 현대조직론을 적용함에 있어서 시간차와 상황차 등을 고려해야할 것인데 이 연구에서는 매우 일반화된 이론을 적용했기 때문에 조직이론의 보편성과 특수성의 범위내에서 그 타당성이 있을 것으로 본다. 또 이 연구방법은 문헌연구로서의 역사적 연구이므로 이의 장단점과 함께 앞으로 방법론을 더 깊이 연구할 필요가 있다고 본다.

그리고 화랑도조직은 그 기원에 대한 연구가 매우 주요하므로 제 II 장에서는 이를 밝혔고, 제 III 장에서는 화랑도조직의 이념을, 제 IV 장에서는 유효성을 가져온 이론을, 제 V 장에서는 화랑도조직이 3국통일전쟁을 구체적으로 어떻게 실천하였는지를 살펴보았는데 이로써 화랑도조직의 특성을 뚜렷이 알 수 있으며, 제 VI 장에서는 결론을 내렸다. 이러한 연구로 신라가 3국을 통일한 조직론적 원인을 더 깊이 이해한다면 앞으로의 남북통일의 과제에서 우리의 조직이 추구해야 목표에 대해서도 더 잘 이해할 수 있다.

그리고 화랑도조직에 관한 기록은 김부식(1075~1151) 등의 「3국사기」(1145), 일연(1206~89)의 「3국유사」(1281~3년경)에 잘 나타나 있지만 근년에 발견된 김대문(金大問: ?~704~?)의 「화랑세기」(발췌본)에도 자세히 나오고 있어서 화랑도조직연구에 새로운 전기를 마련해 주고 있다. 「화랑세기」에 대해서는 학계의 연구가 더 진행되기를 바라면서 이 연구에서는 그러한 연구에 도움을 준다는 의미에서 논제의 범위내에서 이의 기록을 살펴보고자 한다. 그러면 먼저 화랑·원화도조직의 기원에 대해서 살펴보기로 하자.

II. 화랑·원화도조직의 기원

1. 풍류도와 선교

최치원(857~?)은 「난랑비서」에서 말하기를 〈국가에 현묘한 도가 있는데, 풍류라고 하며 교를 설립한 근원이고, 「선사」에 상세히 갖추어져 있다.〉라고 하였다(김부식 등, 1145: 「신라본기」

〈진흥왕 37년〉). 여기서 보면 『선사(仙史)』를 곧 선교사(仙敎史)로 볼 수 있기 때문에 풍류도(風流道)에 의해 설립된 교(敎)는 선교(仙敎)라는 것을 알 수 있다. 그리고 신라 24대 진흥왕(眞興王: 재위 540~76)은 〈나라를 흥하게 하려면 반드시 풍월도를 먼저 해야 한다.〉면서 화랑도를 조직하였다(일연, 1281~3: 「미륵선화 미시랑·진자사」). 따라서 이 풍월도(風月道)가 바로 풍류도의 또 다른 표현이라는 것을 알 수 있다.

따라서 풍류-풍월-선교-화랑은 같은 사상에서 나온 각기 다른 측면이라고 할 수 있고, 먼저 풍류-풍월도를 이해해야 선교-화랑조직을 이해할 수 있다는 것은 매우 분명한데 이에 대해서도 지금까지는 별다른 뚜렷한 견해가 나오지 않았다. 예를 들어 이를 지금까지는 대체로 〈자연을 즐기어 시나 노래를 읊조리며 풍치있고 멋스럽게 노는 일〉 등으로 해석해 왔는데 그렇게 해석하면 진흥왕이 이를 통해 어떻게 나라를 흥하게 하려 했는지가 사실상 설명이 안되는 것이다. 그러므로 논자는 먼저 이를 해석하고자 한다.

그런데 풍류를 너무 어렵게 생각할 필요는 없는 것이다. 이는 문자그대로 〈바람의 흐름〉이라고 해석하면 된다. 즉 신라인은 〈바람의 흐름〉을 〈우주의 호흡〉, 〈우주의 숨〉으로 보았다는 것을 알 수 있는데 이것은 신라인에게만 나타나는 사상이 아니고 동서양을 막론하고 고대인에게 비교적 자주 나타나는 사상이다. 다시 말하면 신라인은 우주만물의 구성원소를 〈바람〉, 〈대기〉로 보았고, 그 속에 어떤 기(氣)나 에너지가 있고 이의 흐름 또는 호흡으로 우주만물이 생명을 얻는다고 본 것이다. 이것은 인간이 호흡하고, 숨을 쉼으로써 생명을 유지하는 것과 같은 이치이다. 그러므로 신라인은 바람의 흐름, 대기의 호흡을 우주의 생성원리로 파악하였

다는 것을 알 수 있다.

이러한 것은 고대인의 사유에서 자주 나타나는데 먼저 불교에서는 물질계를 구성하는 4대(四大)로서 〈지, 수, 화, 풍〉을 말하였는데, 이외에도 많은 것이 있지만, 불교의 4대와 관련한 주요한 몇가지를 살펴보면,

흙의 신은 사(社)인데 고대에서는 사단(社壇)을 만들어 제사를 지냈었고,

물은 고대 그리스의 탈레스(Thales:-624?~-546?)가 만물을 구성하는 것은 물이다 라고 했고,

불은 조로아스터(Zoroaster:-660~-583)를 시조로 하는 고대 이란의 배화교(拜火敎)에서 숭배한 바가 있고,

바람 역시 풍신으로 숭배되어 비렴(飛廉, 蜚廉), 풍백(風伯), 풍사(風師)라고 하는데, 특히 풍백은 기성(箕星)으로서 기자(箕子)라고도 하며 희생제물을 태워서 제사를 지냈다. 뿐만 아니라 용오름, 회오리 바람을 신의 현현이라고 까지 생각하였으며 이러한 종교와 사상은 고대에서는 비교적 자주 나타났다. 고구려에서는 기자에게 제사를 지냈는데(유후 등, 940~5:〈고려〉 및 구양수 등, 1044~60:〈고려〉), 이는 바로 풍백인 기성(이강식, 1987:p.355)에게 제사를 지냈던 것이고, 신라에서도 풍백과 우사(雨師)에게 제사를 지냈기(김부식 등, 1145:〈제사〉) 때문에 논자는 자연신인 풍신에 대한 숭배가 신라의 주요한 전통으로 형성되어 있고 이러한 전통이 풍류-풍월도를 형성한 것으로 본다.

그러나 논자는 신라인이 단순히 바람을 자연신만으로 숭배한 것은 아니라고 본다. 물론 그러한 측면도 있지만 바람의 흐름[風流], 바람과 달[風月]이라는 표현을 볼 때 그 이상의 깊은 의미가 있다고 보는 것이다. 즉 논자는 신라인이 바람, 대기를 우주의 생성에너지, 기(氣), 프라나(prāṇa) 또는

푸라나(purāṇa, 波那바나, 呼氣:인도 요가의 호흡, 기식)로 보고 이의 흐름을 우주의 호흡, 우주의 숨으로 보고, 사람도 이를 **호흡**함으로써 우주의 진리를 깨달을 수 있다는 종교를 갖고 있었다고 본다. 다시 말하면 신라인이 사람도 **호흡**을 통하여 단전(丹田)에 우주의 기를 축적함으로써 우주의 진리를 깨닫는다는 종교를 갖고 있었고 이를 풍류도라고 한 것으로 본다. 결국 논자는 산스크리트어의 프라나, 푸라나의 어원과 기원이 우리 고대의 바람-풍류에 있을 가능성이 매우 많다고 본다.

특히 풍류도를 단전과 관계있다고 보는 것은 바로 강릉에 있는 돌절구에 있는 금석문에 〈신라선인 영랑 연단석구(新羅僊人永郎鍊丹石臼)〉라는 명문이 있기(『조선금석총람(上)』, 1976:p.108) 때문이다. 이것은 물론 돌절구이기 때문에 연단을 위한 어떤 약을 조제하였을 가능성이 있어서 외단법(外丹法)으로 보이지만 그러나 연단자체는 단전을 수련하는 것이므로 연단의 또 하나의 전통적인 방법인 내단법(內丹法)으로서의 단전호흡법도 신라선인인 화랑들이 사용하였을 것이고, 따라서 논자는 풍류도는 바로 이 단전호흡법을 통하여 우주의 진리를 깨닫는 도를 뜻한다고 본다. 더 나아가서 풍류는 단전호흡법에서의 운기(運氣), 즉 〈기를 움직이게 함〉과 표현이 같다고 보는데, 특히, 운기의 종류인 소주천(小周天), 대주천(大周天)과도 표현에서 거의 같다. 물론 단전호흡법도 여러 종류가 있고 신라화랑이 수련한 단전호흡법이 어떠한 것인지는 앞으로 더 연구해보아야 하겠지만 이 단전호흡법은 역시 신라 고유의 것으로 본다. 또한 풍류도의 수련방법이 꼭 단전호흡법만이 아니고 기도(prayer), 명상(meditation), 맹세(oath), 서원(vow) 등 여러가지가 있었을 것으로 본다.

그렇다면 풍월의 해석도 비교적 분명하게 내릴

수 있다. 즉 고대종교·사상계에서는 달을 자주 〈깨달음〉, 〈진리〉의 상징으로 비유한다. 불교에서는 〈월인천강(月印千江)〉이라고 하였다. 물론 해-태양도 깨달음, 진리의 상징으로 많이 나타나지만 특히 달은 어둠속에서 또는 구름속에서 열치며 밝게 나타나는 것이 꼭 무명(無明)속에서 진리를 밝게 깨닫는 것과 같기 때문에 종교계에서는 깨달음으로 자주 비유한다. 그러므로 풍월은 〈풍류도에서의 깨달음〉을 표현한 말이고, 따라서 〈풍월도에서의 깨달은 사람〉을 풍월주(風月主)라 한 것으로 본다.

특히 달은 화랑들이 불렀던 향가[사뇌가]에서 주요 모티브로서 자주 나타 나는데 그중에서도 화랑의 장[花判]을 달로 은유한 것이 바로 충담사(?~765~?)의 「찬 기파랑 가(讚耆婆郎歌)」이다(일연, 1281~3:「경덕왕·충담사·표훈대덕」). 즉 〈열치매 나타난 달이 흰구름 좇아 떠가는 것 아닌가.〉라는 첫귀절이 바로 풍월도의 깨달은 화랑의 장[풍월주]으로서의 기파랑을 은유한 것으로 본다. 이렇게 보면 풍월도의 의미가 더욱 분명해질 뿐만 아니라 다음 귀절인 〈새파란 시내에 기파랑의 모습이 잠겼으라.〉라는 문장을 보면 이 사상이 바로 〈월인천강〉과 같다는 것을 알게 하기 때문에 더욱이 여기의 달은 깨달음이요, 풍월주이며, 동시에 기파랑이다. 뿐만 아니라 〈기파랑이 지니오시던 마음의 끝을 좇고자〉라고 하였는데 여기서 〈마음의 끝〉이 바로 깨달은 상태, 즉 깨달은 마음, 본심(本心), 구경각(究竟覺)을 의미한다고 본다. 따라서 달이 바로 이 깨달은 마음을 상징하고 있다. 그러므로 이 향가는 종교적으로나 문학적으로 그 뜻이 매우 심오한데, 경덕왕(재위 742~65)이 이에 대해 〈그 뜻이 심히 높다고 하는데 과연 그런가?〉라고 칭찬의 뜻으로 물었을 때, 충담사도 별달리 사양을 하지 않고 〈그렇습니다.〉라고 한 것으로도 잘 알 수 있다.

이와 같이 다시 한번 강조하면 풍류도에서의 깨달음을 특히 달밝음[月明]에 비유하여 풍월이라 하고 이를 또 풍월도라 하였으며, 깨달은 선인을 풍월주라고 한 것으로 본다. 또 향가의 저자중에 국선도(國仙徒)인 월명사(月明師)가 있는 것도 이와 관계가 있을 것이다.

그리고 이러한 호흡법을 수련하기 위하여 화랑들이 산수(山水)를 즐겁게 여행한 것[遊娛山水]에서 산인(山人), 즉 선(仙)이라는 이름이 붙었고, 선교의 수행자 또는 그 완성자를 선인(仙人)이라고 하였다고 본다.

따라서 풍류도의 단전호흡법 등 여러가지 수련으로 남보다 우수한 능력을 갖출 수 있기 때문에 진흥왕이 풍월도를 선양하여 이를 보다 국가사회적으로 확대 개편하여 화랑도를 조직하였을 것이다.

그러면 풍류도-풍월도-선교-선인-화랑은 어디에서 신라에 계승된 것인지도 살펴봐야 할 것이다. 물론 이러한 종교·철학·사상은 신라의 고유한 것으로 보지만 그러나 모든 종교·철학·사상의 보편성과 특수성이라는 측면에서 한국의 지적 전통(知的 傳統)이라는 측면을 또한 중시해서 살펴봐야 할 것이기 때문이다.

2. 고조선의 선인왕검

신라는 조선유민이 건국했기(김부식 등, 1145: 「신라본기」〈혁거세거서간 원년〉) 때문에 따라서 풍류도 역시 고조선에서 계승한 것으로 본다. 그런데 『3국유사』 「고조선」에 인용된 『고기(古記)』에는 풍류·풍월도란 말이 직접 나오지는 않지만 고조선에 앞선 신시의 환웅천왕이 풍백·우사·운사 등을 지휘하였고(일연, 1281~3: 「고조선」), 신라도 풍백과 우사에게 제사를 지냈는데, 풍백이 풍류·풍월도와 관계가 깊다고 보기 때문에 신시와 고조선에서도 풍류·풍월도의 전통이 있었고 그 전통이 신라로 계승된 것으로 본다. 그러므로 논자는 고조선에서도 천지화랑, 국선소도 등 화랑도조직이 있었다고 본다. 그러나 이는 차후의 과제로 하겠다[3]. 또 『고기』에서는 선인이라는 말도 직접 나오지는 않지만 그러나 단군왕검이 아사달의 산신(山神)이 되었다는 기록이 있는데 이 산신이 선교(仙敎), 선인(仙人)과 관계가 있다고 본다.

그런데 『3국사기』에는 보다 직접적인 기록으로 〈평양은 본래 선인왕검(仙人王儉)의 도읍지〉라고 하였기(김부식 등, 1145: 「고구려본기」〈동천왕 21년〉) 때문에 선인왕검이 곧 단군왕검이고 따라서 고조선 역시 선인-선교-풍류-풍월도가 번창하였음을 보여준다. 더욱이 이승휴(1224~1300)의 『제왕운기』(1287)에서는 선인을 곧 단군으로 보았기(이승휴, 1287: 下 3면) 때문에 이는 분명한 것이다.

이러한 고조선의 선교 역시 논자는 단전호흡법을 중심으로 하였다고 보는데 신라의 풍류도-선교도 이를 계승했다고 본다. 앞으로 이는 더 깊이 연구할 과제이다. 이제 좀더 구체적으로 신라에서의 기원을 살펴보기로 하자.

---

3) 고구려에서도 신라의 화랑도에 해당하는 조직이 있었던 것으로 보이는데 이맥(1453~1528)의 『태백일사』(1520)에 기록된 〈조의선인〉을 화랑과 유사한 것으로 볼 수 있고, 또 신채호(1880~1936)도 「조선역사상 1천년래 제1대사건」(1924~5: p.104)에서 〈조의선인〉을 고구려의 화랑으로 설명하였다. 그런데 3국중 백제에서는 기록상으로는 나타나지는 않지만 백제에서도 신선도가 있었을 것으로 보이기 때문에 그러한 사상적 맥락으로 보면 이와 비슷한 조직이 있었을 것으로 보나 신라나 고구려만큼 활성화한 것으로는 보이지 않는다. 고구려와 백제의 화랑도조직은 향후 더 깊은 연구가 필요할 것이다.

3. 선도신모와 박혁거세거서간·알영왕후

신라의 풍류-풍월도-선교의 원류를 물론 고조선의 단군왕검-선인왕검에서 찾는다 하더라도 그러나 신라사는 신라사로써 해석해야 한다는 명제를 결코 잊어서는 안된다. 따라서 신라에서 그 창시자를 찾아야 할 것이다.

신라에서의 풍류도-선교의 창시자는 논자가 보기에는 선도신모(仙桃神母)이고 화랑·원화의 시조는 역시 그 자제분인 박혁거세거서간과 알영왕후로 본다.

선도신모는 「3국사기」에서는 〈옛 제실의 딸[古有帝室之女]〉이라고 하였고(김부식 등, 1145:「신라본기」〈경순왕 9년〉), 「3국유사」에서는 〈본래 중국제실의 딸[本中國帝室之女]〉이라고 하였고(일연, 1281~3:「선도성모수희불사」), 또 이맥(1453~1528)의 「태백일사」(1520)에서는 〈옛 부여제실의 딸[昔有夫餘帝室之女]〉이라고 하였는데(이맥, 1520:「고구려국본기」) 이러한 기록을 종합해 볼 때 논자는 선도신모가 고조선에서 출자(出自)하였다고 본다. 그것은 선도신모의 신선술은 중국의 그것과는 다르게 보이기 때문이다. 즉 선도신모의 부황(父皇)이 선도신모에게 소리개[鳶]가 앉는 곳에 집을 짓고 살아라(일연, 1281~3:「선도성모수희불사」)고 하였는데, 이와 같이 〈소리개가 앉는 곳〉은 국사의 전통에서는 곧 〈솟대〉를 의미하는데 이는 중국사의 전통이라고는 할 수 없고 오로지 국사의 전통이다. 다시 말해서 흔히 신선이라면 중국의 도교를 떠올리는데 도교에서는 소도가 없기 때문에 이와 혼동해서는 안될 것이다. 그러므로 고조선-신라의 신선도가 원형이라는 측면에서 앞으로 더 많은 연구가 필요할 것이다.

더 나아가서 논자는 선도산(仙桃山)을 소도산(蘇塗山)으로 해석하는데 그 음이 유사해서 그런 점도 있지만 현재도 태종무열왕릉을 넘어가는 고개를 〈소티고개〉라고 하는데 이것이 바로 솟대고개일 것이기 때문이다. 따라서 소티-솟대-소도-선도로 볼 수 있기 때문에 선도산이 소도산이며, 소도신모를 선도신모로 차자하였다고 본다.

또 선도신모의 이름은 사소(娑蘇)부인인데 이 사(娑)의 뜻에 대해서는 더 살펴봐야 하겠지만 그러나 먼저 사전적 의미를 보면 〈춤출 사, 옷너풀거릴 사, 앉을 사〉이므로, 따라서 소(蘇)를 소도의 준말로 본다면 사소부인은 〈소도에 주석하고 있는 부인〉으로 해석할 수 있다. 그런데 「태백일사」에서는 파소(婆蘇)부인이라고도(이맥, 1520:「고구려국본기」) 하는데 이 때의 파(婆)를 사전적 의미로 〈할머니〉로 보아서 파소부인을 〈소도의 큰 어머니〉로 해석할 수도 있다. 이 역시 사소부인의 다른 이름으로 볼 수도 있는데 그러나 파사(婆娑)라는 단어 자체가 있고, 이에도 또 여러 뜻이 있지만 그 중에 〈편안히 앉은 모양〉이라는 뜻이 있기 때문에 전체적으로 보면 〈파사소도부인〉 즉, 〈소도에 주석하고 계시는 신라의 큰 어머니〉라는 뜻이 있는 원래의 이름에서 〈사소〉, 〈파소〉 등으로 각기 파생되어 나간 것으로 본다.

그런데 이 〈파사〉를 〈편안히 앉은 모양〉으로 보면 이를 종교적으로는 단전호흡, 명상의 뜻으로 해석할 수 있다. 즉 도교의 좌망(坐忘), 후대 불교의 좌선(坐禪)에 해당하는 신라 선교의 표현으로 볼 수 있다. 더욱이 이 파사는 5대 파사니사금(재위 80~112)에서 보는 것처럼 왕명으로도 사용되었는데 이렇게 주요한 이름에서 반복적으로 사용되었다는 것은 이 용어가 반드시 당시의 주요 핵심개념이고, 당시의 주요 핵심개념은 대체로 종교에서 나왔을 것이므로 이를 종교의 측면에서 해석해보면 단전호흡이나 명상, 도교의 좌망, 후대 불교에서의 좌선이다. 또 가야에는 파사석탑이 있는데 이로 봐도 파사가 핵심적인 종교용어이다. 더 나아가서 이를 갖고 추정해 보면 파사니사금이 그의 형인 일성니사금보다 먼저 왕이 된 이유도 알 수 있다. 즉 풍류-풍월-선교-단전호흡으로 더 뛰어난 능력을 보여서 왕이 먼저 되고 이름도 파사가 들어 갔다고 본다.

이와 같이 〈소리개가 앉는 곳〉의 선도신모가 소도신모이고 이 소도는 중국사의 전통이 아니고 고조선-신라로 이어지는 국사의 전통이기 때문에 따라서 선도신모가 고조선에서 출자하였다는 것이 분명하고, 그리고 이 소도에서 좌망, 좌선의 원모습으로 보이는 단전호흡법, 명상을 수련하는 풍류도-선교가 행해졌다는 것을 알 수 있다. 따라서 소도는 풍류도-선교의 사원이다.

그런데 보다 중요한 것은 선도신모의 자제분인 신라 초대 국왕 박혁거세거서간(재위:-57~4)과 선도신모의 현신이라고 일컬어지는 초대 알영왕후가 13세에 등극하였다는 것이다. 이는 선도신모의 풍류도-선교와 그 사원인 소도에서의 수련으로 〈성통공완〉 등의 특별한 능력을 보였기 때문으로 본다. 따라서 풍류도-선교의 수행자인 10대의 화랑-원화의 시조는 바로 박혁거세거서간과 알영왕후로 봐야 한다. 화랑이 현좌충신(賢佐忠臣)과 양장용졸(良將勇卒)도 많이 배출하였지만(김부식 등, 1145: 「신라본기」〈진흥왕 37년〉) 특히 신라의 48대 경문왕(景文王:재위 861~75)이 화랑으로서 왕이 된 것은 이러한 전통이 이미 신라 초기에서부터 있었기 때문으로 본다.

그리고 박혁거세거서간과 알영왕후를 추대하는데 결정적인 역할을 한 것은 돌산(突山) 고허촌(高墟村), 나중의 사도부(沙梁部:여기서 梁은 도로 읽어야함)의 소벌도리(蘇伐都利)공이다. 나중에 정씨(鄭氏)로 사성(賜姓)된 소벌도리공은 처음 형산(兄山)에 내려왔다고 하였는데 이 형산을 북형산(北兄山)으로도 보지만 그러나 서형산(西兄山)과도 관계가 있다고 본다면 서형산은 곧 선도산이기 때문에 선도신모와 소벌도리공은 교류관계가 있고 따라서 논자는 이 사도부가 곧 소도부로서 신라에서 종교·제천·소도·풍류·선교의 업무를 담당하는 종교부로서 왕과 왕후의 추대 역시 고대에서는 종교부의 고유업무였을 것이기 때문에 이러한 직무의 일환으로 박혁거세거서간과 알영왕후의 추대실무를 맡았을 것으로 본다. 특히 알영왕후가 사도리(沙梁里) 출신이라는 것은 사도부 소벌도리공의 직무를 잘 알게 해 준다. 특히 「3국사기」에 보면 알영왕후를 할머님이 데려가서 키웠다(김부식 등, 1145: 「신라본기」〈혁거세거서간 5년〉)고 하였는데 이 할머님이 또한 선도신모로 보인다.

또 신라에서는 출신이 밝혀진 화랑중에서 사도부 출신의 화랑이 자주 보이는데 예를 들면 김흠순(金欽純)·김반굴(金盤屈)·김영윤(金令胤) 3대와 사도궁사인(舍人)인 낭도 검군(劍君), 그리고 화랑5계를 받은 귀산·추항이 모두 사도인이다. 이것은 사도-소도-선교-풍월-화랑의 전통속에서 특히 사도 부인이 화랑이 많이 된 까닭이라고 본다.

그러므로 소벌도리공이 지금의 창림사 터인 남산 서쪽 기슭에 궁실을 세우고 박혁거세거서간과 알영왕후의 2성(二聖)을 모셔다가 길렀는데(김부식 등, 1145: 「신라본기」〈혁거세거서간 원년〉 및 일연, 1281~3: 「신라시조 혁거세왕」), 여기에서 바로 선도신모의 풍류도-선교의 수련이 이루어져서 두 성인이 13세 되던 해에 풍류도-선교에서 설정한 〈성통공완〉 등의 계제를 통과하였기 때문에 두 분이 성인(聖人)이 되고, 종교의 수장(首長)이 왕이 되는 신라의 종정합일(宗政合一)조직사상에 의해

두 성인을 왕과 왕후로 추대하였다고 본다. 논자의 종정합일조직사상에 대해서는 차후에 설명할 기회를 갖고자 한다. 따라서 사도부가 그 당시의 핵심적인 종교부이었기 때문에 이의 실무를 맡았고 초기부터 이렇게 왕과 왕후를 배출하였기 때문에 그 후로도 중심부가 되어 신라6부조직중에서 큰 발전을 보았다고 본다.

그리고 남산 서쪽의 궁실에서 2성만 교육시킨 것은 아니고 반드시 귀족·양가자제도 같이 교육시켰을 것이기 때문에 이곳이 화랑을 교육시킨 〈풍월의 뜰[風月之庭]〉(김부식 등, 1145:「열전 8」〈검군〉)과 같은 역할을 한 신라 최초의 교육장이고 또 이 궁실에서의 교육조직이 화랑·원화와 낭도를 교육시킨 후일의 화랑도조직의 원형이라고 본다. 이를 대비하면 〈그림 1〉과 같다.

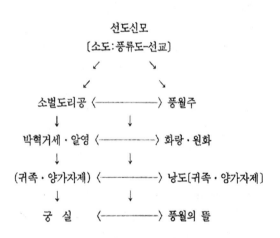

선도신모
〔소도:풍류도-선교〕

소벌도리공 〈————〉 풍월주

박혁거세·알영 〈————〉 화랑·원화

(귀족·양가자제) 〈————〉 낭도[귀족·양가자제]

궁 실 〈————〉 풍월의 뜰

〈그림 1〉 박혁거세·알영과 화랑·원화의 대비

그런데 근년에 발견된 『화랑세기』(발췌본)에서도 이러한 내용을 살펴볼 수 있는 자료가 있는데 여기서는 화랑을 선도(仙徒)라고 하였고 신궁(神宮)에서 신을 받드는 일을 하였다(김대문, 704전

후:「서문」)라고 하였다. 이것은 논자의 신선도-풍류도-풍월도의 논증과 비교적 일치하는 것이고 그리고 선도와 원화·화랑도의 기원을 연부인(燕夫人)에게 둔 것은 역시 논자가 그 기원을 선도신모에게 두는 것과 같다. 논자는 결국 연부인이 선도신모일 가능성이 높다고 본다. 이것은 최치원(857~?)이 신라의 기원을 연(燕)의 탁수에 두고 있는 것(일연, 1281~3:「진한」)과 같은 기술법이다. 또 위만을 옛 연인(燕人)이라고 기술하고 있는 것(사마 천, -91년경:「조선」)과도 일맥상통한다고 하겠다. 논자는 본질적으로 신라가 후대의 연지역이 된 고조선-진조선을 계승하여 건국한 것으로 본다.

또 『화랑세기』(발췌본)에서는 12세 풍월주 보리공(菩利公)과 그의 부인 만룡낭주(萬龍娘主)가 여러 선행을 하여 이 두 분을 〈2성〉에 비교하였다(김대문, 704전후:「보리공」)고 했는데, 신라에서의 2성(二聖)은 일반적으로 박혁거세거서간과 알영왕후를 일컬으므로 이와 같이 풍월주부부를 2성에 견준 것은 그 기원이 역시 박혁거세거서간과 알영왕후부부의 2성에 있다는 것을 보여 준다.

이같이 화랑도조직은 풍월도-선교-소도의 종교에 기반을 둔 조직으로서 신앙심과 종교적 수련에서 배양된 능력때문에 높은 조직유효성을 가져 왔다고 본다.

그리고 다시 한번 강조할 것은 진흥왕이 〈나라를 흥하게 하려면 반드시 풍월도를 먼저 해야 한다.〉라고 한 것에서도 알 수 있는 것처럼 진흥왕이 풍류도와 화랑도를 창설한 것은 아니고 선도신모의 그것을 계승하여 발전시켰다는 것이다. 그리고 풍류-풍월도-선교는 조직사상사의 측면에서 계속 깊이 연구해야 할 것이며 특히 단전호흡법-명상-좌망-좌선이 조직의 생산성향상에 긍정적 영향을 주는

지도 더 연구를 해야 할 것이다[4]. 그 뿐만이 아니고 화랑도조직원이 15·6세의 소년으로서 죽음을 무릅쓰고 목표달성을 위해 헌신한 것은 결국 화랑도조직이 종교수련조직에서 기원하기 때문에, 풍류도의 종교교리와 단전호흡법, 기도 등 수련적 측면에서 불사(不死)의 정신력이 형성되었다고 본다. 그래서 화랑도조직은 기원이 더욱이 주요한 것이다. 이제 화랑도조직의 이념을 보자.

III. 화랑도조직의 이념

1. '빛밝음으로 누리를 다스림'조직사상

조직의 유효성을 높히는 데는 이념이 주요하다. 화랑도조직도 매우 분명한 이념이 있었는데 그것은 신라 화랑의 시조라고 할 수 있는 박혁거세거서간에서 찾아 볼 수 있다. 혁거세(赫居世)를 다르게는 불구내(弗矩內)라고 하는데 일연은 이를 해석하여 〈빛밝음으로 누리를 다스림[光明理世]〉이라고 하였다. 다시 말하면 박혁거세거서간을 〈빛밝음으로 누리를 다스리는 왕〉으로 해석하였다.

그러므로 논자는 박혁거세거서간의 이념이 곧 광명이세요, 이것이 신라정신, 화랑정신이 되었다고 본다[5]. 따라서 화랑도조직의 이념은 오로지 세상을 밝게 한다는 것이지 개인이나 집단의 어떠한 명예나 이익만을 위한 것이 아님을 알 수 있다. 3국통일 역시 통일 그 자체에 목적이 있기도 했겠지만

그것보다는 오로지 세상을 밝게 해야 한다는 화랑정신, 신라정신에서 나왔다는 것을 알아야 한다. 이러한 대의명분이 화랑의 강인한 정신전력을 형성하였을 것이다.

그런데 여기서 〈밝은 왕〉을 단순히 정치적 수식사로 보아서는 안될 것이다. 선교-풍류-풍월도의 측면에서 이를 종교적으로 해석하면 이는 단전호흡, 명상, 기도 등의 수련으로 도를 깨우친 〈마음이 밝은 왕〉을 의미하는 것이다. 박혁거세거서간과 알영왕후는 궁실에서 선교-풍류-풍월도의 수련으로 성통공완(性通功完)하여 마음이 밝아졌기 때문에 13세의 어린 나이이지만 〈밝은 이〉로서 세상을 밝게 할 왕과 왕후로 추대되었다고 본다. 그러므로 박혁거세거서간과 알영왕후가 2성(二聖)으로 존칭된 것은 단순한 것이 아니고 반드시 이는 당시 풍류도-선교의 종교적 의미로 〈밝은 이[哲人]〉가 되었다는 것이며, 이 역시 고대사상에서 자주 나오는 성왕(聖王)정치, 즉 내성외왕(內聖外王)정치를 의미하는 것이고, 실제로 신라는 이러한 성왕정치를 잘 실천하였다.

물론 이러한 성왕사상은 신라만 있는 것은 아니다. 즉 고구려도 일월지자(日月之子)인 시조 동명성왕(재위 -37~-19), 2대 유리명왕(재위 -19~18), 21대 문자명왕(재위 491~519)의 경우에서 보는 것처럼 그 이름에 명(明)자가 있는 것은 고구려도 이러한 사상을 갖고 있다는 것을 분명하게 보여주는 것인데 다만 그 실천이 쉬운 것이 아니다.

이와 같이 신라 화랑은 개인적으로는 〈밝은 이〉, 즉 풍월주가 되고, 국가적으로는 〈밝은 왕, 밝은

---

4) 현재도 대기업 등 기업체의 연수에서 이러한 수련법을 활용하고 있다.
5) 최남선(1890~1957)은 『조선상식문답』(1937)에서 단군이래의 조선의 고유신앙을 〈밝은 뉘〉로 보고 이것이 변전하여 〈부루교〉가 되었고, 이 교단의 聖童을 화랑도로 보았다. 그러나 〈밝은 뉘〉를 〈神의 뜻대로 하는 세상〉으로, 〈부루〉를 〈풍류〉로 본 것은 논자와는 본질적으로 다른 견해이다. 『조선상식문답』, 중판, 서울:삼성미술문화재단. 1989, pp.146-57.

나라)를 지향하여 대의명분이 분명했기 때문에 이러한 신라와 화랑의 조직이념이 화랑도조직의 높은 유효성을 가져오고 또 당시 3국민의 지지를 받아서 3국통일을 완수하였다고 본다. 특히 복잡한 현대조직사회의 이념을 제시해야 할 현대조직론에서는 이를 〈밝은 조직〉사상으로 더욱 계승할 필요가 있겠고 기업경영에서도 마찬가지이다.

2. 흥방이국(興邦理國)조직사상

진흥왕은 〈나라를 흥하게 하려면, 반드시 풍월도를 먼저 해야 한다.〉라고 하여 화랑도조직의 이념이 나라를 흥하게 하는 데에 있다는 것을 분명히 하였다. 이 역시 주요한 이념이라고 하겠다. 원래 종교의 이상은 개인적인 수련과 개인의 깨달음에 있다. 풍월도-선교도 원래는 그러하였을 것이다. 그러나 박혁거세거서간과 알영왕후 2성의 사례에서처럼 풍월도는 이를 승화시켜 화랑도조직이 개인적 수련과 개인적인 깨달음을 바탕으로 국가에 봉사하고 국가를 부흥시킨다는 원대한 목표를 처음부터 갖고 있었던 것으로 본다. 진흥왕은 다만 이를 계승하여 보다 더 발전시킨 것이다.

뿐만 아니라 진흥왕은 〈조직원을 모아서 사(士)를 선발하고 그들에게 효제충신(孝悌忠信)을 가르쳤는데 이것은 나라를 다스리는 대요(大要)이다.〉라고 하여(일연, 1281~3: 「미륵선화 미시랑·진자사」), 화랑도조직의 형성목적이 나라를 다스리는 데[理國]에 있다는 것을 역시 분명히 하였다. 다시 강조하면 원래의 종교가 갖고 있는 소승적 차원을 넘어서서 대승적 차원을 포함하고 더 나아가서 보다 더 국가적 차원으로 승화한 종교가 풍류도라고 본다. 즉 화랑을 지칭하는 또다른 이름인 국선(國仙)은 국가선인, 국가선랑으로서 불교의 국사(國

師), 국통(國統)과 같은 의미이다. 이를 보면 풍월주와 국선화랑을 국가에서 임용하였고, 또 이들이 국가 차원에서 기여하였다 라는 것을 보다 잘 알 수 있다.

이는 우리의 전통인 탐구인세·재세이화·홍익인간사상을 계승한 것이라고 하겠으며 고대 선교의 성통공완(性通功完), 불교의 상구보리(上求菩提)·하화중생(下化衆生), 유교의 수기치인(修己治人)과 같은 사상이다.

이러한 흥방이국조직사상이 화랑도조직의 주요한 대의명분을 형성하는 조직이념으로서 조직원의 높은 헌신도와 성취도를 가져오고 조직유효성을 높이는 데에 큰 역할을 하였다고 본다. 오늘날에도 사시, 사훈에서 나타나는 기업입국(企業立國), 기업보국(企業報國)의 이념과도 비슷한 데가 있다고 하겠다.

3. 화랑5계의 현대적 조직이념으로서의 계승

화랑5계는 잘 알려져 있고 또 화랑정신과 신라정신을 대표하고 있다. 그런데 「3국사기」등 원문에는 〈세속5계〉로 되어 있는데 이는 귀산(?~602)과 추항(?~602)이 스스로를 속사(俗士)라고 하였기 때문에 이렇게 이름붙인 것으로 보이며 따라서 〈속사5계〉, 〈신라5계〉라고 하는 것이 정확하다. 즉 신라의 속세의 선비정신, 국가정신을 대표하고 있다. 그러면 원광(圓光)(542~640)법사가 귀산과 추항에게 가르쳐 준 화랑5계를 먼저 보기로 하자(김부식 등, 1145: 「열전 5」〈귀산〉 및 일연, 1281~3: 「원광서학」). 이 화랑5계의 의미와 그 성과에 대해서는 이미 많이 연구되었기 때문에 여기서는 그러한 부분은 모두 줄이고 화랑5계의 현대적 조직이념으로서의 계승이라는 주제에 대해서 살펴 보고자 한다.

첫째, 사군이충(事君以忠)은 물론 왕에게 충성한다는 의미이지만 이 보다는 후대이나 최치원은 「난랑비서」에서 〈국가에 충성하고〉라고 한 바가 있다. 그러므로 현대에서는 역시 국가나 자신이 소속하고 있는 조직에 충성한다는 덕목으로 새롭게 받아들이면 된다.

둘째, 사친이효(事親以孝)는 부모에게 효도를 다해야 한다는 덕목인데 이는 현대에서 오히려 필요한 덕목이다.

셋째, 교우이신(交友以信)은 친구사이에는 신뢰가 있어야 한다는 덕목이지만 현대에서는 자신이 소속한 직장의 동료, 더 나아가서 상·하급자와도 신뢰가 있어야 한다는 덕목으로 받아들이면 더욱 좋다.

넷째, 임전무퇴(臨戰無退)는 물론 전쟁에서 죽을 때까지 결코 물러서지 않는다는 덕목이지만, 현대에서는 조직속에서의 자신의 목표달성에 생명을 걸 정도로 최선을 다한다는 의미로 받아들이면 된다.

다섯째, 살생유택(殺生有擇)은 생명체를 죽이는 일은 극히 필요한 때 외에는 피하라는 덕목인데 이는 단순한 것이 아니고 심오한 우주철학이 담겨있다. 즉 인간을 포함한 모든 생명체의 공존공영의 철학을 나타낸 것으로 본다. 따라서 현대적 의미로 보면 인간중심적 차원의 환경보존·자연보호의 개념을 넘어서는 모든 생명체의 공동체적·동반자적 상호관계를 강조한 덕목으로서 현대 기업경영에서도 매우 주요한 이념이라고 본다.

이와 같이 화랑5계는 신라5계이며, 오히려 오늘날 현대조직사회에서도 그 이념으로서 충분히 역할을 다할 수 있는 살아있는 이념이기 때문에 〈한국5계〉로 승화시켜 계속 선양하는 것이 좋을 것이다.

이렇게 신라 화랑도조직은 이념이 매우 분명하였기 때문에 조직의 유효성을 높일 수 있었다. 이제 화랑도조직의 이론에 대해서 알아 보기로 하자.

IV. 화랑도조직의 이론

1. 가부장적 조직사상으로서의 부황(父皇)사상

화랑도조직의 이론적 측면에서 가장 기본적으로 들 수 있는 것이 신라에서 특히 나타나는 가부장적-가족주의적 조직사상으로서의 부황사상이다.

먼저 이를 보면 충담사(忠談師:?~765~?)는 「안민가」(765)에서 〈임금-아버지, 신하-어머니, 국민-아이〉에 비교했는데(일연, 1281~3:「경덕왕·충담사·표훈대덕」), 이는 무엇보다도 국가조직의 구조원리를 가정구조와 동일시하는 조직이론적 특징을 보여주고 있다. 논자는 이를 가부장적 조직사상, 가족주의적 조직사상, 특히 아버지의 권위를 조직의 장(leader)에게 전이하는 것을 부황사상으로 이름 붙인다. 이는 단순한 가족주의적 온정주의와는 다른 차원의 개념이다.

원래 부모는 자식에게 있어서 절대적인 것이다. 그 어떤 종교, 철학, 사상, 정치, 권력으로도 부모의 절대성, 특히 아버지의 절대성을 부인하거나 훼손할 수는 없는 것이다. 따라서 조직의 장을 아버지에 비교하여 장의 권위를 절대불변의 지위로 승격시킨 이 사상은 조직이론으로서 매우 탁월한 것이다. 물론 이는 신라에서만 나타나는 것은 아니고 고대에서는 비교적 자주 나타나는 사상이다. 일찌기 공자(-552[551]~-479)는 중국 제의 위정자인 경공(景公:재위 -547~-490)을 만났을 때, 〈임금은 임금답고, 신하는 신하답고, 아버지는 아버지답고, 자식은 자식다워야 합니다.)라고 말하여 제 경공의 큰 칭찬을 받았다(공자, 「논어」「안연」). 지금까지는 이를 단순히 정명(正名)사상정도로만 생각해 왔으나, 논자가 조직사상사의 측면에서 보면 이는 〈임금-아버지, 신하-자식〉에 비교한 전형적인 가부장적 조직사상으로 파악할 수 있는데, 이 때문에 경공이 큰 칭찬을 한 것이지 단순한 정명사상이라면 위정자인 경공이 그렇게까지 칭찬을 하지는 않았을 것이다. 따라서 유교에서 충효를 강조했던 본래적 의미는 단순히 왕에 대한 충과 부모에 대한 효를 나열적으로 강조하는 것이 아니고 충과 효를 동일시하여 강조했다는 것을 이해해야 한다. 즉 부모에게 효도하듯이 왕에게 충성을 하여야 한다는 것이다. 즉 이것이 공자 방식의 일이관지(一以貫之)이다.

그런데 혹자는 그러면 공자의 사상을 충담사가 계승한 것이 아닌가 할 수도 있으나, 그러나 공자의 사상은 중국식의 2원론이고 충담사의 사상은 신라 선교의 3원론이기 때문에 사상의 계보가 다르고 따라서 각기 발전되어 왔다고 보는 것이 타당하다(이강식, 1995:pp.350-2, 434-9). 더 나아가서 충담사의 사상에서 가부장적 조직사상이 보다 분명하고 신라에서 실천이 뛰어 났기 때문에 신라의 고유사상으로 봐도 무방하다. 즉 공자의 사상은 충담사의 사상 때문에 해석이 가능한 점이 있다.

이러한 가부장적 조직사상으로서의 부황사상은 혈연에 기초한 무의식적인 절대불변적 가족의 구성원리를 계약에 근거한 의식적인 변동적 국가조직의 구성원리에 적용한 것으로서 이는 현대적 관점에서 보면 논리적 비약도 있다고 하겠지만 그러나 사실상 현대에서도 유효한 매우 뛰어난 조직사상이다.

신라에서는 이러한 사상이 자주 나타났는데, 선도신모의 아버지를 부황(父皇)으로 호칭한 것(일

연, 1281~3: 「선도성모수희불사」)과 박혁거세거서간을 천자(天子)라고 호칭한 것(일연, 1281~3: 「신라시조 혁거세왕」), 그리고 또 관직명에서의 제감(弟監)이 모두 이러한 사상의 표현이고 더 나아가서 일연은 고려시대의 신라6부조직을 가족구조로 파악한 기록을 남겼는데(일연, 1281~3: 「신라시조 혁거세왕」), 모두 이러한 사상에서 나온 것임을 알 수 있다.

뿐만 아니라 화랑도조직에서도 이러한 가부장적-가족주의적 조직사상이 나타나는데, 논자가 이 연구에서 구체적으로 살펴보고자 하는 것은 화랑 김유신 가문의 김원술-김반굴과 문무왕의 가계이다. 여기서 이 가족관계를 간략히 나타내면 〈그림 2〉와 같은데 이를 보면 김원술-김반굴과 문무왕이 모두 4촌관계임을 알 수 있다. 이로써 신라와 화랑가계의 가족주의적 조직사상을 더 잘 이해할 수 있을 것이다. 자세한 설명은 뒤의 해당부분에서 하도록 하겠다.

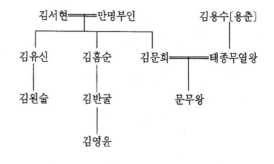

〈그림 2〉 김원술-김반굴·문무왕 가계(간략도)

그 뿐만 아니라 화랑도조직의 공식구조에서도 이러한 가족주의적 조직사상이 나타나는데, 『화랑세기』(발췌본)에 의하면 화랑의 최고 정(正)책임자인 풍월주를 주형(主兄)으로, 그 다음 부(副)책임

자를 부제(副弟)로 직명을 붙였는데(김대문, 704 전후), 이는 정부(正副)책임자를 형제로 결연하게 한 것으로서 신라가 가부장적 조직이론을 조직구조에서도 실천한 것임을 알 수 있다. 이때 아버지는 물론 왕이었을 것이다. 군사부(君師父)일체, 그리고 오늘날의 종교조직에서도 사부(師父)-사모(師母)-사형(師兄)-사제(師弟)-사매(師妹), 그리고 신부(神父, father)-수사(修士, brother)-수녀(修女, sister)라는 용어를 사용하고 있는데 모두 이러한 사상에서 나온 것이다.

이와 같이 가족주의적인 혈연적 단결력을 사회적 조직에서도 구현했기 때문에 신라조직과 화랑도조직의 유효성이 높았을 것으로 본다.

2. Y이론의 민주적 리더쉽과 성왕정치

신라는 건국초부터 경영학의 대표적인 리더쉽이론으로 보면 맥그레거(D. McGregor)의 Y이론의 리더쉽을 사용한 것으로 보인다. 이것은 박혁거세 거서간의 건국이념이자 조직이념인 광명이세사상과 일치하는 것이고 또한 신라의 건국과정이 6부조직의 건국회의에서 먼저 건국이 결정되고 왕과 왕후를 추대하여 신라가 6부조직의 분권적 연방국가로 출발한 것과도 깊은 관계가 있다. 즉 논자는 이러한 전통때문에 신라가 그후 화백회의를 통하여 국가최고정책을 결정하였다고 본다. 물론 그렇다고 해서 왕권이 약하다는 것은 전혀 아니고 왕권의 전제와 독재를 제도적으로 방지하고 리더쉽에서 Y이론으로 대표할 수 있는 민주형, 배려, 인간중심, 9·9형, 시스템 Ⅲ·Ⅳ, 성숙이론에 의한 리더쉽을 보다 더 잘 발휘하였다는 것이다. 이는 다른 나라에서 흔히 영웅적 정치지도자에 의해서 집권적 왕정국가로 건국되어 후대로 갈 수록 전제와 독재로

흐른 것과 매우 비교해 볼 수 있다고 하겠다.

이러한 Y이론적 리더쉽의 고대적 표현이 성왕정치라고 보며 이것은 근세까지도 정치적 이상이었던 것인데 신라는 광명이세사상으로 이를 잘 실천하였다. 이는 신라초기부터 나타나는데 2성에 대한 호공(瓠公)의 강한 자부심에서 잘 살펴볼 수 있다. 그리하여 침략해 온 낙랑인까지도 〈도가 있는 나라[有道之國]〉라고 찬탄하였을(김부식 등, 1145: 「신라본기」〈혁거세거서간 38년〉) 뿐만 아니라 중국 당의 고종(高宗:재위 659~83)이 소정방에게 신라마저 침략하라고 했을 때, 소정방이 〈신라는 그 왕이 인자하여 국민을 사랑하고, 그 신하는 충성으로 국가에 봉사하며, 하급자는 상급자를 부형(父兄)처럼 섬기기 때문에 비록 작은 나라이지만 침략을 꾀할 수 없습니다.〉라고 했던 것(김부식 등, 1145: 「열전 2」〈김유신 中〉)으로도 잘 알 수 있다. 여기서 부형처럼 섬긴다는 것 역시 가부장적 조직사상에서 나온 것이다.

이러한 리더쉽은 화랑도조직에서도 나타나는데 진덕·태종·문무·신문왕의 4대에 걸쳐 재상[총재]을 한 화랑 죽지랑(竹旨郎)은 그의 낭도인 득오실(得烏失)이 모도부의 익선(益宣)의 창고지기가 되어 부산성으로 빨리 가느라고 인사도 못하고 떠나가서 10일째 출근을 하지 않았음에도 불구하고 좌인(左人)을 거느리고, 또 낭도 137명과 함께 찾아가서 떡과 술을 대접하고 또 익선에게 휴가를 청하여 득오실과 같이 돌아오고자(일연, 1281~3: 「효소왕대 죽지랑」) 하였다. 이는 모두 Y이론으로 대표되는 인간중심의 민주적 리더쉽을 발휘한 것이라고 하겠으며 이러한 조직의 민주성이 신라가 3국의 기층민중의 지지를 받아 3국을 통일한 근본원인이라고 본다.

이러한 결과로 화랑도조직의 직무만족과 조직전

넘도가 높았을 것으로 본다. 이제 선발방법으로서 평가센터법과 조직생활을 보기로 하자.

3. 평가센터법과 조직생활

화랑도조직이 인재양성과 선발을 위한 제도라는 것은 주지하는 바이다. 그러면 인사관리의 부문에서 이러한 방법이 구체적으로 어떤 선발방법인가를 알아보는 것이 좋을 것이다.

진흥왕 37년(576)에 〈처음 왕과 신하가 인재를 알 수 없는 것을 우려하여 조직생활을 하게 하여 [類聚群遊], 그 행동과 올바름을 관찰하고 연후에 추천하여 임용하고자 했다. 마침내 미녀 2인을 간택하였는데 남모와 준정이며 3백명의 조직원을 모집하였다.……그뒤 다시 미모의 남자를 장식하여 화랑이라 이름하고 받드니 조직원이 구름처럼 모였다, 혹 도의로써 서로 연마하고, 혹 가악으로써 서로 기뻐하며, 혹 산수를 여행하며 즐거워하니 먼 곳이라도 가지 않는 곳이 없었다. 이로 인하여 그들의 사악함과 정직함을 알게 되어 그 중 선량한 인재를 선택하여 정부에 추천하였다.〉라고 하였다 (김부식 등, 1145:「신라본기」〈진흥왕 37년〉).

그런데 현대 인사관리에서도 선발방법으로 다중면접법, 합숙훈련 등을 사용하는데 특히 평가센터법(human assessment centers method:ACM)은 피평가자들을 일정기간 합숙시켜서 여러가지 연습, 테스터, 면접, 토의 등을 하면서 훈련받은 평가자가 피평가자의 잠재능력을 조기에 발견하고 육성하여 적재적소에 배치하여 활용하는 방법을 말한다(김식현, 1991:p.306 및 최종태, 1986:p.103). 따라서 화랑도조직이 조직생활속에서 인재를 양성하고 선발하고자 하는 방법은 인사관리의 측면에서 보면 바로 이 평가센터법과 비슷하다.

이러한 조직생활을 〈군유(群遊)〉등의 표현에 혹해서 많은 사람들이 마치 놀이처럼 생각하는 경향도 있는데 그러나 그렇지는 않고 앞에서의 죽지랑의 사례에서 보면 〈풍류황권〉이라는 출근부가 있어 낭도의 결근을 매기며 10일이상의 장기결근자는 사유를 알아보기 위해 화랑 죽지랑이 직접 낭도 득오실의 어머니까지 소환하였고, 또 혜숙스님은 화랑 호세랑의 낭도였는데 오래 결근하므로 호세랑이 황권에서 이름을 삭제하는 것(일연, 1281~3:「2혜동진」)을 볼 때, 매우 체계적이며 규정, 규칙과 규율이 확립된 질서정연한 조직생활이다.

이러한 방법이 골품제등의 신분, 계급, 혈연에 의한 선발방법보다도 조직생활을 통해 검증된 능력에 의해서 우수한 인재를 선발할 수 있는 방법이었기 때문에 신라 화랑도조직은 조직유효성이 높았을 것이다. 즉 조직제일의 신라라고 하겠다. 이와 관련하여 이제 능력주의와 사(士)계층의 양성을 살펴보기로 하자.

4. 능력주의와 사(士)계층의 양성

인재를 선발・임용・등용・승진시키는 기준과 그 효과 내지 결과는 역사조직학의 주요한 연구과제이다. 우선 여기서 이 논제를 이해하기 위한 범위내에서 대략적으로 정리하면 다음의 3가지다.

첫째는 신분주의이다. 즉 골품제 등과 같이 왕족・귀족・평민 등 태어날 때의 신분・계급・계층, 또는 성별, 가족내에서의 위치에 의해서 선발하고, 임용, 승진을 결정하는 것이다. 이렇게 개인이 통제할 수 없는 귀속적 지위(ascribed status)에 의해서 조직내의 지위가 결정되는 것을 신분주의라고 이름붙일 수 있다.

둘째는 연공주의이다. 근무년수에 비례해서 우선

권을 주는 것이다. 즉 입사서열, 연령, 근무경력, 선임권, 학력 등을 우선시해서 조직내의 지위를 결정하는 것이다. 여기서 연령은 귀속적 지위로 분류할 수도 있으나 연공주의와 맥락을 같이 한다고 보고 여기에 분류하였다.

셋째는 능력주의이다. 조직목표달성에 기여하는 업무수행능력에 따라 선발, 임용, 승진시키는 것이다. 이것은 업적 또는 기술적 자질이나 능력 때문에 생기는데, 개인이 통제할 수 있는 획득된 지위(achieved status)에 의해서 조직내의 지위를 결정하는 것이다. 이는 결국 성과주의와 안과 밖의 관계가 있다.

신라에서는 거의 첫째의 신분주의에 의한 골품제에 의해서 사회적 조직의 지위를 결정하였다. 이미 설계두(?~645)는 그 자신이 명문의 자손임에도 불구하고, 〈신라는 사람을 임용하려면 골품을 따지기 때문에 그 왕·귀족이 아니면 아무리 뛰어난 재주와 훌륭한 공적이 있어도 그 한계를 넘지 못한다.〉라고 하고는 621년에 중국으로 건너 간 바가 있다(김부식 등, 1145:「열전 7」〈설계두〉).

둘째의 연공주의도 탈해니사금이 즉위할 때 연령을 기준으로 한 바가 있다.

이와 같이 신라는 엄격한 신분-연공주의 사회였으나 다만 화랑도조직에서는 셋째의 능력주의, 더 나아가서는 성과주의를 채택하였다.

『3국유사』에서는 원화를 선발할 때에 〈인가(人家)의 낭자중에서 미염자를 선택하여,〉라고 했고, 또 화랑은 〈양가(良家)의 남자중에서 덕행자를 선택하여,〉라고 했기 때문에(일연, 1281~3:「미륵선화 미시랑·진자사」) 이는 원화와 화랑의 자격을 왕·귀족을 포함한 평민이상이라고 한 것으로 봐야 한다. 즉 화랑 사다함은 그에게 내려준 가야국인 포로 3백명을 모두 〈양인(良人)〉으로 풀어주었

다고 했는데(김부식 등, 1145:「신라본기」〈진흥왕 23년〉 및 「열전 4」〈사다함〉), 이 양인은 평민이기 때문에 화랑과 원화선발에서의 인가, 양가도 평민을 포함한 그 이상이다. 물론 중국 당의 고음이 쓴 『신라국기』(765~80년대)에서는 〈귀인(貴人)자제중에서 미남자를 선택하여,〉라고 했지만(김부식 등, 1145:「신라본기」〈진흥왕 37년〉), 이는 신라하대에 외국인이 쓴 글이므로 부분만을 보았을 가능성이 있다. 물론 또 귀인자제가 화랑이 많이 되었고, 평민은 낭도가 많이 되었을 것이지만, 평민도 능력이 있으면 화랑이 되는 데에 별다른 자격제한이 없었다고 본다.

실제로 『3국유사』「미륵선화 미시랑·진자사」에 보면 이를 잘 알 수 있는데, 진지왕(眞智王:재위 576~9)때의 흥륜사 스님인 진자(眞慈)는 미시랑(未尸郎)을 만나기 위해 경주에서 그 당시의 웅천(지금의 공주) 수원사까지 10일동안이나 걸어갔지만, 그곳에서 미시랑을 잠깐 만났다가는 곧 헤어지고, 다시 신라로 돌아와서 경주 영묘사 동북쪽 길가의 나무밑에서 두번째로 미시랑을 만나게 되자 미시랑을 가마에 태워 궁궐로 들어가 진지왕에게 추천하였는데 왕이 경애하고 국선으로 받들었다. 그런데 미시랑은 원래는 경주인[京師人]이지만 일찍 부모를 잃고 성도 모른다고 하였다. 여기서 보면 미시랑은 왕·귀족은 아니고 평민으로 보인다. 그렇지만 진자는 미시랑을 〈미륵선화〉라고 까지 하면서 받들었다. 그 이유는 무엇일까? 그런데 미시랑은 미륵선화가 되어서 〈자제[조직원]를 화목하게 하였고 예의와 풍교(風敎)가 보통사람과 다르며 풍류를 세상에 빛내기를 거의 7년이나 하였다.〉라고 했기 때문에 그것은 오로지 미시랑의 뛰어난 능력 때문이라고 봐야 한다. 즉 미시랑은 조직생활에서 인간중심적 리더쉽이 뛰어났고, 특히 풍류-풍교-선

교에서 뛰어난 능력을 보였기 때문에 왕의 경애를 받고 국선화랑에 임명된 것이다.

그러면 미시랑의 풍류는 무엇일까? 그런데 진자 스님이 두번째로 미시랑을 만났을 때, 미시랑은 영묘사 동북쪽 길가의 나무밑에서 〈편안히 앉아 있다가 거닐고 있었다[婆娑而遊].〉라고 하였는데 여기서 〈파사〉를 앞서 본 것처럼 단전호흡, 명상, 또는 좌망, 후대의 좌선으로 해석할 수 있고 〈유〉는 좌선후의 경행(經行)으로 해석할 수 있기 때문에 미시랑의 풍류-풍교-선교에서의 뛰어난 능력은 결국 단전호흡법 등 수련에서 뛰어났다는 것으로 이해할 수 있다. 이러한 능력이 신분-연공주의 사회에서 미시랑이 국선화랑-미륵선화가 된 이유일 것이다. 「화랑세기」(발췌본)에서도 화랑도조직의 능력주의를 강조하는 기록이 자주 나오는데 특히 7세 풍월주 설화랑(薛花郎) 때에 〈이런 이유로 문노(文弩)의 조직원이 미천한 신분으로서 고관에 발탁된 사람이 많으니, 초야의 사람과 순종하는 조직원이 출세의 문으로 여기고 문노를 신과 같이 받들었다.〉라고 하였고(김대문, 704전후:「설화랑」), 이에 〈조직원이 서로 격려하여 죽음으로써 임무를 완수하기를 바라니 사풍(士風)이 이 때문에 크게 일어나 통일대업이 문노공에게서 싹트지 않은 것이 없었다.〉라고 하였다(김대문, 704전후:「문노공」). 이로써 화랑도조직의 가장 주요한 이론인 능력주의를 이해할 수 있고 신라가 3국을 통일한 조직론적 원인을 이해할 수 있다. 그런데 여기서 사풍(士風)이 크게 일어났다는 것은 화랑도조직의 계층적 특징을 보여 주는 것인데 이는 뒤에서 보기로 하겠다.

그러나 이러한 조직에서의 선발·임용·승진기준의 문제는 앞서의 설계두의 말에서도 본 것처럼 항상 갈등의 소지가 있을 수 있다. 신라라고 해서 예외는 아닐 것이다. 10세 풍월주 미생(美生) 때에

화랑은 크게 5개의 유파가 있었는데(김대문, 704전후:「미생공」), 첫째는 〈통합원류〉로서 귀천과 내외를 불구하고 인재를 발탁, 임용해서 국력을 강하게 하자는 유파인데 이는 능력주의를 채택한 유파이다. 둘째와 셋째는 〈대원신통〉과 〈진골정통〉인데 이는 신분주의를 채택한 유파이다. 넷째는 통합원류와 진골정통을 혼성한 〈이화류〉와 다섯째 통합원류에서 나와 대원신통과 연합한 〈가야파〉인데 이들은 능력주의와 신분주의를 절충한 유파로 본다. 그러므로 이렇게 유파가 갈려진 원인이 매우 조직적이고 합리적인 원인인데 크게 보면 능력주의와 신분주의의 갈등때문이었다는 것을 알 수 있고, 화랑도조직에서는 역시 능력주의가 주류를 이루었다. 앞서의 문노공 역시 유파로는 진골정통을 받들어 진골정통에 속했지만 그 자신은 신분이 낮다고 볼 수 있는데 화랑도조직의 실천에서 능력주의를 최대한 채택하여 신처럼 받들여졌다. 더 나아가서 13세 풍월주 용춘은 〈골품은 단지 왕위와 신위를 구별짓기 위한 것인데 화랑의 조직원을 어찌 골품으로 임용하겠느냐? 공이 있는 자를 상주는 것은 법의 상규인데 어찌 유파로서 하겠느냐?〉라고 하여(김대문, 704전후:「용춘공」), 골품은 단지 신분, 자격, 직급에 해당될 뿐 화랑의 조직원·공무원의 임명 또는 직책의 부여, 승진, 승급, 승격, 보상은 결국 임무완수-공적여부 즉 능력주의로 하겠다는 것을 분명히 하였다. 따라서 신라에서 화랑도조직은 능력주의가 주류를 이루고 있었던 것을 잘 알 수 있다. 그리고 이러한 측면을 볼 때 신라사회는 매우 합리적이고 성숙한 조직사회라는 것을 알 수 있다.

그런데 화랑도조직이 능력주의를 채택할 수 있었던 것은 이 조직이 원래 종교조직이었기 때문이다. 종교조직은 그 성격상 신도가 되고 사제 또는 성직

자가 되는 데에 세속의 신분·연공 또는 빈부귀천을 인정하지 않고 오직 종교내부의 기준에 따라 지위가 결정되고 그 지위가 다시 사회에 나갔을 때 사회인, 특히 신도에게 인정되는 것이다. 물론 종교조직에서는 연공주의가 엄격하기도하지만 특히 수련-수도-득도는 빈부귀천이나 연령과는 전혀 관계없는 오로지 종교적 능력에 의해서만 그 계제가 결정되기 때문에 이 종교적 능력주의가 종교조직의 한 특징이라고 하겠다. 따라서 화랑도조직이 능력주의를 채택해서 그 내부에서 여러가지 수련, 훈련, 학습, 리더쉽, 업적, 인품 등등에 따라 지위를 결정했을 때, 그것이 풍류-선교사회에서 그대로 인정될 수 있었기 때문에 쉽게 능력주의를 채택할 수 있었고 동시에 화랑도조직을 통해 신라가 능력주의에 입각해 인재를 양성할 수 있었다고 본다. 이것이 신라 화랑도조직에서 이해해야 할 가장 주요하고 독특한 부분이다. 다시 말해서, 앞서 본 것처럼 박혁거세거서간과 알영왕후가 13세의 소년·소녀로서 등극한 것은 바로 신라 선교의 종교적 능력주의에 기인하였다고 보는데 화랑도조직은 이 사상을 계승한 것으로 본다.

따라서 진흥왕은 이러한 종교적 능력주의를 사회적·국가적 능력주의로 보다 더 발전시켰다고 본다. 즉 능력에 따라 화랑도조직에서 지위와 상을 주고 이에 따라 사회적·국가적 지위를 부여하는 것을 보다 확대했기 때문에 화랑도조직을 통해 능력주의에 의해 3국통일의 인재양성에 성공했고, 또 이러한 인재가 높은 동기부여를 계속 갖게 되었기 때문에 신라의 3국통일이 성공했다고 본다. 다른 나라는 신분-연공사회를 계속 지켜나갔기 때문에 여기서 신라에 뒤졌을 것이다.

여기서 특히 황룡사의 스님인 진자가 10일이나 걸어서 웅천(공주)까지 가서 미시랑을 초빙해 온 것을 볼 때 과연 인재제일의 신라라고 할 수 있다. 이렇게 신라는 능력이 있는 인재를 포용하는 데에 대단히 뛰어났고 매우 열린 사회였으며 이러한 인적 자산으로 3국을 통일하였다고 본다. 그런데 당시 웅천을 백제 지역 또는 백제와 서로 쟁탈전을 벌린 변경지역이라고 본다면 스님과 같은 특수 신분이나 미시랑과 같은 기층민중은 당시 3국을 넘나드는데 대단히 자유로웠다는 것을 알 수 있다. 결국은 3국민이 고조선에서 갈려나온 동족이기 때문이다.

그런데 이렇게 신라가 능력주의로 양성한 인재는 어떤 계층의 인재인지를 알아보는 것이 더욱 주요한 과제라고 할 수 있다. 이것은 진흥왕이 〈조직원을 모아서 사(士)를 선발하였다.〔聚徒選士.〕〉라고 하였기 때문에 이 역시 분명하다. 즉 신라가 그 당시 가장 필요하였던 인재층인 사(士)계층을 양성하고자 화랑도조직을 결성한 것이다. 앞서 나온 사풍(士風)도 이러한 계층적 특징을 보여주는 것인데, 사(士)가 계급(class)이냐 계층(stratification)이냐는 문제는 접어두고 먼저 사(士)의 특징을 간략히 말하면 사(士)는 현대적 의미로 보면 전문직업주의 공무원〔전문 경영자〕에 해당하는 것이다. 신라초기는 왕·귀족이 공직을 맡는 신분주의를 채택하였기 때문에 사(士)계층은 대체로 하급공무원에만 임용되었을 것이다. 즉 논자가 보기에는 신라에서는 두품(頭品)계급이 사(士)계층에 비교적 가깝다고 본다. 그러나 국가의 규모가 커지고 복잡성과 전문성이 높아지고 더 나아가서 3국통일의 국가적 과제가 대두되었을 때, 전문능력에 따라서 최고위 공직까지 임명해야 할 필요성을 느꼈고 이에 따라 화랑도조직을 통해 능력주의에 입각한 사(士)계층을 양성해서 전문직업주의 공무원〔전문 경영자〕으로 충원하였다고 본다. 중국의 공자가 바로 사(士)

계급출신인데 사실상 하급지방공무원출신이라고 할 수 있고 중국에서는 한(漢)에 와서 사(士)계급이 주류를 이루는 나라가 되었다. 그러나 신라는 처음 신분사회로 출발하였기 때문에 이러한 전문직업주의에 입각한 사(士)계층을 양성하여 국가의 최고위공직으로 임용하는 것이 어려웠을 것이다. 따라서 이 문제를 화랑도조직을 활용해서 골품제와 조화를 이루면서 해결한 것이 진흥왕이라고 논자는 본다.

즉 진흥왕이 인가·양가의 자제를 뽑아 화랑·원화를 선발하여 사(士)계층을 양성했다는 것의 의미를 사(士)계층의 특성의 측면에서 더 자세히 설명하면, 바로 평민출신에게도 화랑도조직의 문호를 더욱 개방하고 화랑도조직을 능력주의에 따라 운영하고 더 나아가서 화랑출신이 그 자신의 능력에 따라 정부의 최고위공직에까지 진출할 수 있는 가능성을 더욱 확대하여 사(士)계층을 본격적으로 양성하였다는 것이다. 이것이 바로 진흥왕이 화랑도조직을 확대개편한 주요 내용으로 본다. 따라서 가야계인 김서현-김유신·김흠순가문도 화랑출신이었고 더욱이 신라가 인재를 포용하는 열린 사회였기 때문에 능력을 펼치고 최고위공직까지 승진하고 일가를 이루고 또 김유신장군이 흥무대왕으로 추봉받았을 것이다. 또 경문왕이 진골출신이고 왕의 사위이지만 화랑출신이었기 때문에 비교적 쉽게 왕이 되었을 것이다.

그리고 화랑도조직이 사(士)계층을 양성했다는 것은 화랑5계의 주인공인 귀산이 그의 친구 추항에게 〈우리가 사(士)와 군자와 교유하기를 기대하면서도,〉라고 한 것(김부식 등, 1145:「열전 5」〈귀산〉)과 『3국유사』에서는 귀산을 직접 현사(賢士)라고 한 것(일연, 1181~3:「원광서학」)과 또 그들 스스로가 속사(俗士)라고 한 것과 김유신장군이 구근(仇近)을 국사(國士)로 대우한 것(김부식

등, 1145:「열전 7」〈열기〉)으로도 잘 알 수 있다. 뿐만 아니라 죽지랑의 사례에서 간진이 〈죽지랑이 사(士)를 중시하는 풍미를 아름답게 여겨,〉벼 30석과 말안장을 회사한 것에서(일연, 1281~3:「효소왕대 죽지랑」) 화랑도가 사(士)계층이라는 것을 보다 더 직접 알 수 있다. 그러면 왕·귀족출신 또는 4~6두품출신은 상대적으로 손해가 되지 않느냐 하겠지만 그렇지는 않고 능력을 검증받아서 공직에 임용되고자 하는 모든 신라의 젊은이는 골품을 막론하고 화랑도조직으로 모였을 것이다. 이것이 화랑도조직이 신분사회인 골품사회에서 인재양성의 조직이 된 가장 주요한 원인이라고 본다. 이렇게 보면 왜 원래 풍류-풍월도-선교의 종교조직인 화랑도조직이 능력주의를 채택하여 전문성을 가져야 하는 사(士)계층을 양성했는지의 이유를 잘 알 수 있다. 물론 화랑도조직이 신라의 핵심적 종교수련조직이므로 국초부터도 정부측에 인재를 추천하였을 것으로 본다. 다만 그것은 본격적이지 않고 골품제도하에서 제한적이었을 것이다. 이제 화랑도조직의 자아실현의 동기부여와 위로부터의 솔선수범을 보자.

5. 자아실현의 동기부여와 위로부터의 솔선수범

화랑도조직에서는 마슬로우(A. Maslow)의 욕구단계설에서 보면 자아실현의 동기부여가 가장 강하였다고 볼 수 있다. 앞에서도 언급하였는데 진흥왕 23년(562) 화랑 사다함이 가야와의 전투에서 승전하고 돌아오자 왕은 가라국인 3백명을 노비로 하사하였으나 사다함은 모두 놓아주어 양인으로 만들었고, 또 왕이 좋은 전토를 내려 주었으나 사양하고 받지 않았고 이에 왕이 강력히 받기를 권하니 전토를 받아 모두 병사들에게 나누어 주어서 신라

국민이 모두 아름답게 여겼다. 이와 같이 화랑은 조직의 목표달성 그 자체에 전념하였지 어떠한 개인의 이익을 추구한 것은 아니었다. 즉 광명이세, 홍방이국이라는 대의명분이 화랑도조직에서 자아실현의 동기부여가 구현되게 한 것으로 본다.

뿐만 아니라 김흠운(金歆運)은 화랑 문노(文弩)의 문하에서 낭도로 있었는데 이때 문노의 조직원들이 〈누구는 전사하여 그 이름이 지금까지 남아있다.〉라고 하는 말을 듣고 개연히 눈물을 흘리며, 격동되어 힘쓰고자 하여 생각을 가다듬는 모습을 보였다(김부식 등, 1145:「열전 7」〈김흠운〉). 이를 보고 동문 스님 전밀이 〈이 사람이 만약 적과 싸운다면 반드시 돌아오지 않을 것이다.〉라고 하였다. 과연 태종무열왕 2년(655)에 낭당대감으로 출전하게 되니 김흠운은 이에 집에서 유숙하지 않고 풍우를 무릅쓰고 사졸과 동고동락을 하며 백제 땅에 도착하여 양산 밑에 진을 치고 조천성으로 진공하려 했는데 오히려 백제인의 야습을 받자, 부하의 만류를 뿌리치고 후퇴하지 않고 끝까지 싸워 장렬히 전사를 하였다. 김흠운은 죽으면서 말하기를 〈대장부가 이미 몸을 국가에 바친 이상 사람이 아나 모르나 마찬가지이다. 어찌 감히 이름을 남기기를 구한단 말인가?〉라고 하여 이름마저 남기려 하지 않는 고도의 자아실현, 성장, 성취동기를 보여주었다.

이때 보기당주 보용나(寶用那)는 김흠운의 죽음을 듣고 이르기를 〈그분은 신분도 높고 권세도 강해서 사람들이 애석해 만류하는 데도 오히려 절개를 지켜 죽었는데 하물며 이 보용나는 살아도 이익될 것이 없고 죽어도 손해날 것이 없지 않는가?〉라고 하면서 적진에 뛰어들어 서너명을 죽이고 전사하였다. 이와 같이 계층사회에서 동기부여된 상위계층의 위로부터의 솔선수범이 사회전체의 동기부여에 큰 역할을 다 하였다는 것을 알 수 있다.

이것은 뒤에서 볼 화랑 출신의 김흠순 장군의 아들 반굴과 품일 장군의 아들 화랑 관창의 경우에서도 마찬가지이다. 이는 결국 높은 신분에 따른 의무(noblesse oblige)를 신라 귀족이 철두철미하게 지켜 나갔다는 뜻이다. 이렇게 일심동체를 이루었기 때문에 고도의 능률을 보였을 것이다. 이제 팀조직·학습조직으로서의 화랑도조직을 살펴보기로 하자.

6. 팀조직·학습조직으로서의 화랑도조직

화랑도조직의 조직유형에서의 특징은 팀조직과 사실상 같다는 데에 있다. 즉 매우 환경변화에 적응적인 동태적 조직으로서 화랑의 정원도 때에 따라 다르며, 낭도의 정원도 화랑의 리더쉽에 따라 다르고, 조직원[낭도]의 가입과 탈퇴가 비교적 자유롭고, 그 조직구조도 일정하지 않고 상황에 따라 다르며, 과업도 화랑에 따라 다른 프로젝트조직의 특성을 갖고 있는데 특히, 군대조직에 배속되었을 때도 정규군의 임무보다도 특수부대, 즉 선봉대, 전위대, 돌격대, 돌파대, 결사대, 특공대, 유격대, 특전단, 특수임무부대(task force 기동타격대)의 임무를 수행하고 있고 또 화랑도조직자체도 창설과 해체가 과제에 의거하여 매우 자유롭고 상황적응적이기 때문에 이러한 조직의 유형을 현대조직에서 찾아보면 현대에서도 매우 최신조직인 팀조직과 같다고 할 수 있다. 다르게 설명하면 화랑도조직이 군사적 측면에서 특수부대의 성격을 갖고 있기 때문에 이에 적합한 팀조직의 유형을 갖게 되었다고 볼 수 있다. 이것은 화랑을 팀장으로, 낭도를 팀원으로 보면 비교적 잘 이해가 될 것이다.

여기서 한 가지 더 중요한 것은 화랑이 되는 것은 그 과제에 대한 능력에 달린 것이지 신분에 의

- 121 -

해서 되는 것이 아니라는 것이다. 「화랑세기」(발췌본)에 보면 문노공은 아찬(6급)으로서 화랑의 총책인자인 풍월주가 되었는데(김대문, 704전후: 「문노공」), 아찬은 6두품과 보다 관련이 있는 관등으로서 따라서 문노공의 신분이 낮은 것으로 보이는데 이같이 신분이 낮은 사람이 문노공처럼 화랑이 되는 수도 있고, 김흠운처럼 진골 출신의 귀한 신분이 오히려 문노공 밑에서 낭도가 되는 경우도 있다. 따라서 이는 현대의 팀조직에서 직급과 직책의 분리라는 특징과 거의 같으며 이를 좀더 강조하면 직능자격제도와도 비슷하다고 하겠다. 이러한 측면 즉, 평민도 화랑이 될 수 있고, 진골도 그 밑에서 낭도가 될 수 있는 그 당시로서는 매우 파격적인, 현대의 팀조직에서도 매우 파격적인, 이러한 조직이론때문에 화랑도조직이 고도의 능률을 달성하였다고 본다.

그런데 이는 사실 신라조직의 매우 고유하고 독특한 한 특징이라고 볼 수 있다. 즉 6두품 출신이 예를 들어 아찬(6급)을 할 때 진골 출신이 그 부하로서 일길찬(7급)을 할 수도 있다. 물론 진골 출신은 계속해서 진급하여 대아찬(5급) 이상으로 승진할 수 있는데 비해서 6두품 출신은 아찬(6급)까지만 승진할 수 있다. 이러한 신라의 고유한 조직이론이 신라조직의 유효성에 미친 영향에 대해서는 앞으로 더 많은 연구가 필요할 것으로 보지만 결국 이 조직이론이 신분사회에서 신라사회의 유기적 통합을 이루어 내는데 큰 효과가 있었던 것으로 보며, 또 진골이라고 해서 하급 관직에서의 다양한 능력의 검증없이 신분상의 특혜만으로 고위직에 도달하는 것은 아니라는 것을 이해할 때 신라조직사회의 높은 유효성을 이해할 수 있다. 따라서 신라의 골품제도를 인도의 카스트제도와 단순히 같다고 보아서는 안될 것이다.

이러한 신라조직의 배경속에서 화랑도조직이 팀조직과 매우 유사한 유형을 갖게 되어 유효성이 높았다고 보며 또 팀조직에서의 대면적(對面的) 조직생활[類聚群遊]이 화랑도조직의 일체감, 단결력, 조직력을 높히는데 주요한 역할을 하였을 것이다.

팀조직으로서의 화랑도조직의 또 하나의 특징은 화랑도조직이 매우 학습조직의 성격을 갖고 있는 점이다. 물론 화랑도조직이 팀조직과 사실상 같고 또 교육조직이므로 학습조직인 것은 당연하다고 할 것이나, 그러나 화랑도조직이 사회조직이고 또한 신라사회의 성년자도 포함된 조직이면서도 계속적으로 학습을 하였다는 것을 볼 때 학습조직의 성격이 분명하다고 하겠다. 화랑의 구체적인 학습내용은 앞에서 조금 언급되었기에 여기서는 줄이기로 하겠다.

이러한 팀조직의 특성에서 나타나는 또 하나의 주요한 점은 화랑도조직의 자원참가주의(voluntarism:자원주의, 자원성)이다. 진흥왕이 화랑도를 조직하자 〈조직원이 구름처럼 모였다.[徒衆雲集.]〉라고 했는데 여기에서 보면 조직원이 자원하여 모였고 어떤 의무나 강제성은 전혀 나타나지 않는다. 팀조직에서도 팀원들이 모여서 자원하여 팀조직을 형성하는 방법이 있는 것과 같으며 화랑도조직이 이러한 팀조직의 장점을 잘 발휘하여 유효성이 높았다고 본다.

이러한 자원성과 함께 또 한가지 살펴봐야 할 중요한 점은 낭도들이 모여서 화랑을 추대하는 사례가 있다는 것이다. 즉 사다함은 낭도들의 추대로 부득이 화랑이 되었다. 이것은 박혁거세거서간 이래 신라조직의 민주적인 한 특징인데 이렇게 구성원의 자유의사로서 조직의 장을 선출하는 방법이 또한 구성원의 동기부여를 높게 하여 신라조직의 높은 유효성을 달성하였다고 본다. 물론 낭도들의 추대가 있었다 하더라도 임명자체는 왕이 하였을 것이기 때문에 추대와 임명, 그리고 절충적 방법, 이 세가지 방법이 모두 사용되었다고 본다. 이제 코칭법의 채택을 보기로 하자.

7. 코칭법의 채택

관리자를 양성할 때에 여러가지 방법이 있는데 그 한가지가 코칭(coaching)법이다. 이는 직무상에서의 현직훈련(on-the-job)으로서 이 경우에 피훈련자는 대개 1대1 기준으로 사례별로 가르침을 받는 기회가 주어지는데 "부OO(副OO: assistant to)"의 직위에 임명된다(김식현, 1991:pp.261-2). 그리고 대부분 차기의 바로 그 상위직에 임명이 예정되어 있다. 역사적으로 이는 왕이 태자를 책봉하여 차기 국왕으로 양성하는 것과 같다. 현대에서도 기업에서 회장이 부회장을 임명하여 차기 회장으로 경영자수업을 시키는 것과 같다.

신라에서도 태자제도가 있었고 부(副)자가 붙은 직명도 자주 나타나므로 이러한 코칭법이 사용되었음을 알 수 있다. 화랑도조직에서도 이러한 코칭법이 나타나는데 『화랑세기』(발췌본)에서는 앞서 본 것처럼 화랑의 최고 책임자인 풍월주를 주형(主兄)이라 하였고, 그 다음 책임자를 부제(副弟)라고 하였는데 형과 제의 측면에서는 가부장적 조직사상이지만 주와 부의 측면에서 보면 이는 바로 코칭법에 해당하는 것이다. 즉 『화랑세기』(발췌본)에서는 15명의 풍월주가 있는데 초대 위화랑을 제외한 14명의 풍월주중에서 부제를 역임한 화랑은 모두 12명이며 이중에서 바로 차기의 풍월주형이 된 화랑은 11명이나 되기 때문에 이는 화랑도조직이 코

칭법을 채택하고 있다는 것을 분명하게 보여 준다고 하겠다. 논자가 볼 때 이 코칭법은 우수한 후계자를 양성하고 조직의 안정성과 예측성, 업무의 효율성을 높이는 데에 뛰어난 방법이므로 이로써 화랑도조직이 더욱 우수한 관리자를 양성할 수 있었다고 본다. 이 화랑도조직의 코칭법은 부제법이라고 이름을 붙일 수 있을 정도로 화랑도조직의 고유한 특징을 매우 잘 보여주는 조직이론이다. 그러나 학문의 보편성과 특수성이라는 측면에서 인사관리에서 사용하는 코칭법이라는 명칭을 그대로 사용하였다. 이제 모델링과 지위상징을 살펴보기로 하자.

8. 모델링과 지위상징

학습이론에서 사회적 학습이론으로서 관찰학습(observational learning)이 있는데 이는 한 모델의 행위를 관찰하여 간접 경험의 결과로 이루어지는 학습을 말한다. 다시 말하면 한 조직원이 높은 성과를 내고 그 결과로 보상을 받았을 때, 이를 본 다른 조직원들이 실제 자신이 보상을 안 받았다 하더라도 성과와 보상 사이에 정(正)의 관계가 있다는 것을 학습하는 것이다(신유근, 1987:p.148). 따라서 조직에서는 이러한 모델을 만들어 나가는데 예를 들면 모범사원, 모범사병 등이며 이 과정을 모델링(modeling)이라고 한다.

신라의 원화·화랑도조직도 모델링의 성격이 강하다고 하겠다. 이 모델링이 매우 잘 되었기 때문에 신라의 청소년·소녀들의 교육이 원활하게 잘 되었다고 본다. 현대에서도 청소년·소녀의 교육에서 이 모델링의 측면을 깊이 고려해 보아야 할 것이다[6].

---

6) 현대사회에서는 청소년·소녀의 모델링이 전혀 다른 곳에서 이루어지고 있다고 해도 과언이 아니며 이러한 문제에 깊은 관심이 필요하다고 하겠으며 이는 결국 화랑·원화도조직의 현대적 실천이라는 과제를 갖는다고 할 수 있다.

그런데 이 모델링에는 지위상징(symbol of status)이 따라야 그 효과가 더 높다. 예를 들어 군인·경찰의 제복과 계급장의 차이는 그들의 지위를 잘 상징해주며, 사무실에서의 책상의 위치나 크기, 비서의 유무 등도 그 사람의 지위를 나타내는 상징이 된다.

신라에서도 왕의 금관, 금귀거리, 금목거리, 금허리띠, 금신발 등을 보면 이러한 지위상징이 대단하였다는 것을 알 수 있다. 화랑 역시 국왕부터가 받드는 바이기 때문에 그 지위상징이 대단히 장엄하고 화려하였을 것이다. 「3국사기」에서도 화랑은 〈미모남자를 취해서 장식을 하여,〉라고 하였고 이에 인용된 「신라국기」에서도 〈귀인자제중에서 미남자를 선택해서 분을 바르며 화장을 하고 장신구를 패용하여[傅粉粧飾],〉라고 했는데(김부식 등, 1145:「신라본기」〈진흥왕 37년〉), 여기서의 〈장식〉, 또는 〈부분장식〉이 바로 화랑의 지위상징을 나타내는 것이다. 많은 사람들이 남자가 분을 바르며 화장을 한다는 것에 미혹하여 심지어 화랑의 여성화로 까지 보았으나 전혀 사실과 다르며 전투원의 여성화라는 것은 상정할 수조차 없다. 이는 고대에서 현대에 이르기 까지 자주 나타나는 지위상징으로서 대표적으로 보면 아프리카나 아메리카 인디언의 추장 또는 용사가 얼굴에 분을 바르거나 화장을 하고, 또 깃털장식모자를 써서 지위와 용맹성을 나타내는 것과 같고, 현대전에서도 특수부대원(commando)이 얼굴에 분장을 하는 것과 같은 것이다. 그리고 신라인의 복식을 볼 때, 화랑도 깃털장식을 하였을 것이다. 이는 현대의 제복에서도 깃털장식이 자주 나타나는 것으로 그 상징성을 잘 알 수 있다. 그러므로 〈부분장식〉은 오히려 지위 상징, 용맹성, 남성화, 더 나아가서 전장에서 죽음을 두려워 하지 않게 하기 위한 신앙심의 발로로 보아야 할 것이다. 그리고 화랑·원화라는 이름에서 또 한가지의 지위상징을 살펴 보면 어떤 형태로든지 꽃장식을 하였을 것이다. 이 역시 현대의 계급장에서도 더욱 자주 나타난다.

그런데 이 부분장식외에도 화랑의 지위상징을 더 찾아본다면 화랑 죽지랑이 득오실을 찾아 갈 때 〈좌인(左人)〉으로 하여금 수행하게 한 것을 들 수 있다. 일연은 이 좌인을 개질지(皆叱知)라 하고 노복으로 해석하였는데(일연, 1281~3:「효소왕대 죽지랑」), 단순한 노복만은 아닌 것 같고, 지금으로 치면 수행비서쯤 될 것이다. 15·6세의 소년이 수행비서를 데리고 다닌다는 것 역시 화랑의 지위상징이다. 이러한 지위상징이 신라의 청소년·소녀를 동기부여시켜 모델링을 더 효과적으로 하였을 것이다. 그러므로 화랑도조직을 형성한 뒤부터 〈이 때부터 사람들로 하여금 악을 고쳐 선을 행하게 하고, 윗사람을 공경하고 아랫사람을 순종하도록 하니 5상6예와 3사6정이 진흥왕의 시대에 널리 행해졌다.〉고 하였다(일연, 1281~3:「미륵선화 미시랑·진자사」). 이제 조직이론의 마지막으로 철저한 보상과 상사서조직을 보기로 하자.

9. 철저한 보상과 상사서조직

신라 화랑도조직이론의 특징중에서도 논자가 꼽고 싶은 가장 주요한 것 중의 하나가 바로 이 철저한 보상(reward)이다. 개인의 성과에 가장 큰 영향을 미치는 과정은 조직의 보상제도이다(허철부, 1990:p.150). 문무왕(文武王:재위 661~81)은 3국통일직후인 재위 9년(669)에 내린 대사면령에서도 〈전쟁에서 공을 세운 자는 모두 이미 보상을 주었고, 전사한 유혼은 관직을 추증하였다.〉라고 하였는데(김부식 등, 1145:「신라본기」〈문무왕 9

년)), 이로 보면 신라조직이 매우 철저한 보상을 실시하였다는 것을 알 수 있다. 화랑도조직에서도 전투후 철저한 논공행상을 했다는 것이 거의 빠지지 않고 꼭 기록되어 있다. 이러한 보상에서도 보다 더 특징적인 것은 즉각적이고도 성과에 직접 근거한 보상을 신라가 실시하였다는 것이다. 보상 또는 처벌을 주는 방법을 강화의 일정계획이라고 하는데 이에는 여러 방법이 있으나 신라가 조직원이 성과를 올릴 때마다 매번 보상을 한 방법은 연속강화법에 해당되며 이 방법은 요구되는 행위를 급격하게 증가시킬 수 있다는 장점이 있다(신유근, 1987:p.155). 더욱이 화랑도조직은 이를 즉시보상(straight pay)으로 실시했기 때문에 성과가 더 높았을 것이다. 그리고 성과에 직접 근거한 보상이 직무만족을 즉각적으로 높이고 차후의 성과도 더 우월하게 하는 것으로 연구되어 있는데(추헌, 1992:pp.627-8 및 신유근, 1987:pp.254-5), 화랑도조직도 이러한 이유로 직무만족과 성과가 더욱 높았을 것이다.

그리고 이러한 보상의 또 한가지 특징은 국왕-국가에 의해서 공에 따라 엄격히 시행되었다는 것이다. 개인적, 또는 자의적으로는 결코 보상 또는 벌책을 내릴 수 없었고, 전시의 장군도 국왕의 상벌권의 위임이 있을 때, 국경밖에서만 이를 실시할 수 있었다.

그리고 보상의 종류에는 내재적 보상(intrinsic rewards)과 외재적 보상(extrinsic rewards)이 있는데, 신라 화랑도들의 높은 성취감, 책임감, 인정감, 성장과 발전, 도전감, 일 그 자체, 자아실현 등은 내재적 보상에 해당하고, 관직의 승진, 벼[租], 집, 전토, 노비, 비단, 베[布], 칼[劍], 창[戟] 등등 다양한 보상물은 외재적 보상에 해당하는데 특히 전사자에게도 관직의 추증과 상이 꼭 주

어졌다. 그런데 화랑도들은 앞에서도 언급하였지만 외재적 보상보다도 내재적 보상을 더욱 중요시 하였다. 물론 개인에 따라, 또는 지위에 따른 차이 즉, 화랑은 내재적 보상이 주요하였을 것이고 낭도들은 외재적 보상이 주요했을 정도의 차이는 있을 수도 있다.

더 나아가서 직무성과자체도 종업원에게 내면적인 만족도라는 보상을 주는데, 특히 직무가 개인의 책임, 자율성과 의의를 느끼게 할 때 더욱 그러하므로 경영자가 보상계획에 이와 같은 잠재성을 포함할수록 조직의 보상제도는 외부적인 보상제도를 통하는 것보다도 더 강한 영향을 줄 수가 있기(허철부, 1990:p.150) 때문에 화랑도조직의 성과가 더 높았을 것으로 본다. 즉 화랑도조직은 자율적인 조직이므로 자율적으로 낳은 성과 자체가 다시 더 큰 만족을 가져다 주었을 것으로 본다.

그리고 실패한 경우에도 진상을 철저히 규명하여 가혹한 형벌은 내리지 않았는데 김유신 장군의 차남 원술(元述)이 672년 대당(對唐) 석문(石門, 현재의 예성강 방면)전투에서 패하고 살아 돌아 왔을 때, 김유신 장군은 〈원술은 왕명을 욕되게 하였을 뿐 아니라, 가훈을 역시 저버렸으므로 마땅히 베어야 합니다.〉라고 하여 충효의 차원에서 상주했는데도 문무왕은 〈원술은 비장(裨將)인데, 그 혼자에게만 중형을 내릴 수는 없소.〉라고 하며 사면한 것(김부식 등, 1145:「열전 3」〈김유신 下〉)이 이를 잘 나타내 준다. 이것은 다르게 보면 신라가 행위변화전략에서 벌보다는 적극적 강화, 즉 보상을 중심으로 강화하였다는 것을 알 수 있다. 그런데 혹자는 원술이 김유신의 차남이고, 또 신라사의 연구자들이 간과하고 있지만 〈그림 2〉에서 본 것처럼 원술은 문무왕과도 4촌간이기 때문에 문무왕이 다소 그 점을 감안하여 사면한 것이 아닌가 할 지도

모르지만 그러나 그렇지는 않고 부하를 사랑하여 관대한 벌책을 내리고자 하는 것은 문무왕과 김유신의 본래의 리더쉽으로 봐야 하며 또한 신라조직의 특징으로 봐야 한다.

그리고 『화랑세기』(발췌본)에서는 화랑 사다함이 17세의 나이로 사망한 이유를 그의 낭도 무관랑이 많은 공적을 세웠음에도 불구하고 신분이 미천하여 보상을 받지 못하고 죽은 것을 애통해 하다가 그 자신도 수척해졌기 때문이라고 하였다(김대문, 704전후:「사다함」). 이 역시 신라와 화랑도조직이 얼마나 공정한 보상을 중시하였는가를 알게 해준다.

이러한 보상은 대체로 개인에 대한 것으로 보이는데 그러나 궁극적으로는 앞서본 사다함의 사례에서처럼 자신의 보상을 나누어 주어서 화랑도조직의 재정에 도움을 주었을 가능성도 있다. 그러나 화랑도조직은 내재적 보상을 더 선호한 것으로 보이고 이러한 부정기적인 외재적 보상으로 재정을 안정적으로 충당했다고 보기는 어렵다. 따라서 사다함의 사례를 조금 더 깊이 보면 자신의 보상을 그의 낭도로 보이는 병사들에게 나누어 주었다는 것은 개인재산을 화랑도조직을 위해 회사하였다는 것을 뜻하기 때문에 화랑도조직의 재정은 역시 재산가인 왕·귀족출신의 화랑과 낭도가 대의를 위해 직접 회사한 많은 개인재산으로 충당하였다고 본다. 물론 평민이라고 하더라도 재산가가 있을 것이기 때문에 그들 역시 화랑도조직을 운영하였을 것이다. 『화랑세기』(발췌본)에서도 12대, 13대 풍월주인 보리공과 용춘공이 많은 개인재산을 회사하였다고 했는데(김대문, 704년전후:「보리공」,「용춘공」), 이러한 회사금이 화랑도조직의 재정을 해결하는 기금이 되었을 것이다.

또 훌륭한 화랑과 낭도에 대해서는 간진(侃珍)이

죽지랑과 득오실을 위해서 벼 30석과 말안장을 회사한 사례에서 보는 것처럼 많은 독지가의 후원금이 있었던 것으로 보는데 이것으로 또 재정을 충당하였고, 국가도 이를 장려한 것같다. 이것은 선행을 한 간진의 자손을 평정호에 임명하여 보상한 것(일연, 1281~3:「효소왕대 죽지랑」)으로 알 수 있다. 그러나 화랑도조직은 회사를 받기만 한 것이 아니라 신라말기인 진성왕(재위 887~97)때의 효종랑과 그 낭도의 사례에서 보면 일반인을 위해서도 많은 회사를 하였는데(김부식 등, 1145:「열전 8」〈지은〉 및 일연, 1281~3:「빈녀양모」), 이때 효종랑과 낭도 개인들이 상당히 재산가인 것으로 보인다. 이 때의 선행이 진성왕에게 알려져 결국 효종랑의 아들인 경순왕(재위 927~ 35)이 경애왕(재위 924~7)의 뒤를 이어 왕위에 오르는 계기가 되었는데 신라의 끝왕이 되었다. 그러므로 신라의 끝왕이 화랑의 아들이었기 때문에 신라왕실은 박혁거세거서간에서 경순왕에 이르기 까지 화랑도조직과 밀접한 관계에 있다는 것을 알 수 있다.

그런데 지금까지의 기록에서는 화랑과 그 낭도가 국가에서 급여적 의미의 보상을 받았다는 분명한 기록은 나타나지 않고 있는데, 논자의 추정으로는 풍월주와 국선화랑은 국가임명직이므로 이를 받았을 가능성이 있을 것으로 보나, 그 외의 화랑과 낭도는 이를 전부 또는 일부 받지 못하고 개인의 재력으로 해결하다가 공을 세우거나 능력을 인정받아 정부직에 임용이 되었을 때 비로소 녹봉을 받았을 것으로 본다. 따라서 능력을 양성하거나 공을 세우고자하는 화랑도의 헌신도가 더 높았을 것으로 본다. 그리고 낭도가 정부직에 임용이 되기 전까지는 재력이 있는 화랑이 낭도의 급여를 개인적으로 지급하였을 가능성이 있다. 이는 물론 화랑이 재력이 있을 때 가능한 것이다.

그리고 이러한 보상물에 대해서 대표적인 것을 살펴보면 문무왕은 백제통일 직후인 661년에 진골(1~5급)에게는 칼과 창을 보상물로 주었는데 이는 외재적 보상이기는 하지만 지위상징적 보상으로서 내재적 보상의 성격이 강하고, 6두품이하(6~17급) 전체 공직자에게는 관등을 1계급 특진시켜 주었으며, 그리고 7년 뒤 668년 고구려를 통일한 뒤에는 전체 공직자의 관등을 1계급 특진시켜 대대적인 보상을 한 바가 있다(김부식 등, 1145: 「신라본기」〈문무왕 원년, 8년〉). 이러한 보상은 세계사에서도 그 유례가 없는 것이다. 그런데 『3국사기』에 따르면 신라에서는 이후에도 3차례의 전체 공직자의 1계급 특진이 더 있었다. 이와 같이 신라조직은 보상에 매우 철저하다는 것을 다시 한번 알 수 있는데 이것이 역시 화랑도조직의 유효성에 높은 영향을 주었다.

그런데 공에 따라 1계급 특진만이 아니라, 2~3계급 특진도 자주 나타나고, 특히 선덕왕(재위 632~47)은 대야성전투(642)에서 장렬히 전사한 죽죽(竹竹)을 사지(13급)에서 급찬(9급)으로 추증하였는데(김부식 등, 1145: 「열전 7」〈죽죽〉), 이는 실로 4계급 특진이다. 그 보다도 더 의의가 있는 것은 사지는 4두품에 속하지만 급찬은 6두품에 속하는 관등이라는 것이다. 물론 죽죽이 원래 6두품이상이었을 가능성도 있지만 그러나 그는 대야주〔합천〕사람이고 또 동시에 처자를 왕도에 옮겨 살게 해준 보상을 받았는데, 이를 볼때, 그럴 가능성은 희박하며 따라서 2개 두품의 승품으로 보인다. 이것은 신라에서 대단한 보상이다. 더욱이 승품이 자손에게 만약 세습된다면 더욱 큰 보상이 되는데 6두품은 현대로 치면 차관급까지 승진할 수 있기 때문이다.

뿐만 아니라 문무왕은 675년 한주〔경기도 광주〕

아달성에서 말갈인과의 전투에서 역시 장렬히 전사한 소나를 잡찬(3급)에 추증하였는데(김부식 등, 1145: 「열전 7」〈소나〉), 물론 이는 그의 아버지인 심나(沈那)의 전공도 기리는 바가 있었겠지만, 이는 진골에 속하는 관등으로서 소나는 진골로 보이지 않기 때문에 매우 파격적인 보상이다. 그리고 『3국유사』에서는 전체 공직자의 3계급 특진 뿐만아니라 관계자의 5계급 특진까지도 기록되어 있다(일연, 1281~3: 「백율사」). 따라서 신라가 엄격한 신분사회였지만 공에 따라서 신분을 과감히 뛰어넘는 보상을 하였고 이것이 신라조직에 큰 성과를 가져왔다고 본다.

반굴과 관창도 장렬히 전사한 후 급찬(9급)에 추증되었는데 급찬은 차관급에 임명될 수 있는 관등이므로 16세 전후의 소년에게는 대단히 명예롭고도 높은 보상이다. 이러한 보상이 화랑도조직의 강한 조직력을 낳은 한 원천이었음을 다시 한번 강조하고자 한다.

그러나 이러한 보상은 앞서도 잠시 언급하였지만 매우 엄격히 실시하였는데 668년 고구려통일후 전체 공직자의 1계급 특진시에도 아술 사찬(8급) 구율은 사천전투에서 공은 제1이었지만 군령없이 위험한 길로 들어가 전공을 세웠다고 해서 아무런 보상을 받지 못하자 분해서 목을 매어 죽으려 했으나 주위에서 구출해서 산 적도 있다(김부식 등, 1145: 「신라본기」〈문무왕 8년〉). 뿐만 아니라 앞서의 김흠운은 아버지가 잡찬(3급) 달복이며 진골출신이고 태종무열대왕의 사위로서 장렬히 전사하였지만 일길찬(7급)에 추증되었는데 일길찬은 6두품과 보다 관련이 있는 관등으로서 죽죽이나 소나의 경우와 비교해보면 오히려 보상이 약하게 까지 보인다. 그러므로 이는 신분은 보상에 영향을 주지 않으며 분명한 기준을 갖고 매우 엄격한 심사를 해서 보상을 했기 때문으로 봐야 한다.

그리고 신라는 이러한 보상을 전문적으로 하기 위한 조직을 개청한 것으로 보이는데 바로 창부에 속한 상사서(賞賜署)이다(김부식 등, 1145: 「지 7」〈직관上〉). 진평왕 46년(624)에 개청한 상사서의 장은 대정(大正)인데 이의 관등은 급찬(9급)~아찬(6급)이기 때문에 대체로 차관급이며 따라서 중요성이 비교적 높다. 현대의 보훈처장이 장관급(85년이후)이라는 것을 본다면 상사서조직의 중요성과 또 신라조직의 발달단계를 알 수 있다. 이 상사서는 그후 경덕왕이 사훈감(司勳監)으로 개청하였다가 혜공왕 때 다시 원래의 이름으로 돌아간 바가 있다. 이러한 조직을 개청하여 신라 하대까지 계속 유지한 것을 보면 신라가 보상을 매우 체계적으로 조직적으로 실시하였다는 것을 알 수 있다.

지금까지 본 것처럼 화랑도조직은 철저한 보상과 온화한 벌책으로서 사기를 높여서 높은 조직유효성을 달성했다고 본다. 이제 화랑도조직의 실천을 보자.

V. 화랑도조직의 실천

화랑도조직은 앞서 본 조직이론에 입각하여 강한 조직력(organizational power)을 가졌다. 그러므로 실천에서 많은 성과를 낳았는데 그 중에서도 대표적인 것은 역시 3국통일이다. 실로 화랑도조직의 실천에서의 모든 의의는 3국통일에 있다고 해도 지나친 말은 아니다. 따라서 여기서는 신라의 3국통일을 중심으로 화랑도조직의 구체적인 실천을 보기로 한다. 이를 보면 화랑도조직의 특성을 더욱 분명히 알 수 있는데 앞서 본 것처럼 대체로 화랑

도조직이 종군을 했을 때에는 정규군보다는 특수부대의 임무를 맡는 것으로 보인다. 다른 분야에서의 실천은 차후의 과제로 하겠다. 그런데 신라의 3국통일전쟁과 화랑도조직에 대해서는 이미 연구된 부분도 있지만 이미 연구된 것은 가능한 줄이고 여기서는 논자가 강조하고자 하는 핵심적인 실천부분만 중점적으로 보기로 한다.

1. 가야통일에서의 전격전

법흥왕 19년(532)에 가야는 이미 금관국왕 김구해가 왕비와 세명의 아들 김노종·무덕·무력과 함께 신라에 항복하였다. 그러나 그 후 30년후인 진흥왕 23년(562)에 가야가 반기를 드니 왕은 이사부를 시켜 평정하게 하였다. 이 때 화랑 사다함이 15·6세의 나이로 종군하기를 청원하니 왕이 처음에는 허락하지 않다가 사다함의 뜻이 확고함으로 귀당비장으로 임명하여 부장(副將)으로 종군하게 하였다. 사다함은 그의 낭도들과 함께 종군하여 가야국경에 당도하자 이사부원수에게 청하여 기병 5천명을 이끌고 앞질러 가야성의 전단문에 들어가 불의의 공격을 하여 백기를 꽂으니 온 성중의 사람들이 공포에 떨며 어찌할 바를 몰랐다(김부식 등, 1145: 「신라본기」〈진흥왕 23년〉 및 「열전 4」〈사다함〉). 이때 이사부원수가 일시에 대군을 이끌고 들어가 항복을 받아 내니 이로부터 신라는 가야를 완전히 통일하였다. 여기서 화랑 사다함의 과감한 기습전(surprise warfare)·전격전(Blitzkrieg)은 현대에서도 오히려 본받을 만하며 화랑도조직의 특징을 잘 나타내 주고 있다. 이 전쟁에서 사다함은 많은 상을 받았는데 사양하였다는 것은 앞에서 보았고 결국 그의 낭도 무관랑의 보상 때문에 애통해 하다가 17세의 나이로 아깝게 죽었다.

그리고 앞의 김구해왕의 셋째 아들 김무력이 바로 김서현의 아버지이고 김유신·김흠순의 할아버지로서 6부조직중 사도부에 정착하였는데 이는 사도부가 금관가야국과 가까운 관문과 같은 위치에 있기 때문에 그렇게 하였다고 볼 수 있고, 그가 신라의 핵심부인 사도부에 정착함으로써 향후 공직생활에서 능력을 펼쳐 나가는데 큰 도움이 되었다고 볼 수 있으며, 또 사도부가 화랑도조직과 밀접한 관계에 있기 때문에 그 아들과 손자들이 화랑이 되는 데에도 큰 계기와 도움이 되었다고 본다. 뿐만 아니라 김무력의 아버지인 김구해왕이 귀부하였을 때 법흥왕이 금관국을 식읍으로 주었는데 이는 상당한 재산으로서 이 경제력이 그후 김무력-김서현-김유신·김흠순 가문의 공직생활과 화랑도조직생활에 큰 도움을 주었을 것이다. 따라서 가야통일이 신라에 매우 좋은 기회로 작용하였다.

2. 백제통일에서의 돌파전

태종무열왕 7년(660)에 신라는 백제를 통일하였다. 이때 김유신장군은 5만 병사를 이끌고 황산벌에서 백제의 계백장군이 이끄는 5천 결사대와 4번의 전투를 하였으나 모두 불리하였다. 이를 돌파하기 위해서 국선화랑출신인 김유신장군의 동생이며 그 자신이 화랑출신이기도한 김흠순장군은 아들 김반굴에게 〈신하가 되어서는 충성을 다해야 하고, 자식이 되어서는 효도를 다해야 한다. 위험에 처했을 때, 생명을 바치는 것만이 충효 모두를 온전하게 하는 것이다.〉라고 말하자 김반굴은 〈삼가 명령을 듣겠습니다.〉라고 말하고 전투에 임해 힘껏 싸우다가 전사하였다(김부식 등, 1145: 「신라본기」〈태종무열왕 7년〉 및 「열전 7」〈김영윤〉). 여기서 충효를 온전히 한다는 것이 신라조직의 가부장

적·가족주의적 조직사상을 잘 나타내 준다고 하겠다. 즉 신라사의 연구자들이 간과하고 있지만 〈그림 2〉에서 본 것처럼 김유신장군이 김반굴의 백부인 것은 말할 것도 없고, 태종무열대왕이 바로 고모부이며 문무왕과는 4촌간이고 역시 김원술과도 4촌간이기 때문에 충과 효가 결국은 같은 것이다. 다시 말하면 전쟁에서의 패배는 처벌을 받기 때문에 곧 가문의 쇠락을 의미하며 이 경우에는 태종무열대왕의 정치적 입지까지 손상을 받을 수 있다. 따라서 충효가 같은 것이며 충도 충이지만 가문을 살리고자 하는 효 때문에도 반굴의 헌신도가 더욱 높았을 것이다. 이것은 다른 가문의 경우도 마찬가지이다.

이에 좌장군 품일은 아들 화랑 관창(官昌)에게 다시 적진 돌파의 명령을 내리니 화랑 관창은 16세의 꽃다운 나이에 필마단기로 과감한 돌격전(assault warfare)·돌파전(penetration warfare)을 펼쳐 장렬히 전사하였다(김부식 등, 1145: 「신라본기」〈태종무열왕 7년〉 및 「열전 7」〈관창〉). 이를 본 신라군이 강개하여 죽기를 각오하고 공격하여 백제군을 크게 무너뜨려 마침내 신라는 백제를 통일하였다. 여기에서 또 한가지 반굴과 관창의 장렬한 죽음에서 알 수 있는 것은 역시 왕·귀족층 자제의 위로부터의 솔선수범이 조직의 성과에 큰 영향을 준다는 것이다. 그러므로 반굴과 관창의 사례에서 알 수 있는 것은 가부장적 조직사상과 위로부터의 솔선수범이 큰 성과를 가져왔다는 것이다.

물론 이때 신라와 연합한 소정방의 당군이 백강(白江:기벌포)으로 공격해 왔지만 그러나 신라군에 의한 육전(陸戰)에서의 승리가 당군의 수전(水戰)에서의 상륙을 결정적으로 가능하게 했다는 것을 알아야 한다. 즉 이는 문무왕 11년(671)에 설인귀에게 보낸 답서에서도 잘 나타나는데 여기서 문무

왕은 〈동서가 서로 향응하고 수륙이 함께 나아가 수군이 겨우 강의 어귀에 들어올 때 육군은 벌써 대적을 깨뜨리고 양군이 함께 왕도에 이르러 한 나라를 평정하였다.〉라고 하였다(김부식 등, 1145: 「신라본기」〈문무왕 11년〉). 다시 말하면 신라군에 의한 육전에서의 승리가 없었다면 수군은 상륙하기도 어려웠을 것이다. 그리고 육전에서의 승리는 반굴·관창의 돌파전이 결정적 역할을 하였고 이 돌파대의 성격이 화랑도조직의 실천상의 특징을 잘 보여주는데 결국 화랑도정신을 한 마디로 나타내면 〈조직을 위해서 생명을 바친다.〉라는 것이며 문노공에서부터 특히 나타났다.

3. 왜군격멸에서의 선봉전

신라가 백제를 통일한 3년뒤인 663년에 신라·당의 연합군은 백강구에서 1백7십척의 군선을 가지고 백제부흥군과 왜의 1천척의 배와 왜군 4만2천명과 전쟁을 하여서 왜군을 격멸(destruction)시키고 승리하였다. 이 백강구전쟁에서의 승인은 역시 문무왕이 친정(親征)하여 두릉윤성, 두솔성 등 육전에서 먼저 승리를 하였기 때문이다. 이것은 660년의 전쟁과도 비슷한 점이 있는데 문무왕의 답서(671)에 잘 나타나 있다. 즉 문무왕은 〈이때 왜국이 배와 병사를 보내어 백제에 협조하려고 왜선 1천척을 백사(白沙:백강구)에 정박시켰고, 백제는 정병으로 언덕 위에서 그 배를 지켰는데 신라의 용감한 기병이 당군의 선봉으로서 먼저 언덕 위의 적진을 깨뜨리니 주류성은 간담을 잃고 마침내 항복하였고,〉라고 말했다(김부식 등, 1145: 「신라본기」〈문무왕 11년〉). 따라서 백강구전쟁을 수전과 육전으로 나눈다면 신라군에 의한 육전에서의 승리가 수전의 승리에 결정적 역할을 하였다는 것을 알

수 있다. 임진왜란(1592~8) 당시 이순신장군이 육전에서의 패배에도 불구하고 수전에서 승리한 것이 더욱 값진 승리라는 것을 상기한다면 660·663년의 두번에 걸친 전쟁에서 신라군의 육전에서의 승리가 결정적이라는 것을 더 잘 이해할 수 있다. 그런데 이 전쟁에서 신라는 선봉에 섰는데, 이때 화랑도조직이 선봉전(vanguard warfare)을 했다는 명백한 기록은 없지만 전후의 조직적 전통에 따르면 역시 이때도 화랑도조직이 선봉에 섰을 것으로 본다. 이 전쟁에서 신라는 왜에게 이후 임진왜란 이전까지는 거의 1천년동안 정규군은 더이상 우리나라를 침략 못할 정도의 심한 타격을 주었다.

4. 고구려통일에서의 병참전과 돌파전

고구려에 대한 통일전쟁에서 주요한 것은 병참-군수지원이었다. 백제에 대한 통일전쟁도 마찬가지이지만 특히 고구려에 대한 통일전쟁에서는 가히 병참전(communications warfare)이라고 할 만큼 당군에 대한 병참지원이 주요하였다. 고구려가 이 이전에 침략해온 수·당군에게 패배를 안겨준 근본 원인이 바로 그들의 병참선(lines of communications)을 끊었기 때문이라는 것을 상기할 때 고구려에 대한 통일전쟁은 신라의 병참지원이 결정적 역할을 하였다는 것을 알 수 있다.

특히 662년 김유신장군이 평양성으로 당군에 대한 병참지원을 할 때, 추운 날씨에도 불구하고 〈어깨를 벗어 붙이고 말에 채찍을 가하여 앞으로 달려나가〉 솔선수범하여 임무를 수행하였으며, 이 때 당의 소정방에게 식량이 도착하였음을 알리기 위해 보기감(13~11급) 열기(裂起)를 불러 〈내가 젊어서부터 너와 조직생활을 같이 하여[吾少與爾遊] 너

의 지조와 절개를 알고 있다.)면서 이 임무를 맡을 것을 당부하였다. 이에 열기는 흔쾌히 구근과 함께 15인의 결사대(death band)를 조직하여 고구려군의 진을 뚫고 어려운 임무를 무사히 완수하였다(김부식 등, 1145:「열전 2」〈김유신 中〉). 여기서 볼 때 열기는 김유신장군의 낭도출신으로 보이며 화랑도조직의 출신이 결사대를 맡았다는 것은 더욱이 화랑도조직의 특징을 잘 보여 준다고 하겠으며 특히 어릴 때부터 같이 대면적 조직생활을 한 것이 화랑과 낭도간의 집단응집성과 신뢰성을 높여 화랑도조직의 성과를 높이는데 도움을 주었다고 본다. 그러므로 여기에서처럼 화랑도조직의 기록에서 나타나는 유(遊)가 결코 놀이로 볼 성격의 개념이 아니며 조직생활로 봐야한다는 것을 다시 한번 일깨워준다. 이에 김유신장군은 국경밖에서 위임받은 상벌권을 발휘하여 현지에서 열기와 구근을 급찬(9급)으로 특진시켰는데, 나중 귀국하여 문무왕에게 재차 상주하면서 까지 다시 사찬(8급)에 특진시켰다(김부식 등, 1145:「열전 7」〈열기〉). 이같이 동일 공적에 대해 두번 특진시키는 것은 보상을 중시하는 신라조직에서나 현대에서도 역시 상당히 파격적인 사례이며, 열기의 경우는 5~3급의 승진이 되었기 때문에 큰 보상이 되었는데 다시한번 강조하면 이것이 신라조직의 큰 특징이다. 이같이 병참지원 역시 대단히 어려운 임무였는데 이때도 화랑도조직이 솔선수범하여 앞장 섰다.

문무왕 8년(668)에 신라는 마침내 고구려를 통일하였다. 이때 역시 신라군의 돌파전이 매우 주효하였다. 역시 문무왕의 답서(671)에서 문무왕은 〈신라의 병마가 홀로 선봉이 되어 먼저 고구려의 대부대를 깨뜨리니 평양성중의 기운이 꺾였고, 이 작전후에 당의 이세적은 다시 신라의 날쌘 기병 5백명을 뽑아 먼저 성안으로 들여보내어 드디어 평양성을 깨뜨리고 큰 공을 세웠다.〉라고 하였다(김부식 등, 1145:「신라본기」〈문무왕 11년〉). 이때도 화랑도조직의 돌파대가 큰 역할을 하였을 것이다.

5. 당군격멸에서의 전방위전

신라는 당과 연합하여 고구려에 대한 통일전쟁까지를 수행하였다. 그러나 당이 약속을 어기고 고구려·백제 영토 뿐만 아니라 신라까지도 침략할 야욕을 보이자 이제 신라는 다시 그 당시 동양 최대의 강국중의 하나였던 당과 전쟁에 돌입하였다. 이때 신라는 고구려·백제유민을 적극 포용·선무하여 대당(對唐)전쟁에 협조하게 하였고, 당에서의 정보전, 명랑법사가 시행한 사천왕사에서의 문두루비법 등의 종교적 심리전(psychological warfare), 망덕사의 개설을 포함한 당과의 외교전, 매소산전투와 기벌포 해전에서의 승리, 토번의 당에 대한 공격, 발해[大震]의 건국, 신라인 상하의 굳은 신의와 단결, 내치에서의 민주성, 민주성에 대한 3국 기층민중의 지지 등등의 전방위전(全方位戰)을 펼쳐 대당전쟁에서 마침내 승리하였다.

특히 군사적인 측면에서는 675년의 매소산전투에서 신라군이 당의 이근행의 20만 당군을 격멸한 것과 676년 기벌포 해전에서 사찬 시득이 22회에 걸쳐 당의 설인귀를 패멸시킨 것이 결정적 역할을 하였다. 이 역시 신라가 병참전에서 우세하였기 때문일 것이다. 다시 한번 강조하면 지금까지의 당군의 승리는 오로지 신라군의 돌파와 병참에 의존하였고 이러한 신라의 협조가 없는 상황에서는 당군은 궤멸될 수밖에 없었다.

마침내 이러한 전방위전의 결과 신라가 677년 당으로 하여금 안동도호부를 평양에서 요동의 신성으로 옮겨가게 함으로써 대당전쟁에서 승리하여 신라는 3국통일을 완수하였다. 이는 또한 화랑도조직의 성과이기도 하다.

이와 같이 신라는 3국통일을 완수하여 민족내적으로는 다시 한번 민족의 일치성을 이루었고 외적으로는 왜와 당과의 국제전에서 승리하여 민족통일의 고유성을 지켰는데 이것은 모두 신라조직과 화랑도조직이 고유의 풍류-풍월도-선교사상을 가지고 뛰어난 조직 유효성을 발휘하였기 때문이다. 이 점이 주요하다.

6. 발해와의 견제와 협력

신라가 3국을 통일한 31년후 고구려를 계승한 발해[大震]가 699년에 건국하였다. 발해의 건국으로 사실상 신라와 당의 전쟁이 끝났다고 볼 수도 있다. 신라는 당과의 사이에 발해라는 완충지역을 갖게 되었고, 발해로서는 신라와 당이 전쟁을 하는 기회를 잘 포착했다고 본다.

다시 말해서 신라는 발해와 당을, 발해는 신라와 당을, 당은 신라와 발해를 상대로 전쟁을 하는 것이 거의 불가능하게 까지 되었다. 매우 절묘한 3각의 세력균형이 이루어졌다. 이것은 신라가 733년에 당의 요청으로 출병한 것(김부식 등, 「신라본기」〈성덕왕 32년〉 및 「열전 3」〈김유신 下〉)외에는 발해와 별다른 충돌이 없는 것으로도 잘 알 수 있는데, 견제도 하였지만 논자가 보기에는 실제로는 발해의 건국초부터 협력도 하였다고 본다.

7. 당과의 외교적 마무리

그런데 외교적으로는 성덕왕 34년(735)에 당이〈패강 이남의 땅〉을 인정하고, 다음 해인 성덕왕 35년(736)에 신라가 이를 수락함으로써(김부식 등,

1145: 「신라본기」〈성덕왕 34, 35년〉), 신라의 3국통일이 외교적으로 마무리되었다. 즉 국제적으로 상호 인정된 것이다. 비로소 평화가 찾아 왔다.

이 때 발해지역까지 통일하였으면 하는 바램도 일부 있는 것 같으나, 앞서 본 것처럼 3각구도가 형성되었기 때문에 더 이상은 지리한 소모전이 될 뿐이고, 신라로서는 발해도 역시 동족이기 때문에 평화가 지켜진다면 굳이 전쟁을 할 필요가 없었을 것이다. 따라서 신라조직인이 현명한 판단을 한 것으로 본다. 이 외교적 마무리만 하여도 고구려통일 이후 약 70년의 시간이 더 소요된 것이다. 이것으로 보아도 신라의 3국통일이 얼마나 어려운 과제였는지를 잘 알 수 있고 이 과정에서 화랑도조직의 역할이 얼마나 중요했는지도 잘 알 수 있다.

VI. 맺는말

역사는 과거와 미래를 이어주는 현재의 다리이다. 지금까지 살펴본 것처럼 신라가 3국중 사실상 가장 작은 나라로서 3국통일의 대업을 완수하고 왜와 당까지 격퇴한 것은 모두 우수한 조직이론을 가지고 실천을 잘 하였기 때문이다. 즉 인적 자원을 최대화하였기 때문에 그러한 역사적 과업을 달성할 수 있었다. 이는 화랑도조직에서도 잘 구현되어 인재제일의 신라, 조직제일의 신라를 이미 2천년전에 이루었다고 본다. 이 역시 현대에서 부존자원이 부족한 우리가 당면하고 있는 과제라고 하겠다. 특히 신라는 인재의 포용에 매우 개방적이며, 합리적이고 성숙한 사회라는 것을 알 수 있다.

지금까지 화랑도조직을 현대조직론의 분석틀로써 기술, 설명, 이해하고자 하였는데 논증한 주요 결

론을 요약하면 다음과 같다.

첫째, 화랑도조직의 기원은 풍류-풍월도-풍교-선교에 있고 이는 단전호흡법을 중심으로 기도, 명상, 맹세와 서원을 하는 종교수련조직이며 고조선의 단군왕검-선인왕검이 그 원류이고, 신라에서의 창시는 선도신모와 박혁거세거간·알영왕후이다. 특히 고허촌-사도부-소도부의 소벌도리공이 수양(收養)한 박혁거세거간과 알영왕후의 2성이 바로 신라 최초의 화랑과 원화이다.

그리고 신라조직에서는 여성의 역할이 매우 커서 원화도조직이 먼저 형성된 것으로 보는데 이는 건국초에 선도-소도신모의 영향이 컸기 때문이고 이 때문에 특히 신라에서 3명의 여왕이 나왔다고 본다. 조직속에서 여성의 평등적, 또 상황에 따라서 우월적 지위 역시 신라조직의 큰 특징 중의 하나라고 본다. 그리고 신라에서 고허촌-사도부-소도부가 종교부의 기능을 하여 2성과 많은 화랑, 많은 신라의 인재를 배출하여 신라6부조직중 핵심부가 되었다.

둘째, 화랑도조직의 본질은 원래는 종교수련조직이었는데 진흥왕이 그 특성을 발전시켜 이를 통해서 특히 사(士)계층의 인재를 본격적으로 양성하여 정부요원으로 충원한 인재양성조직이다. 즉 논자는 진흥왕이 국초부터 있었던 풍월도-화랑도조직의 권위를 빌어서 골품제도와 융합하면서도 정부가 당시 필요로 하는 뛰어난 능력을 가진 사(士)계층의 전문 공무원을 양성하고 충원하기 위해서 인가와 양가의 평민들에게 화랑도조직의 문호를 더욱 개방하고 또 평민이라도 화랑도출신에게는 능력에 따라 정부의 최고위직까지 진출할 수 있도록 화랑도조직을 개편하였다고 보는데 이는 역시 당시의 시대적 과제였을 것이다. 따라서 논자는 진흥왕이 원화·화랑도조직을 창설한 것으로 본 기록들은 진흥왕대에 화랑도조직을 개편하여 일반화한 것을 나타낸

것이지 국초부터도 인재충원의 그러한 전통은 있었다고 본다. 단지 그것은 골품제도하에서 제한적으로 시행하였을 것이다. 그리고 인재양성조직의 특징과 함께 종교수련조직으로서의 전통도 끝까지 지켜나가 이 둘을 병행했다고 보는데 특히 화랑도조직원의 불사의 정신력은 이 종교수련조직의 전통에서 형성하였다고 본다.

셋째, 화랑도조직의 이념은 광명이세조직사상과 홍방이국조직사상, 화랑5계조직사상이며 이로써 강인한 대의명분을 가졌는데 결국 신라의 3국통일은 이러한 〈밝은 왕〉사상에 입각한 성왕(聖王)정치의 승리이며 이를 현대적 의미로 보면 민주주의의 승리이고 이것이 당시 3국의 기층민중의 지지를 받았기 때문에 신라의 3국통일이 가능했다. 특히 이를 계승하여 〈밝은 조직〉사상으로 발전시키고 화랑5계를 한국5계로 승화시키는 것이 필요하다.

넷째, 화랑도조직의 이론은 가부장적 조직사상으로서의 부황사상, Y이론의 리더쉽, 평가센터법과 조직생활, 능력주의와 사(士)계층의 양성, 자아실현의 동기부여와 위로부터의 솔선수범, 팀조직·학습조직의 구축, 코칭법, 모델링과 지위상징, 철저한 보상 등이 주요하다. 이 이론들이 화랑도조직의 유효성을 높이는데 모두 주요하지만 특히 논자는 가족주의적·가부장적 조직사상, 능력주의와 사(士)계층의 양성, 위로부터의 솔선수범, 그리고 철저한 보상과 상사서의 개청이 주요하며 앞으로 그 특징을 더 연구해야 한다고 본다. 이와 같이 화랑도조직의 뛰어난 능력과 내면화(internalization), 직무만족, 직무몰입, 헌신적인 조직전념도 등은 오로지 모두 이러한 합리적이고 우수한 조직이론에 기인한다. 따라서 신라의 조직이론가들은 그 시대의 신라조직사회에 적합한 매우 발달된 조직이론을 개발하였다. 다시 말하면 화랑도조직은 종교수련에

서 철저한 보상에 이르기까지 가히 조직학의 교과
서라고 할 정도로의 고도의 이론을 구사하였다.

다섯째, 화랑도조직의 실천은 주요한 3국통일전
을 중심으로 살펴보았는데 가야통일에서의 전격전,
백제통일에서의 돌파전, 왜군격멸에서의 선봉전,
고구려통일에서의 병참전과 돌파전, 당군격멸에서
의 전방위전으로 나타났고 발해와는 견제와 협력,
그리고 당과의 외교적 마무리를 통하여 마침내 신
라는 3국통일의 대업을 완수하였다. 이를 보면 화
랑도조직의 특성을 잘 알 수 있는데 화랑도조직은
실천에서 매우 기민하게 그때그때의 과제를 잘 포
착하여 상황에 따라 동태적으로 문제를 해결하는
상황적합적인 팀조직에 가까우며, 군에 배속되어
전투를 수행할 때에도 전위와 선봉에 서며 현대적
의미로 보면 특수부대로서 주로 특공작전(com-
mando operation)의 임무를 수행하였다. 결국
화랑도조직은 군사적 측면에서는 신라가 그 당시의
전투상황에서 가장 주요하였던 전위부대, 선봉부대
로 특별히 양성하여 특수전의 임무를 수행하도록
한 조직이고 특수전에서 성과가 뛰어난 것이 화랑
도조직의 성과인 동시에 신라가 3국통일전쟁에서
승리한 한 동력으로 본다.

결국 화랑도조직의 이론이 실천에서 이러한 특수
전수행조직을 형성하였는데 대표적인 것은 역시 종
교수련조직, 모델링과 지위상징, 철저한 보상 등일
것이다.

3국통일 이후 화랑도조직은 본래의 종교 · 문화 ·
예술적인 측면은 계속 발전시켜 나갔지만 정치 · 군
사적인 측면이 줄어들고 국가적인 역할도 일상화되
었기 때문에 역사의 기록에서는 잘 나타나지는 않
은 것 같다. 그러나 고려에서도 이를 계승하고자
했기 때문에 그 활약이 줄어든 것은 아니다. 이 연
구에서는 3국통일까지만을 중심으로 다루었다. 더

다양한 실천은 차후의 기회에 살펴보기로 하겠다.

끝으로 이 연구에서는 「화랑세기」(발췌본)를
조직론의 측면에서 살펴보았는데 화랑도조직을 깊
은 구조에서 이해하는데 많은 설명력을 갖고 있다
는 것을 알았다. 따라서 이 사서의 신뢰도와 타당
도가 무척 높다고 보기 때문에 앞으로 더 많은 연
구가 있어야 할 것이다.

그리고 이 연구는 현대조직이론의 분석틀로써 화
랑도조직을 연구했기 때문에 앞으로 화랑도조직이
갖고 있는 더 고유한 조직이론과 실천을 밝히는 연
구를 수행한다면 현대조직론에도 많은 도움을 줄
수 있다. 특히 이 연구에서 밝힌 단전호흡 등의 종
교수련, 부황사상, 종정일치사상 등이 신라조직에
서 나타나는 비교적 고유한 조직이론이라고 할 수
있다. 그러나 이 연구를 통해서 나타난 화랑도조직
의 이론과 실천(theory and practice)은 현대조
직의 그것과 크게 다르지 않게 나타났다. 오히려
현대조직보다 더 현대적인 부분도 많은데 이것은
우리 고유의 화랑도조직의 보편성과 특수성, 현대
성과 세계성을 보여주는 것이다. 결국 인간조직의
법칙성이다. 그리고 화랑도조직은 사례연구(case
study)로 보면 성공사례에 속한다고 볼 수 있는데
이러한 화랑도조직의 성공은 신라의 조직이론가와
실천가들의 합리적인 조직관리에서 기인한다는 것
을 다시 한번 강조하고자 한다.

이 연구에서 나타난 화랑도조직의 고유한 조직이
론이 현대조직론의 이론적 지평을 확장시킬 수 있
는 시사점을 논의하면 다음과 같다.

첫째, 화랑도조직에서의 풍류-단전호흡법을 신중
히 연구하여 교육훈련적 측면에서 단전호흡 등 명
상의 기법에 대한 효과를 다시 한번 인식해야 할
것이라는 것이다. 우리나라에서도 물론 이러한 기
법이 기업의 교육훈련에서 일부 채택되고 있고 외

국에서도 시행되고 있는데 이를 통한 생산성향상이 가능한 지를 조직론적으로도 구명하면 초심리학 (parapsychology)적 분야에서의 조직이론도 발달 할 것으로 본다.

둘째, 화랑도조직에서의 가족주의적·가부장적 조직사상에 대한 인식을 제고하여 현재 우리나라나 외국에서 이루어지고 있는 가족중심경영의 효과에 관한 이론적 지평을 열어야 할 것으로 본다. 물론 우리나라는 가족중심경영을 다소 부정적으로 보고 있는 경향이 있는 듯하나 국내외를 막론하고 현실 에서는 다양하게 이루어 지고 있으므로 이에 대한 연구가 필요하며 이 경우 신라의 화랑도조직의 가 족주의적 조직사상이 큰 도움을 줄 수 있을 것으로 본다.

셋째, 화랑도조직에서 나타나는 조직에서의 효의 개념을 더 깊이 연구하면 조직론에서도 많은 시사 점을 받을 수 있고, 또 현대조직인의 인성함양에 큰 도움이 될 것으로 본다. 물론 이는 가장 근본적 인 문제인데 경영학과 조직론 뿐만 아니라 경영현 장에서도 더욱 강조가 있어야 할 것으로 본다.

위에서 본 것은 물론 모두 고유한 측면을 강조한 것이다. 물론 화랑도조직에서 구현된 현대조직이론 들도 역사적 의의를 가질 수 있을 것이다. 다시 한 번 강조하면 결국 이것은 인간조직의 불변의 법칙 성이라고 볼 수 있다.

이 연구를 통하여 향후 화랑도조직의 연구와 관 련한 몇가지 제언을 하면 다음과 같다.

첫째, 화랑도조직이 신라의 3국통일에서 차지한 비중이 어느 정도인지를 객관적으로 평가하는 연구 가 필요하다.

둘째, 화랑도조직의 구성원이 아닌 신라인이 신 라조직사회속에서 어떤 위치에서 어떻게 역할을 수 행하였는지도 더 연구할 필요가 있다.

셋째, 화랑도조직과 같은 유사한 조직이 고구려 나 백제에 있었는지, 그 역할은 어떻게 수행되었는 지를 더 깊이 연구할 필요가 있을 것이다.

넷째, 화랑도조직의 고유한 조직이론을 더 연구 하여 현대조직론의 이론적 지평을 확장시킬 수 있 는 연구가 더 필요하다.

다섯째, 화랑도조직의 연구에서 현대조직론을 선 택, 적용, 평가할 때 논리상의 철저와 상황적 고려 를 더 신중히 하여야 할 것인데 이는 방법론에서 앞으로 더 깊이 연구되어야 할 것이다.

역사조직학·조직사·조직사상사가 이러한 인간 조직에서 유구하게 나타나는 불변의 법칙을 찾아낸 다면 미래조직의 유효성을 높이는데 크게 기여할 수 있고 또 그 자체가 실제성이 매우 높은 과학이 될 것이다.

참 고 문 헌

공 자, 논어.

구양수 등 (1044~60), **신 당서.**

김경동·이온죽 (1986), **사회조사연구방법-사회연구의 논 리와 기법-,** 중판, 서울:박영사.

김대문 (704전후), **화랑세기**(발췌본), 이태길 옮김(1989), 부산:민족문화.

김부식 등 (1145), **3국사기,** 조병순 증수보주(1986), 재 판,서울:성암고서박물관.

_____, 한국사료연구소 표점교감본(1996), 서울:한글과 컴퓨터.

김식현 (1991), **인사관리론,** 신고증판, 서울:무역경영사.

사마천 (-91년경), **사기.**

손인수 (1996), **신라화랑도의 공간,** 서울:민음사.

신유근 (1987), **조직행위론,** 개정 4판, 서울:다산출판사.

신라문화선양회 (1989), **화랑문화의 재조명**(신라문화제

학술발표논문집), 10, 경주:신라문화선양회·경주시.

신채호 (1924~5), "조선역사상 1천년래의 제1대사건," **단재 신채호전집**(중)(1982), 개정 3판, 대구:형설출판사.

유병덕 (1987), "**통일신라의 풍류사상,**" **한국철학사**(上), 서울:동명사.

유 후 등 (940~5), **구 당서.**

이강식 (1987), "「고기(古記)」에 기록된 신시조직의 구조와 기능," **경북대학교 경상대학논집**, 15, 351-77.

_____ (1988), **한국고대조직사-환국, 신시, 고조선조직연구-**, 서울:교문사.

_____ (1993), **신시조직사-5사조직변증-**, 서울:아세아문화사.

_____ (1995), **한국고대조직사상사-천지인 3신사상의 조직론적 해석-**, 서울:아세아문화사.

이 맥 (1520), **태백일사**, 계연수 엮음 (1979), **환단고기**, 서울:광오이해사.

이승휴 (1287), **제왕운기**, 박두포 옮김 (1974), **동명왕편·제왕운기**, 서울:을유문화사.

일 연 (1281~3), **3국유사**, 이민수 옮김(1987), 8판, 서울:을유문화사.

최남선 (1937), **조선상식문답**, 중판(1989), 서울:삼성미술문화재단.

추 헌 (1992), **조직행동론**, 대구:형설출판사.

최종태 (1986), **현대인사관리론**, 중판, 서울:박영사.

한국향토사연구 전국협의회 엮음 (1996), **화랑문화의 신연구**, 서울:문덕사.

허철부 (1990), **조직행동론**, 대구:형설출판사.

Helmut Seiffert (1994), **학의 방법론입문Ⅱ-비분석적 방법을 중심으로-**, 서울:교보문고.

The Theories and Practices of Hwarangdo Organization

Kangsik Lee*

Abstract

The purpose of this study is to analyze the theories and practices of HwaRangDo organization in order to study its history of organization in the light of the modern organization theory. Above all, because the study on the origin of HwaRangDo organization is very important, this subject is proved. As well, the important organization creeds are proved. And not only important nine theories like father-emperor thought, democratic leadership etc. but also important practices like Blitzkrieg, the vanguard unit etc. in the unification of three kingdoms are proved. The high effectiveness of HwaRangDo organization is principally caused by the rational management of ShinLa's organizational theorists and practitioners, and so Balguen organization thought must be succeeded to in contemporary.

* Assistant Professor, Department of Tourism Business Administration, Kyongju University

古朝鮮 3韓組織의 3國으로의 계승

李 康 植

(경주대 교수)

Ⅰ. 첫말

古朝鮮의 辰[眞]−慕[馬]−番韓의 3韓조직과 이에서 발전된 眞−莫−番朝鮮의 3朝鮮조직(이강식 1988:pp.87~100)이 그후 辰 −馬−弁韓[弁辰]의 3韓조직을 거쳐 신라−고(구)려−백제의 3國에 어떻게 계승되었는지를 이해하는 것이 국사에서 매우 주요하며 또한 조직사, 조직사상사, 역사조직학의 연구에서도 이러한 조직의 구조와 기능이 계속 이어져 온 것을 이해하는 것이 매우 주요하다. 논자는 이미 「『神誌祕詞』에 기록된 古朝鮮 3韓組織의 構造와 機能(Ⅱ)」(1994)의 <제 Ⅹ 장 古朝鮮 3韓組織의 계승>에서 이의 연구결과를 축약발표한 바가 있다. 그러나 이는 당시 지면상의 사유로 논문집 편집자의 요청으로 축약발표를 하였는 것인데 이 논고에서는 본래 논자가 연구하고자 했던 내용대로 독립된 논문으로 구성하고자 한다.

그런데 고조선의 진·번·막조선의 3조선을 전3한, 신라·가라·백제 3국을 후3한, 그 중간의 진한·변진을 중3한으로 본 견해(신채호 1925)가 있으나 논자는 고조선의 3한−3조선을 전3한, 그 중간의 진·번·마한 3한을 후3한, 신라·백제·고구려를 3국으로 보고자 한다. 이것이 더 역사의 원형이라고 보기 때문이다.

그리고 지금까지 논자가 말하는 후3한과 3국의 계승을 살펴본 연구는 굳이 거론할 필요가 없을 정도로 많이 있어 왔으나 古朝鮮 3한조직과 3국의 계승을 연구한 결과는 극소할 정도로 거의 없었다. 이에는 고조선의 3한−3조선을 인정하고 이와 후3한−3국의 계승을 연구한 결과물(신채호 1925, 1931;이유립 1987)이 있고, 또 고조선의 3한을 인정하지 않고 고조선과 (후)3한의 관계를 살펴본 견해(윤내현 1988)가 있을 뿐이다. 그러나 논자는 기록에 근거하여 체계적이고도 합리적인 분석과 이해가 필요할 것으로 본다.

따라서 이 연구의 목적은 고조선의 前3韓조직이 後3韓조직을 거쳐 어떻게 3國으로 계승하였는지를 분석하고 이해하고자 하는 것이다.

이러한 연구로 고조선 3한조직의 위치와 강역, 그리고 신라−고(구)려−백제 3국의 기원을 이해할 수 있고, 國史의 체계를 다시금 정립할 수 있을 뿐만 아니라

국사의 편제가 <3>國으로 편성되었는 이유를 알 수 있다. 더 나아가서 지금까지는 사실상 고조선과 3국의 계승관계가 학문적으로 구명되지 않아서 국사의 체계가 분명하게 정립되었다고 볼 수 없는데 이 연구는 이를 구명하여 국사의 체계를 정립하여 국사의 단절된 부분을 복구하고자 한다. 또한 이러한 계승의 분석을 통해 각 사서가 갖고 있는 史觀을 보다 분명하게 이해할 수 있다. 물론 이 연구는 계승의 틀(framework)을 구축하는 것이 주목적이므로 이러한 하위목적은 계속 탐구되어야 할 것이다.

그런데 이 연구에서의 <계승>의 개념적 정의는 후대의 국가가 전대의 특정 국가의 정통성을 이어서 건국했다는 의식적인 계통을 말한다. 이러한 계승을 통하여 주위국보다 의식적인 우월성을 갖고자 한 것이다. 물론 정의와 이론적 틀은 계속 연구되어야 할 것이다.

그러므로 제 Ⅱ 장에서는 고조선 신라계승론을 살펴보고,

제 Ⅲ 장에서는 고조선 북부여계승론을 살펴보고,

제 Ⅳ 장에서는 고조선 고구려계승론을 살펴보고,

제 Ⅴ 장에서는 번한 백제계승론을 살펴보고,

제 Ⅵ 장에서는 결론을 내리고자 한다.

제 Ⅱ 장 고조선 신라계승론

1. 김부식 등의 『3국사기』의 고조선 신라계승론

신라가 고조선의 진한을 계승했다는 가장 분명한 기록은 김부식(1075~1151) 등1)의 『3국사기』(1145)의 다음 기록이다.

---

1) 『3국사기』는 김부식이라는 단일 저작자의 저작물로 볼 수 없고 그가 대표한 공동저작자의 공동저작물로 보아야 하기 때문에 <김부식 等(et al.)>으로 표기하여야 한다고 본다. 따라서 『3국사기』의 저자를 연구하고자 하면 김부식과 공동저작자 집단을 연구하여야 한다. 물론 김부식이 『3국사기』의 집필을 주도하고 또 지도를 하였겠지만 사실 김부식은 집필자 대표의 성격이 강하고 실제 저술은 그의 하위자인 실무자들이 편수하였다고 본다. 그러므로 그 집단의 특성을 연구하는 것이 묘청(?~1135)의 서경천도운동후의 고려시대와 『3국사기』의 이해에 매우 주요하다고 본다.

(Ⅱ-1)先是 朝鮮遺民 分居 山谷之 間, 爲 六村,…是 爲 辰韓六
部.(김부식 등 1145:「신라본기」〈박혁거세거서간 원년〉).
　　　이에 앞서 조선유민이 산과 계곡사이에 나누어 거주하였는데, 6촌조
직이 되었으며,…이것이 진한6부조직이 되었다.

　여기서 보면 『3국사기』 본문의 첫면에 조선유민이 진한6부조직을 형성하였
다는 것을 분명하게 기록하여 신라가 고조선 중에서도 가장 정통성이 있는 辰
[眞]韓-眞朝鮮을 계승하였다는 것을 알 수 있다.

　지금까지는 이 기록을 깊이 연구하지 않은 것 같으나 사실 고조선 3한조직과
3국과의 계승을 연구하는 데에 매우 주요한 기록이다. 그런데 신채호
(1880~1936)는 이 기록과 『위략』「3한전」, 『3국지』「3한전」을 들고, 〈
그러면 辰·弁 兩韓의 移住民이 있기 前에는 慶尙左·右道가 모두 馬韓의 땅인 同
時에 3南이 모두 馬韓의 땅이었음을 볼지니, 그러면 辰·弁 兩韓의 本土는 他地에
서 求함이 可하니라.〉(1925:p.73)라고 하여 이 기록에서 처음 前3한을 입론하
였고, 그는 〈韓久庵·安順庵·丁茶山·韓大淵 叔姪 등 諸先生이 비록 前3韓의 存在
한 것을 認定치 못하였으나, 辰·弁·馬 3韓을 곧 新羅·加羅·百濟라 하여, 崔孤雲의
羅·麗·濟 3國에 分配한 3韓說을 劈破하여 後3韓의 疆域을 整頓한 功은 적지 아
니하다. 그러나 그중에서도 後生 小子의 校正을 待하는 多小의 誤謬가 없지 않으
니,〉라고 하여 제선생의 견해를 과정에서 다소 수정은 하였지만 결론은 그대로
인정하여 그 자신이 中3한이라고 한 진-변-마한을 신라-가라-백제에 각기 분
배하여 일단은 後진한-신라계승론을 지지하였으나, 그러나 그는 〈北扶餘와 兩
東扶餘와 高句麗의 4國은 「신朝鮮」의 版圖內에서 立國한 자라.〉(1931:p.114)
라고 하여 진조선→부여→고구려계승론을 제시하여 前조선의 진한을 신라가 계
승하였다는 것을 부정하였다. 그러나 이는 『3국사기』(Ⅱ-1)의 조선[진한]유민
→진한→신라계승론을 인식하지 못한 견해로 본다. 뿐만 아니라 변한-가라, 마한
-백제계승론을 지지하여 오히려 뒤에서 볼 신라 당대의 최치원(857~?)의 기록
을 부정하고 있어 그의 견해는 국사의 전통을 정확히 이해한 것은 아닌 것같다.
또한 변한-변진이 가라로 계승되었다는 것도 기록을 정확히 인식하지 못한 견해
로 본다. 즉 『3국사기』의 다음 기록을 보자.

(Ⅱ-2) 十九年 春 正月, 卞韓 以 國 來 降.

(김부식 등 1145: 「신라본기」 〈박혁거세거서간 19년〉).

19년 봄 정월, 변한이 국가를 바치고 항복하였다.

이와 같이 변한-변진은 박혁거세거서간 19년(-37)에 이미 신라에 항복을 하여 결코 가라로 계승된 것이 아님을 보여주고 있다. 물론 변한-변진의 일부가 다시 남아 그후 42년에 가라를 건국하였을 가능성은 있다고 보지만 그러나 그것은 2차적인 문제일 뿐만 아니라 가라 역시 법흥왕 19년(532)에 신라에 항복하였기 때문에 결국은 변한-변진-가라 역시 신라로 계승되었다고 보는 것이 정확할 것이다. 이와 같이 기록에 입각한 분석이 필요하다.

그런데 『3국사기』(Ⅱ-1)만 보면 조선유민이 처음와서 진한6부조직을 형성한 것으로 보이지만 그러나 그런 것은 아니고 같은 (Ⅱ-3)을 보면 이미 오래 전부터 前전한인이 마한의 동쪽 진한지역에 이주하여 6촌을 이루고 살고 있었는데, 고조선 말기(-238), 秦亂(-221년경) 때에 고조선 제실의 정통성을 가진 조선유민-진한유민, 즉 前진한인이 대거 이주하여 와서 진한6부조직을 형성하였고, 그후 약 150년 뒤인 -69년에 진한6부조직이 건국회의를 개최하여, 그후 13년뒤인 -57년에 立王建國하여 국가조직을 건국하였다. 이때 주위에도 많은 국가가 있었다. 신라가 -57년에 입왕건국하여 국가조직을 선포한 것에는 더 논급하고 싶지만 줄이고 박혁거세거서간 즉위 38년(-20)의 다음 기록을 보자.

(Ⅱ-3)三十八年 春 二月, 遣 瓠公 聘 於 馬韓, 馬韓王 讓 瓠公 曰, "辰·卞 二韓 爲 我 屬國, 比年 不 輸 職貢, 事大之 禮 其 若 是 乎?" 對 曰, "我國 自 二聖 肇興 人事 修, 天時 和, 倉庾 充實, 人民 敬讓. 自 辰韓遺民 以 至 卞韓·樂浪·倭人 無 不 畏懷 而 吾 王 謙 虛, 遣 下臣 修 聘, 可謂 過 於 禮矣. 而 大王 赫怒, 劫之 以 兵, 是 何意耶?" 王 慎, 欲 殺之, 左右 諫之, 乃 許 歸.

前此 中國之 人 苦 秦亂, 東來者 衆, 多 處 馬韓 東, 與 辰 韓 雜居, 至是 寖[寢]盛, 故 馬韓 忌之, 有 責焉.

瓠公者 未詳 其 族姓, 本 倭人, 初 以 瓠 繫腰, 渡 海 而

- 143 -

來, 故 稱 瓠公.

(김부식 등 1145: 「신라본기」 〈박혁거세거서간 38년〉).

　　　　38년 봄 2월, 호공을 파견하여 마한왕을 빙문(제후가 대부를 보내 제후에게 방문하여 안부를 묻게 함)하였는데 마한왕이 호공을 꾸짖으며 말하기를, "진·변 2한은 우리 속국인데, 근년에는 공물을 보내지 않았소. 사대의 예가 이같은 가요?" 라고 하였다. 호공이 대답하기를, "우리나라가 2성(二聖)이 건국하여 흥하기 시작한 후로 인사가 닦여지고, 천시가 화합하여, 창고가 가득차고, 국민들은 공경하며 겸양합니다. 그리하여 진한유민에서부터 변한·낙랑·왜인에 이르기까지 두려워하고 따르지 않음이 없습니다. 그럼에도 불구하고 우리 왕께서 겸허하시어 하신을 파견하여 빙문을 닦게 하였으니, 가히 예에 지나친다고 하겠습니다. 그런데도 대왕께서 크게 노하시어 병력으로써 겁을 주시니 이는 무슨 의도입니까?" 라고 하였다. 마한왕이 분노하여, 죽이려 하였는데, 좌우 신하들이 간하여 마침내 귀국을 허락하였다.

　　　　이에 앞서 중국인이 진란으로 고통을 받다가 동쪽으로 온 자가 군중을 이루어, 마한의 동쪽에 많이 거처하여, 진한과 더불어 섞여 살았는데, 이에 이르러 점점 번성하므로 마한이 꺼리어 책망하였던 것이다.

　　　　호공은 그의 족성이 자세하지 않은데, 본래 왜인이었고, 처음에 박을 허리에 차고, 바다를 건너 왔기 때문에 호공이라고 불렀다.

　　다소 문장이 길기는 하지만 원문과 번역문을 같이 보았다. 사실 번역문이 더 중요하다. 여기서 논제와 관련한 주요 내용을 살펴보면 다음과 같다.

　　첫째, 마한왕이 진·변 2한에게 그냥 땅을 할양하여 준 것이 아니고 속국으로 삼아 사대의 예로서 공물, 즉 조공을 받았다는 것을 알 수 있다. 이것은 호공이 마한왕을 〈大王〉으로 호칭한 것으로도 알 수 있다. 또 이는 마한에게 땅을 할양받은 백제도 마찬가지일 것으로 본다.

　　둘째, 마한왕이 〈진·변 2한〉으로 합칭하여 조공을 아니한다고 책망한 것은 이미 −37년에 변한이 신라에게 항복한 것(Ⅱ-2)을 나타내는 것이다. 그런데 물론 변한이 신라에 항복을 하였지만 마한왕이 변한을 명시한 것과 또 호공이 변한을 거론한 것을 볼 때, 국가가 완전히 없어졌다기 보다도 부용국-신민국으로 남아 있는 것으로 본다.

　　셋째, 진한6부가 2성을 왕과 왕후로 추대하여 신라를 건국하고 진·변 2한이 합한 후, 2한은 조공을 중단하였고 정치·사회·경제적으로 상당히 발전하고 있음을 보여주고 있어 여기서 신라건국의 원인의 일단을 알 수 있게 한다. 즉 마한으로부터의 독립을 통한 정치·경제·사회적 발전을 목표로 한 것으로 본다. 조공의 중단과 이 정치·경제·사회적 발전이 깊은 연관이 있기 때문이다. 그러나 논자는 근본적으로는 진한6부조직이 前辰韓의 재건국을 목표로 한 것으로 본다.

넷째, 여기서 호공은 공물을 보내지 않는 문제에 대해 주요한 반론을 제기하였는데, 즉 <진한유민에서부터 변한·낙랑·왜인>에 이르기까지 신라를 두려워하고 따르고 있어 이제 신라가 더 이상 마한에게 공물을 바칠 필요가 없다고 한 것이다. 여기서 주요 논점은 호공이 <진한유민>임을 가장 먼저 당당하게 내세웠다는 것이다. 이것은 <진한유민>이 연원적으로는 마한보다 우월한 지위에 있었다는 것을 나타낸 것이다. 그렇지 않다면 호공이 국가와 자신의 생명이 걸린 이 주요한 논쟁에서 이를 앞세워 반론을 펴지는 않았을 것이기 때문이다. 따라서 논자는 중국측의 기록으로 다시 논급하기로 하겠지만 호공이 내세운 진한유민의 출자를 前진한으로 보고 前진한은 後마한의 전신인 前마한보다 우월하며, 때문에 前진한을 계승한 신라가 後마한 보다 우월하므로 따라서 호공이 더 이상 조공을 바칠 수 없다고 반론을 제기한 것으로 본다. 특히 호공자신은 왜인출신인데도 불구하고 <진한유민>을 앞세운 것은 신라를 건국한 <진한유민>의 정통성을 바다건너에서 온 왜인까지도 인정할 만큼 연원이 매우 깊다는 것을 나타낸다. 이에 대해 마한왕은 논리적으로는 반론을 펼치지는 못하고 감정적으로 격앙하였으나 좌우신하들의 만류로 호공을 무사히 귀환하게 하였는데 이 역시 호공의 반론이 매우 논리적이며 따라서 마한측이 이를 수용하지 않을 수 없었는 것을 보여준 것이다.

그리고 호공은 왜인이지만 신라에서 중용되었다는 것은 신라조직의 능력주의와 함께 개방성을 보여주는 것으로 본다.

다섯째, 또 변한은 이미 부용국–신민국으로 남아 있는 것으로 보이지만 호공이 <낙랑·왜인>을 거론한 것도 더 살펴봐야 할 것이다. 먼저 왜인을 보면 「신라본기」 <박혁거세거서간 8년(-50)>에서는 왜인이 침략하러 왔다가 신라의 <시조가 신덕이 있음[始祖有神德]>을 듣고 물러갔고, 낙랑은 같은 30년(-28)에 침략하러 왔다가 신라가 <도가 있는 국가[有道之國]>라고 하고 물러갔기 때문에 호공의 말이 사실인 점도 있으나 그러나 실제로는 자주 침략하였기 때문에 호공의 반론은 사실과 함께 다소의 외교적 수식사가 있는 것으로 본다.

여섯째, 여기서 보면 秦亂(-221년경) 때에 <中國之 人>이 동쪽으로 와서 진한과 섞여 살았다고 하였는데 이 <중국인>은 지금 중국의 漢族을 의미하는 것이 아니고 바로 진한유민을 지칭하는 말로써 같은 辰人이지만 중국지역에서 나중에 왔기 때문에 <중국인>이라고 한 것으로 본다. 또는 당시에는 진한–진조선을 중 국으로 불렀을 가능성도 있다고 본다. 이는 호공이 진한유민이라고 한 것을 중국 인으로 지칭하였기 때문에 더욱 그렇다고 본다. 그러면 이 <중국>이 어디인지를 살펴보아야 할 것인데 이는 뒤에서 보기로 하겠다.

이와 같이 논자는 秦亂 이전에 이미 마한 동쪽에는 前辰韓人이 와서 살고 있 었는데 진란시 정통성있는 진한유민이 연고를 찾아 대거 망명해 와서 6부조직을 형성하였다고 본다. 그리고 그 후 약 150년 뒤인 –69년에 6부조직이 건국회의 를 개최하여 신라건국을 결정하고, 그 13년 뒤인 –57년에 立王設都하여 立邦, 즉 건국하였다.

일곱째, 秦亂의 하한을 齊의 멸망년도인 –221년경으로 본다면 –221년에서 –20년사이에 辰·卞·馬韓의 후3한이 前마한의 남부지역에 있었고, 또 낙랑·왜인 등 주위에는 많은 국가가 있었다. 따라서 –3C경에 이미 후3한이 형성하였고, 그 전신인 고조선의 전3한은 최소한 –3C이전에 건국하였다는 것이다. 그러므로 고 조선의 3한조직은 이미 –3C이전에 형성되어 있었다는 것을 다시 한 번 강조하 고자 한다.

여덟째, 이와 같이 신라가 前진한을 계승했다는 것은 중국측의 기록으로도 입 증이 된다. 중국측의 기록도 상세히 살펴보아야 할 것이나 이 연구에서는 필요한 부분을 간략히 보도록 하고 차후의 기회에 상론하도록 하겠다. 먼저 중국측의 기 록인 范曄(398~445)의 『후한서』 「동이」 (서문)(424착수)에 의하면 秦이 6 국을 병합한 후, 淮夷와 泗夷를 모두 분산시켜 民戶로 만들었다고 하였는데 이 회이와 사이는 중국 중동부지역에 있으므로 고조선의 3한중 번조선이 이에 해당 할 가능성이 있다고 보는데 이는 이 바로 다음 문장에서 燕人 위만의 조선으로 의 도피가 기록되어 있기 때문이다. 또한 동시에 진조선(유민)도 이의 영향을 받 았을 것으로 본다. 따라서 같은 <한>에서 辰韓의 耆老가 스스로 말하기를 그들 이 <秦의 망국인[秦之 亡人]>으로서 秦의 고역을 피해서 마한의 동쪽으로 왔다 고 한 것이 이를 나타낸 것으로 본다. 이는 陣壽(233~97)의 『3국지』 「위서」 <<오환·선비·동이>><진한>에서도 이미 기록된 바가 있는데 여기서는 <옛 망국

인[古之 亡人]으로서 秦役을 피하여 한국으로 왔다.>라고 하였다. 따라서 이 <古之 亡人>은 역시 前진한인으로 봐야 할 것이다. 그런데 지금까지 그렇게 연구대상이 되지 못한 것 같지만 사실 『3국지』「위서」<부여>에 보면 부여도 <국가의 耆老가 스스로 말하기를 옛 망국인이라고 하였다[國之 耆老 自 說 古之 亡人.].>라고 하여 역사의 심층 구조를 깊이 연구할 필요성을 강조하고 있다. 그러므로 『3국사기』(Ⅱ-1, 3)의 기록은 중국측의 기록으로도 충분히 뒷받침되는 것이다.

그러나 왜 고조선의 진한인이 옛날에 그것도 秦의 망국인이 되었으며 왜 秦에서 부역을 했는지가 여전히 의문으로 남는 것이다(이강식 1990:pp.99~100). 왜냐면 『환단고기』『규원사화』『단기고사』 등에서는 중국의 燕·齊·秦·漢과 연접하고 있는 나라는 번조선이고, 진조선은 직접 연접하지 않고 지금의 만주지방에 있었다는 전통적인 기록을 남기고 있기 때문이다. 만약 『후한서』나 『3국지』의 기록을 믿는다면 공간에서 진조선이 번조선 보다 더 중국 깊숙히 있어 중국의 서쪽에서 출자한 秦과 연접했다는 견해가 될 수도 있다. 이 역시 앞으로 더 연구가 필요하다. 특히 『환단고기』에서는 번조선과 燕과의 관계는 자주 나오나 진조선과 秦의 관계는 전혀 나오지 않는다. 그러나 다시 한 번 강조하면 『후한서』나 『3국지』의 기록으로 본다면 진조선과 秦은 어떤 교섭관계를 가졌다고 본다. 이는 前진한의 위치에 대한 최치원의 견해로도 살펴볼 수 있는데 뒤에서 보기로 하자.

그런데 이때 『후한서』나 『3국지』의 기록에서 辰韓人의 말이 秦의 그것과 유사하다는 것은 前진한인이 지금의 중국지역에서 살 때 다소 秦語를 썼을 수도 있었을 가능성에서 그런 것이지 혈연적으로는 馬韓과 같은 고조선인이 틀림없는 것이다. 그렇지 않다면 마한이 동쪽 땅을 줄 리도 없거니와, 秦에 멸망당해서 秦을 피해서 온 사람들이 굳이 <秦>韓이라는 이름을 쓸 리도 없고 또 秦人이라면 <韓>이라는 국명을 쓸 리도 없는 것이다. 그러므로 <秦韓>이라는 표현은 진수나 범엽이 중국화한 표현이라는 것을 알 수 있다.

더욱이 『후한서』<한>에서는 마·진·변한이 모두 <옛 辰國>이라고 하였고, 『3국지』<한>에서는 辰韓을 특히 <옛 辰國>이라고 하였는데 이것은 辰韓이 옛 辰國, 즉 진조선으로서 3국중 가장 정통성이 있는 나라라는 것을 알려 주기 때문에 이것이 옛 辰國에 속했던 馬韓이 종주국의 유민인 진한을 위해 동쪽 땅을 내준 가장 근본적인 이유라고 본다. 이것이 (Ⅱ-3)에서 호공이 마한왕에게 당당하게 진한이 <진한유민>임을 먼저 내세운 이유라고 본다. 그리고 (Ⅱ-3)에서 보면 前진한인이 대거 이주하기 전에도 이미 진한인이 이주하여 살고 있었고 이들이 秦役을 피해서 온 後來의 진조선인과 함께 진한−신라를 건국한 것이다.

뿐만 아니라 『후한서』나 『3국지』의 기록에서 보면 진한은 12국, 변한은 12국, 마한은 54국 등 후3한이 78국이나 있었기 때문에 이 당시에 이 지역에는 많은 나라[國]가 있어 현재 남한의 사람이 살고 있는 市郡 대부분의 지역에는 그 때부터 이미 사람이 살고 있었다. 즉 다시 한번 강조하면 지금의 남한지역에는 −3C~−1C 경에 이미 거의 전지역에서 사람이 살고 있었기 때문에 秦亂시의 후진한, 후일의 신라의 건국이 새삼스런 것이 아니라는 것이다. 이 점을 항상 염두에 두어야 될 것이다.

그러므로 논자는 『3국사기』는 <중국>에서 온 前3한의 진한유민이 먼저 와 있던 진한인과 함께 後3한의 진한6부조직을 발전시켜 3국중 신라가 되었다는 것을 보여주어 신라가 고조선 중에서도 가장 정통성이 있는 진조선을 계승하였다는 것을 알게 해 주는 매우 주요한 기록이라고 본다. 그러면 이제 최치원(857~?)의 진한 신라계승론을 살펴보기로 하자.

2. 최치원의 「상대사시중장」의 진한 신라계승론과
   신라 涿水 출자론

최치원(857~?)이 중국의 대[태]사 시중에게 보내는 문서인 「상대사시중장」이 『3국사기』에 실려 있는데 이를 보기로 하자.

(Ⅱ-4)其 後 致遠 亦 嘗 奉 使 如 唐, 但 不 知 其 歲月耳. 故 其 文集 有 「上大師侍中狀」 云, 伏聞, 東海之 外 有 三國, 其 名 馬 韓·卞韓·辰韓, 馬韓 則 高麗, 卞韓 則 百濟, 辰韓 則 新羅也. 高麗· 百濟 全盛之 時 强兵 百萬 南 侵 吳·越, 北 僥 幽·燕·齊·魯, 爲 中國 巨蠹.(후략). (김부식 등 1145:「열전 6」<최치원>.

그 후 최치원은 역시 항상 사신으로 당에 갔는데, 다만 그 연월은 알지
못한다. 때문에 그 문집에는 「대사시중에게 보내는 문서」가 있는데 이르
기를, 엎드려 아뢰니, 동해 밖에 3국이 있는데, 그 이름은 마한·변한·진한이
며, 마한은 즉 고(구)려이고, 변한은 즉 백제이고, 진한은 즉 신라입니다.
고(구)려·백제 전성시에 강병 백만으로 남으로 오·월을 침입하고 북으로 유
·연 과 제·노를 뒤흔들어서 중국의 큰 좀이 되었습니다(후략)라고 하였다.

　여기서 최치원은 <동해 밖에 3국이 있는데,>라고 하여 지금의 발해–서해 너
머에 <3국>이 있다고 하였다. 그런데 이 동해 밖의 3국이 <마한·변한·진한 3한>
을 의미하는지, <고(구)려·백제·신라 3국>을 의미하는지를 살펴봐야 하는데 논자
는 최치원이 말한 <3국>은 역시 <고(구)려·백제·신라 3국>을 의미하는 것으로
본다. 따라서 최치원이 <마한·변한·진한>의 <3한>을 먼저 내세운 것은 <3한>이
<3국>의 근원이라는 것을 강조하여, 3국중 <고(구)려·백제>가 중국의 남북을 깊
숙히 침입한 것은 <마한·변한>이 원래 중국 깊숙히 있었다는 것을 은연중에 나
타내고자 했기 때문으로 본다. 즉 논자는 이는 최치원이 <고(구)려·백제>가 이유
없이 중국의 남북을 깊숙히 침입한 것이 아니고 <마한·변한>이 원래 중국 깊숙
히 있었는데 이를 계승한 <고(구)려·백제>가 구토회복을 위해 중국내의 영토를
경영했다는 것을 은연중에 나타내어 그 침입의 당위성을 은연중에 나타고자 했
기 때문에 이와 같이 매우 복층적인 화법을 구사한 것으로 본다. <마한·변한>이
원래 중국 깊숙히 있었다는 것은 뒤에서 최치원의 <신라 涿水 출자론>으로 다시
보도록 하겠지만 어쨌던 <고(구)려·백제 전성시에 강병 백만으로 남으로 오·월을
침입하고 북으로 유·연 과 제·노를 뒤흔들어서 중국의 큰 좀이 되었습니다.>라는
것은 분명한 역사적 사실이다. 이는 중국에서 유학한 최치원이 중국의 고위관리
인 대[태]사시중에게 보내는 공식문서에서 한 기록이므로 결코 틀린 내용일 리
가 없다. 만약 틀린 내용이라면 최치원이 도움을 요청하는 문서에서 이런 내용을
기록할 리도 없거니와 또 이 문서를 휴대한 사신이 도움을 받기는 커녕 반드시
외교적인 큰 문제를 야기하였을 것이다. 또 이는 중국측의 기록으로도 충분히 확
인할 수 있다. 그러므로 최치원의 3한–3국 계승론은 「상대사시중장」의 전체
문맥속에서 해석할 때 그 타당성을 인정할 수 있다고 본다. 그런데 이 기록에서
신라가 진한을 방계로나마 계승했다는 것은 별다른 이견이 없으나 마한–고(구)
려, 변한–백제의 계승에 대해서는 이 기록을 부인하는 견해가 있는데(신채호

1925:p.84), 논자는 최치원이 여기서 기록한 3한은 前3한으로서 그렇게 볼 때에는 이 기록이 정확하다고 본다. 즉 논자는 前3한이 정통성에서 진한-신라, 마한-고(구)려, 변한-백제로 계승하였다고 본다. 이는 계속해서 설명하도록 하겠다. 그러므로 논자는 최치원도 고조선의 3한-3조선조직을 알고 있었고 이는 김부식 등도 마찬가지였을 것으로 본다.

그런데 안정복(1712~91)의 『동사강목』 「지리고」 <3한고>에서는 최치원의 기록을 부분적으로 지지하였으나 그러나 논자의 결론과는 내용에서 전혀 다르다. 즉 안정복은 고구려가 마한의 동북쪽 땅을 병합한 것과 백제가 변한의 半面을 흡수한 것을 가지고 그렇게 기록하였다고 본 것이다. 그러나 최치원이 남긴 『3국사기』(Ⅱ-4)의 기록과 다음의 『3국유사』(Ⅱ-5)의 기록을 합성해 보면 그렇게 단순하게 볼 것은 아니다.

> (Ⅱ-5)又 崔致遠 云, 辰韓 本 燕人 避之 者. 故 取 涿水之 名, 稱 所居之 邑里, 云 沙涿·漸涿 等(羅人 方言 讀 涿音 爲 道. 故 今 或 作 沙梁, 梁 亦 讀 道.).(일연 1281~3년경:「辰韓(亦 作 秦韓.)」
>
> 또 최치원은 말하기를, 진한은 본래 연인이 피난해 와서 형성되었다. 그래서 탁[도]수의 이름을 취해서 거주하고 있는 읍리의 이름을 호칭하였는데, 사도·점도부 등으로 부른다(신라인의 방언에 탁의 음은 도로 읽는다. 따라서 지금도 혹 사량이라하고 량은 역시 도로 읽는다.).

여기서 보면 최치원은 <신라 涿水 출자론>을 기록하고 있음을 알 수 있다. 탁수는 현재 중국의 하북성 북경 부근이며 神市 때에는 지금의 산서성인 涿鹿에서 치우천황과 운사 黃帝가 전쟁을 한 지역이다. 따라서 이곳이 神市 때부터 전통적인 우리의 건국지의 하나로 본다. 이와 같이 최치원은 3한중의 진한이 구체적으로 지금의 중국 북경 부근의 탁수-연 지역에서 출자하였다고 하였다. 지금까지는 이 기록을 중시하지 않은 느낌이 있으나 이는 특히 『3국사기』(Ⅱ-1, 3~4), 『후한서』 「동이」 <한>, 『3국지』 「위서」 <<동이>><진한>의 기록과 같이 살펴볼 때에 신라가 중국에서 출자했다는 사실을 충분히 입증해주는 주요한기록이라고 본다. 그런데 논자는 辰人이 결코 燕人이 아니며 다만 중국 涿水-燕 지역에서 도읍했던 前진한인이 건너와 後辰韓-신라를 건국하였다고 본다.

이것은 연 소왕(재위:-311~-278) 시기의 진개의 조선과 동호침략과 관계가 있고, 이 무렵(-238년경) 유민이 된 前진한인이 燕과 다시 秦亂·秦役(-221년경)에 시달리다가 신라의 진한으로 건너온 것으로 보인다. 그래서 燕人-秦人說이 나왔으나 이는 모두 후대의 중국화된 표현이고 논자는 근본적으로는 辰人이 고조선의 前진조선인으로 본다. -195년 漢 때의 위만이 <옛 燕人>이라고 기록된 것 역시 이러한 역사적 연유 때문일 것이다.

그런데 신라와 燕과의 관계를 엿볼 수 있는 또 하나의 기록은 金大問(~704~)의 『화랑세기』(발췌본)이다. 여기서 김대문은 화랑의 전신인 原花의 기원을 <燕夫人>에게서 들고 있는데 이 역시 신라와 연과의 관계가 깊음을 알 수 있게 하고 최치원의 기록을 뒷받침하는데 논자는 역시 이 <燕夫人>이 前진한인이며 신라의 선도성모일 가능성이 매우 높다고 본다.

이와 같이 본다면 지금까지의 기록에서 前진한이 오히려 중국 깊숙히 있어 燕·齊·秦과 관계가 있음을 볼 수 있다. 따라서 『환단고기』,『규원사화』,『단기고사』 등의 전통적인 기록과 다른 이 부분은 앞으로 더 연구가 필요하다고 하겠다. 그런데 이 최치원의 신라 탁수 출자론을 두찬막심(杜撰莫甚)으로 본 견해(이병도 옮김 1978:p.57)도 있으나 그러나 이는 국사의 전통을 깊이 이해하지 못한 것으로 본다.

그리고 3한 중 진한이 이처럼 중국 깊숙히 있었기 때문에 나머지 마·변한의 2한도 최치원의 『3국사기』(Ⅱ-4)의 기록에 비추어 볼 때 본래는 중국 깊숙히 있었을 가능성이 매우 높다고 본다. 즉 고구려, 백제의 중국 침략은 단순히 침략이 아니라 고구려, 백제의 입장에서 보면 多勿정신, 즉 舊土回復정신이라고 볼 수 있다. 다만 『3국사기』(Ⅱ-3)와 『후한서』나 『3국지』의 기록에서 진한에게 동쪽 땅을 할양한 마한은 고조선 후기의 마한으로서 이 後期의 前마한은 최치원이 말한 고구려가 계승한 前마한과는 그 위치가 다르다고 본다.

그런데 여기에서 신라가 계승한 고조선의 진조선-진한의 위치에 대해서 사마천(-145[-135]~-86[-85])의 『사기』「조선」(-91년경)으로 더 살펴보기로 하자. 『사기』「조선」의 첫 문장에서는 조선왕 만이 옛 연인이라고 하였고 그 다음 조선과 燕·秦·漢과의 관계를 차례로 약술하고 있다.

먼저 연의 전성시기에 <진·번조선>과의 교섭관계를 기록하고 있는데, 연의 전성시대를 昭王(재위:-311~-278) 때로 본다면 이미 -4C에 <진·번조선>이 연과 연접하여 중국 깊숙히 있었다는 것을 알게 해 준다. 특히 연 소왕은 3神山을 찾기 위해 사람을 시켜 발해로 가게 한 적이 있고(이강식 1993:p.361), 또 음양가인 추연을 스승으로 모셔 갈석궁을 지어주어 추연으로 하여금 「주운」을 짓게 하였는데(이강식 1993:p.356), 이는 모두 고조선의 고급문명을 연이 받아들일려고 노력한 것으로 본다.

뿐만 아니라 여기서 연의 전성시기에 <진·번조선>을 침략하여 복속하게 하고 관리를 두고 장새를 축조하였다는 것은 진수의 『3국지』「위서」<동이>에 인용된 『위략』의 기록, 즉 연의 장수 진개가 서방을 공격하여 2천여리의 땅을 뺏고 滿番汗에 이르러 경계를 삼으니 조선이 마침내 약해졌다는 내용과 관계가 있는 것으로 보인다. 그러나 이 역시 -4C 이전에는 조선이 만번한 안쪽 중국 2천여리 안에 깊숙히 있었다는 뜻이 된다. 또 사마 천의 『사기』「흉노전」에는 진개가 東胡를 침략해 1천여리를 개척하여 造陽에서 襄平까지 장성을 쌓았다고 하였는데 이 역시 -4C 이전 원래의 동호는 造陽-襄平의 1천여리 안에 있었다는 뜻이므로 동호 역시 중국 깊숙히 있었다. 이는 대략 중국 산서-하북 지역으로서 대략 涿水-북경-황하 지역이 된다.

진개가 침략한 조선과 동호가 같은지, 다른지는 더 연구해 봐야 하겠고, 또 연소왕 시기의 3신산 탐색, 추연을 스승으로 모신 것 등의 활동이 진개의 조선과 동호 침략을 위한 사전준비인지도 더 살펴봐야 하겠고, 또 진개의 침략이 『환단고기』에 기록된 진조선의 -238년의 종언에 한 원인이 되었는지에 대해서도 앞으로 더 논점을 전개할 필요가 있다고 하겠다. 그러나 분명한 것은 -4C이전에는 조선과 동호가 지금 중국의 북경-황하 지역에 있었다는 것이다. 뿐만 아니라 -215년에 진 시황이 몽념을 시켜 30만의 군대를 이끌고 북으로 胡를 공격하여 황하 이남의 땅[오르도스지역]을 약취하였는데 이로 본다면 -215년전에는 秦이 황하 이남의 땅에 이르지 못하였고 이때 이곳에는 胡가 있었다는 것을 알 수 있어서(이강식 1993:p.368) 고대 국가의 강역 연구에 주요한 논점을 제공해주고 있다.

물론 고조선이 침략을 받고만 있지는 않았는데 『환단고기』에서는 번조선과 연과의 관계가 자주 나오며, 특히 연에서 조공받은 기록, 전쟁한 기록이 자주 나온다. 이 역시 앞으로 계속 연구할 과제라고 하겠다.

그리고 다음으로 秦이 연을 멸한 후(-222), 秦과 <진·번조선>과의 관계가 나오는데 이때는 이미 『환단고기』 등에 의하면 진조선은 -238년에 종언을 한 후이다. 그리고 『환단고기』 등에서는 진조선이 秦과 교섭한 기록은 전혀 나오지 않기 때문에 앞으로 이 역시 더 깊이 연구해야 할 것으로 본다. 물론 논자는 앞에서 진조선과 秦이 교섭했을 가능성을 살펴보았다.

그리고 중국 측의 기록에서는 조선이 무조건 중국에 속한 것을 강조하였지만 그런 것은 아니고 적어도 연접했다는 것의 중국식 표현으로 봐야 한다. 왜냐면 『사기』「진시황본기」에는 진 시황이 제를 멸하고 중국을 통일한 직후(-221)의 영토를 설명하면서 <地 東 至 海 曁 朝鮮,>이라고 하였는데(이강식 1993:p.367) 이는 조선이 바다와 함께 秦의 동쪽 국경선을 형성하고 있다고 한 것이어서 결코 秦에 속한 것이 아니라는 것을 보여주고 있기 때문이다. 이 조선은 번조선으로 보이는데 논자가 번조선은 산동반도의 齊에 있다고 한 것(이강식 1994:pp.22~3)과 일치하는 기록이다. 이때 황하 동북부인 하북성지역에는 신라의 전신인 진조선(유민)이 위치하고 있었을 것이다. 이와 같이 -3C경에 (진·번)조선과 秦이 연접하였다. 그러므로 최치원의 진한 신라계승론과 신라 涿水-북경 출자론은 중국측의 기록에서도 충분히 확인되고 따라서 최치원이 말한 3한은 원래의 고조선의 3한조직이며, 동시에 원래의 마한-변한 2한 역시 중국 깊숙이 있었다는 논자의 결론도 이해되리라고 본다. 물론 앞으로도 계속적인 연구가 필요하다.

그런데 신라 최치원의 3한-3국 계승론은 고려 이승휴(1224~1300)의 『제왕운기』(1287)에서도 그대로 나오기 때문에 더욱 정확하다고 보는데 이제 이승휴의 기록을 보기로 하자.

3. 이승휴의 『제왕운기』의 진한 신라계승론

이승휴는 『제왕운기』에서 신라-진한, 고구려-馬韓 王儉城(今 西京也.), 백제-弁韓 계승론을 제시하였다. 즉,

(Ⅱ-6) 自然 分界 成 三韓.…
於中 何者 是 大國?
先 以 扶餘·沸流 稱,
次 有 尸羅 與 高禮·
南北沃沮·穢貊 膺.
此 諸 君長 問 誰 後,
世系 亦 自 檀君 承…
辰·馬·弁人 終 鼎峙,
羅 與 麗·濟 相 次 興,…
開國 辰韓之 彊界,(「新羅紀」)…
開國 馬韓 王儉城(今 西京也.…),(「高句麗紀」)…
開國 弁韓 原 朧朧,(「百濟紀」)….(이승휴 1287).

자연히 분계되어 3한을 이루었다.…
이중에서 어느 나라가 곧 대국인가?
첫째는 부여와 비류를 말하고,
다음은 시라와 고례·
남북옥저·예맥이 따랐다.
이 여러 군장이 누구의 뒤를 이었는지를 물어보면
세계는 역시 단군으로부터 계승하였네.
진·마·변한인이 솥발같은 정립을 끝내고,
신라와 고구려·백제가 서로 뒤를 이어 일어났네.…
진한의 강계에 개국하였고,(「신라기」)…
마한 왕검성(지금의 서경이다.…)에 개국하였고,(「고구려기」)…
변한에 개국하니 들은 넓고 넓구나.…

　여기서는 기록을 모두 인용하지는 않았지만 이승휴는 전체적으로 환인→(단웅)→조선(단군)→後조선(기자)→위만→漢4군→3한과　열국→3국으로의　계승을 기록하였다. 이 전체적 계승관계는 앞으로도 계속 연구되어야 할 것이나 여기서 이 연구와 관련한 주요 부분을 보면 다음과 같다.

　첫째, 이승휴는 고조선이 3한조직으로 구성되어있다는 것을 기록하지 않았고, 또 고조선이 중국에 있었다는 것을 밝히지는 않았지만 최치원과 같이 진한-신라, 마한 왕검성(서경)-고구려, 변한-백제의 계승을 밝혀 일단 3한-3국의 계승은 최치원의 기록이 정확함을 입증하였다. 그런데 이승휴가 말한 3한은 겉으로는 후3한으로 보인다. 즉 그는 비록 후3한이기는 하지만 3한-3국의 계승에서 최치원의 기록을 지지한 것이다. 그러나 논자가 심층 구조로 보면 이승휴가 말한 3한-3국의 계승에서의 3한은 사실상 고조선의 前3한으로 보인다. 즉 그는 <마한 왕검성-서경-고구려>의 계승을 제시했는데 이는 바로 前3한의 3한과 後3한의 3한이 혼재된 기록으로 보이기 때문이다. 즉 논자는 이승휴가 최치원보다는 후대이고 또 고려의 지식인이므로 前3한과 後3한의 기록을 다소 혼재하였다고 본다.

이는 『후한서』<한>에서는 (後)마한의 도읍지를 <目支國>이라고 하였고, 『3국지』<한>에서는 <月支國>이라고 하여, 이승휴의 기록과 차이가 나는데 논자는 후일 백제에 통합된 후마한의 도읍지는 남쪽의 목지국 또는 월지국이기 때문에 왕검성에 도읍한 평양의 마한은 이와는 다른 前마한이라고 보는 것이다. 또 『사기』「조선」에는 조선의 도읍지로 <왕험성>이 기록되어 있고 또 <왕검성>은 고조선의 <단군왕검>과 보다 관계가 있기 때문에 왕검성에 도읍한 마한은 前마한으로 봐야 하는 것이다. 더욱이 范樟의 『북부여기 상』에서도 마한 왕검성이 다음과 같이 나온다.

> (II-7)三世 檀君 高奚斯 在位 四十九年
> 　　壬申 元年 正月 樂浪王 崔崇 納 穀 三百石 于 海城. 先是 崔崇 自 樂浪山 載積 珍寶 而 渡 至 馬韓 都 王儉城, 是 檀君 解慕漱 丙午 冬也.(범장：「北夫餘紀 上」；『환단고기』, 40면).
> 　　3세 단군 고해사 재위 49년
> 　　임신 원년(-169) 정월 낙랑왕 최숭은 곡식 3백석을 해성에 바쳤다. 이에 앞서 최숭은 낙랑산으로부터 진귀한 보물을 싣고 바다를 건너 마한의 서울 왕검성에 도착하였는데, 곧 단군 해모수 병오(-195)였다.

이 마한은 역시 前마한이므로 前마한의 수도는 왕검성이라는 것을 알 수 있어서 이승휴의 기록은 前3한-3국의 계승을 後3한-3국의 계승으로 혼용한 것으로 본다. 그리고 여기서 낙랑에서 바다를 건너 마한으로 갔다고 했으므로 낙랑을 지금의 평양방면으로 본다면 이 前마한은 지금의 중국에 있었다는 것을 알 수 있다. 앞으로 이 기록은 더 연구할 필요가 있을 것이다.

물론 辰國-辰王을 이은 後마한왕이 그의 도읍지인 목지국-월지국을 왕검성으로 습명하여 지칭하였을 수도 있으나 그러나 후마한의 목지국-월지국은 결코 서경, 지금의 평양에 있었다고 보기는 어렵기 때문에 여기서 서경에 도읍한 마한은 역시 前마한으로 봐야 할 것이다. 그리고 습명하였다는 것으로 본다면 역시 前마한에서 습명하였기 때문에 前마한을 후마한과 구분하여야 한다는 것이 분명히 인정되는 것이다. 그런데 後마한왕이 辰王이라고 한 것은 그가 역시 前3한이 종언한 후 단군조선-진조선을 계승하고자 하였기 때문이라고 본다.

그런데 이 前마한의 왕검성이 대동강에 있었다는 것은 조선시대의 李陌(1453~1528)의 『태백일사』 「3한관경본기」 <마한세가 하>에도 나오는데 이제 이를 보자.

> (Ⅱ-8)丙申 元年… 五月… 命 黎元興 爲 馬韓 治 莫朝鮮.…總之 名 曰 檀君管境, 是 則 辰國, 史 稱 檀君朝鮮 是也. 元興 旣 受 大 命 鎭守 大洞江 亦 稱 王儉城.(이맥 1520: 「3한관경본기」 <마한세가 하>; 『환단고기』, 79면).
>
> 병신 원년(-1285)…5월…여원흥에게 명하여 마한이 되게 하고 막조선을 다스리게하였다. 모두 이름하여 단군관경이라하니, 이것이 곧 진국이며, 역사에서 단군조선이라고 칭하는 것이 이것이다. 여원흥은 이미 대명을 받고 대동강을 진수하니 역시 왕검성이라고 했다.

그런데 이것만 보아서는 이 대동강의 위치를 알기는 어려운 듯이 보이나 그러나 이맥은 같은 <소도경전본훈>(『환단고기』, 91~2면)에서 『신지비사』를 주해하면서 前마한 고도 백아강을 <지금의 대동강[今 大洞江也.]>라고 하였기 때문에 즉 지금의 평양 대동강으로 비정하였다(이강식 1994:pp.20~5). 이는 다른 사서에서는 보이지 않는 『태백일사』의 유일한 기록이다. 따라서 논자는 이 기록이 前마한의 후기에 지금의 평양 대동강에 정착한 사실을 반영한 조선시대의 기록으로 본다. 그러므로 넓게 보면 신라의 최치원, 고려의 이승휴, 조선의 이맥이 모두 前마한 고구려계승론을 기록하였기 때문에 이의 역사적 연원도 깊다고 본다. 그런데 이처럼 평양의 前마한 왕검성을 고구려가 계승한 것으로 볼 수도 있으나 그러나 논자는 그보다는 前마한의 초기에 중국 깊숙히 있었던 마한을 고구려가 계승했다고 본다. 이는 계속해서 설명하도록 하겠다.

이와 같이 논자는 이승휴의 後3한-3국의 계승론은 前3한-3국 계승론으로 보는 것이 타당하다고 본다. 따라서 신라는 고조선의 진조선을 계승한 것이다.

둘째, 그리고 왕검성은 『규원사화』(1675)에 따르면 임검성, 또는 제2 임검성으로 원래 단군조선-진조선에 있었고(이강식 1990:p.90), 또 여기서 마한 왕검성이 기록되어 있고 또 『사기』「조선」에서는 왕험성이 기록되어 있는데 이는 왕검성으로 볼 수 있고(이강식 1994:p.27, 『환단고기』, 81면), 이 조선은 번조선으로 볼 수 있기 때문에 그 당시 3조선에는 모두 왕검성이 있었다고 본다. 물론 이는 역시 王검[임금]이라는 호칭과 함께 前3한-3조선조직의 分朝-分權管境(이강식 1988:p.98)을 보여주는 것이다. 그런데 그 이유는 밝히지 않았지만 3조선의 <3處가 다 王儉城의 名을 가졌을 것인바,>라는 견해(신채호 1931:p.103)도 있었다.

셋째, 그런데 이승휴는 마한 왕검성을 그 당시의 서경, 즉 지금의 평양으로 보았는데 이는 『후한서』<한>-『3국지』<한>에 기록된 목지국-월지국과는 차이가 나며 이것은 前마한의 마지막 도읍지가 지금의 평양이었고 또 마한을 계승한 고구려가 마지막 도읍지를 평양에 두었기 때문에 마한의 왕검성을 서경으로 보았다고 할 수 있다. 그러나 고구려의 개국지가 아닌 서경-평양을 들어 이를 입증했다고 보기는 어렵다. 따라서 고려의 이승휴는 평양을 고구려의 개국지로 보았다고도 할 수 있는데 그 보다는 이는 앞서도 논급했지만 결과를 갖고 해석한 것으로 본다. 즉 장수왕이 427년에 평양에 천도하여 마한 왕검성-평양-서경에 도읍함으로써 고구려가 마한을 계승한 것으로 보았다고 할 수 있다. 그런데 평양은 이미 東川王 21년(247)에 환도성에 도읍할 수 없어서 평양성을 쌓고 종묘사직을 옮긴 적이 있어서 고구려에서도 그 유래는 깊다고 할 것이고 여기서 김부식 등은 <평양은 본래 선인왕검의 도읍이다. 혹 왕이 되어, 왕험에 도읍하였다고도 한다.>(IV-2)라고 하여 역시 평양을 고조선의 평양, 또는 왕험성으로 보았다는 것을 알게 한다. 즉 『3국사기』는 평양을 선인왕검의 평양, 또는 왕험성으로 보았는데 이로써 김부식 등도 평양이 왕험성이라는 것을 알고 있었으므로 혹 이것이 마한의 왕검성이라는 기록에서 연원하였을 가능성도 있어 보인다. 그러나 어쨌던 이 기록은 근본적으로는 고조선 고구려계승론을 보여주는 주요한 기록이다.

물론 동천왕 21년의 평양과 선인왕검의 평양, 왕험성을 이와 같이 한자리에 놓고 설명한 것은 앞으로 더 깊이 연구해 봐야 할 것이지만 같은 고려의 일연이 고조선-왕검조선의 평양을 서경 즉 지금의 평양으로 주해한 것과 맥락을 같이 하는 기록으로서 또 주요하다. 이는 계속해서 설명하도록 하겠다.

이처럼 고려와 조선에는 지금의 평양이 마한의 왕검성이라는 견해(이승휴, 이맥, 신라의 최치원도 포함될 듯)와 고조선의 평양이라는 견해(김부식 등, 일연, 그리고 조선의 일반적인 사가)의 2가지의 견해가 있었다고 보는데 이 역시 앞으로 더 깊이 있는 연구가 필요하다.

지금까지 본 것처럼 이승휴의 3한-3국 계승론은 표면적으로 보면 후3한-3국의 계승으로 보이나 심층적으로 보면 前3한-3국의 계승이고 따라서 前진한-신라, 前마한-고구려, 前변한-백제계승론을 기록하고 있다고 본다. 이로 본다면 같은 3한-3국계승론을 기록한 최치원의 본뜻도 이와 같았다는 것을 이해할 수 있다.

그런데 이제 『환단고기』에서 특이하게 나타나는 부여[북부여(하)] 신라계승론을 보기로 하자.

4. 『환단고기』의 부여[북부여(하)] 신라계승론

일반적으로 『환단고기』는 고조선→북부여→고구려계승론을 제시하고 있는 것으로 인식되고 있어 고구려 중심사서로 보고있다. 이는 신채호와 이유립의 계승론을 형성하게 한 주요 근거가 되어 있는 것으로 본다. 그러나 『환단고기』를 주의깊게 살펴보면 심층 구조에서는 고조선→부여[북부여(하)]→신라계승론이 있음을 볼 수 있다. 즉 『환단고기』는 이 2개의 계승론이 공존하고 있다. 먼저 『환단고기』에 합편된 신라 安含老의 『3聖記 全 상편』의 다음 기록을 보자.

(II-9)至 癸酉 漢 武 時, 漢 移 兵 滅 右渠, 西鴨綠人 高豆莫汗 倡 義 興 兵 亦 稱 檀君.

乙未 漢 昭 時 進 據 夫餘 故都 稱 國 東明 是 乃 新羅 故壞

也.(安含老 『3聖記 全 上篇』; 『환단고기』, 5면).

　　계유(-108)에 이르러 한 무제(재위 -141~-87) 때에 군병을 이동하여 우거를 멸망시키니 서압록인 고두막한이 의병을 일으켰는데 역시 단군이라고 칭하였다.

　　을미(-86) 한 소제(재위 -87~-74) 때, 부여 고도로 나아가 나라를 칭하고 동명이라 하니 곧 신라 옛 땅이다.

　이와 같이 안함로는 부여의 옛 도읍에서 북부여(하)를 건국한 동명국왕 고두막한이 신라의 원 시조라고 기록하고 있다. 이는 앞에서 본 신라의 출자론과도 대체로 일치한다고 보는데 논자는 여기서의 <부여>를 단순히 북부여(상, 하)라기 보다 -425년에 진조선이 大夫餘로 개칭한(이강식 1988:pp.40, 97~8) 그 부여를 의미한다고 본다. 따라서 논자는 『환단고기』는 엄밀하게는 북부여(하) 신라계승론이고 넓게 보면 고조선-대부여 신라계승론을 기록하고 있고 보는데 논자는 이를 혼용하기로 한다. 이는 계속 설명하도록 하겠다.

　그런데 신라가 부여를 계승했다는 기록은 조선시대의 이맥의 『태백일사』 (1520)에서 선도신모의 출자를 설명하면서 또 나타나고 있다.

　(Ⅱ-10) 斯盧 始王 仙桃山 聖母之 子也. 昔 有 夫餘 帝室之 女 婆蘇, 不 夫 而 孕, 爲 人 所 疑, 自 嫩水 逃 至 東沃沮, 又 泛 舟 而 南下 抵, 至 辰韓 奈乙村. 時 有 蘇伐都利者 聞之, 往, 收養 於 家, 而 及 年 十三, 岐嶷夙成 有 聖德, 於是 辰韓六部 共尊 爲 居世干, 立 都 徐羅伐, 稱 國 辰韓, 亦 曰 斯盧.(이맥 1520: 「고구려국본기」; 『환단고기』, 114~5면).

　　사로 시왕은 선도산 성모의 아들이다. 옛 부여 제실의 딸 파소가 있어 부군없이 잉태하여 사람들의 의심하는 바가 되자, 눈수로부터 도피하여 동옥저에 도착했는데, 또 배를 타고 남하하여 진한 내을촌에 도착하였다. (이하 번역생략).

　원래 선도성모는 『3국사기』(1145)에서는 <옛 제실의 딸>이라고 하였고, 『3국유사』(1281~3년경)에서는 <본래 중국제실의 딸> 또 <옛 중국제실의 딸>이라고 하여 특히 <중국>을 추가하였는데 여기서는 <옛 부여 제실의 딸>이라고 하였다. 이러한 기록을 종합하여 논자는 선도성모가 고조선에서 출자하였다[2]고 본다(이강식 1998:p.190).

그런데 여기에는 조금 더 정밀한 논증이 필요하다. 즉 박혁거세거서간은 -57년에 13세의 소년왕으로 등극하였다. 따라서 우리 나이로 보면 그는 -69년에 태어났고 따라서 선도성모가 그를 잉태하여 남하한 것은 -70년이다. 물론 -69년으로 볼 수도 있지만 여기서는 일단 1년전으로 보았다. 그런데 이때 중국은 漢宣帝(재위 -74~-49) 때이고, 눈수-동옥저에서 남하한 선도성모를 중국 漢의 제실의 딸로 보기는 매우 어렵다. 물론 당시의 눈수를 지금의 만주 흑룡강 방면으로 보는 것은 앞으로 더 연구해보아야겠지만 당시 중국 서쪽 長安에 거주하였을 것으로 보이는 西漢의 제실의 딸이 동족의 중국땅을 두고 굳이 눈수-동옥저를 거쳐 진한으로 남하하고 또 진한에서 漢族의 아들을 왕으로 추대한다는 것은 당시 秦·漢의 조선침략으로 볼 때, 前진한을 계승한 사로가 그렇게 한다는 것은 상정하기 어렵다. 그런데 고려 때의 범장의 『북부여기 하』에 의하면 이 -70년 때의 단군이 바로 북부여(하)의 시조인 고두막 단군이다(『환단고기』, 42면). 다음 기록을 보자.

> (Ⅱ-11)五世 檀君 高豆莫(一云 豆莫婁 在位 二十二年. 在 帝位 二十七年.)
>
> 癸酉 元年…帝 爲人 豪俊, 善 用兵, 嘗 見 北夫餘 衰;漢寇 熾盛, 慨然 有 濟世之 志, 至是 卽位 卒本, 自號 東明, 或 云 高列加 之 後也.(범장 『북부여기 하』;『환단고기』, 42면).
>
> 5세 단군 고두막(두막루라고 하며 재위가 22년이라고도 함. 제위에 27년 있었음.)
>
> 계유(-108) 원년…고두막 제는 위인이 호준하고, 군병을 잘 다루었고, 일찍이 북부여가 쇠퇴하고 한구가 왕성해지는 것을 보고, 개연히 세상을 구할 뜻을 가져 이에 이르러 졸본에서 즉위하고 스스로 동명이라고 하였는데, 혹 고열가 단군의 후손이라고 한다.

이처럼 선도성모가 눈수-동옥저에서 남하할 때인 -70년은 북부여(하)의 시조인 고두막 단군이 재위하고 있었고 따라서 선도성모는 <옛 부여 제실의 딸>이

---

2) 논자는 선도선모의 신선술과 신라 화랑의 풍류도를 단전호흡법으로, 그리고 이의 기원이 고조선의 선인왕검에 있음을 논증하였다 (이강식 1998:pp.186~93).

정확하다고 본다. 그러므로 동시에 이맥의 『태백일사』(1520)가 정확하다고 본다. 더욱이 김부식 등은 단지 <옛 제실의 딸>이라고 하여 다소 기록을 감춘 듯한데 그랬다면 그것은 필시 『3국사기』의 사관을 감안할 때 선도성모가 당시의 <부여>제실의 딸임을 감춘 것이라고 볼 수 있어서 더욱 이맥의 『태백일사』가 정확하다고 본다. 다만 일연이 <중국>제실의 딸이라고 한 것은 혹 그가 부여를 중국으로 본 표현일 수도 있다고 본다. 그러므로 논자는 『3국유사』「선도성모수희불사」에서 선도성모에게 <소리개가 앉는 곳에 집을 짓고 살아라.>라고 한 <父皇>은 고두막 단군이라고 본다. 즉 선도성모는 고두막 단군의 딸로 보인다. 그렇게 보면 박혁거세거서간(干)(-69~4)은 고두막한(汗)의 외손자이다. 따라서 한(汗)과 간(干)의 칭호를 습명하였다고 본다. 이는 약 1천 3백년 뒤인 후일의 몽골 징키스칸(kahn)(재위 1206~28)에서 다시 나타났다. 결국 논자는 박혁거세거서간도 동명왕이라는 뜻으로 본다. 뿐만 아니라 『3국유사』「신라시조 혁거세왕」에는 혁거세왕을 <天子>라고 호칭한 기록이 나온다.

(Ⅱ-12)時人 爭 賀 曰, "今 天子 巳 降, 宜 覓 有德女君, 配之."
(일연 1281~3년경:「신라시조 혁거세왕」)(번역생략)

이를 『환단고기』(Ⅲ-2)에서 보면 단군 고두막한이 스스로를 <天帝子>라고 한 것과 관련이 있다고 본다. 물론 혁거세왕은 고두막한의 외손에 해당하지만 <天帝子의 子>라는 사상을 가졌다고 본다. 이 기록 역시 신라인도 천제사상이 있었음을 알 수 있게 해주어 신라가 당시 고조선의 천제-단군을 계승한 종주국이라는 국가정신이 있었다는 것을 보여준다.

그리고 魏收(506~72)의 『魏書』「열전」<豆莫婁國傳>(551~4)를 보면 두막루국이 勿吉國 북쪽 천리에 있고 옛 북부여라고 하였다. 그러므로 『환단고기』의 북부여(하)의 고두막[두막루]한과 『위서』의 옛 북부여 두막루국은 앞으로 더 연구해 볼 필요가 있다고 하겠다.

그런데 이와 같이 보면 선도성모는 단순히 북부여(하)에서 출자한 것이 아닌가 할 수도 있으나 그러나 그것보다는 고두막 단군이 고조선의 마지막 단군인 고열가 단군의 후손이기 때문에 선도성모의 출자는 기본적으로 고조선으로 보는

것이 타당할 것이다. 그렇게 보면 지금까지 살펴온 진한 신라계승론과 일치한다
고 할 수 있다. 즉 『환단고기』의 심층 구조에서는 前진한→진조선→대부여(고
열가)→북부여(하)(천제자 동명 고두막 단군)→선도성모→박혁거세거서간(천자)
→後진한→신라의 합리적인 계승론을 찾을 수 있음을 알 수 있다. 따라서 이는
『3국사기』의 고조선→前진한→선도성모→박혁거세거서간→後진한→신라계승론
을 더 잘 설명하고 있다고 보아진다.

이처럼 『환단고기』는 표면적으로는 고조선-부여-고구려계승론을 표방하고
있지만 내재적으로는 고조선-부여-신라계승론도 나타내고 있기 때문에 역시 국
사의 전통을 잘 간직하여 전달하고 있으며 따라서 『환단고기』는 다른 사서와
도 내재적 구조에서 일치하고 신뢰성과 타당성이 높음을 알 수 있다. 앞으로 부
여 신라계승론도 더 깊이 연구하여야 할 것이다.

그런데 한가지 첨언하고 싶은 것은 『3국사기』와 『태백일사』에서는 선도성
모가 부군[夫]없이 잉태하였다고 하였지만 그러나 『3국유사』에서는 <붉게 염
색한 비단으로 부군의 조의(朝衣)를 만들어 주었다>라고 하였기 때문에 부군이
있음을 알 수 있고 따라서 그녀가 신라에 고조선-진한-부여 제실의 정통성을
잇는 신라 왕실을 형성할 목적으로 진한에 정식으로 시집을 왔을 것으로 본다.
선도성모의 출자는 가야의 허황옥황후의 출자와 같은 사례로 보는 것이 좋을 것
이다.

이같이 신라는 -221년 진란 때 진한6부조직이 성립하였다가 그후 150여년
뒤인 -70년에 고조선-부여의 제실의 정통성을 갖고 있는 천제자 고두막 단군의
딸인 선도성모가 남하하여 -69년에 천자 박혁거세거서간을 낳자 6부조직의 건
국회의를 소집하고 그후 13년 뒤인 -57년에 건국하였다고 본다.

이상에서 살펴본 것처럼 신라를 건국한 진한인들은 燕·齊·秦지역에서 건국하였
던 진조선인이며 신라가 정통성이 있는 진조선을 계승하였다는 것이 논자의 결
론이다. 이것이 호공의 강한 자부심이 되었을 것이다.

그리고 연 소왕(재위 -311~-278) 때의 진개의 침략, 위만의 번조선 침략
(-195), 한 무제의 위만조선 침략(-108)이 고조선의 종언(-238)→ 북부여
(상)(-239 또는 -59)→ 신라(-57)→ 고구려(-37)→ 백제(-18)→ 가라(42)
의 계기(succession)적인 건국과 큰 연관이 있다고 보는데 이는 고조선 중앙정

부조직이 종언을 한후 고조선의 지역행정조직들이 자립하여 국가조직으로 새롭게 건국한 것으로 본다. 이는 당시 세계 국가의 재편성이라는 거시적인 측면에서 당시의 긴박하고도 역동적인 국제정세를 앞으로 잘 연구해야 할 것이며 결코 상징성이 강한 史話만을 갖고 연구해서는 안될 것이다. 조직의 역사에 비약 (Sprung)이 있다고 하더라도 그것은 모두 원인이 축적된 결과이다. 이제 고조선 북부여계승론을 보기로 하자.

Ⅲ. 고조선 북부여계승론

고조선을 북부여가 계승했다고 보는 기록은 『환단고기』가 대표적이다. 그리고 직접적이지는 않지만 몇몇 사서에 인용된 『3국사(구)』도 결국은 고조선 북부여계승론을 기록하고 있다고 보는데 이제 이를 차례로 보기로 하자

1. 『환단고기』의 고조선 북부여계승론

『환단고기』는 고조선-진조선-대부여-북부여-고구려계승론을 기록하고 있다. 이는 기록이 비교적 명백하기 때문에 대표적인 기록만 보기로 한다. 먼저 고려의 이암(1297~1364)의 『단군세기』(1363)의 끝문장을 보기로 하자.

> (Ⅲ-1)先是 宗室 大解慕漱 密 與 須臾 約 襲據 故都 白岳山, 稱
> 爲 天王郎, 四境之 內 皆 爲 聽命. 於是 封 諸 將, 陞 須臾侯 箕丕
> 爲 番朝鮮王, 往 守 上·下雲障, 蓋 北夫餘之 興 始 此, 而 高句麗
> 乃 解慕漱之 生鄕也. 故 稱 高句麗也.(이암 1363:<단군 고열가 58
> 년>;『환단고기』, 36~7면).(번역생략)

앞에서도 잠시 논급하였지만 『환단고기』는 진조선을 천왕랑 해모수의 북부여(상)이 계승하였고, 북부여(상)은 천제자 고두막의 북부여(하)가 계승하였고, 북부여(하)는 고주몽의 고구려가 계승하였다고 명백히 기록하고 있는 점이 큰

특징이다. 그런데 특히 『환단고기』는 고주몽이 혈통적으로는 북부여(상)의 시조인 해모수의 4대손으로 기록하여 혈통은 북부여(상)을 계승하였고 국통으로는 북부여(하)의 끝 단군인 고무서 단군의 사위로서 북부여(하)를 계승하였고 또 고주몽이 가섭원부여[동부여]에서 성장하였고 또 이를 통합하여 명실공히 3부여를 모두 계승하였음을 나타낸 것이 큰 특징이다. 이렇게 보면 혹자는 『환단고기』가 고구려를 강조하였다고도 보겠지만 그러나 그 점도 있으나 논자가 보기로는 『환단고기』의 큰 특징중의 하나는 부여를 매우 강조했다는 것이다. 대체로 다른 사서에서는 고조선과 3한-3국이 강조되었다고 볼 수 있다. 그런데 『환단고기』에서는 범장의 『북부여기 상·하』와 『가섭원부여기』를 싣고 있을 뿐만 아니라 여러 부분에서 고조선을 정식 계승한 부여사의 정통성을 명확히 기록하고 있다. 다른 사서에서 외현적으로 부여를 그렇게 강조하지 않고 이와 관련된 기록에서 오히려 고구려가 강조된 측면이 있음을 볼 때 이는 매우 주요한 논점이라고 본다.

그리고 (Ⅲ-1)에서 보는 것처럼 해모수의 생향이 고구려임을 강조했는데 이는 고구려의 기원이 -239년(壬戌)에 건국된 북부여(상)(범장 『북부여기 상』; 『환단고기』, 38면)에 소급될 수 있음을 보여주는 것이다. 따라서 고구려의 역년을 907년(239+668)으로 볼 수 있어서 『3국사기』에 실려있는 『고려비기』의 고구려 역년 9백년(김부식 등 1145:「고구려국본기」<보장왕 27년>)과 일치한다. 이 역시 국사의 전통을 잘 전달해주고 있어서 『환단고기』가 신뢰성과 타당성이 매우 높다는 것을 보여준다. 이와 같이 『환단고기』에서는 신라와 고구려가 다 같이 고조선-부여를 계승했지만 그 혈통과 국통은 조금씩 다르게 나타난다. 앞으로 『환단고기』의 부여 중심론을 더 깊이 연구해야 할 것이다.

그리고 북부여(상)이 실제로 고조선을 계승한 것은 7년뒤인 -232년이다. 이는 고조선이 종언한 후 5가조직이 6년동안 공화정을 했기 때문이다(『환단고기』, 38면). 그런데 북부여(상)은 -87년(또는 -86년)에 동명왕 고두막한의 요구로 가섭원부여로 이주하면서 그 막을 내리게 된다. 다음 기록을 보자.

(Ⅲ-2)甲午 三十四年 十月 東明王 高豆莫汗 使 人 來 告 曰, "我是 天帝子 將 欲 都之, 王 其 避之." 帝 難之, 是月 帝 憂患, 成 疾

而 崩. 皇弟 解夫婁 立之, 東明王 以 兵 發之, 不 已. 君臣 頗 難之.
國相 阿蘭弗 奏 曰, "通河之 濱, 迦葉之 原…." 王 移 都, 是 謂 迦
葉原夫餘 或 云 東夫餘.

(범장, 『북부여기 상』 ; 『환단고기』, 40~1면) (번역생략).

여기서 보면 북부여(상)의 끝 단군 고우루 갑오 34(-87)년에 <天帝子> 고두
막한이 북부여(상)의 이주를 요구해서 고우루 단군은 상심하다가 죽고 그 동생
해부루왕이 국상 아란불의 주청으로 여기서는 통하의 주변으로 옮겨 가섭원-동
부여를 개국함을 보여주고 있다. 특히 앞에서 해모수(-261~-195)가 <천왕랑>
이라고 하였는데 여기서 고두막한이 자신을 <천제자>라고 하는 것이 주요하다.

이렇게 건국된 북부여(하)는 그후 고무서 단군이 -58년에 붕어하고 아들이
없자 그 사위인 고주몽이 즉위하여 고구려를 건국하였다(『환단고기』, 43면).
그런데 범장의 『북부여기 상·하』를 포함하여 『환단고기』는 고구려의 건국년
대를 -58년으로 하여 신라건국 -57년보다 1년 빠른 기년을 채택하는 것이 또
하나의 특징이라고 할 수 있다. 논자는 아마도 고주몽이 -58년에 즉위하였을 것
이지만 북부여(하)를 바꾸어 고구려 건국을 한 것은 -37년일 가능성도 있다고
본다.

그리고 가섭원부여는 해부루(?~-48)-금와(-77~-7)-대소(?~22)를 거쳐
22년에 고구려에 통합되었다(『환단고기』, 45~6면).

그리고 『환단고기』에 의하면 고주몽(-79~-19)은 해모수(-261~-195)의
아들이 아니고 4대손이다. 즉 해모수-고진-00-불리지[고모수]-고주몽의 가계
로 되어 있다(『환단고기』, 44, 101면). 뿐만 아니라 해부루(?~-48)도 해모수
의 아들이 아니고 증손, 즉 3대손이다. 즉 해모수-모수리-고해사-해부루의 가
계로 되어 있다(『북부여기 상, 하』 참조). 즉 해부루나 고주몽은 『환단고기』
에 의하면 모두 해모수의 3, 4대손으로 나온다. 따라서 『환단고기』에서는 금와
와 고주몽이 동년배로 나온다. 여기의 생몰년대는 『환단고기』에 근거하였다.
이를 나타내면 <그림1>과 같다.

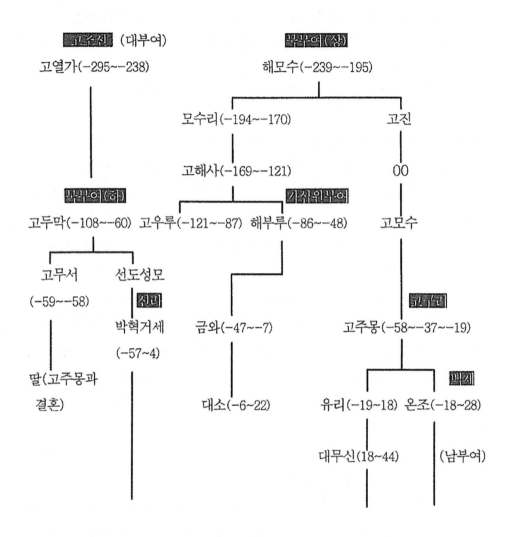

<그림1> 『환단고기』의 고조선-3부여-3국계승도
주: 1. 괄호속은 『환단고기』에 의거한 재위년대. 연대는 즉위년-유년계
　　　승법에 따라 1년 차이날 수 있음.
　　2. 선도성모를 고두막의 딸로 보았음.
　　3. 고주몽은 고무서의 사위임. 따라서 박혁거세는 고주몽의 처사촌임.

이와 같이 『환단고기』는 -238년 47대 단군 고열가가 고조선의 종언을 하기 1년전인 -239년에 이미 천왕랑 해모수가 熊心山에서 북부여를 건국하여 진조선을 건국한 것을 기록하고 있다.

그러므로 『환단고기』의 특징을 다시 한 번 요약하면 ① 천왕랑 해모수 단군이 -239년에 북부여를 건국하여 진진조선을 계승하였고, ② 해부루는 해모수의 증손, 즉 3대손이고, ③ 고주몽은 해부루의 고손, 즉 4대손이고, ④ 해부루왕에게 천도를 권한 이는 천제자 동명왕 고두막한이며, ⑤ 그 결과는 -87[-86]년의 북부여(하)의 건국이다.

이와 같이 『환단고기』는 고조선-북부여-고구려-대진[발해]-고려로 이어지는 정통성을 제시하고 있는 것이 특징이다. 신라·백제·가라·임라는 「고구려국본기」에서 잠깐 언급하여서 고구려의 신민국으로 보고 있다. 이는 『3국사기』가 「신라본기」「고구려본기」「백제본기」의 순으로 기술하고 대진[발해]·가라·임라에 대해서는 별달리 기록하지 않는 것과 크게 비교가 된다고 하겠다. 이는 『환단고기』가 대진인이 전래한 사서에서 영향을 받았다는 것을 보여주는 것이다(이강식 1988:p.59).

그리고 『환단고기』에서는 북부여(하)의 고두막한을 東明王이라 하였고 고구려에서는 시조 고주몽을 東明王이라하여 국사에서 동명왕이 2번 나오는데 이는 모두 <태조, 태종>처럼 위대한 왕을 지칭하는 우리 고유의 말로 본다. 다시 한 번 강조하면 북부여(하)의 천제자 동명왕 고두막한의 외손인 신라의 천자 박혁거세거서간도 그 이름의 뜻은 결국은 동명왕이라는 뜻으로 본다.

이제 같은 고조선 북부여 계승론이라도 조금 다른 『3국사(구)』를 인용한 사서를 보기로 하자.

2. 『3국사(구)』의 天帝 북부여계승론

그런데 『환단고기』처럼 직접적으로 고조선을 북부여가 계승했다는 기록은 아니지만 김부식 등의 『3국사기』(1145), 李奎報(1168~1241)의 『동국이상국집』「동명왕편」(1193), 이승휴의 『제왕운기』(1287)에는 『3국사(구)』

를 인용하고 있는데 여기서는 天-天帝를 天王郞-天帝子인 해모수가 계승하여 -59년에 북부여를 건국한 것으로 기록하였다. 논자는 이 天-天帝가 결국은 고조선의 단군왕검의 다른 표현으로 보기 때문에 이는 고조선 북부여계승론에 환원될 수 있다고 본다. 따라서 『3국사』를 인용하고 있는 『3국사기』『동국이상국집』『제왕운기』, 더 나아가서 『3국유사』는 우리의 역사가 <天帝의 역사>임을 분명하게 밝혔지만 지금까지는 이것이 그렇게 강조되지 않은 것같다. 즉 <天帝의 역사>는 오히려 『환단고기』보다 이러한 사서에서 더욱 강조되어 있다. 그러므로 이는 고대사연구에 새로운 각성을 요하는 과제라고 보며 앞으로 더 많은 연구가 있어야 할 것이다.

1) 이규보의 「동명왕편」

그런데 여기서는 김부식 등의 『3국사기』(1145)보다 『3국사』의 원형을 더 정확하게 기록하고 있다고 보아지는 이규보의 「동명왕편」(1193)을 먼저 보기로 하겠다. 즉 이규보는 「동명왕편」<서>에서 1193년 4월에 자신이 『3국사(구)』「東明王本紀」를 읽어보니 <김부식공이 『국사』를 중찬할 때 동명왕의 사적을 매우 간략히 다루었다.>라는 것을 알게 되어 이를 저술하였다고 했던 것이다. 인용은 논자가 강조하고자 하는 부분을 발췌하였다.

(III-3)漢 神雀 三年 孟夏 斗立巳(…),
　　海東 解慕漱 眞 是 天之 子.(「本紀」 云, 夫余王 解夫婁 老 無子, …有 小兒,…王 曰, "此 天 錫 我 令胤乎!"…名 曰 金蛙, 立 爲 太子. 其 相 阿蘭弗 曰, "日者 天 降 我 曰, '將 使 吾 子孫 立 國 於 此, 汝 其 避之, 東海之 濱 有 地, 號 迦葉原,….' 阿蘭弗 勸 王 移 都, 號 東夫余, 於 舊都 解慕漱 爲 天帝子 來都.)
　　….(漢 神雀 三年 壬戌歲, 天帝 遣 太子 降遊 扶余王 古都, 號 解慕漱, 從 天 而 下來,….).
　　朝 居 人世中, 暮 反 天宮 裡,(朝 則 聽事, 暮 卽 升天, 世 謂 之 天王郞.)(이규보 1193:「동명왕편」)(번역생략).

이 기록에서 몇가지 주요 내용을 살펴보면 다음과 같다.

첫째, 여기서는 부여 해부루왕이 먼저 있고 天子-天王郎-天帝子 해모수가 이를 계승하여 북부여를 건국하였다고 기록하고 있다. 이는 부여건국이 먼저 임을 밝혀 『환단고기』(Ⅲ-1)와도 다르고 또 『3국유사』(Ⅳ-3)와도 다른데 『3국유사』는 뒤에서 다시 설명하도록 하겠다.

둘째, 부여 해부루왕이 금와 태자를 얻자 <天>의 덕분으로 감사하였는데, <天>은 국상 아란불을 통하여 해부루왕에게 가섭원으로 천도할 것을 권유하여 이에 해부루왕은 천도를 단행하였다. 이로 보면 <天>은 해부루왕에게 금와 태자와 천도를 교환(exchange)한 것으로 보여 매우 합리적으로 보이기도 하는데 이와 같이 <天>의 권유로 해부루왕이 천도를 하였다는 것은 <天>의 권위가 대단하였다는 것을 보여준다. 그런데 이 <天>은 곧 <天帝>임이 나타난다. 天子-天王郎-天帝子 해모수가 옛 부여의 수도에 도읍하였기 때문이다. 더욱이 『3국유사』(Ⅳ-4)에서 바로 이 문장을 <天帝 降 而 謂 曰,>로 기록하였기 때문에 이는 분명하다고 하겠다. 따라서 『3국사』의 원문에는 <天帝>로 기록되어있을 가능성도 배제할 수 없다고 본다. 즉 시대가 지나감에 따라 <帝>가 탈락되고 <天>이라는 추상적인 존재가 되었다고 본다. 그러나 논자는 이 <天>이나 <天帝>가 추상적인 존재가 아니고 실체가 있는데 이는 바로 단군이라고 본다. 이는 계속 논급하도록 하겠다.

셋째, 그리고 여기서는 天帝子 해모수가 해부루를 이어 북부여를 건국하였다고 했는데 『환단고기』(Ⅲ-2)에서 보면 북부여(하)의 天帝子 고두막한의 기록과 합성되었을 가능성이 있다고 본다. 논자는 『3국사』는 해부루의 부여의 출자가 분명하지 않은 점이 있다고 볼 때 『환단고기』의 기록이 사실성이 있다고 본다.

넷째, 그리고 天宮을 오르내린 天子-天王郎-天帝子-太子 해모수와 부여왕 해부루-금와의 2개의 가계가 나오는데 여기서는 해모수와 해부루는 전혀 인척관계가 없고 오히려 해모수가 해부루보다 연소자로 보인다. 즉 해모수는 해부루가 늙어서 얻은 아들인 금와왕과 동년배로 보이는 것이다. 이는 계속 논급하기로 하겠다.

다섯째, 이같이 天帝-天帝子의 나라인 해모수의 북부여가 고대사에서 주요한 위치를 가져야 함에도 『환단고기』를 제외하고는 고구려의 도입부정도로 나오는데 이는 고대사가 계속 축소되고 있음을 보여주고 있다고 하겠다. 따라서 『환단고기』의 주요성이 더욱 높다고 할 것이며 앞으로 <부여사>의 연구도 독립적으로 이루어져야 할 것으로 본다. 이제 고주몽의 고구려 건국과정을 보기로 하자.

(Ⅲ-4) 城北 有 靑河(靑河 今 鴨綠江也.), 河伯 三女 美(長 曰 柳花, 次 曰 萱花, 季 曰 葦花),

報 云 天帝子, 高族 請 相 累,

指 天 降 龍馭, 徑到 海宮 邃(河伯 大怒 遣 使 告 曰, "汝 是 何 人 留 我 女乎?" 王 報 云, "我 是 天帝之 子…).

…

君 是 上帝胤, 神變 請 可 試.

…

王 知 慕漱妃, 仍 以 別宮 置,

懷 曰 生 朱蒙, 是 歲 歲 在 癸,

…(王 知 天帝子妃, 以 別宮 置之…).

…(金蛙 有 子 七人, 常 共 朱蒙 游獵…太子 帶素 言 於 王 曰,…).

王 令 往 牧馬, 欲 以 試 厥志,

自 思 天之 孫, 厮 牧良 可 恥.

…(…謂 母 曰, "我 是 天帝之 孫, 爲 人 牧馬, 生 不 如 死, 欲 往 南土, 造 國家.…").

暗 結 三賢友, 其 人 共 多智(烏伊·摩離·陜父 等 三人.).

南 行 至 淹滯(一名 蓋斯水, 在 今 鴨綠東北.), 欲 渡 無 舟 艤(…指 天 慨然 嘆 曰, "我 天帝之 孫·河伯之 甥, 今 避難 至 此, 皇天·后土 憐 我 孤子. 速 致 舟橋.…").

秉 策 指 彼蒼, 慨然 發 長喟,

天孫·河伯甥, 避難 至 於 此,

哀哀 孤子 心, 天地 其 忍棄,

…

雙鳩 含 麥 飛, 來 作 神母 使.(이규보 1193:「동명왕편」)

(번역생략).

고주몽의 고구려 건국과정에서의 이 기록이 보여주는 주요 내용은 다음과 같다.

첫째, 天宮의 천제자 해모수는 하백의 딸 유화와 결혼하는데 이 때 하백은 단순히 河-水神이 아니고 그의 궁전은 海宮이므로 하백은 발해 연안의 해양국가급의 君長을 의미한다고 본다. 따라서 이 결혼은 天神을 믿는 산악-육지의 북부여족이 드디어 바다로 진출해 河-水-海神을 믿는 바다의 하백족과의 결합을 의미한다고 본다. 그러나 이 결합은 그렇게 순탄하지는 않았는 것 같다. 이 결혼 과정에서 전체적으로 보면 수렵-유목기마족을 중심으로 하여 다소의 농경족으로 보이는 북부여의 해모수 측의 문화가 다소 거칠며 공세적인 것 같고 해양족인 하백 측이 매우 예의를 존중하는 세련된 문화를 자랑하는 것 같다. 이러한 문화가 國富의 차이를 반영하는 것으로 보이기도 하는데 이 때문인지는 더 연구해 보아야 하겠지만 어쨌던 상당한 문화와 국부의 차이 때문에 이 결혼은 성립이 안되고 해모수와 유화는 헤어진 것 같다. 다만 해모수와 하백의 정치-경제-문화적 관계는 다소 이해할 수 있다고 보겠으나 하백이 딸자식을 가진 부모의 마음때문인지 이 결혼을 성립시킬려고 노력한 반면에 해모수가 유화를 두고 간 이유는 석연치 않다. 특히 유화부인과 고주몽을 동부여에서 살게한 것은 그가 북부여의 천제자라는 점에서 이해하기가 쉽지 않은데 이러한 논점은 역시 앞으로 더 연구할 과제라고 하겠다.

둘째, 결국 고구려의 탄생은 天神을 믿는 산악-육지의 북부여-동부여의 수렵-유목기마족과 농경족, 그리고 海神을 믿는 해양족인 하백의 결합으로 이루어졌다고 본다. 즉 고구려의 고주몽 대에 와서 이 양 문화가 합리적으로 결합한 것으로 보인다. 북-동부여를 수렵-유목기마족과 농경족이 혼성한 것으로 보는 것은 고주몽이 화살쏘기, 사슴사냥과 말 키우는 것을 중시했고 또 5곡의 씨앗을 소중히 했기 때문이다. 이는 고구려 고분벽화에서도 나타나고 있다. 그리고 고구려는 여기에 하백의 해양문화를 받아들이고 또 고구려는 海隅의 비류국의 해양문화를 결합하여 발전의 기초를 다지고 당시 세계의 강국으로 발전한 것으로 보인다.

셋째, 여기서 보면 해모수는 天帝子-天帝之子-上帝胤으로, 그리고 그의 아들인 고주몽은 따라서 당연히 天之孫-天帝之孫으로 일관되게 나오는데 특히 고주몽은 엄체수를 건너며 스스로를 <天帝之孫-河伯之甥>이라고 하여 논리적인 기록을 보여주고 있다. 그러나 이는 다른 사서와 더 비교를 해봐야할 과제를 갖고 있다. 이는 계속해서 살펴보도록 하겠다. 그리고 甥의 뜻은 여기서는 외손의 의미로 보인다.

넷째, 그리고 皇天은 天帝-天神을, 后土는 원래는 地神의 의미일 것이나 여기서는 넓은 의미에서 地神이라고 볼 수 있는 河伯-河神-水神을 의미하는 것으로 보인다. 따라서 고주몽은 天地神의 후손이라는 것을 나타내고 있는데 결국 이는 天地人 3神사상의 흔적을 보여주고 있다고 하겠다.

다섯째, 그런데 유화부인과 고주몽은 해모수와 하백 양쪽으로부터 처음에는 지지를 받지 못하고 동부여의 금와왕으로부터도 끝내는 배척을 받았는데 동부여와는 그 후로도 사이가 좋지 못하였으나 그러나 고주몽은 天帝孫-河伯甥임을 매번 강조하고 이를 자랑스레 생각하였는데 이는 고구려 건국과정에 와서 북부여의 천제자 해모수와 하백의 도움이 있었을 가능성을 보여준다고 하겠다. 특히 고주몽이 급히 엄체수를 건널 때에 수로와 해로, 그리고 나루터와 선박을 장악하고 있는 하백과 그의 水軍 또는 海軍의 도움을 받았을 것으로 보여 더욱 그렇다. 그 수-해군의 이름이 어별군 또는 龜軍이었을 가능성도 있다고 보겠다. 즉 논자는 엄체수에서 고주몽이 무사히 도강한 것을 하백이 도와준 것으로 보는데 후대에서 이를 고주몽의 신격화에 활용하였는 것으로 본다. 이 역시 고대에서 현대에 이르기까지 자주 있는 일이다. 그리고 天帝의 도움도 (III-7)에서 엿볼 수 있다. 이같이 고주몽이 <天帝孫-河伯甥>을 강조한 것은 그의 건국에 현실적인 도움이 되었기 때문으로 본다.

여섯째, 여기서도 보면 고주몽과 대소 등 왕자 7인이 동년배로 보여 앞서 본 것처럼 해모수와 금와가 동년배로 보고 해부루를 그 보다 연장자로 보는 것을 뒷받침한다고 본다. 그런데 이는 앞서 본 것처럼 『환단고기』 와는 조금 다르다.

일곱째, 그런데 『환단고기』 와 가장 문제가 되는 것은 역시 연대문제이다. 즉 여기서는 해부루가 -59년에 북부여를 창건하였고 그 다음 해인 -58년에 주몽이 탄생한 것으로 기록하였다. 그런데 『환단고기』 에서는 -79년에 고주몽이 태어나서 -58년에 북부여(하)를 계승하였다고 한 것이다. 이는 물론 계속 연구하여야 할 과제라고 하겠다.

여덟째, 해모수의 解씨, 주몽의 성씨가 高씨인 것, 그리고 백제왕실의 성씨가 부여씨인 것 역시 앞으로 더 연구할 과제이다.

아홉째, 그리고 그의 건국과정에 3명의 조직원이 조력을 한 것으로 보이며 또 (Ⅲ-6)에서 보면 부분노 역시 동부여에서부터 조력을 한 것으로 보여 영웅은 결코 개인이 아니며 결국 조직의 영웅이라는 것을 의미한다고 보는데 이는 앞으로 계속 연구하여야 할 것으로 본다.

이제 天帝의 비의를 밝힐 수 있는 비류왕 송양과의 관계를 보기로 하자.

(Ⅲ-5)咄哉! 沸流王 何奈 不 自 揆,

苦 矜 仙人後, 未 識 帝孫 貴,

徒 欲 爲 附庸, 出 語 不 愼蒽,

未 中 畵 鹿臍, 驚 我 倒 玉指.(沸流王 松讓 出獵, 見 王 容 貌 非常, 引 而 與 坐 曰, "僻 在 海隅, 未 曾 得 見 君子, 今日 邂 逅, 何 其 幸乎? 君 是 何 人? 從 何 而 至?"

王 曰, "寡人 天帝之 孫·西國之 王也, 敢 問 君王 繼 誰之 後?"

讓 曰, "予 是 仙人之 後, 累世 爲 王, 今 地方 至 小, 不 可 分 爲 兩王, 君 造國 日淺, 爲 我 附庸乎?"

王 曰,"寡人 繼 天之 後, 今 主 非 神之 胄, 强 號 爲 王, 若 不 歸 我, 天 必 殛之."

松讓 以 王 累 稱 天孫, 內 自 懷疑, 欲 試 其 才, 乃 曰, "頤 與 王 射矣."…).(이규보 1193:「동명왕편」).

기막힌다! 비류왕은 어찌하여 스스로 헤아리지 못하고,

심하게 선인의 후예임을 자랑하여,

천제의 자손의 귀함을 알지 못하나.

헛되게 부용함을 바라고, 신중함이 없이 말하였네.

그림 속의 사슴 배꼽을 맞히지 못하고, 옥반지가 깨어지니 놀라는구나.(비류왕 송양이 사냥을 나왔다가, 동명왕의 용모가 비상함을 보고는 인도하여 같이 대좌하여 말하기를, "멀리 바닷가에 있어, 일찍이 군자를 만나 보지 못하다가 오늘 해후하니, 이 어찌 다행하지 않겠소? 군은 어떤 사람이요? 어디에서 오셨소?" 라고 하였다. 동명왕은 말하기를, "과인은 천제의 손자이며 서국의 왕이요. 감히 묻건대 군왕은 누구의 후손을 계승하였소?" 라고 하였다. 송양왕은 말하기를, "나는 곧 선인의 후손으로서 누세에 걸쳐 왕을 하고 있소. 지금 이 지방은 지극히 작아서 나누어 두 왕을 둘 수는 없는데 군의 건국이 일천하니 내게 부용하는 것이 어떻소?" 라고 하였다. 동명왕은 말하기를, "과인은 천(제)의 후손을 계승하였고, 지금 군주는 (천)신의 직계[후손:胄]가 아니면서 억지로 이름하여 왕이라 하는데, 만약 내게 귀부하지 않으면 천[하늘:천제]이 반드시 벌할 것이요." 라고 하였다. 송양왕은 동명왕이 여러번 천손을 칭하기에 속으로 스스로 회의하고 그 재주를 시험하고 싶어 이에 말하기를, "왕과 더불어 화살쏘기 시합을 합시다." 라고 하였다.…).

이 기록이 북부여−고구려의 출자를 밝히는데 매우 주요하다. 즉 동명왕이 먼저 <천제의 손>임을 밝혔을 때 비류의 송양왕은 <선인의 후손>으로서 여러 대에 걸쳐 비류의 왕이 왕위를 계승하고 있으므로 동명이 자신에게 귀부하여야 한다고 하였다. 이에 대해 동명왕은 자신이 천제의 직계 후손이며 송양왕은 선인의 후예 즉 (천)신의 직계 또는 후손[胄]이 아니면서 무리하게 이름붙여 왕을 하고 있다고 지적하면서 오히려 자신에게 귀부할 것을 강조하였다. 여기서 동명왕이 말한 <神>은 전후문맥상 仙人=(天)神이며 따라서 天帝를 의미하는 것으로 본다. 그러므로 天=天帝=仙人=(天)神이 성립됨으로써 동명왕과 해모수가 말한 天帝는 仙人임이 분명하다. 또 위에서 본 것처럼 선인이 더 정통성이 있을 수도 있다. 따라서 선인이 누구를 지칭하는지를 알면 해모수와 동명왕이 계승한 천제가 누군지도 알 수 있는 것이다. 그런데 우리의 역사전통에서는 <선인>王은 곧 <仙人王儉=檀君王儉>을 의미하기 때문에 곧 해모수−고주몽이 계승한 천제는 단군임이 분명하다. 이는 또 이승휴의 『제왕세기』(Ⅲ−8)를 보면 더욱 분명하다. 따라서 논자는 『3국사』에 기록된 천제 북부여계승론은 곧 고조선 북부여계승론의 다른 표현으로 본다. 그러면 왜 직접 단군조선계승을 밝히지 않았을까? 이는 논자가 추정하기로는 『3국사』에서는 밝혀져 있는데 『3국사기』(1145), 「동명왕편」(1193), 『제왕운기』(1287), 『3국유사』(1281~3년경)를 거쳐 오면서 여러 가지 국내외 시대상황을 반영하여 국사가 계속 축소되어갔기 때문이라고 본다. 아니면 『3국사』에서 이미 이렇게 되어 있을 가능성도 있다고 보겠으나 그러나 논자는 『제왕운기』에서 볼 때 『3국사』에는 「단군본기」가 있었을 것으로 보기 때문에 이의 가능성은 희박하다고 본다.

그런데 비류왕은 스스로 海隅에 있다고 했기 때문에 동명왕이 먼저 하백의 외손임을 밝히는 것도 좋았을 것으로 보나 그러지를 않고 <천제의 손>임을 먼저 밝혔다. 이에 송양왕이 <선인의 후손>임을 강조하였기 때문에 천제와 선인은 비등한 관계이거나 오히려 송양왕의 선인이 더 정통성이 있는 것으로 보인다. 그러므로 여기서의 정통성의 문제는 결국 동명왕-송양왕이 천제-선인의 직계냐 아니냐 또는 선인의 후손이 맞느냐 안 맞느냐의 논쟁으로 비화하였다. 따라서 여기서 동명왕은 굳이 하백의 외손임은 밝히지 않아도 된다고 보았던 것같다. 그러나 동명왕이 하백의 외손임도 해우에 있는 송양왕을 귀부시키는데 잠재적인 도움이 되었을 것으로 본다. 따라서 서로 직계다, 순수한 후손이 맞다 라는 논쟁이 결국은 이를 증명하기 위한 재주의 시합으로 비화하였고 이에 젊고 유능한 동명왕이 이김으로써 송양왕은 귀부한 것으로 보인다. 그런데 여기서 천제의 후손임을 증명하는 재주는 사슴그림에 대한 화살쏘기시합이었다. 이는 당시의 사슴수렵의 주요성을 나타내는 것이며 이는 현재도 시베리아초원지역의 사슴목축으로 남아 있고 또 신라금관에도 사슴뿔모양의 장식으로 남아있다. 그러므로 따라서 정통성-계승의 문제와 생존을 위한 재능의 시합은 당시로서는 더욱 주요한 문제라는 것을 알 수 있다. 송양왕의 귀부는 『3국사기』에도 기록되어 있는 데 이는 뒤에서 다시 보기로 하자. 이와 같이 본다면 동명왕이 여러 곳에서 여러 번 천제손·하백생을 내세운 이유를 잘 알 수 있을 것이다. 즉 주변국을 복속시킬 때, 이 우월적인 정통성이 큰 대의명분이 되었다는 것을 알 수 있다. 물론 이는 평화적인 재주의 시합에서의 승리가 뒷받침되어야 하는 바일 것이다. 그러므로 고대사의 정통성, 계승론을 연구할 필요성이 매우 주요하다는 것 역시 별달리 강조할 필요없이 당연한 것이다.

그런데 고주몽은 「동명왕편」에서 <천제손>임이 일관되게 나오지만 그러나 그가 天帝의 명을 직접 받았음도 나오고 있다. 이는 고주몽이 天帝子의 子, 즉 天帝孫이 아니고 이제 바로 天帝子임을 나타내는 것으로서 주요하다. 이는 고주몽의 신하인 扶芬奴가 비류국의 고각(鼓角)을 훔쳐올 때의 다음 기록에서 엿볼 수 있다.

(Ⅲ-6)(扶芬奴…對 曰, "此 天之 與 物, 何 爲 不 取乎? 夫 大王
困 於 扶余, 誰 謂 大王 能 至 於 此? 今 大王 奪 身 於 萬死之 危,
揚名 於 遼左, 此 天帝 命 而 爲之, 何 事 不 成?"…).(이규보
1193:「동명왕편」).

　　　　(부분노가…대답하여 말하기를, "이 고각은 천[하늘:천제]이 준 것
인데, 어찌 취해오지 못하겠습니까? 무릇 대왕께서 부여에서 곤란에 처해
있을 때 누가 대왕께서 능히 이 자리에 오를 것이라고 말이나 했겠습니까?
지금 대왕께서는 만번 죽을 위험에서 몸을 벗어나 요하의 좌측[요동]에서
이름을 날리게 되었습니다. 이는 천제의 명령으로 이루어진 것이니 무슨 일
인들 이루어지지 않겠습니까?" 라고 하였다.…).

여기서는 부분노가 고주몽을 <大王>으로 호칭하고 있고, 천제의 명으로 고구
려를 건국하였음을 밝히고 있다. 따라서 이같이 천제의 명을 직접 받았다면 고주
몽은 천제손이라하기 보다도 천제자라고 하여야 할 것이다. 이는 미세한 차이로
보이나 그러나 정통성의 문제에서는 다소 다른 의미를 내포하고 있다. 즉 천제자
해모수의 북부여를 계승한 것이 아니고 직접 천제를 계승했다는 의미도 되기 때
문이다. 이는 뒤에서 고구려계승론에서 다시 보기로 하겠다.
　그리고 天이 직접 고주몽을 위해 해준 일에는 7일간 소나기의 장마비를 내려
송양왕을 귀부시키게 한 것이나 궁성을 쌓아준 것이 있다.

(Ⅲ-7)鹿 鳴, 聲 甚 哀, 上 徹 天之 耳,
　　　霖雨 注 七日, 需 若 傾 淮泗,
　　　…
　　　王 曰, "天 爲 我 築 城 於 其 趾."
　　　忽然 雲霧 散, 宮闕 高 뢰嵬,
　　　(…城郭·宮臺 自然 成, 王 拜 皇天, 就 居.)
　　　在位 十九年, 升天 不 下 莅.(이규보 1193:「동명왕편」)
　　　(번역생략).

이같이 동명왕은 이제 天(帝)이 직접 소나기의 장마비를 내려주고, 궁성을 지
어줌으로써 동명왕이 천제자임을 나타내었다. 뿐만 아니라 『3국사기』에서는 직

접 천제자라고 까지 하였다. 또 이는 동명왕의 건국에 천제가 도움을 주었다는 것을 나타낸다. 그리고 동명왕은 이를 감사하기 위해 <皇天>에 직접 배례하였는데 이는 그가 천제자임을 나타내는 것이다. 그리고 또 승천하였는데 이 역시 그가 해모수와 같은 천제자임을 보여주고 있다고 할 것이다. 이 천제자의 문제는 뒤에서 다시 보기로 하겠다.

이와 같이 이규보의 「동명왕편」은 『3국사』를 인용하여 천제-북부여-고구려계승론을 잘 보여주고 있는데 논자는 이 천제가 선인으로서 곧 단군이라고 보아 이는 결국 단군조선을 북부여-고구려가 계승했다는 의미로 본다. 이는 『제왕운기』를 보면 더 잘 알 수 있다.

2) 이승휴의 『제왕운기』

이승휴 역시 『3국사』 「단군본기」와 「동명본기」를 인용하여 天帝 북부여 -고구려계승론을 기록하였다. 이를 보기로 하자. 이 기록은 앞에서도 일부 인용된 부분도 있다.

(Ⅲ-8) 自然 分界 成 三韓…
　　　於中 何者 是 大國?
　　　先 以 扶餘(「檀君本紀」 曰, 與 非西岬 河伯之 女 婚 而 生 男, 名 夫婁.
　「東明本紀」 云, 扶餘王 夫婁 老 無子, …有 小兒…王 曰, "天 錫 我 令胤乎!"… 立 爲 太子, 名 曰 金蛙. 其 相 阿蘭弗 曰, "日者 天 降 我 曰, '將 使 吾 子孫 立 國 於 此, 汝 其 避之, 東海濱 有 地, 號 迦葉原, ….' 勸 王 移 都, 號 東扶餘 云云.
　臣 嘗 使 於 上國 至 遼濱 路傍 有 立 墓, 其 人 曰, "扶餘駙馬大 王墓也."
　又 賈耽 曰, "大原 南□ 鴨綠 血 扶餘 舊地." 則 北扶餘者 宜 在 遼濱, 其 開國 盖 自 後朝鮮 而 至 此 幾矣.)·沸流 稱(「東明本紀」 曰, 沸流王 松讓 謂 曰, "予 以 仙人之 後, 累世 爲 王, 今 君 造國 日淺, 爲 我 附庸 可乎?" 則 此 亦 疑 檀君之 後也.).

次 有 尸羅 與 高禮·

南北沃沮·穢貊 鴈.

此 諸 君長 問 誰 後,

世系 亦 自 檀君 承…. (이승휴 1287).

(전략) (「단군본기」에 기록되어있기를, 비서갑 하백녀와 더불어 결혼하여 남아를 낳으니, 이름은 부루이다 라고 하였다.

「동명본기」에 이르기를, {…중략…}.

신이 일찍이 상국에 사신으로 가서 요하가에 다다렀을 때, 길가에 묘가 세워져 있었는데, 그곳 사람들이 말하기를, "부여부마대왕의 묘입니다." 라고 하였다.

또 가탐은 말하기를, "대원 남 압록 水域은 부여의 옛 땅이다." 라고 하였은 즉, 북부여는 마땅히 요하가에 있었고 개국은 무릇 후조선으로부터 이때에 이르렀다.) · {중략}

(「동명본기」에 비류왕이 일러 말하기를, "나는 선인의 후손으로서 누세에 걸쳐 왕을 하고 있소. 지금 군은 건국이 일천하니, 내게 부용하는 것이 좋겠지요?" 라고 하였은 즉 이 비류왕 역시 단군의 후손일 것이다.) (후략).

이의 주요한 내용은 다음과 같다.

첫째, 여기에 「단군본기」가 인용되어 있는데 논자 역시 기존의 일부 연구와 같이 이 「단군본기」는 『3국사』에서 인용되었을 것으로 본다. 즉 뒤의 「동명본기」가 「동명왕편」과 『제왕운기』<서>를 볼 때 『3국사』에서 인용된 것이 분명하므로 이 「단군본기」 역시 『3국사』에서 인용되었다고 본다. 이것은 국사의 편제에서 매우 주요하다. 즉 고대사의 체계가 고조선·단군조선·왕검조선에서 시작함을 보다 분명히 하기 때문이다. 뿐만 아니라 『제왕운기』의 앞 부분 즉 「전조선紀」에 인용된 「本紀」도 『3국사』의 「단군本紀」일 것으로 본다.

뿐만 아니라 이렇게 볼 때, 논자는 『3국유사』「고조선」(왕검조선)에 인용된 『古記』도 바로 이 『3국사』「檀君本紀」일 가능성이 높다고 본다. 왜냐면 <上帝桓因>에서 2번째의 <云云>까지의 문장이 몇몇 용어가 체계적으로 바뀐 것 외에는 문맥상으로는 같기 때문이다. 이는 지금까지 별달리 연구되지 않은 것 같은데 앞으로 더 정밀한 연구가 필요할 것이다.

따라서 원래의 『3국사』의 편제에서는 「단군본기」가 있었고 이 조선의 단군—선인왕검을 북부여의 해모수와 고구려의 고주몽이 계승했기 때문에 해모수와 고주몽이 계승한 天帝는 바로 단군-선인이라고 할 수 있다.

둘째, 그런데 이 「단군본기」를 인용한 곳이 부여를 설명하는 곳이다. 왜 부여를 설명하면서 「단군본기」를 인용하여 비서갑 하백녀와 결혼하여 아들을 낳으니 부루이다 라고 하였을까? 그런데 물론 이 문장에는 주어가 없어서 <누가> 비서갑 하백녀와 결혼했는지를 명시하지는 않았지만 이는 「단군본기」를 인용하였기 때문에 당연히 <단군>이라고 봐야 할 것이며 또한 단군이 비서갑 하백녀와 결혼해 장남 부루를 두었다는 것은 다른 사서에도 일관되게 기록되어있기 때문에(이강식 1988:p.105, 106, 117) 당시로서는 보편적인 지식이었을 것이다. 그런데 이 고조선의 단군-부루를 그 보다 한참 뒤의 부여의 부루를 설명하는 곳에 인용하였는지가 사실상 복잡한 문제를 갖고 있다. 물론 이것은 뒤에서 「동명본기」를 인용하면서 기록된 부여왕 부루왕 때문이다. 그렇지만 이승휴는 단군-부루가 -2333년의 요 무진 때와 같은 시기의 임금인 것을 분명히 알고 있었는데 왜 -59년의 부여왕 부루를 설명하는 자리에 단군의 장자에 부루가 있다는 것을 인용하였는지가 의문이 되는 것이다. 그것은 우선 보기에는 단군-부루와 부여 부루를 잠시 혼동하였을 수도 있고 또 이미 단군시대에 단군의 장자 부루가 있었다는 것을 알리기 위한 것도 있을 수 있다. 그런데 이의 연대를 일단 접어두고 보면 단군의 아들 부루가 부여의 왕이 되었다는 뜻으로 보이기도 한다. 과연 이승휴는 이 마지막의 뜻으로 이를 기록하였을까? 그런데 이는 『세종실록』「지리지」(1454)에서 이와 같은 기록의 착오를 가져왔을 뿐만 아니라 이는 또 『3국유사』에서 해모수가 부루를 낳았다는 더 복잡한 문제로 비화되기 때문에 이 역시 해석하기에는 많은 노력과 논증, 변증이 필요하다. 논자는 물론 이승휴가 연대를 혼동하였을 리가 없기 때문에 여기서 단군-부루를 인용한 것은 결코 양자를 혼동한 것은 아니고 고조선 시대에 이미 동명이인이 있다는 것을 알리기 위한 때문으로 본다. 그렇지만 이 문제는 여기서 그치지 않기 때문에 『세종실록』「지리지」(1454)(III-11)와 『3국유사』(IV-3~5)를 살펴보면서 재론할 것이다.

셋째, 「동명본기」를 인용한 여기서도 부루왕은 금와 태자를 얻은 것을 <天>에게 감사했고, 또 천도를 권한 이도 <天>으로만 나온다. 그런데 곧이은 다음의 (III-9)에서 보면 <天帝>가 태자 해모수를 파견하였다고 했기 때문에 이 <天>

곧 <天帝>인을 알 수 있다. 그리고 고주몽이 개사수[엄체수]를 건널 때에 했는 말은 직접적으로는 나오지는 않지만 이는 (Ⅲ-9)에서 간접적으로 보기로 한다.

넷째, 이승휴는 요하의 길가에서 <부여부마대왕>의 묘를 보았다고 했는데 이는 곧 동명왕임으로 동명왕이 북부여(하)의 고무서 단군의 사위가 되었다는 『환단고기』(43면)의 기록을 뒷받침하고 또 이는 『3국사기』에서도 注로 나오고 있다. 뿐만 아니라 가탐(唐, 742~805년경)의 말을 인용하여 북부여-고구려가 요하에 있었다고 하였다. 따라서 북부여-고구려-비류국은 요하에 있었다는 것을 알 수 있다. 특히 <沸>流國을 지금까지는 <비>류국으로 독음하였지만 비는 <물끓을 비(沸)>이므로 오히려 <물 용솟음칠 불(沸)>로 보아 불류국으로 독음하는 것이 더 정확할 것으로 본다. 논자는 이후 비류와 불류를 혼용하여 쓰기로 하겠다. 따라서 불류국은 水國-海國으로서 여름의 7일간의 소나기 장마비에 쉽게 홍수가 날 수 있는 요하하류의 바닷가 지역에 있었다는 것을 알 수 있다. 그런데 『3국사기』에 보면 채소가 떠내려오는 것을 보고 상류에 나라가 있었다는 것을 고주몽이 알았다고 하였는데 그렇다면 불류국보다 하류에 있었던 고구려는 왜 떠내려가지 않았을까? 하는 의문이 있을 것이다. 「동명왕편」에서는 『3국사』를 인용하여 동명왕이 갈대줄(葦索)로 강을 가로질러 놓고 오리말(鴨馬)을 타고 있었고 백성들은 모두 그 줄을 붙잡고 있었다고 하였다. 그런데 『3국유사』에서는 <졸본주에 이르러 마침내 도읍을 하였는데 궁실을 지을 겨를이 없어서 오두막을 엮어서[結廬] 불류수 위에서 거주하였다.>라고 하였다(Ⅳ-5). 그런데 원문에는 <오두막을 엮었다>고 하였는데 그 재료는 「동명왕편」에서 보면 갈대줄일 가능성이 높으므로 갈대로 오리말(鴨馬)과 같은 오두막을 지어서 홍수를 피한 것 같다. 오리말은 결국 수상가옥을 말하므로 따라서 이는 남미의 티티카카호수의 고대 한국출자 원주민처럼 고구려가 최초에는 갈대수상가옥으로 거주생활을 한 것으로 보인다. 이 역시 해양성을 엿볼 수 있다. 그리고 상류에서 채소가 떠내려 왔기 때문에 불류국의 일부 경계가 고구려의 상위에 있는 것으로 보인다. 그리고 고구려 개국 당시의 요하가 지금의 요하인지는 앞으로 더 연구해 볼 과제라고 하겠다.

다섯째, 그런데 여기서 논자가 가장 강조할 부분은 역시 송양왕이 <선인의 후손>이라고 한 것을 이승휴는 바로 <단군의 후손>으로 해석하였다. 그리고 이승휴는 송양왕이 神의 직계 또는 후손이 아니라는 동명왕의 견해는 전혀 언급하지 않았다. 따라서 이는 이승휴도 그 논쟁[鬪辯]의 본질을 이해하여 동명왕의 견해를 수용하지 않았는 것같다. 즉 이승휴는 별다른 설명없이 송양왕이 선인=천신 =단군의 후손임을 인정한 것이다. 이같이 선인의 후손을 단군의 후손으로 인정한 것은 역시 선인왕검을 단군왕검으로 보았기 때문이다. 그러므로 이 논쟁의 본질은 동명왕이 자신이 천제의 직계 후손이요, 송양왕은 선인=천신의 후손이 아니라는 것이고 또는 후손이라하더라도 직계가 아니라는 것인데 이에 이승휴의 < 단군>을 대입하면 결국 이 논쟁은 동명왕이 자신이 단군의 직계후손이고 송양왕은 단군의 직계후손이 아니라는 것이다. 그것은 결국 두 왕의 능력시합으로 결정이 났다. 승자가 결국은 천제의 후손으로 기록되는 것이 또한 역사의 한 속성일 것이다. 그러나 이승휴는 좀더 냉정한 지성을 발휘한 것으로 보인다.

따라서 『제왕운기』는 『3국사』를 인용하여 북부여-고구려가 천제를 계승하였고 이 천제가 바로 단군이라는 것을 맥락적으로는 분명하게 기록하였다. 그러므로 『3국사』에서의 천제 북부여계승론은 결국 단군의 고조선계승론의 다른 표현이라는 것을 알 수 있다. 그러나 이승휴의 『제왕운기』 자체는 앞에서 본 것처럼 마한 고구려계승론을 기록하였다는 것을 항시 상기하여야 할 것이다. 그러므로 『제왕운기』에서는 이 2개의 계승론이 혼재하고 있다고 보아진다. 그러므로 이 2개의 계승론이 형성하게 된 역사적 연유와 시대상황을 더 깊이 연구하는 것이 주요할 것이다.

여섯째, 이승휴는 단군의 前조선을 이은 나라로 (동·북)부여·불류·시라·고례·남북옥저·예맥을 들었는데 이에는 백제가 빠져있다. 아마도 부여-고례를 계승하여 백제가 2·3차적으로 단군조선을 계승하였기 때문으로 굳이 병기하지 않아도 된다고 보았기 때문이거나 아니면 백제는 고조선의 진조선보다는 다른 조선 즉, 번조선을 계승했기 때문으로 보았을 수도 있다. 즉 역시 『제왕운기』자체의 변한 백제계승론의 영향일 수도 있다고 본다.

일곱째, 이승휴는 前-後조선이라는 용어를 채택한 것으로 보인다. 이는 그가 고려시대에 살았기 때문일 것이다. 조선시대에는 古조선이라는 용어를 채택한 것으로 보이는데 이는 古-今조선이기 때문일 것이다. 그러므로 고려시대의 일연의 『3국유사』에 古조선이라는 용어가 나온 것은 이것이 고려시대의 용어라기 보다도 조선시대에 다시 각판될 때 古조선이 된 것으로 본다. 즉 이는 판본상의 문제로 본다. 그리고 고려시대는 왕검이 강조되어 왕검조선이라고 하였고 조선시대에는 단군이 강조되어 단군조선이라는 용어가 널리 쓰인 것 같다.

그러면 계속해서 같은 「고구려기」를 보도록 하자.

> (III-9) 麗祖 姓 高(…), 謚 東明,
> 　　　善 射 故 以 朱蒙 名(…),
> 　　　文 鮮慕漱, 母 柳花.(「本紀」 云, 漢 神雀 三年 壬戌, 天帝
> 遣 太子 鮮慕漱, 遊 扶餘王 古都.…文順公 「東明詩」 云, 天孫·河
> 伯甥.).
> 　　　皇天之 孫·河伯甥,
> 　　　父 還 天宮 不 復 返,
> 　　　母 在 優渤淸江汀.(이승휴 1287) (번역생략).

여기서도 천제가 태자 해모수를 파견하여 북부여를 건국하였고 따라서 동명왕은 문순공 이규보의 「동명시」를 인용해서는 〈天孫·河伯甥〉이라 하였고 또 본문에서는 〈皇天之 孫·河伯甥〉이라고 하여 논리적인 계승관계를 보여주고 있다.

따라서 개사수에서 동명왕이 했는 말이라고 직접 설명하지는 않았지만 바로 이 〈天孫·河伯甥〉이 그 때했는 말로 문순공이 기록한 것이기 때문에 이 부분을 인용한 이승휴 역시 이렇게 지각한 것으로 보인다. 이 역시 『3국사기』나 『3국유사』와는 조금 다른 부분이라고 하겠다.

그리고 이승휴는 고주몽을 〈東明聖帝〉라고 한 번 호칭했는데 이는 오히려 「백제기」에서 나온다.

> (III-10) 百濟 始祖 名 溫祚, 東明聖帝 其 皇考,
> 　　　其 兄 類利來 嗣位, 心 不 能 平, 乃 南 渡.
> 　　　(이승휴 1287) (번역생략).

이는 또 『3국유사』에서도 『(3)국사』 「고려본기」를 인용하여 〈東明聖帝〉라고 하였기 때문에 전거가 있고 고구려인의 당대의 표현으로 본다. 이로써 『3

국사(구)」의 성격을 조금이나마 짐작할 수 있을 것으로 본다. 그리고 김부식 등의 『3국사기』의 중찬이 어떤 의미를 가지는 지도 조금은 이해할 수 있을 것으로 본다. 그런데 <聖帝>라고 한 것은 <天帝>에는 못미치는 것같기는 하나 거의 대등한 표현으로 보이고 <天帝子>보다는 격상된 호칭이다. 따라서 동명왕은 천제손→천제자→성제의 호칭의 변화를 보인 것으로 본다. 그리고 「모두루묘지명」(400년대 중엽)에는 <鄒牟聖王>이라 하였고 또 <河伯之 孫·日月之 子>를 반복하였고 또 <河伯·日月之 孫>이라고도 하였다. 이 역시 고구려 당대의 금석문에서의 호칭이므로 주의 깊게 연구를 하여야 할 것으로 본다.

그런데 여기서 주요한 문제를 먼저 보고 가고자 한다. 즉 『제왕운기』(III-8)가 낳은 착오기록으로 보이는 정인지(1396~1478) 등의 『세종실록』 「지리지」 <<평안도>><평양>(1454)의 다음 기록을 보자.

> (III-11) 『檀君古記』 云,… 檀君 聘娶 非西岬 河伯之 女, 生 子 曰 夫婁, 是 謂 東扶餘王, 檀君 與 唐 堯 同日 而 立, 至 禹 會 塗 山 遣 太子 夫婁 朝焉, 享國 一千三十八年, 至 殷 武丁 八年 乙未 入 阿斯達 爲 神, 今 文化縣 九月山. 夫婁 無 子, 得 金色蛙形兒, 養 之, 名 曰 金蛙, 立 爲 太子. 其 相 阿蘭弗 曰, "日者 天 降 我 曰, '將 使 吾 子孫 立 國 於 此, 汝 其 避之, 東海之 濱 地, 號 迦葉 原,…可. 都也.' 於是 觀 王 移 都, 天帝 遣 太子 降遊 扶餘 古都, 號 解慕漱,….(정인지 등 1454: 「지리지」 <평양>)(번역생략).

여기서 보면 정인지 등은 『檀君古記』를 인용하였는데 이 전체 기록은 역시 『제왕운기』(III-8)를 재인용한 것으로 본다. 결국 여기서 단군의 부루가 동부여의 부루로 착오되었는데 이는 앞서 본 것처럼 『제왕운기』(III-8)를 오해하였기 때문으로 본다. 나머지 부분은 비교적 다른 사서를 충실히 잘 전재하고 있다. 앞으로 이 착오를 잘 분별해서 연구해야 할 것으로 본다. 물론 『제왕운기』 본래의 의도도 잘 연구하여야 하겠다. 그러면 이제 김부식 등의 『3국사기』의 천제 북부여계승론을 보기로 하자.

3) 김부식 등의 『3국사기』

김부식 등의 『3국사기』 역시 『3국사』를 인용하여 천제 북부여계승론을 기록하고 있는데 이제 이를 보기로 한다.

(Ⅲ-12) ○ 始祖 東明聖王…, 先是 扶餘王 解夫婁 老 無子, …有 小兒,…王 喜曰, "此 乃 天 賚 我 令胤乎!"… 名 曰 金蛙. …立 爲 太子. 後 其 相 阿蘭弗 曰, "日者 天 降 我 曰, '將 使 吾 子孫 立 國 於 此, 汝 其 避之, 東海之 濱 有 地, 號 迦葉原,….' 阿蘭弗 勸 王, 移 都 於 彼, 國號 東扶餘.

　　　　其 舊都 有 人, 不 知 所 從來, 自 稱 天帝子 解慕漱, 來 都 焉.

　　　　及 解夫婁 薨, 金蛙 嗣 位.

　　　　於是 時 得 女子 於 大白山 南 優渤水, 問之. 曰, "我 是 河 伯之 女, 名 柳花,…時 有 一男子, 自 言 天帝子 解慕漱,…." 金蛙 異之,…有 一男兒,…朱蒙,…金蛙 有 七子, 常 與 朱蒙 遊戲,…朱蒙 …行 至 淹㴲水…告 水 曰, "我 是 天帝子·河伯外孫,…."(一云, 朱 蒙 至 卒本扶餘, 王 無 子, 見 朱蒙 知 非常人, 以 其 女 妻之, 王 薨, 朱蒙 嗣 位.). 時 朱蒙 年 二十二歲.

　　　　…王 見 沸流水 中, 有 菓[菜]葉 逐 流下…, 至 沸流國, 其 國王 松讓 出見 曰, "寡人 僻 在 海隅, 未 嘗 得 見 君子, 今日 相 遇, 不 亦 幸乎? 然 不 識 吾子 自 何 而 來?"
　答 曰, "我 是 天帝子, 來 都 於 某 所."
　松讓 曰, "我 累世 爲 王, 地 小, 不 足容 兩主, 君 立都 日淺, 爲 附庸乎? 王 忿 其 言, 因 與之 鬪辯, 亦 相 射 以 校예, 松讓 不 能 抗.
　○ 二年 夏 六月, 松讓 以 國 來 降, 以 其 地 爲 多勿都, 封 松讓 爲 主, 麗語 謂 復 舊土 爲 多勿, 故 以 名焉.
(김부식 등 1145:「고구려국본기」〈동명성왕 원년, 2년〉)(번역생략).

『3국사기』의 이 내용의 주요 논점을 간략히 살펴보면 다음과 같다.

첫째, 여기서도 부여국 해부루왕이 먼저 건국되어 있고 이를 이어서 해모수의 복부여가 건국되고 있다.

둘째, 해부루에게 금와 태자를 준 것은 天이고 또 천도를 권유한 이도 天이다. 그런데 해모수는 천제자로 나오므로 이 天은 역시 천제로 봐야 할 것이다.

셋째, 여기서는 −37년에 고주몽이 즉위할 때 22세라고 하였으므로 그가 출생한 연도는 우리 나이로 하면 −58년의 癸亥년이다. 그런데 이때는 이미 금와 태자가 즉위한 한지 조금 지난해이다. 따라서 여기서는 금와왕이 연장자이고 고주몽은 그의 7왕자와 유희하는 나이로서 금와왕보다 연하자로 보인다. 이는 『환단고기』와 매우 다른데 그 곳에서는 고주몽이 −79년에 출생하여 −77년에 출생한 금와 태자보다 오히려 2년 연장자로 나온다. 그러므로 『환단고기』(44면)의 『가섭원부여기』에서는 고주몽이 해부루왕 때에 탄생한 것으로 기록되어 있다. 즉 해부루왕이 유화부인을 궁으로 데리고 간 것으로 기록하고 있다. 그렇게 보면 금와왕에게 유화부인은 어머니의 반열에 해당하는 것이다. 그러나 『3국사기』에 따르면 妃의 반열에 해당이 되게 된다. 그런데 『3국사기』 <동명성왕 14년 (−24)>에서도 유화부인이 죽자 금와왕이 <태후>의 예로서 장사를 지냈다고 했기 때문에 이 역시 상당한 논점을 가지고 있다고 본다. 만약 태후의 예로서 장사 지냈다는 것은 일반적으로는 유화부인을 어머니의 예로서 장사를 지낸 것이기 때문에 그렇다면 오히려 고주몽과 금와왕을 동년배로 본 『환단고기』의 기록이 더 정확할 수도 있는 것이다. 그렇지만 또 같은 『가섭원부여기』(45면)에서는 유화부인이 돌아가시자 고구려가 수만의 호위병으로 졸본으로 모셔와 황태후의 예로서 장사를 지냈다고 했기 때문에 혹 『3국사기』에서 금와왕이 유화부인을 태후로서 장사지낸 것은 고주몽의 태후로서 장사지냈다는 뜻도 될 수 있기 때문에 앞으로 이러한 논점은 계속 연구해야할 것이다. 그러나 이러한 기록상으로 보면 범장의 『가섭원부여기』(45면)가 합리적이라고 하겠다.

넷째, 그리고 주요한 것은 해모수가 천제자라면 고주몽은 앞서 「동명왕편」, 『제왕운기』에서 본 것처럼 천제손이라야 논리적으로 맞을 것이지만 여기서는 고주몽도 자신을 천제자라고 하였다. 이는 또 『3국유사』에서도 이렇게 되어 있으므로 『3국사기』만의 견해는 아니다. 그러므로 『3국사기』는 고주몽의 부분에서는 고구려의 논리를 받아들여 해모수를 천제로 보고 고주몽을 천제자로 본 것 같다. 이는 뒤에서 고구려의 금석문으로 다시 보도록 하겠다. 그러면 원래의 『3국사』에는 천제자-천제손 어느 쪽으로 기록되어 있었을 것인지 궁금하나 이는 앞으로 더 연구해 볼 과제라고 하겠다.

다섯째, 그리고 이 연구에서 가장 주요하게 보는 것은 여기서는 고주몽과 송양왕의 주요한 투변인 <선인지후><비신지주><계천지후>논쟁이 빠져 있다. 이는 매우 의도적인 것으로 보인다. 만약 이 <선인지후>논쟁을 수록한다면 <선인>의 해석을 注로 달아야 하기 때문이었을 것으로 본다. 물론 이외에도 여러 기록들을 누락했다. 그런데 무엇보다도 이 투변을 빠뜨림으로써 고조선과 부여, 고조선과 고구려의 관계가 명확하지 않게 된 점이 없잖아 있는 것으로 보인다. 앞으로 이를 더 깊이 연구하여야 할 것으로 본다.

여섯째, 고주몽이 졸본부여로 가서 왕의 사위가 되어 나중에 嗣位하였다는 注는 『제왕운기』, 『환단고기』(43면)의 내용과 일치한다.

일곱째, 고주몽은 불류국의 송양왕을 항복시키고 그곳을 다물도로 하였다. 다물은 구토회복이라는 뜻인데 어떻게 신생 고구려가 누세에 걸쳐 내려온 불류국을 구토로 볼 수 있는 지에 대한 설명이 없는데 이 역시 앞으로 더 연구해 볼 과제라고 하겠다. 논자는 결국 이것이 고구려가 고조선을 계승하여 고조선의 구토를 회복하겠다는 의미로 본다.

아홉째, 여기서 모두에 동명성왕이라고 하였는데 이는 동명왕을 대단히 존숭하는 칭호로 본다. 성왕은 또 「모두루묘지명」(400년대 중엽)에서도 나오므로 고구려 당대인의 호칭으로 본다.

열째, 그리고 계승의 문제에서 보면 이러한 『3국사』의 기록은 북부여의 등장과 퇴장의 실체가 명확하지 않게 된다. 즉 천제의 명에 따라 국가를 세운 우리 국사상의 주요한 북부여가 천제자 해모수 이후 고구려의 건국에 도움을 준 것을 시사하고는 더 이상 나타나지 않는다. 이 역시 이해하기 어려우며 여기에 생략된 부분이 있을 것으로 보는데 그것이 『환단고기』의 내용인지는 앞으로 자세히 연구하여야 할 것이다.

이와 같이 『3국사』를 인용한 「동명왕편」 「제왕운기」 『3국사기』는 북부여의 해모수가 <천제>를 계승하였음을 보여주고 있는데 이 천제는 단군으로 보인다. 따라서 이는 북부여가 고조선을 계승했다는 의미로 본다.

이들 사서의 주요 특징은 ① 해모수가 −59년에 북부여를 건국하였고 이전에 이미 해부루의 부여가 있었고, ② 해모수와 해부루의 인척관계는 아무 언급이 없고, 즉 해부루는 해모수의 아들이 아니고 오히려 연장자로 보이며, ③ 해모수는 대표적인 표현으로 보면 <천제자·천제의 태자·천왕랑·上帝胤>이고, 고주몽은 해모수의 아들로서 <천제손·하백외손>이나, 다만 『3국사기』에서는 <천제자·하백외손>이고, ④ 부여왕 해부루에게 천도를 권한 이는 천, 또는 천제이고, ⑤ 그 결과는 −59년의 천제자 해모수의 북부여의 건국이다.

다시 한 번 강조하면 부여왕 해부루에게 천도를 권할 수 있는 권위를 가진 당시의 <천제>는 논자가 볼 때는 역시 고조선의 단군이라고 본다. 되풀이 하면 『3국사(구)』에 「단군본기」가 있었고 그랬을 때에는 더욱이 <천제>가 곧 단군이기 때문이다. 『3국사』에는 이 북부여가 계승한 <천제>에 대해서 자세한 기록이 있었을 것으로 보나 현재 이를 인용한 3곳의 사서에는 어떤 이유인지는 더 연구해 보아야 하겠지만 이 부분을 인용하지 않은 것으로 본다. 이는 당시의 시대상황을 반영한 것으로 본다. 그런데 『환단고기』에 따르면 고조선의 종언은 −238년이고 『3국사기』 등에 따르면 북부여의 건국은 −59년이므로 이 사이에는 시차가 180년 있다. 이는 물론 고조선은 종언을 하였지만 그 帝室이 여전히 남아서 정통성있는 권한을 가졌을 가능성도 있다고 봐야 할 것이다.

그리고 『환단고기』 『규원사화』 『단기고사』 등 고대사서에는 진조선이 송화강 합이빈에 있었다고 기술하고 있는데 이는 고조선 말기의 상황이거나 또는 고조선을 북부여가 계승했다는 것을 나타낸 기록이라고 본다. 물론 논자는 북부여도 원래는 진조선 영토였다고 본다. 따라서 『3국사기』 등에 따르면 涿水에 있던 진조선이 −221년경 진한으로 옮겨가 −57년에 고조선을 계승한 신라를 건국하였고, 역시 고조선의 북부영토였던 부여에서도 그 2년전인 −59년에 고조선을 계승한 북부여를 건국하였고 이에 따라 원래 있던 부여는 동으로 이주하여 가섭원의 동부여를 건국하였다고 본다. 물론 이는 『3국사기』 등에 따른 것이고 『환단고기』로 보면 다른 것이다. 이상의 『3국사』를 인용한 3사서의 계승을 보면 <그림2>와 같다.

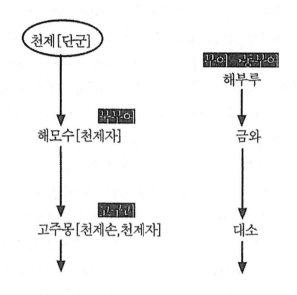

<그림2> 『3국사』를 인용한 3사서의 계승도

이제 고조선 고구려계승론을 보자.

IV. 고조선 고구려계승론

고조선을 북부여가 계승하였고 그 북부여를 고구려가 계승하였기 때문에 자연히 고조선을 고구려가 계승하였다는 뜻이라면 그렇게 의미가 없어 보이기도 한다. 그러나 그것이 아니고 고조선을 고구려가 직접 계승했다는 기록도 있는데 이는 일연의 『3국유사』가 대표적이다. 그리고 일연은 북부여 해모수를 천제로 보고 이 천제를 고구려가 계승했다는 기록도 남겼는데 이는 다소 복잡한 기록이다. 이제 이 2개의 기록을 살펴보기로 하자. 그리고 마한 고구려계승론도 계속 살펴보기로 하겠다.

1. 일연의 『3국유사』의 고조선 고구려계승론

고조선을 고구려가 계승했다는 기록이 『3국유사』에서 출현된다는 것은 지금까지는 그렇게 알려지지 않아왔다. 지금까지 일연의 『3국유사』가 신라계열의 사서라고 인식하고 있지만 그것은 전체적으로는 그렇고 또 일연의 활동범위상, 그리고 신라의 역년이 길기 때문에 신라에 대한 기록분량이 많은 것에서 오는 약간의 오해이지, 고조선의 계승, 정통성의 문제 등 예민한 문제에서는 반드시 그렇지 않다는 것을 이해해야 한다.

먼저 일연의 『3국유사』의 목차를 보면 <고조선(왕검조선)→위만조선→마한→…말갈·발해→이서국→5가야→북부여→동부여→고구려→변한·백제[남부여]→진한→…>의 순서로 편수되어 있는데 이는 역사서술의 편의상 이렇게 편차했다고도 보겠지만 이미 140여년 전에 국가에서 편찬한 『3국사기』가 「신라본기」「고구려본기」「백제본기」로 편차하여 「신라본기」를 가장 앞에 둔 것과 비교해 볼 때 큰 차이로서 사실 단순한 문제가 아니다. 다만 『3국유사』도 「왕력」에서는 <중국→신라→고구려→백제→가락>으로 되어 있어서 『3국사기』와 순서가 일치한다고 볼 수있다.

뿐만 아니라 「고조선(왕검조선)」에서도 <환국→신시→조선→기자>를 설명하고 이어서 唐 『배구전』을 인용하여 <高句麗 本 高竹國(今 海州), 周 以 封 箕子, 爲 朝鮮,…>이라고 하였는데 이는 <고구려→고죽국→기자→조선>이 되어 이는 바로 단군[왕검]조선-기자를 계승한 것이 고구려라는 고조선 고구려계승론이 되는 것이다. 결국 목차와도 상통하는 것으로서 이 역시 범상한 것이 아니다.

뿐만 아니라 일연은 『3국사기』(Ⅱ-1, 3) 첫면의 고조선 신라계승론을 전혀 언급하지 않았다. 이 역시 의식적인 것으로 보인다. 그런데 일연은 오히려 최치원의 <신라 燕 涿水 출자론>(Ⅱ-5)을 거두절미하고 제시하여 신라의 출자를 표면적으로는 고구려와 달리하고 있다. 물론 이는 최치원-일연의 진정한 의도는 아니었을 것으로 보며 논자는 이것을 진한 신라계승론의 다른 표현으로 본 것이다. 또 일연은 선도신모를 <중국>제실의 딸이라고 하여 표면적으로는 역시 『3국사기』와 다른 표현을 하고 있다. 이 역시 논자는 당시 오히려 북부여(하)를 중국으로 보았을 수도 있다고 했지만 그러나 이러한 예민한 정통성의 문제에서 매우 간접적인 것이기는 하지만 이와 같은 기록이 반복되는 것은 역시 간단하지는 않은 문제다. 그리고 일연은 최치원의 3한-3국계승론은 분절하여 모두 실었고 다소의 해석을 하였지만 역시 前3한이라는 의식은 없었다.

그리고 일연이 고조선 고구려계승론을 개진한 기록은 고조선의 평양을 당시의 서경 즉 고구려의 평양으로 본 것도 포함할 수 있다.

> (Ⅳ-1)號 曰 壇君王儉, 以 唐 高 即位 五十年 庚寅 都 平壤(今 西京.), 始 稱 朝鮮.(일연 1281~3년경:「고조선(왕검조선)」)
> (번역생략).

고조선 초기의 수도였던 평양을 고려의 서경으로 본 것은 역시 이를 고구려의 평양과 일치시킴으로써 고조선 고구려계승론을 간접적으로 제시한 것으로 본다. 그런데 이는 또 『3국사기』에서도 이미 나타난 바가 있다.

> (Ⅳ-2)○二十 一年 春 二月, 王 以 丸都城 經 亂, 不 可 復 都, 築 平壤城, 移民 及 廟社, 平壤者 本 仙人王儉之 宅也. 或 云 王之, 都 王險.(김부식 등 1145:〈동천왕 21년〉)(번역생략).

이 역시 고조선 고구려계승론을 담고 있는 기록이다. 고조선 신라계승론을 첫 면에 기록한 『3국사기』에서 이러한 기록이 나온 것은 결국 김부식 등의 사관에 기인했다가 보다도 고구려에서 전래한 고기록을 인용한 기록으로 보여 더욱이 주요하다고 본다. 즉 고구려인이 이미 이러한 사관을 갖고 있었다고 보는 것이다. 그것이 결국은 『3국유사』에 계승되었다고 본다. 그러나 앞서 본 것처럼 평양은 마한의 왕검성이라는 기록도 있었다. 그러므로 고려에 와서 이 두 견해가 공존하였다고 본다.

그리고 여기서 선인왕검이 곧 단군왕검이기 때문에 『제왕운기』에서 이승휴가 선인을 단군으로 해석한 뒷받침이 되는 것이다.

그리고 특히 고조선을 고구려가 계승했다는 가장 직접적인 기록은 역시 「왕력」에서 고주몽을 〈壇君之 子〉라고 한 것이다. 이는 또 뒤에서 다시 보기로 하자. 그러면 이제 일연의 『3국유사』에서 나타나는 천제 고구려계승론을 보기로 하자.

2. 일연의 『3국유사』의 天帝 고구려계승론

일연은 앞에서 본 것처럼 고조선을 고구려가 계승한 것으로 시사하는 기록을 남겼는데 그러면서도 역시 『3국사』를 인용하여 고구려가 북부여 해모수를 계승한 것으로 기록하였다. 특히 여기서 일연은 해모수를 <天帝>라고 하여 고구려가 천제자가 아니고 곧바로 천제를 계승하였음을 밝히고 있다. 이는 고구려의 정통성을 확고히 하는 효과가 있기 때문에 상당히 의미가 있고 역시 고구려 당대의 해석일 가능성도 많다고 본다. 이것이 『3국사기』에서 고주몽을 천제손이 아니고 바로 천제자로 본 기록을 남긴 연유일 것으로 본다. 그런데 일연의 『3국유사』는 고조선 고구려계승론과 천제 고구려계승론의 두 계승론을 합일하려는 의도를 가진 복합적인 기록이라고 본다. 즉 같은 『3국사』를 인용하면서도 앞에서 본 다른 사서와는 표면적으로는 비슷하면서도 심층 구조에서는 다른 기록을 남겼다.

> (IV-3)「北扶餘」
> 「古記」 云, 『前漢書』 宣帝 神爵 三年 壬戌 四月 八日, 天帝 降 于 訖升骨城(在 大遼 醫州界.), …立 都 稱 王, 國號 北扶餘, 自 稱 解慕漱, 生 子 名 扶婁, 以 解 爲 氏焉. 王 後 因 上帝之 命, 移 都 于 東扶餘, 東明帝 繼 北扶餘 而 興, 立 都 于 卒本州, 爲 卒本扶餘, 卽 高句麗之 始祖(見 下.)(일연 1281~3년경:「북부여」) (번역생략).

여기서의 주요 내용은 다음과 같다.

첫째, 앞의 기록들에서 천제자-상제윤이라고 한 해모수를 직접 천제-상제라고 하여 고구려가 천제-상제 해모수의 북부여를 계승하였음을 기록하고 있다. 즉 고주몽은 천제손이 아니고 천제자인 것이다. 이는 고구려 금석문에서도 확인되기 때문에 고구려 당대의 사상으로 보인다. 이는 천제손보다는 천제자가 더 정통성을 확고히 하는 것일 뿐만 아니라 다른 사유도 있다고 보는데 이는 계속 보기로 한다.

둘째, 여기서 논자가 가장 강조하고자 하는 것은 다른 사서에는 부여왕 해부루가 건국하여 있고 천제자 해모수가 온 것으로 하였는데 여기서는 천제 해모수가 <자식을 낳아 이름을 부루라 하니[生 子 名 扶婁,],>라고 하여 해부루를 해모수의 아들로 본 것이다. 이는 다른 사서에는 없는 내용이며 고대사의 체계가 아주 달라지는 문제이다. 이것은 단순한 착오일까? 『제왕운기』에서는 사실 단군이 부루를 낳았는데 그 부루가 동부여의 부루로 착오할 수도 있는 기록을 남겼고 또 『세종실록』에서 이러한 착오가 직접 발생하기도 하였다. 그러나 해모수가 부루를 낳았다는 것은 전혀 그와는 또 다른 문제이다. 다시 말하면 만약 해모수가 해부루를 낳았다면 북부여와 부여가 합성되어 북부여가 먼저 건국되는 것이고 또 뒤에서 볼 착오가 잇달아 발생하는 것이다.

이러한 착오를 최소한 문헌범위내에서 넓게 해석하면 일연은 평양 고조선의 단군을 고주몽이 계승하였고 또 해모수를 고주몽이 계승하였기 때문에 단군과 해모수를 같은 인물로 보았고 더 나아가서 단군이 낳은 부루를 해모수가 낳은 것으로 보았다고 할 수 있다. 그러나 부루를 낳은 단군과 해모수를 동일인물로 볼 수없고 또 단군의 부루와 부여의 부루를 동일 인물로 볼 수 없음은 자명하다. 그러나 뒤에서 계속 보면 일연은 부루를 낳은 −2333년의 단군과 고주몽을 낳은 −59년의 해모수를 동일인물로 보았는데 이는 다소 이해하기 어려운 것이라 하겠으며 계속 보기로 하겠다.

셋째, 여기서는 <東明帝>라고 하여 동명왕을 매우 존숭하였다.

그러면 계속해서 「동부여」를 보기로 하자.

(Ⅳ-4) 「東扶餘」
北扶餘王 解夫婁之 相 阿蘭弗 夢, 天帝 降 而 謂 曰,"將 使 吾 子孫 立 國 於 此, 汝 其 避之(謂 東明 將 興之 兆也,), 東海之 濱 有 地, 名 迦葉原,…." 阿蘭弗 勸 王, 移 都 於 彼, 國號 東扶餘. 夫婁 老 無子, …有 小兒,…王 喜 曰, "此 乃 天 賚 我 令胤乎!"… 名 曰 金蛙. …爲 太子.(일연 1281~3년경:「동부여」)
(번역생략).

여기서의 주요 내용은 다음과 같다.

첫째, 여기서는 해부루를 북부여왕으로 보았으나 이 역시 다른 사서와 비교해 보면 착오로 보인다. 즉 부루는 해모수의 북부여보다 앞선 부여의 왕으로 봐야한다.

둘째, 여기서 천제가 아란불을 통하여 <내 자손으로 하여금 이곳에 나라를 건국하게 하겠으니,>라고 하였는데 이 천제는 해모수이기 때문에 해부루도 역시 해모수의 자손이 되는데 굳이 동명왕을 위해 異母형제인 해부루를 천도하게 했을지가 의문이다. 그러므로 앞에서 해부루가 해모수의 아들이라고 한 것은 착오로 보이는데 앞으로 더 깊이 연구가 필요하다고 본다.

그리고 여기서는 <천제>가 천도를 권유한 것으로 기록하였고 해부루왕이 금와 태자를 얻자 감사한 것은 <천>이었다. 따라서 천이 곧 천제라는 것을 알 수 있다.

셋째, 해부루가 동부여로 천도하는 기록에서 일연은 <동명이 장차 일어나려는 징조다.>라고 하였는데 이 역시 다른 사서와 다르다. 즉 다른 사서에서는 부루왕이 동부여로 가고 난 뒤 해모수의 북부여가 건국하였다고 했던 것이다. 이같이 해부루의 천도뒤에 동명제의 고구려가 일어났다고 한 것은 역시 고구려가 천제자 해모수가 아닌 천제 해모수를 계승했다는 뜻이 되기 때문에 이는 일연이 고구려의 정통성을 천제에 더 가까이 하여 더 확고히 하고자 한 의도가 있다고 보아진다.

(Ⅳ-5)「高句麗」

　　　高句麗 卽 卒本扶餘也,…『國史』「高麗本紀」 云, 始祖 東明聖帝, 姓 高氏, 諱 朱蒙. 先是 扶餘王 解夫婁 旣 避 地 于 東扶餘, 及 夫婁 薨, 金蛙 嗣 位.

　　　　于 時 得 一女子 於 太伯山 南 優渤水, 問之 云, "我 是 河伯之 女, 名 柳花,…時 有 一男子, 自 言 天帝子 解慕漱,…而 往 不 返(『壇君記』 云, 君與 西河 河伯之 女 要 親, 有 産 子, 名 曰 夫 婁. 今 按 此 『記』, 則 解慕漱 私 河伯之 女 而 後 産 朱蒙. 『壇君記』 云, 産 子, 名 曰 夫婁. 夫婁 與 朱蒙 異母兄弟也.)…." 金蛙 異之,…有 一男兒,…朱蒙,…金蛙 有 七子, 常 與 朱蒙 遊戲,…於

是 蒙 與 烏伊 等 三人 爲 友, 行 至 淹水, 告 水 曰, "我 是 天帝
子·河伯孫,…." 至 卒本州(…), 逐 都焉. 未 遑 作 宮室, 但 結 廬
於 沸流水 上 居之, 國號 高句麗, 因 以 高 爲 氏(本姓 解也, 今 自
言 "是 天帝子." 承 日光 而 生, 故 自 以 高 爲 氏.) 時 年 十二
世,…卽位 稱 王.
(일연 1281~3년경:「高句麗」)(번역생략).

여기서의 주요 내용은 다음과 같다.

첫째, 여기서는 『국사』를 인용하였는데 이는 역시 『3국사』로 보인다. 그런
데 앞에서는 「동명(왕)본기」라고 하였는데 여기서는 「고려본기」라고 하였으
나 마찬가지일 것으로 본다. 그런데 『3국사』에서는 <동명성제>라고 하였기 때
문에 이 이를 상당히 높여 존숭하였다는 것을 알 수 있다.

둘째, 그리고 앞서 북부여의 해모수의 아들이라고 한 해부루를 부여왕이라고
하여 일연은 부여와 북부여를 다소 혼동하고 있는 듯하다. 이 역시 착오인지 아
니면 그 자신의 사관인지 더 연구가 필요할 것이다.

셋째, 그런데 『3국사』「고려본기」를 인용하여서는 유화부인이 <천제자 해
모수>라고 하였다. 이로 볼 때는 『3국사』가 천제자-해모수, 천제손-고주몽으
로 했을 가능성도 여전히 있다고 본다.

넷째, 그런데 더 주요한 것은 일연이 『壇君記』를 인용한 그 자신의 注에 있
다. 이를 보면 단지 <君>만을 주어로 했지만 이 <군>이 단군이라는 것은 의문의
여지가 없을 것이다. 그런데 그는 단군이 서하 하백녀와 혼인해서 아들 부루를
낳고, 해모수가 하백녀와 사통하여 낳은 아들이 주몽이므로 따라서 부루와 주몽
은 異母兄弟라고 하여 지금까지 많은 후세의 연구자들이 이해하지 못했던 난해
한 기록을 남겼는데 논자는 이는 앞서의 해모수가 해부루를 낳았다는 기록에서
그 해석의 실마리를 찾아야 한다고 본다. 즉 일연은 해모수와 단군이 모두 부루
를 낳았으므로 이 두 분을 異名同人으로 보아 해모수가 곧 단군이고 따라서 부
루와 주몽은 모두 해모수가 낳은 異母兄弟라고 하였는 것으로 본다. 그런데 이는
비교적 착오일 것이다. 즉 우선 이를 나타내면 <그림3>과 같다.

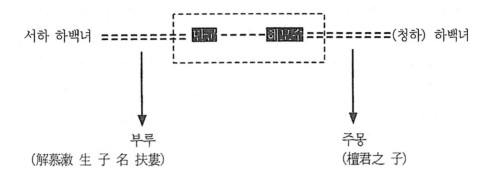

서하 하백녀 ======== 단군 ---- 해모수 =========(청하) 하백녀

부루
(解慕漱 生 子 名 扶婁)

주몽
(檀君之 子)

<그림3> 일연의 단군과 해모수가 이명동인이라는 견해

즉 일연은 단군과 해모수를 이명동인으로 본 것이다. 이는 <解慕漱 生 子 名 扶婁,>라는 최초의 착오에서 비롯된 것이다. 그런데 <解慕漱 生 子 名 扶婁,>가 어디에서 연유한 착오인지는 현재로서는 더 연구가 필요하다. 논자는 문헌자체로 보면 이 역시 『제왕운기』에서 비롯하였을 가능성이 있다고 본다. 즉 주어가 없이 <(단군이) 부루를 낳았다>는 그 注가 부여條의 뒤에 있기 때문에 부여하면 북부여고 북부여하면 천제 해모수로서 해모수가 부루를 낳은 것으로 오해하였을 수도 있다고 본다. 그러나 이 역시 설득력은 약하고 그러한 기록이 일연과 같은 사학가에게 이런 착오를 낳기는 어려운 것이다. 뿐만 아니라 『제왕운기』는 1287년에 쓰여졌고 『3국유사』는 1281~3년경에 쓰여진 것으로 추정하고 있기 때문에 오히려 『제왕운기』가 나중 쓰여졌다고 볼 수도 있기 때문에 이 간기의 문제 역시 간단한 것이 아니다. 만약 『3국유사』가 『제왕운기』의 영향을 받았다고 한다면 그 간기를 다시 연구해야할 필요성이 있게 된다. 또 이렇게 하여 부여와 북부여를 혼동한 것도 이해하기 어렵다. 이들은 비교적 착오를 할 수 없는 문제인데 착오를 한 것은 오히려 의도적으로 보인다. 왜냐면 해모수를 단군으로 본 것이 「왕력」에서 동명성제를 <檀君之 子>라고 한 기록을 낳았다고 보기 때문이다. 그런데 이는 착오를 해서 동명성제를 <檀君之 子>로 보았다고 할 수도 있지만 동명성제를 <檀君之 子>로 보기 위해 약간의 착오를 했다고 볼 수 있다. 이것은 다시 한 번 강조하면 ① 비교적 착오할 수 없는 것을 착오하였고, ② 이 착오가 낳은 결과의 기록은 동명성제를 <檀君之 子>로 본 것인데 이는

『3국유사』의 밑바탕에 깔려 있는 기본논리이기 때문이다. 즉 넓게 보면 이에는 고구려가 단군의 고조선을 계승했다는 사관과 북부여의 천제 해모수를 계승했다는 사관을 다소 통합하고자 한 의도가 엿보인다. 즉 이것을 단군의 고조선과 고구려를 직접 계승시키고자 한 의도로 본다. 그런데 그것이 천제자 해모수 때문에 곤란을 받자 이 이를 천제 단군 해모수로 보았을 가능성이 있다. 단군은 천제이기 때문에 그래서 해모수가 천제자가 아니고 천제로 기록된 것으로 본다. 그런데 해모수가 천제로 기록된 것은 고구려의 금석문에서도 나오므로 이는 꼭히 일연의 견해가 아니고 고구려의 당대의 기록에서 나온 것이다. 특히 『광개토대왕 비문』(414)의 冒頭를 보자.

> (Ⅳ-6)惟 昔 始祖 鄒牟王之 創基也, 出自 北夫餘 天帝之 子, 母 河伯女郎,…南下 路 由 夫餘 奄利大水 王 臨 津 曰, "我 是 皇天之 子, 母 河伯女郎…."(『광개토대왕 비문』:414)(번역생략).

여기서 보면 동명 추모왕이 북부여 <天帝>의 子요, <皇天>의 子라고 하였다. 따라서 해모수=천제=황천이고 추모왕은 천제자, 황천자로서 고주몽이 천제자라는 사상이 이미 4백년대에 있었던 고구려인의 당대의 사상이라는 것을 충분히 확인할 수 있다. 이의 주요성은 매우 크다. 우리의 역사가 <천제의 역사>라는 것을 주요한 금석문에서 확인하였기 때문이다. 또 여기서는 추모왕이 엄리대수의 나루터에 와서 이 강을 건널 때 하백의 외손이라는 것을 밝혀 도움을 받았다는 것을 알 수 있다. 따라서 하백은 당시의 水運을 관장하는 군장이었다는 것을 알 수 있다. 그리고 이는 또 비슷한 시기의 「모두루묘지명」(4백년대 중반)에도 나온다.

> (Ⅳ-7)河伯之 孫·日月之 子 鄒牟聖王 元出 北夫餘.
> (「모두루묘지명」:4백년대 중반)(번역생략).

여기서는 오히려 <하백손>이 먼저 강조되었다. 그리고 또 고주몽은 천제자가 아니고 <日月子>라고 한 것이 특색인데 이는 중국계통의 자료에서는 이와 같이 나온다. 즉 魏收(506~72)의 『위서』<고구려>(551~4)에서는 <朱蒙 告 水 曰,

"我 是 日子·河伯外孫…."〉이라고 하였고 또 魏徵(580~643) 등의 『수서』〈고려〉(629~36)에는 〈朱蒙 曰, "我 是 河伯外孫·日之 子也…"〉라고 하였던 것이다. 물론 天帝나 日月이나 비슷하기는 하지만 日月은 역시 중국식으로 다소 격하하고자 한 표현일 것이다. 그리고 추모〈聖王〉만 하더라도 동양에서는 상당히 존숭되는 표현이다. 여기서 더 존숭하면 동명〈聖帝〉가 되는 것이다.

이 같이 고구려가 당대에 이미 단군-천제 해모수, 천제자 고주몽의 체계를 구축한 것은 고구려가 형성한 고도의 통치논리의 구축으로 본다.

다섯째, 그런데 여기서도 『3국사기』처럼 유화부인은 〈천제자 해모수〉라고 하였고 고주몽은 엄수를 건널 때, 〈천제자·하백손〉이라고 하여 또 한 번 혼성된 기록을 보이고 있다. 이를 보면 『3국사』가 본래 혼성된 것 같기도 하므로 더 연구가 필요하다고 본다.

여섯째, 해모수가 -59년에 降世하였고 고주몽이 -37년에 고구려를 건국하였기 때문에 고주몽이 즉위 할 때의 나이는 사실 『3국사기』에서 처럼 22세가 맞을 것이다. 여기서는 나이가 12세로 나오지만 이는 역시 오탈로 봐야 할 것이다. 그러나 22년이든 이 12년이든 이 동안의 해모수-해부루-금와-대소의 역년을 설명해주지 못하기 때문에 역시 해부루가 해모수의 아들이라는 것은 『3국유사』의 착오로 봐야 할 것이다. 그러나 그것은 앞에서 본 것처럼 의도적인 것으로 본다.

일곱째, 고구려 초기에 불류수 위에서 오두막을 엮고 살았다고 했는데 논자는 앞에서 본 것처럼 이것이 갈대로 엮은 수상가옥일 가능성이 있다고 본다.

여덟째, 여기서의 『壇君記』가 『제왕운기』가 인용한 『3국사』의 「단군본기」일 가능성이 있다.

아홉째, 여기서 일연은 특이하게 해부루의 동부여천도 후 해모수의 북부여가 건국한 것이 아니고, 고주몽의 고구려가 건국한 것으로 해석을 하였다. 사실 『3국유사』에서는 해모수가 해부루를 낳았으니까 북부여가 먼저 있고 부여가 있게 되므로 해부루의 부여를 고주몽의 고구려가 계승하는 것이 당연하다. 그러면서도 이는 천제 해모수의 명으로 천제자 고주몽의 고구려가 건국되었다는 또 하나의 의미를 갖게된다. 이는 앞의 3사서의 부여-천제자(북부여)-천제손(고구려)계승론과 내용과 의미가 달라지게 된다. 이는 고구려가 해모수를 계승한 것은 사실이라 하더라도 해모수의 정통성을 부여보다 더 높혀 고구려의 정통성을 더 높이는 효과가 있다. 즉 부여-북부여-고구려가 아니고 단군·천제(북부여)-천제자(고구려), 북부여-부여-동부여가 되어 부여보다 더 정통성이 있는 북부여를 고구려가 직접 계승했다는 의미가 되는 것이다. 논자는 이 의도가 결국은 <解慕漱 生子 名 扶婁,>라는 기록을 가져왔다고 본다. 따라서 『3국유사』의 착오는 상당한 자기류의 논리성을 갖고 있다. 이 역시 『3국유사』의 특이한 점이다.

이와 같이 일연의 『3국유사』는 ① 해모수가 -59년에 북부여를 건국하였고, ② 해부루는 해모수의 아들이고, ③ 해모수를 천제·상제로 보았고, 다만 『(3)국사』를 인용해서는 천제자로 보았고, 고주몽을 역시 해모수의 아들로서 천제자·하백손으로 보았고, ④ 부여왕 해부루에게 천도를 명한 것은 천제·상제인데, ⑤ 그 결과는 동명제, 동명성제인 고주몽의 -37년의 고구려 건국이다.

이는 대체로 『3국사』를 인용한 앞의 3사서와 얼핏보면 비슷하여 별 차이가 없는 것으로 보았는지 지금까지 깊이 연구되지 않았는 것 같다. 그러나 심층 구조에서는 큰 차이가 있다. 즉 다시 한 번 강조하면 <천제, 상제:단군>의 명으로 고구려를 건국하였다는 것은 정통성을 달리 하는 것이며 이는 주요한 문제로 본다. 논자는 이 상당한 부분이 일연의 의도적인 가필의 가능성이 있다고 보는데 이 가필이 일연의 단순한 착오 때문인지 아니면 의도적인 것인지는 계속 연구해 보아야 하겠지만 논자는 이것이 의도적일 가능성이 많다고 본다. 더욱이 『3국사기』에서는 <동명성왕>이라고 하였고, 『동국이상국집』에서는 <동명왕>이라고 하였고, 『제왕운기』에서는 <동명, 동명성제>라고 하였는데 일연은 일반적으로는 <동명제>라고 하였고 특히 『(3)국사』「고려본기」를 인용하여서는 <동명성제>라고 하여 동명왕을 대단히 존숭하였는데 이는 직접적으로 표명만하지 않았다 뿐이지 거의 고구려중심론에 가깝기 때문에 이러한 가필은 고구려를 존숭하고자하는 의도에서 형성되었다고 보는 것이다. 물론 일연은 박혁거세거서간을 天子라고 하기도 했지만 그러나 聖帝는 그 보다 상위의 개념으로 볼 수 있는 여지가 있다. 그러므로 원래 이러한 기록을 담고 있다고 보아지는 『3국사(구)』는 고구려중심의 사서로 보인다. 이 사서가 묘청(?~1135) 등의 서경천도운동에 영향을 주었고 따라서 이 후 김부식 등이 신라중심의 『3국사기』를 다시 편찬한 것으로 본다. 그러나 더 나아가서 이 천제계승론은 금석문에서도 나타나기 때문에 고구려 당대에 이미 형성된 사상으로 본다.

따라서 일연이 「왕력」에서 〈壇君之 子〉라고 한 것은 동명왕이 고조선을 계승한 것을 나타내어 역시 동명왕과 고구려를 높이고자한 의도로 본다. 『3국사기』에 따르면 오히려 박혁거세거서간을 〈壇君之 子〉로 봐야 하는 것이다. 그런데 다시 한 번 강조하면 고주몽을 〈壇君之 子〉로 본 것이 착오에서 나온 것이 아니고 일연이 고구려가 고조선을 계승했다는 사관을 직접 개진한 것일 수도 있다. 그러면 왜 본문에서 직접적으로 기록하지 않고 이렇게 「왕력」에 간단히 넣었는지도 살펴봐야 할 것이다. 이것은 『3국사(구)』와 함께 묘청의 서경천도운동과도 관계가 있다고 보는데(이강식 1990:p.91), 일연도 불교의 스님으로서 이러한 운동의 영향을 받아 기술하였거나 그러한 저서에서 인용하였을 가능성도 있다고 본다. 그러므로 논자는 일연의 사관이 『3국사(구)』와 묘청의 사관의 영향을 깊이 받아 이를 일부 또는 전부 계승했다고 본다. 이것은 또 일연의 사관이 갑자기 형성된 것이 아니고 국사의 면면한 전통을 잇고 있다는 것이다.

따라서 묘청의 서경천도운동이 실패한 후 1281~3년경에 이러한 시대분위기 속에서 고구려가 고조선을 계승했다는 사관을 직접 기록하기가 어려워 일연이 간접적으로 이러한 내용을 기록한 것으로 본다. 이것이 일연이 불승으로서, 특히 불립문자를 지향하는 당대 최고의 禪師로서 드물게 역사서인 『3국유사』를 쓴 이유, 일연이 『3국유사』를 비교적 말년에 쓴 이유, 비문에 『3국유사』의 저술 사실을 밝히지 않은 이유, 또 다른 이유 즉 후대로 오면서 改版되면서 이름이 빠졌을 수도 있겠지만 『3국유사』에서 저자 일연의 이름을 분명하게 밝히지 않은 이유를 다소나마 이해하게 해준다고 본다.

그러나 이 부분이 착오이든 아니든 간에 일연의 『3국유사』는 전체적으로 고조선을 고구려가 계승한 것으로 본 것임을 알 수 있다. 다시 한 번 강조하면 물론 순수한 착오로 동명왕을 〈壇君之 子〉라고 하였다고 할 수도 있겠으나 그러나 그렇더라도 다른 부분은 고조선 고구려계승론을 은연중이지만 분명히 나타내고 있다고 보아진다.

뿐만 아니라 동명왕을 〈壇君之 子〉라고 하여 고구려가 고조선을 계승한 것을 나타낸 것은 누차 강조하지만 굳이 일연이 아닐 수도 있다. 왜냐면 일연보다는 후대이지만 같은 고려인이 쓴 범장의 『북부여기 상』(1363년 전후)에는 해모수를 고조선을 계승한 <단군>이라고 하였기 때문에 이미 이러한 유의 기록에서 영향을 받은 일연이 해모수 단군의 자손인 동명왕을 <壇君之 子>라고 했을 수도 있고 또 이 <壇君之 子>자체를 일연이 인용했을 수도 있다. 즉 이것이 고려인의 역사사상일 수도 있다.

그런데 더 나아가서 이 <壇君之 子>가 고구려인의 기록에서 나왔을 수도 있다. 즉 『3국사(구)』에서 그렇게 되었을 수도 있고 또 이것이 고구려인의 당대의 기록일 가능성이 있다. 앞서 본 고구려인의 다물정신이 여기에서 형성하였을 것으로 본다. 특히 『광개토대왕비문』에서 동명왕의 출자를 <北夫餘 天帝之 子, 母 河伯女郎>이라고 하였는데 이와 같이 <天帝>는 우리 고대사의 전통에서는 『제왕운기』『3국유사』에서 도출된 것처럼 곧 <단군>이기 때문에 이 <壇君之 子>도 고구려인의 기록에서 형성되었을 것으로 본다. 또 이는 김부식 등의 『3국사기』에서도 <선인왕검의 도읍>이라는 기록이 필시 고구려인의 기록에서 나왔을 것이기 때문에 더욱 그렇다.

지금까지 볼 때 『3국유사』는 고조선 고구려계승론을 기록하고 있음이 분명하다. 다만 이것을 직접적으로 기록하지 않고 간접적으로 전하고 있다. 그러나 일연은 <진한→…>이후부터는 신라계승론에 입각하여 記史하고 있는 것으로 보이기 때문에 그가 고구려계승론만을 나타내었다고 보기는 어렵고 또 「왕력」에서는 『3국사기』처럼 신라를 가장 앞에 기록했기 때문에 전체적으로는 역시 고조선 신라계승론을 따르고 있다고 본다.

그리고 지금까지 본 것처럼 『환단고기』가 고조선 3한조직과 3한-3국으로의 계승을 연구하는 데에 많은 연결고리를 제공하고 있다. 북애자의 『규원사화』(1675)도 이러한 기록이 있었을 것으로 보이나 현재는 고조선까지의 기록인 <卷之 上>만 남아 있고 열국시대를 기록한 것으로 보이는 中下卷이 없어서 이를 연구하는 데에는 『환단고기』를 따르지 못하고 있다. 또 『3국사기』『3국유사』는 3국의 기록은 충실하나 그 이전의 역사는 소략하기 때문에 이는 역시 『환단고기』를 따르지 않을 수 없다. 그러므로 앞으로 『환단고기』를 더 깊이 연구하여야 한다고 본다.

3. 마한 고구려계승론

논자는 앞서 최치원, 이승휴의 마한 고구려계승론을 前마한의 고구려계승론으로 보았다. 이를 더 자세히 살펴보면 좋을 것이나 여기서는 간략히 前마한에 대해서 보기로 하겠다. <馬>한은 역시 <말>과 관계가 있다고 봐야 한다. 따라서 논자는 이 마한이 부여-북부여-고구려의 유목-기마성과 관련이 있다고 본다. 그런데 『3국유사』 「마한」에서 일연은 注를 달기를 고구려에 <邑山>이 있기 때문에 마한이라고 하였다고 했다. 그랬을 때 이 마한은 중국 북부에 있는 <馬邑>과 관계가 있다고 본다. 즉 고구려 (마)읍산의 유래를 중국의 마읍일 가능성이 있다고 본다. 『사기』 「흉노」에 따르면 이곳은 중국 漢때에도 흉노와 漢과의 치열한 격전지가 되었다. 논자는 前마한이 이 곳에서 출자하였을 가능성이 크며 그래서 고구려가 다물정신을 발휘한 것으로 본다.

논자가 보기로는 이 前마한이 후대에 와서 지금의 평양에 도읍한 것으로 보이며 조선왕 기준이 -195년에 공격한 것은 바로 이 후기의 前마한일 가능성이 크고 이후 이 前마한이 남천하여 월지국-목지국에 도읍하여 後마한이 되었다가 백제로 통합되었다고 본다. 그리고 그 후의 기준의 후번한은 곧 종언하고 평양과 춘천 등 인근지역은 최리의 낙랑국이 되었을 가능성이 크다고 본다. 그리고 낙랑국이 고구려에게 통합된 후 춘천은 맥국이 되었을 것으로 본다. 그러므로 논자는 고구려가 지금 평양의 前마한을 고구려가 계승했다기 보다도 마읍을 중심으로 중국 깊숙히 있던 원래의 前마한을 고구려가 계승하여 연개소문의 중국본토회복 등 다물정신을 발휘하였다고 본다. 향후 이 부분들의 연구도 수행되어야 할 것이다.

V. 변한 백제계승론

앞서 최치원, 이승휴의 변한 백제계승론을 논자는 前변한의 백제계승론으로 보았다. 또 일연도 「卞韓·百濟[남부여]」라는 표제를 통하여 변한과 백제의 관련성과 백제와 남부여의 관계를 설명하고자 했는데 이는 다소 복합적인 것이다. 이는 물론 최치원, 이승휴의 계승론을 다소 받아들인 것이기는 하지만 변한과 남부여는 관련짓기가 어렵기 때문이다. 따라서 여기서의 변한은 역시 논자는 前변한으로 본다. 즉 고조선의 번한이다. 백제는 고주몽의 子 온조에 의하여 건국되어 부여-고구려적인 성격이 있지만 그러나 그 원주민들은 중국에서 이주하여 온 前변한일 가능성이 많다고 본다. 논자는 원래의 번조선-번한-변한이 중국 산동반도의 齊지역에 있었다고 본다. 즉 논자는 조선상 니계의 지역을 산동반도로 보는 것이다(이강식 1994:p.22). 따라서 이 前변한인들이 변산반도 등의 지역들에 거주를 하고 있다가 부여-고구려의 정통성을 이은 온조에 의해 百濟가 건국되었다고 본다. 즉 『환단고기』의 『북부여기 상』(39면)에도 기준이후 前변한인이 월지로 가서 中馬韓을 건국하였다고 했는데 이것이 변한인 중심의 後마한을 형성하는데 영향을 준 것으로 보인다. 그리고 평양에 있던 前마한의 정통성을 가진 마한인이 와서 후마한을 건국한 것으로 본다. 그 후 다시 북부여-고구려의 정통성을 가진 온조가 와서 백제를 건국하게 되는데 따라서 이 3자가 백제문화의 복합성을 갖게 된다고 본다. 따라서 이를 번한 백제계승론으로 본다. 이것이 중국사서에서 백제가 <百家濟海>로 기록한 연유일 것이다. 또 일부는 後변한-변진을 형성하고 있다가 신라로 통합된 것으로 본다.

특히 논자는 <百>을 <많은>의 뜻으로 <濟>를 <나루터>의 뜻으로 보아 <많은 나루터로 형성된 나라>로 본다. 즉 해양국가인 백제이다. 변한-백제야 말로 서해를 중심으로하여 당시의 세계로 뻗어 나간 해양국가로 볼 수 있다. 따라서 논자는 백제가 건국은 -18년에 했지만 前3한으로 보면 前변한을 계승하였다고 본다. 즉 최치원, 이승휴의 이 3한-3국계승은 3한을 前3한으로 보면 보다 분명하게 이해할 수 있다. 앞으로 백제의 건국과정은 더 많이 연구할 필요가 있다고 본다.

VI. 맺는말

고조선의 3한과 3국의 계승을 살펴보았다. 이렇게 볼 때 고조선 3한조직의 위치와 강역, 신라-고구려-백제의 기원, 국사의 체계가 다시금 정립되고, 국사의 편제가 3국의 된 이유를 더 잘 이해할 수 있었다. 또 국사의 체계가 단절없이 복구되고 또 각 사서의 사관을 더 잘 이해할 수 있었다. 또 조직사·조직사상사·역사조직학의 측면에서 3元論의 조직이 계속 계승되어 왔음을 이해하게 되었다.

이상에서 엄격한 문헌고증을 통해서 살펴본 고조선 3한조직의 3국으로의 계승의 주요내용을 각 사서를 중심으로 요약정리하면 다음과 같다.

첫째, 『3국사기』는 고조선 신라계승론을 기록하였다. 물론 천제 북부여계승론과 천제자 고구려계승론, 그리고 선인왕검 고구려계승론도 수록하여 고조선 고구려계승론도 시사하였다.

둘째, 『환단고기』는 고조선 북부여계승론을 기록하였고 또 고조선-북부여(하) 신라계승론도 수록하였다.

셋째, 『동국이상국집』「동명왕편」과 『제왕운기』는 천제 북부여계승론, 천제자 고구려계승론을 기록하였고, 특히 『제왕운기』는 마한 고구려계승론도 수록하였다.

넷째, 『3국유사』는 고조선 고구려계승론과 천제 고구려계승론을 기록하여 이 둘을 통합하려는 사관을 가졌다.

다섯째, 『3국사(구)』는 천제 북부여계승론, 천제자 고구려계승론을 기록한 것으로 보인다. 이 기록이 『3국사기』『동국이상국집』(「동명왕편」)『제왕운기』와 『3국유사』에 각기 인용되어 영향을 주었다.

여섯째, 신라, 북부여, 고구려는 모두 천제, 천제자, 천자를 계승했다는 사상이 있었다.

일곱째, 『광개토대왕비문』과 「모두루묘지명」 등의 고구려 금석문에서 보면 이미 고구려 때에 천제 고구려계승론이 나타나고 있다. 이는 고고학적으로도 증명이 된다.

여덟째, 최치원과 이승휴의 3한-3국계승론은 이를 前3한-3국계승론으로 보면 타당하다.

아홉째, 따라서 논자는 고조선의 3한조직이 진한-신라, 마한-고구려, 변한-백제로 계승되었다고 본다.

열째, 원래의 고조선 3한조직의 위치는 중국 깊숙히 있었는데 현재까지의 문헌고찰로는 진한은 북경지역의 연의 탁수지역, 고구려는 중국 북부의 마읍지역, 변한은 산동반도의 齊지역에 있었는 것까지는 확인할 수 있다.

열한째, 국사가 후3한-3국으로 편제된 것은 이와 같이 고조선의 3한조직의 전통에서 연유한다.

이 연구를 통하여 몇가지 제언을 하면 다음과 같다.

첫째, 부여사를 독립사로서 더 깊이 연구할 필요가 있다.

둘째, 선도신모의 출자가 더 연구되어야 할 것이다.

셋째, 진국사도 더 깊이 연구되어야 할 것이다.

넷째, 원래의 마한, 변한의 위치도 계속 연구되어야할 것이다.

다섯째, 3국의 그 후의 전개도 더 연구되어야 할 것이다.

뿐만 아니라 이 고조선의 3한조직은 3神사상에서 형성된 것인데 진한-신라-人皇, 마한-고구려-天皇, 변한-백제-地皇을 이해하면 국사가 3국으로 편제된 이유를 더 잘 이해할 수 있을 것이다. 이 3神사상은 신라가 3산5악제도를 형성하여 제사를 지낸 것으로도 잘 알 수 있다. 이를 보면 천자사상과 함께 신라가 고조선의 진한을 계승하여 가장 정통성이 있는 종주국이라는 것을 천명하였다고 본다. 이것이 『3국사기』에서 「신라본기」가 가장 처음에 나온 이유로 본다. 이는 역시 신라 당대의 사관이었을 것이다.

이와 같이 우리의 역사는 <天帝의 역사>임이 보다 더 분명해졌다. 사실 역사는 있는 그대로이며 논자는 다만 그것을 있는 그대로 드러냈을 따름이다.(4326. 8. 28. 축약초고, 4331. 4. 23.재고)

<참고문헌>

계연수 엮음(1911), 환단고기.

국사편찬위원회 엮음(1987), 중국정사동이전(역주1), 국사편찬위원회

김부식(1145), 3국사기.

대야발(700년대), 단기고사.

박두포 옮김(1974), 동명왕편·제왕운기, 을유문고 160, 서울:을유문화사.

범엽(424착수), 후한서.

범장(1300년대), 북부여기 상, 하, 가섭원부여기.

북애자(1675), 규원사화.

사마 천(-91년경), 사기

신채호(1925), "전후3한고," 조선사연구초(1930), 단재 신채호전집(중)(1982),
       개정3판, 대구:형설출판사, 68-102.

신채호(1931), 조선상고사, 단재 신채호전집(상)(1982), 개정3판, 대구:형설출
       판사, 23-354.

안정복,   동사강목

안함로,   3성기 전 상편.

연세대학교 국학연구원 엮음(1988), 고려사연구II(사료편), 국학총서 제2집,
       서울:연세대학교 출판부.

윤내현(1988), "고조선과 3한의 관계," 한국학보(1988, 가을), 52호,
       서울:일지사, 2-40.

위수(551~4)   위서.

위징(629~36)   수서.

이강식(1988), 한국고대조직사-환국, 신시, 고조선조직연구-, 서울:교문사.

이강식(1990), "고조선 역년 2,096년과 3한조직의 새로운 이해," 국학연구, 제
       4집, 서울:국학연구소, 67-103.

이강식(1993), 신시조직사-5사조직변증-, 서울:아세아문화사.

이강식(1994), "『神誌秘詞』에 기록된 古朝鮮 3韓組織의 構造와 機能(II),"
       경주대학교논문집, 제6집, 17-48.

이강식(1995), 한국고대조직사상사-천지인 3신사상의 조직론적 해석-, 서울:
       아세아문화사.

이강식(1998), "화랑도조직의 이론과 실천," 경영학연구, 제27권 제1호,
       한국경영학회.

이규보(1193), 동국이상국집, 동명왕편.

이맥(1520),   태백일사.

이병도 옮김(1978), 3국유사, 9판, 삼성판 세계사상전집 41, 서울:삼성출판사.

이상시(1987), 단군실사에 관한 문헌고증, 서울:가나출판사.

이승휴(1287), 제왕운기.

이암(1363),   단군세기.

이유립(1987), "배달민족사대강," 대배달민족사(2), 서울:고려가, 1-166.

일연(1281~3년경), 3국유사.

정인지 등(1454), 세종실록.

진수,   3국지.

(편집자 주: 한자가 없는 것은 한글로 하였음.)

(Ⅲ-5-10)
경주대학교 논문집, 제10집, 1998.

첨성대의 본질에 따른 문화마케팅전략구축

이 　 강 　 식*

Ⅰ. 첫　　말

　　첨성대는 국보 31호로 지정된 경주와 우리나라 뿐만 아니라 세계적인 문화유산이다. 즉 동양 最古의 천문대인 것은 주지하는 것이지만 더 나아가 현존하는 世界最古의 천문대라는[1] 평가를 받고 있다. 그러나 현재 첨성대에 관한 학설이 여러 가지로 제기되어 있고, 또 그 각 학설의 타당성 역시 낮은 것은 아니지만, 그 본질의 구명을 위해서는 학제적인 측면에서 계속적인 연구가 필요한데도 현재는 이에 대한 계속적인 연구가 거의 이루어 지지 않고 있고, 과학문화 유산을 오늘의 과학시대에 되살리지 못하고 대중의 진지한 관심도 끌고 있지 못하고 있다.

---

* 경주대학교 관광경영학과 부교수
1) 全相運, "瞻星臺研究 略史,"「한국과학사학회지」, 제1권 제1호(1979. 1.), 한국과학사학회, p.78.

따라서 현재 첨성대는 다른 경주시의 사적지, 문화재와 마찬가지로 수입을 저가의 관람료에만 의존하여 수지적자를 면하지 못하고 있어서 지방자치체의 부단한 홍보 노력이 시급히 요청되는 문화유적이 되고 있다. 이는 우리가 보유하고 있는 세계의 유수한 문화유물을 제대로 알리지 못하고 있고, 더 나아가서 지방자치체의 재정자립도를 높일 수 있는 방안을 전혀 강구하지 못하고 있다는 심각한 반성을 불러 일으키게 한다.

그러므로 이 연구의 목적은 첫째, 첨성대의 본질을 구명하고, 둘째, 이에 따른 문화마케팅전략을 실천적으로 구축하여 문화유산의 가치를 극대화하여 이를 토대로 최소한 수지적자를 해소할 방안을 마련하고자 하는 것이다.

연구내용은 일차적으로 첨성대의 본질구명이 우선될 것이다. 왜냐면 문화유적은 정확한 본질을 구명해야 그에 따른 마케팅전략을 구축할 수 있기 때문이다. 따라서 기존의 첨성대에 관한 諸說을 살펴보고, 이를 토대로 첨성대의 본질에 관한 논자의 연구결과를 밝히기로 한다. 기존의 연구는 크게 첫째 천문대(규표-비상설천문대설, 지자기설 포함), 둘째 수미산-제단설, 셋째 『주비산경』-정치적 상징물설, 넷째 천문대-제단 절충설이 있으며 기타 몇가지 학설이 있다. 이러한 학설들은 그나름대로 타당성이 있으나 일면적으로 보지말고, 그리고 특히 신라사의 측면에서 종합적으로 보아야할 필요성이 있고 또 문헌을 더욱 자세히 관찰할 필요가 있다고 본다. 논자는 이러한 여러 연구들의 장단점을 두루 살피고 논자의 연구결과를 제시하기로 한다.

연구방법은 역사적 방법의 문헌연구로서 첨성대에 관한 기록과 각 학설을 검토하고, 그리고 현장답사를 통하여 첨성대와 관련한 자료를 수집하고, 또 관계자를 면담하기로 한다.

그리고 이차적으로 첨성대의 문화마케팅전략을 4P를 중심으로 구축하고자 한다. 지금까지 첨성대의 문화마케팅전략을 구축한 연구는 전혀 없었으며 따라서 이 연구는 선조의 문화유산을 보존적으로 개발하여 첨성대 과학문화유산의 수지적자를 해결할 수 있는 구체적인 전략을 수립하고자 한다. 그런데 4P외에도 다른 전략 수단을 상정할 수는 있지만 그러나 그것은 대체로 4P에 환원할 수 있으므로 4P의 범위내에서 포괄하고자 하였다. 그러므로 이 연구에서 주요한 것은 이처럼 첨성대의 본질에 맞는 문화마케팅전략의 구축을 수행하고자 한 것이다.

더 나아가 이 연구는 실천경영학의 측면에서 지방자치체가 실시할 수 있는 전략의 구체적인 지침을 마련하고자 하였다[2]. 따라서 문화마케팅이론의 구축보다는 실무적 지침을 마련하고자 하기 때문에 연구방법도 실증연구보다는 문헌조사, 현장답사, 면담을 채택하

---

2) 이러한 연구의 일환으로 논자는 이미 적자가 심한 통일전에 대해서 연구를 수행한 바 있다.
   이강식, "통일전의 문화마케팅전략구축," 「신라학연구소 논문집」, 창간호(경주 : 위덕대학교 부설 신라학연구소, 1997), pp.53~93.

였다. 그리고 이 연구는 실무적 지침을 마련하고자 하였고 또 학술논문의 특성에 따라 문화유적의 마케팅전략에 관한 일반적인 이론적 배경은 모두 생략하였다. 그것은 별도의 연구로서 계속 수행되면 좋을 것이다.

그러므로 이 연구는 순수연구와 응용연구의 결합이라는 또 하나의 의의를 갖고 있다고 하겠다.

그러면 첨성대의 본질 구명을 위해 먼저 선행연구를 검토해 보겠다.

Ⅱ. 첨성대의 본질에 관한 선행연구의 검토

1. 천문대인 첨성대

첨성대를 천문대로 규정하는 것은 원래의 일연(1206~89)의 『3국유사』(1281~3년경)의 「善德王 知幾3事」에 기록된 것처럼 <별을 우러러 보는 대[瞻星臺]>라고 하였고, 또 「왕력」에서 내물마립간(재위 356~402)의 능이 <별 점을 치는 대[占星臺]>의 서남에 있다고 하였기 때문에 분명하다고 하겠다. 즉 瞻星, 占星이 현대의 천문관측의 기능에 해당된다는 것은 당연한 것이다[3]. 물론 占星은 현대의 천문관측의 기능과는 조금 다른 문제이기는 하지만 그러나 근본적으로는 현대의 천문관측도 그를 통하여 궁극적으로는 인간사회의 변화를 예측하고자 하는 것이기 때문에 占星의 본질적인 뜻과 별반 다를 바가 없고 또 占星을 하기 위해서는 瞻星을 해야 하기 때문에 결국 占星이 더 전문화된 기능이라고 본다. 그러므로 첨성대가 천문대라는 것은 별다른 의문없이 받아들여져 왔고, 『고려사』(1449~51)에서는 <又 有 瞻星臺(新羅 善德女主 所築).>이라고 하였지만, 『세종실록』 「지리지」(1452~4)에서는 <瞻星臺(在 府 南隅, 太宗 貞觀 七年 癸巳 新羅 善德女主 所築 累石 爲之, 上方下圓, 高 十九尺 五寸, 上 周圍 二十一尺 六寸, 下 周圍 三十五尺 七寸, 通 其 中, 人 由 中 而 上.).>이라고 하여 선덕여왕 2년(633)에 건축하였고, 그 중간을 통하여 사람이 올라갔다고 하였다. 사람이 올라갔다는 것은 역시 천문관측을 하였다는 표현이다. 그리고 더 나아가 盧思愼 등이 편찬한 『동국여지승람』(1481)에서는 <瞻星臺(在 府 東南 三里, ○善德女主 時 鍊石築臺, 上方下圓, 高 十九尺, 通 其 中, 人 由 中 而 上

---

3) 남천우도 <즉 '瞻星臺'의 뜻은 天文臺라는 뜻인데 그것에 대해 별도의 설명을 할 필요는 없으며, 별도의 설명이 없다는 것은 그 자체가 결국 첨성대가 제단이 아닌 천문대라는 설명에 해당된다.>라고 하였다.
南天祐, "瞻星臺 異說의 원인 - 李龍範씨의 瞻星臺存疑 再論을 보고 -," 「한국과학사학회지」, 제9권 제1호(서울 : 한국과학사학회, 1987), p.104.

下 以 候 天文, ○安軸 詩(생략), ○鄭夢周 詩(생략).).>이라 하였고, 李荇 등의 『신증 동국여지승람』(1530)에서는 曹偉(1454~1503)의 詩를 추가하였다. 그리고 閔周冕이 저술한 『동경잡기』(1669)에서는 이와 비슷한 기록을 남겼고 또 『증보문헌비고』(1903~8)에서도 이와 비슷한 기록을 남겼는데, 다만 『증보문헌비고』에서는 첨성대의 축조년대를 <新羅 善德 十六年>으로 하여 선덕여왕 16년(647)으로 기록하였는데, 이는 선덕여왕의 끝년으로서 『세종실록』「지리지」(1452~4)의 선덕여왕 2년(633)과 14년의 차이가 난다. 축조시기는 뒤에서 다시 논급하기로 하겠다.

　이와 같이 신라-고려-조선에서 전통적으로 첨성대는 천문대로 기록되어 왔기 때문에 이를 천문대로 보는 것이 매우 당연하다. 이는 논자도 별달리 설명이 불요할 정도로 첨성대는 천문대라고 본다. 다만 논자는 그 본질을 더 깊이 구명하고자 하는 것이다.
그리고 이러한 천문대로서의 첨성대에 관한 기록은 그 후로도 계속 지지를 받고 일본인[4]과 서구인[5]에게도 계승되었다. 그리고 현재 우리나라에서도 계승되고 있다[6]. 그런데 첨성대가 圭表[해시계]로서 측경대이며 첨성대는 비상설천문대에 해당하고 또 첨성대가 子午線의 표준이 되었을 것이라는 다소 수정된 견해도 있다[7]. 이는 규표-비상설천문대설 이라고 해도 좋을 것이다. 그런데 이 견해는 아마도 『신증 동국여지승람』에 실린 曹偉의 <立圭表測影觀日月, 登臺望雲占星辰>라는 詩귀절에서 영향을 받았을 것으로 보이는데, 첨성대가 表로 사용되었다는 것은 그럴 수도 있다고 보더라도 이 견해는 圭가 확인이 되어야 성립할 수 있다. 첨성대 실측보고에 의하면 臺의 주위에는 아직도 石材가 깔려있다고 하는데[8], 이 석재가 圭로 확인되어야 이 견해가 성립될 수 있다고 본다. 그리고 또 첨성대는 地磁氣의 영구변화를 보여주는 세계유일의 천문대라는 견해도 있다[9].

　이상과 같이 첨성대는 천문대로 구명되었고 논자도 그렇게 본다. 그러나 논자는 단순히 첨성대는 천문대의 역할만 한 것이 아니라고 보는데 이는 계속 논급하기로 하겠다.

---

4) 關野 貞, "韓國建築調査報告, 第2篇 新羅時代 自餘遺物 瞻星臺," 「東京帝國大學 工科大學 學術報告」, 第6號(東京 : 東京大, 1904), pp.58~9.
　　和田雄治, "慶州瞻星臺의 說," 「朝鮮古代觀測記錄調査報告」(京城, 1917).
5) W. C. Rufus, "Astronomy in Korea," 「Transactions of the Royal Asiatic Society, Korea Branch」, 1936, 26.
　　J. Needham, 「Science and Civilization in China」, Ⅲ(England:Cambridge Press, 1953).
6) 南天祐, "瞻星臺에 관한 諸說의 檢討 - 金容雲, 李龍範 兩氏說을 中心으로 -," 「역사학보」, 64집(1974), pp.115~36.("경주의 첨성대"로 『유물의 재발견』, 1판, 서울 : 학고재, 1997, pp.125~58에 수록).
　　＿＿＿, 앞글, 1987.
7) 全相運, "三國 및 統一新羅時代의 天文儀器," 「古文化」, 3집, 1964, pp.18~22.
　　＿＿＿ 「한국과학기술사」, 중판(서울 : 정음사, 1979), p.15, pp.53~7.
　　＿＿＿ "瞻星臺硏究 略史," 앞책, 1979. 1., pp.77~8.
8) 전상운, 앞글, 1964, pp.21~2.
9) 朴興秀, 한국일보, 1973. 5. 5.
　　＿＿＿ "瞻星臺의 天文測量," 「한국과학사학회지」, 제1권 제1호(1979. 1.), 한국과학사학회, p.78.

2. 수미산-제단설

첨성대가 그 외양이 수미산을 닮았고, 따라서 이는 江華 塹星壇과 같은 醮星處-醮星臺이며 천문관측과 관계없었던 것이 거의 확실하다는 견해가 제시되었다[10]. 이는 흔히 수미산-제단설로 불리고 있다. 그러나 이 견해는 첨성대가 수미산과 닮은 점도 있지만 안 닮은 점도 많다는 것을 너무 간과하고 있다. 즉 주요한 것만 보아도 다음과 같다.

첫째, 수미산의 중간의 동서남북 4방에 있는 4천왕이 첨성대에서는 전혀 찾아 볼 수 없다는 것이다. 물론 첨성대의 남쪽 한 방향에 4각형의 창문 또는 開口가 있기는 하지만, 이를 4천왕을 형상한 것으로 보기는 매우 어렵다.

둘째, 뿐만 아니라 수미산을 둘러싸고 있는 9山8海(수미산을 빼면 8山8海)가 마찬가지로 나타나지 않고 있다는 것이다. 물론 이는 바닥의 석재가 앞에서 본 圭가 아니고 9山8海를 나타낸 것으로 입증된다면 이 부분은 성립될 수도 있다.

셋째, 또 주요한 것은 수미산의 남쪽에 인간이 산다는 섬부주가 있다고 하는데, 현재 첨성대의 남쪽에는 반월성이 있으나, 원래 반월형의 弗婆提는 수미산의 동편에 있어야 하는 것이다.

넷째, 뿐만 아니라 이 견해에서 첨성대 상부의 井字形을 강조하였지만 수미산 정상에 井字形과 관련한 기록은 보이지 않는다.

다섯째, 그리고 수미산이라고 하면 불교의 영향이라고 볼 수 있는데 첨성대는 불교의 연꽃문이라든지, 당초문 등을 포함하여 일절 불교적 장식이 없는 것이다.

여섯째, 더 나아가서 수미산의 정상은 帝釋天과 32天, 즉 33天이 주석하고 있는데 이를 형상화한 아무런 상징물이 없는 것이다. 따라서 이를 의식하였는지 상단부에 원래는 <어떤 종교적 상징을 안치 하였던> 것으로도 보았지만[11], 그러나 그것은 井字形의 상부가 사람이 드나들도록 설계되어 있는 것으로 보이기 때문에 근거가 박약하다고 볼 수 밖에 없다. 그러므로 단순히 약간의 모양이 비슷하다고 해서 수미산이라고 볼 수는 없는 것이다.

더 나아가서 첨성대를 祭壇이라고 하였을 때는 <臺>와 <壇>의 기본적 字義를 너무 무시하고 있다는 지적이 있다. 따라서 강화의 참성壇은 물론 산이어서 원래 높이가 높기는 하지만 어디까지나 <壇>이고 첨성臺는 물론 평지이기는 하지만 높이가 9.49미터에 달하는 <臺>, 즉 망루라는 것이다. 그러므로 아무리 醮星處라 하더라도 굳이 <초성臺>를 만들어서 제사를 지낼 필요는 없는 것이고, 또 <醮齋>는 중국 도교의 용어이지만 초성

---

10) 李龍範, "瞻星臺存疑," 「진단학보」, 38호(1974), pp.28~48.
_____, "續 <瞻星臺存疑> -新羅의 佛教占星과 瞻星臺-,"「佛教와 諸科學(동국대학교개교 80주년 기념논총)」, 1987, pp.995~1021.
11) 이용범, 앞글, 1974, p.47.

- 37 -

臺는 중국 도교에서도 나타나지 않는다. 대개 壇을 만들어서 제사를 지내는 것이다. 따라서 수미山-초성臺-제壇설은 그 자체에서 모순이 있고, 또 불교에서 초성이 중심사상이라고 보기 어렵다. 따라서 황룡사 9층탑과 같은 塔을 중점으로 만든 불교계가 굳이 수미山을 닮은 초성臺-제壇을 만들었다고는 더욱이 보기 어렵다. 그러므로 이것이 <臺>이고 사람이 출입할 수 있는 구조로 되어 있기 때문에 단순히 제사를 지내는 <壇>보다는 반드시 고공에서 관측이 필요한 목적에 사용되었다 라는 것을 이해해야한다.

이처럼 첨성대와 수미산은 닮은 점보다 안 닮은 점이 더 많다. 또 제단이라고 했을 때는 고대에서 제사지내는 방법에 대한 엄밀한 고찰이 필요하다. 따라서 제단설에서는 첨성대의 구조가 어떻게 제단으로서 활용되었는지를 설명하지 않는 한 성립되기가 어렵다고 본다. 이는 뒤에서 다시 보기로 하겠다. 그러므로 지금까지 본 것처럼 수미산-제단설은 근거가 박약하다고 본다.

물론 논자도 첨성대가 수미산의 영향을 전혀 안받은 것은 아니라고 본다. 즉, 논자는 첨성대가 수미산의 의미를 습합하고 있다고 보는데 특히, 수미산에 주석하고 있는 제석과는 첨성대가 다소 연관이 있다고 본다. 그러나 이 제석도 단순히 불교의 수미산의 제석이라기 보다는 신라의 전통 종교에 습합된 제석이라고 본다. 그러므로 첨성대가 수미산의 영향을 받아 산의 모습을 하고 있다고 하더라도 본질적으로는 수미산과는 다른 산일 것으로 본다. 이는 계속해서 살펴보겠다. 또한 논자도 첨성대가 祭天의 성격이 전혀 없다고는 보지 않는다. 그러나 제단과 비슷한 점도 있지만 그보다는 다른 성격의 건축물로 본다.

3. 『주비산경』-정치적 상징물설

첨성대가 『주비산경』의 지식을 배경으로 하여, 돌로 상징적인 수, 모양을 반영시킨 것으로서 신라 첨문대 안에 병치되었던, 망루정도의 역할을 하였던 하나의 부속 건물로 본 견해가 제시되었는데[12], 이에는 첨성대가 상설천문대가 아니고 신라의 국력을 과시하고자 하는, 황룡사 9층탑과 같은 정치적 상징성을 보여주는 건물일 것이라는 견해가 추가된다. 그런데 첨성대가 천문대로서 여러 가지 상징적인 천문관련 수를 사용하였다하더라도 그것은 고조선 이후 전통적으로 형성된 신라인의 체계적인 지식에 의한 것이지 굳이 『주비산경』에 의존하여 근거를 댈 근거가 별로 없다는 것이다. 단순히 『주비산경』을 상징하고 정치적 상징의 망루로 쓰기 위해 막대한 비용과 인력을 들여 31층이나 되는 석대

---

12) Yong-woon, Kim, "Structure of Ch'ŏmsŏngdae in the light of the Choupei Suanchin," 「Korea Journal」, Sep. 1974, pp.4.~11.
金龍雲, "瞻星臺小考," 「역사학보」, 64집, 1974, pp.95~114.

를 쌓았다고 보기는 어렵다. 『주비산경』이 신라인에게 어떤 중요성을 가지는지를 먼저 충분히 논구하는 것이 주요할 것이다. 그러한 견해라면 오히려 고조선-신라의 천문·수학기술이 『주비산경』에 영향을 주었다고 볼 수도 있다.

흔히 『주비산경』에 피타고라스(Pythagoras -572~-492)의 定理가 나타난다고 보지만 논자가 보기는 이는 우리 고유의 경전인 『天符經』에서도 더 잘 나타난다고 본다[13]. 즉 『천부경』<제10행>에 <運34成環57,>이 나오는데 이를 수리적으로 보면 $3 \times 4 = 5 + 7 = 12$가 성립한다. 이의 수리적 해석 역시 주요할 것으로 보지만 그 뿐만 아니고 여기서 피타고라스의 정리가 나타나는데 즉 $(3 + 4)^2 = 2 \times 3 \times 4 + 3^2 + 4^2 = 2 \times 3 \times 4 + 5^2 = 7^2$ 이 되어서 결국 $3^2 + 4^2 = 5^2$ 이 되어 피타고라스의 정리가 증명이 되는 것이다. 이러한 증명은 지금까지는 중국서적인 『周髀算經』에 근거가 있는 것으로 알려졌지만 오히려 논자는 『천부경』에서 나타났다고 본다. 물론 『천부경』에서는 7 뒤에 1이 있는데 이 1까지를 포함하면 $3^2 + 4^2 + 5^2 = 7^2 + 1^2$ 이 된다. 또는 절대값을 택해 $|3^2 + 4^2| = |5^2 - 7^2 - 1^2|$ 로 볼 수도 있다. 『천부경』에서 나타난 피타고라스의 정리는 앞으로 계속 연구를 하여야 할 것이다. 뿐만 아니라 『천부경』을 신라의 최치원(857~?)이 번역하여 세상에 전하였다는 기록이 있다(『환단고기』, 88, 94면). 따라서 『천부경』과 신라의 첨성대의 연관이 있다고도 볼 수 있으므로 첨성대의 31층은 오히려 『천부경』의 31사상을 구현하였다고 볼 수도 있다. 이처럼 논자는 『주비산경』보다는 『천부경』이 더 연관이 있다고 본다.

더욱이 수를 상징하는 망루로 사용하기 위해 만든 부속 건물이 황룡사 9층탑과 같이 주요한 정치적 목적의 상징물로 축조되었다는 것도 이해하기 어렵다. 물론 인간은 정치적 동물이라는 말에서 처럼 한 국가의 국왕의 시정에서 정치적 동기가 어디서 어디까지인지를 구분하기는 어렵다. 따라서 첨성대 축조에도 분명한 정치적 목적이 있었을 것이다. 그러나 황룡사 9층탑외에 첨성대로서 상징하고자하는 정치적 동기를 분명히 구명하지 않는 한, 이 역시 설명력이 박약하다고 하겠다. 그리고 첨성대는 국가차원에서 건립되었으므로 정치적 상징물보다는 국가 상징물로 보는 것이 좋을 것이다. 또 <瞻星臺와 가장 많은 공통점을 갖는 현존하는 축조물은 北京에 있는 天宮과 天壇이다[14].>라고 하였으나 이 역시 臺와 壇을 구분하지 못하였고, 또 가장 다른 점인 북경의 天壇, 즉 圜丘壇의 上圓下方과 우리 고유의 첨성대의 上圓下方을 논리적으로 설명하지 못하고 있다. 또 첨성대는 『주비산경』을 주로 한 천문지식을 집중시키고 있어 그 점에서 天宮, 天壇과는 다른 목적을 가진 상징적 건

---

13) 『천부경』의 자세한 주석은
　　이강식, "『天符經』의 組織論的 解釋(上, 下),"『한배달』, 1989, 上 : 제4집, pp.219~43, 下 : 제5집, pp.166~87 및
　　＿＿＿, 『韓國古代組織思想史 - 天地人 3神思想의 組織論的 解釋 -』(서울 : 아세아문화사, 1995), pp.187~219 참조.
14) 김용운, "첨성대소고," p.111.

물이다15)라고 하였으나 그 다른 목적을 더 구명하는 것이 필요하다. 그러므로 논자도 첨성대가 天壇의 성격이 있고, 정치적 상징물의 성격이 있다는 것을 부인하지는 않으나 그것만으로 첨성대의 본질을 설명했다고 보지는 않는다. 이상으로 『주비산경』-정치적 상징물설을 살펴보았지만 이처럼 첨성대의 본질을 구명했다고 보기는 어렵다.

4. 천문대-제단 절충설

그리고 첨성대가 천문대-제단이 절충되었다는 변증법적인 견해가 제시되었다16). 즉 김부식(1075~1151)의 『3국사기』「제사」(1145)에서 신라인이 농업신인 靈星에 대해 제사를 지낸 <本彼遊村>을 지금의 첨성대 자리로 보고, <즉 본래는 반드시 천문대로서 건조된 것이 아닌지도 모르지만 고도의 천문학이 (중국에서) 도입됨에 따라 첨성대의 주위는 신라의 천문관측소로 된 것이 아닌가 하는 주장이다17).>라고 하였다. 그러나 영성에 제사를 지낸 <本彼遊村>을 지금의 첨성대 자리로 보기는 어렵다. 지금의 첨성대 자리는 비록 현재는 반월성 밖이지만, 신라 당시는 궁내로 보아야 한다. 즉 신라 당시에는 이곳은 반월성과 연접하여 왕릉과 건물군으로 둘러싸인, 그리고 안압지와 연결되는 궁내로 봐야 한다. 따라서 영성을 제사지낸 본피유촌은 선농에 제사지낸 명활성 남쪽 웅살곡이나, 중농에 제사지낸 新城 북문이나, 후농에 제사지낸 산원이나, 풍백에게 제사지낸 견수곡문이나, 우사에게 제사지낸 탁저처럼 대체로 경주 즉 京師의 외곽지역인 郊에서 찾는 것이 좋을 것으로 본다. 그러면 첨성대는 어떤 위치였을까? 사실 논자의 논지에서도 이의 위치 구명이 핵심이라고 볼 수 있는데 이는 뒤에서 살펴보기로 한다.

그리고 <첨성臺>가 결코 <제壇>이 아님을 앞에서 밝힌 바와 같고 또 첨성대는 사람이 오르내릴 수 있도록 설계되었다는 것을 보면 처음부터 천문관측의 목적으로 만들어졌다는 것을 알 수 있다. 아무리 별에 제사를 지낸다 하더라도 단순히 제사를 지내기 위해서 라면 굳이 臺를 만들어 사람이 오르내릴 수 있게 하지는 않았을 것이다.

또 주요한 것은 앞서 논급한 것처럼 제단이라고 했을 때는 별에 제사지내는 방법을 더 구명해야한다. 고대에서 하늘이나 별에 제사를 지내기 위해서는 燎燔라는 화톳불에 비단 등의 제물을 태웠다. 즉 『詩經』에서 <薪之 燎之>라고 하였는데 이는 하늘에 제사지

---

15) 김용운, 윗글, p.112.
16) 朴星來, "瞻星臺에 대하여," 「한국과학사학회지」, 제2권 제1호(1980. 12.), 한국과학사학회, pp.136~7.
　　_____, "瞻星臺에 관한 諸問題 - 史料에서 現在까지의 諸學說의 比較檢討 -," 「自由」, 1983년 7월호, pp.30~9.
　　_____, "과학유산을 통해 본 신라인의 과학정신," 「신라학연구소 논문집」, 창간호(경주 : 위덕대학교 부설 신라학연구소, 1997), pp.146~50.
17) 박성래, 앞글, 1983. 7., p.38.

내기 위하여 화톳불을 놓는다는 의미이고, 이 때 땔나무[薪]로는 섶나무를 사용하는데 이 섶나무를 柴라고 하여 이에는 <시제사 시, 시제사지낼 시>라는 의미가 있는데, 이의 뜻은 섶을 불살라 天帝에게 지내는 제사 또는 그 제사를 지냄이라고 하였고, 이는 『書經』에서 <至 于 垈宗 柴>로 나타난다. 이는 또 柴檟라고 하였고, 섶으로 불을 태워 山川에 제사를 지내는 것을 柴望이라고 하였으며, 또 燎에도 <화톳불 료, 제사이름 료>라는 뜻이 있는데 이 역시 섶을 때어 하늘에 지내는 제사를 말하며, 섶나무를 때어 신에게 제사 지내는 것을 燎祭라고 하며 이를 위해 만든 壇을 燎壇이라고 하였다. 이와 같이 社壇, 社稷壇처럼 壇을 만들어서 제사를 지내는 것이 맞는 것이다. 오늘날에도 장례의식에서 옷가지 등을 태워 고인에게 보내는 것이 남은 유습이라 할만하며, 이는 대체로 고대 유태교의 번제(燔祭, burnt offering)와 유사한 것이다. 이처럼 만약 첨성臺위에서 제물을 태워 제사를 지냈다면, 첨성대의 돌은 불에 타서 지금까지 견뎌오지도 못하였을 것이며 또 그런 구조에 합치하게 첨성대를 건조한 것도 아니다. 즉 고대의 제사법과 첨성대의 구조는 일치하지 않는다는 것은 상식이며 祭壇說이야말로 전혀 근거가 없는 것이다. 이를 잘 이해해야 한다. 물론 후대에 와서 단순히 제물을 진설하는 제사법을 쓴다고 보더라도 반틈 열려 있는 첨성대의 상단부가 제물의 진설에 합당한 구조라고 볼 수는 없다. 즉 굳이 높은 臺를 만들어 반틈만 제물을 진설하고 사람이 내려왔다고 보기는 어려운 것이다. 또 壇에서 제사를 지내도 되는데 굳이 臺에 올라가서 제사를 지낼 필요는 없는 것이다.

물론 현재 첨성대가 사람이 오르내리기에 불편하고, 또 겨울에는 추워서 불편하다고는 하나[18], 사제의 聖職이나 公職이라는 것은 현대에서도 그 정도를 갖고 불편하다고는 할 수 없는 것이다.

그리고 이 견해는 현재는 <그런 천문기관의 자리로 한때의 영성단 자리가 선택되었을 것이라고 생각된다. 그래서 영성단 위치에 첨성대를 세우고 영성에 대한 제사도 그 위치에서 계속 지내면서 한편으로는 근처에 천문관측 담당자들의 일하는 곳을 건설해 갔을 것이라 생각할 수가 있다. 그렇다면 첨성대는 말하자면 신라천문관측소가 자리잡 았던 위치에 지금은 한가지만 남게된 유물이 아닐까 생각된다[19].>로 정리되었는데 이 경우에도 그 유물이 구체적으로 무엇인지에 대해서는 밝히지 못하였다. 이처럼 변증법적으로 절충한다고 해서 무조건 모순이 없어지는 것은 아니다. 변증법적 절충에는 그만한 논리적 근거가 있어야 하며 새로운 事象이 나와야 하는 것이다. 이제 본격적으로 논자의 논증을 보기로 하자. 신라사의 측면에서는 사실 논자의 연구가 첫 연구라고 할 수 있다.

---

18) 김용운, "첨성대소고," pp.113~4.
19) 박성래, 앞글, 1997, p.150.

Ⅲ. 天柱寺의 天柱로서의 첨성대

1. 天柱寺와 첨성대의 위치와 天神敎

지금까지는 天柱寺와 첨성대의 관계에 대해서는 아무런 연구도 없었고, 天柱寺도 별다른 연구대상이 되지 못하였다. 그러나 논자는 天柱寺가 신라에서 차지하는 주요성이 매우 높고 이 天柱寺의 위치가 바로 첨성대의 위치와 거의 일치한다고 보기 때문에 이를 논증하여 첨성대의 본질을 밝히고자 한다.

이 天柱寺에 대한 기록은 먼저 『3국유사』의 진평대왕(재위 579~632)의 「天賜玉帶」를 살펴보는 것이 좋을 것이다. 즉 진평대왕이 <內帝釋宮>에 거동하여 섬돌을 밟자 2개가 한꺼번에 부러졌다고 하였다. 그런데 일연은 이 내제석궁에 주를 달기를 <天柱寺라고도 하는데 진평대왕이 창건한 것이다.>라고 하였다. 여기서 내제석궁의 다른 이름이 천주사인데, 이 천주사를 진평대왕이 처음 창건한 것일까? 그런 것은 아니라고 본다.『동국여지승람』에 보면 <天柱寺(在 月城 西北. ○俗傳 炤智王 射 琴匣 而 倒, 乃 是 寺僧也, 其 北 有 雁鴨池.).>라고 하였기 때문에 이 천주사가 소지왕(재위 479~500)의 「射琴匣」(488)사건이 일어난 <內殿>이어서 이 천주사는 법흥왕의 불교홍법(528)이 일어나기 전부터 있었던 궁궐내의 왕실의 원찰로 볼 수 있다. 이는 또 『동경잡기』를 보면 알 수 있다. 즉 <天柱寺 在 月城 西北. ○俗傳 炤智王 射 琴匣 而 倒, 乃 是 寺僧也, 其 北 有 雁鴨池. (新增) 卽 新羅王 內佛堂, 今 帝釋院也. 國人 歲 植 名花 于 庭 祈福.>이라고 하였다. 따라서 內殿=內帝釋宮=天柱寺=內佛堂=帝釋院이 동일한 조직의 다른 이름의 변화[20]를 나타낸다는 것을 알 수 있다. 그런데 논자는 『3국유사』「사금갑」의 <내전>이 원래의 공식적인 명칭인지 아니면 『3국유사』가 불교사관을 반영하여 다소 이름에 변화를 준 것인지를 더 연구해 보아야 할 것으로 본다. 즉 원래의 이름을 事案에 따라 약간 분식하였을 가능성이 크다고 본다. 이는 「천사옥대」에서의 <내제석궁>도 마찬가지이다.

주요한 것은 여기서 천주사의 위치를 추정해 보면 그 이름에서 이미 <내전, 내제석궁>이라고 한 것처럼 그것은 월성 밖의 서북지역이면서 그 북쪽에는 안압지가 있고 전체적으로는 궁궐내의 지역이다. 『동경잡기』<刊誤>에서도 <雁鴨池·天柱寺 皆 在 闕內.>라고 하였던 것이다. 이에 해당하는 지역은 지금 첨성대가 있는 자리이다. 즉 첨성대는 반월성에서 보면 서북편에 있고 그 동북편에 안압지가 있으며 앞서 말했지만 전체적으로 계림-건물군-내물왕릉-미추왕릉-황남동·황오동·인왕동 고분군-안압지로 둘러

---

20) 그런데 이 부분은 <내전→내불당→내제석궁→천주사>로 연구된 바가 있는데 다만 논자와는 그 변화과정의 해석에서 약간의 차이가 있다.

　　辛鍾遠, "新羅의 佛敎傳來와 그 受容過程에 대한 再檢討,"「백산학보」, 제22호(1977), pp.163~7.

싸인 궁궐내에 자리잡고 있으며 지금도 첨성대의 바로 북편에는 표주박형의 능묘인 인왕동 고분군 27호와 거의 연접하고 있다. 이렇게 첨성대가 『3국사기』(1145)에서 말한 <歷代園陵>과 반월성의 비교적 중심에 위치하고 있는 것을 더 깊이 살펴봐야 할 것이다. 따라서 天柱寺가 위치한 궐내는 지금의 첨성대의 위치외에는 달리 찾기가 어렵다. 이처럼 天柱寺의 위치와 첨성대의 위치가 일치하고 또 天柱寺에는 마땅히 天柱가 있었을 것이기 때문에 논자는 첨성대를 天柱寺의 天柱로 보는 것이다. 그러면 『동국여지승람』(1481)이나 『동경잡기』(1669, 1711)에서 왜 천주사와 첨성대를 분리해서 기술하였는가가 의문이지만 그러나 이는 고려나 조선의 후대로 가면서 天柱寺가 신라왕실의 원찰로서의 역할이 줄어들어 도로 제석원이 되면서 첨성대와 경역이 분리되었기 때문으로 본다.

이와 같이 보면 內帝釋宮→天柱寺→瞻星臺의 성격이 더 분명히 나타난다. 즉 제석이 주석하고 있는 곳이 수미산이기 때문에 이 수미산이 天柱로 형용되었고 더 나아가서 첨성대가 수미산의 모습에서 영향을 받았을 가능성을 이해할 수 있다. 그러나 논자는 첨성대가 수미산 자체는 아니라고 보는데 이는 계속해서 설명하도록 하겠다.

그러면 여기서 더 나아가서 『3국유사』에서 첨성대의 기록을 더 분석해 보자. 주지하다시피 『3국유사』에서 첨성대에 대한 기록은 단 한 번 나오는데 그곳은 「선덕왕 지기3사」에서 였다. 그런데 지금까지는 왜 첨성대에 관한 기록이 「선덕왕 지기3사」에서 단 한 줄로 간단히 나오는 지를 깊이 있게 이해하지 못하여 온 것같다. 단순히 선덕여왕의 주요 기록이 나온 김에 가볍게 한 줄 덧붙인 것일까? 그렇지는 않다고 본다. 사서에서는 더욱이 행간을 읽어야 하는 것이다. 논자가 앞서 본 內帝釋宮→天柱寺→瞻星臺의 해석을 적용하면 이는 <지기3사>중에서 특히 선덕왕이 자신을 忉利天에 장사지내 달라는 기록과 관련이 있다고 본다. 즉 논자의 宗政合一조직사상에서 보면 선덕왕이 도리천에 장사지내 달라고 했던 본질적 의미는 도리天이 바로 수미산의 정상으로서 帝釋이 주석하고 있는 곳이므로 이곳에 자신을 장사지내달라는 것은 이는 곧 선덕왕이 자신을 신라전통의 天神이면서 동시에 불교의 측면에서는 제석의 現身임을 나타낸 것이다. 물론 일연도 이를 이해하지 못하였거나 어떻게 보면 이해했으면서도 설명을 안한 것 같다. 그러므로 선덕왕이 첨성대를 만든 것은 수미산 모양에 일부 영향을 받은 天柱를 만든 것이며 이는 자신과 여러 신라왕이 신라전통의 天神이면서 동시에 제석임을 만천하에 보인 것이다. 논자는 이것이 첨성대를 만든 주요 정치적 동기라고 본다. 즉, 논자가 강조하는 宗政合一조직사상을 구현하기 위하여 <王 卽 帝釋, 帝釋 卽 王>조직사상을 실천한 것이다. 그런데 이는 당시 신라정부가 국내외적으로 표방한 불교적 조직사상으로 보인다. 즉, 『3국유사』「太宗春秋公」에 보면 중국 唐 高宗(재위 650~83)이 太子 시절, 하늘에서 김유신이 33天의 1人으로서 신라에 탄강하였다는 소리를 듣고 책에 기록한 바가 있다[有 天 唱 空 云, "三

十三天之 一人 降 於 新羅 爲 庚信." 紀 在 於 書.] 고 하였다. 이는 선덕왕이 제석천이고 그 신하들도 제석천의 신하인 32天이 탄강했음을 나타낸 것이다. 이는 곧 신라정부조직이 제석천과 32天, 즉 33天의 구조로 조직되었다는 사상을 갖고 있음을 나타낸 것인데 이러한 불교적 조직사상은 新羅朝野 뿐만이 아니고 중국 唐에까지 알려져 있는 조직사상이 되어 唐 고종도 이를 존중하게 된 것이다. 따라서 선덕왕이 天柱-첨성대를 건립한 목적에는 자신이 天神이면서 동시에 제석이라는 것을 표명하기 위한 목적도 포함되어 있다고 본다. 그러나 이 때의 제석은 반드시 불교의 제석이라고 보기는 어렵다. 즉 신라 전통의 天神敎가 불교의 33天사상을 습합한 것으로 본다. 이는 계속 설명하기로 하겠다.

그런데 內帝釋宮으로서의 천주사를 확대 창건한 것은 선덕왕의 아버지인 진평대왕이다. 따라서 선덕여왕은 진평대왕의 유업을 잇기 위해 천주사에 천주로서의 첨성대를 건축한 것으로 본다. 그래서 더욱이 논자는 첨성대가 선덕왕의 끝년인 16년(647)보다는 선덕왕 즉위 초인 2년(633)에 축조된 것으로 보는 것이다. 즉 앞에서 본 것처럼 축조시기는 선덕여왕 2년(633)과 16년(647)의 2가지 기록이 있는데 논자는 선덕여왕 2년(633)이 타당하다고 본다. 16년(647)은 선덕여왕의 끝년인데 선덕왕은 이 해 정월 8일에 붕어했기 때문에 이 해에 첨성대 건립의 주요 사업을 했다고 보기는 어렵고, 원래 즉위 원년이나, 유년 칭원법으로 보면 즉위 원년인 즉위 2년에는 여러 가지 종교적-정치적 의례가 많기 때문에 따라서 선덕왕 즉위 2년(633)에 친히 神宮에 제사지내고 대사면을 실시하고 州郡의 조세를 1년간 감면했다는 『3국사기』의 기록을 볼 때 논자는 이 해에 진평대왕의 유업을 잇고 천신교를 현창하고 자신의 즉위의 기념적 사업으로 첨성대를 건립했을 가능성이 크다고 본다. 그렇게 보면 『세종실록』의 기록이 정확하다.

그런데 다르게 보면 즉위 2년(633)에 기공하여 14년 뒤인 16년(647)에 완공하였을 가능성도 있다고 볼 수도 있다. 물론 첨성대 하나만 보면 축조기간이 14년이나 걸리지는 않았겠지만 그 주위의 부속건물까지 고려한다면 장기간이 소요되었을 가능성도 있다. 그러나 첨성대만 보면 선덕왕 즉위 원년(632)에 계획하여 즉위 2년(633)에 준공하였을 것이다. 황룡사 9층탑만 하더라도 『3국사기』에 따르면 643년 3월 자장이 돌아와 건의한 후 그 대역사를 불과 2년만인 645년 3월에 준공하였던 것이다. 따라서 당시 신라는 평화를 사랑하여 군사력에서는 다소 상대적으로 약하였을 수는 있어도 정치-경제-사회-문화-조직력은 매우 강하였다고 본다. 그러므로 다시 한 번 강조하면 논자는 첨성대는 선덕왕 2년(633)에 준공되었다고 본다. 그리고 이 다음 해(634)에는 분황사가 준공되었고 그 후 645년에는 황룡사 9층탑을 준공하였다.

뿐만 아니라 여기서 또 하나 강조할 것은 선덕왕의 부친인 진평대왕이 자신의 이름을 부처의 아버지의 이름인 백정으로 부르고 그 왕후의 이름을 부처의 어머니의 이름인 마야부인으로 불렸다는 것이다. 이 역시 종정합일조직사상에서 매우 주요한데 논자가 볼 때는 이러한 기계(mechanism)를 통하여 바로 그 자제인 선덕왕이 부처임을 나타낸 것이다. 즉 <王 卽 佛, 佛 卽 王>종정합일조직사상을 체계적으로 구현한 것이다. 이처럼 논자는 신라의 <王 卽 佛, 佛 卽 王>조직사상이 구체적으로는 진평대왕-선덕대왕에서 기원한다고 본다. 이러한 조직사상이 신라불교를 매우 강한 호국불교로 만들었을 것이다. 이러한 신라의 종정합일조직사상은 차후에 더 연구를 하기로 하겠으나 논자는 신라왕실이 단순히 불교의 帝釋-부처만을 표방한 것은 아니라고 본다. 이를 계속 설명하기로 하자.

그러면 『삼국유사』에서 진평대왕의 「천사옥대」가 나오고 뒤이어 선덕왕의 「선덕왕 지기3사」가 나오고 「선덕왕 지기3사」의 마지막 문장에 <『別記』 云, 是 王代 鍊石 築 瞻星臺.>가 간략하지만 함축적 의미를 담고 기록된 이유를 다소 이해할 수 있을 것으로 본다. 그러므로 첨성대의 기록은 <지기3사>와 연관이 있지만 그보다 근본적으로는 그 앞의 「천사옥대」와 연관이 있다. 이처럼 모든 문장이 일관성을 갖고 수미쌍관을 이루고 있는 것이다. 사실 첨성대가 이처럼 간단히 기록될 성격의 건축물이 아니다. 그러나 帝釋→天柱→수미산→첨성대가 일관적으로 이해된다고 해서 첨성대가 곧 수미산이라는 것은 아니다. 그리고 또 제석이 단순히 불교의 제석이라는 것은 아니다. 만약 이것이 불교의 수미산으로서의 첨성대이고, 불교의 제석이라면 선덕여왕이 자장 등 불교계의 건의를 받아들여 645년에 불교의 건축물인 황룡사 9층탑을 다시 축조할 필요까지는 없었을 것이다. 또 첨성대가 647년에 건립되었다고 해도 645년에 황룡사 9층탑을 통해 종교심리전의 측면에서 불교도들의 민심을 강화하였는데 굳이 또 첨성대→천주를 건립할 필요까지 있었다고 보기는 어렵다. 또 천주사가 불교 사찰이고 첨성대가 불교의 건축물로서 천문관측을 하였다면 불교의 국사로서 스님인 일연이 이에 대해 『삼국유사』에서 황룡사 9층탑 건립기사만큼이나 매우 상세히 기록하였을 것이다. 그런데 일연이 그렇게 기록하지 않았다는 것은 천주사가 단순히 불교사찰이 아니고 첨성대가 단순히 불교의 건축물이 아니라는 것이다. 특히 『別記』는 불교의 기록이 아닌 <다른 기록>으로서 <다른 종교의 기록>을 의미할 가능성이 있다. 그래서 일연이 이를 매우 간략히 기록하였고 이에 앞선 『3국사기』에서는 아예 기록조차 빠진 것으로 본다.

이를 위해서는 진평대왕의 「천사옥대」을 잘 살펴볼 필요가 있다. 즉 진평대왕은 즉위 원년(579)에 天使가 내려와 上皇이 하사한 옥대를 갖게되고, 郊·廟·大祀에 이를 착용하였다. 이 의미 역시 자명하다. 즉 진평대왕이 박혁거세거서간 처럼 <天子>가 된 것이다. 이는 종교적 배경에서 그 의미를 찾아야 할 것인데 불교와는 다른 종교이다. 뿐만 아니라 더 나아가서 선덕왕이 스스로 장사지내달라고 한 도리천은 원래는 神遊林이었다. 따라서 이는 선덕왕이 신라 전통 종교에서의 天神임을 나타낸 것이면서 동시에 그가 후대

에 전래해 온 불교의 측면에서는 제석임을 나타낸 것이다. 즉 <王 卽 天神, 天神 卽 王>
이라는 신라의 전통적 종정합일조직사상이다. 즉 진평대왕-종정합일조직사상을 구현한
것이며 또 이는 신라 건국초부터 대대로 이어온 조직사상이었던 것이다.

   특히 선덕여왕이 즉위 2년에 神宮에 친히 제사지냈다는 것은 天神敎의 의례로서 곧 자
신의 즉위를 天神에게 고하는 종교적 즉위식을 거행했다는 뜻이므로 이 해에 천신교의
천주사를 위해서 첨성대를 건립했을 가능성이 크다고 본다. 이 天神은 「천사옥대」에서는
<上皇>으로 나오고, 「경덕왕·충담사·표훈대덕」에서는 <上帝·天帝>로 나오고 『화랑세
기』에서는 <皇神>으로 나온다. 앞으로 신라의 最高神에 대해서도 더 많은 연구가 있어
야 할 것이다.

   이처럼 선덕여왕은 天神-帝釋-부처에 비유된 왕이었으며 이는 단순히 정치적 수식
사만은 아니고 <지기3사>에서 보는 것처럼 합리적 또는 초합리적 추론에 입각한 예측
능력을 구비하고 있어 신하들의 존경도 받았다. 이러한 예측력은 정치에서 필수적인
것이다. 물론 정치라는 속성에서 여성이라는 것을 빌미로 반대한 신하가 없었던 것은
아니며 또한 외적의 침략을 안받은 것도 아니지만 그러나 이는 선덕왕만 그런 것은 아
니다. 그러나 논자의 종정합일조직사상의 측면에서 보면 전통적으로 신라왕은 天子 내
지 天神임을 나타내었으며 이러한 종교와 정치사상의 바탕에서 진평왕은 天柱寺, 선덕
왕은 天柱-첨성대를 조성하였다고 본다. 그러므로 논자는 선덕왕 때에 와서 불교의 영
향이 더해져 그 호칭이 "천신의 후예[천자]이시며, 제석이시며, 부처이신…(선덕)대왕
님"으로 불려졌을 가능성이 있다고 본다. 이는 고구려가 <天帝子·河伯外孫>을 호칭한
것과 같은 것이며, 현대의 왕정국가에서도 나타나는 전통적인 호칭법인 것이다. 다만
천자는 중국에서 호칭하였기 때문에 국외적으로의 공개적인 사용은 자제했을 가능성도
있다고 본다.

   이와 같이 논자는 신라 전통의 天·天神·天帝·天子사상에서 「天賜玉帶」와 「선덕왕
지기3사」, 그리고 천주사→천주→첨성대가 형성되었다고 보는 것이다. 즉, 진평대왕과 선
덕여왕은 신라 전통의 天·天神敎를 현창하면서 동시에 불교를 현창한 것으로 봐야하는
것이지 『3국유사』에서처럼 일방적으로 불교만 현창한 것으로 보아서는 안된다. 다만 현
재 남은 기록이 『3국유사』처럼 불교의 기록이 대부분이므로 그렇게 보일 뿐이다. 그렇게
볼 때 천주사→천주→첨성대는 불교의 영향도 받아서 이를 습합하려고 하였지만 근본적
으로는 신라 전통의 天神敎의 사원이요, 기념적 건축물인 天柱로 보는 것이다. 그렇게 볼
때 이 천주로서의 첨성대의 정치적 상징이 황룡사 9층탑보다 더 높게 나타나는 것이다.
특히 황룡사 9층탑은 궐밖에 건립되었고 천주-첨성대는 궐내에 건립되었다는 것을 이해
해야 한다. 단순히 천문관측을 보조하는 망루라면 이러한 정치적 상징이 강하게 나타나

- 46 -

지도 않을 것이고 많은 비용과 인력을 들여 9.49미터나 하는 31층의 석조물을 궁궐안이면서 반월성 바로 지근거리에 세우지는 않았을 것이다. 그러므로 천주사는 신라의 왕릉과 궁궐속에 위치하여 신라의 전통 종교[21]인 천신교의 사원으로서 신라국과 왕실의 주요한 원찰이었을 것으로 본다. 그래서 천주-첨성대가 능묘와 연접한 궐내에 건축될 수 있었을 것이며 그렇지 않고서는 단순히 천문관측의 기능만 하는 건축물이라면 당시 <역대원릉>과 반월성의 중심에서 왕릉급의 능묘에 연접하여 이러한 위치에 건립되기는 어려웠을 것으로 본다. 이 천주사는 김대문(?~704~?)의 『화랑세기』(발췌본)에서도 나오는데 법흥왕후 保道부인이 태자빈으로 있을 때에 초대 풍월주 魏花郞를 고맙게 생각하여 지증대왕에게 청해서 위화랑을 天柱寺에 봉해서 제사를 주관하게 했다는 기록이 <雖然 保道德之, 請 于 智證大王, 封 于 天柱, 而 主 祀.>(발췌본 3면)로 나오는데 이는 위화랑을 천주사의 司祭로 임명했다는 뜻이며 이처럼 천주사는 불교의 사찰이 아니라 신라 전통 천신교의 神祠이었음을 보이고 있어 논자의 논증을 뒷받침한다고 보겠다. 특히 지증대왕(재위 500~14)은 진평왕(재위 579~632) 훨씬 이전이어서 이때 역시 천주사의 이름을 사용했을 가능성도 보이고 있다. 또 천주사는 『화랑세기』(모본)에서도 나오는데 대체로 왕·귀족이 기도하는 곳으로 나오고 있어서[22] 더욱이 그렇다고 본다.

이렇게 帝釋이 불교의 용어를 빌린 것이기는 하지만 일연이 『3국유사』「고조선(왕검조

---

21) 천주사의 자리인 내전에 대해 별다른 근거는 밝히지 않았지만 <그 자리가 固有信仰의 聖所이었어도 관계없겠다.>라고 한 견해도 있었다. 신종원, 앞글, pp.164~5.

22) 『화랑세기』(모본)에서는 구리지가 금진낭주를 사모하면서 천주사에 가서 발원한 기록이 <仇利知 心欲之, 發願 于 天柱寺 凡 五年, 而 金珍 始 寡居.>(모본 4~5면)으로 나오는데 이 때를 추정하면 대략 진흥왕 원년(540) 내지 법흥왕 26년(539)으로 볼수 있다. 또 미실궁주가 사다함을 위해 명복을 빈 기록이 <追福 斯多含 于 天柱寺 中, 是 夜 美室 果 夢,…>(모본 20면)으로 나오는데 이 때는 진흥왕 24년(563)으로 볼 수 있다. 그리고 비처왕(재위 479~500)의 비인 선혜황후가 천주사에서 어떤 사건을 겪은 기록이 <善兮后 天柱 事 發,>(모본 97면)로 나온다. 이는 내전-천주사에서의 <사금갑>사건(488)에서 받은 어떤 충격을 연상시키기도 하는데 더 연구가 필요한 부분이라고 본다. 이렇게 천주사는 대체로 왕·귀족의 소원을 비는 기도처로 나와서 불교와는 별로 관련이 없는 것으로 보인다. 따라서 진평왕 이전인 비처-지증-진흥왕 대에 天柱寺라는 이름이 사용되었는지는 의문이라고 볼 수도 있지만 그러나 『화랑세기』 자체는 김대문(?~704~?)에 의해 쓰여졌기 때문에 김대문 당대의 이름인 천주사로 기록되었다고 볼 수 있다. 이는 사서의 기록에서 항용 있는 일이다. 물론 또 『화랑세기』와 『3국유사』의 어느 쪽을 더 우선시 해야하는가 라는 근본 문제도 있으나 이는 앞으로 계속 연구할 과제라고 하겠다. 그러한 측면에서 보면 『화랑세기』(모본)에는 鮑石亭을 <鮑石祠> 또는 <鮑祠>로 기록하고 이 포석사가 神祠의 기능을 했음을 밝히고 있다. 이로 보면 『화랑세기』 가 보다 원형을 간직하고 있어 신뢰도와 타당도가 매우 높다고 볼 수 있는데 그러나 포석정이 원래 남산의 산신을 제사지내는 곳이라는 것은 왜정시대인 1920~30년대에 倭人인 三品彰英(1902~71)이 했는 말이다(三品彰英 지음, 李元浩 옮김, 『新羅花郞의 硏究』, 서울 : 집문당, 1995, pp.133~4). 그런데 논자는 삼품창영의 견해가 매우 돌출적이라는 것을 감안할 때 이는 왜정시대에 『화랑세기』와 같은 우리의 고사서를 왜인들이 많이 수탈해 가서 이러한 사서의 영향으로 외국인이며 당시 나이 20대 후반~30대 초반에 불과했던 삼품창영의 독특한 견해가 나온 것으로 보는데 보다 자세한 것은 앞으로 더 연구해 볼 과제라고 하겠다. 위 진흥왕 24년(583)은 『화랑세기』 내에서는 진흥왕 23년(562)으로 볼 수 있다.

선)」에서 桓國의 桓因(하느님)을 帝釋으로 注를 단 것처럼 이는 불교가 들어오기 이전부터 있었던 우리 전통 종교의 天神, 天帝인 <하느님>으로 봐야 할 것이며, 불교의 제석으로 보기는 어렵다. 단지 주로 불교서책에서 불교식의 용어로 기록된 것으로 봐야 할 것이다. 논자는 신라의 이 天·天神·天帝·天子사상의 기원이 仙桃神母의 神仙道에 있다고 보며 결국 최치원(857~?)이 말한 현묘지도, 풍류도라고 보는데[23] 이는 앞으로 더 연구할 과제라고 하겠다. 특히 「임신서기석문」에서 <天前>에 맹세한 것이 천신교를 잘 나타낸다고 본다.

이상과 같이 논자는 첨성대가 天柱寺의 天柱이며 이는 불교의 帝釋-수미산사상에 해당하는 우리 전통의 神仙道·天神敎에서 형성된 건축물이라는 것을 밝혔다. 그러므로 천주사는 신라 전통의 천신교의 사찰로 본다. 그러면 이제 수미산도 결국 天柱이므로 불교 이외의 우리 및 동양의 전통사상에서 천주와 첨성대의 본질을 살펴 보기로 하자.

2. 天柱와 첨성대의 본질

천주의 전통적 사상을 보기위해 먼저 『神異經』「中荒經」을 보면 <崑崙之 山 有 銅柱焉, 其 高 入 天, 所謂 天柱也. 圍 三千里, 周圍 如 削.>이라고 하였다. 여기서 곤륜산의 천주의 개념이 바로 하늘을 받치는 기둥의 의미로 쓰인 것을 알 수 있고 <削>을 사전적 의미로 <창칼 삭>보다 <칼집 초>로 본다면 속이 비어있는 첨성대의 모습을 연상할 수도 있을 것이다. 다만 구리로 만든 기둥은 아닌데 이는 재질의 문제로서 신라인은 돌을 잘 다루었으므로 첨성대는 돌로 쌓았다고 본다. 또 劉安(-179?~-122)의 『淮南子』(-140년대경)을 보면 먼저 「天文訓」에서 <옛날에 共工이 顓과 다투어 帝가 되려고 했을 때 노하여 不周之 山에 부딪혀 天柱가 부러지고 地維가 끊어져 하늘이 서북쪽으로 기울어졌으므로 일월성신이 서북쪽으로 옮겨지고 땅이 동남쪽으로 내려 앉아서 물·빗물·티끌이 동남으로 돌아간다.>라고 하였는데 이처럼 天柱는 하늘을 받치고 있는 기둥의 의미로서 주요한 역할을 하였다. 뿐만 아니라 같은 「墜形訓」에서는 <扶木은 陽州에 있는데 해가 비치는 곳이다. 建木은 都廣에 있는데 衆帝가 오르내리는 곳이요, 정오에는 그림자가 없고, 불러도 울림이 없어 천지의 중앙이다. 若木은 建木의 서쪽에 있는데 끝에 열개의 해가 있어 그 빛이 下土를 비춘다.>라고 하였다. 여기서 扶·建·若木도 天柱나 첨성대와 비슷한 개념을 갖고 있다고 본다. 특히 여러 황제[衆帝]가 오르내린다는 것은 첨성대가 사람이 올라갈 수 있는 구조로 설계된 것과 비슷하다고 하겠다. 그런데 이렇게 하늘을 받치는 천주가 산의 이름으로도 차용되었다. 즉 만주 요녕성의 東牟山의 다른 이름이기도

---

23) 이강식, "花郎徒組織의 理論과 實踐," 「경영학연구」, 제27권 제1호(1998. 2.), 한국경영학회, pp.185~219 참조.

하고, 원래는 중국의 南嶽 衡山을 천주산이라고 하였던 것이다.

　뿐만 아니라 『星經』에서는 <天柱五星, 在 紫微宮內, 近 東垣, 主 建敎 等 二十四氣也.>라고 하였고 『晉書』「天文志」에는 <三台六星,…一 日 天柱, 三公之 位也.>라고 하여 별의 이름을 천주라고 하였다. 물론 『星經』이나 『晉書』의 天柱星은 帝釋보다는 격이 낮은 반열이기는 하지만 그것은 시대의 변화에 따라서 그런 것이라고 볼 수 있고, 여기서 별의 이름을 형성하였다는 것은 천주→첨성대의 천문대의 별관측과도 관련이 있다고 볼 수도 있다.

　또 천주는 국가의 상징물이기도 하였다. 즉 천주에 대해 <우리나라도 고을마다 중심이 있었다. 고을을 다스리는 정청이 東軒이요, 동헌의 가운데 기둥을 天柱라고 했다. 하늘에 계신 천제가 그 천주를 통해 수령이 백성 다스리는 것을 감시하는 레이더이기도 하다. 수령이 취임하거나 재판을 할 때도 서양사람이 성서에 손을 얹고 선서하듯 천주 앞에서 배풀었으며 날이 가물면 수령은 천주에 머리를 찧어 피를 냄으로써 속죄했다.>라고 보는 견해[24]도 있다. 물론 이 동헌의 천주는 다소 후대의 기록일 것이기는 하지만 첨성대는 신라국가의 국왕의 천주로서 역할을 하였고, 각 지방 관아에는 수령의 천주가 있어 그 역할을 하였을 것으로 본다. 그래서 천주-첨성대가 궁궐내에 있었을 것이다. 이처럼 천주-첨성대는 세계의 중심으로서 배꼽[臍]의 역할을 하였다고 보는데 중국에서는 齊가 이러한 사상을 가지고 있었고, 뿐만 아니라 또 그리스의 Apollo신전의 Omphalos도 이러한 사상이 있으므로 앞으로 이집트의 Obelisk와 함께 더 깊이 비교연구할 필요가 있다고 본다. 또 天柱는 그리스신화에서 하늘을 양어깨에 메고 있도록 선고받은 거인족[the Titans]의 神人인 Atlas와 닮은 점도 있고 또 그 신화에서 유래한 아틀라스 산맥(the Atlas Mountains)과도 유사한 점이 있다고 본다. 그리고 이러한 측면에서 볼 때 道路元標의 역할도 하였다고 본다.

　그러면 이러한 사상을 두루 갖춘 天柱의 원형은 무엇일까? 그것은 역시 『회남자』「지형훈」에서 본 天柱와 <扶・建・若木> 등에서 시사받은 것처럼 고대사와 사상의 전통에 따르면 이의 원형은 우리나라의 솟대라고 본다. 즉 논자는 솟대가 이러한 사상을 대부분 갖춘 원형의 천주라고 보는 것이다. 즉 천주-첨성대는 국가 솟대로서 돌로 만든 장엄한 솟대라고 보는 것이다. 이것은 천주사를 전통적 天神敎의 사찰로 보는 것과 맥이 닿아 있다. 다만 첨성대에서는 새를 형상화하지는 않았는데 이는 천문대로 사용할 목적이 있었기 때문으로 본다.

　그러면 여기서 첨성대에 차용된 이미지를 좀 더 살펴보기로 하자.

　첫째, 첨성대는 성황당의 당목의 이미지가 차용된 것으로 보인다. 즉 하부가 굵고 상부가 가늘며 돌을 쌓은 결이 고목의 살갗을 연상시킨다. 이는 곧 세계수, 우주목, 우주의

---

24) 李圭泰, "道路元標," 조선일보, 1997. 12. 31.

축으로서의 神壇樹의 이미지가 차용된 것이며 더 나아가 신라의 계림, 구림, 시림, 신유림, 천경림 등의 수풀신앙의 이미지가 차용된 것으로 보이며 바로 솟대의 이미지이다.

둘째, 첨성대는 성황당의 돌로 쌓은 돌무지[積石]의 이미지가 역시 차용된 것으로 보인다.

셋째, 첨성대는 고인돌의 이미지가 차용된 것으로 보이는데 특히 선돌의 이미지가 보인다.

넷째, 첨성대는 神이 강림하는 신장대의 이미지가 차용된 것으로 보인다. 이는 상부가 열려 있는 것과 관련이 있다.

다섯째, 첨성대는 더 나아가 神의 몸체로서의 神主의 이미지가 차용된 것으로 보인다.

여섯째, 첨성대는 우주산, 天神이 살고 있는 天山으로서 天柱山의 이미지를 차용한 것으로 보인다.

일곱째, 첨성대는 상단부에 井字形의 구조물이 있는 것을 볼 때 天柱山으로서의 태백산－백두산의 이미지를 차용한 것으로 본다. 즉 이 천주-첨성대의 상단부에 정자형의 구조물이 있는 것을 더 주의해서 보아야할 것이다. 물론 이것이 구조물의 기법상 이렇게 하였을 수도 있지만 굳이 정자형으로 했다는 것은 더 깊이 살펴보아야 할 논점을 갖고 있다. 이 井字形은 우물형태로 봐야 할 것이다. 이 첨성대가 천주산의 이미지를 갖고 있으면서 특히 상부에 우물을 갖고 있다면 이는 산위에 우물처럼 물이 있다는 뜻인데 이러한 산은 신성한 태백산－백두산이므로 논자는 첨성대의 이 형태가 백두산에서 차용되었다고 본다. 즉 이 井字形은 백두산의 天池를 상징한다고 본다. 단, 백두산의 천지가 언제 형성하였는지는 과학적으로 더 살펴볼 필요가 있을 것이다. 그러므로 첨성대를 산형으로 해석하고자 한다면 수미산이라기 보다는 백두산으로 보는 것이 좋을 것이다.

여덟째, 첨성대는 또 북경의 天壇과 같은 祭壇의 이미지가 차용되었다. 물론 논자는 첨성대는 제단 자체는 아니라고 보지만 그 형태에서 제단의 이미지가 보인다. 그런데 후대에 만든 북경의 天壇은 上圓下方이다. 그러나 첨성대는 上方下圓이다. 또 강화도의 참성단도 上方下圓인데 왜 天圓地方사상과 거꾸로 된 모습을 하고 있는지에 대해서도 지금까지는 별다른 설명이 없었다. 그런데 이맥(1453～1528)의 『태백일사』「신시본기」(1520)에 보면 <天 好陰, 故 祭之 必 於 高山之 下·小山之 上, 乃 祭天 太白山之 麓之 遺法也. 地 貴 陽, 故 祭之 必 於 澤中 方丘, 亦 卽 祭天 塹城之 壇之 餘俗也.>(『환단고기』, 70면)이라고 하였는데 특히 여기서 <天 好 陰,>, <地 貴 陽,>의 사상에서 첨성대와 참성단이 上方下圓의 모습을 하게 된 것으로 본다. 즉 祭天에서 우리의 사상이 더 고유한 전통을 간직하고 있는 것이다.

아홉째, 첨성대는 국가 상징으로서의 동헌의 천주의 이미지가 차용된 것으로 보인다. 이는 한국과 동양의 전통적인 국가 상징물로서의 天柱이다.

열째, 첨성대는 천주성이라는 별의 이름에서 시사받은 것처럼 천문관측을 위한 臺[망

- 50 -

루]의 이미지가 차용되었다.

이상과 같이 논자는 그 형태를 구성하고 있는 차용된 이미지가 매우 복합적이라는 것을 살펴보았고 이를 통해 천주-첨성대의 본질을 살펴보았다. 천주로서의 첨성대는 하늘을 받치는 기둥이라는 우주의 축, 그리고 신라가 세계의 배꼽, 중심이라는 사상과 천신－제석이 주석하는 백두산－수미산의 이미지와 왕 즉 천신, 왕 즉 제석이라는 종정합일조직사상, 천신－천제가 정치를 감독한다는 정치적 사상과 天을 살펴 정치를 한다는 天文·瞻星·占星의 기능, 그리고 祭天시 神主와 신장대의 기능이 복합화한 건축물로 본다. 이러한 복합적 사상을 가진 상징물은 다른 말로 하면 솟대이다. 따라서 논자는 천주-첨성대가 돌로 만든 솟대이며, 따라서 첨성대는 국가 차원의 솟대로서 솟대에 국가경영에서 주요한 천문관측의 기능을 특별히 부가한 건축물로 본다. 여기서 신라왕이 신탁을 받아서 전국 각지의 소도와 정치-행정조직에 전파하였을 것이다. 이렇게 보면 첨성대가 祭壇이 아니고 臺로 만들어진 이유를 잘 알 수 있다. 그러므로 논자는 첨성대가 천주로서 솟대이기는 하나 국가 솟대로서 처음부터 국가경영에 필요한 천문관측의 목적을 겸용으로 축조되었다고 본다. 그렇게 볼 때 이 천주사는 불교의 일부 형식들을 습합하기는 하였겠지만 天文관측이 필요한 전통적인 신라의 고유한 天神敎에서 형성하였다는 것을 이해할 수 있다. 그런데 만약 불교가 천문관측을 중심으로 해야할 필요가 있는 종교라면 예를 들어 황룡사 9층탑 등에 천문관측대의 기능을 결합하였겠지만 불교는 이를 중심으로 하는 종교가 아니기 때문에 그렇게 되지는 않았고 천주사의 천주가 첨성대로서 이러한 기능을 하게 된 것으로 본다.

그리고 첨성대는 현재는 아무런 장식이 없지만 이를 솟대라는 측면에서 보면 당시에는 색색의 헝겊으로 장식하였을 가능성도 있다고 본다. 그리고 『동경잡기』의 천주사에 관한 설명을 보면 꽃장식을 하였을 가능성도 있다고 본다. 그리고 천주사로서 불교행사를 습합했을 때는 물론 주위에 연등장식도 하였을 것으로 본다. 이는 앞으로 계속 연구해야 할 과제이다.

그리고 이름에서도 처음에는 천주와 첨성대로 같이 불려지다가 차츰 후대로 갈수록 천신교의 종교성이 짙은 천주라는 호칭은 불려지지 않고 천문관측의 첨성대·점성대로 불려졌다고 본다.

3. 안압지와의 관계

그런데 첨성대가 국가 상징물로서 주요한 것은 이는 항상 안압지와 함께 짝을 이루어 건축되었을 가능성을 염두에 둬야한다는 것이다. 즉 선덕여왕은 첨성대와 황룡사 9층탑을 만들었는데 그 후 문무왕(재위 661~81)은 백제와 고구려를 통일한 6년 뒤인 문무왕

- 51 -

14년(674)에 안압지를 축조한 것으로 『3국사기』에 나타나고 있다. 그런데 대체로 지금까지는 안압지를 국가 상징물로 보지 않고 단순히 왕의 연못정원 정도로 생각해온 경향이 있는 듯하다. 그러나 그렇게 보기는 어렵다. 안압지에는 3神山이 축조되었고 『동국여지승람』에 의하면 그 서쪽에 <臨海殿>이 건축되었기 때문에 안압지는 단순한 <池-연못>이 아니고 <海-바다>이며 바로 3神山이 있는 발해로 봐야한다. 그렇다면 신라는 3神山 숭배사상에서 안압지를 축조하였다는 것이며 안압지는 단순히 왕의 연못정원이 아니고 첨성대처럼 국가의 상징물로 봐야 하는 것이다. 앞으로 이를 더 깊이 연구하여야 할 것이다. 특히 안압지의 3神사상의 배경과 축조배경은 앞으로 깊이 연구해야 할 것이다. 논자는 이 안압지의 조성이 신라가 3국통일 후 3神사상과 3神山제도를 갖고 있던 고조선을 계승한 천하의 종주국임을 공표한 것으로 본다. 그리고 여기서 3神山에 대한 제사도 지냈을 것으로 본다. 즉 그 조성형태가 앞서 본 『태백일사』의 <地 貴 陽, 故 祭之 必 於 澤中 方丘,>와 관련이 있다고 본다. 또 신라가 3山5岳제도를 갖고 있음을 인식한다면 더욱이 안압지의 3神山이 연원이 매우 깊다는 것을 이해할 수 있을 것이다.

그런데 한가지 흥미로운 것은 여성인 선덕여왕은 왕궐의 西편에 하늘을 향해 양기를 뜻하는 첨성대를 세운 반면에 남자인 문무왕은 왕궐의 東편에 땅을 향해 음기를 뜻하는 안압지를 팠다는 것이다. 이는 왕경의 도시계획, 풍수지리비보사상, 음양사상, 天地人 3神사상의 측면에서 앞으로 더 깊이 연구되어야 할 과제를 준다고 할 것이다. 그렇게 보면 첨성대[천주사]-안압지는 신라 초기부터 원래의 도시계획에 들어 있었을 가능성도 있다고 본다.

그리고 기록에서도 앞서 본 것처럼 천주사와 안압지가 짝을 이루고 기술되어 있다는 것이다. 『동국여지승람』에서도 안압지를 설명하면서 <雁鴨池 在 天柱寺 北,>이라고 하여 역시 짝을 이루고 나오는데 이처럼 기록의 기술에서도 이 둘이 밀접한 관계가 있음을 시사하고 있다. 그런데 『세종실록』「지리지」에 따르면 평양성내에도 <城內 有 九廟·九池, 九廟 乃 九曜 飛入處也. 其 池 旁 有 瞻星臺>라고 하여 9廟·9池가 있고 9池 옆에 첨성대가 있다고 하여 신라의 첨성대·안압지와 비슷한 관계를 보여주고 있다. 그러나 9池 옆에 첨성대가 있다고 해서 단순히 첨성대를 초성대로 보기는 어렵다. 그렇게 보면 9廟가 이미 초성처인데 굳이 또 초성처라는 첨성대를 만들 필요는 없기 때문이다. 따라서 첨성대는 역시 천문대를 본다. 다만 비슷한 기능을 하는 조직과 건축물이 한 곳에 모여 있었을 것이라고 본다. 이처럼 천주사-첨성대와 안압지의 사상적 배경에서 보면 밀접한 상보관계를 가지고 있다. 그리고 반월성과의 관계도 더 연구되어야 할 것이다. 논자는 기본적으로 천주사의 천주-첨성대는 天을 의미하고, 안압지는 地를 의미하고 王이 거주하는 在城인 반월성은 人을 의미한다고 본다. 즉 신라인의 天地人 3神사상에서[25] 신라왕경

---

25) 신라의 3神사상은 이강식, 「한국고대조직사상사 - 天地人 3神사상의 조직론적 해석 -」(서울:아세아문화사, 1995), pp.337~70 참조.

의 도시계획의 기본계획이 이루어졌다고 본다. 물론 이는 오랜 세월에 걸쳐서 실현되었다. 그리고 첨성대가 31층으로 축조된 것은 3神1體사상을 나타낸 것으로 볼 수도 있다.

그리고 첨성대와 안압지가 또 관련이 있는 것은 첨성대의 상부가 井字形의 모습을 하고 있는데 안압지에서도 다량의 井字形 무늬 기와가 출토되었다는 것이다. 또 실성왕 14년(415)경의 호우총의 청동호우 뚜껑의 井字形 문양과 함께 연구되어야 할 것이다. 고대의 井字形 문양을 연구하면 이를 더 잘 이해할 수 있을 것으로 본다. 이제 천문대로서의 첨성대를 살펴보기로 하자.

IV. 천문대로서의 첨성대

1. 기록-역사학적 측면

지금까지 나타난 첨성대에 대한 모든 사서의 기록에서는 첨성대가 천문대임을 분명하게 밝히고 있다. 따라서 기록-역사학의 측면에서는 첨성대가 천문대임이 분명하다.

2. 고고-천문학적 측면

자연과학적 측면에서는 지금까지 연구된 바가 있었다[26]. 그리고 고고-천문학의 측면에서 현존하는 세계의 고대 천문대와 많은 비교가 있어야 할 것이다. 뿐만 아니라 영국의 스톤 헨지 등의 연구에서처럼 첨성대의 여러 구조와 방위들이 천문학상의 무엇을 상징하는지 춘·추분, 하·동지의 절기에 따른 과학적 연구가 계속 필요하다고 본다.

그러나 이러한 연구에서 항상 과학적 연구가 필요하다. 첨성대 내부의 남문까지 채워져있는 흙이 신라시대에는 없었고, <춘분과 추분에 태양이 남중할 때, 이 창문을 통하여 태양광선이 바로 臺의 밑바닥까지 도달하게 되며…>라고 한 견해[27]도 있으나 <설계자가

---

26) 지금까지 이 분야의 주요 연구는 다음과 같다.
　　宋旼求, "「慶州 瞻星臺 實測 及 復元圖」에 의한 比例分析,"「한국과학사학회지」, 제3권 제1호(1981, 12), pp.52~75.
　　羅逸星, "瞻星臺의 四角基礎石의 方向決定과 天文臺로서의 機能," 윗책, pp.76~9.
　　柳福模·康仁準·楊寅台, "慶州 瞻星臺의 位置解析에 대한 考察," 윗책, pp.80~4.
　　楊寅台, "慶州 瞻星臺의 位置解析에 對한 測量學的 考察,"「강원대학교 논문집」, 제16집(1982), pp.239~46.
27) 전상운, 앞글, 1964, p.21.

그 외부의 곡선형태, 내부 흙의 채움, 2차에 걸친 內部 井字石의 도입 등으로> 안정성을
유지하도록 주도면밀한 설계를 했다고 본 견해[28]도 있는데 이는 처음부터 흙이 채워져
있음을 나타낸 것이다. 따라서 보다 신중히 연구하는 것이 바람직하다. 논자가 보기에는
12층의 남쪽 창문에 사다리를 대고 출입하도록 되어 있는 것을 볼 때 역시 처음부터 흙
이 채워져 있었다고 본다. 그렇지 않으면 기단부에서 바로 출입하도록 설계되었을 것이
기 때문이다. 앞으로 이 학문분야에서 더 많은 연구가 있어야 할 것이다.

3. 구조-기능적 측면

구조-기능적 측면에서도 앞서 본 것처럼 기존의 연구가 있었다. 논자 역시 구조-기능
적 측면에서 첨성대가 천문대가 아닐 수 있다는 별다른 반증은 없다고 본다. 논자의 기
본적 논지는 다음과 같다.

첫째, 첨성대는 사람이 올라갈 수 있는 구조라는 것이다. 이를 위해서는 특히 <內部
井字石의 배치를 보아, 그 내부로 승강이 가능하도록 특별히 조치 하였다.>라는 견해[29]
가 주요하다. 즉 십자형으로 하면 bracing(버팀대)으로서의 효과가 더 크지만 그렇게 하면
내부를 오르내리지 못하기 때문에 內部 井字形로 하였을 것이라는 것이다.

둘째, 상단부가 반틈 열려 있는 구조라는 것이다. 이 역시 완전히 열려있는 것보다 더
쉽게 사람이 올라갈 수 있는 구조로서 설계되었다는 것을 의미한다. 그런데 물론 이것을
神主나 신장대라고 해도 상부를 열어 놓는 것이 맞다는 것이다. 왜냐면 天神이 강림하기
위해서는 상부가 열려 있어야 하는 것이다. 그러므로 첨성대에 제단의 성격이 일부있다
면 그것은 천신이 강림하는 구조로 된 솟대라는 뜻이다. 그러므로 첨성대는 제단이라기
보다는 神主에 해당된다고 본다. 따라서 제천시 제단은 별도로 있었고 여기서는 神을 맞
이하여 제천은 市외곽의 郊에서 행했을 것으로 본다. 즉 제천행사에서는 많은 국민이 참
여해야 하는데 그들이 모두 궁안에 들어와서 그 행사에 참여하기는 어렵기 때문이다. 그
러므로 첨성대의 위가 열려있는 것은 천신강림과 천문대의 겸용 목적이 있다고 본다. 즉
祭日에는 제례를 올리고 평소에는 천문관측을 하였다고 보는 것이다. 그러면 神主의 성
격을 갖는 신성한 천주에 어떻게 올라가서 천문관측을 하겠느냐 하겠지만 그러나 신라
에서는 日官 등의 직책이 있는데 이들이 천신교의 사제이면서 동시에 천문관측을 겸직
하였을 것으로 본다. 즉 천주사의 사제들이 제례도 준비하고 천문관측도 하고 占星도 하
고 유지·정비·보수를 하였을 것이다. 그러다가 후세로 가면서 더 전문화된 천문박사, 누
각박사가 임용되고 또 기구와 건물도 더 전문화된 누각전 등이 설치되었을 것으로 본다.

---

28) 李東雨, "慶州 瞻星臺의 形態와 構造,"「건설기술연구속보」, 제4권 제10호(1986. 10.), p.18.
29) 이동우, 윗글, p.18.

논자는 특히 상단부가 반틈 열려 있는 것이 완전 열려 있는 것 보다 사람의 승강과 활동을 더 쉽게 해준다고 보기 때문에 반드시 천문대의 겸용 목적이 처음부터 있었다고 본다. 만약 신주나 신장대만의 목적이라면 완전 열어 놓는 것이 더 좋았을 것이다.

셋째, 상단부가 천문의기를 설치하고 관측하기에는 장소가 불편하다고 하나 그 역시 현대적 관점이고 당시에는 이 정도의 천문대는 세계적으로도 매우 장대하였을 것이다.

이상으로 구조-기능적 측면에서도 첨성대가 천문대임을 살펴보았다. 물론 이러한 논점들이 향후 계속 연구되어야 할 것이다.

결론적으로 논자는 첨성대가 천주와 천문대를 처음부터 겸용할 것을 목적으로 만든 건축물이라고 본다. 이제 이러한 본질 구명을 바탕으로 첨성대의 문화마케팅전략을 구축하여 보기로 한다.

V. 첨성대의 본질에 따른 문화마케팅전략

1. 제품전략

현재 첨성대는 국보 31호이기 때문에 첨성대 자체는 엄격히 보존되어야 한다. 그러나 그렇게 되어서는 변화가 전혀 없기 때문에 관람자의 재방문의사를 매우 낮게 만들게 된다. 따라서 첨성대는 그대로 두고 관람자의 변화하는 욕구에 맞는 다양한 제품을 개발해야 하는데, 이는 한계가 분명하고 쉽지가 않다. 그러나 그렇기 때문에 또한 연구가 필요한 것이다. 그러므로 이 역시 하드웨어 보다는 소프트웨어의 변화를 기할 수 밖에 없다. 이에 따른 전략을 하나씩 살펴보기로 하자.

1) 天柱로서의 첨성대

(1) 天柱寺의 복원 내지 神堂의 설치 : 장기적으로는 천주사를 복원하여야 하는데 이는 신라 전통의 천신교의 측면에서 접근하는 것이 좋을 것이다. 그러나 이는 시간이 많이 소요되기 때문에 우선은 작은 신당을 설치하여 천주사에서처럼 참배가 되도록 하면 참여관광의 측면에서도 바람직할 것으로 본다.

(2) 天祭의 복원 내지 천신강림행사의 재현 : 신라의 전통의 천제를 복원하여 축제로 하는 것이 참여관광의 측면에서 바람직하지만 이 역시 시간이 많이 소요됨으로 앞으로의 과제로 하고 우선은 신라문화제라든지 문화엑스포에서의 각종 제례시에 天神을 여기서 모셔가는 행사를 실시하는 것이 바람직할 것으로 본다.

(3) 처용무 등 제례적 성격의 공연 : 신라와 연고가 있고 제례적 성격의 공연을 실시

하여 첨성대의 문화적 성격을 제고한다.

(4) 月明齋의 지원 : 현재 민간 단체에서 매년 음력 9월 15일 첨성대 앞에서 시행하는 月明齋를 홍보하여 市차원의 문화상품으로 개발한다.

(5) 꽃심기 : 『동경잡기』에 따라 꽃을 심으면서 복을 비는 문화상품을 개발한다. 물론 땅에다 직접 심는 것은 문화재 보호지역의 여러 규제상 어려울 것이고 종이꽃으로 대체하여 담장에 걸도록 하면 좋을 것이다.

(6) 진평대왕의 섬돌의 복원 : 진평대왕이 밟아 부서진 섬돌 2계단을 복원하여 관람하게 한다. 물론 이는 천주사가 복원되면 가장 좋으나 천주사가 전부 복원되지 않더라도 우선 이 지역에 이를 복원함으로써 관람자의 흥미를 유발하고 신라사의 진취적 기상을 잘 홍보할 수 있다고 본다.

(7) 바닥의 석편의 복원 : 첨성대의 원형을 알고 또 이를 보여주기 위해서는 바닥의 석편을 발굴 복원하는 것이 시급하다. 이는 학술적으로도 필요하기 때문에 빠른 시간 내에 실시하는 것이 좋을 것이다.

(8) 월성대공원의 조성 : 첨성대와 주위 문화유적과의 연계를 위한 전략이 필요하다. 그런데 관계자의 면담에서 현재 대능원-첨성대-계림-반월성-안압지를 잇는 월성대공원의 조성이 계획중에 있다고 하므로 이를 시행하는 것이 시급할 것으로 본다.

2) 천문대로서의 첨성대

(1) 첨성대 천문박물관의 설치 : 현재 첨성대는 한 번 둘러보고 가면 그만이므로 문화상품으로서 첨성대가 줄 수 있는 정보와 지식의 제공이 거의 없다. 따라서 첨성대와 세계의 고대천문대에 관한 모든 자료와 연구성과를 모형으로 만들어서 첨성대의 모든 것을 관람자에게 보여주는 것이 시급히 필요하다. 특히 첨성대와 같은 지식상품은 이 측면에서 관람자의 호기심을 이끌어 내는 것이 매우 주요한 것이다. 박물관은 우선은 새로 짓는 것보다 주위 민가를 임대하여 하나씩 자료를 구비해 나가는 것이 바람직할 것으로 본다.

(2) 첨성대 실물 크기의 모형의 건립 : 현재 첨성대는 관람자가 전혀 접근을 하지 못하고 있다. 또 앞으로의 보존상의 문제를 감안할 때 첨성대와 같은 재질의 돌로 실물 크기의 첨성대를 그 옆에 만들고 주위에 나선형의 계단을 설치하여 관람자가 상단부까지 관람하고 내려오도록 하는 참여상품의 개발이 바람직하다. 물론 이는 예산이 비교적 많이 들지만 이를 통해 여러 가지 학술상의 의문점도 해결될 수 있기 때문에 시급한 과제라고 할 수 있다.

(3) 야간 천문관측 문화상품의 개발 : 경주는 야간 관광을 할 수 있는 문화상품의 개발이 시급한데, 특히 첨성대는 야간 천문관측 문화상품의 개발이 가능하다. 즉 천체망원경을 설치하여 직접 야간 천문관측을 할 수 있도록 한다. 물론 문화재의 보호를 고려해야 한다.

(4) 야간 조명의 실시 : 야간에도 일정시간 조명을 하여 경주를 찾는 관광자의 야간 산책로가 되게 한다. 이에 따른 여러 가지 또 다른 야간관광상품이 개발될 수 있을 것으로 본다.

(5) 캐릭터상품의 개발 : 첨성대는 과학문화상품의 이미지를 갖고 있기 때문에 캐릭터상품의 개발이 가능하다. 현재도 경북대학교의 교표에 사용되고 있고, 또 소백산 천문대 건물에도 활용되고 있다.

(6) 소음방지 : 첨성대 북편도로의 자동차통행을 금지하여 첨성대를 소음으로부터 보호하고, 이를 자전거도로화하여 앞으로 조성되는 월성대공원내를 자전거로 일주할 수 있도록 하는 것이 유물의 보존상 필수적인 과제이다.

(7) 첨성대 과학학술회의 계속 개최 : 한국과학사학회에서 83년을 끝으로 3차에 걸친 첨성대에 관한 학술회의가 있은 후 지금은 개최되지 않고 있다. 그러나 의문점은 여전하기 때문에 앞으로 이를 3년, 5년을 주기로 최신이론에 바탕한 학제적 학술회의를 계속 개최하는 것이 바람직하다. 예를 들면 1998년의 경우라면 첨성대 건립 1,365주년 기념 학술회의를 개최하면 과학문화학술계에서도 매우 뜻깊고 그 자체가 홍보효과가 있을 것이다. 이는 첨성대를 교표로 사용하고 있는 경북대학교와 건물모형에 활용하고 있는 소백산 천문대가 주최 또는 주관하는 것이 바람직하다.

(8) 안내판의 확충 : 현재 첨성대의 안내판이 2개 설치되어 있을 뿐만 아니라 그 설명문이 너무 소략하다. 우선은 이를 확충하여 첨성대에 대한 지금까지의 연구성과를 최소한이라도 알리는 것이 주요하다.

(9) 관람권의 유료광고게재 : 관람권의 유료광고를 게재하여 수입도 늘이고 또 충실한 설명이 게재되도록 하여 첨성대를 홍보한다.

2. 가격전략

현재 첨성대의 관람료는 <표 1>과 같다.

<표 1> 첨성대 관람료 (98. 8. 24 현재) (단위 원)

구 분	어른 25~64세	어린이 7~12세	청소년(13~24세) 군인(하사이하)
개 인	160	50	70
단체(30인이상)	110	50	50
비 고	노인우대 - 65세이상 무료 어른 관람료에는 문예진흥기금10원 포함		

- 57 -

　<표 1>에서 보는 것처럼 관람료가 너무 저가로 책정되어 적자의 원인이 되고 있다. 이 가격은 관계자의 증언으로는 78년 10월에 책정된 가격이라고 한다. 따라서 첨성대의 현재 상태로서는 어른은 최소한 500원으로 인상하고 앞서 살펴본 제품개발이 이루어지면 최소한 1,500~2,000원으로 인상하는 것이 좋을 것으로 본다.

　그리고 또 하나의 문제는 청소년의 연령이 13~24세로 되어있는데 이 역시 13~19세로 낮추는 것이 좋을 것으로 본다. 대체로 20~24세는 대학생 관람자가 많은데 이 계층을 어른으로 간주하고 500원 정도의 인상된 입장료를 징수하든지 아니면 중고생과 대학생 그리고 어른으로 구분하여 입장료를 책정하는 것도 좋을 것으로 본다. 그리고 야간 천문 관광은 별도의 기획과 시설 관람료가 책정되어야 할 것이다.

3. 촉진전략

　첨성대의 촉진전략은 지금까지 전무하였다. 사실 너무 잘 알려져 있기 때문에 굳이 촉진전략을 수립하지 않아도 관람자가 온다고 생각하지만 그렇게 보아서는 안될 것이다.

　그러므로 기본적으로 국내외의 과학학술단체, 과학과 관련한 모든 컨벤션, 과학기술상품생산회사, 초·중·고등학교, 대학에 과학문화유산으로서의 다양한 촉진전략이 필요한데 최우선적으로는 안내 팜프렛이 필요하며, 더 나아가 이를 DM으로 각 관계기관에 촉진함이 시급하다. 또 이러한 촉진전략은 제품개발과 밀접한 관계를 갖고 있으므로 참여상품의 제품개발과 연계가 되어야 할 것이다. 즉 구체적인 촉진전략은 제품개발에 연계하여 이루어져야 한다. 그리고 앞으로 과학유산으로서 유네스코에 등록하는 것도 보존과 촉진전략에서 주요할 것이다.

4. 유통전략

　첨성대는 무형의 문화유산 상품이고 또 공공성이 강하기 때문에 유통전략은 수립하기가 쉽지 않다. 그러나 대체로 경로구성원에 대한 평가를 통하여 다양한 업계촉진전략을 수립할 수 있다.

　이상의 전략은 기본적이고 실무적인 것이며 이외에도 논자의 "통일전의 문화마케팅전략구축"에서 논의한 전략중에서 공통으로 활용할 수 있는 전략은 모두 생략하였기 때문에 더 자세한 것은 그 논문을 참고하기 바란다.

　이 전략의 문제점은 비용산정과 재원조달, 그리고 효과측정의 부분을 생략하였다는 것이다. 그러므로 우선은 비용이 적게드는 부분부터 하나씩 시행하면 좋을 것이며, 그 효과를 봐서 고비용의 전략을 시행하는 것이 바람직하다. 그리고 이 전략은 실무적인 것이기 때문에 사전에 효과를 검증한 것은 아니라는 것이다. 따라서 실행후 계속적인 효과를 측정하여 향후 이론 정립에도 도움이 되어야 할 것이다.

IV. 맺는말

첨성대의 본질에 관한 기존의 연구가 많이 있었지만 그나름대로의 문제점은 모두 있었다. 특히 대표적으로 제단설은 고대의 제사법을 이해하지 못한 것으로 보여 신빙성이 거의 없는 것으로 본다. 뿐만 아니라 마케팅 측면에서도 첨성대는 현재 관람료 수입에만 의존하여 적자상태를 못 면하고 있다. 이를 해결하기 위해 논자는 첨성대의 본질을 새로이 구명하고 이에 따라 적자 해소책으로서 장단기 문화마케팅전략을 구축하여 실천경영학의 측면에서 지방자치체가 시행할 수 있도록 하였다. 물론 쉽게 이행하기 어려운 전략이 없는 것은 아니지만 단계적으로 시행할 수 있다. 지금까지의 문헌조사, 현장답사, 관계자면담 등을 통하여 수행한 논자의 연구결과를 간략하게 요약하면 다음과 같다.

첫째, 첨성대는 선덕왕 2년(633), 즉 선덕여왕의 즉위 다음 해에 父王인 진평대왕의 유업을 잇고 자신의 즉위를 기념하고 또 신라의 天神敎를 현창하고, 또 국가경영에서 필요한 천문관측을 할 목적으로 天柱寺에 건립한 天柱로 본다.

둘째, 첨성대가 건립된 천주사는 신라 天神敎의 사원으로서 神祠로 본다.

셋째, 첨성대는 문헌기록과 건축구조-기능으로 보아 처음부터 天柱와 天文臺를 겸용할 목적으로 건립되었다.

넷째, 첨성대에 차용된 주요 이미지는 ① 세계수, 우주의 축으로서의 神壇樹 ② 성황당의 돌무지 ③ 고인돌의 선돌 ④ 신의 몸체로서의 신주 ⑤ 신이 강림하는 신장대 ⑥ 우주산으로서의 天山-天柱山 ⑦ 태백산-백두산, 그리고 수미산 ⑧ 天壇 ⑨ 한국과 동양의 전통적인 국가 상징으로서의 天柱 ⑩ 첨성·점성을 위한 천문대 등이 복합된 것으로 본다.

다섯째, 첨성대는 신라 天神敎의 3神사상의 원리에 따라 왕경을 천주사 : 첨성대(天)-안압지(地)-반월성(人)으로 조성할 목적으로 건립한 것으로 본다. 특히 첨성대와 안압지는 백두산과 발해의 3神山을 조성한 것으로 볼 수 있다. 이는 고조선을 계승했다는 국가정신의 표출로 본다.

여섯째, 첨성대의 적자 해소를 위한 문화마케팅전략으로서 주요한 제품전략으로는 ① 천주사의 복원과 신당의 설치 ② 첨성대 천문박물관의 설치 ③ 첨성대 실물 모형의 설치 ④ 야간 천문관측문화상품의 개발 ⑤ 캐릭터상품개발 ⑥ 소음방지 ⑦ 첨성대 과학학술회의 개최 ⑧ 안내판의 확충 등이 있고 이외에도 가격·촉진·유통전략이 있는데 그러나 제품개발이 먼저 선행되어야 한다.

이처럼 첨성대의 본질에서 논자의 가장 주요한 결론은 첨성대가 天柱와 천문대를 겸용할 목적으로 건축되었다는 것이다. 이를 瞻星臺의 天柱-天文臺 兼用目的論이라고 부르고자 한다.

그리고 이상의 연구를 통하여 향후 연구와 전략실시에 관한 제언은 다음과 같다.

첫째, 첨성대 주위 바닥의 석편을 발굴, 복원하여 첨성대의 본질을 더 깊이 구명할 필요가 있다.

둘째, 첨성대에 관한 종합적인 연구가 계속 수행되어 학제적인 瞻星臺學이 정립될 필요가 있다. 특히 신라사 측면에서의 연구는 사실상 이 연구가 처음이므로 앞으로 계속 연구되어야 한다.

셋째, 첨성대의 사상적 배경인 天神敎와 그 최고신인 上皇, 上帝·天帝, 皇神에 대해서도 더 깊이 있는 연구가 필요하다.

넷째, 첨성대를 보존하기 위해 북편도로의 자동차통행을 금지하여 소음으로 인한 진동을 방지하고 또 그 실물모형을 축조할 필요가 있다.

다섯째, 첨성대의 석재와 조달처, 기술, 인력, 조직, 비용, 재원조달 등을 더 연구할 필요가 있다.

그리고 지금까지는 순수한 역사연구와 문화유산의 개발에 관한 연구는 전혀 별개로 이루어져 왔다. 그래서 양자의 통합적 연구가 없었기 때문에 보존과 개발의 문제가 정연하게 해결되지 못한 것으로 보인다. 그러나 이 연구는 이 둘을 결합하였기 때문에 연구방법으로도 시사점을 줄 수 있다고 본다. 즉 역사적 사실의 연구와 개발이 별개가 아니고 역사적 사실을 정확히 반영하는 개발연구가 반드시 이루어져야 한다는 것이다. 그렇게 된다면 보존도 더 잘 될 것으로 본다. 이러한 측면에서도 이 연구의 기여도는 높다고 본다. 그리고 이러한 연구가 앞으로 계속 이어져 실무적인 측면에서 각 개별 문화재의 문화마케팅전략이 축적되어 전체 마케팅전략구축으로 발전될 수 있다. 그러나 실행은 여전히 지자체의 몫이다.

첨성대는 우리에게 많은 유산을 남겨주었고 또 많은 과제를 남겨주었다. 이는 우리가 해결해야 할 우리 시대의 과제이다.

참 고 문 헌

I. 국내문헌

1. 「고려사」.

2. 金大問, 「화랑세기」.

3. 金富軾, 「3국사기」.

4. 김염제, 「소비자행동론」, 2쇄, 서울 : 나남, 1990.

5. Kim, Yong-woon, "Structure of Ch'ŏmsŏngdae in the light of the Choupei Suanchin,"「Korea Journal」, Sep. 1974.

6. 金龍雲, "瞻星臺小考,"「역사학보」, 64집, 1974.

7. 김한배, "한국도시경관의 변천특성에 관한 연구 - 경관과 그 정체성을 중심으로 -,"서울시립대학교 대학원, 박사학위논문, 1993.

8. 南天祐, "瞻星臺에 관한 諸說의 檢討 - 金容雲, 李龍範 兩氏說을 中心으로 -,"「역사학보」, 64집, 1974.("경주의 첨성대"로 『유물의 재발견』, 서울 : 학고재, 1997, pp.125~58에 수록).

9. 南天祐, "瞻星臺 異說의 원인 - 李龍範씨의 瞻星臺存疑 再論을 보고 -,"「한국과학사학회지」, 제9권 제1호, 서울 : 한국과학사학회, 1987.

10. 「동경잡기」.

11. 羅逸星, "瞻星臺의 四角基礎石의 方向決定과 天文臺로서의 機能,"「한국과학사학회지」, 제3권 제1호, 1981. 12.

12. 朴星來, "瞻星臺에 대하여,"「한국과학사학회지」, 제2권 제1호, 1980. 12., 한국과학사학회.

13. 朴星來, "瞻星臺에 관한 諸問題 - 史料에서 現在까지의 諸學說의 比較檢討 -,"「自由」, 1983년 7월호.

14. 朴星來, "과학유산을 통해 본 신라인의 과학정신,"「신라학연구소 논문집」, 창간호, 경주 : 위덕대학교 부설 신라학연구소, 1997.

15. 朴興秀, 한국일보, 1973. 5. 5.

16. 朴興秀, "瞻星臺의 天文測量,"「한국과학사학회지」, 제1권 제1호, 1979. 1., 한국과학사학회.

17. 「書經」.

18. 三品彰英 지음, 李元浩 옮김, 「新羅花郎의 研究」, 서울 : 집문당, 1995.

19. 서성한·최덕철·이신모, 「관광마케팅론」, 서울 : 법경사, 1993.

20. 「星經」.

21. 「세종실록」.

22. 손대현, 「관광마키팅론 : 이론과 실제」, 수정판 3쇄, 서울 : 일지사, 1996.

23. 宋旼求, "「慶州 瞻星臺 實測 及 復元圖」에 의한 比例分析," 「한국과학사학회지」, 제3
    권 제1호, 1981. 12.

24. 「詩經」.

25. 「神異經」.

26. 辛鍾遠, "新羅의 佛敎傳來와 그 受容過程에 대한 再檢討," 「백산학보」, 제22호, 1977.

27. 「신증 동국여지승람」.

28. 楊寅台, "慶州 瞻星臺의 位置解析에 對한 測量學的 考察," 「강원대학교 논문집」, 제16
    집, 1982.

29. 柳福模·康仁準·楊寅台, "慶州 瞻星臺의 位置解析에 대한 考察," 「한국과학사학회지」,
    제3권 제1호, 1981. 12.

30. 劉安, 「淮南子」.

31. 이강식, "「天符經」의 組織論的 解釋(上, 下)," 「한배달」, 1989, 上 : 제4집, 下 : 제5집.

32. 이강식, 「韓國古代組織思想史 - 天地人 3神思想의 組織論的 解釋 -」, 서울 : 아세아문
    화사, 1995.

33. 이강식, "통일전의 문화마케팅전략구축," 「신라학연구소 논문집」, 창간호, 경주 : 위덕
    대학교 부설 신라학연구소, 1997.

34. 이강식, "花郞徒組織의 理論과 實踐," 「경영학연구」, 제27권 제1호, 1998. 2., 한국경영
    학회.

35. 이규목, "경주시 도시경관과 그 이미지에 관한 연구," 「한국조경학회지」, 제20권 제4
    호, 1993.

36. 李圭泰, "道路元標," 조선일보, 1997. 12. 31.

37. 李東雨, "慶州 瞻星臺의 形態와 構造," 「건설기술연구속보」, 제4권 제10호, 1986. 10.

38. 李陌, 「태백일사」.

39. 李龍範, "瞻星臺存疑," 「진단학보」, 38호, 1974.

40. 李龍範, "續 <瞻星臺存疑> -新羅의 佛敎占星과 瞻星臺-," 「佛敎와 諸科學(동국대학
    교개교 80주년 기념논총)」, 1987.

41. 이선희, 「관광마아케팅개론」, 초판 3쇄, 서울 : 대왕사, 1995.

42. 이우용·정구현, 「마케팅원론」, 대구 : 형설출판사, 1993.

43. 이유재, 「서비스마케팅」, 서울 : 학현사, 1994.

44. 이종영·이상환·김경훈, 「마케팅」, 서울 : 삼영사, 1994.

45. 이학식·안광호, 「소비자행동 : 마케팅전략적 접근」, 초판 7쇄, 서울 : 법문사, 1995.

46. 一然, 「3국유사」.

47. 「임신서기석문」.

48. 장동수, "한국 전통도시조경의 장소적 특성에 관한 연구," 서울시립대학교 대학원, 박사학위논문, 1994.

49. 全相運, "三國 및 統一新羅時代의 天文儀器," 「古文化」, 3집, 1964.

50. 全相運, 「한국과학기술사」, 중판, 서울 : 정음사, 1979.

51. 全相運, "瞻星臺研究 略史," 「한국과학사학회지」, 제1권 제1호, 1979. 1., 한국과학사학회.

52. 鄭基浩, "景觀에 介在된 內容과 形式의 解釋 - 석굴암 造營을 통하여 본 石窟形式과 신라의 東向文化性을 中心으로 -," 「한국조경학회지」, 제19권 제2호, 1991.

53. 「晉書」.

54. 정익준, 「관광마케팅관리론」, 대구 : 형설출판사, 1995.

55. 「증보문헌비고」.

56. 「天符經」.

57. 최병용, 「소비자행동론」, 서울 : 박영사, 1990.

58. 최병용, 「신마케팅론」, 전정판, 서울 : 박영사, 1990.

59. 최승이·한광종, 「관광광고·홍보론」, 서울 : 대왕사, 1993.

60. 한경수, 「관광마케팅의 이해」, 서울 : 학문사, 1997.

61. 洪思俊, 「瞻星臺」(然齊考古論輯, 「考古美術」, 자료 제12호), 서울, 1967.

62. 「환단고기」.

II. 국외문헌

1. Coltman, Michael M., 「Tourism Marketing」, N.Y. : Van Nostrand Reinhold, 1989.

2. Hawkins, Del I., Best, Roger J., Coney, Kenneth A., 「Consumer Behavior : Implications for Marketing Strategy」 3th ed., Plano, Texas : Business Publications, Inc., 1986.

3. Kotler, P., 「Marketing for Nonprofit Organization」, 2nd ed., N.J. : Prentice-Hall, Inc., 1982.

4. Kotler, P., 「Marketing Management : analysis, planning, and control」, 4th ed., Prentice-Hall, N.J. : Inc., 1984.

5. Mayo, Edward J., Jarvis, Lance P., 「The Psychology of Leisure Travel : Effective Marketing and Selling of Travel Services」, Boston, MA : CBI Publishing Company, Inc.. 손대현·장병권 옮김(1994), 「여가관광심리학」, 3쇄, 서울 : 백산출판사.

6. Needham, J., 「Science and Civilization in China」, Ⅲ, England : Cambridge Press, 1953.

7. Rufus, W. C., "Astronomy in Korea," 「Transactions of the Royal Asiatic Society, Korea Branch」, 1936, 26.

8. 關野 貞, "韓國建築調査報告, 第2篇 新羅時代 自餘遺物 瞻星臺," 「東京帝國大學 工科大學 學術報告」, 第6號, 東京 : 東京大, 1904.

9. 中村春水, 「日韓古代都市計劃」, 東京 : 大興出版, 1978.

10. 和田雄治, "慶州瞻星臺의 說," 「朝鮮古代觀測記錄調査報告」, 京城 : 1917.

ABSTRACT

A Building of Cultural Marketing Strategies for CheumSeungDae According to Its Nature

LEE, Kang Sik

CheumSeungDae was built at KyongJu in 7th century of the ShinLa era as an astronomical observatory. But at present, some questions on its nature were arisen. Besides, it has much problems like reduction of spectators and deficit operation. And so I brought light on these the points at issue.

Therefore the purpose of this paper is to study the nature of CheumSeungDae and build cultural marketing strategies for it in order to solve these problems.

And through literature and field survey I conclude that CheumSeungDae was built with the double purpose of an astronomical observatory and the Heaven's pillar of the Heaven's pillar temple in 633 A.D.. It was neither an alter nor a political symbol by 『JuBiSanKyong』.

And so I develop much practical strategies for practitioners of it according to its nature. Of course, although these strategies have some problems, I think these problems can be overcome enough.

노동·노서동 고분군의 문화마케팅전략구축

이강식*

Abstract

A building of cultural marketing strategies for NoDongDong and NoSeuDong Tombs is very important to the city tour and night tour of KyongJu City, becaurse these remains are in the almost heart of KyongJu City and development requests of inhabitants are very high at present.

Thus the purpose of this paper is to build cultural marketing strategies for NoDongDong and NoSeuDong Tombs in order to activate City Tour and Night Tour of KyongJu and increase the inhabitants income.

There are BongHwangDae, KeomRyongChong, SikLiChong, KeomKwanChong, SeuBongChong, MaChong, SsangSangChong, HoWuChong, EonRyongChong in NoDongDong and NoSeuDong Tombs as chief places of historical interest.

And so I develop twenty-four practical strategies for development practitioners of NoDongDong and NoSeuDong Tombs. Of course, although these strategies have some problems, I think these problems can be overcome enough.

* 경주대학교 관광학부 관광경영학전공 부교수

39

I. 서 론

노동·노서동 고분군은 경주시의 비교적 도심에 위치하고 있으며 사적 제38호와 제39호로 지정되어 있고, 대표적으로 봉황대, 금령총, 식리총, 금관총, 서봉총, 마총, 쌍상총, 호우총, 은령총이 있으며, 또한 봉황대는 신라의 종망의 전설이 서려있는 신라의 유수한 문화유적지이다.

그러나 현재 전혀 개발이 이루어지지 않고 있고, 단지 고분공원이라는 이름으로 무제한 개방되어 있어 문화유적을 통한 지역경제의 활성화는 커녕 오히려 문화유적의 의의를 살리지 못하고 있을 뿐만 아니라 도심지의 방치지대가 될 우려마저 낳고 있다.

그런데 현재 경주는 도시관광과 야간관광의 필요성이 제기되고 있다. 따라서 도심에 위치한 노동·노서동 고분군의 문화유적의 개발을 통해 도시관광과 야간관광을 활성화하여 지역경제에 도움을 줄 수 있는 마케팅전략이 시급히 요청되고 있다. 그러나 지자체가 많은 비용을 들여 이러한 전략을 모두 실행하기는 어려울 것이며 따라서 비예산·저예산으로 단계적으로 실시할 수 있는 마케팅전략구축이 필요하다고 본다.

그러므로 이 연구의 목표는 경주시의 비교적 도심에 위치하고 있는 노동·노서동 고분군의 문화마케팅전략구축을 통해 신라의 유수한 문화를 국내외에 알리고 동시에 경주시의 도시관광과 야간관광을 활성화하여 주민의 소득증대효과를 가져오고자 하는 것이다.

이처럼 이 유적의 중요성에 대한 관심이 최근 고조되어 현재 경주상가발전협의회의 개발안과 서라벌대학 건축과의 개발안의 2가지가 제시되어 있으므로 논자는 이를 같이 참고하여 마케팅전략을 구축하고자 한다.

그리고 연구방법은 일반적으로는 실증연구를 수행하지만 그러나 현재는 노동·노서동 고분군에 대한 문화마케팅전략을 구축하기 위한 실천적 전략의 구축이 오히려 필요하기 때문에 문화마케팅의 이론적 배경과 실증연구는 줄이고 이 유적에 필요한 전략을 기존의 문화마케팅전략을 참고로하여 구축하고자 한다.[1] 그러므로 연구방법은 주로 문헌조사, 현장답사, 관계자면담 등을 통하여 수행할 것이다. 그러면 먼저 노동·노서동 고분군의 현황과 유적의 소구점(appeal points), 그리고 과제를 살펴보기로 하자.

---

1) 논자는 이미 이러한 연구의 일환으로 "통일전의 문화마케팅전략구축"(1997)과 "첨성대의 본질에 따른 문화마케팅전략구축"(1998a)의 연구를 수행하였다.

40

II. 노동·노서동 고분군의 현황과 유적 소구점, 그리고 과제

1. 현황

노동·노서동 고분군은 1963년 1월 21일 사적 제38호와 제39호로 지정되었으며 유적현황은 〈표 1〉과 같다.

〈표 1〉 노동·노서동 고분군 유적현황

노동동고분군 사적제38호			노서동고분군 사적제39호		
이름, 고분번호	미발굴, 발굴	형태	이름, 고분번호	미발굴, 발굴	형태
봉황대, 125호	미발굴		금관총, 128호	발굴(1921)	돌무지덧널
식리총, 126호	발굴(1924)	돌무지덧널	서봉총, 129호	발굴(1926, 북분)	돌무지덧널(쌍)
금령총, 127호	발굴(1924)	돌무지덧널	서봉황대 130호	미발굴	
옥포총	발굴(?)	?	131호	미발굴(파손)	구덩식돌방
142호	미발굴		132호	미발굴	
			마총, 133호	발굴(1920년대,1953)	널길돌방
			134호	미발굴	(쌍)
			135호	미발굴	
			136호	미발굴	
			쌍상총, 137호	발굴(1922, 1953)	널길돌방
			138호	발굴(1922, 1953)	돌무지덧널
			139호	미발굴	
			호우총 은령총 140호	발굴(1946)	돌무지덧널(쌍)
			141호	수습발굴(1970년대)	돌무지덧널
			노서 215번지 고분	발굴(?)	돌무지덧널
			노서 221번지 고분		
			우총	발굴(?)(없어짐)	돌방
소계 5 기			소계 18 기(호우총·은령총을 2기로 집계)		
총계 23기 지정일자 : 1963. 1. 21. 지정면적(보호구역포함) : 33,665㎡					

논자작성.

41

　　이처럼 총 23 기의 고분이 도심에 밀집하여 있어 주요한 유적지이며 또한 발굴된 구분이 노동동 3기(옥포총 포함), 노서동 10기(호우총, 은령총을 2기로 집계)로서 도합 10기이며 그 유물도 대단한 양이 출토되었다. 이 유적도는 〈그림 1〉과 같다.

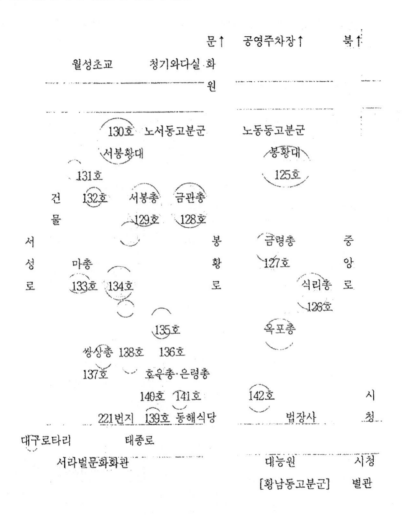

〈그림 1〉 노동·노서동 고분군유적도

논자작성. 단, 139, 141, 142호, 215 221번지 고분은 현재 민가 속에 위치함.

〈그림 1〉의 유적도에서 보는 것처럼 이 고분군은 도심에 위치하고 있으며 도시관광과 야간관광의 입지조건은 매우 좋은 편이나 지금까지 토지매입, 가옥철거, 경역정비외의 적극적인 마케팅전략없이 방치되었다. 그러면 전략구축을 위한 유적의 주요 소구점(appeal points)을 보기로 하자. 그러면 이 유적의 중요성과 전략구축을 더 잘 이해할 수 있을 것이다. 주요한 부분만 중점적으로 보기로 한다.

2. 유적의 소구점

가. 봉황대(125호)

봉황대는 높이 22m에 밑둘레가 250m나 되어 단일고분으로는 신라고분 가운데 가장 크며 왕릉으로 추정되고 있어 의의가 높은 고분이다. 특히 봉황대는 신라 종망의 전설이 서려있어 문화유적의 의의를 한층 높이고 있다. 그 전설은 다음과 같다.

신라말 어느 풍수가 고려 태조 왕건(재위 918~43)에게 와서 아뢰었다. "신라의 서울은 지형이 배 모양[行舟形]과 같아서 언젠가는 좋은 바람을 타고 다시 일어설 수 있을 것입니다. 신라를 다시 일어서지 못하게 하려면 신라 서울의 배를 아주 침몰시켜야 합니다. 그것은 소신에게 맡겨 주십시오." 라고 하였다. 고려 태조는 그렇게 할 것을 승낙하였다. 풍수는 신라왕 앞에 나타나서 말하기를, "신라 서울의 지리는 봉황의 둥우리처럼 생겼기 때문에 천년동안 크게 영화를 누렸습니다. 그러나 이제는 때가 지나서 봉황이 둥우리를 버리고 다른 곳으로 날아가려[鳳飛形] 하고 있습니다." 라고 하였다. 신라왕은 나라 형편이 기울어가고 있는 때라 걱정이 되어, "그렇다면 그 봉황새를 붙잡아 둘 방법이 없는가?" 하고 물었다. 풍수는 "좋은 수가 있습니다." 하고 얼른 대답을 하였다. "봉황새 둥우리 같이 생긴 서울 장안에 둥글둥글하게 큰 알을 많이 만들어 놓는다면 봉황은 알을 두고는 다른 곳으로 떠나지 못할 것입니다." 라고 하였다. 신라왕은 그럴듯하여 곧 많은 사람들을 동원하여 서울 한 가운데에 둥글둥글하게 흙을 쌓아 산더미 같은 알 모양을 수 없이 만들어 놓았다. 풍수가 보았을 때, 이것은 떠나가는 배위에 많은 짐을 싣는 격이 된 것이었다. 모든 상황이 만족해지자 알 모양이 가장 많이 만들어져 있는 미추왕릉부근의 밤나무 숲속에 우물을 파놓고 고려로 도망을 갔다. 이것은 짐을 많이 실은 배 밑바닥을 뚫어 놓은 격이 되었으니 그 후로 신라는 영영 일어서지 못했다고 전한다. 여기서 봉황이라는 것은 시내에 수 없이 많은 고분을 가르켜 말하는 것으로, 이때부터 경주사람들은 고분을 봉황대라고 불렀다. 밤숲에 있는 우물은 栗林井이라하여 1945년까지 미추왕(재위 262~84)릉 부근에 남아 있었다. 남산 북쪽 기슭의 작은 봉우리를 陶唐山이라 하는데 일명 檣頭山이라고도 한다. 장두산이란 배의 돛대되는 산이라는 뜻인데 서라벌의 돛대는 도당산에서 해목령까지 뻗어 있었다 하였다. 지금 왕정곡에서 식혜곡으로 넘어가는 길목이 패어져 있는 것은 고려 사람들이 신라가 다시 일어날 것을 두려워하여 돛대를 끊어 놓은 흔적이라고 한다(경주시, 1980 : 이근직, 1998 ; 38-9, 재인용, 황종찬, 1998 ; 47-8).

인용이 조금 길었지만 이로써 봉황대가 신라유적으로 어느 정도 주요한 위치에 있는지를 알 수 있을 것이다. 논자는 이 종망설화가 매우 주요하게 연구되어야 한다고 보나 이 연구에서는 간략히 살펴보고 줄이도록 하고 차후의 기회에 상론하도록 하겠다. 이처럼 이 전설에서는 특히 당시의 신라와 고려의 치열한 종교심리전, 그리고 첩자활동, 또 신라의 풍수지세가 배모양이라는 것과 당시 후삼국말의 혼란했던 시기에 풍수지리학이 유행했던 것을 잘 알 수 있다.

그리고 논자는 이 전설에서 우물이 등장하는 것을 신라사에서 주요하게 연구할 필요가 있다고 본다. 즉 신라는 건국사화에서 이미 新羅始祖 2聖人의 탄생지로서 蘿井-閼英井이 나타나고 있고, 또 안압지에서 井字문양의 기와가 많이 출토되었고, 호우총의 청동호우의 井字문양, 그리고 첨성대 상부의 井字形 건축구조, 또 유명한 김유신장군 저택의 財買井, 그리고 현재 발굴중인 경주 동천동의 신라가옥의 집집마다 있는 정교한 우물들, 그리고 건국사화와 짝을 이루어 이렇게 종망설화에서 다시 栗林井이라는 우물이 나타나는 것은 신라사에서 우물[井]의 역할을 더 깊이 연구하여야 할 과제를 준다고 할 것이다. 다시 말하면 이는 신라인의 생활속에서 우물[井]이 매우 주요했다는 것을 뜻하며, 더 나아가 신라인의 우물[井]숭배사상으로까지 볼 수 있는데 이것이 과도하여 낳은 어떤 문제점과 신라의 종망과의 관련성을 더 깊이 탐구하여야 할 것으로 본다.

더 나아가서 신라의 종망설화에 왕릉이 등장하는 것도 앞으로의 연구과제이다. 즉 논자는 이러한 〈역대원룡〉을 유지관리하는 비용, 제사비용, 또 새로 신축하는 비용도 엄청났을 것이며 이것이 후대 신라의 국가재정을 압박하는 측면이 있었을 것이고 이 전설은 이를 반영하는 것일 수도 있다고 본다.

또 다르게 보면 논자는 당시 왕경 한가운데의 고분은 삶과 죽음을 2분법으로 보지않는, 불교가 들어오기이전의 신라 고유 사상의 영향으로 보아 매우 주요한 유적으로 보지만 그러나 또한 이것이 신라 왕경의 자유로운 발전을 가로막고 또 왕경을 비좁게 한 측면도 있어 후대로 갈수록 산에 왕릉을 신축한 측면도 있었고 이 설화는 이러한 측면도 반영하였을 것으로 본다.

또한 신라가 풍수적 측면에서 배모양이라는 것도 신라의 활발했던 국제성·해양성·해외진출성을 뜻한다고 보는데 그러므로 논자는 이 설화를 신라가 활발한 대외교역을 하다가 후대에 이를 못한 것이 종망의 한 원인임을 나타내는 설화라고도 본다. 그러므로 봉황대와 이 전설은 신라종망의 연구에 있어 매우 주요한 유적이다.

여기서 특히 논자는 경영학의 측면에서 이러한 원룡과 우물의 신축 또는 유지관리비가 매우

44

많이 들었고 이것이 국가경영의 한 재정압박요인이 되어 신라가 종망하였을 가능성을 강조하고자
한다.

그러나 현재는 봉황대 앞에 이러한 내용에 대한 안내문은 전혀 없는 실정이다. 그러므로 우선
시급한 것은 이러한 전설과 그 의의를 설명하는 간략한 안내판이며 이는 큰 비용이 드는 것도
아니다. 시내 한 복판에 있는 유적이 남산에 있는 유적 보다도 더 안내문이 부실한 것은 이해하기
어렵다고 본다.

나. 식리총(126호)

1924년에 금령총과 함께 발굴되었으며, 직경 약 30m, 높이 6m이며 유물로는 白樺樹皮冠帽와
金製耳飾, 金銅製耳飾, 銀製銙帶 등의 裝身具와 金屬容器, 漆器, 土器 등의 용기, 金銅鞍橋, 등자
등의 마구, 金銀裝雙龍環頭大刀 등의 鐵製武器와 利器들이 있다. 유물은 목곽내부외에 목곽상부
에서도 철제이기와 토기 등 다수가 출토되었다(최병현, 1995 ; 181-2). 그리고 널 서쪽 끝 부분에서
이 고분의 이름을 짓게 한 특징적인 금동으로 만든 신발이 출토되었다. 신발은 龜甲形 윤곽 안에
각종 怪獸의 打出文이 새겨진 것으로 서역 미술과 깊은 관련이 있는 것이다(이근직, 1998 ; 41).
따라서 이 금동장식신발 즉 飾履를 중심으로 1組의 문화상품개발이 이루어질 수 있을 것으로 본다.

그리고 목관 내부에서는 피장자가 착용한 장신구와 大刀가 출토되어 피장자는 남자였을 것으로
추정된다(최병현, 1995 ; 182).

다. 금령총(127호), 옥포총

금령총은 1924년에 식리총과 함께 발굴되었고 원래의 봉분 크기는 바닥지름 18m, 높이 약 4.5
m였을 것으로 추정된다. 특히 금령총의 금관은 금관총에 이어 두 번째로 출토된 것인데, 나무가지
모양의 장식이 4단으로 된 것이 다른 금관과 다르다. 드리개[垂下飾] 3쌍을 늘여뜨렸는데, 그중
1쌍에 구슬을 嵌入한 金鈴이 장식으로 달려 있어, 이 고분을 금령총으로 불렀고[2] 특히 각종 토기류
중에는 騎馬人物像·배모양 토기 등 특수형 토기와 장식토기가 모두 11점이 포함되어 있다. 이 중
主人과 從者를 나타낸 2점의 기마인물형 토기는 조형예술품으로도 훌륭한 것이지만 당시의 기마풍습
및 馬具 연구에 더없이 귀중한 자료가 되고 있다(이근직, 1998 ; 39-40). 그러므로 이러한 유물

---

2) 금령총을 발굴한 결과 금관총과 마찬가지로 금관(보물 338호)이 출토되어 신라문화의 우수성을
  알리게 되었는데 동시에 도굴꾼이 극성을 부리게 되었다. 당시 대구에 있던 남선전기사장 小倉武之助가
  풍부한 재력을 바탕으로 마음껏 도굴품을 사들였다고 한다. 작은 순금관을 포함한 이 유물들은 현재
  일본 동경국립박물관에서 소창(오쿠라)컬렉션으로 전시되고 있다. 서라벌신문(98. 10. 31.), "도굴범의
  대부 오쿠라," 5면.

45

을 부분적으로 상품으로 개발할 것이 아니고 유물일체를 한 組의 문화상품으로 개발할 필요가 있다고 하겠다. 그리고 이를 토기로 재현하는 것은 물론 좋고 의의가 있으나 플라스틱 제품 등 현대적 감각에 맞고 다양하고 값싼 素材로도 개발할 필요가 있다고 할 것이다.

이 고분의 피장자는 장신구와 大刀의 착장으로 보아 남자였던 것 같은데 목관의 규모, 착장 장신구 등의 크기로 보아 年少者였을 것으로 추정되었다(최병헌, 1995 ; 181).

그리고 玉圓塚은 당시 발굴되었으나 조사보고서나 유물이 남아 있는 것이 없고, 그 이름도 왜 정시대에 근처에 있던 술집이름을 따서 붙인 것으로 전해진다는 관계자의 증언이 있다. 이는 당시 유물관리가 허술했을 가능성을 보여주는 예라고 생각되며 앞으로 계속 추적하여야할 과제라고 본다.[3]

라. 금관총(128호)

1921년 한 민가에서 건물터를 넓히기 위해 땅을 고르던 중 이 고분의 봉토를 깎아내게 되었는데 이때 많은 유물이 출토되어 조사된 고분이며 이곳에서 처음으로 금관이 출토되었기 때문에 이를 기념하여 '금관총'이라 이름하였다(국립경주박물관, 1996 ; 45). 이 고분의 봉토는 조사 당시 남북 길이 약 36m, 동서 길이 약 15m, 최고 높이 약 6m가 남아 있었는데, 원래의 봉토는 바닥 지름이 약 45m, 높이 12m에 달하였을 것으로 추정되었고, 우리나라에서 최초로 金冠(국보 87호)이 출토되어 신라고분에 대한 주목을 끌게 한 고분이며 그리고 피장자는 남성으로 추정되었다(최병헌, 1995 ; 177-9). 이후 신라고분이 무수히 발굴되었다.

이 금관총의 금관, 요대 등 일괄유물을 전체를 복원하여 사람이 실제 착용할 수 있도록 문화상품을 개발하면 좋을 것으로 본다. 그리고 금관총을 천마총처럼 내부를 관람할 수 있는 현장전시관으로 복원하자는 안이 제시되어 있는데(경주신문, 1998. 9. 16.), 논자는 이는 원형보존의 원칙과 故人에 대한 예의가 아니라고 보기 때문에 굳이 이렇게 할 필요는 없고 금관총은 봉분을 원형대로 복원하고 주위에 실물모형관을 만들어 관람하게 하는 것이 적절하다고 본다. 다만 실물모형관도 논자는 천마총과 차별성을 가져야 한다고 보는데 이는 뒤에서 다시 보도록 하겠다.

마. 서봉총(129호)

1926년 경주역 機關庫用地 매립공사를 위해 皇南里 고분군과 서봉총의 흙흙을 鐵車로 실어나

---

3) 신라고분 가운데 최초로 학술적 조사가 실시된 고분은 1916년의 劍塚(100호)이다. 그런데 이곳에서는 별다른 유물이 나오지 않아 여러 가지 의문을 낳고 있다. 그러나 논자는 유물이 나오지 않았을 가능성은 매우 회박하고 정식 발굴보고서가 발표되지 않을 것을 볼 때, 유물은 나왔는데 왜인들이 은닉하였을 가능성도 상정해 볼 필요가 있다고 본다. 신라 고분의 유물이 화려하다고 알려진 것은 1921년의 금관총에서 부터였는데 이는 민가에서 우연히 먼저 유물을 출토하고 사후에 조사가 되었기 때문이다. 검총의 유물에 대해서는 옥포총의 사례와 함께 앞으로 더 연구하여야할 것으로 본다.

르기 위해 挾軌를 가설하여 작업을 하였다.[4] 이때 황남리고분군에서 다량의 土偶가 발견되자 작업을 중단하고, 다시 서봉총 지역에서흙파기 작업을 하다가 서봉총을 발굴하게 되어(이난영, 1997 ; 144) 금관 등의 유물을 발굴하였다. 서봉총은 원래 쌍무덤[표형분]인 129호분의 북분이었고, 이 북분은 저경 약 36m, 높이는 약 9.6m로 추정되었다(최병현, 1995 ; 167). 이 고분에서 출토된 금관(보물 339호)은 그 안에 內冠 형태를 만들어 놓은 것이 특징이며 너비 약 1cm의 얇은 금판 2개를 서로 십자형이 되도록 교차시켜 內冠의 형태를 만들고 그 交叉點인 내관의 꼭대기에 봉황으로 생각되는 새 3마리가 나무가지에 앉아 있는 형상을 장식하였다. 이러한 형태의 내관은 다른 금관에서는 찾아볼 수 없는 독특한 것이고 발굴 당시인 1926년 10월 10일 스웨덴[瑞典]의 구스타프 6세 아돌프(Gustaf VI Adolf) 황태자(Crown Prince)가 발굴현장을 방문한 것을 기념하고자 瑞典의 '瑞'자와 봉황의 '鳳'자를 따서 서봉총이라고 이름지었다(국립경주박물관, 1996 ; 70).[5]

그리고 또 銀製大盒의 뚜껑 내면과 그릇바닥에서는 延壽 元年인 辛卯年 3月 중에 이 은합을 만들었다는 바늘로 새긴 명문이 발견되었는데 이 신묘년은 391년으로 보아야 모순 없이 자연스 럽다는 견해(최병현, 1995 ; 375-7)와 451년이 보다 타당할 것으로 추정된다는 견해(이근직, 1998 ; 46)도 있고 이를 511년으로 보고 이 지증왕(재위 500~14)의 어머니이신 鳥生夫人의 능묘로 보는 견해(김병모, 1998 ; 160-1)도 있다. 이렇게 보면 鳥生夫人은 김씨로서 눌지왕(재위 417~58)의 딸이고, 夫君은 내물왕(재위 352~402)의 손자인 習寶葛文王임으로 남분은 習寶葛文王의 능묘일

---

4) 이때의 상황을 전하는 사진은 국립경주박물관(1997), 「신라토우-신라인의 삶, 그 영원한 현재-」(p. 95)에 2장 실려 있다. 그리고 당시의 기록은 강우방(1997), "신라토우론," 윗책, pp.135-6 참조할 것. 왜정시대에 공사에 필요한 흙은 산흙도 많이 있는데 굳이 왕릉고분군의 흙을 대대적으로 파다가 驛부지 매립을 했는지는 상식적으로도 매우 이해하기 어렵다. 이는 상식을 운위하기 이전에 매립을 빙자하여 문화파괴의 고의적인 의도에서 그렇게 했을 것이다. 앞으로 경주역 機關庫를 다시 개수할 때에는 皇南里 고분군과 서봉총의 유물을 잘 수습하여야할 것이다.

5) 구스타프 6세 아돌프 황태자는 당일 10월 10일 이 발굴을 기념하기 위하여 경주박물관을 방문하여 기념식수를 하였는데 지금의 문화원자리에 아직도 그때 심은 전나무가 잘 자라고 있다. 그후 구스타프 6세 아돌프 황태자는 국왕이 되었고, 45년뒤인 1971년 5월 1일에 "서전국왕 구스타프 6세 아돌프 폐하 서봉총발굴기념비"를 서봉총 남쪽에 건립하였는데 당시 한나절 방문한 것을 〈발굴〉로 보아야할 지는 계속 생각해볼 문제이기는 하나 기념비는 오히려 그때를 기념하는 현재 유일한 기념물로 지금도 있고, 또 그후 23년 뒤인 1994년 11월 17일 칼 16세 구스타프(Carl XVI Gustaf) 스웨덴국왕이 서봉총을 방문하여 느티나무를 기념식수하고 표지석도 만들어 놓았다. 이는 서구의 王家가 신라 王家의 서봉총의 금관과 맺은 인연을 매우 인상깊게 보았던 것으로도 볼 수 있지만 68년간이나 이어온 꾸준한 교류는 서구의 문화외교를 잘 보여준다고 볼 수 있어 우리도 문화외교와 정책에 적극 참고하여야 할 것이다.

가능성이 제기될 수 있다. 물론 이는 앞으로 더 연구할 과제이다.

이처럼 피장자는 여성으로 보는데(최병헌, 1995 ; 168), 그렇다면 여성이 봉황장식의 금관을 썼다는 물증이므로 이는 신라문화의 여성평등화가 잘 홍보되어야할 것이다. 그런데 특히 129호분이 쌍무덤이고 그 북분인 서봉총을 여성의 고분으로 보는 바, 그렇다면 남분은 당연히 남성의 고분으로 봐야할 것인데, 고분의 형태로 보아서는 남분이 늦게 축조되었기(최병헌, 1995 ; 167) 때문에, 그렇다면 더욱이 夫君이 먼저 별세한 夫人을 위하여 금관을 부장해 주었다는 뜻이므로 서봉총의 경우 여성의 지위가 평등했거나 오히려 더 높다는 것을 의미한다고 본다. 그러나 이러한 견해는 상식정도의 생각이 될 것이고, 구체적으로 어떤 지위인지를 더 연구해보아야할 것인데 논자가 보기에는 흔히 봉황장식으로 일컫는 이 모티브는 정확하게 말하면 〈솟대〉이므로 이 분은 소도의 여성사제장[6]의 지위를 가졌고 그 제례에서 사용하던 금관을 부장한 것으로 본다. 즉 여성이 종교계의 수장이었기 때문에 금관을 부장한 것으로 본다. 물론 남분의 유물이 확인되지 않았기 때문에 앞으로 더 자세히 연구할 과제이다.

그런데 이는 황남대총(98호)의 쌍무덤의 사례와 비교해보는 것이 주요하다. 황남대총은 南墳이 先築된 夫墓였고, 北墳이 後築된 婦墓였다(최병헌, 1995 ; 164)라고 추정하는데, 그렇게 보면 먼저 별세한 夫君의 남분에서는 금동관이 출토된데 비해, 나중 별세한 부인의 북분에서 오히려 금관이 출토된 것이므로 이는 서봉총의 사례와 함께 상당한 연구과제를 갖고 있다. 이것은 北墳의 夫人이 夫君이 서거하였을 때는 금동관을 부장시켜주고 자신은 금관을 부장했다는 의미가 되는데 이는 서봉총의 사례보다도 더더욱 여성이 금관을 부장하는 국가조직의 공식적 지위에 있었다는 것을 의미하므로 그 지위는 역시 서봉총의 사례와 신라사의 전통에서 추정해보면 여성사제장일 것으로 본다. 이렇게 보면 쌍무덤에서는 夫人이 어떤 연유에서든지 오히려 지위가 높아 금관을 부장하는 듯하여 쌍무덤의 성격구명에 새로운 시사점을 얻을 수도 있다고 본다. 따라서 이는 여성평등화보다 오히려 여성우위로 볼 수 있고 또 이는 여왕이 3명이나 나온 신라사의 전통을 잘 보여주는 듯하다. 또 그렇지만 황남대총에서는 먼저 별세한 부군의 남분에서 20대의 여성이 순장된 것으로 보이는데 이는 北墳 부인의 배려가 아닌가하여 당시 화미하였던 부부애를 보는 것같다. 그러므로 서봉총은 황남대총의 사례와 함께 앞으로 신라여성사의 연구에서 깊이 있게 연구되어야할 것이다.

그리고 또 유리잔이 출토되었는데 이는 서역과도 관계가 있다고 보므로 당시 신라의 해외교역을 잘 볼 수 있어 상품으로 개발하면 좋을 것이다.

그리고 서봉총(129호 북분)은 남분과 함께 봉분이 복원되어 원래의 쌍무덤의 형태를 갖추는 것이 좋을 것으로 본다.

---

6) 신라의 소도의 여성사제장의 전통에 대한 주요 논급은 논자의 "仙桃神母가 花郞徒組織의 起源이라는 辨證"(1998b)을 참고할 것.

48

바. 130호에서 139호분까지

130호 고분은 西鳳凰臺라고도 불리며 미발굴상태로 남아 있으므로 잘 보존하는 것이 좋을 것이다.

131호 고분은 현재 파손되어 있으므로 발굴 후 봉분을 원형대로 복원하는 것이 좋을 것으로 본다.

132호, 135호, 136호 고분도 미발굴이므로 현재의 모습대로 잘 보존하는 것이 좋을 것이다.

마총(133호)은 이미 도굴되어 유물의 전모는 알 수 없으나, 1920년대 수습발굴 때 馬骨과 鞍具片이 조각이 출토되었다하여 마총으로 불려왔다(최병현, 1995 ; 458, 이근직, 1998 ; 42, 48). 마총은 따로 전시실을 만들어 돌방의 모형을 만들어 관람자가 살펴볼 수 있게 하는 것이 좋을 것으로 본다.

134호 고분은 쌍무덤이고 미발굴이기 때문에 앞으로도 잘 보존하는 것이 좋을 것이다.

쌍상총(137호)은 석실분으로서 두 피장자의 性別을 알 수 있는 직접적인 유물은 전부 도굴되어 없으나 부부로 생각된다(이근직, 1998 ; 46-7). 석실분의 부부무덤이라는 것이 상당히 의의가 있으므로 마총처럼 따로 전시실을 만들어 관람할 수 있게 하면 좋을 것으로 본다.

138호 고분은 1953년 발굴되었으며 원래는 직경이 약 20m 정도였을 것으로 추정되었고 피장자는 남성으로 추정되었다(최병현, 1995 ; 184). 그런데 발굴이 되면 이름을 붙이는 것이 관례이므로 138호 고분도 특징있는 이름을 붙이도록 하여야 할 것이고 또 봉분도 원형대로 복원하여야 한다고 본다.

139호 고분은 현재 민가 속에 있으므로 이는 앞으로 경역정비를 하여야 할 것이다.

그리고 215번지 고분도 발굴이 되었으나 민가속에 있는데 역시 이름을 붙여야 할 것으로 보며, 앞으로 경역정비를 통해서 봉분의 원형을 복원하여야할 것이다.

또 221번지 고분도 고분번호를 부여하여야할 것이고 앞으로 경역정비를 통해서 봉분의 원형을 복원하여야할 것으로 본다.

사. 호우총·은령총(140호), 141호, 142호

호우총은 은령총과 함께 1946년 발굴되었으며 140호 고분의 남쪽 부분이다. 원래의 봉분은 직경 약 16m, 높이 약 4m였을 것으로 추정되고 있다(최병현, 1995 ; 186). 호우총에서는 "井 乙卯年 國罡上廣開土地好太王 壺杅 十"이라는 銘文이 鑄出되어있는 청동호우가 출토되어 유명하며 여기서 이름을 땄다. 여기서 乙卯年은 415년이다. 이외에도 금동관과 여러 유물이 출토되었으나 피장자는 신라고분에서 금관과 금제허리띠를 착용하는 신분보다 낮지만 바로 그 아래에 해당하는 비교적 고위신분에 속하는 남성이었을 것으로 추정된다(이근직, 1998 ; 50-1).

은령총은 140호 고분의 북쪽 부분이다. 1946년에 역시 호우총과 같이 발굴되었으며, 원래 봉분의 크기는 직경 약 20m, 높이 약 5m 정도 였을 것으로 추정되었고, 목관 안에서 금동관 등 여러 유물이 나왔는데 銀鈴이 나와서 이로써 이름을 붙였다. 피장자는 細環耳飾을 착장했으나 佩刀가 없고 紡錘車가 출토된 것으로 보아 여성이었을 것으로 추정된다(최병현, 1995 ; 186).

원래 조사보고서에서는 호우총과 은령총을 쌍무덤[瓢形墳]으로 보았으나 다시 2개의 單一圓墓로 보는 견해도 있다(최병현, 1995 ; 187, 이근직, 1998 ; 49). 그러나 논자는 북분인 은령총이 여성

49

묘이고 남분인 호우총이 남성묘이기 때문에 쌍무덤[瓢形墳]일 가능성이 높다고 본다. 이는 서봉총과 황남대총의 사례에 비교하여 유물자체를 정교하게 비교하여 앞으로 더 연구할 과제라고 하겠으며 이 연구결과는 신라고분연구에 또 많은 시사점을 줄 수 있을 것이다.

그런데 호우총과 은령총은 고분번호로는 140호이고 현장에서도 이 둘을 구분하지 않고 單一圓墓형태의 고분으로 흙을 돋워 놓았고 표지석도 〈제140호 호우총〉이라고만하여 놓았기 때문에 많은 혼동이 발생하고 있다. 따라서 원래의 봉분대로 복원하고 표지석도 따로 두는 것이 매우 주요하다고 본다. 그리고 학계의 연구결과에 따라 單一圓墓형태의 고분으로 구명된다면 고분번호도 따로 붙여주는 것이 식별의 용이성을 가져올 수 있다고 보며 이러한 노력이 비록 사소한 것같아도 유구에의 접근성을 높이는데 크게 기여할 것이다. 다만 논자는 이 고분을 쌍무덤으로는 보지만 이름이 다르게 붙여있음으로 집계시에는 따로 계산하였다.

141호 고분도 1970년대에 이미 수습발굴되었다(강우방, 1997 ; 135). 여기서 가야금 타는 토우가 발견되었다. 따라서 적절한 이름을 붙여주는 것이 좋을 것으로 본다.

142호 고분은 현재 민가속에 있으므로 경역정비를 하여 원형대로 복원하는 것이 필요하다고 본다.

이상과 같이 노동·노서동 고분군의 유적해설을 이 연구에 필요한 주요 부분만을 중점으로 살펴보았다. 그러나 우리 금관은 그 형태와 크기가 단연 세계 최고 수준이고 세계적으로도 그 유례를 찾아볼 수 없는 독창적인 것(김병모, 1998 ; 6-7)이지만 그렇게 세계의 관련 학회에서 주목을 받아 세계적인 연구대상이 되지는 못한 것같다.[7] 이는 앞으로 우리의 과제로 해야할 것이다. 그러나

---

7) 스키타이문화권의 사르미티아에서도 신라 금관과 비슷한 모티브를 가진 소형 황금관(길이 61cm, 관테 높이 6cm)이 1개 나타났는데(조선일보사, 1991 ; 276-7, KBS 일요스페셜, 1997. 4. 6. 방영), 이러한 금관이 스키타이문화권의 주류적인 문화라고 보기는 어렵고, 설령 사르미티아의 금관이 서기후 1세기경으로 신라 금관보다 다소 시기가 앞선다고 볼 수도 있으나, 그러나 신라의 건국은 서기전 1세기경이므로 연원적으로는 신라의 금관도 오랜 전통을 갖고 있다고 볼 수 있으므로 어느 쪽이 어느 쪽에 어떤 영향을 주었는지는 앞으로 더 연구해 볼 과제이다. 그리고 서기후 1~2세기의 중앙아시아 박트리아에서도 자연수지형의 금관이 출토되었는데(김병모, 1998 ; 39-41), 이 역시 그 때의 주류적인 문화라고 보기는 어렵고 그 원형은 오히려 신라 금관에서 더 잘 보존되어 있다고 본다. 그리고 신라금관과 사르미티아의 금관, 박트리아의 금관, 스키타이의 황금인간(김병모, 1998 ; 39, 51, 120-2), 알타이문화권의 파지리크의 얼음공주의 가발관(국립중앙박물관, 1995 ; 66-85, 김병모, 1998 ; 118-9), 시베리아 샤먼의 철관(김병모, 1998 ; 54) 등등, 이러한 冠에서 꾸준히 나타나는 주요 모티브인 새, 세계수와 잎, 솟대, 사슴과 뿔 등은 앞으로 깊이 연구되어야할 것이며 이는 신라사의 세계화의 과제라고 할 수 있다. 특히 사르미티아의 소형 금관은 司祭계층에 속하는 귀족여성을 위한 것으로 보고 있고, 또 박트리아의 금관도 여성의 것으로 생각하며, 스키타이의 황금인간도 여성으로 밝혀졌고, 알타이의 얼음공주도 여성이므로 우리 신라의 서봉총, 황남대총의 여성의 금관도 이러한 전통과 함께 더 깊이 연구되어야할 것이다.

50

논자는 신라의 금관도 주요하지만 도심 한가운데에 위치한 고분군의 수려한 풍광과 주위 산악과의 뛰어난 조화와 후대와는 다르게 왕경 한가운데의 복잡한 생활공간에서 매우 친숙하게 보이는 능원조성의 이론과 실제도 더 탐구한다면 앞으로 우리나라의 묘제개선에도 많은 시사점을 얻을 수 있을 것이다. 또 후대와 다르게 생활공간 속에서의 능원 조성의 사상적 배경은 더 주요하며 앞으로도 고조선, 부여, 고구려, 백제, 중국, 일본, 인도 등의 묘제와도 비교하여 계속 연구되어야할 것이다.

3. 과제

가. 도시관광·야간관광 활성화

노동·노서동 고분군의 문화관광전략구축상의 가장 큰 과제는 역시 무엇 보다도 도시관광·야간관광의 활성화의 중심지가 되어야 한다는 것이다. 지금은 고분공원이라는 이름으로 방치되다시피하여 관광활성화보다도 오히려 도심발전에 저해된다는 우려마저 낳을 소지가 있다. 뿐만 아니라 경주는 1970년대의 개발을 통해 보문관광단지, 불국사 상가, 오릉, 포석정, 통일전 등등 주로 시 외곽지가 조성되어 외면으로는 개발이 된 것같아 전국적으로 부러움과 시기를 동시에 받은 것같지만 실상은 이러한 외곽의 개발이 내부 도심지의 개발로 이어지지 못하고 중도에 중단되어 내부의 도심지는 오히려 외곽지역의 개발 때문에 70년대의 개발이전보다 더 후퇴한 觀光空洞化현상마저 나타나게 되었다. '98 경주세계문화엑스포('98. 9. 11~11. 10.)도 그 행사 자체는 매우 뜻깊은 것이라고 논자는 보지만 지역경제는 활성화가 아니라 침체화였다는 상가 업주의 공통된 의견이 있었다(동천신문, 1998. 12. 9. 5면). 또 경주도심의 야간관광은 전무한 실정이다. 그러므로 노동·노서동 고분군을 통한 도시관광 야간관광의 활성화의 과제가 시급하다.

나. 소득창출중심의 보존우선의 개발

보존과 개발은 항용 상호배타적인 것이기도 하고 또 상호보완적으로 볼 수 있는 것이기도 한데 현재는 지속가능한 개발(sustainable development)이 강조되고 있다. 그러나 논자는 일단은 보존이 우선이라고 본다. 특히 문화유산은 非可逆 現象(irreversible phenomenon)이기 때문에 무엇보다 보존이 우선이다. 그러나 여기서 한가지 간과하기 쉬운 것은 보존이든 개발이든 주민의 소득을 고려하여야 한다는 것이다. 주민의 소득을 현저히 저해하는 보존이나 주민의 소득과 별다른 관련이 없는 외지자본에 의존한 일방적 개발은 〈진정한 보존〉도 되지 않을 뿐 아니라, 미래를 위한 〈지역문화 재창조〉에도 아무런 의미를 찾을 수 없다. 따라서 노동·노서동 고분군도 재산권제한과 보상(오창섭, 1998 ; 43-66)을 통한 소극적인 보존보다도 주민의 소득창출에 도움을 줄 수 있도록 지속가능한 개발을 수행해야한다는 과제를 갖고 있다. 天惠나 다름이 없는 자원을 잘 활용하여 주민의 소득

51

을 창출한다면 오히려 장기적으로 보존에도 도움이 될 것이다. 이를 위해서는 주민의 적극적인 참여를 장려하여야 한다.

다. 주민자치중심의 民·學·官 협동개발

경주는 70년대에 본격적으로 개발되려고 하였으나 정치적 사정으로 개발이 순간적으로 중단되어 지금은 당시 다소 개발이 된 지역과 안된 지역사이에 불균형을 겪고 있고 또 전체적 개발계획의 상실로 인해 좌표를 잃고 무기력함 마저 겪고 있다. 더 문제는 주민의 자발적 참여를 배제한 이러한 중앙정부-官주도의 개발이 현재에 와서는 중앙정부-官주도의 개발에 대한 의타심과 무사안일만을 조장하게 되었다는 느낌마저들게 한다. 지금도 논자가 市당국의 관계자를 면담해 보면 아는 것은 많은데 늘 중앙정부의 예산지원이나 상부의 지시만을 바라고 있다는 느낌을 받는다. 물론 논자는 중앙정부-官주도의 개발이 많은 도움이 되고 또 필요한 부분도 많다고 보지만 지역의 永久한 主人인 주민이 영문도 모르는 보존이나 개발은 그 어느 쪽이든 장기적으로 효과를 갖기는 어렵다고 본다. 그리고 학계도 이론적이고 이상적이고 비현실적인 案보다는 하나라도 실천할 수 있는 案을 마련 하도록 노력해야 하고, 특히 발굴에 관계한 연구자들이 유물만 캐가고 정작 주요한 유물의 연구나 유적지의 개발에 대해서는 소홀하거나 오불관언한 것은 斯學의 발전을 위해서도 바람직한 태도가 아니라고 본다. 따라서 논자는 노동 노서동 고분군의 문화마케팅전략구축에서도 건전한 주민자치가 중심이 되어 學과 官과 합동하여 영속적으로 꾸준히 단계적으로 실천되어야한다고 본다. 다시 한 번 강조하면 이제는 지자제의 시대가 되었으므로 주민이 주체가 되어야하는 것이 당연하다고 볼 수 있다. 그러나 주민만이 전문적인 개발을 수행하기는 어려우므로 學·官界와 협동하여야할 것이다. 다행히 노동·노서동 고분군은 경주상가발전협의회의 案이 제시되어 주민의 자발적 참여의지는 높다고 보나 보존이든 개발이든 전체 주민의 적극적이고 주체적인 의지가 주요하다는 것을 주민 스스로도 이해해야 한다고 본다.

라. 비예산·저예산 사업부터 단계적 실시

노동·노서동 고분군의 개발을 위한 전략구축에서 또 한가지 고려하여야 할 과제는 비예산·저예산 사업을 적극 발굴하여 단계적으로 실시하여야 한다는 것이다. 지자체의 예산이 부족한 것은 물론이고 또 문화상품이라는 것은 고부가가치를 낳는 상품이기는 하지만 정성을 갖고 꾸준히 지역적-전국적-세계적 명성을 쌓아가야 하는 것이지 하루 아침에 황금달걀을 낳을 수 있는 것이 아니다. 그러므로 한꺼번에 예산을 투입해서 거창한 사업을 한다고 해서 갑자기 소득이 창출되는 것은 아니고 하나하나 기반을 쌓아가야 하는 것이다. 그러므로 고비용이 드는 비현실적인 안이나, 거창한 사업안을 세워 예산지원을 바라다가 예산지원이 안되면 아무런 사업도 안하고 방치하는 것 보다는 우선 손쉽

52

고 가능하고 예산이 적게 드는 사업을 개발하여 꾸준히 단계적으로 실천해가서 최소한 적자는 면해야할 것이다.

마. 신라왕릉문화를 통한 신라문화의 전문적 개발과 현대적 계승

노동·노서동 고분군과 황남동 고분군에서는 세계사에서도 유례가 없는 금관과 많은 금제 장식품이 출토되었다. 가히 〈황금의 나라〉라고 일컬을 만하다(KBS, 1997. 4. 6. 방영). 그러나 앞서도 언급하였지만 이러한 신라문화가 제대로 알려져서 국내에서나 세계에서 인류의 유수한 문화로서 연구의 대상이 되거나 현대적 계승이 이루어진 것은 매우 미미하다고 본다. 특히 국내에서 신라사 연구자들에 의해 자랑스럽게 연구되어야할 금관이 거의 연구가 되지 않은 것은 이상할 정도이다.

그러므로 이는 신라의 방대한 유물을 지금까지 너무 총체적으로 접근하였기 때문으로 보고 이제는 각론으로 들어가 전문적으로 특화하여 개발함으로써 신라문화를 더 잘 알릴 수 있고 또 현대적 계승에도 유리하다고 본다. 따라서 신라왕릉문화에서도 신라왕릉박물관, 또는 기념관, 전시실, 그리고 이에 특화된 연구소에서 연구와 문화상품화방안을 전문적으로 연구하여야 한다고 본다. 뿐만이 아니고 탑, 기와 등등도 전문화, 특화된 박물관, 기념관, 전시관, 연구소가 필요하다고 본다.

이상의 과제는 결국 노동·노서동 고분군문화마케팅전략구축의 기본원칙이라고도 할 수 있다. 특히 ① 소득창출중심의 보존우선의 개발, ② 주민자치중심의 民·學·官 협동개발, ③ 비예산·저예산 사업부터 단계적 실시의 3대 원칙은 논자가 항용 강조하는 기본원칙이다. 그러면 이제 구체적인 문화마케팅전략을 구축하기로 하겠다.

III. 문화마케팅전략구축

1. 기존안의 검토

현재 市당국에서는 토지매입 가옥철거 경역정비 외에는 별다른 개발안은 없는 것으로 관계자의 면담결과 나타났다. 특히 1999년에는 23억 6천 7백 1십만원의 예산으로 토지매입 1,326평, 경역정비 2,610㎡, 가옥철거 21동, 보호책보수 등의 계획을 세워 꾸준히 실시하여 개발의 기초를 다지고 있다.

민간에서는 경주상가발전협의회의 개발안으로는 '제2 천마총'이 제시되어 있고 행사로는 제3회 노동·노서동 고분공원 고사제(1998. 9. 9.)를 개최하였다(경주신문, 1998. 9. 16.). 이는 매우 고무적인 현상이라고 할 수 있지만 '제2 천마총'안에 대해서는 논자는 별도의 실물모형관이 타당하다고 본다.

그리고 학계에서는 서라벌대학 건축과 제5회 졸업작품전으로서 '역사도시에서의 맥락성'을

53

주제로하여 경주 舊도심의 개발방안을 제시하였는데, 특히 노동·노서동 고분공원과 관련한 주요 개발방안으로는 ① 대릉원과 노동·노서동 고분군을 단일공간으로 조성하고, ② 고분군과 접한 지역을 상업기능의 전통한옥촌으로 개발하는 것이 있고(서라벌대학 건축과, 1998 ; 10), 세부 주요 계획으로는 ① 25m 태종로의 차량통행을 폐쇄하여 이벤트광장을 조성하고, ② 시민을 위한 체육시설의 설치, ③ 종답복원, ④ 고분의 원상복원, ⑤ 고분사료관건립(현 시청 노동청사부지), ⑥ 주위상가의 한옥촌구성이 있다(서라벌대학 건축과, 1998 ; 34-67). 이는 예산이 많이 소요되는데 장기적으로 참고할 만한 방안이 많다고 본다. 그러면 이제 논자의 전략구축을 보기로 하자.

2. 가격전략

지금은 전혀 가격이 책정되어 있지않고 노서동 고분군은 특히 고분공원으로하여 무제한 출입할 수 있게 하고 있다. 그러나 노동·노서동 고분군은 신라의 매우 주요한 유적지인데 이를 무제한 출입하게 한다는 것은 유물의 보존을 위해서도 바람직하다고 볼 수 없고 또 가격이 전혀 책정이 되어 있지 않으면 오히려 주요 유적지로서의 관람의 흥미를 유발하기 어려우므로 제품개발의 단계에 따라 가격을 책정해서 유료개장을 해야할 것으로 본다.

논자는 유적지의 설명문을 충실히 갖춘 등의 기본적인 시설을 한 1단계에서는 5백원, 금관총의 실물모형관을 건립한 등의 2단계에서는 1천원, 그리고 신라왕릉박물관 등의 전체 전략안을 실천한 3단계에서는 3천원 정도의 관람료 책정이 가능하다고 본다.

3. 제품전략

주요한 것은 제품전략이다. 먼저 文化觀光(cultural tourism)의 事典的인 뜻을 보면, 〈유적, 유물, 전통공예, 예술 등이 보존되거나 스며 있는 지역 또는 사람의 풍요로왔던 과거에 초점을 두고 관광하는 행위이다. 계획적인 戰略으로서 文化觀光은 地方과 國家福祉, 기업체, 그리고 환경요건과 관광객의 욕구와 균형을 맞추면서 그 지방주민과 방문객을 위해 풍요로운 環境을 創出하기 위하여 시도되기도 한다.〉(안종윤 엮음, 1985 ; 82)는 것으로서 이 연구의 방향과 거의 일치한다. 특히 노동·노서동 고분군의 유물은 매우 우수하여 세계적인 유물이므로 제품전략의 수립은 오히려 쉬운 편이라고도 할 수 있다. 기본적인 것부터 하나씩 설명하기로 한다.

가. 브랜드 네이밍

노동·노서동 고분군은 현재 〈노동·노서동 고분공원〉이라는 이름을 사용하고 있다. 물론 이 이름이 학술적으로 정확하지 않다는 것은 아니지만 현대의 마케팅의 측면에서 보면 현대적 감각의 이미지를 떠올릴 수 없기 때문에 감각적으로 소구(appeal)하기가 어렵다고 본다. 원래『3국사기』에서는 이미 눌지마립간 19년(서기 435년)에 〈歷代園陵〉이라는 명칭을 사용한 바가 있다. 따라서 〈신라역대원릉〉으로 하는 것이 가장 기본적이다. 그러나 〈신라역대원릉〉은 또 황남동고분군 등을 포함하는 이름이기도 하므로 이 고분군만을 표현하자면 대표적인 출토품인 금관의 이미지를 떠올릴 수 있도록 하여 〈신라금관원릉〉이나 〈신라금관릉원〉으로 하는 것이 바람직할 것으로 본다. 특히 〈릉원〉은 황남동고분군을 〈대릉원〉이라고 하기 때문에 통일성을 기할 수도 있어서 좋을 것으로 본다.

그리고 앞에서도 논급하였지만 발굴이 끝난 138호, 141호, 노서 215번지 고분에 대해서도 대표적인 유물을 나타낼 수 있는 이름을 한시바삐 붙이는 것이 주요하다.

그리고 각 고분의 이름에 번호를 붙인 것이라든지 〈…塚〉이라고 한 것도 학술적으로는 타당하다고도 볼 수 있으나 마케팅의 측면에서는 그렇게 친근한 이미지가 떠오르지 않으므로 〈塚〉 대신에 다른 이름을 더 탐구해보는 것이 좋을 것으로 본다. 이는 앞으로 계속적인 과제로 하겠다.

논자도 편의상 지금까지 〈노동·노서동 고분군〉과 〈…총〉이라는 명칭을 사용했지만 이는 왜정시대의 이름이므로 현대감각에 맞게 바꾸는 것이 좋다고 본다.

나. 유적지도의 작성

노동·노서동 고분군은 유적이 간단한 것같지만 무려 23기의 고분이 있으므로 단순한 안내판만으로는 유적을 총괄해서 보기 어렵다. 그래서 지금은 간혹 전문연구자도 정확한 위치를 못찾고 오류를 발생하여 전문유적지도에서도 잘못된 곳이 있는데 이는 보존이나 연구에서 매우 우려된다고 할 수 있다. 그리고 현재는 민가속에 있는 것도 있어 정확한 위치를 찾기 어렵다. 따라서 정확한 유적지도의 작성이 시급하다.

다. 안내판 설치

현재 이 고분군에는 전체 사적을 설명하는 간략한 2개의 안내판외에는 전혀 안내판이 없는 실정이다. 그러므로 현재는 관람자가 텅 빈 유적지에서 무엇을 느껴야할 지 전혀 알 수 없는 실정이다. 따라서 각 고분에서 발굴된 유물을 설명하는 안내판을 최소한 각 고분마다 1개씩은 설치하여야 한다. 이에는 간략한 출토품을 그림으로 나타내주어야 관람자의 흥미를 이끌어 낼 수 있고 또 주요 유적지라는 느낌이 들 것이다. 도심 한가운데 있고 금관이 나온 유적지가 남산의 유적보다 더 안내판이 없는 것은 이해하기 어렵다.

55

라. 유물모형의 설치

안내판 설치와 함께 주요 유물의 모형을 고분주위에 설치하여 다양한 볼거리를 마련하여야한다. 예를 들어 금관은 말할 것도 없지만 금령총의 기마인물상 2기는 실제 사람과 말의 크기로 복원하여 두는 것이 관람자의 흥미도 유발하고 신라사의 연구에도 많은 도움이 될 것이다. 다른 유물도 마찬가지이다. 이 모형만 관람하여도 저절로 신라생활사를 공부할 수 있게 될 것이다.

마. 봉분의 복원

지금 현재 봉분이 없는 고분은 기본적으로 모두 복원하여야 한다. 식리총, 금령총, 옥포총, 금관총, 131호, 138호, 호우총, 은령총은 물론이고, 141호, 노서 215호, 우총 등 모든 봉분을 복원하여 원래의 원형대로 외관을 갖추도록 한다.

바. 원릉의 상징결정

이름을 신라금관릉원으로 한다면 상징은 당연히 금관이 될 것이다. 물론 경주시의 상징도 금관이기는 하지만 능원의 상징을 금관으로 한다면 이를 철책에 장식하여 능원을 홍보할 수 있어야할 것이다. 그리고 이 상징을 각종 홍보에 지속적으로 사용함으로 홍보효과를 높힐 수 있다.

사. 캐릭터사업의 개발

이 유적지에서 나온 유물로서 각종 캐릭터사업을 추진할 수 있는데 대표적으로 금관을 개발하여 경주-경북-우리나라의 각종 산업에 이를 활용하도록 한다. 또 예를 들면 금령총의 기마인물상을 경마장의 캐릭터로 개발하는 것도 가능할 것으로 본다.

아. 그림 컷의 설치

발굴된 고분에서는 1人의 1組의 유물이 출토되었다. 이러한 금관, 과대, 신발 등의 유물을 그림 컷으로 만들어 각 고분 앞에 설치하여 관람자가 자신의 얼굴을 넣어 사진을 찍게 한다. 이는 사실 가장 기본적인 상품개발이다. 이를 통해서 신라사와 유물에 친근하게 한다.

자. 유물을 복원하여 사진 소도구로 활용

그림 컷 뿐만이 아니고 1인 1조의 유물을 복원하여 관람자가 금관, 금요대 등 이러한 유물을 착용하고 사진을 찍을 수 있게 한다. 이때는 물론 사용료를 받게 한다. 대체로 발굴되어 유물이 완비될 수 있는 식리총, 금령총, 금관총, 서봉총, 138호, 호우총, 은령총 등은 가능하므로 관람자가 대체로 7번의 사진을 찍을 수 있게 된다. 그리고 금령총의 기마인물상도 복식을 재현하여 관람자가 이를 입고 사진을 찍을 수 있게 하고 사용료를 받는 상품개발도 가능할 것으로 본다.

56

차. 종이 미니어처 상품개발

지금까지는 금관 등의 상품을 실제 素材인 금속으로 재현하려고 하였다. 그러나 이는 단가가 비싸고 관리도 어려우므로 쉽게 친숙하게 하기 위해서는 종이 미니어처(miniature)로 실물크기 또는 축소크기로 정교하게 재현하여 판매하는 것도 좋을 것으로 본다.

카. 플라스틱, 유리 素材의 토기의 개발

토기 역시 흙으로만 재현하지 말고 다른 素材, 즉 프라스틱류로도 재현하여 값싸고 대량생산이 가능하게 하고 또 이를 실생활에서도 사용가능하게 한다. 물론 꼭히 플라스틱이 아니라도 항상 새로운 소재를 찾아서 재현을 시도하여 보는 것이 좋을 것이다. 그리고 특히 서봉총의 유리잔은 유리소재로 복원하여 제품개발하는 것이 가능할 것으로 본다.

타. 야간연장개장과 야간조명의 실시

노동·노서동 고분군이 유료개장을 한다면 천마총이 있는 대릉원과 차별성을 가져야 하고 또 앞에서 누누히 강조한 야간관광의 효과를 높이기 위해서는 논자는 이를 야간연장개장을 해야 한다고 본다. 대체로 22시까지 개장하여 관람자를 유치하는 것이 좋을 것으로 본다. 이를 위해서는 고분의 曲線을 살릴 수 있는 야간조명이 필요하다. 또 다양한 야간관광의 볼거리를 준비하는 것이 필요하다. 구체적인 것은 계속 살펴보기로 하자.

파. 야간관광의 행사와 볼거리

노동·노서동 고분군의 야간관광행사는 기본적으로 우리의 민속에서 출발하면 되는 것이다. 예를 들어 정월보름 달구경과 쥐불놀이, 팔월대보름의 달구경과 농악 등 신라의 달밤의 정취를 도심에서 만끽할 수 있도록 하면 되고, 또 새해 해맞이도 도심에서 할 수 있게 하는 행사를 이곳에서 개최하면 될 것으로 본다. 이때 주위상가가 활성화되는 효과를 가질 것으로 본다. 그리고 여름에는 야외공연과 영화상영도 고려해 볼 수 있다.

하. 종과 종각의 복원

이는 서라벌대학 건축과안에도 있는데 비용이 많이 드는 측면이 있으나 원래의 전통을 복원하고 또 노동·노서동 고분군의 개발안에서 핵심적인 측면이 있으므로 단계적으로 복원해야 할 것이다. 이는 특히 제야의 종소리를 타종하게 하여 새해 해맞이 행사를 실시하는데 필수적이다. 지금은 경주지역에서 관광자와 시민들이 새해 해맞이 행사를 대부분 토함산이나 감포 앞바다 내지 대왕암 앞바다로 가는데 교통이 복잡하고 추위가 심해 관광자나 시민이 새해소원 한번 빌기도 대단히 어려운 형편이다. 그러므로 관광자와 시민의 접근성이 용이하도록 〈시민의 종〉 형식으로 이를

57

복원하면 새해 관광자를 도심으로 유치하는 데에 매우 효과적이고 또 각종 시민행사에도 타종할 수 있다. 이 위치는 경주시내에서는 이 곳이 가장 합당하다.

거. 누각의 건립

현재 노동·노서동 고분군주위에는 전통 건물이 전혀 없다. 이를 보완하고 또 고분군 전체를 조망할 수 있는 망루형 전통 누각건물이 반드시 필요하므로 주위에 누각을 건립하는 것이 좋을 것으로 본다. 이러한 건물이 없이는 신라의 고유한 정취를 느끼기 어려울 것이다. 따라서 이는 비용이 든다하더라도 費用 以前에 거의 필수적으로 봐야할 것이다.

너. 문화·민속·전통공예의 장날

서울 인사동에서는 현재 매주 일요일 차없는 거리를 만들어 전통적인 장날의 거리를 재현하는 효과를 거두고 있다. 경주도 이러한 장소가 전혀 없으므로 관광자 유치를 위해서는 이것이 꼭 필요하다고 본다. 따라서 논자는 매주 토·일요일 동해식당에서 첨성대와다실까지의 교통을 통제하고 문화·민속·전통공예의 장날을 재현하는 것이 좋을 것으로 본다. 이는 많은 준비와 행사의 통제가 필요하다. 따라서 논자는 민·학·관 합동조직을 결성하여 이를 실천할 것을 제안하는 것이다. 즉 이는 주민자치가 중심이 되지 않으면 실시되기가 어렵고 또 그 효과를 주민이 스스로 갖기도 어려울 것이다. 논자가 보기에는 현재 경주의 도심관광에는 이 전략이 매우 주요하다고 보며 노동·노서동 고분군사이에 있는 봉황로가 장소로서 적격이라고 본다.

더. 문화축제행사의 실시

지금 민간에서는 경주상가발전협의회에서 노동·노서동 고분공원 고사제(1998. 9. 9.)를 제3회까지 개최하였다. 이 역시 주민자치로 이루어지는 것이므로 매우 바람직하나 향후 이를 〈金冠祭〉 등의 이름으로 바꾸고 이 지역의 축제형태로 발전시켜 나가는 것을 고려해야할 것으로 본다. 물론 이 역시 주민자치가 중심이 되어야하며 경주시민의 보수적 성향을 감안할 때, 쉬운 것은 아니다. 그러나 도심관광이 官에 의존해서만 이루어질 수는 없는 것이다. 주민이 적극 참여를 하여야하는 것을 주민 스스로가 이해해야 한다. 그리고 金冠을 주제로한 학술행사도 필요하다.

러. 금관총의 실물모형관의 건립

금관총의 제2 천마총안은 이미 경주상가발전협의회에서 제시되었고 현재 논의되고 있다. 그러나 논자는 이는 보존우선의 원칙과 故人에 대한 후손의 예의가 아니라고 보기 때문에 금관총의 봉분은 원형대로 복원하고 주위에 실물모형관을 건립하는 것이 오히려 타당하다고 본다. 다만 논자는 천마총과의 차별성과 함께 야간관광을 위해 이 금관총의 실물모형관을 야간연장개장하도록 개발

58

하여야 한다고 본다. 또 주위의 발굴된 고분도 단계적으로 실물모형관으로 개발하는 것이 좋을 것으로 본다. 그러나 이것이 비용이 많이 든다면 다음에 보는 것처럼 고분전시실을 먼저 시작하는 것도 좋을 것이다.

머. 현존 건물을 최대한 활용한 고분전시실의 건립

현재 보호지역내의 가옥은 철거하고 있고 주위의 건물도 철거를 목표로 하고 있다. 그러나 논자는 무조건 철거만으로 다 해결되는 것은 아니라고 본다. 현존하는 건물중 양호한 주위 건물은 고분전시실 등으로 적극 활용하는 것이 바람직하다고 본다. 예를 들어 현존하는 건물에 식리총, 금령총, 금관총, 서봉총, 쌍상총, 호우총, 은령총 등 각 고분별 전시실을 만들고 여기서 유물모형의 전시 및 상품판매가 이루어지는 것이 바람직하다고 본다. 예를 들어 주위 건물에 능원 관람의 일환으로 쌍상총, 마총 등의 모형을 만들어 관광자에게 관람하게 하고 또 여기서 각종 문화상품을 팔게 하는 것이다. 이는 민간 사업자를 유치해서 할 수도 있다. 이는 다르게 보면 고분전시실을 겸한 상가 조성으로 보면 된다. 市, 박물관, 대학 등 공공기관에서 이러한 사업을 하고자 할 때는 현존 건물을 매입하거나 임대해서 하는 방안도 강구될 수 있다. 특히 논자는 도심관광을 위해서 경주박물관이나 대학박물관이 이 고분군 주위의 도심에 고분전시실을 설치하는 것이 매우 필요하다고 본다.

버. 신라왕릉박물관과 신라왕릉연구소의 단계적 건립

경주에는 국립박물관이 있지만 포괄적으로 전체 신라유물을 전시하고 있어 전문적 전시가 부족하고 또 유물에 대한 전문 연구와 상품개발이 별로 이루어지고 있지 않다. 따라서 특히 유물이 많고 연구와 보존, 상품개발의 가능성이 무궁무진한, 많은 왕릉에 대한 별도의 박물관이 필요하다고 본다. 이 장소는 현재 경주시청 노동청사와 그 앞의 시청별관이 적당하다고 본다. 이 노동청사는 현재 동천청사로 이전하고 공영주차장으로 개발한다는 市의 계획이 있으나(동천신문, 1998. 12. 19.), 이 위치는 원래 신라의 역대원릉 자리이고 또 시내중심지이므로 개발효과가 작은 공영주차장으로의 개발은 타당하지 않고 반드시 왕릉과 관련한 목적으로 개발되어 도심관광의 중심이 되어야 한다고 본다. 그리고 서라벌대 건축과의 안에서는 이 노동청사가 고분사료관으로 구상되어 있으나 논자는 신라왕릉박물관과 신라왕릉연구소가 타당하다고 본다. 이는 물론 비용이 많이 들기 때문에 장기적 계획으로 추진해야할 것이고 당장은 역시 현존 건물을 최대한 활용하여 왕릉기념관 형태의 유물 전시실을 꾸미서 도심관광의 중심지로서 주위 상가와 연계해야할 것이다.

뿐만 아니라 이곳에 신라왕릉박물관을 건립하면 대릉원과 노동·노서동 고분군이 동선상으로도 자연스럽게 연결되어 역대원릉의 본래의 경역을 회복하는 효과를 가져와 경주왕릉유적의 거대함을 국내외 연구자와 관광자에게 보여줄 수 있을 것이다.

59

서. 개별 고분의 유물도록의 발간

현재 발굴된 노동·노서동 고분군의 유물이 화려하다는 것은 잘 알려져 있으나 막상 어떤 유물이 있는지 전체를 보려면 어렵다. 따라서 국립경주박물관 차원에서 각 고분별로 발굴 유적 전체를 담고 있는 유물도록을 단계적으로 발간해서 전체 유물의 상품개발을 용이하도록 해야할 것이다.

어. 1組의 유물의 상품개발

지금까지 유물은 개개로 개발되어왔다. 즉 금관, 토기, 기마인물상 등등으로 별개로 상품화되어온 것이다. 이에 대해 논자는 왕, 왕비의 복식 전체를 1組로 하는 상품개발이 필요하다고 본다. 이는 매우 고가의 상품이 될 것이지만 고부가가치의 상품이 될 것이다.

저. 현존 건물을 활용한 주위 상가의 개발

논자는 주위 상가를 예를 들어 한옥식이나 어떤 업종을 인위적으로 개발하는 것보다는 노동·노서동 고분군을 앞에서 본 것처럼 개발하면 주민의사에 따라 자연스럽게 한옥식의 건물이나 예술, 그림, 화방, 찻집, 음식점 등의 업종이 유도될 수 있다고 본다. 예를 들면 현재의 식당은 신라식 전통음식을 재현하는 식당으로, 찻집은 전통찻집으로 변화될 것으로 본다. 다만 주위 상가의 주민자치에 따라 신라복의 착용이나 특징있는 거리조성 등은 필요하다고 본다.

뿐만 아니라 논자는 이러한 상가는 현존 건물을 최대한 활용하는 것이 바람직하다고 본다. 즉 현재의 한옥식 건물은 있는 그대로 활용하는 등 비용을 줄이는 방안을 강구해야할 것이다.

처. 민·학·관 조직의 결성

이는 물론 제품전략이라고 보기는 어렵다고 할 수도 있지만 그러나 논자의 전략구축에서 제품전략을 수행하기 위한 핵심적인 부분이다. 논자는 특히 도심지인 노동·노서동 고분군의 개발에는 주민자치의 참여가 필요하다고 본다. 住民이 중심이 되고 學界의 개발안과 官界의 지원이 뒷받침되는 것이 가장 바람직하다고 본다. 특히 문화·민속·전통공예의 장날과 문화축제행사의 실시는 주민이 중심이 되어야할 것이다. 그리고 상품개발에는 학계의 기획이 필요한데 지금까지는 업계에서만 개발하였고, 또 각종 조장행정에는 官界의 지원이 절대적이다. 따라서 이 3자의 원활한 협동개발이 필요한 것이다.

특히 논자는 學界로서 학자 연구자 뿐만이 아니고 국립박물관과 대학당국과 인근 대학의 박물관의 참여가 매우 필요하다고 본다.

이상과 같이 24개의 제품전략을 개발하였다. 이를 가능한 것부터 단계적으로 실시하는 것이 좋을 것으로 본다. 논자는 대체로 안내판과 실물모형, 야간조명을 갖추었을 때를 1단계, 금관총의 실

60

물모형관을 건립했을 때를 2단계, 신라왕릉박물관과 연구소 설치를 3단계로 본다. 그러나 여건에 따라서 비예산 저예산사업과 효과가 뛰어난 案부터 어느 전략이 우선되어도 상관은 없다고 본다.

4. 촉진전략

촉진전략 역시 주체가 분명해야 하므로 이는 노동·노서동 고분군의 개발을 위해 논자가 제안한 민·학·관 조직이 결성되었을 때 비로소 본격적으로 실시할 수 있고 또 제품전략의 실천과 연계되어 있다. 그러므로 보다 구체적인 세부전략은 제품전략이 실행되는 상황에 따라서 추진되어야하기 때문에 이는 계속적인 과제로 해야할 것이다. 그러나 목표는 '지역화의 세계화'로서 분명하며 다양한 촉진전략을 수립할 수 있다.

5. 유통전략

유통전략 역시 조직이 결성되었을 때 원활하게 수행될 수 있고 또 제품전략이 실천되는 상황과 연계되어 있다. 따라서 업계촉진(trade promotion) 등 다양한 유통전략을 수립할 수 있으므로 계속적인 과제로 해야할 것이다.

이상으로 노동·노서동 고분군의 문화마케팅전략을 구축하였다. 다만 촉진 유통전략은 전략실시의 단계상, 그리고 이 연구의 지면사정상 계속적인 연구과제로 하였다.

이러한 전략실천상의 문제점은 주민자치의 참여도와 민·학·관 협동조직의 효율성, 전문인력의 양성, 법제도 정비, 재원조달과 비용-수익분석에 있다. 그러나 논자는 노동·노서동 고분군의 개발의 필요성이 매우 시급하기 때문에 중론을 모아 최적의 안을 도출한다면 이러한 문제점은 충분히 극복할 수 있다고 본다.

Ⅳ. 결 론

경주도심에 있는 노동·노서동 고분군은 현재 문화상품으로의 개발이 시급한 유적지이다. 그러나 지금까지는 안내판이 겨우 2개 있을 정도로 거의 방치되고 있다. 논자는 이를 경주에 꼭히 필요한 도심관광 야간관광의 중심지로 개발해야한다는 목표로 이를 위한 문화마케팅전략을 구축하였다.

특히 노동·노서동 고분군에서 발굴된 화려한 금관을 비롯한 황금유물은 신라의 유물을 대표할 뿐만 아니라 세계적으로도 우수한 것임에도 불구하고 지금까지 학술연구나 그 유적지에 대한 문화관광이 극소하였는데 이에 대해서는 우리의 노력이 매우 더 필요한 부분이라고 보아진다.

61

그리고 주민이 영문도 모르는 보존이나 개발은 바람직하지 못하며 이러한 유적이 주민의 소득창출에도 도움을 줄 수 있어야 保存이나 文化再創造에 바람직하다고 본다. 그래서 논자는 주민의 소득창출이 중심이 되어야한다고 본다. 물론 보존우선의 지속가능한 개발도 불수불가결한 과제이다. 따라서 민·학·관 협동개발이 주요하며 또한 비예산 저예산 사업을 적극 개발하고자 하였다. 이러한 원칙에 따라 논자는 24개의 전략안을 구축하였다. 이러한 전략은 실무에서 매우 유용할 것으로 본다. 특히 논자는 보존우선의 원형복원과 故人에 대한 예의를 강조하여 금관총을 제2의 천마총처럼 복원하는 것보다 실물모형관을 건립하는 것을 제안하였다.

이러한 도심의 개발안이 실천된다면 경주시의 시가지도 자연스레 학술문화와 관광도시로서의 면모를 갖추게 될 것으로 본다.

그리고 비예산 저예산사업과 효과가 뛰어난 案부터 단계적으로 실시하는 것이 좋을 것이다. 물론 이 전략안에는 문제점도 있지만 노력하면 충분히 극복할 수 있다고 본다. 또 이 전략은 고정된 것이 아니고 실천과 환류를 통해서 꾸준히 보완될 수 있다.

이러한 노동·노서동 고분군의 개발을 통하여 신라문화도 선양하고 지역경제도 활성화가 되어야할 것이다.

참고문헌

강우방(1997), "신라토우론," 『신라토우—신라인의 삶, 그 영원한 현재—』, 국립경주박물관.

경주사적공원관리사무소, 『고분분포도』.

경주시(1980), 『신라의 전설집』.

경주신문(1998. 9. 16.), "노동·노서고분공원 고사제," "제2 천마총 조성으로 상가발전을."

국립경주박물관(1996), 『신라인의 무덤—신라능묘의 형성과 전개—』.

국립경주박물관(1997), 『신라토우—신라인의 삶, 그 영원한 현재—』.

국립경주박물관 경주시(1997), 『경주유적지도(1 : 10,000)』.

국립중앙박물관(1995), 『알타이문명전』.

김백기(1997), "경주시 관광산업발전을 위한 지방정부의 역할," 경북대학교 행정대학원 석사학위논문.

김병모(1998), 『금관의 비밀』, 푸른역사.

김부식(1145), 『3국사기』.

김엄제(1990), 『소비자행동론』, 2쇄, 나남.

김영재(1991), "경주지역 문화재관광자원 활성화방안에 관한 연구," 세종대학교 대학원 관광경영학과 석사학위논문.

김영종·김상묵(1998), "역사환경보존제도 개선방향-보존지구설정 및 보존제도 체계형성을 중심으로-,"「경주연구」, 제7집.

동천신문(1998. 12. 19.), "市청사 동천청사로 통합," "상처뿐인 영광 문화엑스포," "구 시대의 유물「관사」," "화려한 홍보 뒤에 숨은 빚 투성이 엑스포 웬 말인가."

박성용(1996), "세계 유산의 국제적 의의와 향후 과제,"「개발과 유산의 보존-그 갈등과 조화-」, 유네스코한국위원회.

서라벌대학 건축과(1998),「歷史都市에서의 脈絡性」, 제5회 졸업작품집.

서라벌신문(1998. 1. 31.), "도굴범의 대부 오쿠라," 5면.

서성한, 최덕철, 이신모(1993),「관광마케팅론」, 법경사.

손대현(1996),「관광마키팅론 : 이론과 실제」, 수정판3쇄, 일신사.

안종윤 엮음(1985),「관광용어사전」, 법문사.

오창섭(1998), "고도보존정책과 경주의 보존과제-사적보존지구 재산권 제한에 대한 보상을 중심으로-,"「경주연구」, 제7집.

유네스코(1968), "공공 및 개인의 작업에 의해 위험시되는 문화 유산 보존에 관한 권고문,"「개발과 유산의 보존-그 갈등과 조화-」, 유네스코 한국위원회.

유네스코(1972), "세계 문화 및 자연 유산 보호에 관한 협약,"「개발과 유산의 보존-그 갈등과 조화-」, 유네스코한국위원회.

유네스코(1976), "史蹟의 보호와 史蹟의 현역할에 관한 권고문,"「개발과 유산의 보존-그 갈등과 조화-」, 유네스코한국위원회.

이강식(1997), "통일전의 문화마케팅전략구축,"「신라학연구소논문집」, 위덕대학교 신라학연구소, 창간호.

이강식(1998a), "첨성대의 본질에 따른 문화마케팅전략구축,"「경주대논문집」, 제10호.

이강식(1998b), "仙桃神母가 花郞徒組織의 起源이라는 辨證,"「신라학연구소논문집」, 위덕대학교 신라학연구소, 제2호.

이강식 등(1998c),「경주문화의 이해」, 재판, 중문.

이근직(1998),「경주의 문화유산(상)」, 경주박물관회.

이난영(1997), "신라의 토우,"「신라토우-신라인의 삶, 그 영원한 현재-」, 국립경주박물관.

이선희(1995),「관광마아케팅개론」, 초판3쇄, 대왕사.

일연(1281~3),「3국유사」.

이우용, 정구현(1993),「마케팅원론」, 형설출판사.

63

이유재(1994),『서비스마케팅』, 학현사.

이종영, 이상환, 김경훈(1994),『마케팅』, 삼영사.

이학식, 안광호(1995),『소비자행동 : 마케팅전략적 접근』, 초판7쇄, 법문사.

정익준(1995),『관광마케팅관리론』, 형설출판사.

조선일보사(1991),『스키타이황금』, 재판.

최병용(1990a),『소비자행동론』, 박영사.

최병용(1990b),『신마케팅론』, 전정판, 박영사.

최병현(1995),『신라고분연구』, 2쇄, 일지사.

최승이, 한광종(1993),『관광광고·홍보론』, 대왕사.

최해수·김충기(1996), "지방자치제 하에서의 지역개발 활성화에 관한 연구—관광행정체계 및 관련 법규를 중심으로—,"『지방화시대에 있어서 관광개발의 현황과 과제』, 한국관광개발학회 국제학술세미나발표집(1996.. 11. 3).

KBS(1997. 4. 6. 방영), 일요스페셜 10대문화유산(제5편), "황금나라의 비밀—신라황남대총—."

『Korea Tourism News』(98. 6.), "싱가포르 동물원과 나이트 사파리."

한경수(1997),『관광마케팅의 이해』, 학문사.

허권(1996), "지속 가능한 관광의 새로운 전략과 유산의 보호,"『개발과 유산의 보존—그 갈등과 조화—』, 유네스코한국위원회.

허영록(1996), "보존과 개발의 갈등을 극복하는 길,"『개발과 유산의 보존—그 갈등과 조화—』, 유네스코한국위원회.

허영록(1996), "역사적 도시 지역의 보존과 사회 문화적 활성,"『개발과 유산의 보존—그 갈등과 조화—』, 유네스코한국위원회.

황종찬(1998),『새 천년의 미소—서라벌의 설화—』, 서울 : 하나로.

Coltman, Michael M.(1989), Tourism Marketing, N.Y. : Van Nostrand Reinhold.

Hawkins, Del l., Best, Roger J., Coney, Kenneth A.(1986), *Consumer ehavior : Implications for Marketing Strategy*, 3th ed., lano, Texas : Business Publications, Inc..

Kotler, P.(1982), *Marketing for Nonprofit Organization*, 2nd ed., N.J. : Prentice-Hall, Inc..

(1984), *Marketing Management : analysis, planning, and control*, 4th ed., N.J. : Prentice-Hall, Inc..

Mayo, Edward J., Jarvis, Lance P.(1981), *The Psychology of Leisure Travel : Effective Marketing and Selling of Travel Services*, Boston, MA : CBI Publishing Company,Inc.. 손대현·장병권 옮김 (1994),『여가관광심리학』, 3쇄, 서울 : 백산출판사.

64

(Ⅲ-7-12)
경주대학교 논문집, 제12집 1권, 1999. 8.

경주향교의 문화마케팅전략구축

이 　 강 　 식*

Ⅰ. 첫　　말

　경주는 고조선을 계승한 신라, 고려, 조선을 거쳐온 2천년 역사도시로서 많은 역사, 유적이 시내 곳곳에 산재한 세계적인 역사문화도시이다. 그런데 지금까지는 너무 신라시대의 유적, 유물에만 집중하여 연구를 하여온 것으로 보인다.

　물론 1천년 신라의 수도라는 세계에서도 그 유례가 없는 특성에 기인하고 또 신라시대의 문화유적이 양적, 질적으로 비교적 잘 보존되어 있기때문이다. 그러나 현재 경주는 선사시대와 고려-조선유적도 많이 분포되어 있다. 특히 논자는 그 중에서도 신라에서 국학으로 형성되어 고려와 조선시대에 향교로 발전하여온 경주향교를 중점적으로 연구하여 문화마케팅전략을 구축할 필요가 있다고 본다. 즉 신라와 현대의 고리를 잇는 고려-조선의 유물로서 경주향교가 주요한 역할을 할 것으로 보는 것이다. 물론 신라 전후시대의 다른 유적-유물도 적극 연구될 필요가 있지만 이 연구에서는 우선적으로 경주향교를 연구하고자 하는 것이다.

　그러므로 이 연구의 목적은 경주에서 신라, 고려를 거쳐서 대표적인 조선시대의 유산

───────────────

* 관광학부 부교수

이 된 경주향교의 문화마케팅전략을 수립하고자 하는 것이다.

　이를 통하여 경주의 고려-조선시대의 유적들도 통시적으로 시대별로 고르게 분포되어 있음을 널리 알리고, 또 더 나아가 신라의 불교문화 뿐만이 아니고 신라-고려-조선의 유서깊은 유교문화도 균형개발하여 경주를 더욱 뜻깊고 다양성있는 역사문화도시로 인식을 바꾸고, 그리고 또 국학-향교는 오늘날로 치면 국립대학에 해당하는 교육기관이므로 이의 마케팅전략을 수립하여 교육문화상품으로 적극 홍보함으로써 우리 대학교육의 기원과 역사적 현장을 더욱 분명히 알릴 수 있고 또 알려야 한다. 특히 논자는 이의 문화마케팅전략을 수립하여 미국, 유럽의 관람자에게 경주의 유교문화를 알리고 더 나아가 중국, 일본관람자에게도 그들에게 더 친숙한 유교문화로서 소구할 수 있다고 본다. 따라서 현재 지자체와 유교재단이 훌륭한 유산을 가지고 전혀 소득창출을 못하고 있는데 이 연구를 통해서 소득창출이 이루어지기를 바라는 것이다.[1]

　연구방법은 문헌조사와 현장답사, 관계자 면담 등이 되며 주로 실천경영학의 측면에서 문화마케팅전략을 수립하고자 한다. 따라서 문화상품의 마케팅의 이론적 배경이나 통계 기법을 사용하는 실증연구는 줄이거나 차후의 기회로 하기로 한다. 이는 축적된 선행 마케팅이론이나 실증연구를 참고하기 바란다. 실제로 현장에서는 이론구축적 연구보다 실천적인 전략구축적 연구를 더 필요로 하고 있으므로 이 연구도 이에 초점을 맞추기로 하는 것이다. 따라서 실천적 연구의 범위내에서 방법론상의 의의를 가질 것이다. 그리고 향교에 대한 이론적 배경 또한 가능한 줄이기로 하겠으며, 이 부분 역시 선행연구를 참고하기 바란다.[2] 이 연구에서는 논자가 강조하고자 하는 부분만 살펴보기로 하겠다.

---

1) 논자를 이러한 목적으로 이미 경주의 문화유산에 대한 3편의 논문을 발표한 바가 있다.
　　"통일전의 문화마케팅전략구축,"「신라학연구소논문집」, 창간호(경주:위덕대학교 신라학연구소, 1997), pp.53~93.
　　"첨성대의 본질에 따른 문화마케팅전략구축,"「경주대학교논문집」, 제10집(경주:경주대학교, 1998), pp.33~65.
　　"노동·노서동 고분군의 문화마케팅전략구축,"「관광학논총」, 제2권(경주:경주대학교 관광진흥연구원, 1998), pp.39~64.
2) 향교를 연구한 많은 논문이 있지만 이 연구와 관계해서는 대표적으로 다음 논문을 들 수 있다.
　　정승모, "서원·사우 및 향교조직과 지역사회체계(상)",「태동고전연구」, 제3집(남양주:한림대학 부설 태동고전연구소, 1987), pp.149~92. (하)는 제5집(1989), pp.137~80.
　　신천식, "조선전기 향교의 설립과 운영에 대한 연구,"「인문과학연구논총」, 제16호 (서울:명지대 인문과학연구소, 1997), pp.335~82.
　　그리고 경주향교의 문헌자료는「경주향교지」(경주:경주향교, 孔紀2540, 1989)가 있다.

Ⅱ. 경주향교의 역사문화상품으로서의 소구점

1. 신라 요석궁의 자리에서 국학을 계승한 경주향교

신라 신문왕(재위 681~92) 2년(682) 6월에 國學을 세우고 卿 1인을 두었으며[3], 신문왕은 또 12년(692)에 설총을 높은 관직[高秩]에 발탁한 바가 있다.[4] 이 높은 관직이 유학 및 국학과 연관이 있을 것이다.

물론 예부에 소속한 국학을 설치하여 경 1인을 둔 것은 신문왕 2년(682)이라고 하더라도 그 제도의 시초는 진덕왕 5년(651)에 이미 <박사(약간인, 數不定)·조교(약간인, 數不定)·대사 2인>을 설치한 것[5]에 둘 수 있고 또 이는 이미 선덕왕 9년(640)에 <왕이 자제들을 당에 보내 국학에 입학시켜주기를 요청한 것>에서[6] 기원을 둘 수 있고 또 진덕왕 2년(648)에 당에 사신으로 간 김춘추가 <당의 국학에 가서 석전과 강론을 참관한 것>과도[7] 관계가 있다. 그러나 신라의 유학의 전래는 이보다 훨씬 앞선 시기라고 보아진다. 기림니사금 10년(307)에 <다시 국호를 新羅>로 하였는데 지증마립간 4년(503)에 이를 <德業日新, 網羅4方>의 뜻으로 국명을 확정한 것은[8] 그 표현에서 유학적인 영향이 있으며, 눌지마립간 2년(418)에 박제상(?~418)이 고구려로 가서 복호를 구할 때 장수왕(재위 413~91)에게 <만일 인질을 주고 받는다면 (중국의) 5覇만도 못한 일이며 誠心이 세간의 일에도 모자랍니다.····우리 임금은 척령이 들판에 있는 듯이 영영 잊지 못하고

---

3) 신라 국학의 설치와 운영은 대표적으로 다음 논문을 참고할 것.
　김수태, "신라 신문왕대 전제왕권의 확립과 김흠돌란," 「신라문화」, 제9집(경주:동국대 신라문화연구소, 1992), pp.157~215.
　김희만, "신라 국학의 성립과 운영," 「역사학논총(소헌 남도영박사 고희기념)」(서울:민족문화사, 1993), pp.13~32.
　박순교, "진덕왕대 정치개혁과 김춘추의 집권과정(1)-신라 국학의 설치와 성격을 중심으로-," 「청계사학」, 13집(성남:한국정신문화연구원 청계사학회, 1997), pp.109~54.
　고경석, "신라관인선발제도의 변화," 「역사와 현실」, 제23호(서울:한국역사연구회, 1997. 3.), pp.77~106.
　천인석, "설총의 유교사적 위치," 「국학논총」, 제2집(경산:경산대학교 국학연구소, 1997), pp.247~71.
　이희관, "신라중대의 국학과 국학생," 「신라의 인재양성과 선발(신라문화제 학술발표회논문집)」, 제19집(경주:동국대 신라문화연구소, 1998), pp.99~115.
　홍기자, "신라하대 독서삼품과," 「신라의 인재양성과 선발(신라문화제 학술발표회논문집)」, 제19집(경주:동국대 신라문화연구소, 1998), pp.117~40.
4) 이상은 「3국사기」 「신라본기」 <신문왕>, 「열전」 <설총> 및 「증보 문헌비고」 「학교 고1」 <태학1>(202권)(1770년 초간). 설총의 발탁년대인 신문왕 12년은 「증보문헌비고」에 기록되어 있다. 그리고 高秩의 사전적인 뜻은 <높은 관직>과 <많은 祿[厚祿]>의 뜻이 있다.
5) 「3국사기」 「잡지 7」 <직관 상>.
6) 「3국사기」 「신라본기」 <선덕왕 9년>.
7) 「3국사기」 「신라본기」 <진덕왕 2년>.
8) 「3국사기」 「신라본기」 <지증마립간 4년>.

있습니다.>라는 말로 설득한 것[9])에서도 유학의 도입을 볼 수 있고[10]), 또 태종무열왕(재위 654~61)대에 활약한 강수의 <유교선호론>에서도[11]) 이미 유교의 효능을 볼 수 있다. 그러므로 논자는 신라 국초의 <조선유민>에서부터 유교가 이미 신라에 도입되었을 가능성이 있다고 본다.

그런데 신문왕 2년의 위화부령 2인과 국학설치는 김흠돌의 난과 관계가 있는 것으로 볼 수 있다는 견해가 있고, 특히 근년에 발견된 『화랑세기』(모본)에는 김흠돌이 화랑을 동원한 것으로 되어 있기 때문에[12]) 신문왕의 국학설치를 이와 관계가 있는 것으로 보는 견해도 있다. 논자는 위화부령 2인과 국학설치 모두를 김흠돌의 난과 이에 동원된 화랑도조직과 관계가 있다고 보는데 이는 김흠돌의 난과 신문왕의 위화부령 2인과 국학설치 이후 신라 선교-풍류도-화랑도와 국학-유교에는 긴장관계가 조성된 것으로 보기 때문이다. 특히 이것은 국학의 조직대상이 <무릇 학생은 관위로는 대사(12급)이하에서 관위가 없는 사람에 이르기까지, 나이로는 15세에서 30세까지 된 사람으로 모두 충당하였다.>라고[13]) 하였기 때문에 화랑도조직과 중복된다고 볼 수 있는데, 이는 여러 측면에서 해석할 수 있으나 일반적으로는 화랑도조직을 견제할 목적이라고 볼 수 있기 때문이다. 따라서 김흠돌이 화랑도조직을 동원하였다는 『화랑세기』의 기록이 설명력이 높다고 본다. 그렇게 보면 논자는 더 나아가 김흠돌의 난때에 유교계가 신문왕의 편에 섰을 가능성도 있다고 본다. 그러므로 이 긴장관계가 고려에서 묘청(?~1135)의 서경천도운동, 김부식 등의 『3국사기』(1145)의 저술과 이의 풍류도-화랑도관계기록에 큰 영향을 미쳤을 것으로 본다.[14]) 그런데 이에 비해 신라 선교와 불교는 비교적 우호관계에 있었다고 보는데 이는 『화랑세기』(모본)에 <仙佛一道>사상(모본 98면)으로서도 알 수

---

9) 『3국사기』, 「열전 5」<박제상>. 이는 <辯士>로써 박제상이 매우 뛰어난 설득력을 가졌다는 것을 의미한다. 즉 중국과 사이가 나쁜 장수왕에게 중국의 5패보다 더 못한 일을 하고 있고, 제왕으로서 장수왕이 세간의 일보다 더 못한 일을 하고 있다고 선제적으로 공세적인 발언을 하여 장수왕을 한껏 자극하고는 즉시 다시 「시경」「소아」<常棣>를 인용하여 이번에는 신라 눌지마립간의 동생을 그리는 애타는 마음을 鶺鴒[할미새]이 들에 있다는 것으로 수세적으로 잘 설명하여 장수왕이 복호를 석방하도록 하였던 것이다. 여기에서 알 수 있는 것은 이미 설득커뮤니케이션에서 장수왕과 박제상 내마 사이에 유학적 좌표계(frame of reference)가 충분히 설정되어 있다는 것이다.
10) 그런데 불숭인 일연의 『3국유사』 「내물왕·김제상」에서는 이 기록이 매우 다르게 기록되어 있다. 따라서 유학자인 김부식 등이 쓴 『3국사기』의 이 유교적 변설은 앞으로 더 연구해 볼 필요가 있다고 하겠다.
11) 『3국사기』, 「열전 6」<강수>. 그런데 이 <유교선호론>도 사실이겠지만 다만 그 修辭에서는 『3국사기』가 儒者인 김부식 등에 의하여 쓰여졌다는 것을 감안하고 보는 것이 타당할 것으로 본다.
12) 그런데 김대문의 『화랑세기』(704년전후)에는 김흠돌을 좋지 않은 인물로 묘사했으나 『각간선생실기』에서는 김흠돌의 난에 대한 기록자체가 나오지 않고, 김흠돌이 훌륭한 인물로 나온다. 이는 각 저서의 저자의 사관의 차이로 보이며 앞으로 더 연구할 부분이다.
13) 『3국사기』, 「잡지」<직관 상>.
14) 『3국사기』의 화랑도관계기록의 분석은 논자의 "선도신모가 화랑도조직의 기원이라는 변증," 『신라학연구소논문집』, 제2호(경주:위덕대학교 신라학연구소, 1998), pp.53~100을 참고할 것.

- 16 -

있다.15) 그리고 논자는 불교와 유교도 처음 당시에는 비교적 우호관계에 있었다고 보는데 이는 원효(617~86)가 힘들게 얻은 아들인 설총(654~61년경출생, 654년경~743년경)이 유교계의 종주가 된 것으로 보아도 알 수 있다. 논자는 기본적으로는 신라는 천신교의 나라, 고려는 불교의 나라, 조선은 물론 유교의 나라라고 보는데 이를 통해서 보면 불교가 가장 긴 생명력을 가졌다고도 볼 수 있으며 이는 모두 이같은 불교의 원융무애한 포섭력 때문이라고 본다. 물론 이러한 측면은 과거의 일이고 앞으로는 각 종교들이 모두 화합을 잘 하여야 할 것으로 본다. 이처럼 신라 국학은 신문왕의 주요 국정개혁과 국가경영전략과 맞물려 있다는 것을 잘 이해해야 할 것이다. 그런 측면에서 볼 때, 국학은 궁궐근처에 설립되었을 가능성이 크다.

그런데 경주향교의 연구에서 신라 국학의 연구가 주요한 이유는 경주향교의 자리가 원래 신문왕이 설치한 국학의 자리라는 기록이 있기 때문이다. 이는 역사적으로 주요한 의의를 가지는 것이다. 즉 단순히 조선의 향교가 아니라 국립대학으로서의 신라 국학을 경주향교가 1,317년의 전통으로 면면히 이어온 것이기 때문이다. 현존하는 이 기록은 효종 6년(1655)의 정극후의 「鄕校松壇記」에 잘 나와 있다.

> (Ⅱ-1-1) 우리 동방에 처음 국학을 세운 것은 신라 신문왕 때이다. 그후로 유풍이 크게 일어나 우리나라의 문장이 중국과 백중하여 중국 사람들이 소중화 또는 군자국이라 불렀으니, 우리 동방에 학교를 일으킨 공효가 여기에 있다. 고려로부터 國學이 변하여 鄕學이 되었으나 학궁의 基地는 옛과 다름이 없으니 바로 지금의 鄕校가 그곳이다[麗氏以來國學變爲鄕學而學宮之基則仍舊焉卽今之鄕校其地也.].16)

이처럼 신라의 국립대학인 국학의 자리를 계승했다는 것이 분명하다. 또 헌종 7년(1841) 한문건이 찬한 「大成殿重修上樑文」을 보자.

> (Ⅱ-1-2) 오직 소왕전에 큰 계획이 덮여 있고, 신라시대부터 내려와 남아있는 자리이니[惟素王殿宏規蓋自羅代遺址.],17),

또 고종22년(1885)에 최세학이 기록한 「鄕校重修記」를 보자.

> (Ⅱ-1-3) 동방에는 옛날 학교가 없었다가 신라 신문왕 2년 임오에 처음으로 문천 북쪽 계림 서편에 태학을 세웠는데 그후 고려가 동경교수를 두고 향학으로 낮추었다. 우리 성조에 들어와 정치와 교육이 휴명하여 홍치 임자(1492)에 부윤 최응현이 향교를 중신하였으나 임진왜란에 회진되어 만력 경자(1600)에 부윤 이시발이 대성전을 중건하고 갑인(1614)에 부윤 이안눌이 또 명륜당을

---

15) 이강식, "선도신모가 화랑도조직의 기원이라는 변증," p.66, p.79 참조.
16) 『경주향교지』, pp.112~6.
17) 『경주향교지』, pp.125~30.

　　재건하였다. 여기가 바로 신라정부때로부터 우리나라의 수선하는 곳이니[此所
　　自羅朝爲大東首善之地,], 명망높은 公卿이 전후로 이어 수축하였으니 그 정학
　　을 숭상하고 원기를 부집한 공이 어찌 적다 하겠는가.18)

　이처럼 향교의 전래 기록에 문천 북쪽, 계림 서편의 태학, 즉 신라의 국학의 자리를 계
속 이어 향교가 건립되었음을 밝히고 있어 이는 정확하다고 본다. 뿐만 아니라 논자가
살펴본 바로는 일연의 『3국유사』(1281~3년경)에 다음의 기록이 있다.

　　(Ⅱ-1-4) 이때 요석궁(지금의 학원이 바로 이곳이다.)에 과부가 된 공주가 있
　　었는데,

　　　　　　時 瑤石宮(今 學院 是也.) 有 寡公主,19)

　즉 일연이 『3국유사』를 쓸 고려 당시에 학원이 신라때의 요석궁에 있었다는 것이다.
이 학원은 분명 고려 때의 향학일 것이고, 요석궁은 또 현재 반월성의 서편에 있는 경주
최씨가택이 그 터라고 전해지고 있으나 이 『3국유사』(Ⅱ-1-4)로 보면 최씨가택의 동쪽
에 연접한 바로 지금의 향교자리가 오히려 더 정확한 요석궁자리이다. 즉 이처럼 고려
때의 향학, 조선의 향교가 신라의 요석궁의 자리에 설립되었다는 것은 분명하다. 따라서
전체적으로 정리해 보면 논자는 신라 요석궁이 국학이 되고 이 국학이 고려의 향학, 조
선의 향교로 계승해 왔다고 본다. 이를 좀더 자세히 살펴보자.
　그런데 요석궁은 원래 원효, 요석공주와 설총이 살았던 곳이다(654~61년경). 따라서
신문왕이 국학을 설립(682)하고 원효의 아들인 설총을 높은 관직에 임명(692)한 그 자리
는 결국 원래 원효, 요석공주와 설총이 살았던 요석궁이라는 결론에 도달하게 된다. 즉
국학을 설총의 어머니인 요석공주의 집이며 설총이 살았던 요석궁에 설치하여 설총이
이곳에서 강학을 하였을 것으로 본다.20) 이것은 원효가 자기가 살던 불지촌의 집을 초개

---

18) 『경주향교지』, pp.135~7.
19) 일연,『3국유사』「원효불기」. 그런데 지금까지 기존의 『3국유사』연구자들은 이 문장에 대한
　　註釋을 전혀 제시하지 못하였다. 즉 신라 원효-요석공주-설총의 요석궁과 고려 때의 학원과의
　　관계를 전혀 이해하지 못한 것이다. 앞으로 이 측면에서 더 많은 연구가 필요하다. 그런데 이는
　　또 고려의 불승인 일연이 이 유교 학원을 좀더 상세히 설명하지 않은 것에도 일정부분 기인한
　　다고 할 것이다. 그런데 그 뿐만이 아니고 『3국사기』에서 요석궁이 국학으로 발전하였다는 분
　　명한 기록을 남기지 않은 것도 김부식 등의 유교사관이 개입된 사례라고 본다. 물론 이는 고려
　　시대 당시 지식인들이라면 누구나 다 알고 있는 공지의 사실이기 때문에 생략했을 수도 있다.
　　즉 가능성은 항상 다양하다.
20) 일연의 『3국유사』「원효불기」에 따르면 <원효가 일찍이 살던 혈사 옆에 설총가의 집터가 있다고
　　한다.>라고 하였다. 이는 설총이 어느 정도 장성하여서 국학이 설치되기 전이라도 요석궁을 나와서
　　아버지가 살던 혈사옆으로 가서 살았거나, 요석궁이 국학으로 개축한 후에 어머니를 모시고 아버지
　　와 가까운 이곳으로 이사를 하였을 가능성이 있다고 본다. 논자는 후자가 더 가능성이 있다고 본다.
　　설총은 태종무열왕(재위 654~61) 때에 태어났기 때문에 국학이 설치되던 신문왕 2년(682)에는

사 절로 만든 것과 같다.21) 따라서 국가의 天柱를 낳은 그 자리가 바로 국학의 자리요, 지금의 향교자리이다. 그렇게 본다면 신라의 설총으로 대표되는 신라의 유학계가 김흠돌의 난때에 신문왕을 도왔다는 논자의 추론도 다소는 이해가 될 것으로 본다. 그 공로로 신문왕이 요석공주와 설총의 요석궁에 국가적 차원의 국립대학격인 국학을 설치하고 화랑도조직이 그동안 가졌던 인재양성과 정부요원의 추천권을 다소 유학계에 주었을 것으로 본다. 그렇게 본다면 지금의 향교자리의 역사적 의의는 매우 높다고 본다. 그리고 설총이 국학설립에 주요역할을 하였을 것으로 보는 추정도 보다 구체적으로 논자가 고증하였다고 보겠다. 즉 이러한 결론들은 논자가 최초로 논증하였다.

문화마케팅의 측면에서의 그 의의는 국학, 즉 신라의 국립대학의 발상지일 뿐만이 아니라 원효의 교육정신, 인재양성정신, 즉 계율을 어기면서도 국가의 인재를 키우겠다는 그 정신까지도 알려줄 수 있는 주요한 유적이다. 그리고 가장 주요한 의의는 역시 경주향교가 대학의 전통을 1,317년이나 이어오고 있다는 것이다. 이는 세계사, 세계대학사에서도 유례가 드문 유적이라고 본다.

2. 유교문화상품로서의 경주향교

경주향교는 이처럼 신라 요석궁의 자리에서 국학과 고려의 향학, 조선의 향교를 계승하여 지금의 경북 경주 교동 17의 1번지에 위치하고 있으며 경내면적은 6,969㎡이고 건물은 12동이며, 현재 경북 유형문화재 제 191호로 지정되어 있다.

우리 나이를 28~21세로 추정해 볼 수 있는데 국학에서 충분히 강학을 하며 제자를 양성할 수 있는 나이이다. 그리고 설총을 낳던 때의 원효(617~686)는 우리 나이로 38~45세로 볼 수 있는데 자식을 보기에 약간 늦은 나이라고도 할 수 있어서 설총이 매우 소중한 아들이었을 것이다. 그리고 원효는 신문왕 6년(686)에 열반하였기 때문에 이때 682~6년까지 4년간을 설총이 요석공주를 모시고 아버지인 원효의 가까이서 살았을 것으로 본다. 원효가 열반할 때 원효는 우리 나이로 70세이고, 설총은 우리 나이로 32~25세일 것이다. 그리고 신문왕은 원효 열반 6년 후, 또 국학설치 10년 후 설총을 높은 관직에 <발탁>하였는데 이는 원효-설총이 원래 신분이 낮다는 것을 의미하므로 이 발탁은 신문왕의 내정개혁, 국학과 유교의 발전에 여러 의미를 담고 있다고 하겠으며 더 나아가 중국과의 외교적 관계도 더 주요해지고 있다는 것을 알게 하는데 앞으로 더 연구할 부분이고, 이때 설총은 우리 나이로서도 38~31세이기 때문에 활동년령으로서 최전성기에 있었던 것으로 본다. 그런데 「증보 문헌비고」에 기록된 신문왕 12년의 설총의 발탁은 더 연구할 부분이 있는데 이 해는 사실상 신문왕의 붕어년이기 때문에 이 발탁의 의미는 여러 측면에서 더 살펴봐야 할 과제를 남긴다. 그리고 설총은 유교에 입문하였으므로 원효는 자손을 남기게 된 측면도 있다. 이 역시 신라 불교연구에서 <신라의 불교화>와 함께 <불교의 신라화>라는 주요한 과제를 준다고 본다. 이러한 부분도 더 연구할 필요가 있을 것이다.

21) 이렇게 보면 원효는 자기가 살던 집을 초개사로 만들었고 또 불교계의 대표적 인물이 되었고, 그의 아들 설총은 자기가 살던 집을 유학을 위한 국학으로 만들었고 또 유교계의 종주가 되었다. 이러한 일은 동서고금을 통하여도 귀한 일이라고 하겠다. 오늘날 향교의 정신으로 이어가야 할 것이다.

- 19 -

1) 건물현황

현 건물의 주요 연혁은 다음과 같다.

- 성종 23년(1492) : 성균관제도를 모범으로 건물중수
- 임진왜란 소실
- 선조 33년(1600) : 대성전, 전사청 중건
- 선조 37년(1604) : 東廡, 西廡 중건
- 광해군 6년(1614) : 명륜당, 동재, 서재 중건
- 대한민국 30년(1977) : 전체 보수 정비

이처럼 경주 향교는 문묘로서의 대성전, 동무, 서무와 강학공간으로서의 명륜당, 동재, 서재로 크게 나누어 볼 수 있는데 강학의 기능은 현재 다하지 못하고 봄가을의 석전제향의 문묘의 기능은 충분히 계속하고 있다. 이처럼 경주향교는 성균관처럼 前廟後學의 주요한 구조를 가진 조선시대 유교문화의 대표적 건축물이라는 것을 알 수 있고 석전대제는 훌륭한 문화유산이다. 이의 문화마케팅전략을 구축은 매우 시급한 실정이다. 건물배치도는 <그림 1>과 같다.

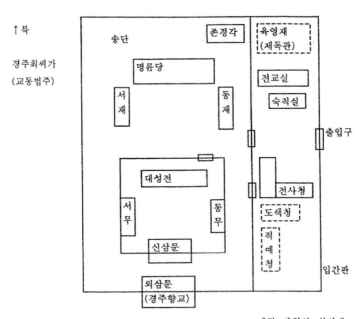

<그림 1> 경주향교 건물배치도

- 20 -

2) 대성전, 동무, 서무와 석전대제

대성전에서는 5聖, 송 2賢, 우리나라 18賢, 총 25분의 성현의 위패를 모시고 있는데 문묘위차도는 줄이고 명단만 나타내면 다음과 같다.[22]

- 5성 : 大成至聖文宣王(공자), 안자, 증자, 자사, 맹자
- 신라 2현 : 설총, 최치원
- 송 2현 : 정자, 주자
- 고려 2현 : 안향, 정몽주
- 조선 14현 : 김굉필, 정여창, 조광조, 이언적, 이황, 김인후, 이이, 성혼,
            김장생, 조헌, 김집, 송시열, 송준길, 박세채

원래는 공자는 대성전, 72제자는 동, 서무에서 모셨는데, 지금은 25분의 위패를 모두 대성전에 모시고 있다. 그리고 건축구조상의 가장 큰 특징은 서울의 성균관처럼 공자를 모시고 제례를 담당하는 대성전이 명륜당 앞에 있는 것이다. 이는 다른 향교와 차이가 나며 경주향교의 주요성을 나타내 주는 것이라고 할 수 있다. 그리고 전국 234개 향교와 함께 대성전에서 봄가을로 석전을 지내고 있는데 석전은 문묘에서 先聖先師에게 지내는 제사를 말한다. 신라에서는 진덕왕 2년(648) 김춘추가 당의 국학에서 석전대제를 참관하고 왔고, 계속 이어져와 조선에서는 태조 7년(1398) 성균관이 설립된이래, 매년 仲春(2월), 仲秋(8월)의 첫 丁日에 석전을 올리고 있다. 중국에서는 1914년 석전을 祀孔이라 개칭하여 봉행했으나 지금은 그 전통이 단절되어 있고 일본에서는 일부 지방의 공자묘에서 행해지고 있을 뿐이다. 따라서 우리나라의 석전이 유교문화권인 동양3국에서도 가장 오래까지 전통을 이어오고 있는 유교 최대의 행사로서 경주향교의 석전대제도 신라 국학(682)이후로 보아도 그 역사적, 문화적 가치가 대단히 높다고 볼 수 있다.

3) 명륜당과 동재, 서재

명륜당은 강학공간이며 동재, 서재는 유생들의 기숙사이다. 1999년부터는 한학을 배우는 충효교실이 유림회관에서 열리고 있기 때문에 별달리 사용이 되지 않고 다만 혼례청으로만 쓰이고 있다. 이처럼 경주향교는 유교문화상품으로서 개발될 가치가 충분하다. 특히 서구인 뿐만이 아니고 중국, 일본인 등 동양인에게도 충분히 소구점(appeal point)이 있다고 본다.

---

22) 聖賢의 略譜는 「경주향교지」, pp.20~64 참고.

3. 교육문화상품로서의 경주향교

경주향교가 신라 국립대학의 시초라는 것은 현재 잘 알려지지 않고 있다. 물론 신라에는 인재양성조직으로 화랑도조직이 있으나 종교수련조직으로서 출발하였기 때문에 공교육의 학교라는 성격은 물론 국학이 더 강할 수 있다고 본다.『화랑세기』의 출현이후 화랑도조직과 국학과의 관계는 앞으로 더 깊이 연구 되어야 할 것으로 보지만 국학의 공교육기관으로서의 의의가 적다고는 볼 수 없을 것이다. 그리고 향교도 국공립교육기관이기 때문에 신라 국학과 연계될 수 있고 또 오늘날의 국립대학의 성격을 가진다고 볼 수 있다. 따라서 국학을 계승한 경주향교는 우리나라의 국립대학의 시초로서의 의의를 가지며 교육문화상품으로서 가치가 충분히 있다고 본다. 그러나 현재는 이점이 거의 홍보가 되어 있지 않다.

4. 접근성과 연계성

경주향교는 현재 반월성 서편에 위치하여 관람자의 접근성은 매우 좋다고 본다. 그러나 관람자들은 현재 계림을 둘러 보고 바로 반월성으로 들어가 버리기 때문에 동선상으로는 잘 관람되지 않는 위치에 있다. 그러나 이 서편은 향교뿐만이 아니라 경주 법주의 교촌 최씨가택과 월정교, 또 같은 유교문화유산인 사마소, 그리고 김유신장군의 고택의 재매정과 함께 유교문화상품으로서 연계하여 패키지상품으로 개발될 가치가 충분하다. 따라서 이 서편을 함께 묶어 연계상품을 개발하는 것이 좋을 것으로 본다. 특히 경주향교와 사마소, 최씨가택은 관람자의 접근성이 매우 뛰어난 주요한 유적지 내의 위치에 있으면서 조선시대의 문화를 충분히 보여줄 수 있는 의의를 가지고 있다고 본다. 물론 월정교와 재매정도 신라문화를 잘 보여줄 수 있다. 이처럼 경주향교는 유교문화상품으로서 개발될 가치가 충분하다. 물론 보존과 개발이라는 의미를 항상 되새기면서 이루어져야 할 것이다.

Ⅲ. 경주향교의 문화마케팅전략

1. 현　황

현재는 별다른 마케팅전략은 없고 다만 참고로 '98년의 사업계획을 보면 다음과 같다.

○ 1998년도 사업계획
　1. 석전대제봉행
　　가. 춘향 음 2월 초 3일 丁未(양 3월 초 1일)
　　나. 추향 음 8월 초 7일 丁丑(양 9월 초 27일)

- 22 -

　2. 正朝謁廟 행사 음 정월 초 3일
　3. 孔夫子 誕日 文廟奉審행사 음 8월 27일
　4. 교화사업
　　가. 충효교실 연중무휴
　　나. 저명인사 초청 분기별 특강실시
　　다. 篤行者 포상
　　라. 혼례청 운영
　　마. 유림회관 서실 연중무휴 운영
　　바. 전국한시백일장 개최(추계)
　　사. 학생서예실기대회 개최(추계)
　　아. 유도회읍면동지회교화사업 계몽지도
　5. 校宮 보수사업
　　가. 대성전 동무 및 내외삼문 부분보수
　　나. 관리실 보수 및 在來井戶 정비
　　다. 校宮 제초 및 명륜당 後庭松壇 정비
　　라. (중략)
　6. 유림선현 유적지순방(춘계 1박2일)
　7. 유림회관 보존관리의 완벽
　8. 청년유도회 조직강화
　9. 여성유도회 조직강화

　이상의 사업계획을 보면 대체로 현재 향교가 할 수 있는 범위의 사업을 망라하고 있다고도 볼 수 있다. 이를 참고로 하여 논자는 마케팅의 4P를 중심으로 다음과 같은 전략을 구축하였다.

2. 가격전략

1) 가격결정과 입장료징수

　현재는 입장료를 받고 있지 않다. 물론 성현이 계시는 곳을 여러 참배자가 자유롭게 참배하게 하는 것도 좋지만 그러나 입장료를 받음으로서 관람자에게 더 흥미를 끌 수 있으므로 첨성대, 계림의 입장료 정도는 받아도 될 것으로 본다. 이는 <표 1>과 같다.

<표 1> 첨성대, 계림 입장료

(단위 : 원)

구　　　분	어　른	어린이	청소년, 군인(하사이하)
개　　　인	300	100	150
단체(30인이상)	200	100	100
나　　　이	25~64세	7~12세	13~24세

※ 노인우대 : 65세이상 무료, 문예진흥기금 10원 포함

- 23 -

그리고 제품전략의 수행결과에 따라서는 500원에서 1,000원까지의 인상도 가능할 것으로 본다. 다만 현재로서는 관람자의 수를 정확하게 예측할 수 없어 총수입을 예측하기는 어렵지만 천마총, 첨성대, 계림의 관람자의 수와 수입액을 참고하면 추정할 수 있을 것이다. 그러나 관람자수 역시 제품개발에 따라 좌우될 것이며, 가격은 저가이기 때문에 관람자 수에 큰 변수는 되지 않을 것으로 본다.

2) 징수인력

그리고 현재 관리인이 있기 때문에 입장료징수를 위한 별도의 인력을 필요없을 것으로 보며 향후 필요하더라도 대학생 등을 아르바이트로 고용하면 경비를 절감할 수 있을 것으로 본다.

3) 정문개방과 매표시설

출입구에 매표시설을 하여야 할 것이며 입장료를 징수할 때에는 정문으로 출입할 수 있게 정문을 개방해야 할 것으로 본다.

4) 광고게재

또 입장권을 인쇄하기 위한 비용도 광고를 협찬하여 입장권에 광고를 게재하면 경비를 줄일 수 있을 것이다.

5) 유교홍보

그리고 입장권을 발매하면 이에 성현의 말씀도 게재하여 유교를 홍보할 수 있는 측면도 있고, 관광자로서도 소중한 추억거리가 될 것이다.

6) 묶음 가격

그런데 더 나아가 천마총-첨성대-계림-향교-월정교-사마소-재매정-경주최씨가택의 패키지 입장권을 발매하여 묶음 가격(price bundling)[23]으로 하여 할인하면 관광자의 편의도모와 관람자 수를 더 늘일 수 있어 시너지효과를 높일 수 있다. 그런데 기존의 다른 문화유적지와 묶기가 어려우면 새로이 조선시대의 유적인 향교-사마소-경주최씨가택만을 묶어 <신라속의 조선>을 재현하여 패키지상품을 구성해 입장권을 발매하는 것도 좋

---

23) 한경수, 「관광마케팅의 이해」(서울:학문사, 1997), pp.335~6.

- 24 -

을 것으로 본다. 그러나 이상의 가격전략은 현재의 향교의 내용물로서는 어렵고 향교를 최대한 보존하면서 다양한 매력물을 갖추는 제품전략이 필요할 것으로 본다.

3. 제품전략

제품개발은 크게 볼 거리(참여상품 포함), 살 거리, 먹을 거리의 3측면에서 구성할 수 있다.

1) 안내 팜프렛의 준비

현재 관람자에게 향교를 안내할 수 있는 아무런 소개 팜플렛-책자가 없다. 따라서 단계별로 안내 팜플렛이 필요하다. 즉 무료로 제공되는 안내문은 복사물 2~4면 정도의 인쇄물이면 되고 유료로는 칼라인쇄물, 더 나아가서 여건이 호전되면 경주향교를 주제로 한 책을 만들어 판매를 한다.

2) 자원봉사자의 배치

향교를 설명할 수 있고 관람자를 안내할 수 있는 자원봉사자가 필요하다. 자원봉사자는 儒巾과 儒服을 착용하는 것이 좋을 것이다. 물론 자원봉사자 뿐만이 아니라 모든 근무자는 각자의 소임에 따라 유복 또는 조선시대의 복장을 착용하도록 한다. 이것이 가장 기본이다.

3) 가훈 또는 명언 써주기

관람자가 가장 바라는 것은 뜻깊은 기념물일 것이다. 따라서 관람자의 접근이 쉬운 동재, 서재에 가훈 또는 명언을 써주는 장소를 마련한다. 물론 휘호는 유료로 한다. 이를 표구까지 해서 택배로 배달하는 상품으로 개발한다. 이는 유교의 생활화에도 주요한 과업이다.

4) 향교유물의 전시

동무, 서무의 일부 공간에 향교의 교육에 사용하였던 각종 유물을 전시하여 관람자의 이해를 돕게한다. 물론 보존에 많은 노력을 기울려야 하지만 지금은 건물외에 주요한 유물이 없기 때문에 그렇게 관람효과를 높힐 수 없다.

5) 모형으로 강학을 재현하는 전시실의 설치

교관과 생도의 향교생활을 보여주는 모형을 제작하여 동재나 서재에 전시하는 전시실

- 25 -

을 만들 필요가 있다. 물론 이는 고증을 정확히 해야 하고 비용이 많이 들기 때문에 장기적 사업으로 구상하여야 할 것이다.

6) 설총과 요석공주의 동상설치

경내에 홍유후 설총의 동상을 설치하여 경주향교가 신라 국학을 계승하였다는 것을 널리 홍보한다. 아울러 요석공주의 동상도 설치하여 이곳이 요석궁의 유서깊은 곳임을 알리도록하고 어머니의 공덕도 기리도록 한다. 원효의 동상도 설치하면 좋겠으나 원효는 스님이므로 불교에서 이미 많이 존숭하고 있는 바가 있으므로 이는 심사숙고해서 결정하는 것이 좋을 것이다. 그러나 경주향교는 원효, 요석공주, 설총의 숭고한 인재양성의 의지를 적극 홍보하여 1,317년을 이어온 세계적인 교육문화유산임을 적극 홍보할 필요가 있다.

7) 성현의 화상설치

성덕왕 16년(717)에 <당에 갔던 太監 수충이 돌아와 문선왕, 10哲, 72제자의 초상화를 바치자 이를 곧 太學에 안치하도록 했다.>라고 하였다.[24] 따라서 이를 복원하여 동무나 서무에 안치하는 것이 큰 효과가 있을 것으로 본다. 이때 동무나 서무 한 곳에 설치하고 다른 한 곳은 공간을 유효하게 활용하는 것이 좋을 것으로 본다.

8) 대성전의 한시적 開門

대성전은 일반에게 공개를 하지 않고 있다. 그러나 유교를 널리 알리기 위해서는 석존대제 전 보름간이나 일주일 정도 개문을 하여 일반인도 널리 참배를 할 수 있게 한다.

9) 석전대제에서 일반인의 참여의 활성화

현재 봄가을의 석전대제는 별달리 관람자의 흥미를 끌지 못하고 있다. 따라서 석전대제의 내용을 좀더 개선할 필요가 있다. 주요한 것은 석전대제시 일반인의 참여를 할 수 있게 해야 하는데 쉽게 할 수 있는 것은 하루종일 개문을 하여 일반인도 경건하게 참배를 할 수 있게 하는 것이다. 그리고 초청자의 범위를 더 늘이는 것이 좋을 것으로 본다.

10) 석전대제의 음식을 음식문화상품으로 개발

석전대제에 사용되는 음식은 오랜 전통을 가진 음식문화이다. 이를 현대성과 세계성에

---

24) 「3국사기」 「신라본기」 <성덕왕 16년 가을 9월>.

맞게 개발해서 판매할 필요가 있다.

11) 그림 컷의 설치와 유복의 대여

조선시대의 유생의 생활을 담은 그림 컷을 설치하여 관람자가 흥미를 갖고 사진촬영을 할 수 있게 하고 또 유건과 유복을 대여하여 실제 체험과 참여를 할 수 있게 한다.

12) 존경각에 경전을 비치

유교는 學을 중심으로 하기 때문에 경전이 주요하다. 따라서 존경각에 경전을 품위있게 비치하는 것이 주요하다. 꼭 고본이 아니라도 좋을 것이다.

13) 하계유교수양대회의 개최

충효교실은 물론 유림회관에서 하겠지만 그러나 대학생-일반인을 대상으로 향교에서 여름에 3박4일이나 4박5일 또는 6박7일 정도의 유교수양을 쌓을 수 있는 프로그램이 필요하다고 본다. 물론 숙식이 어려우면 등하교를 하여도 무방할 것이다. 이 역시 참여상품으로서 주요하다고 본다.

14) 최씨가택, 교동법주와 연계상품의 개발

향교를 관람하고 난 후 중요민속자료 제27호이며 조선중기의 고택인 최씨가택을 관람하고 교동법주를 시음하고 현장에서 구매도 할 수 있게 연계상품을 개발한다. 이때 이 교촌 주위를 모두 조선시대의 분위기로 바꾸어서 <신라속의 조선>을 재현하도록 하는 것이 바람직하다. 이는 현재의 건축구조물을 최대한 활용해도 충분히 가능하다. 물론 최씨가택도 요석궁터라는 것을 최대한 홍보한다.

15) 사마소와 연계상품의 개발

司馬所는 교동 89의 1번지에 있으며 경북문화재자료 제2호로서 조선시대의 주요유물이다. 주요 건물은 風詠亭(1741년 중건)과 炳燭軒(1832 건립)이 있다.[25] 이 사마소 역시 당시를 재현할 수 있는 모형 등을 설치하여 향교와 연계상품을 개발하는 것이 바람직하다고 본다. 이외에도 월정교, 재매정, 그리고 반월성의 귀정문을 연계해서 상품을 개발하

---

25) 자세한 것은 다음 책을 참고.
　　경주사마소보존회, 「사마회보」, 창간호(경주:경주사마소보존회, 1999).
　　「경주향교지」, pp.270~1.

- 27 -

는 방안도 구상해 볼 수 있다. 따라서 반월성의 서편을 관람지로 개발할 필요가 있는 것이다. 그리고 장기적으로는 경주지역의 서원과 연계한 상품을 개발할 필요가 있다.

16) 유교의 경전, 문방구류와 기념품가게의 설치

관람자는 실용적인 목적이든, 기념이든 간에 다양한 살 거리가 필요하다. 향교내부이든지 외부의 민가이든지 유교의 경전, 다양한 문방구류와 기념품을 판매하는 가게를 설치하는 것이 필요하다.

17) 조선시대의 유교음식문화를 보여주는 음식점을 재현

조선시대의 사대부나 儒者, 또는 서민들의 다양한 먹을 거리를 관람자에게 보여주고 이를 판매하는 것 역시 주요하다. 또 이는 음식문화의 보존을 위해서도 주요하다. 이의 종류는 여러 가지가 있을 수 있겠으나 앞서 논급한 석전대제의 음식을 중점개발하면 의의가 있을 것이고 또 경주지방에서만 먹을 수 있는 음식을 중심으로 하면 좋을 것이며 앞으로 많은 발전이 기대되는 분야이기도 하다.

18) 학술회의, 문화행사 등의 개최

경주향교는 접근성이 뛰어나고 주위 문화여건도 뛰어나고 또 규모도 크므로 중소규모의 학술회의나 문화행사는 시설을 조금만 보완해도 충분히 가능하다고 본다.
물론 이외에도 혼례청의 개설 등 기존의 사업은 계속하면 될 것이다.

4. 촉진전략

경주향교는 신라-고려-조선을 이어온 역사성, 유적지로 둘러싸인 뛰어난 입지, 중국에서 공자 국제문화제(1999. 9. 26 ~10. 10)가 열리는 등 유교문화의 세계성에 비추어 촉진노력은 사실 조금만 하여도 효과는 매우 크다고 본다. 그러나 물론 이러한 촉진전략은 어느 정도 제품전략이 실천되고 난 연후에 실시될 수가 있다. 지금처럼 대성전을 제외한 건물이 텅빈 상태에서는 효과가 없을 것이기 때문에 제품전략과 병행해서 실시하여야 할 것이다.

1) 각급 학교에 대한 홍보

초, 중, 고등학교와 대학교에 대한 수학여행, MT, 졸업여행에 방문할 것을 편지 또는 공문으로 적극 홍보한다. 특히 대학은 경주향교가 이곳이 신라의 국립대학의 발상지임을

- 28 -

적극 홍보한다.

2) 석전대제의 홍보

진덕왕 2년(648) 김춘추가 당의 국학에서 석전대제를 참관하고 왔는데[26], 이는 역사적으로 경주향교의 석전의 유래가 우리나라에서 가장 깊다는 것을 의미한다. 따라서 이를 적극 홍보하여야 할 것이다. 그런데 비용이 드는 광고는 하기 어렵고 언론기관에 보도자료를 보내고, 시민을 위해 초청장, 전단돌리기, 현수막설치는 꾸준히 해야할 것이다. 그리고 여행사, 호텔 등에도 홍보를 하여 석전이 행해지는 시기에 외국인의 관람하도록 하여야 할 것이다. 촉진전략은 제품전략의 실시에 따라 단계적으로 이루어져야 하므로 이는 계속 연구되어야 한다.

5. 유통전략

문화상품은 유통전략이 크게 수립되기는 어려우나 경로별 관리, 업계촉진 등 관심을 꾸준히 기울여야 한다. 이 역시 계속 연구되어야 할 부분이다.

6. 전략실천시의 문제점

전략실시는 경영마인드의 부족, 법·제도정비, 예산의 제약 등 쉽지는 않다. 특히 유교의 보수적인 측면은 이러한 전략실천에서 제약이 될 수 있다. 그러나 현대유교, 세계유교, 미래유교, 열린 유교, 생활유교, 생산유교, 현장유교, 자립유교, 주는 유교의 측면에서 우선적으로 가능한 것부터 단계적으로 실시하는 것이 좋을 것이다. 이는 유교의 현대화, 세계화의 과제가 될 것으로 본다.

Ⅳ. 맺 는 말

지금까지는 경주향교에 대한 연구도 없었고 이의 문화마케팅전략을 수립한 연구는 더욱이 없었다. 따라서 이 연구는 앞으로 경주학에서 다양한 경주문화를 연구하는 계기가 될 것으로 본다. 즉 불교문화 뿐만이 아니라 천신교문화, 유교문화, 기독교문화도 연구되는 계기가 될 수 있을 것이다. 경주는 현재 훌륭한 문화유적은 있지만 전혀 마케팅적 측

---

26) 『3국사기』 「신라본기」 <진덕왕 2년 3월>.

- 29 -

면의 개발이 되어 있지 않아서 유교나 주민소득의 측면에서 생산적이지 못하고 있다.

　이 연구결과의 기여도는 구체적으로 경주의 유교문화가 연구되고 활용되는 방안을 찾는 계기가 될 것이며 또한 적자상태에서 관리비만 과도히 소요되는 유적을 탈바꿈하여 생산적인 유적으로 만드는 계기가 될 것으로 본다. 이를 위해 가능한 것에서부터 하나씩 구체적인 실천적 마케팅전략을 수립하고자 하였다.

　특히 이 연구에서는 경주향교가 신라의 요석궁자리이고, 그 자리에서 설치된 국학을 계승하여 세계사에서도 유례가 드물게 대학의 전통을 1,317년동안 이어왔다는 것을 최초로 논증하였고, 아울러 원효, 요석공주, 설총의 숭고한 인재양성과 교육의 뜻을 살펴보았다. 이러한 정신은 앞으로 계속 계승해 나가야할 것이다.

　뿐만 아니라 우리나라의 유교도입에 태종무열왕-문무왕-신문왕의 역할이 매우 컸다는 것이 신라사와 유교사에서 적극 연구되어야 한다. 즉 이 분들에 의한 유교도입이 신라국정개혁에 미친 영향을 다각도로 연구해야 할 것이다. 그런데 여기서 한가지 더 강조할 것은 김부식 등의 『3국사기』는 우리나라에 유교를 도입한 구체적인 인물로서 사실상 김춘추를 적시하고 있다. 지금까지 이 부분이 많이 간과되었지만 역시 앞으로 신라사와 유교사에서 더 깊이 연구되어야 할 과제이다.

　이 연구에서의 전략의 기본 개념은 볼 거리, 살 거리, 먹을 거리의 3가지 측면에서 경주향교와 인근 지역을 <신라속의 조선>으로 재현하여 세계적인 유교와 교육문화상품으로 개발하여 관람자에게 다양한 경주문화를 제공하는데 있다. 물론 이러한 전략은 문제점도 있지만 노력하면 충분히 극복할 수 있을 것으로 본다. 유구한 역사를 가진 유교가 시대의 과제를 해결해 왔듯이 이 난관을 극복할 수 있을 것으로 보는 데 현재의 연구가 하나의 실천적 계기가 될 수 있다고 본다.

참 고 문 헌

1. 『각간선생실기』.

2. 경주사마소보존회, 『사마회보』, 창간호(1999).

3. 경주향교, 『경주향교지』, 1989.

4. 경주향교, 「현황」(1997. 10. 1).

5. 고경석, "신라관인선발제도의 변화," 『역사와 현실』, 제23호, 서울:한국역사연구회, 1997. 3.

6. 김대문, 『화랑세기(발췌본, 모본)』, 704년전후.

7. 김부식 등, 『3국사기』, 1145.

8. 김수태, "신라 신문왕대 전제왕권의 확립과 김흠돌란," 『신라문화』, 제9집, 경주:동국대 신라문화연구소, 1992.

9. 김희만, "신라 국학의 성립과 운영," 『역사학론총(소헌 남도영박사 고희기념)』, 서울:민족 문화사, 1993.

10. 박순교, "진덕왕대 정치개혁과 김춘추의 집권과정(1)-신라 국학의 설치와 성격을 중심으로-," 『청계사학』, 13집, 성남:한국정신문화연구원 청계사학회, 1997.

11. 신천식, "조선전기 향교의 설립과 운영에 대한 연구," 『인문과학연구논총』, 제16호, 서울:명지대 인문과학연구소, 1997.

12. 이강식, "통일전의 문화마케팅전략구축," 『신라학연구소논문집』, 창간호, 경주: 위덕 대학교 신라학연구소, 1997.

13. 이강식, "첨성대의 본질에 따른 문화마케팅전략구축," 『경주대학교논문집』, 제10집, 경주:경주대학교, 1998.

14. 이강식 "노동·노서동 고분군의 문화마케팅전략구축," 『관광학논총』, 제2권, 경주:경 주대학교 관광진흥연구원, 1998.

15. 이강식, "孔子의 天人合一論的 組織思想:공자가 지각한 조직사회의 위기와 이를 해결 하기 위한 조직혁신론," 『공자학』, 제4호, 한국공자학회, 1998.

16. 이희관, "신라중대의 국학과 국학생," 『신라의 인재양성과 선발(신라문화제 학술발표 회논문집)』, 제19집, 경주:동국대 신라문화연구소, 1998.

17. 일 연, 『3국유사』, 1281~3년경.

18. 정극후, 「鄕校松壇記」, 1655.

19. 정승모, "서원·사우 및 향교조직과 지역사회체계(상)," 『태동고전연구』, 제3집, 남양 주:한림대학 부설 태동고전연구소, 1987. (하)는 제5집(1989).

20. 「증보 문헌비고」 (1770 초간).

21. 천인석, "설총의 유교사적 위치," 「국학론총」, 제2집, 경산:경산대학교 국학연구소, 1997.

22. 필립 코틀러 지음, 이종영 · 구동모 옮김, 「내 고장마케팅」, 서울:삼영사, 1997.

23. 한경수, 「관광마케팅의 이해」, 서울:학문사, 1997.

24. 홍기자, "신라하대 독서삼품과," 「신라의 인재양성과 선발(신라문화제 학술발표회논문집)」, 제19집, 경주:동국대 신라문화연구소, 1998.

ABSTRACT

A Building of Cultural Marketing Strategies for KyongJu HyangGyo

Kangsik Lee

KyongJu HyangGyo was founded at KyongJu in the Chosun era, but the beginning as national university originated in GukHak of the ShinLa era. Therefore, KyongJu HyangGyo continued 1,317 years in the same place. And so it has many appeal points as UyGyo and education cultural product. But at present, it has much problems like reduction of spectators and deficit operation. And so I brought light on these points at issue.

Therefore the purpose of this paper is to build cultural marketing strategies for KyongJu HyangGyo in order to solve these problems.

And through literature and field survey I conclude that origin of KyongJu HyangGyo is GukHak construting in the YoSeukGung place of the ShinLa era.

And so I develop much practical strategies for marketing practitioners of KyongJu HyangGyo. Of course, although these strategies have some problems, I think these problems can be overcome enough.

(Ⅲ-8-13)

경주문화, 제5호, 1999.12.

문화원 논단

斯多含 風月主의 花郞徒組織經歷

이 강 식
(향토문화연구소 연구위원 · 경주대 교수)

《목차》

82

Ⅰ. 첫말

신라 화랑도조직은 신라사뿐만이 아니고 3국사 연구에 주요한 과제를 주고 있다. 특히 『3국사기』와 같은 기존의 문헌에서 뛰어난 대표 화랑 중의 한 명으로 잘 알려진 사다함(546~62)은 근년에 발견된 『화랑세기』에서도 초기의 주요한 풍월주로서 화랑도조직경력이 비교적 자세히 기록되어 있다. 따라서 사다함 풍월주의 화랑도조직경력을 연구함으로써 화랑도조직과 풍월의 본질, 진지왕의 폐위 원인, 더 나아가서 신라사를 더 깊이 이해할 수 있고, 또 이를 통해 『화랑세기』의 신뢰도와 타당도까지 살펴볼 수 있다.

따라서 이 연구의 목적은 신라의 대표 화랑으로 알려진 사다함 풍월주의 화랑도조직에서의 경력을 분석해 보고, 풍월도의 본질과 진지왕의 폐위 원인에 대해서도 더 깊이 이해하고, 또 『화랑세기』의 신뢰도와 타당도를 살펴보고자 하는 것이다.

그리고 또 하위목적으로는 사다함이 풍월주로서 신라정국에 끼친 영향을 살펴보고자 한다. 이는 물론 방대한 분야이기 때문에 앞으로 각론부분은 더 깊이 연구하여야 할 것이다.

이를 위해서 『3국사기』, 『화랑세기』와 『3국유사』, 그리고 『4산비명』 등을 종합적으로 살펴서 귀납적으로 결론을 내리고자 한다. 특히 『화랑세기』는 현재 연구가 계속되고 있는데[1] 구체적인 부분을 계속 연구하여 성

---

1) 지금까지의 구체적인 연구는 아래 논문을 참고할 것.

이종욱, "『화랑세기』의 신빙성에 대하여," 『화랑세기』(서울 : 소나무, 1999a), pp.316~61.

이종욱, "『화랑세기』 연구서설," 『화랑세기』(서울 : 소나무, 1999b), pp.362~94.

이강식, "『화랑세기』(모본)에 기록된 화랑도조직의 3神5常조직구조," 『발표논문집』, 1999년도 하계 경영학관련 통합학술회의, 1999. 8. 19~21. pp.389~92.

이강식, "화랑도조직의 이론과 실천," 『경영학연구』, 제27권 제1호(1998a년 2월), 한국경영학회, pp.185~219.

노태돈, "필사본 『화랑세기』는 진본인가," 『한국사연구』, 99·100합집호, 1997, pp.247~361.

노태돈, "필사본 『화랑세기』의 사료적 가치," 『역사학보』, 147호, 1995, pp.325~

과가 축적되면 신뢰도와 타당도를 충분히 알 수 있을 것으로 본다.

Ⅱ. 斯多含 風月主의 生涯와 花郎徒組織經歷

1. 사다함의 생몰년대

사다함은 『3국사기』 「열전 4」 <사다함>에서는 15·6세의 나이로 對가야전쟁에 종군하여 전격전을 펼쳐 승리로 이끌었고 17세에 사망하였다고 하였는데, 이에는 연대가 나와 있지는 않으나, 같은 「신라본기」에서는 이때의 對가야전쟁을 <진흥왕 23년(562) 9월>로 기록하고 있다. 따라서 사다함은 17세로 사망하였기 때문에 563년 또는 564년이 사망년이 되고 따라서 생년은 547년 내지 548년이 된다. 즉 생년은 547~8, 사망년은 563~4년이 된다.

그런데 『화랑세기』 「5세 사다함」에서는 16세의 나이로 종군을 하였는데 이때를 <開國 11년>(561)으로 기록하였다.[2] 즉 對가야전쟁의 연대가 『3국사기』보다 1년 빠르게 기록이 되어 있다. 이는 앞으로 여러 측면에서 더 깊이 연구하여야 할 과제이다.[3] 그런데 『화랑세기』에서는 사망년대나 사망 나이가 현재 원문의 결락 때문인지 나오지는 않으나 『3국사기』의 17세를 채택하면 사다함은 546년 출생, 562년 사망이 된다. 그런데 이

62.

2) 원문을 보면 한자로 <開國 十一年>이기 때문에 혹 <十二年>의 缺畫이 아닐까 하고 생각해 볼 수도 있으나 그러나 필사자체는 <十一年>이 맞다고 본다. 따라서 誤記의 가능성을 상정해 보면 원문에는 <開國 十二年>으로 되어 있는데 그 어떤 필사자가 무의식 중에 <十一年>으로 誤記하였을 것으로 볼 수도 있다. 그러나 그렇게 보면 헌전 『화랑세기』의 필사자는 결코 『화랑세기』의 원저자가 될 수 없다. 지금까지의 연구자들은 이를 간과하였다.

3) 그런데 「4세 이화랑」에서 모랑공이 죽은 開國 5년(555)의 연대와 「8세 문노」에서 開國 4년(554), 5년(555), 7년(557)의 문노의 戰績년대는 『3국사기』에서의 <진흥왕 15년, 16년, 18년>의 기록과 정확히 일치한다. 『화랑세기』에서 개국년호로 기록된 것 중에서는 이 개국 11년(561)의 기록이 유일하게 『3국사기』와 일치하지 않는다.

84

『화랑세기』의 연대가『화랑세기』자체의 논리로는 더 타당할 수 있다. 즉 사다함의 부친인 구리지는 장군 珠玲을 따라 출정하여 獨山에서 전사하였다(모본 6면). 그런데 이 독산성전투년대를『3국사기』에서는 진흥왕 9년(548) 2월로 기록하고 있다. 따라서 사다함이 548년에 출생하였다면 유복자일 가능성이 있으나 그렇다는 기록은 볼 수 없고 따라서 547년이나 546년 출생이 타당하다. 그런데 또 심층적인 문제는『3국사기』가 그「열전」에서 사다함이 종군했을 때의 나이를 15·6세로 기록하고 있다는 것이다. 만약『3국사기』자체에서 15세면 561년이고 이는『화랑세기』의 對가야전쟁년도인 것이다. 따라서『3국사기』가 561년 對가야전쟁년도를 무의식중에 의식하였다는 것을 알게 해주므로 논자는 561년에 對가야전쟁이 일어났을 가능성이 높고『화랑세기』에 따라 이 해에 사다함이 16세라면 출생년도는 546년이 타당한 것이다.

그런데 561년에 對가야전쟁이 일어났다는『화랑세기』의 기록은『화랑세기』자체에서는 논리성을 갖고 있다. 즉 사다함이 對가야전쟁을 승리로 이끌고 난 즈음에 풍월주에 추대되었는데 이때 사다함의 동복동생[胞弟]인 설원랑이 13살로서 부제가 되었다. 그러므로 이 연도를 561년으로 보면 설원랑은 549년에 출생하였다. 이는 사다함의 부친인 구리지가 548년에 전사하고 그의 부인인 금진낭주가 설성과 사귀어 설원랑을 낳은 다음 해인 549년과 정확히 일치하는 것이다.「7세 설화랑」에서도 <구리공이 전투에서 죽자, 곧 (금진낭주와 설성이) 더불어 함께 살아 설원공을 낳았다.>라고 하였다. 그리고 실세 기록으로도「7세 설화랑」에서 보면 <실원공은 건원 14년에 태어나서 건복 23년 7월에 사망하였다.>라고 하였는데 (모본 33면), 건원은 물론 법흥왕의 연호이지만 건원 14년은 진흥왕 10년(549)이고 건복 23년은 진평왕 28년(606)이다. 따라서 설원랑의 13세는 561년으로서 對가야전쟁년도인 개국 11년(561)과 정확히 일치한다. 그런데 562년에 對가야전쟁이 일어나고 이 해에 사다함이 풍월주가 되고 부제인 설원랑이 13살이었다면 설원랑은 550년에 출생한 것이 되어 구리지 사망후 2년뒤에 출생한 것이 되어 설명력이 떨어지는 것이다.

그러므로『화랑세기』를 기준으로 하면 사다함은 진흥왕 7년(546) 출생

斯多含 風月主의 花郎徒組織經歷 85

하고 진흥왕 23년(562) 사망하였다고 본다. 또『화랑세기』의 對가야전쟁 561년 기록은 그 자체내에서는 내재적 정합성을 갖추고 있다.[4]

그런데 546년에 사다함이 출생하고 548년에 부친 구리지가 전사하였다면 사다함은 우리 나이로 3살 때에 부친이 전사한 것이고 그의 포제인 설원랑(549~606)과는 3살 차이가 난다.

그리고 사다함의 이름이 불교의 사타함이라는 용어와 비슷하다는 견해가 있으나 논자는 그것은 후대에 기록이 한자화될 때, 불교식으로 가필된 것으로 보며 사다함 자신이 풍월조직의 長인 풍월주인데 불교신자는 아니었을 것으로 본다. 이는 뒤에서 다시 논급하겠지만 만약 사다함이 불교도라고 한다면 일연의『3국유사』에 반드시 기록되었을 것이다.

2. 사다함의 가계

『3국사기』「열전 4」<사다함>에서는 사다함이 진골 출신이며 奈密王(재위 356~402)의 7세손이고 부친은 구리지 급찬(9급)이며 본래 고귀한 가문이며 왕·귀족의 자제[高門華胄]라고 하였다.[5] 그러므로 사다함은 이름이고 성씨는 김씨라는 것을 알 수 있어서 사실 김사다함이라고 호칭하는 것이 마땅하다. 그렇게 보면 부친도 김구리지라고 하는 것을 또한 마땅하다. 이 연구에서는 편의상 혼용하기로 하겠다.

그런데 현전『화랑세기』에서는 결락이 있어서 이 가계 중 내물왕의 2세가 완전하게 복원되지는 않는다(모본 14면). 그러나 <比知公 以 此(?)□ 奈(?)勿□□孫,>(모본 14면)이라는 기록이 있으므로 내물왕과 비지공이 祖孫관계인 것은 확실하다. 따라서『3국사기』와『화랑세기』를 합성하여 나타내면 <그림 1>과 같다.

---

4) 이는 앞으로 계속 연구되어야 할 것이며『화랑세기』의 신뢰도와 타당도연구의 한 지표가 될 수 있을 것이다. 그런데 사서에서 1~2년의 차이는 사실 계산상 나타날 수 있는 문제이지만『화랑세기』의 이 경우에는 더 정밀한 연구가 필요하다. 법흥왕(재위 514~40)의 불교흥법도『3국사기』에서는 법흥왕 15년(528)이라고 하였으나『3국유사』에서는 같은 14년(527)이라고 하여『3국사기』가 1년이 늦다.

5) 구리지의 급찬(9급) 관등은 독산성에서 전사한 후 추증되었을 가능성도 있다.

86

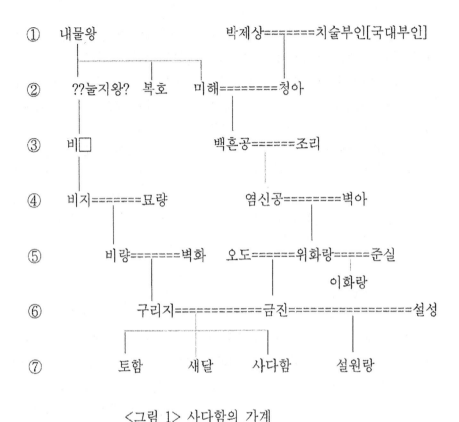

<그림 1> 사다함의 가계

이 가계는 앞으로 더 연구를 하여야 할 것이다. 그러나 <奈(?)勿□□孫,>을 <奈勿之曾孫,>으로 추정할 수 있다면 『3국사기』와 『화랑세기』가 비교적 정합성을 갖는다고 할 수 있고 <그림 1>도 비교적 정확하다고 볼 수 있겠지만 <奈(?)勿□□孫,>에 들어갈 내용을 더 깊이 연구하여야 할 것이다. 그런데 사다함의 모계도 더 연구를 하여야 할 것으로 보는데 모계도 초대 풍월주 위화랑이 외할아버지이고, 4세 풍월주 이화랑이 외삼촌이기 때문에 <高門華胄>로서 조금도 손색이 없다. 모친인 금진낭주도 구리지의 도움으로 원화가 되고자 하였는데 이는 원문이 결락되어 현재 분명하지는 않으나 되지는 못한 것으로 보지만 역시 원화-화랑가계라는 것을 보여준다. 그리고 특히 초대 풍월주 위화랑이 <청아의 손이요, 벽아

의 아들이며,[靑我之孫, 碧我之子,]>(발췌본 4면)라고 하였기 때문에 위화
랑의 아버지 염신공이 청아부인과 미해공과 祖孫인 것은 분명하고, 또 청
아-벽아의 작명례로 봐서는 벽아부인과 청아부인이 어떤 인척관계가 있
는 것으로도 볼 수 있다. 이처럼 사다함은 친가, 외가가 모두 내물왕의
가계이다. 그런데 <그림 1>에서 보면 김사다함은 친가와 외가 쪽으로 모
두 내물왕의 7세손이 된다. 앞으로 이 부분도 더 연구할 필요가 있다. 따
라서 <靑我之孫, 碧我之子,>와 함께 김사다함의 모계도 더 깊이 연구해
야 할 것이고 특히 <그림 1>에서 백흔공과 염신공의 관계도 앞으로 더
연구할 부분이다.

3. 사다함의 귀당조직으로의 입신과 승진

사다함의 어린 시절을 보자. 『화랑세기』에서 보면 부친인 구리지가 출
정하여 전사(548)하고 금진부인은 설성과 사귀어 설원랑을 낳게 되었는데
이때 사도황후도 동륜태자를 낳게 되자 금진부인을 불러 유모로 삼았고,
이때 사다함형제도 궁중에 들어가 자랐다. 따라서 사다함가계는 <高門華
冑>로서 조금도 손색이 없고 사다함의 입신도 이에 영향을 많이 받았을
것이다.

그러면 사다함의 입신을 보자. 『3국사기』에서는 이 부분이 나오지 않
으나 『화랑세기』에서 자세히 나오고 있다. 먼저 「4세 이화랑」을 보면 <
토함공에게는 동생 사다함공이 있었는데 묘량의 풍모를 크게 가지고 있
어, 낭도들이 많이 귀속하였다.>라고 하였다(발췌본 9면). 그런데 <그림
1>에서 보면 묘량[6]은 사다함의 증조모인데 그 풍모를 사다함이 닮았다
하여 낭도들이 많이 따른 것은 묘량이 대원신통으로서(모본 14면) 원화이
었기 때문일 가능성이 있다고 본다. 그리고 구체적인 입신과정을 보면 4
세 풍월주인 <이화랑공은 지소태후에게 말하기를 "토함의 아우 사다함은
나이가 아직 양육함[艾]을 면하지 못하고 있는데 스스로 낭도를 거느렸으
니, 거의 국선이라고 이를 만합니다."라고 하였다. 지소태후가 이에 궁중

---

6) 妙梁은 발췌본에서는 妙陽으로도 나온다(발췌본 2면).

88

에 불러 음식을 내리며 사람을 거느리는 방법을 물으니, 사다함이 말하기를, "사람을 사랑하기를 내 몸 같이 할 따름입니다. 그 사람의 선한 점을 선하다고 하는 것뿐입니다."라고 하였다. 지소태후가 뛰어나다고 여기고 진흥대왕에게 말하여, 귀당조직에 임명하여[以爲貴幢] 궁문을 관장하게 하였다. 그 낭도 천 명도 충성을 다하지 않음이 없었다.>라고 하였다.[7] 이를 보면 사다함의 입신은 그의 능력에 의해 스스로 낭도가 1천명이나 모여 국선과 다름이 없고, 이를 높이 평가한 외삼촌인 이화랑의 추천에 의해 지소부인의 천거로 진흥왕이 귀당조직에 임명한 데에서 시작한 것으로 보인다. 이때 귀당조직 내의 어떤 관직-지위를 맡았는지는 구체적으로는 나와 있지는 않지만 궁문을 지키는 요직을 맡았다. 그러므로 화랑의 국선이 되는 것과 귀당조직의 군사조직은 경력경로(career path)가 다른 것이다.

그런데 「4세 이화랑」에서는 사다함이 귀당조직에 임명되고 이 무렵 문노에게서 격검을 배웠고, 그 뒤 형인 토함공에게서 화랑의 지위를 이어받으면서 동시에 이화랑의 부제가 되고 얼마 안 있어 對가야전쟁에서 승리하였다고 기록하고 있다. 그리고 「5세 사다함」에서는 사다함이 문노에게서 격검을 배웠는 나이를 12세로 기록하고 있으므로 사다함은 12세나 그 이전에 귀당조직에 임명되었다고 볼 수 있다. 그러나 「5세 사다함」에서는 사다함이 <야인을 대파하니 진흥제가 기뻐하여 사다함을 귀당비장으로 삼았다. 그 때 나이가 16세였다.>라고 하여 對가야전쟁의 1차전투 후에 귀당비장에 임명된 것으로 하여 승진임명된 것으로 기록하고 있다.

그런데 『3국사기』 「열전 4」 <사다함>에서는 <이 때 사다함은 나이가 15·6세로서 종군을 청하였는데 진흥왕은 어리다[幼少]하여 불허하였으나, 청원이 간절하고 뜻이 확고하여 마침내 귀당비장에 임명하니,>라고

---

7) <以爲貴幢,>에서 <비장>이 결락되었다고 보아 <귀당비장>에 임명된 것으로 보는 견해도 있으나 귀당은 조직명이고 비장은 관직명으로서 조금 다른 문제인데 12세경에 처음부터 <비장>에 임명되었다기 보다는 처음에는 다만 귀당조직에 소속되어 궁문을 관장하는 어떤 관직을 하고 있다가 16세에 종군하는 과정에서 전쟁을 수행하는 <비장>에 승진임명되었다고 보는 것이 정확할 것이다.

斯多含 風月主의 花郎徒組織經歷 89

하여 15·6세로서 종군 직전에 귀당비장에 임명한 것으로 기록하고 있다. 따라서 귀당비장에 임명된 것은 일치하나 임명시기와 경위는 <표 1>처럼 조금씩 다르게 나타나므로 이 부분 역시 연구하여 어느 기록이 가장 합리성이 높은 지를 계속 살펴봐야 할 것이고 이는 앞으로 『화랑세기』의 신뢰도와 타당도연구에도 한 지표가 될 수 있다. 다만 논자는 『화랑세기』의 이 부분의 전체기록이 신라조직의 관행에 비추어서 합리성이 있을 것으로 보지만 그러나 더 연구할 부분이 있다고 본다.

<표 1> 사다함의 귀당비장 임명시기와 경위

구분	임명시기	임명경위
『화랑세기』 「4세 이화랑」	종군전, 12세경	이화랑과 지소태후의 천거로 진흥 대왕이 귀당조직에 임명, 궁문수비
『3국사기』 「열전 4」 <사다함>	종군직전, 15·6 세	사다함의 종군요청이 간절하고 뜻이 확고하여 진흥왕이 귀당비장에 임명
『화랑세기』 「5세 사다함」	종군하여 1차 승리후, 16세	종군하여 1차 승리한 후 진흥제가 귀당비장에 임명, 이후 정병 5천을 지휘하여 전단문에서 전격전승리, 계속 가야군을 대파

* 「신라본기」<진흥왕 23년>, 사다함 부장 임명, 기병 5천명 지휘.

4. 사다함의 종군과정과 전격전의 승리

「4세 이화랑」에서는 <(사다함이 화랑이 되고 부제가 되고 난 후) 얼마 안 있어 가야가 반란을 일으키자 사다함이 종군을 청하여 승리를 거두었다.>라고 간략하게 기록되어 있다. 그리고 「5세 사다함」에서는 <진흥제가 태종공에게 명하여 진압하도록 하였다. 사다함이 선봉이 될 것을 청하였으나 진흥제는 사다함이 어리기에 허락하지 않았다. 사다함은 이에 사적으로 낭도를 통솔하고 숨어서 갔다[斯乃私率其徒間行].…야인을 대파하니 진흥제가 기뻐하며 사다함을 귀당비장으로 삼았다. 그때 사다함의 나이가 16세였다. 정병 5천을 지휘하여 전단문으로 달려들어가 백기를 세

90

왔다. 가야…. 그 성을…하고 도설지와 야녀를 포로로 하였다. …군이 계속 이르러 가야군을 대파하였다.>라고 하였는데 여기서 보면 사다함이 1차 야인을 대파하여 귀당비장에 임명되었다. 이는 업적에 따라 보상을 하는 신라조직의 관행으로 볼 때 다른 기록보다 합리성이 높은 것으로 본다. 그러나 이렇게 보면 출전할 때는 귀당의 궁문수비, 화랑-부제의 신분이었다가 1차전투후 군사조직인 귀당조직에서 승진하여 귀당비장을 제수받고 공식적으로 정병 5천을 지휘하였다는 것인데, 가장 큰 문제는 사다함이 진흥제가 허락하지 않았는데 사적으로 낭도를 출전시켰다는 것이다. 이는 軍令의 측면에서 이해하기가 매우 어렵다. 물론 화랑도조직이 공식적인 군사조직이 아니고 半官半軍적인 인재양성의 성격을 갖는 종교수련조직이라고 해도, 또 사다함이 아무리 지소태후와 진흥제가 사랑하는 <고문화주>이고 또 16세의 소년이 야인을 대파하여 전공이 매우 높았는 것이라고 해도 간단한 문제는 아니다. 특히 왕이 불허한 군령을 사적으로 숨어서 출전할 수 있는 지 더 깊이 연구할 문제이다. 결국 진흥제가 귀당비장이라는 국가직을 제수한 것은 사다함의 출전을 추인한다는 뜻인데 과연 군율이 엄정한 신라의 전통속에서 가능한 일인지는 의문이다.[8] 오히려 군사법원에 회부될 사안이 될 수도 있지 않을까 싶기도 한데 어떤 요인으로 그렇게 되지 않았는지는 앞으로 더 연구할 과제이다. 다시 말해서 물론 사다함이 어리고 총애를 받는다고 해도 풍월조직의 부제지위에 있고 귀족이기 때문에 왕명을 어기는 항명을 한다는 것은 거의 상상하기조차 어렵고 왕정국가에서는 더욱 그렇다. 그러므로 이는 다소 돌출적인

---

8) 668년 고구려통일전쟁 후 보상을 할 때, 사찬(8급) 구율은 큰 공을 세웠으나 군령없이 전공을 세웠다고 해서 아무런 보상을 받지 못했다. 이강식(1998a), p.209 참조. 물론 신라에서는 상황에 따라 유연하게 정책을 집행했기 때문에 획일적으로 모두 같은 규칙을 적용했다고 보기는 어렵다. 예를 들어 김유신장군은 열기와 구근을 현지에서 급찬(9급)으로 특진시켰는데 귀국하여 문무왕에게 재차 상주를 하면서까지 다시 사찬(8급)에 특진시켰다. 이는 동일공적에 두 번 보상하는 것으로서 동서고금을 통하여 상당히 파격적인 사례이며 사실상 일사부재의의 원칙에 위배되는 것이다. 그러나 고도의 지휘권발휘라는 측면에서는 이해할 수 있다. 이강식(1998a), p.213 참조.

斯多含 風月主의 花郎徒組織經歷 91

기록인데 물론 현실이 극보다 더 극적이라고 이것이 오히려 사실에 가까운 기록일 가능성도 물론 있지만 앞으로 더 연구할 문제이다.

『3국사기』「열전」<사다함>에서는 종군과 승리과정이 <사다함의 종군요청 → 진흥왕의 불허 → 재차요청 → 귀당비장에 임명 → 많은 낭도의 종군 → 이사부원수에게 병사를 요청→ 전격전으로 놀라게 하여 가야인이 방어를 포기하게 함 → 이사부원수의 대군이 그 기회를 타서 승리함>으로 간략하면서도 유교적 합리성으로 기록되어 있다.

그런데 같은 『3국사기』라도 「신라본기」<진흥왕 23년>에서는 종군과 승리과정이 더 간략하면서도 조금 다르다. 즉 <가야가 반란을 일으키자 진흥왕이 이사부에게 명하여 토벌하게 하고 사다함을 副將에 임명하였다[斯多含 副之]. 사다함이 기병 5천명을 지휘하여 먼저 달려가서 전단문에 들어가 백기를 꽂으니 성중이 공포와 두려움에 어찌할 바를 몰랐다. 이사부가 병을 이끌고 일시에 모두 항복을 받았다.>라고 하여 귀당비장보다는 副將에 임명하여 출전한 것으로 하였다. 그리고 그 과정도 모두 생략하여 사다함이 당연히 副將이 된 것으로 하였다. 이 자체로만 보면 상당히 합리적인 軍令이지만『화랑세기』가 출현하여 군사상으로는 거의 다른 기록을 하고 있으므로 앞으로 계속적인 연구가 필요하다고 하겠다.

그리고 사다함의 의부이고 설원랑의 부친인 설성은 이 對가야전쟁에서 전사한 것으로 보인다. 이 부분은 역시 결락이 있어 분명하지는 않으나 전후 문맥상 전사한 것이 분명하다. 그러므로 사다함과 금진낭주의 가문은 <고문화주>이면서 순국의 명문가문이라는 것을 잘 알 수 있다. 설성은 물론 無品이지만 출전하여 전사하였고 설원랑 역시 풍월주로서 국가를 위해 몸을 바쳤다.[9]

---

9) 그러므로 『화랑세기』의 연구에서 화랑의 世系를 설명하기 위해 사실적으로 기록한 출생기록을 엉뚱하게 性的 측면으로 과도히 부각하여 『화랑세기』를 誤導하는 것은 정상적인 연구태도라고 보기 어렵다. 국가와 민족을 위한 화랑의 영웅적인 일생부터 충분히 연구해야 할 것이고 출생기록은 출생기록대로 신라사의 진면목을 알 수 있는 주요 기록으로서 진지한 학문적 접근을 해야하지 지엽말단적이고 부수적인 기록을 엉뚱하게 粉飾해서 마치 主內容인 양 호도해서는 안 될 것이다.

그리고 사다함이 기병 5천을 지휘하여 공격한 것은 현대전으로 보면 전격전에 해당한다고 보겠으며 기병 5천은 가야인이 놀라 대항을 포기할 정도의 막강한 군사력으로서 충분히 전격전을 펼칠 수 있는 전력이다. 그러므로 1,438년전에 이미 사다함이 전격전을 수행하였다. 이 역시 군사학의 측면에서 더 많은 연구가 필요할 것이다.

5. 사다함이 화랑이 되고 5세 풍월주가 됨

앞서 본 「4세 이화랑」에서는 <토함공에게는 동생 사다함공이 있었는데 묘량의 풍모를 크게 가지고 있어, 낭도들이 많이 따랐다.>라고 하여 낭도들은 사다함이 증조모의 풍모를 가지고 있음을 높이 평가하였다. 그런데 「5세 사다함」에서는 <사람을 사랑하는 것을 좋아하였고, 아버지의 풍모가 있었다. 낭도들이 서로 일러 말하기를, "구리공의 음덕으로 받은 복이다."라고 하였다.>라고 하여[10] 아버지 구리지의 풍모도 이어 받았는데 구리지도 낭도와 무사를 좋아하였고 이 역시 사다함이 낭도를 통솔하는 데에 전통적 권위를 더 하여준 것 같다.

그런데 「4세 이화랑」에서는 사다함이 공식 화랑이 되기 이전에 이미 스스로 낭도를 거느리고 있어 거의 국선이라 할 만하다[自有郎徒殆所謂國仙者予]고 하였고, 이 때 벌써 천명의 낭도를 지휘하였다고 기록하고 있는데 나이는 12세경으로 보인다. 그리고 토함공이 그 화랑의 지위를 넘겨 주어 정식 화랑이 되었고 이때 4세 풍월주 이화랑이 부제로 임명하였다가 561년 對가야전쟁 승리 직후 풍월주를 넘겨 주었다.

그리고 「5세 사다함」에서는 <이 때 이화공은 진흥왕의 총애를 많이 받아 낭도에 대해 권태를 느꼈으므로 사다함공을 5세 풍월주로 삼았다.>라고 하였다. 이는 모두 사다함 풍월주는 전임자의 지명으로 되었다는 것을 보여준다.

그러나 사다함이 화랑이 된 것은 『3국사기』「열전」<사다함>에서는

---

10) 『화랑세기』에서는 구리지와 구리공을 혼용하여 <知>를 <公>에 정확히 대응하여 <지>가 존칭접미사임을 분명히 하고 있다. 앞으로 이 역시 더 깊이 연구할 분야라고 본다.

<본래 高門華胄로서 풍표가 맑고 빼어나고 지기가 방정하여[風標淸秀志氣方正] 당시 사람[낭도]들이 화랑으로 받들기를 청하니 부득이 화랑이 되었다. 그 낭도는 무려 1천인이었다.>라고 하였는데 이는 풍월주 이전에 또 정식 화랑 이전에 스스로 화랑이 된 상황을 설명하고 있는 것으로 본다. 따라서 이 부분에서는 사서간 크게 비교할 내용은 없다고 보겠다.

따라서 화랑이 되는 데에는 낭도들의 추대, 스스로 되는 것, 전임자의 지명과, 태후의 천거, 국왕의 임명 등 여러 여러 과정과 경로가 있는데 앞으로 계속 연구할 분야라고 하겠다.

6. 사다함의 수련과 깨달음의 종교로서의 風月道

『화랑세기』「4세 이화랑」에서 보면 이화랑이 사다함을 문노(538~606)에게서 격검을 배우게 하였다. 이때는 사다함의 12세로 보인다. 구체적인 기록을 보면 <이때 비조공의 아들 문노 역시 호걸로서 격검을 잘하였다. 이화공은 사다함으로 하여금 문노에게 검을 배우게 하였다. 문노가 묻기를 "검은 본시 한 사람을 대적하는 것인데 어찌 고귀한 사다함공[高貴知]이 사용하게 하겠습니까?"라고 하니 이화공이 대답하기를, "한 사람을 대적하지 못하면서 어찌 만인을 능히 대적하겠느냐? 이 아이가 의협을 좋아하여 비록 조직원이 많다고는 하나 그 적이 없을 수 없으므로 네가 보호하라."라고 하였다. 문노가 이에 낭도 5백명을 이끌고 사다함을 따르니 그 위엄이 형인 토함공보다 더 성대하였다.>라고 하였다(발췌본 10면).[11] 그리고 「5세 사다함」에서는 이 때의 나이를 12세로 기록하고 있다.

여기서 주요한 것은 첫째 격검이 高門華胄의 주요 수련은 아니라는 것이고 둘째 사다함의 낭도가 1천명에서 문노의 낭도까지 합하면 사실상 1천 5백명이라는 것이다. 둘째문제는 뒤에서 다시 보기로 하고 먼저 첫째문제를 살펴보면 화랑도조직은 원래 風月조직으로 결성하였기(발췌본 6면) 때문에 단순히 武士조직으로서 격검을 수련하는 조직이 아니라는 것

---

11) 여기서 <高貴知>에서 <知>의 용법도 연구해 볼 필요가 있다고 본다.

94

이다. 그리고 논자는 이미 풍월-풍류를 단전호흡으로 논증하였는데[12], 따라서 사다함도 風月主로서 근본적으로는 風月을 수련하였을 것으로 본다. 그러면 보다 구체적으로 풍월-풍류도의 본질을 살펴보자.

특히 최치원(857~?)의 『4산비명』의 「智證大師寂照之塔碑銘幷序」(924 건립)에 실려 있는 헌강대왕(재위 875~86)과 지증대사(824~82)의 禪問答 속에서 헌강대왕이 말한 風流는 風流와 불교의 禪을 비교한 것으로서 명백히 깨달음의 종교로서의 風月-風流-仙敎-仙道를 나타낸다고 본다. 이 月池宮에서의 선문답을 우선 여기서 간략히 살펴보면 다음과 같다.

헌강대왕 : "마음이란 무엇인가?[問心]"

지증대사 : "(金波[달]의 그림자가 玉沼의 마음에 바로 비추어 있는 것을 보고는) 이것이 이것이니 더 이상 말할 것이 없습니다.[是卽是, 餘無言.]"

헌강대왕 : "金仙의 연꽃이 風流가 전해 온 바와 진실로 여기에서 일치하는구나![金仙花曰所傳風流固協於此!]"

여기서 보면 헌강대왕은 풍류-仙道-禪불교의 최고의 경지를 이해할 정도로 수련의 경지가 깊어 신라 고유종교인 風流를 후대 불교의 禪과 같은 것으로 이해하였다. 이는 풍류가 禪과 같은 깨달음의 종교라는 뜻이며 이 풍류는 논자가 논증한 것처럼 단전호흡, 도교의 좌망, 후대 禪불교의 좌선, 명상 등의 종교수련법이라는 것을 더 분명하게 알게 해준다. 이는 앞으로 더 연구가 필요하다.[13] 헌강대왕이 이렇게 깊이 풍류를 이해한

---

12) 이강식(1998a) 및 이강식, "선도신모가 화랑도조직의 기원이라는 변증," 『신라 학연구소논문집』, 제2호(경주 : 위덕대학교 신라학연구소, 1998b) 참조.

13) 기존의 주해가들은 <所傳風流>를 논자처럼 해석하지 않고 단지 <先代가 남긴 遺風餘流>나 <운치> 정도로 해석하여 이 기록이 「난랑비서」에서 화랑도의 풍류를 말한 최치원이 기록한 것임을 이해하지 못하였다. 그리고 또 禪불교에도 깊이 있는 접근을 해야할 것이다.

최영성 주해, 『주해 사산비명』 (서울 : 아세아문화사, 1987), p.202.

이우성 교역, 『신라 사산비명』 (서울 : 아세아문화사, 1995), p.351.

斯多含 風月主의 花郞徒組織經歷 95

것은 그가 왕족이며 풍류도-화랑도 출신인 景文王(재위 861~75)의 아들이기 때문일 것이다. 그리고 『화랑세기』에서 신라의 國敎이며 고대 天神敎-仙敎로서의 풍월-풍류의 내용은 더 깊이 연구하여야 할 것이다.

이와 관련하여 『화랑세기』에서는 신라의 최고신을 <始祖 日光之神>으로 밝히고 있는데(모본 124면) 여기서 始祖는 박혁거세거서간이고 박혁거세거서간을 <日光之神>으로서 밝히고 있는 것은 신라사연구에 매우 주요한 전기를 마련한 것으로서 이 기록이 『화랑세기』의 가장 주요한 기록 중의 하나라고 본다. 자세한 것은 향후 계속 연구하도록 하겠다.

7. 사다함의 리더십과 부하

사다함은 12~16세 전후에 자기보다 나이가 많은 무관랑과 문노 등, 1천~1천 5백명의 낭도를 통솔할 수 있는 지휘력을 가졌다. 그 원천은 무엇일까? 이는 앞에서도 논급하였듯이 그의 증조모인 묘량과 부친인 구리지의 풍모를 가지고 있었고 또 「5세 사다함」<찬왈>에서 보면 <비량의 남은 정기이고, 위화랑의 손자이다.>라고 하여 할아버지인 비량공과 초대 풍월주인 위화랑의 집안임도 큰 도움이 되었다고 본다. 따라서 이는 막스 베버(M. Weber 1795~1878)의 전통적 지배(traditional domination)에 해당한다고 보겠다. 특히 이는 신라가 신분사회이기 때문에 비록 나이는 어리지만 신분이 높고 지도력이 있는 사다함 휘하에 나이가 많고 신분은 미천하지만 능력이 높은 무관랑이나 문노가 있었는 주요 원인일 것이다. 물론 앞에서 풍월의 수련으로 인한 권위는 카리스마적 지배(charisma domination)에 해당할 것이다. 그리고 화랑에 추대되고, 정식 화랑-부제가 되고, 그 후 귀당비장과 풍월주가 되고 난 뒤에는 합법적 지배(legal domination)를 하게 되었을 것으로 본다. 따라서 사다함은 이 3가지 지배의 권위를 충분히 확보하였기 때문에 1천~1천 5백명의 조직원을 지휘할 수 있었다고 본다.

그리고 리더십의 측면에서도 살펴보기로 하자. 앞서 본 「4세 이화랑」에서는 <사다함이 말하기를, "사람을 사랑하기를 내 몸같이 할 따름입니다. 그 사람의 선한 점을 선하다고 하는 것 뿐입니다.">라고 하였고, 「5

96

세 사다함」에서는 사다함이 <12세에 문노를 따랐고 격검에 능하였으며, 사람을 사랑하는 것을 좋아하였고,…사다함은 밖으로는 굳세고 안으로는 어질었고[外剛內仁] 友愛를 독실히 하였다.>고 했고, 또 「6세 세종」에서는 <세종이 □ 금지옥엽의 귀족이었지만 능히 사다함의 撫恤之 道를 계승하여 많은 낭도를 발탁하여 幢을 이루고 도의를 면려하여, 상하에 두루 미치게 하였다.>라고 하였다(모본 20면). 여기서 무휼의 사전적인 뜻은 <백성을 어루만져 위로하며 물질로써 은혜를 베품>이다. 또 『3국사기』 <사다함>에서는 <풍표가 맑고 빼어나고 지기가 방정하여…그 낭도가 무려 1천인이나 되는데 그들 모두의 환심을 얻었다.>라고 하였다. 따라서 사다함의 리더십의 유형은 Y이론으로 대표할 수 있는 민주형, 배려, 인간중심, 9·9형, 시스템 Ⅲ·Ⅳ, 성숙이론에 의한 리더십이며 사다함은 이를 잘 실천하고 발휘하였다고 본다. 이는 다른 화랑이나 신라정부조직의 민주성과도 일치하는 것으로서 신라조직의 전통이다.

그리고 프렌치(J.R.P. French)와 레이븐(B.H. Raven)의 5개의 권력원천론으로 보면 사다함은 강압적 권력(coercive power)보다는 보상적 권력(reward power), 전문적 권력(expert power), 합법적 권력(legitimate power)을 주로 사용하였고 또 공을 세워 화랑이나 귀족이 되고자 하는 낭도에게는 준거적 권력(referent power)도 사용이 되었다고 본다. 특히 무관랑이나 문노에게는 다른 권력의 원천도 작용했겠지만 준거적 권력(referent power)이 많이 작용하였을 것으로 본다.

이렇게 보면 사다함의 리더십과 왜 부하들이 1천~1천 5백명이나 그를 따랐는지 잘 알 수 있을 것으로 본다. 사다함의 <撫恤之 道>와 보상적 권력(reward power)에 대해서는 뒤에서 다시 보도록 하겠다.

그러면 구체적으로 사다함의 대표 낭도에 대해서 알아보자. 먼저 무관랑은 「4세 이화랑」에 기록이 나와 있는데 <그때 무관랑이 있었는데 또한 인망이 있어 私徒를 많이 거느렸다. 사다함공이 나이는 적으나 義를 구하기를 좋아한다는 말을 듣고 더불어 서로 보고 크게 기뻐하여 말하기를 "公子는 실로 옛 信陵君과 孟嘗君입니다. 원컨대 섬기게 하여 주십시오." 라고 하니, 사다함이 대답하기를 "내가 어찌 감히 그렇게 하겠느냐?"라고

斯多含 風月主의 花郞徒組織經歷 97

하였다. 이에 무관랑은 이화공에게 귀속하였다.>라고 하였다(발췌본 9면).
이에 이화공이 지소태후에게 사다함을 추천한 것은 앞에서 본 것과 같다.
그러나 무관랑은 사다함이 부제-풍월주가 된 후에는 역시 사다함의 신
하가 되었다. 이는 「5세 사다함」에 보면 <사다함공의 신하인 무관랑은
공이 많으나 신분이 미천하여 보상을 받지 못하고 죽었다. 사다함공이 애
통해 하다가 또한 수척해져서 세상을 떠났다.>(발췌본 12면, 모본 12면)
라고 한 것에서 알 수 있다.[14] 그런데 『3국사기』 <사다함>에서는 주지하
다시피 <사다함은 처음에 무관랑과 死友의 맹약을 하였는데 무관랑이 병
들어 죽자 심히 애통해 울다가 7일만에 사다함 역시 죽으니 이때 17세였
다.>라고 하여 다소 다른 기록을 남기고 있다. 사다함이 화랑으로서 풍월
주라면 무관랑은 부하로서 신하이고, 또 약간 차이가 나는 연배라도 死友
가 될 수는 있는 것이지만[15] 『3국사기』가 다소 축약된 기록을 하고 있는
것으로 보인다. 또 사다함과 무관랑의 또 다른 직간접사인을 『3국사기』가
역시 생략하고 있는 것 같고, 또 『화랑세기』에서도 무관랑이 신분이 미천
하여 공이 있는데도 보상을 받지 못했다는 것은 신라조직의 전통에 비추
어 볼 때 이해하기가 쉽지는 않다. 또 보상은 사다함도 풍월주요, 귀당비
장으로서 당연히 상신을 하였을 것이고 그렇다면 당시 진흥왕의 총애를
한몸에 받았던 사다함의 상신으로도 무관랑의 보상을 해결할 수 없었다
는 것도 이해하기는 쉽지 않다. 물론 그렇기 때문에 사다함의 애통함이
더 심했을 것이다. 그렇다면 『화랑세기』에서 보상받을 수 없었던 무관랑
의 신분을 적시하는 것이 논리적이라고 보이고 또 私徒를 많이 거느리고
중국고사에도 밝은 무관랑이 어째서 보상을 받을 수 없을 정도로 신분이
그렇게 미천했는지에 대해서도 설명이 있어야 할 것으로 보나 이 역시
생략이 되었다. 물론 신라조직의 보상이 철저하였다고 해도 상황에 따라

---

14) 이 부분은 발췌본과 모본이 조금 다르다. 발췌본은 사다함과 무관랑의 直接死
因을 생략하고 『3국사기』와 비슷하게 기록하고 있다. 자세한 것은 뒤에서 다
시 보겠으나 원문기록을 참고할 것.

15) 『화랑세기』 「5세 사다함」에서도 사다함이 무관랑에게 <"…, 吾餘□□□
□□□友.…">라고 하여(모본 12면), <友>의 관계에 있음을 보여주고 있으
나 다만 결락이 있어 더 연구해 봐야할 것이다.

98

서 못 받았을 수도 있을 수 있다. 그러나 신분문제로 못 받았다는 것은 역시 이해하기 어렵다.[16] 앞으로 이는 더 연구할 과제라고 하겠으며 『화랑세기』뿐만 아니라 신라사연구에서도 주요한 문제이다. 그러나 무관랑이 私徒를 거느린 것은 화랑도조직의 성격구명에서 화랑도조직에도 공식조직과 비공식조직이 있음을 알려주는 또 하나의 주요한 기록이라고 할 수 있다. 결국 사다함도 정식 화랑이 되기 전에는 무관랑처럼 私徒를 조직하였을 것으로 본다.

그리고 무관랑의 <많은 私徒>를 합산하지 않고도 사다함은 이미 1천명의 낭도를 조직하였다.

그러면 이제 사다함의 또 다른 낭도인 문노에 대해서 살펴보기로 하자.[17] 文努는 『3국사기』「열전 7」<김흠운>에서 <김흠운이 소년시절에 화랑 문노의 문하에서 조직생활을 하였다.>라는 단 1번의 기록으로 나온다. 이 기록으로 보아도 문노는 평범한 화랑은 아닌 것 같으나 더 이상의 기록은 없고 『3국유사』에서도 전혀 나오지 않는다. 그러나 『화랑세기』에서는 文弩는 파란만장하고 입지전적인 경력을 거쳐 8세 풍월주에까지 승진한 매우 주요한 인물로 기록되어 있다. 문노의 화랑도조직경력은 다음에 연구하기로 하고 여기서는 사다함과 관련한 부분만을 보기로 한다. 이는 앞서 본 「4세 이화랑」에서 <문노가 이에 낭도 5백명을 이끌고 사다함을 따르니 그 위엄이 형인 토함공보다 더 성대하였다.>라고 하였기(발췌본 10면) 때문에 문노는 처음 사다함의 휘하에 입문한 것으로 본다. 물론

---

16) 그런데 「8세 문노」에서도 문노가 大功을 세웠으나 보상을 못받았다는 기록이 있는데 사유는 어머니 가야국 문화공주로 인한 신분문제로 기록되어 있어 무관랑의 사례도 역시 이와 유사한 것으로 보인다. 그렇다면 진흥왕대까지는 혹 신분문제가 보상에 영향을 주는 등의 시대에 따른 차이가 있었는지 더 연구해 봐야 할 것이다. 그렇게 보면 무관랑도 아버지는 귀족이지만 어머니의 신분 때문에 혹 신분이 미천해졌을 가능성도 있다고 본다.

17) 문노는 『3국사기』에서는 文努로, 『화랑세기』에서는 文弩로 나오는데 이 연구에서는 원문에 따라 표기하기로 한다. 그런데 <努>는 <힘쓸 노>이고 <弩>는 <쇠뇌 노>이기 때문에 역시 『3국사기』가 『화랑세기』보다 이름을 <文化>라는 측면에서 더 美稱으로 하고 있다. 이 역시 두 사서의 유형화 될 수 있는 일관된 차이로 본다.

斯多舍 風月主의 花郞徒組織經歷　99

이때 이미 5백명의 낭도를 거느렸기 때문에 단순한 낭도는 아닐 것이고, 「8세 문노」에서 보면 이화랑이 사다함으로 하여금 문노에게서 격검을 배우게 하면서 스승으로 모시게 하였고 또 지위를 <不臣之臣>으로 규정하였고 사다함도 이를 인정하고 문노를 스승으로 대우하였다. 이것 역시 사다함의 撫恤의 道로서 당시 신분사회에서는 쉽지 않는 일일 것으로 본다. 그러나 사다함이 물론 문노를 스승으로 모셨다고 해도 완전한 사제관계는 아닐 것이고 문노가 여전히 <不臣之臣>으로서의 신하였을 것이다.

그런데 여기서 살펴볼 한가지 과제는 「8세 문노」에서는 사다함이 561년 對加耶전쟁시 문노에게 <同行>을 청하였는데 문노는 <加耶>가 外祖의 나라라고 하며 동행을 거절하였다. 그런데 문노는 이미 그 4년전인 진흥왕 18년, 즉 開國 7년(557)에 <국원에 출전하였고 또 북가라를 정벌했다.[七年出國原又伐北加羅.]>(모본 40면). 그렇다면 이 <北加羅>는 문노가 출전을 거절한 <大加耶>하고는 다른 나라로 봐야 할 것이다. 그러나 「화랑세기」에서는 大가야를 이미 <가야의 북국>으로 보았는데(모본 38면), 또 다시 <북가라>가 있다는 것은 이해하기 어렵다. 그러나 大가야보다 더 북쪽의 <북가라>가 있다고 봐야 이 기록이 전후 맥락상 인정된다. 그러면 이 기록은 <국원에 출전하여 또 북가라를 정벌했다.>라고 번역하여 <국원=북가라>로 해석할 수 있는 여지를 갖고 있다. 그러나 또 『3국사기』나 「중원고구려비」(국보 제205호)에 따르면 한산주 국원성-중원경-충주는 원래 고구려 영토로 알려져 있는데 어떻게 <北加羅>의 영토가 될 수 있는지 더 연구해야할 과제를 갖고 있다. 「신라본기」<진흥왕 18년>에서는 이 기록이 <국원을 소경으로 만들었다.[以國原爲小京.]>로 간략히 나온다. 그러면 이 기록의 해석을 「신라본기」와 합성하여 국원성이 소경으로 된 후에 <국원에서 출전하여 또 북가라를 정벌했다.>로 하면 되지 않겠느냐고도 하겠지만 그러나 이렇게 번역해도 문제는 앞서 본 것처럼 해결되지는 않는다. 국원에서 출전하여 남진하여 북가라를 정벌하였다고 해도 그 북가라는 불과 4년 뒤 문노가 출전을 거절하고 사다함만이 출전한 가야의 북국인 大가야(모본 38면)는 아닐 것이기 때문에 과연 <가야의 북국>의 북쪽에 있었는 <북가라>는 여전히 연구해야

100

할 과제이다.[18]

그렇다면 이 기록자체가 혹 誤記가 아니냐고 하겠지만 그러나 역시 단순한 문제는 아니다. 『3국사기』 「신라본기」 <문무왕 8년 10월 25일>(668)에 보면 문무왕(재위 661~81)이 고구려를 통일한 후 귀국하는 길에 褥突驛에서 묵었을 때 국원성의 지방관인 龍長이 연회를 해드렸는데 이때 내마 緊周의 아들 能晏이 <加耶之舞>를 헌정하였다. 왜 국원성의 내마의 아들이 고구려통일전쟁에서 승전 직후의 문무왕에게 하필 <加耶의 춤>을 헌정하였을까? 이것은 국원성과 가라의 깊은 관계를 의미하는 것으로 볼 수 있다. 물론 국원성은 이미 진흥왕 19년(558)에 귀족자제와 6부호민을 국원으로 이사하게 하여 국원을 충실히 했기 때문에 이때부터 가야인도 이주하였을 가능성도 있지만 그렇더라도 원래 국원성이 가야에 뿌리를 두지 않았다면 110년이나 지난 뒤에 국원성에서 15세의 소년이 <加耶의 춤>을 헌정하기는 어려울 것이다. 따라서 『3국사기』에서도 국원성과 북가라의 관계가 있음이 나타난다고 본다면 『화랑세기』의 이 기록이 오히려 더 원형기록이라는 것을 알게 해주어 충분히 신뢰도와 타당도가 있다고 본다. 그러므로 앞으로 더 연구가 필요하다.

이처럼 사다함은 Y이론의 리더십으로 무관랑과 문노와 같은 당대의 쟁쟁한 인물을 부하로 두었다는 것을 알 수 있다. 그리고 사다함의 낭도는 1천명이지만 문노의 낭도까지 합하면 1천 5백명이라고 할 수 있다. 그 후 무관랑은 일찍 죽었기(562) 때문에 큰 지위에는 오르지 못했지만 문노는 꾸준히 조직경력을 쌓아 마침내 8세 풍월주에까지 이르게 되는데 이는 차후에 논자가 다시 연구하도록 하겠다.

8. 사다함에 대한 보상과 사양, 그리고 낭도의 入農

사다함은 對가야전쟁후 보상(reward)을 받았는데 이를 살펴보기로 하자. 『3국사기』 「열전 4」 <사다함>에서는 보상으로 진흥왕이 加羅人口 3백을 주었으나 한 명도 남기지 않고 모두 양민으로 방면하였고 또 전토

---

18) 加耶와 加羅는 비슷해도 또 다른 표기인 것도 참고가 될 수 있다.

斯多含 風月主의 花郎徒組織經歷 101

를 주었으나 고사하므로 진흥왕이 강권을 하니 알천의 불모의 땅을 주기를 청할 뿐이라고 하였다. 또「신라본기」<진흥왕 23년>에서는 진흥왕이 좋은 전토와 포로 2百口를 주니 사다함이 3번을 사양하다가 진흥왕이 강권하니 그 生口를 받아서는 양인으로 방면하였고 전토는 戰士와 더불어 나누니 國人이 아름답게 여겼다라고 하였다. 또『화랑세기』「5세 사다함」에서는 <공적에 대해 전토를 주니 부하에게 나누어 주었고 포로로 된 生口는 모두 방면하여 양인으로 만들었다. 진흥대왕이 더욱 중히 여겨 알천의 땅을 주니 받지 않겠다고 고사하다가 그 불모지 數百頃을 받고는 말하기를 "이 정도면 사람을 근면하게 하는 데에 족하다."라고 하였다.> (발췌본 12면, 모본 11면).

그런데 모본에서는 이 뒤에 주요한 기록이 있는데 <일이 없으면 入農하는 것이 곧 내 낭도….>(모본 11면)라고 하여 화랑도조직의 재정조달적 측면을 이해하게 해주고 있다. 즉 사다함의 1천명의 낭도가 평소에는 농사로서 생계를 유지하고 있기 때문에 큰 재정부담은 없었을 것이다. 따라서 사다함이 물론 진흥왕의 총애까지 받는 귀족으로서 재력가이었겠지만 1천명의 낭도를 통솔하는 데에 재정적인 큰 부담은 없었을 것으로 본다.

그리고 사다함이 가야인과 전토를 하사받은 것은 그 당시 농업국가인 신라에서 노동력과 생산수단으로 전토가 가장 주요했기 때문이라는 것을 알 수 있으며 사다함은 말하자면 가야인을 모두 방면해 양민으로 만들었기 때문에 사실 농토도 필요하지 않고 따라서 戰士-낭도들에게 모두 <배당>해준 것 같다. 그리고 특히 가야인을 모두 방면한 것은 또 그의 스승인 문노의 입장을 존중하였기 때문으로도 볼 수 있다. 그러므로 사다함은 풍월주-귀족으로서 성취욕구, 명예욕구가 강했다고 보겠으나 그 어떤 의도적인 특정 욕구보다도 사다함의 천품 자체가 사람을 사랑하고 어질었기 때문에 모두 방면하고 분배해주는 베품을 시행한 것으로 본다. 또 알천의 수백경의 불모지를 받은 것도 진흥왕의 강권에 의한 것이지 결코 그의 자의가 아니라는 것을 볼 때 더욱 그렇다. 그는 이 땅을 단순히 불모지로 두기보다 앞으로 농토로 개척하여 국가에 도움을 주고자하는 마

102

음에서 받았을 가능성도 있다고 보겠다.

그리고 낭도의 정기적인 급여는 현재의 기록으로는 없는 것 같고 전공을 세워 보상을 받거나 사다함이 전토를 나누어주는 것과 같은, 귀족화랑 또는 재력가의 특별상여로서 수입을 가졌는 것으로 본다. 따라서 사다함이 전토를 나누어 준 것은 사다함의 愛人사상으로 볼 때 耕者有田의 측면에서 낭도에게 꼭히 필요한 재산이었기 때문으로 본다. 또 이는 사다함의 리더십이 뛰어난 것은 그가 보상적 권력을 잘 발휘하였다는 것을 의미하고 이는 또 撫恤의 道를 사다함이 실천한 사례이다.

그러므로 낭도가 入農하였다는 것은 화랑도조직의 연구에서 매우 주요한 기록이다. 물론 사다함의 낭도만 특히 그러했는지 다른 낭도도 그러했는지는 더 연구해 봐야할 것이나 사다함 풍월주의 낭도가 그러했다면 다른 화랑의 낭도도 그러했을 것으로 본다. 또 신라시대의 耕者有田에 대해서도 더 연구가 필요하다고 본다.

9. 사다함의 사랑 – 미실전주

오늘로 치면 청소년인 사다함도 미실전주와의 첫사랑에 빠졌다. 그러나 미실은 사다함이 전쟁에 출전한 사이에 이미 궁중에 들어가 세종전군의 부인이 되어 있었고 이 사랑으로 사다함은 상당한 상사병에 빠지게되었다. 미실전주는 사다함의 출정전 <「送斯多含歌」>를 지었고[19] 사다함은 귀환후 「靑鳥歌」를 지었다. 이 부분 역시 나중에 미실전주의 연구에서 더 자세히 살펴보도록 하는 것이 좋을 것으로 본다.

그런데 이 애절한 사랑으로 사다함이 죽을 때, 낭도들의 반대를 무릎쓰고 미실전주의 부군인 세종을 6세 풍월주에 지명하였는데 이 지명이 향후 신라정국에 큰 영향을 주게 되었다. 이는 뒤에서 다시 보도록 하겠다.

---

19) 이 향가를 「풍랑가」 또는 「송출정가」로 부르자는 견해도 있으나 원래 향가의 이름을 짓는 관행에 따라 <「송사다함가」>가 적합하다고 본다.

斯多含 風月主의 花郞徒組織經歷 103

10. 사다함의 죽음의 원인과 신라정국에 미친 영향

사다함의 죽음의 원인은 앞에서 본 『3국사기』에서는 무관랑과의 死友관계 때문으로 기록하고 있다. 이것이 첫 번째로 기록된 사인이다.

그러나 『화랑세기』에서는 단순하지 않다. 물론 무관랑이 보상을 못 받은 것을 사다함이 애통해 한 바도 있어 이를 간접사인으로는 보았지만 『화랑세기』 「5세 사다함」에서는 무관랑이 사다함의 어머니인 금진낭주와 사랑에 빠져 宮墻을 넘다가 溝池에 떨어져 다쳐 죽었기 때문에 사다함이 애통해 하다가 여의고 병들어 7일만에 숨이 끊어졌다고 하였다. 그러므로 직접사인의 측면에서는 조금 다른 문제를 갖고 있다. 어머니인 금진낭주는 <"나 때문에 너의 마음이 상해서 이 지경에 이르렀다. 내가 어찌 살겠는가?">라고 하였고 사다함공은 <"죽고사는 것은 운명에 달린 것입니다. 내가 어찌 어머니 때문에 마음을 상했겠습니까? 살아서 어머니의 큰 은혜를 갚을 수 없었는데 죽어서 마땅히 저 세상에서 갚겠습니다.">라고 하였다. 즉 금진낭주는 자신 때문에 마음을 상한 것을 직접사인으로 보고 있으나 사다함은 죽는 순간까지도 그렇지 않다고 어머니의 마음을 끝까지 풀어주려 하였다. 참으로 사다함의 효심은 지극하였던 것 같다.

왜 사다함은 어머니 금진낭주 때문에 마음이 哀傷하였을까? 금진낭주의 입장에서 보자. 금진낭주는 초대 풍월주 위화랑의 딸로서 그 자신도 원화가 되고자 한 화랑-원화의 가문에서 자랐는데 548년에 부군인 구리지가 對고구려전투에서 전사하였고, 또 561년에는 설성도 금진낭주의 요청으로 對가야전쟁에서 사다함을 보호하기 위하여 출전하였다가 전사하였고 이제 562년인 지금 무관랑마저 죽었고 또 이어서 금쪽같은 아들 사다함마저 죽으려 하니 국가로서는 참으로 애국애족의 명문가문의 따님이지만 개인적으로는 <自古佳人多薄命>이 아닐까 한다. 물론 戰時의 신라로서는 어디 금진낭주만 그러했겠는가? 따라서 사다함은 그 어머니가 걱정이 되어서 애상하였고 또 이제 그 자신마저 죽으려 하니 더욱 슬펐지만 17세의 나이로서 1천명 낭도의 풍월주로서 오히려 어머니를 의연히 위로하는 꿋꿋한 모습을 보였던 것이다. 이 역시 모두 그

104

의 천품이 어질기 때문으로 본다. 또 금진낭주도 자신의 개인사를 내세우지 않는 현숙한 모습을 보였다. 따라서 앞으로『화랑세기』의 연구는 이렇게 심층적인 내용을 잘 연구하여야 할 것이다.[20] 이것이 두 번째 사인이다.

그런데 사다함이 사랑한 미실전주는 또 다른 직접사인을 들고 있다. 즉「6세 세종」에서 보면 이화공이 사다함에게 차기 풍월주를 지명해 달라고 하자 사다함은 유언처럼 미실의 부군인 세종을 지명하였다. 그런데 <이에 이화공이 지소태후에게 상주하여 임명하기를 청하니 지소태후가 "내 아들은 어리고 약하다. 어찌 능히 될 수 있는가?"라고 하였다. 미실이 이에 세종에게 권유하기를 "사다함 종형이 나를 사모하다가 죽었습니다. 죽음에 임하여 한 말 한 마디를 들어주지 않으면 장부가 아닙니다."라고 하였다. 세종이 옳게 여기고 지소태후를 설득하여 맡음를 득하여 얻어 6세 풍월주가 되었다. 이에 설화랑을 부제로 삼았다.>(발췌본 13~4면, 모본 19면)라고 하였다. 이로 보면 미실전주는 사다함이 자기를 사모하다가 상사병에 걸린 것을 직접사인으로 보았다는 것을 알 수 있다. 물론 이는 미실이 세종을 설득하기 위한 다소의 修辭가 있을 수도 있으나 세종이 옳게 여겼다는 것은 이 사인 역시 설득력있는 직접사인이라는 것이다. 따라서 이는 세 번째 사인이다.

그러나 사다함은 이러한 여러 사인이 겹쳐서 죽었는 것으로 보나 역시 논자는 두 번째 사인이 가장 직접사인이라고 본다.

그리고 이 과정에서 미실진주의 빠른 판단과 설득력을 보면 역시 신라의 여장부라고 할 수 있다. 미실전주는 앞으로 또 더 연구가 있어야 할 것이다.

그런데 여기에서 보면 차기 풍월주는 원래 부제가 계승하는 것이나 풍월주의 지명이 있어야 하고 또 지소태후가 임명한다는 것을 알 수 있다. 그런데 지소태후가 진흥왕의 재가를 받았는지는 더 살펴봐야 할 것이나 최종적으로는 진흥왕의 재가를 득했을 것으로 본다. 그러므로 풍

---

20) 따라서 금진낭주의 일생에 대하여 상황을 심층적으로 이해해야 할 것이다.

斯多含 風月主의 花郞徒組織經歷 105

월조직에서 지소태후의 역할을 앞으로 더 깊이 연구할 필요가 있다.

사다함이 죽으면서 미실전주의 부군인 세종을 6세 풍월주로 지명한 것이 결국은 세종과 미실전주가 화랑도조직을 동원하여 진지왕을 폐위한 데에 결정적 영향을 미쳤다고 본다. 진지왕의 폐위에 대해서는 뒤에서 다시 보기로 하자.

그리고 사다함의 死因에 대한 기록 역시『화랑세기』와『3국사기』에서는 일정한 유형적 차이를 보이고 있는데『3국사기』가 합리적이고 압축적이고 단면적이라면, 즉 단일해답을 제시하고 있다면『화랑세기』는 매우 사실적이면서 극적인 측면을 보이고 있고 또 사실에 대한 다양한 해석을 담고 있어 다면적이고 복수해답을 제시하고 있다. 현실은 극보다 더 극적이라는 측면에서는『화랑세기』가 오히려 사실적이고 신뢰도와 타당도가 있다고 보겠다.

Ⅲ. 眞智王의 廢位와 原因

1. 폐위의 원인 - 진지왕의 국정개혁

그러면 이제 진지왕(재위 576~9)의 폐위의 원인을 자세히 알아보자. 이 역시 사서마다 조금씩 차이가 있는데 이를 통하여 사다함의 죽음이 신라정국에 미친 영향을 알 수 있고 또 당시 신라정국을 살펴볼 수 있을 뿐만 아니라『화랑세기』의 신뢰도와 타당도를 동시에 알아 볼 수 있다.

이에 대해서는『3국사기』「신라본기」<진지왕 4년 가을 7월 17일>에 보면 <왕이 薨하셨다. 시호를 眞智라 하고 영경사 북쪽에 장사지냈다.>라고만 나와서 언뜻 보면 별 일 없는 것처럼 보이지만 그러나 재위 4년만에 薨한 왕의 死因에 대하여 아무 설명이 없는 것이 오히려 이상함을 느낄 정도인데 이는 주지하다시피『3국사기』를 저술한 김부식 등의 춘추필법일 것으로 본다.

그러나『3국유사』에서는 벌써 다르다.「桃花女・鼻荊郞」에서 보면 진지대왕이 <국가를 다스린지 4년에 정치는 문란하고 황음하여 국인이 폐

106

위하였다.····이 해에 진지대왕은 폐위를 보고 崩하였다.>라고 하여 폐위
되었음과 그 원인까지 밝히고 있는데[21] 다만 이처럼 『3국유사』는 진지대
왕이 폐위되는 해에 바로 붕어한 것으로 기록하고 있다. 그런데 이 뒷부
분에서 장성한 비형랑이 길달을 잡아 죽였을 때 <이때 사람이 詞를 지어
말하기를 '聖帝의 魂이 아들을 낳으니 비형랑의 집이 우뚝 솟았네····'>
라고 하여 진지대왕을 높이 평가하고 있다. 즉 정치문란, 황음으로 폐위
한 왕에게 당시 사람들이 <崩>이라 하고 더 나아가 <聖帝>라고 하였다
는 것은 진지대왕의 폐위에는 단순히 황음상의 문제가 아닌 <정치문란>
에서 보는 것처럼 복잡한 정치상의 문제가 개재되어 있음을 느끼게 한다.
이는 뒤에서 다시 보겠다.

　『화랑세기』에서는 또 다르다. 『화랑세기』에서는 전체적으로 보면 진지
왕이 色에 빠져 폐위되었음을 나타내고 있고 특히 미실은 진지왕이 약속
을 깨뜨리고 미실을 황후로 봉해주지 않은데서 결정적으로 폐위에 참가
한 것으로 기록하고 있다. 이 폐위과정에 대해서는 앞으로 더 자세한 연
구가 필요하다. 그리고 진지왕의 개혁정치에 대하여도 전혀 언급은 없지
만 「23세 군관공」에서 보면 <眞智帝, 金輪帝>라고 하였기 때문에 이는
『3국유사』에서 본, 신라 당시인이 <聖帝>라고 칭송한 것과도 일치하므로
당시 진지제를 높이 평가한 사람들이 엄존하고 있었음을 볼 때, 眞智帝가
단순히 황음하여 폐위된 것이 아니고 다른 사유가 있다는 것을 알게 한
다. 이는 「8세 문노」에서 보면 진지제를 폐위하도록 밀조를 내린 사람이
바로 진지제의 어머니인 사도태후라는 데서 실마리를 찾아야 될 것으로
본다. 그런데 「11세 하종」에서 보면 진흥왕 말기에 <미실전주가 이에 사
도황후와 더불어 내정을 전횡하고, 세종·설원·미생은 외정을 전횡하였
다. 진흥제는 풍질 때문에 내외정사를 돌보지 못하였다.>라고 하였는데
이를 보면 문제는 비로소 분명해진다.

---

21) 여기서 『3국사기』는 제후의 죽음에 대해 사용하는 <薨>으로 기록하였고 『3국
　　유사』는 천자의 죽음에 대해 사용하는 <崩>으로 기록하였다. 이는 『3국유사』가
　　신라 당대의 기록을 직접 인용하였다는 것을 의미한다.

斯多含 風月主의 花郎徒組織經歷 107

즉 논자는 진지제가 사도황후와 미실 때문에 진흥제의 뒤를 이어 왕위에 등극은 하였지만 왕으로서 사도태후와 미실의 전횡을 막고 국정개혁을 단행하려 한 것이 오히려 당시 실권을 쥐고 있던 사도태후와 미실, 노리부와 세종의 역습을 받고 폐위된 것으로 본다. 즉 폐위의 명분으로 황음하다고 했는데, 왕이 황음하다고 해서 굳이 폐위까지 되기는 어려운 것이다. 더욱이 『3국사기』에서는 별다른 정치문란이나 황음은 보이지 않고 오히려 유능한 왕으로 나타나 있고[22], 또 『3국유사』 「彌勒仙花 未尸郎·眞慈師」에서도 진지왕은 오히려 聖帝로 나타나고 있다. 다시 말해서 단순히 황음 정도의 사유로도 폐위되기가 어려울 것인데 여기서는 황음은 보이지 않고, 오히려 聖帝처럼 기록되고 있다. 물론 『3국유사』 「桃花女·鼻荊郎」에서 보면 진지대왕의 황음이 다소 보이기는 하나 그러나 강압하지 않는 진지왕의 태도로 볼 때 굳이 황음으로 문제시할 것까지는 없을 것으로 보는데 물론 그러나 그러한 정도의 황음도 폐위명분으로 삼으려면 삼을 수도 있을 것이다. 그렇더라도 그런 정도로 『화랑세기』가 끊임없이 계속 강조하는 것처럼 황음 때문에 진지대왕이 진짜로 폐위되었다고 보기는 어렵고 논자는 오히려 『3국유사』에서 먼저 든 <정치문란>에서 깊은 이유를 찾아야 할 것으로 본다. 더 나아가서 단순히 사도태후와 미실의 전횡을 막는 국정개혁이라면 진지제가 왕·귀족의 지지를 확보하지 못하고 굳이 폐위에까지는 이르지 않았을 것으로 본다. 이는 좀더 다른 측면에서 살펴봐야 한다.

---

22) 『3국사기』 「신라본기」 <진지왕 2년>(577)에서 보면 이찬(2급) 世宗이 출전하여 백제군을 대파하였다. 논자는 이 세종이 바로 『화랑세기』에서 6세 풍월주를 역임하고 당시 병부우령으로 있던 세종과 동일인으로 본다. 즉 「11세 하종공」에 보면 세종은 진흥왕말기인 572년에서 576년 사이에 진흥왕에 의해 병부우령으로 임명되었는데 불과 수년후인 577년 對백제전투에 참전한 이찬 세종과 동일인이다. 577년, 이때는 세종이 풍월주가 된 562년으로부터 15년 뒤로서 세종은 원래 신분이 높고 또 그간 전공이 많았고 충분히 장성하여 이찬으로서 병부우령을 지냈다고 본다. 또 이로써 진지왕 폐위시 세종의 역할을 알 수 있다.

108

이는『3국유사』「彌勒仙花 未尸郞・眞慈師」에서 그 실마리를 찾을 수 있다. 즉「미륵선화 미시랑・진자사」에서 보면 진지왕의 지도로 진자사는 미시랑을 미륵선화로 선발하였고 진지왕은 國仙으로 발탁하여 영입하였다. 그런데 진자사는 불교스님이고 미시랑은 부모의 姓도 모르는 기층민 출신이다. 따라서 진지왕의 국정개혁은 불교도와 기층민이라도 능력이 있는 사람은 출신에 구애 받지 않고 등용한 것으로 본다. 이것이 풍월도의 사도태후와 미실, 그리고 왕・귀족의 지지를 확보하지 못하고 군이 폐위에까지 이른 깊은 사유라고 본다. 즉 다시 강조하면 황음보다는 신라의 국교를 경시하고 신분질서에 구애없이 인재를 등용한 것이 정치문란으로 몰려서 폐위에 이른 것으로 본다.[23] 그러므로 당시의 불교도와 기층민은 진지왕을 지지하였고 이것이『3국유사』와 같은 불교사서에 진지왕을 <聖帝>라고 칭송한 기록이 남게 된 이유로 본다. 그러므로 <聖帝>라고 칭송한 사람들은 불교도와 기층민이었을 것으로 본다.「桃花女・鼻荊郞」에서 봐도 진지대왕이 평민을 가까이 했고 또 그들의 의사를 매우 존중했다는 것을 알 수 있다.[24] 따라서『화랑세기』와 같은 풍월도−仙敎史書에서는 이를 인정하지는 않지만 그러한 기록이 산입되어 <眞智帝, 金輪帝>라는 기록으로 남게 된 것으로 본다.『3국사기』에서는 유교문제가 아니므로 구체적인 사유에 대해서는 깊이 개입하지 않고 춘추필법에 따라 침묵을 지켰다고 본다. 어떻게 보면 개입하지 않는 중립적인 태도이다.

이러한 진지왕의 왕・귀족의 전횡을 막는 국민을 위한 국정개혁정치는 결국 그의 손자인 태종무열왕(재위 654~61)에 의해서 계승되고 3국통일

---

23) 「미륵선화 미시랑・진자사」에서 보면 國仙도 국왕이 임명한 국가공식조직으로 나타나는데 이렇게 진지왕이 미시랑을 국선으로 임명한 것은 이때『화랑세기』에 의하면 설화랑이 9세 풍월주로 재직하고 있었기 때문으로 본다. 따라서 『화랑세기』에서 세종이 사도황후의 밀조를 받고 폐위에 앞장 선 것은 기층민인 미시랑을 국선에 임명한 것도 한 원인이 되었을 것이다. 물론 세종도 무휼의 도를 실천하여 신분에 관계없이 인재를 등용하고자 했지만 그 한계는 있었을 것이다.

24) 이는『3국사기』「열전 제8」<都彌>에 나타난 백제 개루왕(재위 128~66)의 처사와는 크게 비교가 된다고 하겠다.

斯多含 風月主의 花郞徒組織經歷 109

로서 완수되었다고 본다.[25]

그런데 『화랑세기』에는 더 주요한 기록이 있다. 「13세 용춘공」에 보면 <『殿君列記』에 이르기를 '용춘공은 곧 용수갈문왕의 동생이다. 금륜왕이 황란함에 빠졌기 때문에 폐위를 보게 되어 幽宮에 3년간 살다가 崩했다.' 용춘공은 어려 그 얼굴을 몰랐다.>라고 하였다. 즉 『殿君列記』를 인용하여 진지왕이 유궁에서 3년을 더 살았다는 것이다. 이 기록이 만약 논증된다면 진지왕의 폐위와 더불어 『화랑세기』의 신뢰도와 타당도가 매우 높게 될 것이고 비형랑의 고사도 사실을 인정받을 수 있게 될 것이다. 논자는 이제 이를 살펴보고자 한다.

2. 미시랑의 <거의 7년>과 문노의 퇴직

그런데 논자는 그간 『3국유사』 「미륵선화 미시랑·진자사」에서 미시랑이 <풍류를 세상에 빛내기를 거의 7년 하고는 갑자기 소재를 알 수 없게 되었다.[風流耀世幾七年忽亡所在.]>라는 문장에서 <거의 7년>의 의미를 파악하려고 노력해 왔다. 왜 하필 <거의 7년>인가? <거의 7년>, <7년> 또는 <7>이 풍류도에서 무엇을 상징하는 수인지 궁금하였다. 그러나 『화랑세기』가 출현하여 이 의문이 의외로 풀렸다. 즉 미시랑을 발탁한 진지왕이 4년을 재위하였고 유궁에 유폐된 기간이 3년, 따라서 재위후 붕어할 때까지 기간이 합해서 7년인 것이다. 그러나 만으로는 재위기간이 3년이므로, 만으로 합하면 약 6년, 따라서 <거의 7년>이다. 그러므로 이 두 햇수가 일치한다는 것은 미시랑이 재위초 자신을 발탁한 진지왕이 유폐되자 진지왕을 보호하기 위하여 계속 京師에 있으면서 국선-풍류활동을 하다가 진지왕이 붕어하여 더 이상 지킬 의리가 없자 자신도 퇴직하고 물러나왔다는 것을 알 수 있다. 물론 미시랑이 꼭 진지왕 재위 원년에 국선이 되었다는 기록은 없지만 뒤의 문노의 사례를 보면 재위 원년일 가능성이 높다. 이렇게 『3국유사』와 『화랑세기』가 깊은 구조(deep

---

25) <선덕여왕 16년>(647)의 비담과 염종의 난 역시 이 측면에서 고찰할 필요가 있다.

110

structure)에서 일치하는 것은 『화랑세기』의 신뢰도와 타당도가 높다는 분명한 증거이다.

그런데 이는 『화랑세기』에서 문노도 마찬가지이다. 「7세 설화랑」과 「8세 문노」에서 보면 진지왕은 즉위년인 576년에 문노와 근친인 지도황후의 권유로 문노를 國仙에 임명하였는데[26] 이때도 문노는 다만 관등은 받지 않았다. 이것은 문노가 신중했기 때문으로 본다. 그러므로 신분이 낮은 문노를 발탁하여 진지왕이 국선에 임명한 것 역시 미시랑의 경우처럼 국정개혁의 일환으로 보지만, 사도태후는 진지왕을 폐위시킬 것을 결심하고 세종에게 밀조를 내렸는데, 이때 상관인 세종의 명을 문노도 따를 수밖에는 없었다. 아마 문노도 내심으로는 자신을 발탁한 진지왕에게 충성을 하고 있었겠지만 대세를 어쩔 수는 없었기 때문으로 본다. 그런데 진지왕이 폐위된 해인 579년에 문노는 풍월주가 되었고 3년 뒤 582년에 풍월주를 비보랑에게 물려 주었다. 3년 뒤인 582년은 바로 진지왕이 3년 동안 유폐되어 있다가 붕어한 해이다. 그렇다면 진지왕이 붕어한 해에 문노는 풍월주를 그만 두었는데 이 역시 우연으로 보기는 어렵다. 즉 문노의 입장은 자신이 풍월주로 있는 것이 진지왕을 보호하는 데에 유리하다고 판단한 것이었고 이제 진지왕이 붕어하자 미련없이 풍월주를 그만 퇴직한 것으로 본다.

이처럼 진지왕의 지지자인 미시랑과 문노가 국선과 풍월주를 그만 둔 해와 진지왕의 유폐기간이 일치한다는 것은 『화랑세기』의 기록이 신뢰도와 타당도가 높다는 것을 의미한다.

그러면 미시랑과 문노는 왜 진지왕이 폐위되는 해에 바로 그만 두거나 끝까지 목숨을 걸고 반대하지 않았을까? 이 점에서 논자가 보기에는 진지왕의 반대파와 지지파간에 아마도 타협이 있었을 것으로 본다. 즉 진지왕을 폐위하되 살려주며 또 진지왕에 의해 등용한 인물도 왕·귀족에게

---

26) 따라서 진지왕 즉위초에 설원랑의 풍월조직과 미시랑의 국선조직, 그리고 문노의 국선조직 등 문헌 기록상으로도 3개의 공식조직이 있었고 이외에 私徒도 또 있었을 것이다.

斯多含 風月主의 花郎徒組織經歷 111

향후 협조하는 자는 그대로 인정한다는 안이었을 것으로 본다. 그런 타협으로 아마 문노는 亞仙에서 승진하여 풍월주로 계속 남아 있었고 관등도 받았을 것으로 보는데 이 때문에 미천한 사람이 고관에 발탁되는 사람이 많아서 사람들은 문노를 신과 같이 받들었고 결과적으로는 신라의 3국통일에 우수한 기층민인재를 동원한 한 원인이 되어 문노로서도 결과는 만족하였을 것으로 본다. 그리고 진지왕도 이 타협안을 수용하였을 것으로 본다.

그런데 원래 기층민인 미시랑은 진지왕 붕어후에 京師의 風月界를 떠났지만 원래 왕·귀족출신이지만 신분이 낮게 된 문노는 풍월주를 그만두어도 京師의 風月界에는 그대로 남아 上仙으로서 원로의 역할을 하였다.

이로 보면 역시 진지왕의 폐위가 명분이 약했음을 알게 한다. 또 진지왕이 불교계와 기층민들사이에 인기가 있어서 그들의 지지를 확보하려면 살려둘 수 밖에 없었을 것이다. 또 이는 신라의 민주성을 반영한다.

그리고 이런 의미에서 보면 각 사서에서 대표 화랑으로 나타난 화랑이 일치하지 않는 이유를 알 수 있다. 사다함과 문노가 『3국유사』에는 전혀 나오지 않고 미시랑은 또 『화랑세기』와 『3국사기』에는 나오지 않고 관창은 『화랑세기』와 『3국유사』에 나오지 않는데 그 이유는 결국 각 사서의 일관된 사관에 따른 것이다. 따라서 天神敎-仙敎史書라는 일관된 사관을 가지고 있는 『화랑세기』의 신뢰도와 타당도는 높다고 본다.

뿐만 아니라 김대문의 『화랑세기』가 진지왕의 폐위의 진정한 원인을 감추고 있는데 비해[27] 일연의 『3국유사』가 진지왕이 聖帝임을 기록하고 있는 것 역시 일관된 사관에 따른 것이다.

---

27) 이에 비해 김대문은 김흠돌의 난을 기록할 때에는 김흠돌을 이례적으로 원색적으로 비난하였다. 그런데 『각간선생실기』에서는 김흠돌의 난 자체가 나오지 않고 김흠돌 역시 훌륭한 인물로 기록하고 있다. 이 역시 향후 연구해야 할 기록자의 주요한 사관의 차이라고 본다.

112

Ⅳ. 사다함 연보

지금까지 살펴본 사다함의 연보를 구성해 보자.

<표 2> 사다함 연보

진흥왕 재위년	서력	사다함 연령	내용	비고
7	546	1	출생	
8	547	2		
9	548	3	부친 구리지 전사	
10	549	4		설원랑 출생
11	550	5		
12	551	6		
13	552	7		
14	553	8		
15	554	9		
16	555	10		4세 이화랑, 토함 부제
17	556	11		
18	557	12	무관랑의 내귀 낭도 1천명, 국선, 귀당임명, 격검수련, 문노의 귀속(낭도 5백명)	문노(20세)에 게서 수련
19	558	13		
20	559	14	정식 화랑, 부제	4세 이화랑
21	560	15		
22	561	16	귀당비장, 전쟁승리, 설성 전사, 5세 풍 월주, 미실의 「송사다함가」, 사다함의 「청조가」 작사	문노(24세) 동 행거절 설원랑(13세) 을 부제
23	562	17	무관랑 사망, 6세 풍월주 세종 지명, 사다함 사망	설원랑(14세) 을 부제

斯多舍 風月主의 花郞徒組織經歷 113

이 연보는 『화랑세기』에 의거한 것인데 앞으로 더 많은 연구를 통해서 더 상세히 작성하여야 할 것이다.

V. 맺는말

『화랑세기』가 출현하여 화랑도조직연구와 신라조직사연구는 새로운 전기를 맞이하게 되었다. 신라당대의 사서로 화랑도조직사와 신라조직사를 연구한다는 것이 매우 의의있다는 것은 재차 강조할 필요가 없을 것이다. 그러나 그 신뢰도와 타당도는 계속 연구해야 할 필요성이 있다. 논자는 이 연구에서 문헌고증의 방법으로 사다함의 화랑도조직경력을 분석하였고, 풍월도의 본질, 진지왕의 폐위의 진정한 원인 등을 귀납적인 방법으로 연구를 수행하였을 뿐만 아니라 이를 통하여 『화랑세기』의 신뢰도와 타당도를 살펴보고자 하였다. 이 연구의 주요 결론은 다음과 같다.

첫째, 사다함 풍월주의 생몰년대는 진흥왕 7년(546) 출생이고 진흥왕 23년(562) 사망이다.

둘째, 사다함 풍월주의 對가야전쟁출전년도는 561년이다.

셋째, 사다함 풍월주는 557년, 12세경에 귀당조직에 입문하여 561년 對가야전쟁의 1차승리후 귀당비장에 승진하였다. 이때 『화랑세기』에서는 私的으로 출전한 것으로 기록하고 있는데 이 부분은 앞으로 더 연구해야 할 것이다.

넷째, 사다함 풍월주는 12세경에 이미 낭도 1천명을 지휘하는, 국선과 다름없는 화랑경력을 쌓았고 풍월조직의 정식 화랑이 되고 부제를 거쳐 561년 對가야전쟁 승리 직후 풍월주에 임명되었다.

다섯째, 사다함 풍월주의 임명에는 전임자인 이화랑의 지명과 지소태후의 추천과 진흥왕의 재가가 있었다.

여섯째, 사다함 풍월주는 Y이론적 리더십을 발휘하였고 전통적 지배를 중심으로 카리스마적 지배와 합법적 지배가 사용되었고, 또 강압적 권력을 제외한 보상적 권력, 전문적 권력, 합법적 권력, 준거적 권력이 사용되

114

었다. 이는 <撫恤之 道>로 나타나는데 이에 따라 무관랑과 문노같은 부하를 두게 되었다.

일곱째, 사다함 풍월주는 보상을 사양하다가 이를 그의 낭도로 보이는 전사들에게 분배하여 주었는데 이러한 특별보상이 주요 재정원천인 것으로 본다. 특히 낭도는 入農하여 평소에는 농사를 지었다.

여덟째, 사다함 풍월주의 성씨는 김씨이며 3살 때 아버지 구리지가 전사하였고, 그 집안은 어머니인 금진낭주의 집안과 함께 순국애족의 귀족 명문집안이다.

아홉째, 사다함 풍월주의 수련은 격검으로 나타나지만 그것이 주류는 아니고 풍월을 수련하였을 것으로 보는데 이는 단전호흡을 중심으로 하는 깨달음의 종교이다.

열째, 사다함 풍월주의 종교는 따라서 불교가 아니고 고대 조선에서 유래하는 신라 고유의 국교인 천신교-풍월도-풍류도-신선도-선교이다.

열한째, 사다함 풍월주의 사랑은 미실전주인데 이 때문에 사망시 세종을 풍월주로 지명한 것이 신라정국에 큰 영향을 주었다.

열두째, 사다함 풍월주의 사후, 진지왕의 폐위의 진정한 원인은 불교도, 기층민의 등용과 같은 국정개혁 때문으로 본다.

열셋째, 사다함 풍월주의 사망원인은 직간접의 원인이 복합적으로 작용하였을 것이나 어머니에 대한 효심이 가장 큰 영향을 미쳤다.

열넷째, 사다함 풍월주의 화랑도조직경력과 진지왕의 폐위기록을 분석한 결과『화랑세기』의 신뢰도와 타당도는 높은 것으로 나타났다. 특히 유궁에서 3년을 더 살았다는 것은 미시랑과 문노의 퇴직년대로 볼 때 정확성이 높다.

열다섯째, 사다함 풍월주의 화랑도조직경력을 분석하여 본 결과『화랑세기』,『3국사기』,『3국유사』들의 사서는 각기 일관된 史觀에 따라 기록하고 있는데 특히『화랑세기』는 천신교-선교의 사관을 따르고 있다.

이외에도 주요한 내용은 많다. 신라의 최고신을 <始祖 日光之神>으로 밝힌 것은 앞으로 더 깊이 연구가 필요하다.

물론 현전『화랑세기』에는 의문점이 전혀 없다는 것은 아니므로 앞으로 계속 연구하여야 할 것이다. 국원성과 북가라의 기록도 더 연구되어야한다. 뿐만 아니라 『화랑세기』(모본 124면)에는 <柳亨(유향)>이 나오는데 『3국사기』에는 <光祿卿 柳亨(유형)>이 나온다는 것이다. 논자가 중국인명사전으로 찾아본 결과는 <光祿少卿 柳亨(유형)>이 맞다는 것이다. 이러한 문제는 결국 『화랑세기』를 기본부터 차근히 연구해야 한다는 것을 의미한다. 특히 이 연구는 먼저 다른 사서와 비교(comparison)할 수 있는 기록부터 연구대상으로 삼았는데 차후 다른 사서와 비교할 수 없는 부분도 계속 연구하여야 할 것이다. 그러나 언제나 신라사는 신라사로써 해석해야 한다.

116

<참고문헌>

『각간선생실기』 (박두포 옮김), 서울 : 을유문화사, 1972.

김대문, 『화랑세기』 (박창화 필사 : 발췌본, 모본).

김영태, "신라 진흥대왕의 信佛과 그 사상연구(1967)," 『신라불교연구』, 서울 : 민족문화사, 1987, pp.43~4.

김학성, "필사본 『화랑세기』와 향가의 새로운 이해," 『성곡논총』, 27호, 1996.

노태돈, "필사본 『화랑세기』는 진본인가," 『한국사연구』, 99 · 100합집호, 1997, pp.247~361.

노태돈, "필사본 『화랑세기』의 사료적 가치," 『역사학보』, 147호, 1995, pp.325~62.

『3국사기』.

『3국유사』.

이강식, ""화랑세기』 (모본)에 기록된 화랑도조직의 3神5帝조직구조," 『발표논문집』, 1999년도 하계 경영학관련 통합학술회의, 1999. 8. 19~21. pp.389~92.

이강식, "화랑도조직의 이론과 실천," 『경영학연구』, 제27권 제1호(1998a 년 2월), 한국경영학회, pp.185~219.

이강식, "선도신모가 화랑도조직의 기원이라는 변증," 『신라학연구소논문 집』, 제2호, 경주 : 위덕대학교 신라학연구소, 1998b, pp.53~100.

이우성 교역, 『신라 사산비명』, 서울 : 아세아문화사, 1995, p.351.

이종욱, ""화랑세기』의 신빙성에 대하여," 『화랑세기』, 서울 : 소나무, 1999, pp.316~61.

이종욱, ""화랑세기』 연구서설," 『화랑세기』, 서울 : 소나무, 1999, pp.36 2~94.

최영성 주해, 『주해 사산비명』, 서울 : 아세아문화사, 1987, p.202.

斯多含 風月主의 花郎徒組織經歷 117

(Ⅲ-9-14)

신라학연구, 제4집, 2000.12.

『花郎世紀』에 기록된 花郎徒組織의 3神5帝組織構造

이　강　식*

Ⅰ. 첫　말

花郎徒組織史의 연구에서 그 組織構造를 밝히는 것은 매우 주요한 과제이다. 이를 통하여 화랑도조직의 기능, 분화단계, 이론적·사상적 배경을 알 수 있기 때문이다. 그런데 논자는 그 組織類型이 현대조직의 팀조직과 사실상 같다고 이미 밝힌 바 있다(이강식 1998b, pp.203~4). 그런데 물론 팀조직의 성격을 갖고 있지만 최근에 출현한 『花郎世紀』(704전후, 발췌본 1989, 모본 1995)에는 지금까지 잘 알려지지 않았던 화랑도조직의 구조가 비교적 분명하게 역동적인 조직개편과정까지 알 수 있게 상세하게 기록되어 있다.

---

* 경주대 경영학부 교수

이 연구에서는 이 사서를 통하여 화랑도조직의 변화·발전하는 역동적인 구조를 재구축하고, 그 기능과 조직을 형성한 이론적·사상적 배경을 살펴보고자 한다.

그러므로 이 연구의 목적은 『花郞世紀』에 기록된 화랑도조직의 구조를 현대조직론의 측면에서 분석하여 그 구조가 3神5帝組織構造임을 이해하고, 역동적으로 조직개편한 조직변화의 과정, 기능과 이론적·사상적 배경을 탐구하고자 하는 것이다.

이 연구가 화랑도조직의 구조를 연구한 사실상 첫연구가 된다고 보겠으며 특히 구조와 기능의 측면에서 조직변화(organizational change)를 살펴볼 수 있고, 이를 통하여 화랑도조직뿐만 아니라 신라조직사와 조직사상사를 연구할 수 있는 틀(framework)도 구축할 수 있고, 또 『화랑세기』의 신뢰도와 타당도 역시 살펴 볼 수 있다.

그리고 『花郞世紀』는 김대문(704전후)이 진흥왕 원년(540)에서 신문왕 원년(681)까지 142년간의 風月組織의 32명의 風月主의 世系를 중심으로 화랑도조직의 郎政의 大者와 派脈의 正邪를 방대하게 기록한 저서인데 현재 발췌본과 모본이 있다. 이 연구에서는 두 본을 모두 활용하는데 특히 모본을 거의 인용했기 때문에 모본인용시 별다른 구분은 하지 않았다.

화랑도조직은 조직사에서도 매우 특수한 사례이므로 역사조직학·조직사·조직사상사에서 앞으로 계속 연구되어야 할 것이다. 뿐만 아니라 『화랑세기』도 각 분야에서 더 깊이 연구한다면 신라사와 인류사에 더 많은 공헌을 하리라고 본다. 이 연구에서는 먼저 역동하는 풍월-화랑도조직구조의 변화과정의 큰 틀(framework)을 살펴서 이를 재구축하고 이를 토대로 기능과 이론적·사상적 배경을 탐구하고, 이를 검증하기 위해 1930년대의 3神5帝사상도 살펴보고자 한다. 그리고 이 연구는 역사적 연구법, 문헌조사법을 채택함으로 그 장단점의 범위내에서 방법상의 의의를 가진다고 하겠다.

- 80 -

II. 風月-花郎徒組織의 3神5帝組織構造

1. 제1기 초기조직 : 1風月主1副弟1花主조직의 설치

『花郎世紀』(발췌본, 모본)에 의하면 國初부터 내려온 源花組織을 진흥왕 원년(540)에 지소태후가 폐지하고 風月조직, 즉 화랑도조직을 창설하였는데 이의 최고책임자는 風月主, 次下책임자는 副弟이다. 그런데 540년에서 681 년까지 142년간 총32명의 風月主가 있으며 風月主의 평균재임기간은 4.43 년(142/32)이고 통상 3~4년이 표준적인 임기임을 알 수 있다. 風月主가 되 는 연령은 16세도 나타나고(5世 풍월주 사다함), 또 36세도 있고(10世 풍월 주 미생랑), 특수하게는 42세도 있다(8세 문노). 風月主가 되는 연령과 평균 년령 등은 앞으로 더 정밀하게 연구해야 할 것이다.

그리고 차하책임자로 副弟가 있는데 초대 위화랑을 제외한 31명의 풍월 주 중에서 副弟를 역임한 화랑은 모두 26명이므로[1] 이는 화랑도조직이 코 칭법(김식현 1991, pp.261~2), 또는 대역법(understudy)(박경규 1997, p.316) 을 채택한 것으로 본다. 특히 부제를 역임한 26명의 풍월주 중에서 직전에 부제를 역임한 화랑이 25명(8세 문노 포함)이고 1명(10세 미생랑)만이 그 렇지 않으므로 이 관리원칙이 매우 엄격하게 지켜졌다는 것을 알 수 있다. 그리고 부제를 역임한 30명 중에서 풍월주가 안 된 화랑은 4명(토함공, 서 현공, 윤장, 홍원)뿐이므로 역시 부제가 되는 것이 풍월주가 되는 핵심적 경 력사다리(career ladder)임을 알 수 있다.

그리고 원래의 源花는 폐지되었지만[2] 대신 풍월주의 부인인 花主가 설치

---

1) 사실상 副弟에 해당하는 亞仙을 지낸 8세 풍월주 文努를 포함하여 26명이다. 그런데 副弟를 거치지 않은 5명도 기록상 분명하지 않은 후기의 3명(30세 천관공, 31세 흠언, 32세 신공)을 제외하면 결국 31명중 2명(6세 세종, 28세 오기공)만이 副弟를 거치지 않고 풍월주로 임용되었다. 이는 화랑도조직의 조직관리가 매우 체계적이고 엄정하 고 안정적이었다는 것을 보여준다. 화랑도조직의 코칭법에 대해서는 논자가 논급한 바가 있다(1998b, p.205).

2) 풍월조직으로 재편된 후 568~72년, 579년의 두 번에 걸쳐 미실궁주에 의해 원화가 재설치되었다. 이 기간을 5년으로 보고 제외하면, 風月主의 평균재임기간은 4.28년

되어 風月主와 같이 郞政을 보았는데[3] 『화랑세기』로 보면 이는 사실상 원화를 계승한 것으로 보인다. 이 花主는 화랑도조직내에서 화랑의 어머니의 역할을 했을 것으로 보며 또 奉花-遊花를 관장하는 등의 업무도 하였겠고 더 나아가서 모계사회에서 풍월주와 화랑도조직의 정통성을 확보하는 역할도 하였다고 본다. 특히 「8세 문노」에서 보면 신분이 높은 윤궁낭주가 花主에 해당하는 仙母에 취임해야 신분이 낮은 문노가 國仙에 취임할 수 있음을 나타내고 있고, 또 「22세 양도공」에서도 진골정통을 이은 보량이 花主가 되어야 仙父의 嗣子인 양도공이 풍월주가 될 수 있음을 기록하고 있기 때문이다. 앞으로 화주의 역할은 더 깊이 연구하여야 할 것이다. 따라서 논자는 화주가 초기의 발췌본의 기록상으로는 나타나지 않으나 역시 초기부터 설치되었다고 보는데 그것은 기본적으로 화주가 원화를 계승하였다고 보고, 또 「6세 세종」에서 보면 568년에 미실궁주가 원화에 취임할 때 금진낭주를 花主에 해당하는 花母에 임명했으므로 이의 연원이 초기조직부터 유래한다고 보기 때문이다.

따라서 1세 위화랑(재직 540~?)에서 5세 사다함(재직 561~2)까지의 화랑도조직의 초기조직도(540~62)를 <그림1>과 같이 나타낸다.

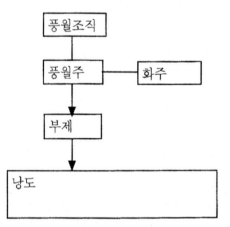

<그림 1> 제1기 풍월-화랑도 초기조직(540~62)

(137/32)이 되는데 4.43년과 큰 차이는 아니다.

3) 일연의 『3국유사』「효소왕대 죽지랑」(1281~3년경)에서 보면 朝廷 花主의 권한이 매우 강력하였음을 볼 수 있다.

<그림1>에서 보면 풍월주, 부제, 화주는 관리조직인데 특히 풍월주와 부제의 관리조직이 2계층으로 분화되었다는 것은 관리업무가 다량이라는 것을 나타내므로 부제 하위의 조직분화가 더 있을 것으로 보지만 현재 기록대로 나타내었다. 부제의 하위조직은 6세 세종(재직 562~8)에서부터 나타나고 있다.

2. 제2기조직 : 1風月主1副弟1前方花郎조직의 분화

「6세 세종」에서는 전방화랑이 나타나지 않지만 「10세 미생랑」에서는 미생랑 자신이 6세 세종(재직 562~8) 초인 562년에 전방화랑을 역임하였음을 나타내고 있다. 이때 부제는 설화랑(설원랑)이다. 따라서 이제 관리조직이 한단계 더 분화하여 3계층이 됨을 볼 수 있는데 이는 <그림2>와 같다.

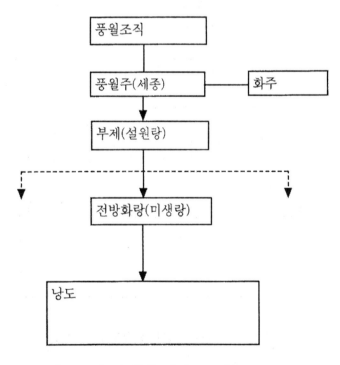

<그림 2> 제2기 풍월-화랑도조직(562~8)

<그림2>에서 보면 전방화랑이 설치되어 관리조직이 3계층으로 분화함을 볼 수 있는데 이는 상당히 발전된 조직이라고 볼 수 있다. 그런데 논자는 관리조직에서 <前方>화랑조직이 설치되었으면 그 직명을 볼 때 좌우에 다른 조직도 설치되었을 가능성이 있다고 보아 이를 <그림2>에서 점선으로 표시하였다. 그러나 설치 안되었을 가능성도 있다고 본다. 이는 원화조직을 보면서 설명하기로 한다.

3. 제3기조직 : 원화조직의 재조직 - 1源花2奉事郞조직의 분화

「6세 세종」에서 보면 미실궁주가 568~72년까지 원화조직을 부활한 기록이 있다. 이때 2개의 봉사랑조직을 설치하였는데 이는 <그림3>과 같다.

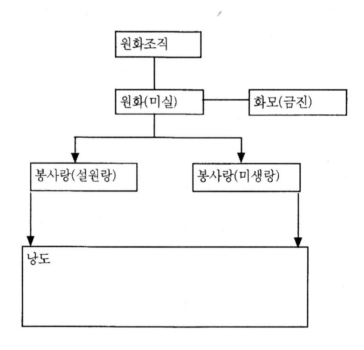

<그림 3> 제3기 원화-화랑도조직(568~72)

　<그림3>에서 보면 세종 때에 부제를 지낸 설원랑과 전방화랑을 지낸 미생랑이 미실궁주의 원화조직에서 각기 봉사랑에 임명되었음을 볼 수 있다. 따라서 봉사랑은 부제와 전방화랑의 중간정도되는 직책임을 알 수 있다.

　그리고 이러한 조직개편의 특징은 관리조직에서 수직적 분화로는 계층이 3계층에서 2계층으로 줄어들어 키 큰 조직(tall organization)에서 납작한 조직(flat organization)이 되어 계층단축화를 이루어 조직의 능률성을 기하려고 하였다고 볼 수 있고, 수평적 분화로는 봉사랑을 2개 부서로 설치하였는데 이는 전문화가 더 진행되고 있음을 보여주어 조직의 복잡화가 진전되고, 더 발전하고 있음을 보여준다. 그리고 원래의 <풍월주 1 → 부제 1 → 전방화랑 1>에서 <원화 1 → 봉사랑 2>의 분화가 이루어진 이러한 조직개편을 외면적으로 원화의 측면에서 보면 하위조직에 권한을 위임하여 권한의 분권화가 된다고 보겠다. 물론 실제 운영상은 조직구조로만 추정하기가 쉽지 않다는 것을 항상 염두에 두어야 하겠다. 그리고 원래의 3개의 조직이 다시 3개의 조직으로 된 것은 증설이 아니기 때문에 합리적인 조직개편이라고 할 수 있다. 따라서 <그림2>에서 본 것처럼 세종 때에 전방화랑 좌우에 다른 조직이 설치 안되었을 가능성도 있다고 보겠다. 그러나 2개의 봉사랑이 설치된 것을 볼 때에 이미 전방화랑 좌우에 다른 조직이 있었을 가능성도 열어 놓기 위해 점선으로 나타내었다.

4. 제4기조직 : 風月조직과 國仙조직의 병치

　572년에 원화조직이 해체된 후, 잠시 세종이 풍월주가 되었다가 곧 설화랑(설원랑)이 7세 風月主가 되었는데, 그 4년 지나, 576년 진지대왕(재위 576~9)이 등극한 직후, 문노를 國仙에 임명한 것이 「7세 설화랑」과 「8세 문노」에 기록되어 있다. 그리고 『3국유사』「미륵선화 미시랑·진자사」에 보면 진지대왕이 흥륜사 진자스님의 추천으로 미시랑을 국선으로 받들었다. 따라서 진지대왕(재위 576~9) 대에 풍월조직외에도 국선조직이 2개나 더 있었음을 알 수 있고 또 이외에도 많은 私徒가 더 있었을 것이다(이강식

- 85 -

1999b, p.109). 따라서 이는 당시의 화랑도조직이 매우 발전하고 있음을 보여주는 것인데 이를 나타내면 <그림4>와 같다.

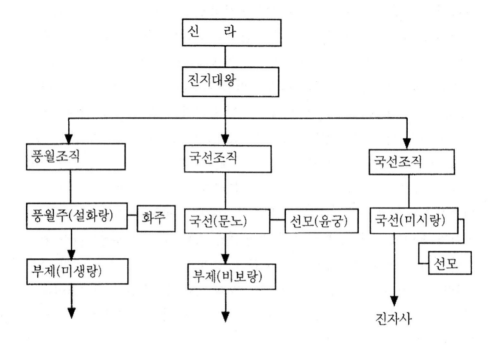

<그림 4> 제4기 풍월-국선-화랑도조직(572~9)

<그림4>는 물론 풍월조직 내의 조직구조는 아니지만 신라의 전체 화랑도조직의 발전을 나타낸다고 보면 될 것이다. 또 연대도 기록자체로는 576~9년이지만 572년부터도 다른 국선조직이 있었을 것이기 때문에 연속성의 측면에서 572~9년으로 나타내었다. 그런데 이 중에서 설화랑(설원랑)의 풍월조직과 문노의 국선조직은 579년의 진지대왕의 폐위와 관련하여4) 미실궁주의 원화조직이 부활하면서 곧 합병하게 된다.

---

4) 논자는 『3국유사』「미륵선화 미시랑·진자사」와 『화랑세기』의 진지대왕의 폐위기록을 분석하여 『화랑세기』의 신뢰도와 타당도가 매우 높음을 논증하였다(이강식 1999c).

5. 제5기조직 : 원화조직의 재재조직 - 1源花2仙3奉事花郎조직의 설치

「7세 설화랑」에서는 579년에 지소태후의 명을 받들어 미실궁주가 원화조직을 재재조직하면서 설원랑의 풍월조직과 문노의 국선조직을 합병하여 源花-미실궁주, 上仙-세종, 亞仙-문노, 左奉事花郎-설화랑, 右奉事花郎-비보랑, 前方奉事花郎-미생랑을 임명했는데 이는 <그림5>와 같다.

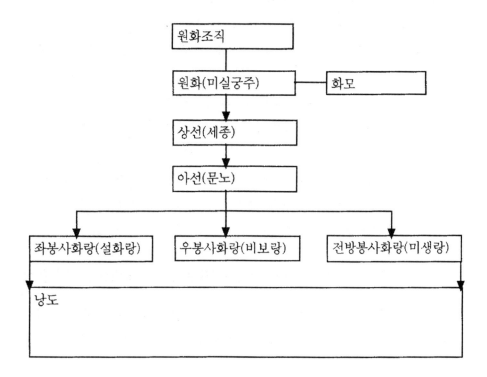

<그림 5> 제5기 원화-화랑도조직(579)

<그림5>에서 보면 조직의 분화가 관리조직에서 <1 → 1 → 1 → 3>으로 분화하여 <1而3, 3而1>의 天地人조직사상의 분화가 나타났다는 것이다. 이것이 신라조직사와 화랑도조직사의 연구에서 가장 주요한 내용이다. 물론 이것은 현대조직이론으로 설명이 가능한데, 즉 계획-조직-통제의 관리기능

의 3분화이고, 국가조직으로보면 입법-사법-행정부의 3부조직의 분화와 깊은 구조를 같이 하는 것이다. 이는 논자의 기존의 연구를 참고하기 바란다 (이강식 1987, 1988, 1993, 1995, 1999c).

그리고 上仙과 亞仙을 2仙으로 보면 <1 → 2 → 3>으로의 조직분화가 발생하였다고 보아도 될 것이지만 그렇더라도 2仙을 수평적 선후관계로 볼 수는 없고 수직적 상하관계로 봐야 할 것이다.

그리고 여기서 <원화 → 상선 → 아선>의 설치는 두 개의 조직을 합병하면서 나타난 특수한 사례로 보면 될 것인데, 결국 아선-문노를 부제로 봐야 할 것이다.

그런데 여기서 좌·우·전방봉사화랑의 3봉사화랑의 서열은 역시 <좌 → 우 → 전방봉사화랑>의 순으로 보인다. 그러나 실제 부제로 승진하고 풍월주로 취임하는 것은 차후 더 살펴봐야 할 것이다.

그런데 579년의 이 원화조직은 지증대왕 폐위 후 곧 해체되고 원화-미실궁주의 뒤를 이어 곧바로 8세 문노(재직 579~82)가 취임하게 되었다. 문노 풍월주가 풍월-화랑도조직을 완성하게 되는데 이제 이를 보자.

6. 제6기조직 : 1風月主1副弟3大花郎5花郎조직 - 화랑도조직의 완성

8세 풍월주 문노(재직 579~82)는 화랑도조직을 확대개편하여 전체적으로 1風月主1副弟3大花郎5花郎조직을 조직하였는데 이는 「8세 문노」에 다음과 같이 자세히 기록되어 있다.

(Ⅱ-6-1) 公之 時 署 郎徒部曲,
　　　　以 左·右奉事郎 爲 左·右大花郎, 前方奉事郎 爲 前方大花郎,
　　　　各 率 三部 郎徒,
　　　　又 置 眞骨花郎·貴方花郎·貴門花郎·別方花郎·別門花郎,
　　　　以 十二·三歲 俊傑之 眞骨 及 大族·巨門之 子弟 願 歸者 爲之,
　　　　置 左花郎 二人·右花郎 二人, 各 率 小花郎 三人·妙花郎 七人,

- 88 -

左三部 掌 道義·文事·武事,

右三部 掌 玄妙·樂事·藝事,

前三部 掌 遊花·祭事·供事, 於是 制度 燦然 備矣(42~3면).

문노공(재직 579~82)의 시기에 화랑도부곡조직을 설치하였는데, 좌·우봉사(화)랑을 좌·우대화랑으로, 전방봉사(화)랑을 전방대화랑으로 재조직하고, 각기 3부조직의 낭도를 통솔하게 하였고, 또 진골화랑·귀방화랑·귀문화랑·별방화랑·별문화랑을 설치하였고,

12·3세의 준걸의, 진골과 대족·거문의 자제로서 소속되기를 원하는 자를 임명하였고,

좌화랑 2인·우화랑 2인을 설치하고, 각기 소화랑 3인·묘화랑 7인을 설치하였으며,

좌3부는 도의·문사·무사를 관장하고,

우3부는 현묘·악사·예사를 관장하고,

전3부는 유화·제사·공사를 관장하였는데, 이에 제도가 찬연히 구비되었다.

여기서 보면 풍월-화랑도조직이 <풍월주 1 → 부제 1 → 좌·우·전방대화랑의 3대화랑 → 진골화랑·귀방화랑·귀문화랑·별방화랑·별문화랑의 5화랑 →좌·우화랑 각 2화랑 → 소화랑 3·묘화랑 7>의 분화와 그리고 <좌·우·전3부조직의 9부>의 하위낭두-낭도조직과 그 기능을 잘 보여주고 있다. 이 기록을 세부적으로 살펴보기로 한다.

1) 3대화랑조직

좌·우대화랑, 전방대화랑의 3대화랑은 앞에서도 잠시 논급하였지만 관리조직의 3분화로서 天地人 3神사상에서 형성하였다고 본다. 이는 조직사의 맥락으로 보면 조선의 영·좌·우의정에 비교할 수 있는 구조적 성격을

- 89 -

가졌다고 본다. 물론 같다는 것을 아니고 그 조직적 본질이 비슷하다는 것이다. 이의 직무는 각기 좌3부는 도의·문사·무사, 우3부는 현묘·악사·예사, 전3부는 유화·제사·공사를 관장한다고 하지만 조직론적인 근본 직무는 계획·조직·통제였을 가능성이 있다고 본다. 조직사의 맥락으로 보면 좌·우대화랑이 계획·통제의 기능을 하고 전방대화랑이 조직-집행의 업무를 관장하였을 가능성이 크다고 본다. 그리고 이러한 관리조직에서의 3<大>화랑의 설치는 이제 화랑도조직의 분화와 발전이 매우 커졌다는 것을 의미한다.

2) 5화랑조직

『화랑세기』에서 화랑도조직의 연구에서 주요한 핵심을 제공하고 있는 조직형태가 바로 <眞骨花郎·貴方花郎·貴門花郎·別方花郎·別門花郎>의 5화랑조직이다. 이 조직이 단순히 나열식으로 5개의 조직이 기록되어 있다고 보았는지 기존의 연구자들은 별다른 주의를 하지 않았다. 그러나 그것은 고대사연구에서 핵심적인 3神6帝사상을 깊이 이해하지 못하였기 때문이다. 우선 보아도 이 진골화랑·귀방화랑·귀문화랑·별방화랑·별문화랑의 기록은 일정한 체계성과 구조성을 갖추고 있다는 것을 알 수 있다. 우선 이와 비슷한 조직사적 기록을 살펴보면, 중국의 『書經』「虞書」<堯典>에 나오는 堯임금이 지휘하는 <羲仲·羲叔·和仲·和叔>의 4인물을 들 수 있다. 논자는 이를 중국에서의 비교적 시원적인 조직형태로 보는데(이강식 1993), 이를 정리하여 <그림6>과 같이 나타내었다.

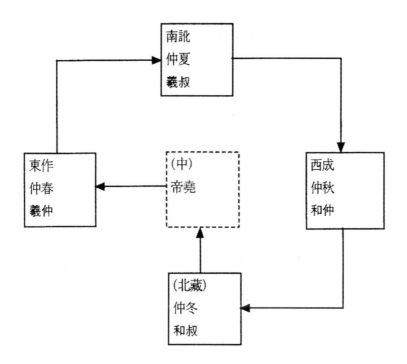

<그림 6> 중국의『서경』「우서」<요전>의 4(5)분화의 조직사상
자료 : 이강식 1993, p.178 참고.

　　논자가 <그림6>으로 나타내 보면 이것이『書經』에서의 5帝사상의 시원
적인 형태라는 것을 잘 알 수 있을 것이다. 특히 이름에서 <義와 和>, <仲
과 叔>이 체계성과 구조성, 순서성, 방향성을 보여주고 있다. 그런데『화랑
세기』의 5화랑도 이러한 체계성과 구조성, 순서성, 방향성을 보여주고 있는
데 이 5화랑조직은 신라의 3神5帝사상에서 형성된 것으로 보이며 먼저 이
를 나타내면 <그림7>과 같다.

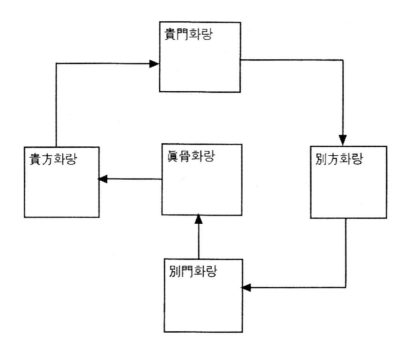

<그림7> 5화랑조직의 체계성과 구조성 - 5제사상

　　<그림6>을 참고로 하여 <그림7>을 보면 5화랑조직이 5帝사상에서 형성
되었다는 것을 비교적 이해할 수 있을 것으로 본다. 기록순서와 작명의 체
계, 구조가 거의 같다는 것을 알 수 있기 때문이다. 즉 <貴와 別>, <方과
門>의 용례가 거의 같은 것이다. 그러나 실제 『서경』「우서」<요전>의 4(5)
제사상을 해석함에 있어서 『화랑세기』의 5화랑조직사상이 또한 도움을 주
고 있다고 본다. 그것은 5화랑조직사상의 상위사상이 3대화랑조직사상임으
로 전체적으로는 이것이 3神6帝조직사상에서 형성되었다는 것을 알 수 있
어서 <요전>의 사상도 4(5)제사상의 시원적인 형태라는 것을 알게 해주기
때문이다. 그러나 고대중국에서는 3神사상은 별달리 발전을 보지 못했는데
그것은 궁극적으로 3神6帝사상이 그들의 사상이 아니고 우리의 고유사상이
기 때문이다. 따라서 우리의 조직적 전통에서 이 3神6帝조직사상이 더 잘

- 92 -

나타나고 있다고 보겠다. 즉 논자는 신라의 이 3대화랑5화랑조직이 神市와 古朝鮮의 3神5帝조직사상의 전통을 계승했다고 본다.

그리고 조직적 맥락에 따르면 5화랑조직은 관리조직이라기 보다는 업무 조직의 성격을 갖고 있다고 보는데 오늘날로 치면 국가조직의 각 행정부 장관에 해당한다고 본다. 경영조직론으로 보면 인사·생산·마케팅·재무·회계의 5대업무기능에 해당한다고 본다. 따라서 이 5화랑조직은 3대화랑의 어느 조직에 소속되었을 것으로 보는데 논자는 앞서 논급한 것처럼 전방대화랑에 소속되었을 가능성이 있다고 본다.

3) 좌화랑 2인·우화랑 2인조직, 소화랑 3인·묘화랑 7인조직

좌화랑 2인과 우화랑 2인도 여러 가지로 해석할 수는 있으나 「12세 보리공」에서 보면 <그 때가 건복 2년(585)으로 보리공의 나이 13세였다. 하종공이 우방대화랑이 되었기 때문에 보리공은 특별승진하여(特超) 우방화랑이 되었다.>는 기록이 있고, 또 같은 「12세 보리공」에서 다시 <건복 2년(585)에 보리공과 더불어 (서현공이) 우방화랑이 되었다.>는 기록이 있기 때문에 이 우방화랑 2명은 우화랑 2인으로서 우방대화랑에 소속되었다고 본다. 그리고 좌화랑 2인도 마찬가지로 좌방대화랑에 소속되었다고 본다.

그리고 소화랑 3인·묘화랑 7인은 좌화랑 2인·우화랑 2인의 4인에 각기 소속되었다고 본다. 이렇게 보면 좌·우방대화랑은 각 1인이 22명의 화랑을 지휘하는 것이 되고, 좌·우방대화랑은 2인은 도합 44명의 화랑을 지휘하므로 그 조직의 방대함을 볼 수 있다.

그런데 그러면 전방대화랑에게 소속된 화랑은 없지 않느냐는 것인데 그러므로 더욱이 논자는 조직적 맥락에 따라 5화랑이 전방대화랑에 소속되었다고 보는 것이다. 이는 뒤에서 계속 보기로 한다.

4) 9部조직

3대화랑은 좌3부는 도의·문사·무사, 우3부는 현묘·악사·예사, 전3부

- 93 -

는 유화·제사·공사를 관장하였는데 「13세 용춘공」에서는 <9部郞頭>라는 용어가 나오므로 논자도 합해서 9부조직이라고 이름 붙이기로 한다. 이렇게 9부를 지휘하였고 그 기능도 방대함을 알 수 있다. 실제로 5세 사다함이 1천명의 낭도를 지휘하였다면 이 정도의 기능은 수행하였을 것으로 본다.

그리고 논자는 3대화랑은 관리조직으로 볼 수 있기 때문에 관리기능인 계획-조직-통제의 기능을 했을 것으로 보나 여기서는 9부의 전문적인 업무기능을 수행한 것으로 나타나고 있다 그러나 논자가 보기에는 9부의 전문적 기능은 낭두가 직접 임무를 수행하였을 것으로 보고, 상층부의 3대화랑은 역시 관리기능을 한 것으로 본다. 그러나 조직의 기능이 항상 고정된 것이 아니기 때문에 이것은 앞으로도 계속 연구하여야할 과제이고 신라의 화랑도조직의 보편성과 특수성은 계속 연구하여야 할 것이다.

그리고 3 × 3 = 9(부)는 역시 3神조직사상에서 형성된 것으로 본다.

5) 部曲

부곡에 대해서도 몇가지 견해가 있을 수 있으나 논자는 원래 部曲에 私兵의 뜻이 있으므로 이는 화랑도조직이 官兵이 아니고 私兵임을 나타낸 것으로 본다. 물론 논자는 화랑도조직이 완전한 私兵은 아니고 풍월주-국선을 왕이 임명하기 때문에 半官半民의 軍事的 성격이 있다고 본다.

이상으로 『화랑세기』(II-6-1)의 화랑도조직의 기록을 분석하였고 『화랑세기』에서 화랑도조직의 구조로서 3神6帝조직구조를 재구축한 것이 논자의 이 연구의 큰 의의 중의 하나라고 보겠다.

7. 郞頭 및 郞徒組織

그리고 화랑도조직에서는 골품제로 보면 6~4두품, 군대조직으로 보면 하사관조직에 해당하는 郞頭組織과 兵에 해당하는 郞徒組織이 있는데 이러한 조직은 역시 신라의 사회조직에서 영향을 받은 것이라 하겠으며 이를 통해 신라조직의 구조와 기능을 탐구해 볼 수도 있는데 「22세 양도공」에 자세히 나와 있고, 이의 停年은 「24세 천광공」에 자세히 나와 있는데 이를 정리하여 나타내면 <표1>과 같다.

<표 1> 화랑도의 낭두 및 낭도조직

구분	계급		정년	여성	비고
郎頭 (마복자)	⑨ 大老頭		60세	奉花 (낭두의 딸로서, 봉옥화·봉로화는 낭두의 처가 됨)	
	⑧ 大都頭		55세		
	⑦ 都頭	－ 都頭別將	50세		
	⑥ 大頭	－ 大頭別將	45세		
	⑤ 上頭	－ 上頭別將			
	④ 大郎頭	－ 大郎頭別將	40세		
	③ 郎頭	－ 郎頭別將			
	② 望頭				
	↑ ① 臣頭(비마복자)				
郎徒 (서민의 자)	③ 大徒		23·4~30세	遊花 (서민의 여식)	
	② 平徒		18·9~23·4세		
	① 童徒		13·4~18·9세		

주 : 이 표는 몇 개 시기의 기록을 합성하여 하나로 나타내었음.

「22세 양도공」에서 보면 낭두는 원래 7계급이었으나 양도공(재직 637~40)이 대도두, 대노두 2계급을 증설하여 9계급으로 하였고 또 도두 이하는 별장이 있어 5계급이므로 낭두는 14계급이고, 낭도는 3계급이므로 도합 17계급(3+9+5)이어서 3국통일전쟁시기에 상당히 발전이 가속화되고 있음을 알 수 있다. 그리고 같은 「22세 양도공」에서 낭도의 정년은 국초부터였다고 기록하고 있으므로 화랑도조직은 신라건국초부터 있었음을 다시 한번 알게 해준다. 그리고 낭두의 정년은 원래 없었는 것 같은데, 「24세 천광공」에서 보면 천광공(재직 643~7)이 새로이 규칙을 제정하였다.

이처럼 10대 후반의 풍월주-화랑 휘하에 10~60대의 낭두와 낭도가 근

- 95 -

무하였음을 알 수 있다. 그리고 낭도 중 大徒는 30세가 되면 정년이 되어 병부에 소속되거나 농공에 종사하여 향리의 長이 되었다. 그리고 낭두와 낭도에는 김흠운(?~655)과 같은 진골귀족의 자제도 있었을 것이다. 이것이 신라사회의 단결력을 더 높이는 기제가 되었다고 본다. 더 상세한 연구는 앞으로의 기회에 하기로 하겠다.

8. 奉花 및 遊花조직

「22세 양도공」에는 봉화(奉玉花, 奉露花 포함)와 유화에 대한 설명도 나와 있다. 유화도 大徒처럼 30세가 되면 정년이 되어 귀가하였다. 그런데 논자는 이미 마복자를 『3국유사』「원종홍법 염촉멸신」에서 염촉의 <내양자>와 비슷한 개념으로 보았다(이강식 1999d, p.65).[5] 이 역시 앞으로 더 깊이 연구할 부분이다.

그리고 문노(재직 579~82)시기에 화랑도조직은 완성된 것으로 보이며 이후는 『화랑세기』에서 별다른 조직개편이 보이지 않는다. 따라서 이상의 분석을 바탕으로 화랑도조직의 3神6帝組織圖를 나타내 보기로 하자.

9. 風月-花郞徒組織의 3神5帝組織圖

논자가 현대조직론의 측면에서 화랑도조직을 분석하였을 때, 결론적으로 조직도를 <그림8>과 같이 3神6帝組織으로 나타낼 수 있다.

---

5) 그런데 논자는 궁극적으로 봉화와 유화, 또 마복자는 고대종교사회에서부터 유래하는 神殿賣淫과 初夜權의 신라적 형태로 본다. 즉 신라 神宮에서 종교사회적으로 제도화한 신전매음과 초야권으로 본다. 그러므로 우리 사서에서 고대종교사회의 神殿賣淫과 初夜權의 형태로 보이는 기록이 유일하게 『화랑세기』에서 나왔으므로 『화랑세기』의 진실성과 주요성이 실로 여기에도 있다고 하겠다. 이는 또 논자가 『화랑세기』를 고대 天神敎 계열의 사서로 보는 것과 이론적 맥락을 같이 한다. 따라서 이는 일부 연구자들이 주장하는 이른바 성적 자유분방과는 전혀 차원이 다른 문제이다.

- 96 -

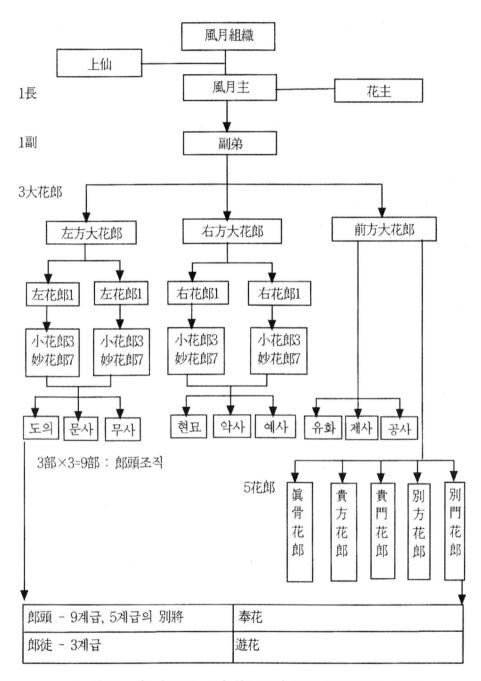

<그림 8> 제6기 風月-花郎徒組織의 3神5帝組織(579~681)

<그림8>에서 보면 화랑도조직은 현대조직의 구조와 기능을 모두 갖고 있는, 조직이론적으로도 매우 방대하게 발달한 분화를 한 조직임을 알 수 있다. 이는 문노 등의 신라 조직실천가들의 뛰어난 업적이며, 조직의 나라 신라의 우수성을 입증해주는 것이다. 따라서 신라의 3국통일이 화랑도조직의 유효한 조직력에 크게 기인했다는 것을 다시 한번 알 수 있다.

논자는 <그림8>에서 5화랑을 전방대화랑에 소속시켰는데 이는 논자의 3대관리5대업무조직구조론 및 3神5帝조직사상에 따른 논자의 해석에 기인한 것이다. 그리고 5화랑의 하위에도 소속된 화랑이 있을 수 있는데 다만 현재 기록에는 나타나지 않는다.

논자의 이 조직도에 따르면 문노(재직 579~82)시기의 풍월조직의 화랑의 총 정원은 54명임을 알 수 있는데, 이에 앞선 시기이기는 하지만 5세 風月主 사다함(재직 561~2)처럼 1천명의 조직원을 휘하에 둔다면 화랑 1인당 평균 17.5명의 낭두와 낭도를 통솔하게 된다 { (1,000-54)/54 } . 이를 역으로 조직론에서 말하는 관리자비율로 보면 0.057이 된다. 물론 문노시기는 조직원의 수가 더 많았을 것이다.

그런데 <그림8>의 조직도에서 문제점을 다시 한번 정리하면 역시 3대화랑의 업무기능과 5화랑을 전방대화랑에 소속시킨 것이다. 그러나 전체적으로 현대조직론의 3대관리5대업무기능론과 3神5帝조직사상의 맥락으로 보면 큰 틀에서는 별다른 문제점은 없다고 본다.

그리고 『화랑세기』의 조직기록은 발전하는 조직변화의 과정을 실제적으로 기술하고 있고 또 역사조직학과 현대조직론의 이론과 대부분 일치함으로 합리적이며 별다른 문제점은 없다. 따라서 『화랑세기』의 조직기록은 합리성과 신뢰도, 타당도가 매우 높다고 본다. 다만 부분적으로는 조직이름을 기록할 때에 글자수를 생략하기 위해서인지 축약한 기록이 있는데 이는 필사과정에서 발생한 것으로 보며 앞으로 더 연구할 과제이다.

Ⅲ. 『花郞世紀』에서의 花郞徒組織의 3神5帝組織構造論의 함의

『화랑세기』에서 화랑도조직구조로서 3神5帝조직구조를 재구축한 것은 여러 가지 함의와 시사점을 가지고 있다. 이제 이를 살펴보기로 하자.

1. 신라의 3神5帝사상의 재확인

신라의 3神사상과 3皇사상, 3山5岳제도를 포함한 3원론적 지적 전통을 논자가 이미 연구한 바가 있다(이강식 1995, pp.337~63). 그런데 신라 당대의 기록에서, 조직기록에서 이를 다시 확인함으로써 신라의 기본사상이 3神5帝사상임을 다시 한번 입증하게 되었다. 따라서 다시 한번 강조하면 3神5帝사상은 신라의 본원 사상임을 알 수 있다.

2. 神市, 古朝鮮조직전통을 계승한 신라

논자는 神市의 3伯5事조직과 古朝鮮의 3朝鮮5加3伯6事조직을 논증하였다. 그런데 『화랑세기』에서 3대화랑5화랑조직을 논증한 것은 신라가 신시-고조선조직의 전통을 계승했다는 것을 입증한 것이다.

3. 고대 사서와의 일치

『화랑세기』에서 3·5조직구조가 입증된 것은 『화랑세기』가 이러한 3·5조직구조를 기록하고 있는 김부식 등의 『3국사기』, 일연의 『3국유사』와 이에 인용된 『古記』, 『환단고기』(1911 엮음), 북애자의 『규원사화』(1675), 『천부경』, 『31신고』 등과 일치한다는 것이며, 따라서 신뢰도와 타당도가 높고 충분조건도 마찬가지이다.

4. 고대사서는 天神教의 사서

논자는 3神5帝사상을 우리 고유의 고대 천신교의 사상으로 보고 있고 따라서 『화랑세기』도 고대 천신교 계열의 사서로 본다. 이는 3神5帝사상을 기록하고 있는 다른 사서도 마찬가지이다. 따라서 고대 천신교를 기록하고 있는 사서는 기존의 종교·사상으로 해석해서는 안되고 천신교를 분석할 수 있는 새로운 해석체계를 구축하여 연구하는 것이 급선무라고 본다.

5. 현대조직론의 分化와 道의 分岐의 일치

3대관리5대업무기능론으로 3神5帝사상을 해석할 수 있다. 이는 곧 組織의 分化와 道의 分岐가 일치한다는 것을 알 수 있게 해주는데 이는 앞으로 우주론을 보다 실제적으로 연구할 수 있는 토대를 마련한 것이다. 그리고 현대조직론도 상보적으로 3神5帝사상의 연구를 통하여 구조적·기능적 이론정립에 많은 도움을 받을 수 있다.

이외에도 몇가지 함의와 시사점이 더 있겠으나 줄이고, 앞으로 신라조직사와 사상사의 연구에서 이러한 함의와 시사점이 깊이 다루어져야 할 것이다.

Ⅳ. 『花郎世紀』의 3神5帝組織構造論의 재검토

이러한 화랑도조직의 3·5구조는 『화랑세기』의 신뢰도와 타당도의 연구에서 주요한 핵심적 관건이다. 그렇지만 이 논점은 그럴수록 더 신중한 접근이 필요하다. 즉 현전 필사본 『화랑세기』(모본)이 왜정시대인 1930년대이후에 필사되었다는 것은 주지의 사실이다. 그러면 이제 1930년대이후에 『화랑세기』가 필사될 때에 이에 영향을 줄 수 있는 3神5帝사상은 없었는지를 살펴봐야 한다.

그런데 여기서 前提해야 할 것은 과연 필사자가 3神5帝사상을 잘 이해했는지의 여부이다. 이를 다시 한번 설명하면 『화랑세기』 자체에서 화랑도조직이 3神5帝사상에 입각하여 조직되었다는 것을 분명하게 밝힌 것이 아니고 이것은 논자가 현대조직론의 분석틀을 통해 처음으로 재구성한 것이기 때문이다. 즉 현재까지의 다른 연구자들도 이것이 3·5구조에 해당한다는 것을 모르고 있는 것이다. 따라서 현전『화랑세기』의 필사자가 3神5帝사상을 숙지하지 못하고 있었다면 3神5帝사상이 담겨있는 현전『화랑세기』에 대한 필사자의 영향은 없었는 것으로 봐야 한다. 그러나 이의 확인은 다른 과제이지만 1930년대이후에 현전『화랑세기』를 필사할 정도의 지식인이 3神5帝사상을 몰랐을 가능성이 그렇게 크다고 볼 수는 없다. 물론 그렇더라도 현전『화랑세기』가 필사될 시, 그 영향을 받았는가 하는 것은 또 별개의 논점이다. 왜냐면 현전『화랑세기』의 3神5帝사상이 의도적으로 뚜렷하게 기록되었다고 보기는 어렵기 때문이다. 즉 핵심어인 <3>대화랑이나 <5>화랑도 모두 논자가 붙인 이름이지 실제『화랑세기』에서 나오는 이름이 아니다. 그러므로 이는 매우 복잡한 과제이나 앞으로 계속 연구할 과제이므로 여기서는 다른 부분은 줄이고 1930년대에서 참고할 가능성이 있는 3神5帝사상의 전개를 살펴보기로 한다.

1. 신라사에서의 3神·3皇·3山5岳

신라사 자체로 보면 앞에서 잠시 논급하였지만 『3국사기』, 『3국유사』 등에서의 3神, 3皇, 특히 3山5岳 등이 영향을 주었을 가능성이 있고 또 5臺山신앙의 영향도 상정해 볼 수 있다. 또 신라의 6村·6部조직의 영향도 있을 수 있다. 또 고구려의 3京5部조직(이강식 1995, pp.297~303), 백제의 5部·5方조직(이강식 1987, p.374)도 상정해 볼 수 있다. 그러나 다르게 보면 이는 신라당대의 3국의 번성하고 있는 3神5帝사상을『화랑세기』가 보여주고 있기 때문에『화랑세기』의 신뢰도와 타당도가 높다는 뜻이 되기도 한다.

- 101 -

2. 신채호의 古朝鮮 3京5部제도

비교적 가능성있는 것은 신채호(1880~1936)의 『조선상고사』(1931)에서 제시한 古朝鮮 3京5部제도이다(이강식 1989, p.176). 물론 이것은 고조선의 지역제도이지만 이는 당시 「조선일보」(1931)에 연재되었으므로 당시 지식인에게 알려졌을 가능성이 있기 때문에 이에서 영향을 받을 수도 있다.

그런데 지금까지는 신채호가 古朝鮮 3京5部제도를 어디에서 입론하였는지, 문헌적 근거를 찾지 못하였는데 논자는 이를 다음과 같이 찾았다.

3. 明의 薛廷寵의 古朝鮮 檀君 3韓5都

김교헌(1868~1923)의 『신단실기』(1914)에는 明의 薛廷寵의 詩를 실었는데 여기서 <3韓5都何紛紛,>이라는 귀절이 있다(이강식 1989, p.176 ; 1995, pp.294~5). 신채호는 여기에서 영향을 받았을 것으로 본다.

그런데 논자는 김교헌의 『신단실기』에 실린 明의 薛廷寵의 詩를 오랫동안 관심을 기울여 추적하여 왔는데 이 시는 尹斗壽(1533~1601)의 『平壤志』(1590)에 실린 것으로 확인하였고, 또 윤두수의 후손인 尹游(1674~1737)가 편찬한 『平壤續誌』(1730)에는 설정총의 「遊平壤記」(1539. 4. 23.)가 실려 있는 것을 확인하였다.

계속하여 논자는 『중종실록』을 확인한 바, 중종 34년(1539) 4월 3일, 副使로 온 明의 설정총이 평양에 와서 文廟·箕子廟·檀君廟를 참배하고 시를 지었다는 것을 알게 되었다. 그런데 여기에는 설정총이 문묘·기자묘에서는 4拜禮를 하고 단군묘에서는 揖禮만 하였다는 흥미있는 사실도 기록되어 있다. 이처럼 명의 설정총이 고조선 <3韓5都>조직을 제시하였는데 따라서 이 구조의 연원이 깊다는 것을 알 수 있고 의의가 크며, 논자는 신채호가 이 시에서 영향을 받았다고 본다.

따라서 『화랑세기』의 필사자도 이에서 영향을 받았을 수도 있지만 고조선 단군 3韓5加조직이 연원이 이처럼 깊기 때문에 신라가 당대에 이러한 조직전통을 계승한 것으로 본다.

4. 고려 등의 국가조직의 3省6부조직

대진(발해), 고려, 조선, 중국 당 등은 국가조직으로서 3성6부조직을 설치하였는데(이강식 1995, pp.287~91) 여기에서 영향을 받았을 수도 있다. 또 중국의 3公6卿도 참고가 될 수 있다. 물론 화랑도조직은 3·5조직이기 때문에 이 가능성은 비교적 적다고 본다.

5. 중국 서책과 일반적인 조직이름의 영향

논자는 물론 3대화랑5화랑조직이 신라고유의 조직사상으로 보지만 그러나 중국서책의 영향이 있을 수도 있다. 앞서 본 것처럼 『서경』의 영향을 받았을 가능성이 있는 것이다. 『서경』의 4(5)제사상은 사실 그렇게 뚜렷하지는 않지만 5화랑과 작명방법이 비슷한 것은 사실이다. 그런데 『壬申誓記石』(552, 또는 612)을 보면 문노(재직 579~82)시기의 신라인도 『시경』, 『상서』(『서경』), 『예기』, 『좌전』을 당연히 보았을 것이기 때문에 신라당대인이 『서경』을 보고 작명례 정도는 참고했을 가능성도 있다. 그러나 5화랑조직 자체는 이와는 조직성격이 거의 다르기 때문에 신라고유의 3神6帝사상에서 설치되었다고 본다.

그리고 『史記』 등의 3皇5帝, 또는 5帝3王의 영향을 받을 수도 있고, 가능성의 측면에서는 『3국지연의』에 나오는 5虎將, 정동·남·서·북장군의 4征장군, 또 전·후·우·좌장군의 4方장군 등의 예도 들 수 있다. 그러나 이러한 관직은 3·5구조와는 다르고 이 기록들도 신라당대인이 당연히 보았을 것이기 때문에 반드시 1930년대의 필사자의 영향이라고 보기는 어렵다.

이외에도 3才·음양5行 등 기록을 더 찾을 수는 있지만 줄이기로 하겠다.

이처럼 이상의 1930년대에 볼 수 있었던 3·5구조에서 1930년대의 현전 『화랑세기』의 필사자가 영향을 받았을 가능성은 있지만 그렇다고 이것이 현전『화랑세기』에 영향을 주었다고 보기는 어렵다. 신라당대인이 3·5구조를 더 잘 실천하고 있었기 때문이다. 또 현전『화랑세기』에서 3·5구조를 의도적으로 제시하고 있다고 보기는 어렵기 때문이다. 또 고대 천신교나 현대조직론에 별다른 소양이 없는 필사자들이 굳이 3·5구조를 화랑도조직의 구조로 기술한 동기가 분명하지 않기 때문이다. 뿐만 아니라 현전『화랑세기』의 필사자들은 조직이름을 축약하는 등 조직에 대한 분명한 의도를 갖고 있지 못한 점이 보이기 때문에 필사자들의 영향은 없었다고 본다. 그러나 항상 그 가능성은 탐구해 봐야하는 것이 학문적으로 주요하다.

V. 맺는말

『화랑세기』에 기록된 화랑도조직을 현대조직론으로 분석한 결과 3·5조직구조임을 알았다. 이는 현대조직론의 3대관리5대업무기능과 일치하고 신라고유의 3神5帝思想에서 형성하였음을 알 수 있다. 따라서 논자는 이를 3神5帝組織構造라고 이름붙였다. 논자는 지금까지 많은 3神5帝組織構造를 확인하였는데 이제 신라의 화랑도조직에서도 사례를 추가하게 되었다.

이 연구에서는 엄정한 문헌고증을 통하여 화랑도조직의 구조가 3神5帝조직구조임을 논증하였는데 주요 결론은 다음과 같다.

첫째, 『화랑세기』에 기록된 화랑도조직의 구조는 1풍월주1부제3대화랑5화랑조직구조로서 <1 → 1 → 3 → 5>의 분화를 하고 있는데 이는 3神5帝조직사상에서 형성되었으며 현대조직론으로 분석해 볼 때 합리적이다.

둘째, 『화랑세기』에서 보면 풍월주는 반드시 부제를 거치도록 경력경로(career path)를 구축하였는데 이는 화랑도조직의 조직관리가 매우 유효하고 능률적임을 보여 준다.

셋째, 『화랑세기』의 3대화랑조직의 기능은 9部의 업무기능이나 조직의 맥락으로 보면 관리기능을 하였을 것이며, 5화랑조직의 기능은 기록에는 나타나지 않으나 역시 조직의 맥락으로 보면 업무기능을 하였을 것이다.

넷째, 『화랑세기』에 나타난 화랑도조직의 개편은 모두 6차례가 있는데 특히 3神5帝조직구조는 8세 문노시기에 완성되었다. 그리고 이러한 개편기 록은 조직의 분화과정을 실제적으로 보여주고 있어서 합리적 기록이다.

다섯째, 『화랑세기』에 나타난 3대화랑5화랑조직구조는 다른 우리 고대사 서의 조직전통과 일치성이 높고, 구체적으로는 神市, 古朝鮮의 조직전통을 계승한 것이다.

여섯째, 『화랑세기』에 나타난 3神5帝사상은 우리 고유의 고대 天神敎사 상이므로 화랑도조직은 신라 천신교의 종교수련조직이고, 이 사서는 고대 천신교 계열의 사서이다.

여섯째, 『화랑세기』는 이처럼 현대조직론의 3대관리5대업무기능과 일치 하고 신라의 3神5帝사상에서 형성한 화랑도조직을 기록하여 합리성이 높고 신뢰도와 타당도가 높은 사서이다.

그리고 이 연구를 통하여 제언을 하면 花主, 그리고 고대 天神敎의 神殿 賣淫과 初夜權의 신라적 형태로 보이는 봉화와 유화, 마복자에 대해서도 더 깊은 연구가 필요하다. 그리고 논자는 화주가 반드시 풍월주의 부인이 아니 어도 될 수 있다고도 보는데 앞으로 더 연구할 필요가 있다. 그리고 1930년 대의 3神5帝사상의 전개에 대해서도 항상 관심을 가져야 한다.

물론 현전 『화랑세기』의 서지적인 측면도 계속 연구대상이다. 특히 논자 는 「9세 비보랑」에서 <高句麗>라는 국명이 기술되었음을 보는데 신라당대 에 신라인이 <高句麗>라는 국명을 썼을 가능성은 거의 없으므로 이는 『화 랑세기』가 고려, 조선, 왜정시대에 계속 필사되어왔음을 의미한다고 본다 (이강식 2000, p.11 참조).

그리고 내용상의 불일치도 없는 것은 아니다. 김흠순과 김유신이 胞弟라 고 하였다가 뒷부분에서 다시 世系가 같다고 한 것은 사서의 정확성을 낮게 평가할 수 있는 내용상의 불일치로 본다.

- 105 -

그러나 김부식 등의 『3국사기』와 일연의 『3국유사』에서는 진흥대왕(재위 540~76)이 말년에 스님이 되었다고 했지만, 『화랑세기』「11세 하종」에서는 진흥대왕이 말년에 <風疾>이 들어 내외정사를 살펴지 못하였다고 했는데 논자는 『화랑세기』의 이 내용이 당시의 정국상황을 설명하는 데에 더 설명력이 높다고 본다. 그리고 이는 신라당대의 황궁사정에 정통한 오기공-김대문이 기술할 수 있는 내용이기 때문에 신뢰도와 타당도가 높다고 본다.

그리고 논자가 『화랑세기』를 분명한 신라당대의 사서로 보는 또 다른 관점을 간략히 보면 다음과 같다. 즉 김대문이 발문에서 <화랑도조직의 派脈의 正邪를 밝힌다.>고 하였는데 여기서 正은 신문왕-오기공-김대문 등이고 邪는 김흠돌 등을 나타낸 것이다. 그런데 더 주요한 것은 신문왕-오기공-김대문 등은 진골정통파이고 김흠돌 등은 가야파이다. 즉 다시 말하면 『화랑세기』는 진골정통파의 승리와 3국통일전쟁 중에 가장 강성해졌던 가야파의 대출척을 기록하고 있으며 이는 기존의 다른 사서에서는 찾아 볼 수 없는 내용이다. 따라서 이것이 오기공-김대문이 『화랑세기』를 저술한 주요동기인데 핵심적 동기는 신문왕 즉위의 정당성을 입증한 것이다. 따라서 이러한 동기는 1930년대의 필사자와는 별로 관계가 없다고 본다. 그러므로 논자는 현전 『화랑세기』 자체는 신라당대의 오기공-김대문의 원저작이 맞다고 본다. 그러므로 넓은 의미에서 보면 김흠돌난(681)은 결국 정치적 사건으로 볼 수 있다. 그렇게 보면 『화랑세기』가 世譜를 기록하여 비교적 객관적이지만 근본적으로는 승자의 역사라는 것을 간과해서는 안 되며 이러한 관점이 『화랑세기』(704전후)의 기술에 미친 영향을 앞으로 더 깊이 연구해야 할 것이다. 또한 이러한 김흠돌난의 정치적 성격이 김부식 등의 『3국사기』의 기술에 미친 영향도 살펴봐야 할 것이다.

이처럼 천년 제국 신라의 중추인 화랑도조직의 연구는 신라조직사, 역사조직학뿐만이 아니라 현대조직론의 주요한 연구과제이다.

참고문헌

계연수 엮음(1911), 환단고기.

권덕영(1989), "필사본 「花郎世紀」의 사료적 검토," 역사학보, 제123집, 역사
학회.

김교헌(1914), 신단실기.

金大問(704전후) 著, 李泰吉 譯(1989), 花郎世紀, 부산:민족문화사.
→ 拔萃本.

김대문(704전후) 저, 이종욱 역주해(1999), 화랑세기-신라인의 신라이야기,
서울:소나무 → 母本.

김부식(1145), 3국사기.

김식현(1991), 인사관리론, 신고중판, 서울:무역경영사.

김학성(1996), "필사본 《花郎世紀》와 향가의 새로운 이해," 성곡논총, 제
27집(1권), 성곡학술문화재단.

노태돈(1995), "필사본 花郎世紀의 사료적 가치," 역사학보, 제147호, 역사
학회.

박경규(1997), 신인사관리, 서울:홍문사.

북애자(1675), 규원사화.

사마 천(-91년경), 사기.

3국지연의.

서경.

신채호(1931), 조선상고사.

윤두수(1590), 평양지.

윤유(1730), 평양속지.

이강식(1987), "「古記」에 기록된 神市조직의 구조와 기능," 경북대 경상대학
논집, 제15호.

이강식(1988), 한국고대조직사 - 환국, 신시, 고조선조직연구 -, 서울:교문사.

- 107 -

이강식(1989), "『天符經』의 組織論的 解釋(下)," 한배달, 제5호, 서울:한배달.

이강식(1993), 神市組織史 - 5事組織辨證 -, 서울:아세아문화사.

이강식(1995), 韓國古代組織思想史 - 天地人 3神思想의 組織論的 解釋 -, 서울:아세아문화사.

이강식(1997), "화랑도조직의 이론과 실천," 1997년도 춘계학술연구발표회 발표논문집, 1997. 2. 22. 한국경영학회.

이강식(1998a), "고조선 3한조직의 3국으로의 계승," 국학연구, 제4호 서울: 국학연구소.

이강식(1998b), "화랑도조직의 이론과 실천," 경영학연구, 제27권 제1호, 한국경영학회.

이강식(1998c), "선도신모가 화랑도조직의 기원이라는 변증," 신라학연구소 논문집, 제2집, 위덕대 신라학연구소.

이강식(1998d), "첨성대의 본질에 따른 문화마케팅전략구축," 경주대논문집, 제10집, 경주대.

이강식(1999a), "『花郎世紀』(母本)에 기록된 花郎徒組織의 3神6帝組織構造," 1999년도 하계 경영학관련 통합학술대회 발표논문집, 한국경영학회, 1999. 8. 19~21.

이강식(1999b), "사다함 풍월주의 化郎徒組織경력," 경주문화, 제5호, 경주문화원.

이강식(1999c), "神市조직의 구조와 기능," 단군학연구, 창간호, 단군학회.

이강식(1999d), "원종흥법 염촉멸신과 알공의 이국의 대의 : 신라정부조직의 조직적 의사결정과정," 경주문화논총, 제2호, 경주문화원 향토문화연구소.

이강식(2000), "헌강대왕의 깨달음의 종교로서의 풍류도 : 화랑도조직의 종교의 본질," 경주문화논총, 제3집, 경주문화원 향토문화연구소.

일연(1281~3년경), 3국유사.

임신서기석(552, 또는 612).

중종실록.

(Ⅲ-10-15)
신라학연구, 제5집, 2001.12.

朴赫居世居西干의 神과 聖:新羅組織思想의 原型

李 康 植*

Ⅰ. 첫말

　신라 시조 朴赫居世居西干(-69~4)은 신라인의 모든 정신사상사의 原型이다. 박혁거세거서간이 千年 帝國 新羅의 초석을 놓았을 뿐만 아니라, 천년동안 신라인이 가졌던 모든 時代精神이 박혁거세거서간에게서 나왔으며, 또 신라인

─────────────────
* 경주대 교수

은 박혁거세거서간의 조직사상을 충실히 잘 실천하였고, 신라인은 그들의 모든 과제에 대한 해답을 박혁거세거서간에게서 구할 수 있었다. 따라서 이러한 박혁거세거서간의 조직사상의 실천으로 신라는 3국을 통일하는 위업을 달성하였고 인류 역사상 위대한 千年 帝國을 이루었다. 그러므로 오늘날 우리의 한국정신도 당연히 박혁거세거서간의 도움을 크게 받고 있다. 따라서 박혁거세거서간을 이해하면 신라를 이해할 수 있고 신라를 이해하면 한국을 이해할 수 있다. 그러나 그간 斯界에서는 박혁거세거서간에 대한 연구가 매우 미흡하였다. 그러한 부분에 대한 것은 이 연구에서는 줄이기로 하겠다. 차후에 기회가 있으면 수행하기로 하겠다. 이 연구에서는 <歷史인 朴赫居世居西干>을 탐구하여 인류 역사상 유례가 드문 千年 帝國 新羅組織을 구축한 그의 조직사상을 밝히고자 한다. 물론 현대조직에서 계승해야 할 부분도 탐구하지만 우선적으로 신라조직사상의 원형(archetype)을 찾고자 한다.

따라서 이 연구의 목적은 신라 시조 박혁거세거서간의 조직사상을 현대조직론으로 분석하여 신라조직사상의 원형을 밝히고자 하는 것이다.

이러한 연구로 박혁거세거서간이 구축한 신라조직사상을 이해한다면 현대조직론의 이론구축에도 많은 시사점을 줄 수 있고, 그리고 앞으로 통일을 대비해서 우리가 추구해야할 조직사상과 함께 신라사의 세계성과 현대성까지도 확인할 수 있다고 본다.

그리고 이 연구는 문헌조사법을 채택함으로 이 연구방법의 장단점의 범위 내에서 이 연구를 이해하여야 한다.

II. 神人 朴赫居世居西干

1. 天神敎에서의 天子 · 天帝子 · 天王 · 天帝 朴赫居世居西干

박혁거세거서간은 신라인에 의해 <天子>로 추대되었다(『3국유사』「신라시조

혁거세왕」). 따라서 <天子>, 즉 <하늘아들>이 박혁거세거서간의 주요한 조직사상적 칭호이므로 이를 먼저 살펴보고자 한다. 중국에서는 周에서 天子사상이 시작되었고 漢代(-206~220)에 와서 <天子>는 종교적 칭호로 되고, 정치적 칭호는 <皇帝>가 되어 이 두 호칭이 구분되어 사용되어 왔다. 그러면 박혁거세거서간의 이 <天子>도 중국식 칭호일까? 그럴 가능성도 있고 그 측면에서도 앞으로 많은 연구가 있어야 하겠지만 논자는 같은 名號인 것같아도 그 조직사상적 계통을 다르게 본다. 즉 <이때 신라인이 다투어 축하하여 말하기를, "지금 천자께서 이미 강림하셨으니, 마땅히 덕이 있는 여군을 찾아 배필로 삼아야 합니다." 라고 하였다.[時人 爭 賀 曰, "今 天子 已 降, 宜 覓 有德女君 配之."]>(『3국유사』「신라시조 혁거세왕」)라는 기록을 보면, 여기서 天神教의 <神人降世>사상이 나타나는 것이다. 즉 박혁거세거서간이 天子로 추대된 것은 그가 하늘에서 강림한 神人으로서의 天子이므로, 이는 전형적인 天神敎思想으로서, 우리 정통사에 따르면 이는 天帝子의 降臨을 의미하는 것이다. 따라서 박혁거세거서간은 하느님이 이 땅에 사람의 몸으로 하강하여 왕이 된 <天王>인 것이다. 물론 降世할 때는 <하늘아들[天子]>이지만 즉위하면 <하늘왕[天王]>으로서 바로 <하늘 그 자체>인 것이다. 즉 桓因天帝의 天帝子 桓雄이 즉위하여 天王이 된 것과 같다. 이처럼 이는 중국의 天子사상과 비슷한 듯하여도 매우 다르다. 중국은 神人降世의 天子사상이 아닐 뿐아니라, 왕 또는 황제가 하늘왕[天王], 하늘황제[天帝]가 된다는 것은 전혀 가능하지 않는 것이다. 즉 하늘명령[天命]을 받는 어디까지나 하늘아들[天子]이다. 그러나 신라의 天子-天王은 하늘사명[天命]을 스스로 실천하기 위해서 지상에 現身한 神人이며 붕어할 때에는 다시 하늘로 돌아가는 天帝이다. 논자가 대표적인 神敎사서로 보는 『규원사화』(1675)에서는 강림을 <神人降世>라 하였고, 하늘로 돌아가는 것을 <化神朝天>이라고 하였다. 논자는 이것이 신라의 天子-天帝子조직사상과 중국의 天子조직사상이 다른 주요한 점이라고 본다.

그러면 박혁거세거서간의 天子가 天帝子임을 다시 한번 살펴보기로 하자. 박혁거세거서간은 <帝室之女>인 仙桃神母의 아드님이므로(이강식 1998a) 天帝

- 177 -

子이다. 그리고 신라에서는 天帝가 최고신으로 나타나고 있어서(이강식 2001, p.34), 더욱이 이 天子는 天帝子라고 본다. 따라서 우리의 정통사에서 보면 신라의 이 天子-天帝子는 북부여의 天帝子 해모수와 고구려의 天帝子 동명성제와 같은 조직사상임을 알 수 있다(이강식 1998b, 참고).

따라서 신라의 박혁거세거서간은 天子로서 降世하여, 즉위하면서는 우리 정통사와 천신교의 교리에 따라 天王이 되었고, 붕어하면서 다시 하늘로 승천하여 天帝로 돌아갔다고 본다.

그러므로 우리 정통사의 天王-天帝는 단순히 하늘같이 신성한 王·帝가 아니고 바로 하늘-하느님-天-天神이 人世에 하강한 王·帝를 의미하는 것이다. 그런데 하늘은 우주를 나타내므로 천왕은 더나아가 우주왕을 의미하는 것이므로 박혁거세거서간은 바로 宇宙王이다. 즉 박혁거세거서간이 바로 하느님이다. 그리고 이 天帝는 『3국유사』에서 다르게는 天神, 上帝, 上皇으로도 표현되었다. 또 불교식으로는 帝釋으로도 표현되었다.

그런데 박혁거세거서간이 붕어하여 장사지낼 때, 큰 뱀의 방해로 5體로 나누어 장사를 지내 5陵-蛇陵을 만들었는데 이는 天神敎의 5帝·5方사상을 나타내어 박혁거세거서간이 5方의 天帝임을 나타낸 것으로 본다. 그리고 이때의 큰 뱀이 나타났다는 것은 당시의 자연환경을 잘 나타내는 것이기도 하지만 특히 始祖의 영혼불멸의 不死와 天上에의 復活을 의미한다고 본다.

그러면 居西干은 무슨 뜻일까? 지금까지 이 역시 그렇게 많이 연구된 것 같지는 않지만 기존에 개진된 견해는 있다. 그러나 논자는 기존의 견해와는 다른 논지를 갖고 있다. 즉 지금까지는 <居西干, 居瑟邯>으로 보아왔고, 여기서 <干과 邯>은 칸(khan)으로 보아서 왕(king)으로 보는 것은 일치를 보고 있다. 감(邯)은 카미로 보아 神으로 볼 수도 있다. 그런데 <居西와 居瑟>은 여러 가지로 해석을 시도하여 왔지만 그렇게 역사적 맥락의 정곡을 찌르는 해석이 있었다고는 보기 어렵다. 대개 사서에서도 <居西>에 대해서는 침묵을 지켰다. 논자는 이제 이를 해석하고자 한다. 그런데 논자는 『3국유사』「신라시조 혁거세왕」에서 박혁거세거서간이 처음 입을 열어 <"알지거서간이 한번 일어난다." ["閼智居西干 一起."]>라고 말한 기록을 깊이 고찰하여야 한다고 본다. 이때 <閼智>는 같은 「金閼智·脫解王代」를 보면 小兒로 해석할 수 있다. 그래서 일반적으로 박혁거세 거서간의 <알지거서간>도 <알지 + 거서간>으로 분절하여 해석하여 왔다. 그러나 논자는 그러한 가능성도 있지만 <金閼智>의 <智>를 존칭형 접미사로 보아서 <金閼 + 智>로 분절할 수도 있으므로 박혁거세거서간의 <알지거서간>도 <알 + 지거서간>으로 분절할 수 있다고 본다. 이때 <알>은 역시 알[卵], 알라·아기[小兒]로 해석할 수 있기 때문에 해석자체는 크게 달라 지지는 않는다. 그러므로 <智居西干>이 무엇을 뜻하느냐가 주요하다. 그런데 논자는 <智居西干>은 역사적 맥락으로 보면, 물론 박혁거세거서간 보다는 약 1천2백년 내지 1천3백년 후의 인물이지만, 몽골제국의 창시자 칭기즈칸(Chingiz Khan, Genghiskhan, 成吉思汗, 징기스칸, 1162~1227)의 이름과 비교를 해보아야 한다고 본다. 이때 칭기즈칸은 <칭기즈 + 칸>으로 분절하는데 <칭기즈>는 여러 가지로 해석하지만 그 중 유력한 것은 <하늘의 아들>이다. 따라서 <智居西干>도 <智居西 + 干>으로 분절하여 지거서(智居西)를 <칭기즈>와 비교하여, 지거서(智居西)를 <하늘의 아들>로 해석할 수 있다고 본다. 그렇게 보면 <干>은 왕이므로 <智居西干>은 <天子王>의 뜻이 된다. 감(邯)을 神으로 보면 <天子神>의 뜻이 된다. 이는 神과 王이 통합되어 있는 宗正合一시대를 나타낸다고 본다. 이렇게 보면 신라인이 박혁거세거서간을 우리 말로는 하늘아들인 지거서(智居西)로 불렀고 한자로는 天子라고 불렀다는 것을 알 수가 있다. 智居西와 天子가 맥락적으로 깊은 구조에서 일치하는 것이다. 즉 天子 = 지거서 = 칭기즈 = 하늘아들이다. 그런데 지거서간이 한자화될 때, 축약되어 거서간이 되었다고 본다. 이는 신라의 다른 고유명호와도 같이 살펴볼 과제이다. 따라서 신라제국의 창시자도 지거서간(智居西干)이고 몽골제국의 창시자도 칭기즈칸(Chingiz Khan)이므로 지거서간(智居西干)이 제국의 창시자에게 붙여주는 최고의 칭호임을 알 수 있고 역사상으로는 현재까지 2명의 지거서간(智居西干)이 있음을 확인할 수 있다. 신라 알지거서간이 한번 일어났고, 신라가 종언한지 약 2백년뒤에 몽골의 칭기즈칸이 한번 더 일어났다. 즉 논자는 신라의 지거서간이 약 1천3백년 뒤에 몽골의 칭기즈칸으로 계승되었다고 본다. 이는 간(干)이 계승된 것으로도 그 계승을 뒷받침한다고 보겠다. 그러므로 이는 박혁거세거서간의 출자를 연구하는 데에 많은 시사점을 주며 동시에 신라사의 세계성을 의미하는 것이다. 다만 칭기즈칸은 명호가 이름이 된 사례인데 이는 역사에서 가끔 있는 일이다.

그런데 김부식 등의 『3국사기』에서는 居西干을 貴人의 뜻으로 주석을 달았으나 이는 천신을 인정하지 않으면서 신라를 유교국가로 보고자 하는 儒敎史觀을 반영한 것으로 본다.

그리고 박혁거세의 박(朴)은 그가 태어난 알을 뜻하며 동시에 해, 하늘, 우주를 뜻하고 밝음을 뜻하며, 혁거세(赫居世)는 불구내(弗矩內)이고 광명이세(光明理世)의 뜻이므로 <밝은 누리>를 뜻한다. 이처럼 박(朴)은 특히 해, 날, 日, 태양을 의미하고 혁거세는 밝은 누리를 의미한다. 그러므로 논자는 朴赫居世居西干은 <해의 빛밝음으로 밝은 누리를 다스리는 하늘아들 왕>이라는 뜻으로 본다. 또 다르게는 <해의 빛밝음같은 밝은 누리를 경영하는 하늘아들 왕>이라는 뜻이다. 박혁거세거서간이 태어날 때, (하늘에서) 번개불과 같은 이상한 기가 땅에 닿도록 비치어 있었다.[異氣 如 電光 垂 地.] (『3국유사』 「신라시조 혁거세왕」)는 기록이 이를 나타낸다.

이와 같이 여기서 우선 찾아 낼 수 있는 신라인의 주요한 조직사상은 첫째는 天子-天帝子-天帝組織思想이고, 둘째는 해처럼 밝은 누리조직사상이다. 그런데 사실 이 양자는 뒤에서 계속 살펴보겠지만 서로 비슷하면서도 뚜렷이 구분될 수 있고, 구분되면서도 상호협력의 상호보완관계에 있다고 본다.

따라서 신라인은 <해처럼 밝은 세상>을 만들기를 희망하였으므로 신라인의 조직사상으로서 논자가 강조하고 싶은 주요한 조직사상은 <밝은 조직사상>이다(이강식 1998c, pp.193~4). 그런데 밝은 세상, 밝은 조직을 만들고자 하면 먼저 개인의 마음을 밝혀야 하는 것이다. 이는 선도신모의 신선술의 수련으로서 실천하였다고 본다. 물론 또 밝은 조직이 개인의 밝은 마음을 만들어 나가기 때문에 상호작용을 한다고 본다. 따라서 신라인은 <하늘의 밝음을 이은 이 땅의 밝은 세상을 만들어 나가는 밝은 사람>이 되기를 희망하였다고 본다. 그러므로 신라인은 밝은 마음, 밝은 조직, 밝은 사회, 밝은 나라를 이상국가로 실천하여 천년 제국 신라를 건설한 것이다. 밝은 조직의 요건은 합리성, 민주성, 평등성, 공정성, 투명성, 개방성 등등이 될 것인데 이에 대한 상론은 줄이기로 하겠다.

2. 日光之神 · 神宮 皇神 · 神人 · 神王 · 太陽王 朴赫居世居西干

박혁거세거서간은 天子-天帝子로서 天王-天帝라는 것을 살펴 보았다. 그러면서도 박-밝음-알-해-日-태양의 본질을 가지고 있다는 것을 살펴보았다. 이는 박혁거세거서간이 太陽神이며 太陽王이라는 것을 의미한다. 또 다르게는 日王이다. 그런데 『화랑세기』에서는 <始祖 日光之 神>(모본 124면)이 나오는데 이 기록이 바로 잃어버린 고리(missing link)를 찾은 것으로서 바로 박혁거세거서간이 太陽神(Solar Deity)이며 太陽王(Le Roi Soleil)임을 나타내는 주요한 기록이다. 즉 박혁거세거서간은 하늘의 태양신이 현신(avatar)하여 왕이 되었음을 나타낸다. 물론 지금까지 혁거세의 이름과 身生光彩 등의 기록에서 태양의 신화적 具象이라는 추정을 하기도 하였지만 『화랑세기』의 직접 기록인 <日光之神>으로서 박혁거세거서간이 태양신 · 태양왕임을 논증한 것은 논자가 처음이다. 이렇게 하늘의 해가 현신하여 인간으로 탄강하였다는 것은 역시 천신교의 주요한 교리체계이다. 신라에서는 하늘의 질서를 이 땅과 인간세계에 구축하고자한 조직사상이 나타난다. 먼저 주요하게 예를 들고 싶은 것이 바로 風月主이다. 즉 신라왕이 태양신의 現身이므로 화랑도의 최고지도자는 달[月]의 현신으로 보았다는 것을 알 수 있다. 물론 논자는 風月이 풍류도에서의 깨달음을

- 181 -

표현한 것으로 보지만(이강식 1998c, p.188), 그와 동시에 천신교의 교리체계에서는 달의 化身으로 본다. 화랑을 달의 화신으로 본 것도 대단한 존숭이다. 논자는 味鄒王-星漢王(재위 262~84)을 銀河水神이 화신한 왕으로 보았다(이강식 2001, p.23). 또 김유신장군은 33天의 1인이 화신한 것으로도 보고(이강식 1999, pp.43~4), 또 7曜의 정기로 태어나 등에 7星文이 있었는데(『3국유사』「김유신」), 7曜는 일월과 화수목금토성이므로 대단한 존숭이고, 또 화성과 토성의 정기로 태어난 것으로도 본다(『3국사기』「열전 제1 김유신」). 또 다르게는 김유신장군은 고구려 楸南의 환생으로 보기도 한다. 그러나, 환생도 현신으로서 같은 맥락이다. 논자는 이를 모두 하늘의 조직을 땅의 조직과 인간의 조직에 구현하고자 한 천신교의 교리라고 본다. 이는 물론 신라만이 있는 사상은 아니다. 고구려도 동명성제(재위 -37~-19)를 주로 중국기록에서는 <日月之子, 日子, 日之子>라고 하였는데(이강식 1998b, pp.174~5), 역시 태양신-태양왕 사상이 있었다는 것을 알 수 있고 천신교임을 알 수 있다. 그러나 신라는 日子가 아니고 바로 日光神-日神-太陽神-太陽王임이 다르다. 더 엄격히 말하면 日光神이므로 <햇빛왕>이다. 따라서 이는 太陽神敎로 볼 수도 있다.

그런데 태양신이 왕권과 결부된 사상은 인류역사에서 세계적으로 광범위하게 나타난다. 이집트·바빌로니아·히타이트·그리스·인도·동남아시아·멕시코·페루 등의 고대문명에서 이러한 태양숭배(Sun Worship)가 이루어졌고 폴리네시아·아메리카 인디언 등에서도 보여진다. 바빌로니아에서는 마르두크(Marduk)신으로 나타났고, 고대 아리아인은 男神, 태양신으로서 미트라(Mitra)신을 숭배하였다. 그리고 특히 태양신이 왕권과 결부된 태양의 아들은 이집트·인도·잉카의 왕실에서 나타난다. 또 프랑스의 루이 14세(Louis XIV 1638~1715)가 태양왕임을 표방한 것도 살펴보아야 할 것이다. 이를 더 자세히 보면 이집트에서는 파라오가 태양신 라(Ra)의 아들로 나타나며, 잉카에서는 최고신인 태양신을 인티(Inti)라고 하며 그 아들을 잉카(Inca)라고 하는데 잉카가 바로 <태양의 아들>이라는 뜻이고 잉카제국의 황제를 가리킨다. 이러한 신

- 182 -

성한 왕통을 이어가기 위해 근친결혼이 이루어졌고, 영혼불멸을 믿어 미이라를
만들고 왕릉에 각종 부장품을 묻고 순장을 하였던 것이다. 이는 신라와 거의 비
슷한 사상을 보여주는데 논자는 우리의 고대 천신교가 세계로 건너간 것으로
본다. 앞으로 이 부분에서 더 많은 연구가 있어야 할 것이다. 특히 잉카에서도
황금관을 사용했는데 여러 형태가 있지만 논자는 페루의 황금박물관(FMMG)
에 소장된 잉카 금관에서 신라금관에서 나타는 것과 비슷한 영락이 달린 <山字
形> 금동관이 있음을 확인하였다. 이는 잉카 전기의 비쿠스(Vicus, -1C~4경)
시기의 것으로서 앞으로 더 많은 연구가 필요할 것이다. 이는 신라사의 세계성
을 보여주는 것이다.

 그리고 『화랑세기』에서 나타나는 또 하나의 신라의 최고신은 <神宮 皇神>이
다(모본 96면). 이 皇神은 『3국유사』「천사옥대」의 上皇과도 비슷한 표현이라
고 본다. 皇은 3皇5帝의 皇神으로 볼 수 있어서 신라 천신교가 3皇-3神사상을
교리로 가지고 있었음을 볼 수 있다. 더욱이 『3국유사』「제2 남해왕」에 보면 2
대 남해왕(재위 4~24)을 <이 왕을 이에 3皇의 제1이라고 한다.[此 王 乃 三皇
之 第一 云.]>라고 하였기 때문에 신라에 천신교의 3皇사상이 있다는 것을 알
수 있기 때문이다. 그러면 이 <神宮 皇神>은 박혁거세거서간일까, 남해왕일까
하는 의문이 있을 수도 있다. 왜냐면 『3국유사』로 보면 오히려 2대 남해왕이 최
고신격을 가졌다고 볼 수도 있기 때문이다. 그러나 그것은 3황 내의 위격의 문
제이고(이강식 1995, pp.339~43), 논자는 『화랑세기』의 神宮 皇神은 역시 박
혁거세거서간으로 봐야한다고 본다. 皇에는 煌의 뜻이 있어 <빛난다, 밝다.>의
뜻이 있기 때문에 <日光 = 皇>으로서 皇神은 박혁거세거서간을 뜻한다고 본다.
그렇게 보면 <朴 = 밝음 = 알 = 奈乙 = 赫居世 = 불구내 = 光明 = 日光 = 皇
神>으로 비교할 수 있고, 『화랑세기』는 천신교계열 중에서도 太陽神-太陽王사
상이 강하게 나타난다. 그런데 太陽神사상도 전체적으로는 천신교사상이기는
하지만 신라에서는 太陽神사상이 仙敎사상에 가깝다고 논자는 본다. 따라서 이
는 즉 논자가 『화랑세기』를 神仙合一史書로 보는 관점과도 일치한다. 또 이는

- 183 -

『3국유사』가 朴赫居世의 光明理世도 강조하였지만 전반적으로는 智居西 = 天子 = 하늘아들과 天帝 = 上帝 = 上皇 = 天神을 보다 강조한 것과 뚜렷이 비교가 된다고 보겠다. 이는 논자가 『3국유사』는 仙敎 보다 神敎를 습합하였다는 논지와도 일치하는 해석이다. 이를 정리하면 『화랑세기』는 천신교중에서도 日神-太陽神-太陽王계열이고, 『3국유사』는 天子-天帝-天神-天王계열로 본다.

논자는 신라 천신교에서 박혁거세거서간이 天帝-天神의 化現이었다가, 太陽神의 化現으로 발전한 교리상의 분화가 있었을 것으로 본다. 이 입장들이 각 사서에 반영된 것으로 본다. 그러나 이는 단순한 것이 아니고 조직사상적으로 神敎와 仙敎의 교리가 반영된 것으로 본다. 그런데 神敎와 仙敎는 거의 정반대의 사상이라고 할 수 있는데 신라에서는 이를 현묘하게 통합한 것으로 본다. 이것이 신라조직사상의 우월성이라고 보며 이는 계속해서 설명을 하도록 하겠다. 물론 전체적으로 천신교인 것은 같다.

박혁거세거서간이 神人 · 神王일 때 나타나는 조직사상은 박혁거세거서간의 神裔가 신라의 왕이 되어야 하고 또 왕족 · 귀족이 되어 기득권층을 형성하는 신분주의로 나타나게 된다. 즉 眞骨正統 · 大元神統과 聖骨 · 眞骨, 王族 第1骨 · 貴族 第2骨 등이 바로 이 神統家門을 말하는 것이다. 논자는 『화랑세기』에 나오는 摩腹子도 이 神統家門을 계승하기 위한 종교 조직적 기제(mechanism)라고 본다. 그러므로 이를 오해해서는 안될 것이다. 따라서 이는 태양의 아들이 다스리는 이집트나 잉카에서도 마찬가지로 자주 나타나는데 혼인에서 왕족간의 협소한 근친결혼으로 나타난다. 이 문제는 『화랑세기』에서도 예리하게 자주 지적되고 있는데 대표적으로 보면 20대 풍월주 禮元公(재직 632~4)이 648년에 唐에 使行하였을 때, 당의 광록소경 柳亨[柳享]이 <신라의 婚道>에 대해 물었는 것을 들 수 있다(모본 124면). 이 질문이 겉으로는 부드러운 질문 같아도 신라의 婚道를 크게 약점으로 잡아 상당히 비판하고 있는 질문이라는 것을 알 수 있다. 이는 『화랑세기』나 『3국사기』, 『3국유사』 등의 전체적인 맥락으로 보면 신라의 近親婚 등을 비판한 것으로 볼 수 있다. 이에 대해 예원공은 <神宣으

- 184 -

로써> 혼인한다고 하여 예봉을 슬쩍 비켜서 답변을 하였다. <神宣>은 <神의 은덕, 神의 베품>으로 해석할 수 있지만, 다르게는 神宣에 託宣, 神託의 뜻이 있다고 보면 <神의 神託, 神의 계시>로 해석할 수도 있다. 그러니까 신라의 婚道는 神의 영역이지 사람이 측량할 수 있는 문제가 아니라는 대답이다. 그러자 유향은 다시 어떤 神이냐고 물었고 예원공은 <始祖 日光之神>이라고 답변하였는데 이 神은 시조 박혁거세거서간이기 때문에 예원공은 신라의 婚道는 박혁거세거서간의 신탁에 따른다고 대답한 것이다. 다시 한번 풀어 설명하면 예원공은 외국인이 복잡하게 볼지 모르지만 신라의 婚道는 최고신인 시조 박혁거세거서간의 神託에 따르는 것이기 때문에 전혀 문제가 없다고 답변한 것이다. 이 답변의 근본 뜻은 신라의 婚道는 始祖 日光之神 박혁거세거서간의 神聖한 神統을 지키기 위한 것라는 것이다. 즉 신라의 婚道는 신라가 神國이 되는 주요한 기제(mechanism)로서 이 婚道가 新羅 神國을 형성하고 유지하는 주요한 神國道로서 작용하고 있으며 신라인은 오히려 자랑스레 생각하고 있다(『화랑세기』, 모본 132면). 다르게 말하면 神統家門으로 기득권층을 형성하여 신라를 神國으로 형성하여 통치하는 국가통치방법의 中核이다. 이는 천신교계열의 다른 나라에서도 마찬가지이다. 이집트에서도 클레오파트라(Cleopatra -69~-30) 여왕이 17세에 8살연하인 9세의 동생 프톨레마이오스 13세와 왕가의 관례에 따라 근친혼을 하여 공동통치자가 된 역사적 사례가 있다. 따라서 중국인의 오해는 문화의 차이일 뿐만아니라, 국가구성의 원리가 다르다는 것을 몰라서 나온 것이고, 이는 신라가 神의 나라로서 신라인이 오히려 자부심을 갖게하는 제도인 것이다. 때문에 이 혼도가 내용을 모르는 외국인의 오해를 받지만 그렇다고 고칠 수 있는 문제는 아니다. 그런데 이 혼도를 지금에 와서 우리 중에서도 일부 오해하는 사람이 있다.

이처럼 신분에 따라 관직을 맡는 것은 인사관리에서는 신분주의로 나타나는데, 신분주의도 귀족층의 의무(noblesse oblige)를 다하고 善用이 되면 조직의 안정성과 예측성을 높이는 주요한 조직사상이 될 수 있다. 그러나 기층민을 억압하고 유능한 기층민의 능력을 활용하지 못하는 단점이 있다. 이를 해결하기 위해서 신라는 仙敎를 동시에 채택했다고 본다.

따라서 神人·神王으로서의 박혁거세거서간과 이의 神統을 이은 신라왕은 神의 권위를 가지고 통치를 하였을 것으로 본다. 즉 왕의 명령은 곧 天帝-天神-太陽神의 명령이므로 신민이 잘 승복하였을 것이다. 이는 현대적인 의미로는 막스 베버(Max Weber 1984~1920)의 카리스마적 권위(charismatic authority)에 해당한다고 본다. 물론 합법적·전통적 권위도 가졌을 것이다. 그리고 神人·神王정치형태는 서구에서 나타나는 신정정치(theocracy)와 왕권신수설(devine right of kings)과도 비교연구해 볼 필요가 있다. 그러나 신라왕이 神統을 강조하고 민주적인 의사결정을 도외시하면 독단과 독재에 빠지기 쉬운데 신라는 그렇지 않았다. 이는 역시 박혁거세거서간이 神敎와 동시에 仙敎를 현창하였기 때문으로 본다.

따라서 신라왕이 神宮에서 親祀를 지낸 것은 하느님이고 天帝인 日光之神 박혁거세거서간에게 제사를 지낸다는 의미와 함께 신라왕 자신이 神人에 즉위하는 즉위의례로서 자신이 神王임을 나타내는 것이다. 이 역시 神國을 현성하는 주요한 기제(mechanism)로서 이렇게 함으로써 신라왕이 카리스마적 권위(charismatic authority)를 갖게 되는 것이다. 즉 왕의 명령이 하느님-天帝-天神-太陽의 명령이 되는 것이다.

그리고 앞으로 신라의 神宮의 역할과 기능도 그리스·로마·이집트·잉카 등 세계각국의 神殿(temple)과 비교해서 더 많은 연구가 있어야 할 것으로 본다. 특히 흉노에 金人이 있었는데 신라에도 金人神像이 있었으며(『화랑세기』, 모본 132면), 잉카제국에도 신전에 神을 의인화한 황금입상이 있기 때문에 비교연구가 필요하다고 본다. 논자는 이 金人神像이 신궁에 모셔진 박혁거세거서간의 神像일 것으로 보는데, 신라에 金人神像이 있었던 것은 헌강대왕이 南山神을 조각하여 후대에 보이게한 적이 있기 때문에 가능하다고 본다(『3국유사』「처용랑·망해사」). 이 南山神의 이름은 詳審·象審이라고 하는데 남산의 鮑石祠

에 모신 것으로 보인다. 그리고 신라 신궁에서도 神託(oracle)이 있었을 것으로 보는데 앞으로 더 연구할 분야라고 하겠다.

Ⅲ. 聖人 朴赫居世居西干

1. 仙敎에서의 聖人 · 聖王 朴赫居世居西干

박혁거세거서간은 神人 · 神王의 측면도 있지만 <朴 = 밝음 = 알 = 奈乙 = 赫居世 = 밝은 누리 = 光明理世 = 日光神 = 皇神>인 太陽神－太陽王사상을 동시에 갖고 있다. 물론 이 역시 천신교이기는 하지만 특히 <밝다.>는 것이 강조 될 때에는 단순히 천신교만이 아니고, 仙敎의 수련으로 <마음이 밝은 왕>을 의 미하는 측면도 있어서 仙敎의 측면에서도 살펴 볼 수 있다. 이는 더욱이 박혁거 세거서간이 그의 어머니이신 선도신모의 神仙術을 수련하였다고 보기 때문에 仙敎수련을 했을 것으로 본다. 논자는 『3국사기』와 『3국유사』에서 나타나는 신 라왕의 많은 神異는 이러한 神仙術－風流道의 수련에서 기인한다고 본다.

仙敎의 종교적 현상은 神敎와는 다르다. 神敎는 外部의 宇宙創造神이 이 땅에 現身하는 것이고, 仙敎는 단전호흡 등 氣수련을 통하여 인간의 內的 神聖을 밝 혀 우주의 진리를 깨달아 神의 경지에 도달하여 仙人이 되는 종교를 말한다. 神 敎와 仙敎가 비슷하게 보여도 사실상 전혀 반대현상이다. 神敎에서는 인간이 수 련을 아무리 하더라도 神의 경지에 도달한다는 것은 있을 수 없는 일이나, 仙敎 에서는 오히려 외적인 神을 부정하면서 인간이 <宇宙淸元의 氣>(『화랑세기』, 모본 74면)와 <宇宙의 眞氣>를 통찰하면 우주의 <生生之理>에 정통하게 되는 데(『화랑세기』, 모본 108면), 이는 바로 神의 경지에 도달했다는 의미로서의 仙 人－仙花의 경지이다. 그러므로 神敎는 『미륵하생경』과 비교해 볼 수 있고 仙敎 는 『미륵상생경』에 비교해 볼 수 있다.

- 187 -

　그러므로 박혁거세거서간의 <밝은 누리사상>에는 神仙術의 수련으로 자신의 마음을 밝게 했다는 뜻이 내재되어 있으므로 논자는 박혁거세거서간을 仙人이라고 본다. 화랑을 仙花라고 한 것이 仙人의 뜻이라고 본다. 이는 논자가 헌강대왕(재위 875~86)이 깨달은 왕이라고 논증한 것과 같다. 이처럼 仙人은 인간으로서 최고의 경지에 도달한 사람을 말하는데, 이를 다르게는 聖人이라고 한다. 聖人은 주로 仙敎와 논자가 仙敎와 같은 계열로 보는 유교 · 불교 · 도교에서 최고의 경지에 도달한 사람을 말한다. 聖人이 왕이 되어야 한다는 사상은 <內聖外王>사상이며, 仙敎와 仙敎계열종교의 주요한 조직사상이다. 서구로 보면 플라톤(Platon, -428~-347?)의 哲人政治(rule of philosopher-king)와 비교해 볼 수 있다.

　그러면 仙敎에서 聖人을 살펴보자. 『화랑세기』「12세 菩利公」에서 보면 시조와 알영황후를 2聖으로 보았다는 것을 알 수 있다. 즉 12대 풍월주 보리공(재직 591~6)과 그 부인인 萬龍娘主가 선행을 많이 하여, 이 두 분을 2聖에 비교한 기록이 <이때 사람들이 2성이 순수하며 통치하는 것에 비교하였다.[時人 比之 二聖之 巡治.]>(모본 84면)로 나온다. 여기서 <2聖의 巡治>는 시조와 알영황후가 현장을 방문하여 관리하는 현장순회경영(management by wandering around)을 의미하므로, 이 2聖은 시조와 알영황후를 가르키는 것이고 따라서 신라 仙敎界가 박혁거세거서간과 알영황후를 聖人으로 추대하였다고 본다. 이는 聖王으로 추대한 것과 같다. 그런데 『화랑세기』는 시조 부부만 성인으로 호칭한 것이 아니고 다른 많은 일반 수도인도 聖人으로 호칭하였는데, 이것이 仙敎의 주요한 특징이다. 깨달음(Enlightenment)의 종교에서는 깨달으면 누구나가 聖人이기 때문에 여기에 신분이나 계급이 개재될 가능성을 적은 것이다. 그리고 『화랑세기』에서 보면 이 聖人-聖王은 仙人-仙王의 경지와 거의 같다.

　따라서 仙人-聖人을 존숭하는 조직사상은 무엇을 의미하는가? 仙敎는 자신의 수련이나 학문 또는 무술연마로 인한 내적 능력이 주요하며 이는 신분과는 별 상관이 없다. 따라서 이는 인사관리에서 능력주의와 연결된다. 이에 비해 神

人을 존숭하는 神敎에서는 神統에 따른 신분과 계급이 주요하므로 왕의 맏아들로 태어나면 능력이나 흥미가 없어도 왕을 해야하고 농부의 아들로 태어나면 농사를 지어야 한다. 물론 신분에 따른 의무를 다하기 위해 엄격한 교육도 실시하지만 쉬운 것은 아니며 이는 조직의 성과를 높힐 수도 있지만 경우에 따라서는 크게 낮출 수도 있다. 물론 신분주의도 오랜 역사 속에서 필요함이 인정되며, 주로 기득권층에서 선호할 수 있는 사상이다. 그러나 仙敎는 신분에 관계없이 능력이 주요하므로 주로 기층민이 선호할 수 있고 개방적이고 민주적이며 평등하고 더나아가서 해방적이다. 논자는 물론 반드시 능력지상주의만이 효과적이라고 보지는 않지만 능력주의가 우선적이라고 본다. 신라도 기본적으로는 엄격한 신분주의사회이기 때문에 능력주의와 갈등이 심했는 것으로 본다. 특히 薛罽頭(?~645)는 그 자신이 <衣冠子孫>으로서 이 신분도 비교적 명문의 자손으로 보이는데 설계두는 그에 따른 특혜를 뿌리치고 자력으로 더 큰 성공을 거두기 위해 621년에 당으로 건너가서 645년에 당 태종(재위 627~49)을 종군하여 요동 주필산전투에서 장렬히 전사하니 공1등이었다. 이에 당 태종이 공을 높이 사서 御衣를 벗어 덮어주고 대장군을 제수하고 예를 갖추어 장사지내주었다(『3국사기』「열전 7, 설계두」). 따라서 신라가 이러한 神敎의 신분주의·계급주의의 문제점을 해결하기 위해 仙敎를 통합하고 화랑도조직으로 능력주의를 채택한 것이 3국통일 뿐만이 아니라 천년 제국 신라를 경영하는데 크게 성공을 거두었다고 본다. 그리고 동기부여와 리더십의 측면에서 살펴보면 仙敎는 자아실현(self-actualization)의 동기부여, Y론적 리더십에 더 가깝다. 이는 박혁거세거서간의 밝은 조직사상에서 기원을 두고 있는 것이다.

2. 儒敎·佛敎에서의 聖人·聖王 朴赫居世居西干

논자는 儒敎·佛敎·道敎도 仙敎계열로 본다. 물론 구체적인 수련은 다르고

- 189 -

또 그 각각의 세부적인 유파에서는 다를 수도 있지만 기본적으로는 仙教계열이라고 본다. 仙教계열의 이러한 종교에서는 대체로 神을 인정하지 않고 인간의 최고의 경지에 도달한 사람을 聖人으로 극존숭하는 공통적인 면모를 가지고 있다. 이에 비해 논자는 이집트·인도·잉카 등의 고대종교, 또 유태교·기독교·이슬람교 등은 기본적으로 神教계열로 본다. 세부적으로는 다를 수가 있다. 그러나 대체로 우주창조신을 믿으며 인간의 無上正等正覺은 인정하지 않는 종교이다. 이러한 고대 천신교는 환국·신시·고조선에서 기원하였다고 본다. 현대에서도 신흥종교에서 神教계열과 仙教계열이 계속적으로 나타나고 있다.

그러면 이제 유교를 보기로 하자. 김부식 등의 『3국사기』「신라본기」<혁거세거서간 5년, 38년>(-53, -20)에서는 초대 박혁거세거서간과 閼英皇后를 <2성(二聖)>으로 尊崇하고 있다. 특히 -20년에 馬韓에 사신으로 간 瓠公이 마한 왕에게 박혁거세거서간과 알영황후를 당당하게 2聖으로 호칭하였는데, 여기에서도 신라인의 큰 자부심을 엿볼 수 있다. 그리고 같은 <혁거세거서간 53년>(-5)에서는 동옥저의 군주가 박혁거세거서간을 <聖人>으로 존숭하고 있다. 또 2대 남해차차웅 원년(4)에도 두 분을 2聖으로 호칭하였다. 이는 시조와 알영황후를 유교 최고의 이상적 인간인 <성스러운 인간>으로 본 것으로서 유교로서는 최존숭한 것이다. 사실 聖人은 유교의 창시자인 孔子(-552~-479)도 어려워한 경지이고, 공자는 聖人보다는 보다 현실적인 君子를 제시하였다. 그러므로 유교계에서는 일반 學士가 聖人이 된다는 것은 매우 어렵고 거의 가능하지 않으며 맹자(약 -372?~-289?)도 亞聖으로 추대 받았다는 것을 알면 신라 시조 부부를 聖人으로 추대한 것이 대단한 일이라는 것을 알 것이다. 그런데 유교계로서도 왕을 聖人으로 추대하는 것이 좋은 것이다. 그러면 왕의 전제를 막을 수 있는 교리상의 근거가 되기 때문이다.

그리고 유교계가 박혁거세거서간과 閼英皇后를 天帝-天神으로 존숭하지 않고 聖人인 2성(二聖)으로 尊崇한 것은 <怪力亂神>을 말하지 않는 유교의 교리에서도 기인한다고 본다. 따라서 논자가 天子王의 뜻으로 본 (智)居西干도 김부

- 190 -

식 등은 그렇게 보지 않고 <居西干은 혹 貴人의 호칭을 이른다.>라고 주석을 달았다(같은 <혁거세거서간 원년>). 즉 천신교에서 神化한 것을 이제 유교계에서 聖化하였다. 또 특히 여성인 알영황후를 포함하여 2聖으로 존숭한 것은 가부장을 숭배하는 유교에서는 극히 이례적인 것으로서 두 분의 훌륭함을 높이 평가한 것이라고 본다. 즉 유교계로서 더 이상할 수 없는 最高 崇拜라고 하겠다. 뿐만 아니라 이는 유교의 최고의 이상적 임금인 堯舜과 같은 <聖王>의 의미를 갖고 있기 때문에 그 의의는 매우 크다고 본다. 그리고 이처럼 <聖人·聖王>으로 존숭한 것은 고려시대의 김부식 등의 견해가 아니고 신라 유교계에서 이미 정리된 입장일 것으로 본다. 즉 신라 유교계가 갖고 있던 <內聖外王>사상을 김부식 등이 계승했다고 본다. 더 나아가서 같은 <소지마립간 22년>(500)에도 보면 소지마립간을 <聖人>으로 호칭하고 있기 때문에 이는 신라왕을 유교계가 전반적으로 聖人으로 추대하고 있다고 보아진다. 물론 유교적 이상에 벗어나는 왕이 있다면 그렇게 추대하지 않았을 사례도 있을 수는 있겠다.

그런데 같은 <혁거세거서간 8년>(50)에는 <시조에게 신덕이 있다는 말을 듣고,[聞 始祖 有 神德,]>라는 기록이 있는데 이 神德을 <神의 德>으로 보면 天神教의 관점이라고 볼 수도 있지만 그러나 이 경우도 <신령한 덕>으로 보면 역시 유교적 관점이라고 할 수 있다. 논자는 따라서 신라유교계가 박혁거세거서간을 聖人으로 추대했기 때문에 『3國史記』가 天神을 제사지내는 神宮보다 조상신을 제사지내는 성격의 始祖廟를 강조했다고 본다.

그리고 여기서 瓠公에 대해서 잠시 살펴보자. 호공은 -20년에서부터 김알지가 탄생한 65년까지 활약을 하여 그 햇수가 이미 85년이고, 마한에 사신으로 간 -20년에 최소한 20살이라고 해도 65년에는 105살이 되어 기록의 신빙성이 없다는 견해가 있다. 그러나 특수하게 그 때에도 105살까지 살 수 있다고도 보지만, 그러나 이는 여러 측면에서 가능성을 더 고려해봐야 한다. 즉 동명이인이 있을 수도 있고, 또 같은 家門에서 門長의 이름을 襲名할 수도 있는 일이다. 따라서 호공의 나이 정도를 가지고 기록의 신빙성에 대해 지나친 단정을 하기는 어

- 191 -

렵다고 본다.

신라불교계도 박혁거세거서간과 關英皇后를 2聖으로 존숭하였다. 이는 『3국유사』「신라시조 혁거세왕」에서 두 분을 <二聖兒 · 二聖>으로 호칭한 것으로 알 수 있다. 따라서 聖人은 곧 불교의 聖王을 뜻하는 것이기 때문에 대단한 존숭이다. 그런데 불교에서는 여기서 더 살펴보아야 할 과제가 있다. 즉 불교는 미추왕 2년(263)에 전래되고 법흥왕 15년(528)에 흥법되었기 때문에 박혁거세거서간과 關英皇后를 聖人으로 추대한 것은 사실상 후대에 追尊한 것이다. 물론 유교도 그럴 것으로 보지만 유교는 확실한 연대지표를 갖기가 어려워서 불교에서 追尊을 거론하도록 한다.

그러면 구체적으로 불교계는 어느 신라왕 때부터 신라왕을 聖人 · 聖王으로 추대하였을까? 그런데 불교의 聖王은 轉輪聖王을 의미하는 것이다. 논자는 신라불교계가 법흥왕을 전륜성왕으로 추대하였을 가능성이 크다고 본다. 즉 『3국유사』「아도기라」에서는 아도법사의 어머니이신 고도령부인이 <"이후 3천여월이 지나면 계림에는 聖王이 출현하여 크게 불교를 일으킬 것이다." ["爾後 三千餘月, 鷄林 有 聖王 出, 大興 佛敎".]>라고 말하였는데, 이때 聖王은 法興大王이므로 이는 바로 불교계가 법흥대왕(재위 514~40)을 聖王-轉輪聖王에 추대한 것을 나타내는 기록이고, 또 『3국유사』「원종흥법 염촉멸신」에서는 염촉이 참수를 당할 때 맹세한 말을 『향전』을 인용해서 기록하였는데, 여기서 보면 <"대성법왕이 불교를 흥하고자 하여…," ["大聖法王 欲興 佛敎,…"]>라고 하여 법흥왕을 염촉이 직접 <大聖法王>으로 호칭하였다. 그리고 본문에서는 <성인은 애도하여 슬픈 눈물이 곤룡포를 적시고…,[聖人 哀戚, 沾悲淚 於 龍衣,…]>라고 하여 법흥왕을 聖人으로 호칭하였다. 이는 불교계가 불교를 흥법한 법흥대왕을 당대에 聖人-聖王-轉輪聖王으로 추대한 것을 보여주는 주요한 기록이다. 이는 금석문에서도 확인할 수 있다. 『蔚州 川前里 書石 乙卯銘』(535)(국보 147호)에 보면 <聖法興大王>의 기록이 있는데, 이때의 <聖法興大王>은 여러가지의 해석이 가능할 수 있지만 『乙卯銘』 전체의 불교적 맥락상 <聖大王 → 聖王>으로 보

- 192 -

면, 불교의 聖人 · 聖王개념으로 볼 수 있다. 즉 불교의 이상적인 왕인 轉輪聖王
이다. 따라서 이는 불교계가 불교흥법(528)의 聖人 · 聖王인 법흥대왕을 법흥
대왕 당대에 轉輪聖王으로 추대하였음을 알게 해주는 주요한 기록이다. 특히
535년은 법흥대왕 붕어하기 5년 전이고 大王與輪寺가 한창 건립 중인 시기이
므로 불교계가 이때 가시적으로 추대하였을 가능성도 있고 이 기록은 이러한
종교의례와 관련된 기록으로 본다. 따라서 『을묘명』은 535년 8월 4일 이때 이
미 불교계가 법흥대왕을 轉輪聖王으로 추대하였거나 추대하는 종교의례 또는
그 기념일[節]과 관계된 기록으로 본다. 또 다른 가능성을 더 깊이 살펴보면 이
기록에서 8월 4일은 염촉멸신일인 8월 5일보다 하루 전이므로 이 기록은 <원
종흥법 염촉멸신>과 관계되어 염촉의 7주기의 제사와 관련된 종교의례의 일환
으로 기록된 것으로도 볼 수도 있다. 그리고 같은 「원종흥법 염촉멸신」에서 <법
흥왕 21년 을묘년에 천경림을 크게 벌목하여 공사를 일으키기 시작하였고,>라
고 한 기록이 있는데 이로 보면 법흥왕 21년은 534년으로서 535년 보다 1년
전이지만, 그러나 을묘년은 바로 『을묘명』의 을묘년인 535년이므로 이 『蔚州
川前里 書石 乙卯銘』(535)은 천경림 벌목을 전후한 告由祭와 같은 종교의례의
일환으로 기록되었을 가능성도 있다고 본다. 물론 이 3가지 가능성이 같이 작용
하여 병합하였을 수도 있다.

그리고 법흥대왕의 이름 자체에 전륜성왕의 뜻이 있다고 본다. 原宗興法－法
興大王－大王與輪寺－聖王－大聖法王－聖法興大王－聖人－轉輪聖王은 전체적
으로 동의어반복(tautology)이다. 즉 輪은 불교에서 法－法輪을 뜻하기 때문에
原宗興法－法興大王－大王與輪－轉輪聖王이라는 핵심어(key word)가 사실상
法輪을 매개로하여 모두 동일한 말이다. 따라서 법흥대왕이 불교흥법을 하고
불교계는 법흥대왕을 전륜성왕으로 추대한다는 것이 법흥대왕이 불교를 흥법
한 주요한 현실정치적인 한 이유였을 것으로 본다. 이는 진흥대왕대에 와서 阿
育王(－3C경)의 설화와 함께 더 구체적으로 정교하게 기제가 발전하였다고 본
다. 따라서 『蔚州 川前里 書石 乙卯銘』(535)은 전체적으로 법흥대왕의 전륜성

왕 추대와 불교의 전륜성왕사상과 관계가 있는 기록이라고 본다.

그러므로 법흥대왕이 聖人-聖王-轉輪聖王으로 추대되고 그 이전의 훌륭한 왕도 聖人-聖王으로 추존되었을 것으로 본다. 이 역시 역사에서 자주 있는 일이다. 따라서 법흥대왕이후 박혁거세거서간 부부도 신라불교계에서 聖人으로 추존되었을 것이며, 다른 신라왕도 훌륭한 분은 추존되었을 것이다.

그런데 8월 4일 자체는 『3국유사』「김알지 · 탈해왕대」에 따르면 김알지의 탄강일이다. 물론 이렇게 보면 김씨 시조인 김알지의 생신일과도 관계가 있을 가능성이 있는데 이는 앞으로 더 탐구해 봐야 할 것이다. 다만 『3국유사』는 60년 8월 4일이 김알지의 탄강일이라고 한 반면에 『3국사기』는 65년 봄 3월에 탄강하였다고 기록하고 있어 연수로는 5년, 계절에도 차이가 있다. 이렇게 두 사서에서는 <5년간>의 차이가 자주 나오는데 앞으로 더 연구할 분야라고 하겠다.

그리고 『3국유사』에서는 仙徒나 불교스님 중에서 높은 경지에 도달한 다른 일반 수도인 역시 聖人, 2聖으로 호칭하였다. 이것이 역시 仙敎와 같은 불교적 聖人사상이다. 즉 왕만 聖人이 아니고 깨달으면 누구나가 聖人이다. 그러면서 仙敎와 佛敎에서는 聖人은 인간의 최고경지로서 天神 · 부처와 감통할 수 있는 최고의 경지이다. 그렇지만 神敎에서는 神-神人은 仙人-聖人이라도 감히 다가 갈 수 없는 지고지순한 절대존재이다.

道敎에서도 聖人은 인간으로서 최고의 경지인 天地道를 체득한 사람으로 나온다. 이는 老子의 『道德經』에서 가장 강조되는 최고도덕완성인이다. 이는 莊子(-365?~-290?)도 마찬가지이다. 道敎에 內聖外王사상이 있으므로 新羅道敎人도 신라왕을 聖人-聖王으로 추대하였을 것으로 본다.

따라서 仙敎 · 佛敎 · 儒敎에서 박혁거세거서간과 알영황후, 그리고 다른 신라왕을 聖人 · 聖王으로 추대하였다는 것을 알 수 있다. 道敎도 마찬가지였을 것이다. 그런데 특히 『3국사기』는 『3국유사』와는 다르게 신라왕은 聖人, 고구려왕은 天帝子로 뚜렷하게 구분하여 존숭하였다는 것을 알 수 있다.

- 194 -

Ⅳ. 神仙 朴赫居世居西干

1. 神仙合一敎에서의 神仙王 朴赫居世居西干

그러면 박혁거세거서간은 神人-天人인가? 仙人-聖人인가? 그런데 박혁거세거서간의 어머님이신 선도신모가 <神仙術>을 수련하였고, 화랑은 神仙이며, 神宮에서 天祭를 지낸 仙徒라는 여러 기록들을 종합해 볼 때, 논자는 신라의 고유종교는 神敎와 仙敎를 통합한 神仙合一敎이고, 박혁거세거서간은 神人과 仙人을 통합한 神仙이라고 본다. 이는 논자가 처음으로 제시한 틀(framework)이다(이강식 2001). 지금까지는 神敎와 仙敎를 구분하지 않았고 神仙을 <신령한 仙人>으로 보아왔다. 그러나 논자는 신라에서 나타나는 神仙敎는 神敎와 仙敎가 통합된 종교로서 天神-神人을 받들면서도 氣수련 등을 통해 修道人이 우주최종진리를 깨달아 神의 경지인 神仙이 됨을 목표로 하는 현묘한 종교로 定義하고 있으며 이를 神仙合一敎로 이름 붙였다 따라서 박혁거세거서간은 神仙-神仙王이다. 사실 神敎와 仙敎는 정반대의 종교적 현상으로서 통합하기 어렵다. 그러나 신라인은 이를 통합하여 제3의 새로운 종교를 실천하였다고 본다. 이를 <그림 1>로써 살펴보자.

<그림 1>에서 보면 3가지 종교의 차이를 더 잘 알 수 있고 이 神仙合一敎가 인류역사에서 가장 고유한 신라의 종교임을 잘 알 수 있을 것으로 본다. 논자는 신라에서 국초부터 天神敎가 이 3가지 종교의 모습을 동시에 가지고 있었다고 본다. 이것이 화랑도조직의 현묘한 風流道라고 본다.

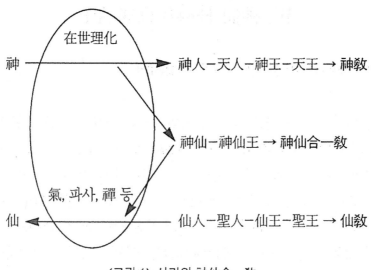

<그림 1> 신라의 神仙合一教

기존의 종교이론에서는 창조론과 진화론이 있는데 논자는 神教는 창조론에 비교할 수 있고, 仙教는 진화론에 비교할 수 있다고 본다. 그리고 논자가 논증한 神仙合一教는 창조적 진화론으로 본다. 인류의 종교사에서 창조적 진화론의 측면에서 볼 수 있는 실제 나타난 종교는 신라의 神仙合一教가 유일하다고 본다.

또 다른 종교이론으로는 애니미즘(Animism)과 마나이즘(Manaism)의 대비가 있으며 최근에는 巫를 애니미즘으로, 仙을 마나이즘으로 보는 견해가 있다 (류병덕 2000, pp.341~2). 그리고 자력신앙과 타력신앙으로 나누어 보는 견해도 있다. 물론 논자의 논지와 異同은 있을 것으로 본다. 그러나 神教와 仙教를 논자와 같이 정반대의 종교현상으로 분리설명하고 神仙合一教를 제시한 것은 논자가 처음이다.

그리고 이 神仙合一教도 종교사상적 계보가 있는데 『31神誥』, 『桓檀古記』가 이러한 神仙合一教사상에 입각해 있다. 특히 『31神誥』에서는 <신은 …네 머리에 강림하여 계신다.[神 …降 在 爾腦.]>라고 한 것이 대표적인 神仙合一教사상이다. 그런데 최근 신경생물학적 측면에서 <신은 인간의 뇌속에 존재한다.>는 견해가 제기되었다(앤드루 뉴버그 외 지음, 이충호 옮김 2001). 이를 매우 놀라운 견해처럼 보고 있고 또 앞으로 현대두뇌과학에서 더 많이 연구할 분야이나, 이미 우리 고유 경전인 『31神誥』에서 명백하게 밝힌 바가 있다. 물론 앞으로 더 많은 비교심층연구가 있어야 할 것이다.

그러면 신라 박혁거세거서간이 神仙合一敎에 입각한 神仙─神仙王임이 조직사상적으로 어떤 의미가 있는 것일까? 논자는 宗正合一組織思想을 강조하여 왔다. 즉 종교계의 수장이 정치계의 왕이 되는 고대사상이다. 그러므로 新羅 天神敎의 首長은 新羅王으로 본다. 따라서 종교사상이 조직사상에 미치는 영향이 매우 큰 것이다. 앞서 논자는 神敎는 神統家門이 형성되어 신분주의와 결합이 된다고 하였다. 이는 조직의 안정성, 예측성, 위계성, 준비성 등을 가져오는 장점도 있지만, 신분주의에서는 기득권층의 독단과 독재, 무능력이 나타나고 기층민을 억압할 수 있는 소지가 있다. 이에 비해 仙敎는 신분과 계급을 떠나 능력주의와 결합될 수 있어서 조직의 능력성, 전문성, 민주성을 높여서 성과를 높일 수 있고 기층민의 평등성을 완전하게 보장하기 때문에 기층민을 소외시키지 않으므로 따라서 기층민이 아주 선호할 수 있는 조직사상이 된다. 물론 단점이 전혀 없는 것은 아니고 지나치게 강조되면 해방성이 있기 때문에 조직이 와해될 수도 있다. 따라서 신라는 神敎를 통해 신분주의를 기본적으로 채택하여 국가조직의 안정성을 높히면서 동시에 仙敎를 채택하여 기층민의 능력발휘를 최대화하였기 때문에 3국중에서 가장 성공하였다고 본다. 즉 神仙合一敎를 채택하고 화랑도조직을 통해 능력주의를 실천하였기 때문에 성공하였다고 본다. 고구려나 백제에도 이러한 사상이 있었을 것으로는 보지만 신라만큼 잘 실천하였다고 보기는 어렵다. 神仙合一敎사상을 실천하기가 쉬운 문제가 아니다.

그렇게 보면 박혁거세거서간의 이름에서 <박혁거세>는 보다 仙敎的 이름이고 <지거서간>은 神敎的 이름으로서 이 두 사상이 통합된 이름임을 이해할 수 있을 것이다. 즉 왕이 하늘아들이라는 독선과 독단에 빠지지 않고 끊임없이 수련으로 마음을 밝혀 세상을 밝히는 것이 강조되는 神仙合一的 이름이다. 따라서 신라는 천년동안 별다른 독재왕이나, 독재정치인, 무인정치, 군사정권 등의 전제정치가 없는 민주적인 정치가 행해졌다. 물론 하대에 왕위쟁탈전이 있었고 그로인해 기층민이 많은 어려움을 겪었을 것으로 보지만 그렇다고 직접 기층민을 수탈하는 전제정치를 한 것은 아니었다고 본다. 이것이 신라조직문화에서 주요한 점이며 모두 始祖의 조직사상에서 비롯된 것으로 본다.

뿐만아니라 박혁거세거서간의 탄강신화에서 天馬-白馬는 天神敎의 상징이면서 외적 창조론의 상징이고, 동시에 박혁거세거서간이 직접 나온 大卵-紫卵-靑大卵은 天卵으로서 해-하늘-우주-우주란(cosmic egg)을 뜻하는데 알은 내적 진화론의 상징이므로 仙敎의 상징이라고 본다. 즉 탄강신화 자체도 神仙合一的이다. 여기서 자주색알은 신성한 빛으로서 제왕을 상징하고 법흥왕이 복색을 제정할 때에 태대각간에서 대아찬까지의 고위관직에 紫衣를 입게 한 바가 있다. 그리고 靑衣는 대내마와 내마가 입었다. 그리고 紫卵과 靑卵은 우주를 상징하는 의미도 있다. 그리고 강림하였다가 승천한 天馬-白馬는 男性根을 상징하고 蘿井은 女性根을 상징하며, 또 알에서 태어난 박혁거세거서간은 임금이므로 이 사상적 배경은 天父-地母-人皇思想이다. 즉 天地人 3神思想으로서 우리 고유의 천신교사상이다. 그리고 동명성제도 알에서 태어났는데 이 역시 <天帝之子·皇天之子·日月之子·日子>를 상징하는 것으로 본다. 그런데 동명성제의 칭호에도 仙敎的인 부분이 있지만 이는 諡號이고, 실제로는 <天帝之子·皇天之子>가 강조되어 神敎로 보인다.

따라서 시조 박혁거세거서간은 神人이면서 동시에 聖人-仙人인 神仙이며 이 종교-정치-조직사상이 千年 帝國 新羅의 중심사상이었다고 본다. 신라가 3국 통일전쟁에서 3국의 기층민의 지지를 받을 수 있었던 가장 근본이유는 바로 神仙合一敎사상에 입각한 민주성, 평등성, 개방성, 진보성 등 때문이었다고 본다.

2. 北夫餘 天帝子 解慕漱와 高句麗 天帝子 東明聖帝와의 比較

김부식 등의 『3국사기』에서는 박혁거세거서간은 聖人으로 존숭하였지만 北夫餘 解慕漱와 高句麗 東明聖帝는 天帝子로 존숭하였다. 이는 유교의 입장에서는 聖人이 天帝子-天帝 보다 더 존숭되기 때문에 그렇게 했을 수도 있고, 또 실제 북부여와 고구려에서는 유교적 의미의 聖人으로 추대가 안되었기 때문에 김부식 등도 그러한 기록을 남기지 못했을 수도 있다. 즉 원래 천신교에서는 天帝子-天帝가 聖人보다 더 위격이 높기 때문에 북부여나 고구려에서는 그러한 추대를 안했을 수도 있다. 물론 동명성제-동명성왕은 聖人-聖王의 칭호이므로 전혀 추대가 안되었다고는 볼 수 없지만 동명성제는 諡號이므로, 동명성제 자신이나 고구려 당대에 이 시호가 핵심적으로 천명되었다고 보기는 어렵다. 이는 북방의 북부여와 고구려가 보다 天神敎的이고 남방의 신라가 보다 仙敎的이라는 것을 보여주는 사례로도 볼 수 있지만, 지리적 구분도 필요는 하나 그렇게 설명력이 있기는 어렵다고 본다.

그러면 신라가 계승한 국가는 어느 나라일까? 즉 신라는 어느 국가의 천신교를 계승하였을까? 이는 김부식 등의 『3국사기』「신라본기」 첫면에 기록된대로 고조선이다. 더 엄격히 말하면 신라는 북부여(하)를 계승하였다(이강식 1998b, pp.136~8). 따라서 신라는 고조선의 천신교를 계승한 것이다. 그런데 김부식 등은 『3국사기』「고구려본기」<동천왕 21년>(247)에서 <평양은 본래 선인왕검의 도읍지다.>라는 기록을 남겼다. 그렇다면 고구려도 고조선을 계승했다는 의미가 된다. 그러면 김부식 등은 신라와 고구려 중에서 누구를 진정한 고조선의 계승자로 보았을까? 논자가 구명해 보면 김부식 등은 신라는 고조선의 법통을 계승하였고 고구려는 고조선의 땅을 계승하였다는 의미로 본다. 따라서 논자는 김부식 등은 신라가 진정한 고조선의 계승자로 기록한 것으로 본다. 그러므로 신라는 고조선의 천신교를 계승한 것이다. 이는 선도신모의 출자로도 알 수 있다. 그리고 247년, 이때의 평양이 어디며 그곳이 고조선의 평양인지는 더 연구할 부분이다. 그리고 신라의 천신교와 신궁이 일본으로 건너갔다고 본다. 다만 일본인은 神教를 깊이 이해는 못한 것같다.

그러면 『화랑세기』, 『3국사기』, 『3국유사』에 기록된 신라 시조 박혁거세거서간, 北夫餘 解慕漱와 高句麗 東明聖帝의 칭호에서 존숭을 比較해서 살펴보기로 하자. 그런데 이의 자세한 설명은 줄이고 이 연구에서는 <표 1>로써 간명하게 보기로 하겠다.

<표 1> 박혁거세거서간, 해모수, 동명성제의 칭호존숭비교

구분	『화랑세기』	『3국사기』	『3국유사』
박혁거세거서간	2聖 始祖 日光之神 神宮 皇神 金人神像	2聖 聖人 居西干-貴人 朴赫居世居西干	2聖兒 · 2聖, 聖子 天子, 帝子 赫居世王 閼智居西干
해모수	-	天帝子	天帝 上帝 天帝子
동명성제	-	天帝子 東明聖王 君子	天帝子 東明聖帝 東明帝

<표 1>을 보면 3사서의 사상적 특징이 잘 나타나고 있다. 『화랑세기』는 박혁거세거서간의 神과 聖을 동시에 강조하면서 태양신임을 강조하였고, 『3국사기』는 박혁거세거서간은 聖人-貴人으로, 해모수는 天帝子, 동명성제는 天帝子와 東明聖王으로 뚜렷하게 구분하여 존숭하였다. 특히 『3국사기』에서는 동명성왕을 君子라고 호칭한 기록을 남겼는데, 이는 聖人 박혁거세거서간 보다 낮게 보는 사관을 반영한 것일 수도 있다. 그런데 『3국유사』는 박혁거세거서간은 聖人-聖子와 天子, 赫居世王으로 존숭하면서 全篇에서는 주로 신라의 천신-천제를 많이 강조하였고, 이에 비해 해모수는 天帝-上帝-天帝子로, 동명성제는

- 200 -

東明帝-東明聖帝-天帝子로 존숭하고 있어서 오히려 통념과는 다르게 해모수와 동명성제를 박혁거세거서간보다 더 존숭하고 있는 것처럼 보인다. 박혁거세거서간을 天子로 보고, 동명성제를 天帝子로 존숭하는 것도 다소는 이 관점이 반영된 것으로 보이기도 한다. 따라서 『3국유사』는 지금까지 신라계열의 사서라고 보고 있지만, 특정 예민한 부분에서는 오히려 고구려계열을 따르는 사서라고 보아야할 것이다. 앞으로 다른 사서와 함께 더 깊이 연구할 분야라고 하겠다. 그런데 중국 宋人 王襄은 「祭 東神聖母 文」에서 <娠 賢 肇 邦.>이라고 하였는데 이는 박혁거세거서간을 <賢人>으로 본 것으로서 賢人은 聖人보다 위계가 낮은 단계이다. 즉 始祖를 聖人으로 보지 않는 중국인의 관점이 나타나있다.

이처럼 『화랑세기』는 神仙合一敎사관, 『3국사기』는 儒敎사관과 仙敎사관이 결합하고 있고, 『3국유사』는 佛敎사관과 神敎사관이 결합한 사서임이 사서의 명호나 칭호에서 뚜렷하게 나타나고 있음을 알 수 있다.

V. 맺는말

신라의 창시자(founder) 박혁거세거서간(재위 -57~4)은 神人이며 仙人-聖人이며 神仙이었다. 이러한 시조의 종교사상이 조직사상이 되어 천년 제국 신라를 형성하였다. 따라서 천년 제국 신라의 초석을 놓은 시조의 조직사상이 신라조직사상의 원형임으로 이를 밝히는 것은 신라조직사상사연구에 긴요한 과제가 될 것이다. 그러나 지금까지는 始祖의 사상을 깊이 있게 연구하였다고 보기 어렵다. 심지어는 巫敎로까지 오해해 온 바가 있으나 논자는 누차 강조하지만 전혀 무교가 아니다. 박혁거세거서간의 종교사상은 예수(Jesus Christ -7?~30?)의 그것과 유사하다. 따라서 무교와는 매우 다르다. 무당이 승천하는 일은 결코 없다. 이는 종교의 본질을 이해하면 오해가 없을 것이다.

이 연구에서 논자가 엄격한 문헌고증을 거쳐 논증한 주요결론을 요약하면 다음과 같다.

첫째, 박혁거세거서간은 천신교의 측면에서 神人－天人－天子－天帝子－神王－天王－天帝－天神의 神格이고 이는 신라의 最高神의 神格이다.

둘째, 박혁거세거서간의 이름과 명호에서 <박혁거세>는 <해의 빛밝음으로 밝은 누리를 다스림>의 뜻이고, <(지)거서간>은 <하늘아들 왕>의 뜻으로 본다. 따라서 전체적으로는 <해의 빛밝음으로 밝은 누리를 다스리는 하늘아들 왕>이라는 이름으로 본다. <지거서간>은 후대의 몽골의 칭기즈칸으로 계승되었다고 본다.

셋째, 박혁거세거서간은 같은 천신교라도 『화랑세기』에서는 日光之神－神宮皇神의 神格인데 이는 태양신－태양왕의 뜻이다. 따라서 이는 太陽神敎로 볼 수 있다. 그런데 태양숭배는 광범위하게 나타나지만 태양관련 종교는 세계적으로 매우 희귀한 것으로 알려지고 있다. 여기에서도 신라사의 의의가 있다. 또 같은 맥락에서 風月主의 風月은 花郞이 달의 化身이라는 뜻이다.

넷째, 박혁거세거서간의 神統家門을 지켜나가기 위한 것이 신라의 婚道이며, 이는 神國을 형성하는 핵심 통치방법이며 聖骨・眞骨, 또 摩腹子 등으로 나타났다.

다섯째, 박혁거세거서간은 仙敎・儒敎・佛敎의 측면에서는 仙人－聖人－仙王－聖王으로 추대되었다. 논자는 道敎도 마찬가지일 것으로 본다.

여섯째, 박혁거세거서간은 神仙合一敎의 측면에서는 神仙－神仙王의 神格이다. <박혁거세>는 仙敎的이고 <지거서간>은 神敎的으로서 이 이름에서 神仙合一敎的인 측면이 있다고 본다.

여기서 박혁거세거서간의 神格을 나타내면 <그림 2>와 같다.

- 202 -

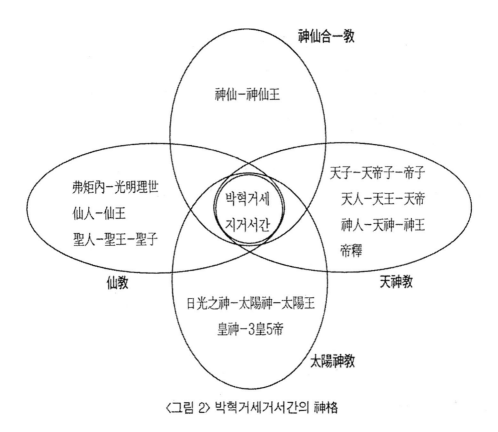

神仙合一教

神仙－神仙王

天子－天帝子－帝子
天人－天王－天帝
神人－天神－神王
帝釋

弗矩內－光明理世
仙人－仙王
聖人－聖王－聖子

박혁거세
지거서간

仙教

天神教

日光之神－太陽神－太陽王
皇神－3皇5帝

太陽神教

〈그림 2〉 박혁거세거서간의 神格

일곱째, 조직사상적 측면에서 볼 때, 神教는 신분주의, 카리스마적 권위와 결합될 수 있어 계급성을 중심으로 하는 기득권층이 선호할 수 있고, 仙教는 능력주의, 자아실현의 동기부여, Y론적 리더십과 결합될 수 있어 민주성, 평등성을 중심으로 하는 기층민이 선호할 수 있다. 이 양자의 갈등을 해소하기 위해 시조는 神仙合一教를 채택한 것으로 보이는데 이로써 기득권층과 기층민을 통합하여 최대한의 성과를 내고 3국통일을 완수함과 동시에 민주적으로 평화적으로 신라는 천년 제국을 경영하였다.

일곱째, 신라에서 가장 주요한 조직사상은 밝은 조직사상이다.

여덟째, 신라에서 법흥대왕이 불교의 전륜성왕에 추대되었는데, 이것이 법흥대왕이 불교를 흥법한 현실 정치적인 한 이유라고 본다.

아홉째, 신라왕들이 신궁에서 친사를 한 것은 神人－神王에의 종교적 즉위식의 성격을 갖고 있다고 본다. 즉 천신교의 종교적 首長에 즉위하는 즉위식이다. 이는 神王政治를 위해 필요한 제도이다. 왕권 중의 제사권만을 뜻하는 것이 아니고 그 이상의 주요한 의미가 있다.

열째, 박혁거세거서간의 神과 聖에서 『화랑세기』는 태양신－태양왕과 神仙合一敎를 강조하여 神을 중심으로 聖을 강조하였고, 『3국사기』는 聖人을 강조하여 聖을 강조하였고, 『3국유사』는 聖도 강조하였지만 전체적으로는 天神－天帝를 강조한 것으로 본다.

열한째, 신라는 고조선의 천신교를 계승하였다. 『3국사기』는 신라가 고조선의 법통을 계승하였고, 고구려는 땅을 계승한 것으로 기록하였다.

앞으로 신라 天神敎와 이집트, 그리스·로마, 잉카 등 세계의 고대와 현대의 천신교와 비교연구가 더욱 필요하다고 본다. 그리고 신라에서도 太陽神殿이 있었을 가능성도 더 연구하여야 할 것이다.

그리고 『3국사기』와 『3국유사』는 김알지의 탄강년에서 5년간의 차이가 있는데, 두 사서에서 이러한 <5년의 차이>는 자주 나타난다. 앞으로 이 체계적인 문제도 더 깊이 연구하여야 할 것이다.

이상과 같이 박혁거세거서간의 조직사상을 살펴보았다. 신라조직사상이 박혁거세거서간에게서 기원한다는 것을 이해할 수 있었다. 박혁거세거서간과 그가 재위 61년 동안 초석(foundation stone)을 놓은 천년 제국 신라는 우리와 우리 인류에게 무엇을 남겼나? 하는 질문은 여전히 유효하다. 가장 주요한 조직사적 교훈은 역시 神王政治組織에서 聖王政治組織으로의 발전이라는 인류사의 거시적 흐름을 선견적으로 보여주었다고 본다. 실로 인류에게 깊은 통찰력을 주는 조직의 지혜를 무궁하게 제공할 것으로 본다.

參考文獻

김영태(1987), "신라불교 천신고 – 3국유사를 중심으로 –,"『신라불교연구』,
　　　서울 : 민족문화사, pp.415~50.

류병덕(2000),『근·현대 한국종교사상연구』, 서울 : 마당기획.

박우순(1996),『현대조직론』, 서울 : 법문사.

북애자(1675),『규원사화』.

『3국사기』.

『3국유사』.

『31神誥』.

앤드루 뉴버그 외 지음, 이충호 옮김(2001),
　　　『신은 왜 우리 곁을 떠나지 않는가』, 서울 : 한울림

이강식(1995),『한국고대조직사상사 – 천지인 3신사상의 조직론적 해석 –』,
　　　서울 : 아세아문화사.

이강식(1998a), "선도신모가 화랑도조직의 기원이라는 변증,"
　　　『신라학연구소논문집』, 제2호, 경주 : 위덕대학교 신라학연구소, pp.53~100.

이강식(1998b), "고조선 3한조직의 3국으로의 계승,"『국학연구』, 제4집,
　　　서울 : 국학연구소, pp.117~84.

이강식(1998c), "화랑도조직의 이론과 실천,"『경영학연구』, 제27권 제1호,
　　　한국경영학회, 1998년 2월, pp.185~219.

이강식(1999), "경주향교의 문화마케팅전략구축,"『경주대논문집』, 제12집,
　　　경주 : 경주대학교, pp.13~33.

이강식(2001), "『花郎世紀』를 중심으로 본 新羅 天神敎와 神仙合一組織思想에
　　　서 형성한 花郎徒組織의 創設過程,"『경주문화론총』, 제4집,
　　　경주 : 경주문화원 향토문화연구소, pp.4~69.

이강식 교수 홈페이지 : 경주대학교 홈페이지 → 사이트맵 → 경영학부 이강식.

이강식 교수 e-mail : leeks@kyongju.ac.kr

- 205 -

이기동(1997), "신라인의 신앙과 종교 — 『3국사기』 신라본기 기사를 통해서 —,"
   『경주사학』, 제16집, 경주 : 경주사학회, pp.51~72.

임창희(1995), 『조직행동』, 서울 : 학현사.

추헌(1992), 『조직행동론』, 대구 : 형설출판사.

최광식(1983), "신라의 신궁 설치에 대한 신고찰," 『한국사연구』, 제43집,
   서울 : 서울대 한국사연구회, pp.61~79.

최재석(1986), "신라의 시조묘와 신궁의 제사," 『동방학지』, 제50집,
   서울 : 연세대학교 국학연구원, pp.29~86.

KBS · 조선일보사(2001), 『잃어버린 황금제국 잉카문화대전』, 서울 : 리스컴.

홍순창(1978), "天馬考," 『영남사학』, 경북 : 영남대 사학회, pp.7~26.

『화랑세기』.

『환단고기』.

황패강(1998), "박혁거세 신화연구," 『설화문학연구(하) · 각론』,
   화경고전문학연구회 편, 서울 : 단국대 출판부, pp.95~142.

"신라역사문화대공원" 조성을 통한 경주역사 문화도시 마케팅전략구축

이 강 식*

Ⅰ. 첫말

경주역사문화도시의 개발에 대한 많은 기대가 있다. 신라와 경주의 문화마케팅전략구축의 필요성은 누구나가 공감을 하고 있는 세계화-지방화(glocal)시대의 절실한 과제이다. 그러므로 그 구체적인 청사진에 대해서도 여러 가지 방안이 마련되고 있다. 그런데 논자는 이미 여러번 "신라역사문화대공원" 조성을 통한 경주역사문화도시 마케팅전략을 제시한 바가 있다.[1] 이제 그 후에 영역을 경주 전체적으로 더 확대하여 더 발전된 새로운 연구내용을 포함하여 이 연구를 독립적인 논문으로 발표하고자 하는 것이다.

* 경주대 경영학부 교수

- 27 -

따라서 이 연구의 목적은 신라역사문화대공원 조성을 통한 경주역사문화도시 마케팅전략을 구축하고자 하는 것이다.

이 연구는 경주시내와 시외의 유적지를 전체적으로 유기적으로 연결하면서 지역을 특정화하여 블록화하여 개발하는 것을 목표로 삼고 있다. 논자는 이 블록화된 지역을 핵심지역이라고 부르고자 하는데 따라서 역사문화에 특징적인 핵심지역과 핵심지역을 유기적으로 연결하는 전략수립을 위주로 하고자 하는 것이다. 그리고 핵심지역과 핵심지역을 잇는 연결통로를 역사문화거리로 조성하는 개념을 제시하고자 하는 것이다. 논자는 이를 문화통로로 이름붙이고자 한다. 즉 경주시내와 외곽의 문화유적이 현재는 모두 격절되어있는데 이를 그 지역의 특성에 따라 핵심지역으로 개발하면서 접근로를 개척하여 이를 문화통로로 유기적으로 연결하여 문화상품으로서 경주역사문화도시의 시너지효과를 높이고자 하는 것이 가장 주요한 목적이다.

이를 통해 경주역사문화상품의 새로운 동선을 개발할 수 있는데 이것이 현재의 경주역사문화도시의 시급한 하나의 과제라고 할 수 있다. 현재는 과거 30여년간 사용하여온 대릉원-첨성대-계림-반월성-안압지-박물관의 동선이 사용되고 있는데 이는 오래된 동선으로서 더 이상 관광매력물이 아닐 수 밖에 없는 것이다. 그리고 다른 동선으로는 삼릉-남산-통일전의 남산유적답사로와 불국사-석굴암의 등산로 정도가 관광자가 많이 찾는 동선이 되고 있는 실정이다. 이러한 동선은 더욱이 시내관광을 유도해낼 수 없으므로 시내관광의 공동화현상을 초래하고 있는 주요한 원인이 되고 있다. 그러므로 적절한 시기에 계속하여 단계적으로 시내에서 출발하는 동서남북중의 새로운 동선을 개발하여 시내관광을 개발하고 재방문율을 높이는 과제를 이 연구가 수행하고자 하는 것이다.

---

1)이강식(2003a), "남천과 첨성대일원 역사 문화관광마케팅," 『남천과 첨성대일원 자연생태환경 학습단지조성 기본계획』, 경주시, 2003. 12., pp.409~64. 원래 〈신라역사대공원의 설립〉은 이 연구의 일환으로 경주문화원 부설 향토문화연구소 세미나(2003. 9. 6.)에서 처음 발표하였고, 곧이어 시청에서 있은 이 연구의 중간발표에서 구체화하여 발표하였다(2003. 10. 30.) 이번 연구는 신라역사문화대공원의 영역을 더 확대한 것이다. 이강식(2003b), "朴赫居世居西干 神宮과 五陵, 閼英井의 문화마케팅전략구축," 『경주문화논총』, 제6집, 경주문화원 향토문화연구소. 이강식(2004), ""신라역사문화대공원" 조성을 통한 경주문화마케팅전략구축," 경주문화원 경주문화특강 2004. 9. 7(화).

- 28 -

그러므로 논자의 전략은 핵심지역인 점과 점을 연결하여 연결통로인 선을 만들고 선과 선을 연결하여 신라대공원의 면을 만드는 매우 장기적인 전략인 것이다.

물론 이러한 전체 전략이 수립되었다고 해도 이 모든 전략은 방대한 예산, 인력, 시간상의 이유로 한꺼번에 모두 실천하기는 어렵고 단계별로 실행하는 것이 바람직하다고 본다. 즉 우선순위에 따라 효과적인 축선을 선택하여 집중개발하는 것이다. 그러므로 이러한 전략수립은 향후 경주의 그랜드 디자인으로서 중요성이 매우 높은 것이다.

따라서 이 연구는 지역밀착형연구로서 실천경영학의 측면에서 구체적인 전략을 수립하고자 하는 것으로서 이러한 전략적 관점을 분명히 하는 것이 매우 중요한 것이다.

II. 신라역사문화대공원 조성의 기본원칙

1. 경주시내에서 동서남북으로의 새로운 동선의 개발

새로운 동선을 개발하기 위해 논자는 이미 시내관광(1998a)과 동선의 개념을 적용한 연구를 진행하였는데(2003a, 2003b, 2004, 2005b), 이 연구에서는 전체적으로 경주를 동서남북중의 5개동선으로 관광할 수 있는 문화상품전략을 개발하기로 한다.

2. 시내관광과 야간관광의 개발

경주역사문화관광의 동선을 동서남북중으로 개발하는데 여기서 중은 경주읍성과 노동·노서동 고분군을 축선으로 하는 시내관광과 야간관광을 개발하고자 하는 것이다. 현재 가장 당면하고 있는 시내관광, 야간관광의 공동화를 방지하고 이를 활성화하기 위해 시내 야간조명과 야간개장, 그리고 야간의 볼거리를 적극 발굴한다.

3. 경주읍성의 복원

이 연구에서는 경주읍성을 경주역사문화관광의 가장 핵심 기점으로 개발하고자 한다. 즉 경주역사문화관광의 중핵을 경주읍성의 개발에 두고자 하는 것이다. 즉 경

- 29 -

주읍성을 기점으로 동서남북의 동선을 개발하는 것이다.

4. 선택과 집중

가장 효과가 높은 동선을 우선적으로 개발하도록 한다. 다시 말하면 어느 한 지역을 선택하여 예산과 인력을 집중하여 확실하게 개발하여 성과를 거두고 다른 지역으로 이동하는 것이 주요하다. 이 연구에서는 경주읍성-노동·노서동 고분군-대릉원-반월성-월정교-일정교-박물관으로의 축선이 우선적으로 개발되는 것이 바람직하다고 본다.

이는 전략개념이 도입되어야함을 의미하는데 지금까지는 이곳저곳 조금씩 개발하였기 때문에 효과가 미미했다고 본다.

5. 균형과 조화

가장 효과가 높은 지역을 선택하여 집중적으로 개발하면서 타 지역과 균형과 조화로운 발전을 도모해야하는 것이다. 즉 관광지와 비관광지의 균형과 조화의 개발이 주요하며 비관광지의 개발이 균형을 이루어야하는데 이는 관광산업시스템구축으로서 가능할 것으로 본다.

6. 여성마케팅과 키즈마케팅의 개발

시장세분화의 측면에서 신라사의 여성인물과 유적을 통한 여성마케팅을 개발하고, 그리고 화랑, 원화 등을 통한 키즈마케팅전략을 개발한다.

7. 문화재와 유적을 최대한 보호

현 유적지의 지형지물과 풍광을 최대한 살리는 개발전략을 구축하며 발굴이 필요한 대형공사 등은 지양한다. 문화재는 엄청난 자원이면서 동시에 엄청난 제약조건이지만 그러나 노력에 따라서 더욱 훌륭하게 극복할 수 있다.

8. 개발의 5대중심

- 30 -

1) 문화재최대보존중심.

2) 전통과 현대의 조화를 이루는 지속가능한 적정개발중심.

3) 주민참여를 통한 주민소득증대중심.

4) 경주와 세계를 잇는 국제문화교류개발중심.

5) 미래의 경주문화 재창조(再創造) 중심.

9. 문화산업시스템구축

일회적인 소모적이고 비생산적인 이벤트를 지양하고, 산업시스템구축을 목표로 하여, 항구적인 주민소득증대를 도모한다. 다시 말하면 소득이 있어야 문화재창조도 있는 것이므로 문화산업의 인프라를 구축하여 지속적인 신라경주문화재창조(再創造)를 달성한다.

10. 작은 걸음(small step) 전략

최소의 비용으로 최대의 효과를 얻는 전략을 개발하며 따라서 가능한 한 현재의 건물을 최대한 활용하고 초등학교 등 폐교건물을 개조하여 활용한다. 물론 증개축은 필요하고 여건이 좋아지면 그때 가서 신축하는 것을 권장한다.

11. 주민을 내쫓는 관광정책에서 불러들이는 관광정책으로

지금까지는 관광지를 개발하기 위해 계속 주민을 소개(疏開)하는 비우는 관광정책을 사용하였는데 이제는 채우는 관광정책이 필요하다. 즉 컨텐츠를 갖추어 관광자만이 아니라 주민을 모으는 관광정책이 필요한 것이다. 그러므로 서민소득증대를 위해 관광지에서의 벼룩시장, 행상, 난전이 허용되어야한다고 본다.

12. 관광자와 주민의 이해일치

그러나 관광자와 주민이 이해가 불일치하는 것은 전혀 아니다. 관광자는 볼거리, 놀거리, 먹을 거리, 살거리가 필요하고 주민은 먹고 살거리가 필요한 것이다. 다르게 말해서 관광자가 '돈을 쓰고 싶어도 쓸데가 없다.'는 소리가 나오지 않도록 노력해야하고 주민의 입장에서는 주민자치의 입장에서 끊임없이 문화상품을 개발하여 '뭘 팔아

- 31 -

야한다.'는 것이다.

13. 참여관광, 체험관광 개발

실제 관광자가 참여하고 체험하고 체류할 수 있는 문화상품을 최대한 개발한다. 특히 신라역사문화대공원에서 그냥 보고 지나가는 관광이 아니고 관광자가 직접 참여할 수 있는 놀이 이벤트가 필요하다. 꼭 놀이가 아니라도 족보공원, 족보도서관을 통하여 자신의 뿌리를 찾을 수 있게 하는 것도 참여관광이 되는 것이다.

14. 주5일제근무에 따른 체류형 전략개발

대도시에서 경주로 오는 1박2일 체류형관광을 적극 개발한다. 이에는 회사의 인센티브관광의 유치도 필요하고 또 사찰의 템플 스테이가 적극 권장될 수 있다.

15. 인바운드 관광을 위한 연계관광개발

외국인관광자 유치를 위해 일본과 중국을 잇는 연계관광을 적극 개발한다.

이러한 기본원칙은 상호연결되어 있고 또 더 제시할 수도 있을 것이다. 그러면 이러한 원칙을 바탕으로 구체적인 신라역사문화대공원의 개발전략을 제시하여 보자.

Ⅲ. 신라역사문화대공원 기본계획

신라역사문화대공원의 개발전략의 구체계획은 〈그림 1〉과 같다.

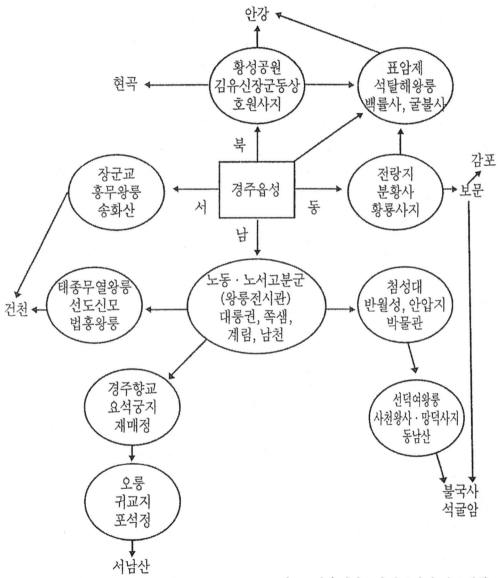

〈그림 1〉 신라역사문화대공원의 기본계획

- 33 -

이처럼 〈그림 1〉에서 보면 논자가 제시하는 신라역사문화대공원의 기본계획을 잘 알 수 있을 것이다. 여기서 동그라미, 네모가 논자가 제시하는 핵심지역이고 화살표가 연결통로가 되는 것이다. 그런데 논자는 대체로 경주의 동서남북중의 5대 권역을 포함하면서 조금 더 외곽의 문화유적지를 포함하여 11개의 영역으로 구분하였다. 물론 이러한 핵심지역은 사계의 토론을 거쳐서 특성에 따라 더 세분될 수도 있고 더 확대될 수도 있다. 그리고 문화유적은 대표적인 것을 표시하였는데 실제로는 상당히 더 많은 유적이 포함될 것이다.

그리고 주차장은 시외곽에 설치하는 것이 권장된다. 이동은 전기자동차, 마차, 자전거, 도보로 하는 것이 바람직하며 유적 앞으로 차량이 통행해서는 안 될 것이다. 특히 첨성대 주위의 차량 통행은 금지되는 것이 타당하다.

이처럼 시내의 읍성과 경주의 각 유적지를 잇는 거대한 신라역사문화대공원이 필요하다. 이는 유적간의 시너지효과를 높이고 야간관광, 시내관광활성화, 체류관광에 매우 필요한 것이다.

그러면 이를 좀더 세분화하여 살펴보기로 하자.

IV. 중 : 경주읍성과 시내 동선

경주읍성은 현재 복원을 위해 토지를 구입하고 동편 일부 성과 치를 복원하였다. 그리고 읍성도도 완성되었다. 향후 복원될 때는 조선시대 건물뿐만이 아니라 원래 읍성이 고려시대에 축조되었으므로 고려건물도 복원이 되는 것이 주요하다고 본다. 논자는 경주에서 신라가 강조되는 것은 당연하지만 그렇다고 해서 고려의 주요성을 간과해서는 안 된다고 본다. 그러므로 경주읍성은 고려도 매우 주요한 비중을 두고 개발하는 것이 아주 주요하다고 본다. 물론 신라건물도 복원하여 신라유물전시관을 만들면 더욱 좋을 것이다.

논자는 이 읍성의 건물이 복원이 되면 여러 가지 전시관, 신라식 상가건물, 이벤트 장소로서 경주문화관광의 중심지역할을 해야한다고 본다. 이 읍성에 경주문화관광

- 34 -

자를 집결시켜 경주문화에 대한 기본지식을 구비하고 동서남북으로 하루의 일정을 출발하도록 하면 대단히 효과가 있다고 본다. 그러므로 읍성이 문화관광자가 출발하고 경유하는 핵심장소가 되도록 조성해야한다고 본다(2005b). 물론 그것을 위해서는 여러 가지 현대화한 시설이 따라야하는 것이다. 그렇게 되면 읍성주변에도 상가가 조성되고 시내관광이 형성될 것이다. 이 연구에서는 경주읍성에 대한 상론은 줄이기로 하겠으며 향후 복원이 본격적으로 시행될 때에 전략을 구축하기로 하겠다.

그리고 현재 복원된 동편부분에도 야간조명이 필요하다.

〈사진1〉 경주읍성(1930년대)

〈사진2〉 경주읍성(복원전, 1996)

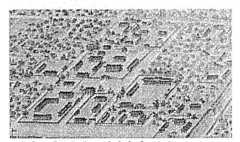
〈사진3〉 경주읍성도(이재건 작, 부분, 2004)

〈사진4〉 KBS 역사스페셜의 신라왕경모습

〈사진5〉 태봉국 궁예의 왕궁모형(철원군청 현관)

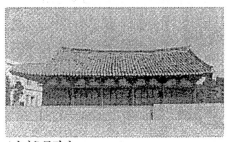
〈사진6〉 동경관

- 35 -

〈사진7〉집경전비(경주여중)

　그리고 현재의 동경관, 집경전비 등 시내의 유적도 다양하게 개발하여 안내판을 세우고 적극적으로 홍보를 하도록 한다. 그리고 집경전도 복원하여 조선 태조의 어진을 봉안한다면 경주에서 아주 뜻깊은 조선시대 문화매력물이 될 것이다. 그리고 읍성을 복원하면서 나온 여러 문화재도 읍성현장에서 보존하면서 안내판을 세우는 것도 하나의 역사문화의 현장을 조성하는 방법이 될 수 있을 것이다.

V. 남 : 경주읍성-노동·노서동 고분군-대릉원 동선

　경주읍성에서 남쪽으로 (1) 봉황로를 거쳐 노동·노서동 고분군-대릉원-첨성대-계림-향교-사마소-재매정-오릉-알영정-나정-창림사-포석정 등 남산 서록을 잇는 새로운 동선을 개발할 수 있다. 이는 주동선이 될 수 있고, 뿐만 아니라 (2) 월정교와 일정교를 복원하여 반월성-월정교-일정로-일정교-박물관-안압지-동남산의 새로운 동선을 개발하여 관광자 유치 및 지역발전을 도모할 수 있는데 이는 부동선이 될 수 있다.

　이때 논자는 이미 봉황로를 〈문화예술의 거리〉로 조성하는 것이 타당하다고 보았지만(2003b, pp.181~2), 그에 앞서 우선 〈문화·민속·예술의 장날〉을 토·일요일 개최하는 것이 바람직하다는 전략을 제시하였는데(1998a, p.58), 이는 벼룩시장의 형태로서 먼저 시작을 해야한다는 것을 뜻한다. 문화예술이라는 부분이 하루아침에 형성되는 것이 아니기 때문이다.

〈사진8〉노동·노서리고분군 사이의 봉황로(야간촬영)

따라서 개발될 잠재성이 높지만 현재는 텅비어 있는 이 봉황로를 〈문화예술의 거리〉로 개발하는 것이 논자가 제시하는 관광연결통로가 되는 것이다. 이 통로를 따라 경주읍성과 노동·노서동 고분군을 연결하는 것이다.

그러면 다시 시내의 노서동, 노동고분군과 대릉원을 잇기 위해 육교를 설치하는 전략도 이미 제시를 하였다. 이때 육교건축에는 여러 가지 전략이 있는데 단순히 관광자가 통행을 하는 육교가 아니라 신라예술성을 갖춘 다리형태로 건축하면서 영국의 템즈강의 타워 브리지(Tower Bridge)처럼 경주시와 대릉원을 조망할 수 있는 정도의 높이로 하는 것도 구상할 수 있다. 논자는 좀더 넓고 크게 만들어 육교에 상가도 조성하는 것이 바람직하다고 본다.

(사진10) 경주시의 일정교 복원안

(사진11) 경주시의 월정교 복원안

(사진9) '서울역사도시조성' 계획의 하나로 창의문 주변의 성곽을 홍예교 양식으로 복원하여 탐방로를 연결하려는 계획도

(사진12) KBS 역사 스페셜에서 복원한 월정교

(사진13) 영국 템즈강의 타워 브리지

논자는 이러한 신라교량의 형태를 현대적으로 재구상해서 노동동, 노서동 고분군과 대릉원을 연결하는 육교를 설치하는 것이 바람직하다고 본다.

뿐만 아니라 구시청 노동청사도 신라왕릉전시관으로 리모델링하는 전략을 논자가 제시하였으나(1998a, p.59), 현재는 공영주차장이 되어 있다. 앞으로 왕릉전시관으로 건축이 되면 대릉원과 육교로 연결함과 동시에 경주도시관광의 또 다른 핵심지역이 될 수 있을 것이다.

현재 쪽샘지구에 대한 개발안이 마련되고 있다. 그렇게 되면 대릉원과 쪽샘지구 사이에 계림로가 있는데 계림로 역시 향후 동서 두 지역을 연결하는 방안이 마련되어야 할 것으로 본다.

〈사진14〉계림로

그리고 논자는 경주의 캐릭터로서 금관을 강조하여야한다고 보는데 그 측면에서 금관이 출토된 시내고분군의 브랜드 네이밍이 필요하다고 강조하여왔다. 이를 다시 한번 보면 〈표 1〉과 같다.

〈표 1〉 金冠名 附加 改名

현재명	금관명부가 개명	비고
금관총	금관릉	
천마총	금관천마릉	
황남대총	금관황남대릉	
서봉총	금관서봉릉	
대릉원	금관대릉원	
노동동 고분군	**금관릉원**	
노서동 고분군	**금관봉황대릉원**	

출처 : 이강식(2003b), p.186.

- 38 -

이 동선이 구축되면 대릉원-첨성대-계림-향교-사마소-재매정-오릉-알영정-나정-창림사-포석정-서남산을 잇는 새로운 동선을 개발할 수 있다. 이 역시 효과가 매우 높은 동선이 될 것이다. 특히 향교-최부자집(교동법주)는 신라속의 조선을 구현할 수 있는 문화관광지가 될 것이다.

〈사진15〉 복원공사중인 교동 최부자집 사랑채

그리고 이 동선에는 다시 대릉원-첨성대-반월성-월정교-일정교-안압지-박물관-서남산의 핵심지역과 문화통로가 개발될 수 있다. 이에는 월정교-일정교 복원이 주요한데 일정교가 복원이 되면 이쪽으로도 박물관의 출입이 가능해질 것이다. 이 역시 한꺼번에 다 실행이 될 수 없으면 단계적으로 실행이 되어야 할 것이다. 그리고 더 나아가서 월정교-일정교가 복원되면 인용사지, 최고운선생의 상서장과 서남산으로의 접근성도 매우 좋아질 뿐만 아니라 신라시대의 원래의 동선을 개발하는 것이 되는 것이다.

그리고 안압지-박물관-선덕여왕릉-사천왕사 · 망덕사지-통일전-서출지-동남산으로의 동선도 더 개발될 수 있다. 이의 세부전략은 차후의 과제로 해야할 것이다.

〈사진16〉 첨성대(1930년대)

〈사진17〉 안압지(1930년대)

그리고 안압지에서 황룡사지로 연결하는 동선도 개발할 수 있다. 이의 시녀지효과는 매우 클 것이다.

또 대릉원-서천교-태종무열왕릉-선도산 신모 성모사-법흥왕릉의 동선도 개발할 수 있다. 이들은 차후의 연구과제로 해야 할 것이다.

- 39 -

VI. 동 : 경주읍성-전랑지-분황사-황룡사지 동선

경주읍성에서 동쪽으로의 동선개발은 성동시장-육교(경주역)-전랑지-북천-분황사로 이루어질 수 있다. 따라서 재래시장인 성동시장을 재래시장쇼핑관광지역으로 활성화할 수 있다고 본다. 더 나아가서 논자는 성동시장은 시내중심에 있으므로 야시장으로의 개발도 가능하다고 본다. 이 부분은 계속하여 연구를 할 과제이다.

〈사진18〉 성동시장 환경개선사업 준공식(2005. 4. 14.)

그리고 경주역을 육교로 넘어가는 연결통로를 개발해야하는데 이 역시 구름다리처럼 만들면서 신라식 다리가 되도록 하면 아주 좋은 효과를 거둘 수 있을 것이다.

그리고 전랑지를 통과하여 북천쪽으로 가면서 분황사와 연결되도록 한다. 이때 전랑지도 신라왕궁으로 개발이 되면 좋을 것이나 우선은 발굴을 하고 사적지를 정비해두는 것이 시급하다. 유적지는 빈 터는 빈 터대로 감동을 줄 수 있는 것이기 때문에 우선 사적지를 정비하고 단계별로 개발하는 것이 주요하다.

그리고 꼭 신라유적만 개발하는 것이 아니고 문화통로의 필요한 곳곳에 고려, 조선의 다양한 유적을 개발할 필요가 있다.

〈사진19〉 문경 신현리에 복원된 조선시대 주막거리

그리고 분황사와 함께 황룡사지의 문화마케팅전략도 주요하다. 이는 이미 논자가 연구한 바가 있으므로 이를 참조하기 바란다(2002a). 논자는 이미 황룡사도 단계적으로 개발이 되는 것이 바람직하고 황룡사전시관보다는 황룡사건물을 복원하여 이에 황룡사유물을 보관도 하고 전시를 하는 것이 바람직하다는 전략을 수립한 바가 있다.

그리고 이 동선을 계속 연장하여 보문호-덕동호까지 연장하면 대단히 좋은 관광동선이 될 것이다. 그러기 위해서는 다양한 문화매력물을 조성하여야하는데 북천은 남모와 준정의 원화의 설화도 있기 때문에 원화상이 필요할 것으로 보이며 이에 상응하여 주로 여성에게 소구할 수 있는 각종 매력물과 이벤트, 축제를 조성하는 것이 좋을 것으로 본다.

〈사진20〉춘천 의암호 인어상

〈사진21〉춘천 소양강변의 소양강 처녀상

〈사진22〉김해 '황옥실버 문화축제'

VII. 서 : 경주읍성-장군교-흥무왕릉-송화산 동선

경주읍성의 서쪽동선은 논자가 세부적인 연구를 수행하였다(2005b). 즉 경주읍성-김동리 생가터-예기청소(무녀도의 현장)-삼랑사 당간지주-장군교-흥무공원-금산재-송화방지-숭무전-흥무왕릉(김유신장군묘)-옥녀봉-조익청 묘의 동선이다. 이는 논자의 연구를 살펴보기 바란다. 이 동선은 특히 흥무왕과 화랑도의 호국정신을 기릴 수 있는 주요한 문화상품이 될 수 있으므로 연결통로를 이러한 측면에서 개발하면 좋은 효과를 거둘 수 있을 것이다.

- 41 -

특히 흥무공원에는 화랑5계비와 함께 김유신 장군, 관창, 김반굴, 사다함, 황창랑 등 화랑동상을 세우고 금산교육장에는 김유신장군 자료전시실을 개설하는 것이 주요하다고 본다.

그리고 숭무전 춘향대제도 더욱 홍보를 하는 것이 주요하다.

〈사진23〉백제 26대 성왕 동상 (충남 부여, 야간조명)

〈사진24〉서동요 드라마 홍보(부여)

Ⅷ. 북 : 경주읍성-황성공원-백률사-표암제-석탈해왕릉 동선

그러면 이제 북쪽 동선을 살펴보기로 하자. 이에는 경주읍성-봉황로-북천-황성공원-김유신 장군 동상-호원사지-김후직 간묘까지 동선이 연장될 수 있다. 특히 황성공원으로의 동선은 스포츠, 각종 축제장으로의 특성을 가진 핵심지역으로 개발이 될 수 있을 것이다.

그런데 경주문화원에서 북쪽으로의 봉황로에는 현재 왜정시대의 건물이 다소 남아있다. 이 왜정시대도로를 경주시민이 합의한다면 왜정시대의 건물을 복원하여 일본인관광자와 영화세트장으로 활용을 할 수 있다. 경주에는 왜정시대의 건물이 많이 있었는데 지금은 대부분 소리소문없이 헐려가고 있다. 따라서 경주의 다른 지역의 왜정시대의 건물도 이쪽으로 이전복원하는 것도 바람직할 것이다. 그러나 이는 시민의 합의가 우선 필요한 부분이다.

〈사진25〉성동동에 있던 대표적인 왜정시대 주택
- 이제는 완전히 헐리고 논자의 사진 한 장에만 겨우 남았다.

- 42 -

그리고 이 동선은 백률사-표암재-석탈해왕릉-보문 동선으로 연장될 수 있는데 이 북동쪽 동선은 별개로 개발 될 수도 있다. 이에도 주요한 유적이 많은데 앞으로 세부적인 개발전략이 필요하다고 본다.

〈사진26〉표암(1996년)

이렇게 경주의 동서남북중으로 뻗어가는 신라역사문화대공원이 성립되는 것과 동시에 시외곽의 남천·서천·북천·동쪽을 잇는 자전거도로 개발전략이 필요하다. 이는 남천·서천·북천의 제방과 동편의 경포산업도로를 활용하여 개설할 수 있으며 〈그림 2〉와 같다.

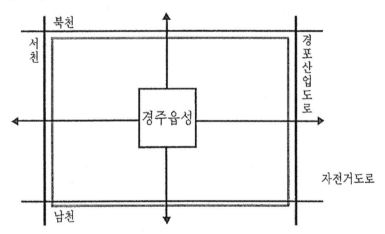

〈그림 2〉 경주 순환 자전거도로 개발전략

IX. 문제점의 극복과 향후방안

이러한 신라역사문화대공원 조성전략은 기대효과가 크기는 하지만 그러나 문제점도 적지는 않다. 이러한 예상문제점과 해결방안을 보면 다음과 같다.

- 43 -

1. 문화재 보호를 위해 형질변경이나 땅 파는 공사는 지양한다. 이를 해결하기 위해서는 항구적 건물설치 보다 목적에 맞는 조립식 간이 건물이나 천막부스개발이 필요하다. 즉 행사가 있을 때는 설치하고 마치면 철수하는 것이 바람직하다. 그리고 도로도 새로운 도로를 만들기 보다 현재 있는 도로를 최대한 활용하며 육교 등을 활용하여 연결성을 최대한 높인다.

2. 법, 제도, 조례 제정 등이 필요하다. 이 역시 이해관계에 따라 많은 당사자들의 시간과 노력이 수반되는 작업이다. 이에는 리더십이 필요하고 비전이 제시되어야한다.

3. 그리고 먼저 시민의식의 함양이 우선되어야한다. 그런데 소득수준이 증대됨에 따라 문화욕구에 대한 시민의식은 계속 향상되고 있으므로 적절히 계도가 되면 충분히 협조를 아끼지 않을 것으로 본다. 특히 주민생계를 위해 관광지에서의 벼룩시장, 난전, 행상이 허용이 되어야하며 이에는 문제점도 있지만 서민생계를 위해서 반드시 설치되는 것이 바람직하다고 본다. 일본의 경우는 부처를 모신 법당 안에서도 기념품을 팔고 있다.

4. 시민 뿐만 아니라 경주를 방문하는 문화소비자에게도 적절한 문화상품을 제공하는 것이 주요한 과제가 되고 있다. 결국 경주는 문화수요에 대한 문화공급이 부족하여 현재 수익사업을 활성화하지 못하고 있는 사례로 본다.

5. 문화사업은 결국 인간산업이므로 인력양성 필요하다. 이는 경주에 4개 대학이 있고 관련학과가 있으므로 맞춤형 산학협동이 가능하다고 본다.

6. 실제 경주역사문화관광분야를 기획하는 조직이 필요하다. 이는 결국 민·관·산·학의 팀조직이 필요하다. 이러한 조직을 구성하여 자료를 모으고 연구하고 실제 전략안을 꾸준히 마련하여야한다. 실행에는 시간이 걸리더라도 졸속 개발을 피하기 위해서는 사전에 전략을 수립하는 것이 필요한 것이다.

7. 경주역사문화관광분야에 대한 사계전문가의 컨설팅도 고려해야한다. 그런데 이는 현재 일부 시행이 되고 있다.

8. 자원봉사자로 구성된 문화관광 고정처리전담 T/F팀이 필요하다. 이러한 팀을 구성하여 현장의 불만사례에 대한 기동성 있는 대처가 필요하다.

9. 이러한 문제점은 적은 것은 아니지만 노력하면 극복할 수 있다. 국내의 다른 역사유적지에서도 이러한 문제는 항상 제기되어왔으며 그때그때 적절한 혜지를 모아 해결책이 마련되어왔다. 논자도 해결책이 없을 경우에는 개발을 하지 않는 것이 타당하다고 보지만 이에 앞서 국내외 극복사례에 대한 적극적인 벤치 마킹이 필요하다.

10. 민간분야자본과 사업을 유치하고 또 민간시민자원봉사단체와 연계하여야 한

다. 부족한 예산에 대해서는 애향차원의 각종 참여, 기여, 기증으로 예산과 경비절감을 기할 수 있다.

11. 동절기와 비수기의 문화상품과 외국인을 위한 인바운드관광상품개발전략의 필요하다. 이를 위해 해당 계절과 각국의 관광자의 욕구에 맞는 문화상품을 적극 개발해야한다.

12. 그리고 후손과 미래를 위해 개발을 하지 않고 비워두는 곳도 있어야한다. 모든 곳을 다 개발하는 것은 아니다.

〈사진 27〉 경복궁의 복원

〈사진 28〉 수원 화성 행궁 복원

〈사진 29〉 중국 진시황의 아방궁의 복원

〈사진 30〉 일본 대판성 천수각의 복원

〈사진 31〉 대관령 눈꽃축제(강원도 평창)

〈사진 32〉 빙어축제 스타 애견 퍼레이드(인제군)

- 45 -

(사진 33) 아이스 호텔 결혼식용 예배당인 웨딩 채플(캐나다 퀘백)

(사진 34) 중국 흑룡강성의 얼음축제

(사진 35) 한복 입은 미국의 팝가수

(사진 36) '한국음악홀' (소극장 형태의 국악 전용 연주공간)의 국악공연

Ⅹ. 맺는말

신라역사문화대공원은 조금만 통로를 개척하고 교통을 통제하면 적은 비용으로 세계에서도 유례가 없는 거대한 역사유적지가 될 수 있다. 즉 경주시내와 시외 유적을 전체적으로 연결하는 거대한 신라역사문화대공원이 조성될 수 있다. 그렇게 되면 장기적으로는 경주시 전체가 역사문화공원화가 되고 시민들은 공원 속에서 살게 되는 것이다.

이 연구의 주요 결론을 요약하면 다음과 같다.

첫째, 신라역사문화대공원 조성을 통한 경주역사도시 마케팅전략구축을 위하여 경주읍성을 복원하고 이를 기점으로 동서남북중의 동선을 개발하였다.

둘째, 신라역사문화대공원 조성을 위하여 11개 핵심지역과 이를 연결하는 문화통로를 개발하는 전략을 구축하였다. 이렇게 하기 위해서는 핵심지역과 연결통로를 잘 구축하여야한다. 그러므로 이러한 연결통로에 신라미술전시관, 경주도자기전시관, 신라민속전시관, 신라복식전시관, 족보도서관, 김치전시관, 신라다리전시관, 신라식음료전시관, 떡전시관, 술전시관, 신라토용전시관, 한국화전시관, 달마화전시관, 신

- 46 -

라탁본전시관, 서예전시관, 신라왕경전시관, 신라금관전시관, 신라사진전시관, 신라기와전시관, 황룡사유물전시관 등등을 배치하면 효과가 클 것으로 본다.

셋째, 이러한 전략구축을 위해 15개 기본원칙을 제시하였는데 이 원칙 자체도 문화마케팅전략구축에서 매우 주요하며 앞으로 계속 연구되어야할 것이다.

넷째, 이러한 전략은 각각의 동선을 단계적으로 개발하는 것이 타당하며 논자는 선택과 집중의 원칙에 따라서 우선 남쪽 동선을 적극적으로 개발할 필요가 있다고 본다.

다섯째, 물론 문제점도 다소 있으나 논자는 시민의 합의로 충분히 극복할 수 있다고 본다.

이렇게 경주시 전체를 역사문화대공원으로 조성하면 시외곽에 입구를 조성하여 입장료나 주차비도 한 번에 징수하여 문화관광자의 편리를 도모할 수 있는 것이다.

더 나아가서 논자는 경주의 이미지를 금관의 이미지로 CI를 구축하는 것이 가장 주요하다고 보는데 따라서 "금관의 나라 신라, 금관의 도시 경주," "찬란한 금관의 도시 경주에 온 것을 환영합니다."라는 등의 슬로건의 개발이 향후 더 진행되어야한다. 또 고속도로 톨게이트와 고속전철 신역사도 금관으로 장식하는 것이 필요하다는 것을 다시 한번 강조하는 것이다. 또 경부고속전철 경주 신역사에도 신라 3왕의 시조와 6부촌장의 동상, 부조 등이 필요하며 더 주요한 것은 경주에 '박혁거세거서간' 도로명이 있어야 한다는 것이다. 천년제국 신라의 건국자에 대한 그만한 예우가 있어야 할 것이다.

이러한 노력이 있으면 세계사에서 찬란한 2천년의 도시역사를 가진 경주가 세계적인 역사문화도시로 거듭날 것으로 본다.

〉〉참 고 문 헌〈〈

『경주향교지』(1989).

권오찬(2000), 『신라의 빛』, 한글개정판, 경주시.

『금산재지』.

『동국여지승람』(1481).

『동경잡기』.

『3국사기』.

『3국유사』.

서라벌대학 건축과(1998), 『역사도시에서의 맥락성』, 제5회 졸업작품집.

『세종실록』「지리지」.

이강식(1997), "통일전의 문화마케팅전략구축," 『신라학연구소논문집』, 창간호, 경주 : 위덕대학교.

이강식(1998a), "노동·노서동 고분군의 문화마케팅전략구축," 『관광학논총』, 제2권, 경주대학교 관광진흥연구원.

이강식(1998b), "첨성대의 본질에 따른 문화마케팅전략구축," 『경주대논문집』, 제10집, 경주대학교.

이강식(1999), "경주향교의 문화마케팅전략구축," 『경주대논문집』, 제12집, 경주대학교.

이강식(2002a), "황룡사지의 문화마케팅전략구축," 『경주대논문집, 제15집, 경주대학교.

이강식(2002b), "月池宮-雁鴨池-臨海殿의 문화마케팅전략구축," 『경주문화논총』, 제5집, 경주문화원 향토문화연구소.

이강식(2002c), 『도덕경의 경영학』, 경주 : 환국.

이강식(2003a), "남천과 첨성대일원 역사 문화관광마케팅," 『남천과 첨성대일원 자연생태환경 학습단지조성 기본계획』, 경주시, 2003. 12.

이강식(2003b), "朴赫居世居西干 神宮과 五陵, 鬭英井의 문화마케팅전략구축," 『경주문화논총』, 제6집, 경주문화원 향토문화연구소.

이강식(2004), "신라역사문화대공원" 조성을 통한 경주문화마케팅전략구축, "경주문화원 경주문화특강, 2004. 9. 7(화).

이강식(2005a), "신라 역사문화마케팅으로서의 데이 마케팅전략구축," 『비화원』, 제5호, 안강문화연구회.

이강식(2005b), "경주국립공원화랑지구의 문화마케팅전략구축 : 김동리 생가터, 금산재와 흥무왕릉, 옥녀봉, 조익청 묘의 문화상품개발," 『경주문화논총』, 제8집, 경주문화원 향토문화연구소.

이강식(2005c), 『논어의 경영학』, 경주 : 환국.

최병용(1990), 『신마케팅론』, 전정판, 서울 : 박영사.

필립 코틀러 지음, 이종영·구동모 옮김, 『내 고장마케팅』, 서울 : 삼영사.

한경수(1997), 『관광마케팅의 이해』, 서울 : 학문사.

『화랑세기』.

- 48 -

일정교와 월정교의 신비에 따른 문화마케팅전략구축

이 강 식*

目 次

Ⅰ. 첫말

제국 신라에는 해와 달의 정기가 뭉쳐서 이루어진 日精橋와 月精橋라는 미려한 황실의 다리가 남천에 놓여 있었다. 지금은 아름다운 모습을 잠시 감추고 남천에 거대한 석재만이 남아 그 시절의 화려함을 회억의

* 경주대학교 교수

물살속에서 말없이 보여주고 있다. 현재 일정교와 월정교는 발굴을 완료하였고 복원을 기다리고 있으며 계획이 진행중이다. 논자도 이미 경주문화관광의 새로운 동선을 개발하기 위해 월정교와 일정교를 복원하여 반월성에서 월정교를 통과하여 일정로를 지나 일정교를 통과하여 경주박물관으로 입장하는 전략을 마련하여 발표한 바가 있다(2003a, p.411, pp.422 ~ 3).

그런데 일정교와 월정교의 복원에는 단순히 다리와 같은 가시적인 물체적 유형문화재를 복원하는 것만으로 되는 것은 아니다. 신라인이 일정교와 월정교에 구현하고자 했던 그 사상을 복원하여야 하는 것이다. 즉 문화재에 구현되어 있는 신라정신을 복원하여야 하는 지난한 과제를 가지고 있다. 그것은 문화가 가지고 있는 신라인의 공유된 가치(shared values)를 복원하여야 하는 과제인 것이다. 물론 그것은 쉬운 과제는 아니다. 그러나 일정교와 월정교에 구현하고자 했던 신라정신을 복원하지 않고는 일정교와 월정교를 복원하였다고 보기는 어려운 것이다. 뿐만 아니라 그 신라인의 공유된 가치는 현재 시점에서는 이해하기가 어려울 수 있는 신비한 측면을 가지고 있다고 보아지기 때문에 더 어려운 것이다.

따라서 이 연구의 목적은 일정교와 월정교에서 구현한 신라인의 공유된 가치를 연구하여 신비적인 측면에서 문화마케팅전략을 구축하고자 하는 것이다.

여기서 논자가 신비(mystery)라는 용어를 사용하였는데 이는 현대인이 가지고 있는 어떤 합리성으로 신라정신을 다 이해할 수 없다는 것을 의미하는 것이다. 그럴 것이다. 이 연구에서는 주로 일정교와 월정교에서 구현된 축선을 가지고 구체적으로 연구하고자 한다. 그리고 칠성교에 대해서도 연구의 초석을 놓는 정도로 다소 살펴보기로 한다.

이 연구에서는 실무적인 마케팅전략을 목적으로 하므로 이론적 배경은 가능한 줄이기로 한다.

II. 신라의 일월신앙과 천신교

신라의 일월신앙은 우선 일연의 『3국유사』 「延烏郎 細烏女」(1281~3)를 보면 잘 알 수 있다. 신라 제8대 아달라왕 4년(158)의 기록은 여러 측면에서 연구될 수 있지만 여기서 <日者>라는 관직이 있어 천문을 살피고 점성을 해석했다는 것을 알 수 있고 특히 <日月之精>에게 <祭天>을 시행했다는 것을 알 수 있어서 신라에 일월신앙이 이미 국초부터 있었다는 것을 알 수 있다. 이러한 일월신앙은 인류역사에서 공통적으로 나타나기 때문에 해석학(Hermeneutik)의 측면에서 연구될 필요가 있다.

사진 1. 포항 일월사당
(1985년건립)

사진 2. 포항 일월지

사진 3. 연오랑 세오녀가
떠났던 포항 도구해수욕장

- 35 -

뿐만 아니라 김부식 등의 『3국사기』「잡지 1」<제사>(1145)에서는
<문열림에서는 해와 달에 대한 제사를 지내고 영묘사 남쪽에서는 다섯
별에 대한 제사를 지내고,(文熱林 行 日月祭, 靈廟寺 南 行 五星祭,)>라
고 하였기 때문에 日月祭 뿐만이 아니라 별에 대한 5星祭도 신라의 주요
한 제사임을 알 수 있다. 이를 합하면 日月5星祭라고 할 수 있으며 일월
목화금수토성으로 보면 7曜신앙이라고도 할 수 있다. 일반적으로 7星은
북두칠성을 말하는 것이지만 일월5성은 7요로 보는 것이다. 그런데 이
별 또는 별자리에 대한 신앙을 논자는 특히 성신(星辰)신앙이라고 이름
붙이기로 하겠다.

그리고 중국 측의 기록에서도 신라의 일월신앙이 잘 나타나고 있다.
이를 자세히 살펴보기로 하자.

『北史』「新羅」에서는 <매달 초하루에는 서로 賀禮하는데, 왕은 연회를
베풀어 모든 관원의 노고를 치하한다. 이날에는 日月神主에게 절을 올린
다. 8월 15일에는 풍악을 베풀고 官人들로 하여금 활을 쏘게 하여 말과
베를 상으로 준다.…服色은 흰 빛을 숭상한다.(每月旦相賀, 王設宴會, 班
賚群官. 其日, 拜日月神主. 八月十五日設樂, 令官人射, 賞以馬·布.…服
色尚素.)>라고 하여 매월 초하루에 일월신에게 제사를 지낸다고 하였고
8월 15일도 주요한 명절임을 나타내고 있다.

이에 비해 『隋書』「新羅」에서는 <매년 正月 元旦에 서로 賀禮하는데,
왕은 연회를 베풀어 모든 관원의 노고를 치하한다. 이 날에는 日月神에
게 절을 올린다. 8월 15일에는 풍악을 베풀고 官人들로 하여금 활을 쏘

게 하여 말과 베를 상으로 준다.…服色은 흰 빛을 숭상한다.(每正月旦 相賀, 王設宴會, 班賚群官. 其日拜日月神. 至八月十五日, 設樂, 令官人射, 賞以馬布.…服色尙素.>라고 하여 매년 정월 초하루에 일월신에게 제사를 지낸다고 하였고 8월 15일도 주요한 명절임을 나타내고 있다.

그리고 『舊唐書』「新羅」에서는 <조복은 백색을 숭상하고 산신에게 제사지내기를 좋아한다.…元日을 중히 여겨서 서로 축하하고 연회를 베푸는데, 해마다 이 날에는 日月神에게 절을 올린다. 또 8월 15일을 중히 여겨서 풍악을 울리고 연회를 베풀며, 群臣을 모아 宮庭에서 활쏘기를 한다. 부인들은 머리를 틀어 올려서 비단 및 구슬로 치장하는데, 머리털이 매우 길고 아름답다.(而朝服尙白. 好祭山神.…重元日, 相慶賀燕饗, 每以其日拜日月神. 又重八月十五日, 設樂飮宴, 賚群臣, 射其庭. 婦人髮繞頭, 以綵及珠爲飾, 髮甚長美.)>라고 하여 정월 초하루에 일월신에게 제사를 지내고 8월 15일은 여성의 축제와도 관련이 있음을 나타내고 있다.

또 『新唐書』「新羅」에서는 <정월 초하룻날은 서로 축하하며, 이날에는 日月神에게 절을 올린다.(元日相慶, 是日拜日月神.)>라고 하였다.

그리고 『舊五代史』「新羅」에서는 <新羅는 그 나라의 풍속에 重九日에는 서로 慶賀하며, 해마다 이 달에는 日月神에게 절을 올린다. 婦人들은 머리를 틀어 올려 비단과 구슬로 장식하는데, 머리털은 대단히 숱이 많고 검으면서 아름다웠다.(新羅 其國俗 重九日 相慶賀, 每以是月 拜日月之神. 婦人以髮繞頭, 用綵及珠爲飾, 髮甚鬢美.)>라고 하여 조금 다른 기록을 남기고 있다.

중국측의 이 기록을 살펴보면 대체로 새해 정월 초하루인 1월 1일에는

- 37 -

일월신에게 제사를 지내는데 이는 달에도 제사를 지내지만 그보다도 태양축제와 관련이 있는 것 같고 8월 15일에 지내는 축제는 팔월 보름달과 관련하여 여성과 관련이 있는 태음축제로 볼 수 있다. 여기서 태음(太陰)축제는 논자가 만든 말로서 태양의 축제에 대비되는 달의 축제를 말하는 것이다. 이는 『3국사기』「신라본기」<유리니사금 9년>(32)의 가배축제와 관련이 있는 것으로 보이기 때문이다. 논자는 가배축제를 달에 대한 태음축제로 보고 있다.

그런데 구체적으로 태양에 제사를 지내는 것은 보편적으로 인류역사에서 태고적부터 있어온 것으로서 단순히 신라에만 있는 것은 아니다. 그러나 신라사의 특수성에서 태양에게 제사를 지낸다는 것은 단순히 자연신인 태양에게 제사를 지낸다는 것이 아니라고 본다. 근래 발견된 『화랑세기』에서는 <始祖 日光之神>이라는 神名이 나오는데 논자는 시조 일광지신이 신라 시조 박혁거세 거서간을 말하는 것으로 보았다. 더욱이 『3국유사』「혁거세왕」에서는 혁거세왕이 <一紫卵 또는 靑大卵>에서 탄생한 것으로 기록하고 있는데 여기서 <卵>이 바로 태양을 상징하는 것이다. 따라서 태양에게 제사를 지낸다는 것은 태양의 화신인 시조 일광지신에게 제사를 지내는 것으로서 논자는 바로 박혁거세 거서간에게 제사를 지내는 것으로 본다. 더 나아가서 태양에 제사를 지낼 때에 태양축제가 시행되므로 논자는 신라에도 태양축제가 있었다고 보는 것이다. 따라서 1월 1일 베푸는 연회가 단순히 연회가 아니고 태양축제라고 볼 수 있다. 이러한 태양축제는 인류사에서 자주 나타나는 것이다. 잉카에서는 왕을 태양의 아들로 보았으며 매년 6월 24일 인티 라미(Inti Raymi)라고 불리우는 잉카의 태양축제를 현재 페루에서 개최하고 있다. 남반구의 동지는 6월 21일이므로 이는 동지제라고도 할 수 있다. 잉카의 태양제는 역시 왕을 태양신의 후예로 보고 있기 때문에 펼치는 것이다.

사진 4. 잉카 태양의 축제

사진 5. 잉카 태양의 축제 왕의 행렬

그렇게 보면 日神은 박혁거세 거서간에 비정될 수 있는데 月神은 누구에 비정될 수 있을까? 그것은 아무래도 2聖의 한 분으로 지칭되는 알영황후일 것으로 본다. 다르게는 太子 또는 王子일 가능성도 있다고 본다.

그리고 또 『3국유사』「혁거세왕」에서는 박혁거세거서간의 탄강을 <今天子已降,>으로 표현하였는데 이것이 바로 신라의 天神敎를 나타내는 것이다.

그러므로 신라가 일월신에게 제사를 지낸 것은 이는 天神敎의 주요한 교리이며 이를 지상에 구현한 것이 일정교와 월정교인 것이다. 따라서 바꾸어 말하면 일정교와 월정교는 신라의 天神敎과 일월신앙을 이해해야 그 건축의 주요한 의미를 해석할 수 있는 것이다.

Ⅲ. 일정교와 월정교의 일월신앙

1. 일정교와 월정교에서의 종교의례의 가능성

그러므로 신라가 일정교와 월정교를 건축한 것은 단순히 다리를 만들고 그 이름을 그렇게 붙인 것이 아니고 신라의 일월신앙, 태양종교, 천신교를 이해해야 해석할 수 있는 과제를 가지고 있는 것으로서 바로 천신교를 이 땅에 구현한 것으로 봐야하는 것이다. 이는 고대인류사에서 나타나는 일월신앙, 태양종교, 천신교와 맥락을 같이 하는 것이다.

먼저 일정교와 월정교에 관한 기록을 살펴보면 『3국사기』 「신라본기」 <경덕왕 19년>(760)에 <二月 宮中 穿 大池 又於 宮南 蚊川之 上 起 月淨·春陽 二橋.>라는 간략한 기록이 있고, 『신증동국여지승람』 「경상도 경주부 고적」에 <日精橋(一云 春陽橋 舊在 府 東南 蚊川上.) 月精橋(舊在 府 西南 蚊川上 兩橋 遺址 尙存.)>라고 역시 간략한 기록을 남기고 있다. 그런데 『3국유사』에서는 유적의 주요성에 비해 이에 대한 기록이 전혀 나오지를 않는 것이다. 이는 대체로 일정교와 월정교가 천신교의 주요 건축이라는 것을 의미하는 것으로 본다.

원래 『3국사기』에서는 먼저 월정교(月淨橋)라고 기록하였는데 이는 달의 淨化와 관련된 종교의례가 이곳에서 개최되었을 가능성을 보여주고 있다. 목욕제계와 같은 정화의식이 이곳에서 치러졌을 가능성이 있는데 이는 세례(baptism)와 관계가 있을 것으로 본다(purification). 그런데 『신증동국여지승람』에서는 월정교(月精橋)라고 하였는데 이는 달의

精氣를 나타내는 말이므로 정화의식과는 조금 다르게 달의 정기를 받는 의례가 있었을 가능성을 보여준다고 할 것이다.

그리고 春陽橋 역시 마찬가지이다. 춘양교는 바로 태양의 정기를 받는 다리인 일정교(日精橋)를 뜻하는 말이므로 이곳에서 해의 정기를 받는 종교의례가 개최되었을 가능성을 보여주고 있다. 물론 일정교(日淨橋)라는 이름이 사용되었을 가능성도 있으며 이는 해의 정화의식을 의미하는 것이다. 또 다르게는 春陽橋는 春分과 관계있을 가능성도 있다고 본다.

더 나아가서 춘양교는 불의 숭배와도 관계가 있을 수 있으며 이는 배화교(zoroastrianism)와 관계가 있을 수도 있다. 따라서 『3국사기』의 원래의 이름이 더 종교적인 심층적 의미를 보여주고 있다. 그것은 월정교-水-세례, 춘양교-火-배화교의 해석이다.

그렇게 보면 매년 정월 초하루는 일정교에서 태양의 정기를 받고 8월 15일에는 월정교에서 달의 정기를 받는 종교의례가 집전되었을 가능성이 있고 이곳을 중심으로 태양축제와 태음축제가 개최되었을 가능성이 있는 것이다. 물론 정월 초하루의 일월제가 일정교와 월정교에서 동시에 개최되었을 가능성도 있다.

따라서 일정교와 월정교는 이러한 종교적 상징성을 갖고 건축되었다고 본다. 현재 일정교는 교각이 3개인데 이는 양수로서 태양을 상징하고 월정교는 교각이 4개이며 이는 음수로서 달을 상징한다고 보는 것이다. 또는 태양의 상징은 삼족오인데 다리가 3개로서 교각이 3개인 일정교와 비교해 볼 수 있고 달의 상징은 토끼나 두꺼비인데 다리가 4개로서 교각이 4개인 월정교와 비교해 볼 수 있는 것이다.

-41-

그러므로 다시한번 강조하면 논자는 일정교와 월정교가 일월제를 지내는 주요한 제사처였다고 보는 것이다.

2. 일정교와 월정교가 태양신전과 태음신전일 가능성

더나아가서 일정교와 월정교가 그 자체로서 태양(太陽)신전과 태음(太陰)신전일 가능성이 있는 것이다. 고대의 천신교, 태양종교에서는 대부분 태양신전과 태음신전이 있었다. 여기서 태양(太陽)신전은 해의 신전이라고 하고 태음(太陰)신전은 달의 신전이다. 다만 태음(太陰)신전은 논자가 만든 말이다. 그리고 논자는 별자리신전은 성신(星辰)신전이라고 이름을 붙이기로 하겠다. 논자는 칠성당을 사실상 성신신전으로 본다. 현재 전세계에 걸쳐서 태양신전과 태음신전은 많이 남아있는데 그 중에서 유명한 것은 멕시코의 떼오띠와깐의 태양신전과 태음신전이다. 물론 이 이름이 원래의 이름은 아니고 후대에 와서 그렇게 해석이 된 것이다. 떼오띠와깐이라는 이름은 '신들의 도시'라는 뜻이다. 우리로 보면 神市에 해당하는 도시이름이다.

사진 6. 떼오띠와깐의 태양신전

사진 7. 떼오띠와깐의 태음신전

사진 8. 떼오띠와깐의 태양신전과 태음신전의 모형

- 42 -

그리고 이를 모형으로 나타내면 <사진 8>과 같은데 여기서 보면 상단에 보이는 것이 달의 신전으로서 북에서 남을 향하고 있다. 그리고 해의 신전은 사진 오른 쪽에 있는데 동에서 서를 향하고 있다. 따라서 이러한 방향은 당시의 태양종교의 사상을 반영한 것으로 볼 수 있는데 공교롭게도 신라의 일정교와 월정교의 방향과 일치하고 있다. <u>즉 일정교는 동에서 서로 향하고 있고 월정교는 북에서 남으로 향하고 있는 것이다.</u> 다만 신라는 길 대신에 남천이 흐르고 있다는 것이다. 물론 길도 있다. 이는 <그림 1>과 같이 나타낼 수 있다.

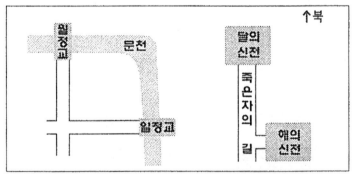

<그림 1> 일정교·월정교와 해의 신전·달의 신전의 위치비교

따라서 일정교가 동에서 서로, 월정교가 북에서 남으로 향하도록 건축된 것은 우연히 그렇게 한 것이 아니고 고대 천신교에서 주요시하는 어떤 천문 현상을 이 땅에 구현한 것으로 본다. 논자는 대체로 춘·추분과 동·하지의 일몰, 일출 방향, 그리고 각종 성신의 방향과 관계가 있는 것으로 추정하고 있는데 이는 앞으로 더 자세히 연구해 볼 과제라고 본다.

따라서 일정교와 월정교는 단순히 다리가 아니고 그 건축물을 통하여 해의 신전, 달의 신전을 구현한 것으로 볼 수 있다.

- 43 -

3. 태양신전과 태음신전의 통과의례처로서의 일정교와 월정교

그렇지 않으면 신라에서 태양신전과 태음신전을 가기 위한 통과의례처로서의 일정교와 월정교를 상정해 볼 수 있다. 논자는 신라에도 반드시 태양신전과 태음신전이 있었을 가능성이 있으며 그곳을 가기 전에 통과의례를 하는 제사처로서의 일정교와 월정교를 상정해 볼 수가 있다. 즉 해의 신전에 가기 전에 일정교에서 정화의례를 하고 달의 신전에 가기 전에 월정교에서 정화의례를 하는 것이다. 이는 문천이라는 내를 건너서 俗에서 聖으로 가는 통과의례를 이곳에서 했을 가능성이 있는데 대체로 목욕재계일 것이다. 즉 문열림에서 일월제를 지내기 위해 일정교와 월정교를 통과하였을 가능성이 있는 것이다.

4. 태양력과 태음력의 측정건물로서의 일정교와 월정교

사진 9. 이집트의 아부심벨 신전에 2월 22일 햇빛이 비친 모습

그리고 신라에서 태양력과 태음력을 측정하였을 것인데 일정교와 월정교가 이를 위해 건축되었을 가능성이 있다. 즉 일정교는 태양이 뜨는 방향에 따라 1년 12달, 또는 24절기를 나타내도록 건축되었을 가능성이 있고 월정교는 달의 천문관측을 통해 태음력을 알아보기 위해 건축되었을 가능성이 있다.

태양종교를 가진 고대 이집트의 왕 람세스 2세가 3200여년전에 건립한 아부심벨신전에서는 1년에 단 두 번, 람세스 2세의 생일(2월 21일)

과 즉위일(10월 21일)에 동이 틀 무렵 신전 깊숙이 있는 아문 해의 신(중앙왼쪽), 람세스 2세(중앙오른쪽)조각상에 햇빛을 비출 수 있도록 신전을 건축하였다. 지금은 수몰 때문에 뒤로 200M 물려지었기 때문에 2월 22일, 10월 22일 햇빛이 비친다.

따라서 일정교와 월정교도 이러한 천문현상을 반영하였을 가능성이 있을 것으로 보는데 이 역시 앞으로 더 연구할 부분이다.

5. 신라왕이 해와 달의 화신임을 상징하는 일정교와 월정교

특히 일정교와 월정교는 신라왕이 해와 달의 화신임을 상징하는 의미가 있다. 신라시조 박혁거세 거서간도 <天子, 日光之神>이라는 칭호를 사용하였는데 이를 구체적으로 구현한 것이 해와 달의 화신임을 상징하는 일정교와 월정교라고 볼 수 있다.

이러한 칭호는 신라뿐만이 아니고 고구려도 고주몽을 <天帝子, 日月之子>라고 하였는데 신라는 3국통일후 이러한 제국정신을 구현하고자 일정교와 월정교를 건축한 것으로 본다. 따라서 이는 신라가 황제의 국가임을 나타낸 것으로 본다.

6. 일월오봉도를 구현한 일정교와 월정교

그런데 일정교와 월정교는 신라왕이 집무하고 있는 반월성과의 관계에서도 살펴보아야 한다. 제왕을 상징하는 日月五峯圖가 있다. 그런데

- 45 -

논자는 반월성의 남쪽이 대체로 다섯 개의 봉우리로 건축되었다는 것을 답사를 통해 알 수 있었다. 그러므로 일정교와 월정교의 건축은 바로 일월오봉도를 구현한 것으로 본다. 물론 일월오봉도의 그림 자체는 발생년대를 더 연구해 보아야 하겠지만 그러나 앞에서 본 『3국사기』의 제사기록에서의 일월제, 오성제를 통해 보면 음양오행, 일월오성숭배사상은 신라시대에서 당연히 있었는 것이다. 또 진덕여왕의 「태평가」에서도 <七曜>로 표현되어있다. 그리고 특히 일월오성사상은 후대 조선의 七政算內外篇이라는 역법에서도 구현이 되었다.

따라서 반월성의 오봉과 일정교, 월정교가 일월5성사상을 구현한 것일 가능성이 있는 것이다. 뿐만 아니라 남천에는 칠성교가 있었는데 이는 북두칠성에 대한 성신신앙을 의미한다.

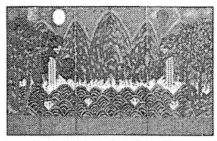

사진 10. 일월오봉도 병풍

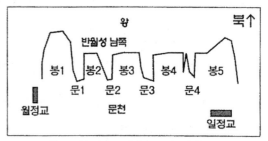

<그림 2> 일정교·월정교와 반월성으로 구현한 일월오봉도

7. 천지일월왕을 구현한 일정교와 월정교

그런데 일정교와 월정교(760)는 반월성의 남쪽에 건축되었고 그에 앞서 반월성의 북쪽에 건축된 첨성대(633)와 월지(안압지)(674)와의 관계에서 보다 더 신라제경의 종합설계라는 측면에서 보아야 할 필요가 있다.

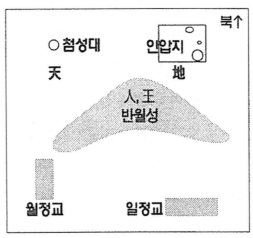

<그림 3> 천지일월왕을 구현한 일정교와 월정교

이처럼 논자는 반월성은 人, 첨성대는 天, 월지는 地로 보는데(2002b, pp.223~5), 일정교와 월정교가 완성됨으로서 비로소 신라왕이 천지일월왕이 됨을 나타내었다고 본다. 특히 첨성대는 원(○), 안압지는 방(□), 반월성은 각(△)형으로 볼 수 있기 때문에 더욱이 그러하다.

8. 태극으로서의 문천과 일정교와 월정교

蚊天은 문자 그대로 하면 모기내가 된다. 모기가 많아서일까? 그러나 그것보다는 문천의 다른 이름이 沙川인데서 그 이유를 찾아야한다고 본다. 沙川은 우리말로 하면 모래내가 되는데 경상도말로 하면 몰개내가 되는 것이다. 논자는 몰개내가 모기내로 오해가 되어서 모기내인 蚊天으로 차자되었다고 본다. 그런데 왜 남천이 沙川-몰개내가 되었을까?

- 47 -

그것은 논자가 볼 때 경주에 있는 북천-동천, 서천, 남천의 3천 중에서 남천이 모래가 가장 많기 때문이다. 그래서 경주의 유명한 3기8괴에 문천도사(蚊川倒沙)가 있는 것이다. 그러면 남천이 왜 모래가 가장 많을까? 그것은 남천이 태극처럼 감싸돌기 때문이다. 그런데 일정교와 월정교가 이러한 태극의 중심과 마지막부분에 위치하고 있다는 것이다. 논자가 보기에는 이 부분에 모래가 더 많다고 보이기도 하는데 그것은 일정교와 월정교 때문에 더 많이 쌓이게 되었다고도 볼 수 있다. 우선 이를 보면 <그림 4>와 같다.

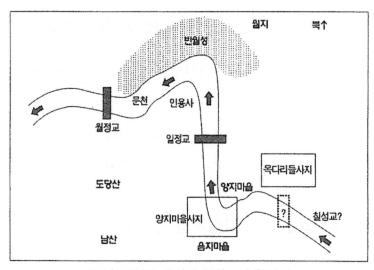

<그림 4> 태극 문천과 일정교와 월정교

<그림 4>에서 보는 것처럼 일정교는 태극 문천의 중심, 그리고 월정교는 태극 문천의 출수위치에 있다는 것이다. 이렇게 보면 일정교와 월정교는 문천의 태극을 나타내기 위해 건축되었다고도 볼 수 있다. 태극 문천과 일정교, 월정교의 관계는 앞으로 더 깊이 연구할 바가 있다고 본다.

- 48 -

또 그렇게 보면 옥다리들사지 남쪽의 다리도 추론해 볼 수는 있다.

따라서 풍수지리적으로 보면 물의 입수위치에 있는 반월성이 명당이라는 것이다. 또한 이렇게 다리를 건축하면 이 다리사이에 모래가 더욱 많이 쌓이게 되는 것이다.

그리고 다르게 보면 해와 달과 칠성이 떠있는 문천은 단순히 지상의 강이 아니라 <u>이는 하늘의 강이므로 신라인이 문천을 은하수로 보았을 가능성도 있다.</u>

그런데 이렇게 일정교와 월정교가 있으면 성신신앙에 따른 별자리 다리도 있어야 하는 것이 타당할 것이다. **논자는 칠성교가 바로 성신신앙에 따른 별자리 다리라고 본다.** 위치는 더 연구해 보아야할 것이다.

9. 해와 달의 정기를 받는 장소로서의 일정교와 월정교

멕시코의 떼오띠와깐의 태양신전과 태음신전의 정상에서 태양의 기를 받는다고 한다. 春陽橋인 日精橋와 月精橋도 그 이름에서처럼 해와 달의 정기를 받는 어떤 종교축제가 열렸을 가능성이 있다. 이는 연오랑 세오녀의 설화에서의 日月之精과도 관계가 있을 것으로 본다. 특히 춘양교-일정교는 불의 숭배로서 배화교의 이미지도 있다.

따라서 일정교와 월정교의 일월신앙, 태양종교, 천신교의 측면에서 종교적인 의의는 매우 큰 것이다. 그러므로 단순히 다리를 건축하였다는 것이 아니고 사상을 구현한 것이므로 이를 먼저 복원하는 것이 주요하다.

- 49 -

즉 사상복원이 먼저라는 것이다. 그러면 일정교와 월정교를 통해 구현하고자 한 신라인의 종교사상을 신비라는 측면에서 더 살펴보기로 하자.

IV. 일정교와 월정교의 신비

일정교와 월정교의 신비에서 논자는 우선적으로 축선을 연구하고자 한다. 경주 왕경의 축선연구는 이미 선행연구가 일부 있으며(송민구 1987, 정기호 1991, 1995), 논자도 이를 일부 소개한 바가 있다 (2005b). 논자는 이 연구에서 일정교와 월정교를 중심으로 축선을 연구하고자 한다. 축선연구는 1만분의 1지도(『경주유적지도』)와 현장답사를 통하여 수행하였다.

1. 첨성대, 월지와 일정교, 월정교

먼저 주요한 것은 첨성대, 월지와 일정교, 월정교는 한 변을 약 700M ~ 680M로 하는 거의 정사각형을 이루고 있는 것이다. 논자는 여기서 약 700M로 표기하겠다. 특히 월지의 세 섬의 가운데 가장 작은 섬(소섬)과 첨성대는 위도가 거의 일치하는 것이다.

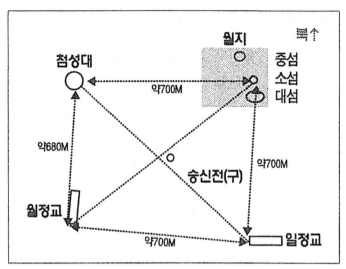

<그림 5> 첨성대, 월지와 일정교, 월정교의 거리

　<그림 5>에서 보는 것처럼 기점을 어디로 잡는가에 따라 차이는 나지만 대략 700M를 한 변으로 하는 정사각형에 가까운 것이다. 물론 지형적인 문제, 또는 의도적인지 하단이 남서쪽으로 조금 기울기는 했지만 큰 차이는 아니라고 할 수 있다. 그런데 경주고려읍성의 한 변이 대략 620M ~ 650M로 하는 정사각형에 가깝고 대체로 한 변을 600m로 보고 있다. 따라서 논자는 600M ~ 700M의 이 방형은 신라 방리제와 관련이 있다고 보고 있다(2005b p.137). 그러나 그 거리와 크기의 정확한 의미는 앞으로 계속 연구해 보아야 할 과제이다.

　그리고 이 반월성 사각형의 대각선이 교차하는 중심부분에서 조금 동

쪽으로 반월성안의 숭신전(구)가 자리잡고 있었던 것이다. 그런데 하단이 남서쪽으로 조금 기울지만 않았다면 거의 교차점인 중앙이 될 수도 있는데 이는 앞으로 더 연구할 과제이다.

그리고 주요한 것은 이 서남으로 기울어진 각도가 앞으로 더 정밀히 측정이 되면 어떤 천문현상과 관련이 있을 가능성이 있다고 볼 수 있다.

그런데 한가지 축선을 살펴보면 선도산의 성모사지(구)–전 영홍사–첨성대–월지 소섬–명활산의 축선이 논자가 지도로 판별한 바로는 위도상으로 거의 일치한다는 것이다.

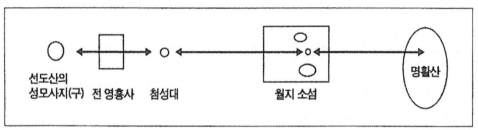

〈그림 6〉 선도산 축선 : 성모사지(구)–전 영홍사–첨성대– 월지 소섬–명활산의 축선

이러한 축선은 그 의미가 있을 것이나 현재로서는 더 연구해보아야 할 것이다. 고대의 천신교가 단순히 하늘에 제사를 지내는 제천이 아니고 하늘의 질서를 이 땅에 구현하는 것이 천신교인 것이다. 그러므로 하늘의 日月辰을 이 땅에 구현하여 건축을 하는 것이다. 그러므로 그 의미는 천문현상에 찾을 수 있을 것으로 본다.

2. 일정교 중심축선

그러면 일정교를 중심으로 축선을 살펴보기로 하자. 일정교의 橋臺의 東端과 西端의 거리도 55M로서 상당히 긴 거리이다. 이를 감안하여 교대의 東端을 東臺, 西端을 西臺로 이름 붙이고 연구를 하도록 하겠다. 즉 동대를 지나는 축선과 서대를 지나는 축선을 별도로 연구하도록 하는 것이다. 그러면 논자의 이 연구에서 일정교의 비교적 주요한 축선을 제시하면 <그림 7>과 같다.

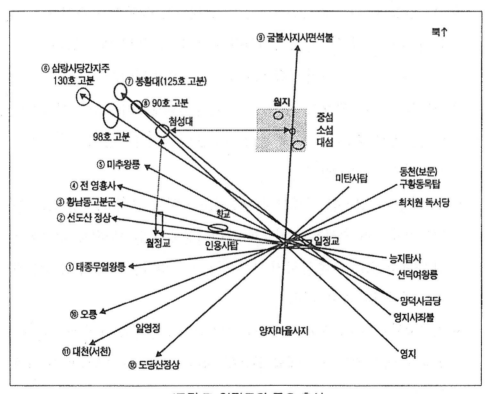

<그림 7> 일정교의 주요 축선

- 53 -

논자가 제시한 이 12개의 주요축선을 설명하면 다음과 같다.

① 태종무열왕릉-일정교 축선 : 일정교에 서면 실제로 태종무열왕릉이 가장 잘 보인다. 물론 태종무열왕릉위의 4분의 왕릉도 잘 보인다. 그래서 논자는 이 축선이 서남으로 약간 가운 듯하지만 일정교를 만들었을때 태종무열왕릉을 잘 보기 위해 만들어졌을 가능성도 있다고 본다. 논자가 일정교의 축선에서 가장 주요시하는 축선이다. 이 각도를 연구하면 천문현상과 결부될 가능성이 있다고 본다.

② 선도산정상-월정교 중간-일정교-능지탑사 축선 : 이 축선도 논자는 월정교와 관련된 주요축선이라고 본다. 능지탑사와 연결될 수 있다고 보는데 그 영역이 정확하게 구명되어야할 것이다.

③ 황남동고분군-월정교-인용사탑-일정교 축선 : 이 축선은 무엇보다 일정교와 월정교를 잇는 축선 정 중앙인 약 350M 지점에 인용사탑이 위치하고 있다는 것이다.

④ 전 영흥사(또는 전 흥륜사지;경주공고)-향교(요석궁)-일정교-선덕여왕릉 : 이 축선은 요석궁과 선덕여왕릉이 연결되므로 주요한데 전 영흥사 또는 전 흥륜사지 부분은 앞으로 발굴을 통해서 위치를 정확히 파악하여야 할 것이다.

⑤ 미추왕릉-일정교 서대-망덕사 금당 축선 : 그리고 이 축선은 ⑤ 축선과 함께 일정교의 서대와 동대를 어디로 통과하느냐에 따라 달라질 수 있다.

⑥ 삼랑사 당간지주-130호 고분-98호 고분(황남대총)-일정교 동

- 54 -

대-망덕사 금당 축선 : 이 축선도 고분의 성격을 구명할 수 있는 축선
이라고 본다.

⑦ 봉황대(125호 고분)-첨성대-일정교 동대-영지사 좌불 축선 : 이 축
선은 첨성대와 대각선으로 지나가서 봉황대와 영지 좌불까지 이어지기
때문에 매우 의의가 있으나 축선이 길어서 실제 측량에서 더 정확하게
구명되어야할 것이다.

⑧ 90호 고분-첨성대-일정교 서대-영지 축선 : 이 축선도 의의는 있
으나 축선이 길어서 실제 측량에서 더 정확하게 구명이 되어야 할 것
이다. 또 영지의 변화도 감안해야한다.

⑨ 굴불사지사면석불-월지 소섬-일정교-양지사지 축선 : 이 축선도
월지 소섬을 지나서 굴불사지사면석불과 양지사지가 이어지기 때문
에 매우 주요한 축선이다.

⑩ 오릉-일정교-최치원 독서당 축선 : 이 역시 오릉과 최치원 독서당이
일정교를 매개로 이어지기 때문에 주요하다. 이는 최치원의 사상의
지향점을 시사하는 바도 있는 것이다.

⑪ 대천(서천)-알영정-일정교-구황동목탑-동천(보문) 축천 : 이 축선
도 알영정이 포함되어서 대천(서천)에서 동천(보문)을 잇는 축선이기
때문에 매우 주요하다. 동쪽에서 서쪽까지 통과하는 축선인 것이다.

⑫ 도당산정상-일정교-미탄사탑 축선 : 이 축선은 도당산과 관련이 있
으므로 주요하다.

물론 다른 축선도 더 연구되어야 할 것이고 또 이러한 축선은 앞으로 더

- 55 -

정확히 실측이 되고, 그 의미를 잘 파악하여야할 것이다. 논자는 이러한 축선이 고대 천문현상과 관련이 있다고 보는데, 다시 한번 강조하면 특히 춘추분, 동하지의 일몰과 일출, 그리고 5성 등 별자리와 관련이 있을 것으로 본다. 이는 차후의 보다 많은 연구가 필요할 것으로 본다.

3. 월정교 중심축선

이제 월정교 축선을 보기로 하자. 월정교도 북대와 남대 사이가 60.57M로서 적지 않는 거리이다. 이를 감안하면서 주요 축선을 〈그림 8〉

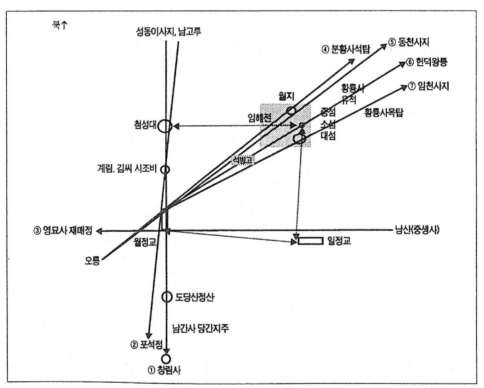

〈그림 8〉 첨성대, 월지와 일정교, 월정교의 거리

- 56 -

로서 살펴보기로 하자.

월정교의 축선 연구에는 월지의 3섬이 아주 주요하다. 왜 월지의 섬을 3개로 만들었을까? 물론 3神5帝사상에서 그렇게 하였겠지만 그러나 축선의 연구에서도 그 의미가 다양하다는 것을 알게 되었다. 이러한 축선 때문에 섬을 3개로 만들었을까? 실로 일정교와 월정교의 신비라고 할 수 있다. 이 축선을 설명하면 다음과 같다.

① 창림사-남간사 당간지주-도당산 정상-월정교-계림, 김씨시조비-첨성대-성동이사지 또는 남고루 축선 : 여기서 주요한 신라의 유적이 많이 포함되므로 주요한 축선이다. 특히 도당산 정상과 계림, 김씨 시조비까지 포함되는 이 축선도 대단히 주요한 축선인데 다만 길이가 길기 때문에 정확한 실측이 필요하다고 본다.

② 포석정-월정교 서편-계림 김씨시조비-첨성대-성동이사지 또는 남고루 축선 : 이 축선은 포석정이 포함되므로 주요하다.

③ 영묘사-재매정-월정교-낭산(중생사) 축선 : 재매정과 월정교 남대의 위도가 비슷하다는 것이다.

④ 분황사석탑-월지 중섬-월정교-오릉 축선 : 월지 중섬이 포함되면서 분황사석탑과 오릉이 연결되는 주요한 축선이다. 이렇게 보면 월지의 3선과 5릉이 연결되어 3神5帝사상이 구현된다고도 볼 수 있다.

⑤ 동천사지-경순왕 영당지-임해전-석빙고-월정교-오릉 축선 : 역

시 동천사지와 오릉이 월정교를 통하여 연결되기 때문에 주요하다.

⑥ 헌덕왕릉–구황동지석묘–황룡사 우물–황룡사 서편사지 당간지주(또는 탑)–월지 소섬–월정교 축선 : 논자가 이 연구에서 가장 주요시 하는 축선 중의 하나이다. 이 축선은 비교적 작으면서도 주요한 유적이 아주 정밀하게 연결이 되어있다. 이 축선도 주요 유물이 포함되어 있으므로 매우 주요한데 앞으로 역시 정밀한 실측이 필요하다.

그리고 이 축선은 일정교⑫축선과 평행으로 보이므로 주요하며 또 다른 평행축선은 뒤에서 보기로 하겠다.

⑦ 임천사지–황룡사목탑–월지 대섬–월정교 축선 : 황룡사목탑과 월지 대섬이 월정교로 연결되는 축선이다.

월정교의 주요한 7개의 축선을 제시했는데 이러한 축선에서 다소 범위가 벗어날 수도 있을 것이나 그것은 오랜 세월 동안 지각(地殼)의 변화로 인해 조금의 오차범위가 있을 수도 있는 것이다. 그것은 앞으로 더 정밀하게 연구해 보아야할 것이다.

이렇게 보면 일정교와 월정교는 해와 달이 지나가는 다리로서 해와 달의 교통로의 역할을 했다는 것을 알 수 있다. 즉 해와 달의 정기가 지나가는 교통교인 것이다.

4. 일정교와 월정교, 도당산 정상의 종합한 천관사 평행축선

그런데 일정교와 월정교, 도당산 정상의 중심축선도 종합적으로 구명할 필요가 있다. 이는 우선 천관사 평행축선이라고 부르기로 하겠다.

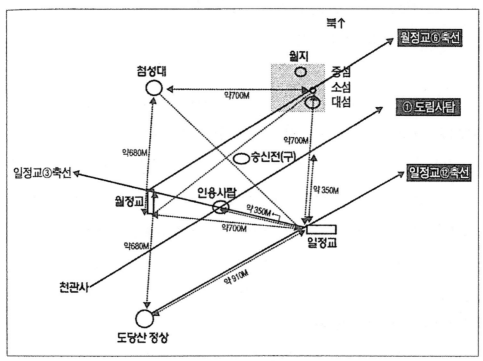

<그림 9> 천관사 평행축선과 3개의 평행축선

여기서 일정교와 월정교, 도당산 정상의 중심축선을 종합적으로 구명하면 다음의 주요한 축선을 발견할 수 있다.

① 도림사 전탑-인용사탑-천관사 축선 : 이 축선은 일정교③축선과 교차점에 인용사탑이 있으므로 매우 주요하다. 따라서 인용사탑의 성격이 매우 독특해지는 것이다. <u>인용사탑은 일정교와 월정교의 정중앙인 약 350M지점에 위치하면서 이 평행①축선과 교차점에 위치하고 있는 것이다.</u> 인용사탑은 어떤 측면의 일월사상, 어떤 과학과 기술을 구현한 것일까?

그리고 이 축선의 주요성은 일정교⑫축선과 월정교⑥축선과 거의 정중앙을 평행으로 지나가고 있다는 것이다. 물론 조금의 편차는 있을 수 있지만 거의 정중앙을 지나가고 있다. 이 3개의 평행축선이 의미하는 바는 무엇일까? 이 평행축선을 만들기 위해 신라인은 얼마나 많은 노력과 비용을 기울여 제경을 건축하였을까? 이 평행축선을 만들기 위해 신라인은 어떤 과학과 기술을 사용하였을까? 이 평행축선으로 신라인이 지향하고자했던 천국은 어떤 세상이었을까? 그것은 향후 더 많은 연구를 통하여 해석할 수 있을 것으로 본다.

그리고 한가지 더 강조할 것은 일정교, 월정교, 도당산 정상이 대체로 이등변 삼각형에 해당한다는 것이다. 이는 <그림 10>과 같다.

논자는 이를 <u>도당산 삼각형</u>이라고 이름 붙이고자 한다. 이는 일정교와 월정교의 방향이 대체로 도당산을 향하고있는 것과 관계가 있다고 본다. **<u>그러면 신라의 해의 신전과 달의 신전은 도당산이나 그 주위에 있었던</u>**

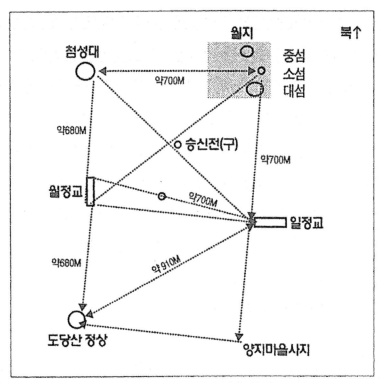

〈그림 10〉 일정교, 월정교, 도당산 정상은 대체로 이등변 삼각형

것으로 볼 수 있다. 논자는 그럴 가능성이 충분히 있다고 본다. 이에 대해서는 도당산 바로 서편의 天官寺가 주요한 해답을 줄 수가 있을 것이다. 논자는 천관사가 신라의 일월성신신전과 관련이 있을 것으로 본다.

그리고 물론 이 뿐만 아니고 일정교, 월정교, 첨성대, 월지 소섬도 대체로 이등변 삼각형으로 이루어져 있다는 것을 알 수 있다. 이러한 삼각형이 신라 방리제에서 어떤 역할을 하는지도 더 살펴보면 좋을 것이다.

논자는 이 연구에서 선도산 축선 1개, 일정교 축선 12개, 월정교 축선 7개, 천관사 평행축선 1개, 도합 21개의 축선을 발견하였다. 그리고 일정교, 월정교, 첨성대, 월지 소섬이 대체로 정사각형에 해당한다는 것과 일정교, 월정교, 도당산 정상이 대체로 이등변 삼각형에 해당한다는 것과 일정교, 월정교, 첨성대, 월지 소섬이 이등변 삼각형으로 이루어 있음을 밝혔다. 물론 실측이 필요하다. 그러나 현재 시점의 실측도 존중하지만 신라 당대에 그 축선을 구현하고자한 것은 분명하다고 본다. 그것은 모두 신라의 일월신앙, 태양종교, 천신교에서 기인하는 것이다.

5. 신라왕은 天帝子이며 太陽王

신라왕이 天帝子이며 太陽王이라는 것을 논자는 이미 발표한 바가 있다. 여기서는 특히 금관과 첨성대, 왕릉에 대해서 이러한 측면을 알아보고자 한다.

대체로 금관의 장식에 대해서 그것이 출자형 나무줄기, 사슴뿔, 새날개로 알고 있다. 물론 논자는 그러한 견해를 다소 존중하지만 그것의 상징과 그것이 무엇을 의미하는가에 대해서는 전혀 다르게 보며 이를 태양왕의 상징이라는 측면에서 보는 것이다.

출자형 나무줄기는 논자는 다르게 보는데 이는 바로 태양의 화염문으로 보는 것이 오히려 타당하다는 것이다. 그리고 사슴뿔도 마찬가지로서 논자는 화염문의 다른 형태로 보는 것이다. 따라서 출자형 나무줄기나 사슴뿔은 태양의 햇살, 태양의 불꽃을 나타내는 것으로서 바로 신라왕이 태양왕임을 나타내는 것으로 본다.

특히 보통 출자형 장식을 나무가지 또는 줄기로 보지만, 논자는 전혀 다르게 보는데 이것은 십자(十字)문양의 변형태로 보는 것이며 십자문양이 바로 태양의 상징인 것으로 본다. 따라서 신라왕이 태양왕이라는 것을 상징하고 강조하기 위해서 십자문양의 변형태인 출자형 문양을 사용하였다고 본다.

사진 11. 신라 황남대총 북분 금관

특히 새날개는 서봉총금관에서는 바로 나무에 앉은 3마리의 새로 나타났으며 이는 솟대를 표현한 것이고 그것은 바로 삼족오이며 삼족오는 태양의 상징으로서 신라왕이 태양왕임을 분명하게 나타낸 것이라고 본다.

세계의 황금문화는 태양종교와 관련이 있다. 따라서 신라의 금관도 태양종교를 나타낸 것이며 신라왕이 태양왕임을 나타낸 것으로 본다.

그런데 이는 신라만이 그런 것은 물론 아니다. 일월지자 고주몽의 고구려 지역에서도 화염문의 금동관이 출토되는 것이다. 따라서 태양왕임을 나타내기 위해 태양의 햇살, 또는 불꽃무늬를 사용한 그 뜻은 분명한 것이다. 그러므로 신라금관은 화염문을 신라의 강인한 정신반영하여 강하게 표현한 것이다.

- 63 -

사진 12. 평양 청암리 토성에서
나온 4, 5세기경의 화염문 금동관.

사진 13. 매의 형상을 하고 있는
이집트의 태양신 호루스

그리고 이집트의 태양신인 호루스는 매의 형상을 하고 있는데 삼족오와 비교해 볼 수 있고 신라금관의 새날개와 비교해 볼 수 있다. 그러므로 이는 태양종교의 상징으로 볼 수 있다.

사진 14. 신라왕이 태양왕임을
상징하기위해 세운 천문대인 하늘기둥
첨성대

사진 15. 태양신의 상징인
이집트 람세스2세의 룩소르
신전 오벨리스크

또 첨성대도 마찬가지이다. 논자는 첨성대는 천문대이면서 天柱寺의 天柱를 겸용하였다고 보는데 이 하늘기둥이 의미하는 것은 바로 이집트의 오벨리스크처럼 하늘과의 교통로로서 신라왕이 태양왕임을 나타내기 위해 건축되었다고 보는 것이다. 물론 첨성대가 천문관측을 위해 건

- 64 -

축된 것은 분명하지만 그 천문관측으로 상징하고자 하는 바는 바로 신라왕이 태양왕이라는 것이다.

그리고 신라의 피라미드인인 왕릉도 마찬가지이다. 논자는 그 형태가 일월신앙에서 나온 것으로서 바로 해와 달을 상징하는 것으로 본다.

사진 16. 황남동 고분군의 옛 모습

사진 17. 태양왕을 묻은 이집트의 피라미드

신라 왕릉은 옆에서 보면 반원형이지만 하늘에서 보면 원형인 것이다. 그러므로 그것은 바로 태양을 상징하며 두 개의 봉분이 붙어있는 표주박형은 해와 달이라고 볼 수 있는 것이다. 해와 달의 화신인 신라왕과 왕비가 해와 달을 상징하는 봉분으로 귀천하는 것은 당연하다고 하겠다. 따라서 약간 더 높은 북분이 왕의 능으로서 태양에 상징된다고 본다. 그리고 남분은 왕비의 능이 될 것이다. 그러나 이때 여왕도 해에 상징되어 더 높은 북분에 묻혔을 가능성이 있으며 이는 황남대총의 해석에 한 시사점을 줄 수 있다고 본다. 또 다르게는 별을 형상한 무덤도 있을 수 있다. 이는 앞으로 더 연구할 필요가 있다고 보나 모두 신라왕이 태양왕이며 신라의 일월신앙, 태양종교, 천신교를 이 세상에 구현한 것이다.

- 65 -

V. 일정교와 월정교의 문화마케팅전략

일정교와 월정교를 해석하는 것은 쉬운 과제가 아니다. 그러나 일월사이에 왕이 살고 있는 왕궁이 있고 신라인이 살고 있는 제경이 있다는 것은 신라인이 하늘의 세계를 이 땅에 구현하여 이 땅을 아름다운 천국으로 만들고자 하는 지난한 노력이 있었다는 것을 의미하는 것이다. 이를 이해해야 일정교와 월정교 복원이 사실상 가능한 것이다. 그러면 이제 일정교와 월정교의 문화마케팅전략을 전체적으로 구축하기로 하겠다.

사진 18. 일정교터

사진 19. 일정교복원안
(경주시)

사진 20. 월정교터
(보고서 사진)

사진 21. 월정교복원 1안

사진 22. 월정교복원 2안

사진 23. 월정교복원안
(경주시1)

사진 24. 월정교복원안(경주시2)

사진 25. 월정교복원안
(KBS 역사스페셜)

1. 일정교와 월정교 복원에 따른 문화전략

1) 일정교와 월정교의 신비한 축선을 볼 수 있는 전망대설치

논자가 앞에서 제시한 21개의 축선과 여러 삼각형, 사각형 도형을 조감할 수 있는 전망대를 설치한다. 물론 이는 실측에서 검증이 되어야할 것이다.

특히 일정교에서 태종무열왕릉을 조망할 수 있는 복원이 주요하다.

사진 26. 영국의 스톤헨지 –
스톤헨지는 하지의 일출과 동지의
일몰 방향에, 우드헨지는 하지의
일몰과 동지의 일출 방향에 맞춰 건설

2) 일정교와 월정교를 춘추분 하동지의 일출일몰 또는 태양력과 태음력과 연관

이는 복원건축할 때 주요한 장소의 위치를 춘추분 하동지의 일출일몰과 연관시키는 것이다. 이는 세계적으로 비슷한 장소가 많아서 비교도 될 수 있

- 67 -

고 매우 흥미있는 문화매력물이 될 것이다.

더나아가서 일정교는 태양력의 12달, 또는 24절기, 월정교는 달의 28일의 참과 이지러짐을 관찰할 수 있도록 건축한다.

또 일정교에서 일출, 월정교에서 월출을 볼 수 있도록 장소를 마련하고 또 태양과 태음의 정기를 받을 수 있는 장소도 마련한다.

3) 일정교는 해와 관련된 복원, 월정교는 달과 관련된 복원을 함

일정교는 예를 들어 삼족오 등, 월정교는 토끼, 두꺼비 등 각기 해와 달과 관련된 복원을 한다. 특히 단청할 때 신라역사, 신화, 설화 중에서 각기 해, 달과 관련된 내용을 벽화로 나타낸다. 즉 단순히 단청을 하는 것보다 신라의 역사, 신화, 설화를 벽화로 나타내는 것이 이 시대의 신라문화 再生産, 문화콘텐츠 생산에 효과적이다.

또는 신라역사의 남성적 측면은 일정교 벽화의 중심으로 하고 신라역사의 여성적 측면은 월정교 벽화의 중심으로 한다.

더 나아가서 일정교는 불, 월정교는 물을 강조한 복원을 하는 것도 주요하다. 또 단청의 채색도 일정교는 붉은 색, 월정교는 흰 색을 주로 한다. 이는 일월오봉도에서 나타나 있다.

4) 일정교는 해 전시실, 월정교는 달 전시실 설치

일정교는 해가 지나가는 다리, 월정교는 달이 지나가는 다리이므로 해와 달 전시실을 설치하여 인류와 신라의 해와 달에 관한 신화와 역사를 전시한다.

5) 복원전시실, 다리전시실, 각종 편의 시설설치

사진 25. 준천시사열무도—1760년
청계천 준설공사에서 영조가 다리
위에서 행사를 지켜보고 있음

누교 내의 건문에 다리에 관련한 자료, 발굴과 복원시의 여러 가지 사진, 그림, 비디오를 전시하는 복원전시관을 마련한다.

또 전통다리모형실, 전시실을 설치하고 관련책도 전시하고 기념가게도 설치한다.

또 남천의 생태계에 대한 여러 남천어류 전시실, 식생물전시실 등등 여러 전시실도 마련한다. 장기적으로는 전통다리연구소도 설치한다.

그런데 복원은 신라시대의 형태로 하지만 그러나 사용은 현대인이 하므로 현대인의 사용에 따른 각종 편의시설이 필요하다.

6) 교촌교 또는 월성교를 사전에 누교 형태로 복원

현재 남천에는 오릉교, 문천교, 교촌교, 월성교, 고운교의 5개의 다리가 있다. 따라서 일정교와 월정교를 복원하기 전에 현재의 다리 중에서 1 ~ 2개를 선택하여 누교형태로 복원을 하여본다.

7) 일월제, 정월 보름, 팔월 대보름 달맞이 놀이, 가배놀이, 다리밟기 놀이 등, 각종 축제, 이벤트 개최

신라에 있었던 해와 달의 각종 축제를 가능한 범위내에서 개발한다. 일월제, 정월 보름, 팔월 대보름 달맞이 놀이를 이곳에서 개최하면 효과

- 69 -

가 매우 높을 것이다. 물론 가배놀이도 가능하면 복원한다. 특히 다리밟기놀이도 적의하게 개발하면 좋을 것이다.

그리고 야간공연을 할 수 있는 소공연장도 확보하고 야간조명을 설치한다.

사진 28. 2006 구리시에서 열린 고구려 삼족오축제

사진 29. '앙코르―경주 세계 문화엑스포 2006'의 야간행사인 앙드레 김 패션 아트 컬렉션

8) 영광대의 복원

월정교에는 影光臺가 음각으로 새겨진 석물이 출토되었으므로 영광대도 같이 복원한다.

2. 일월공원설치와 귀비고의 복원, 신라일월신화의 길 조성

서울 강동구 길동에 있는 일자산 허브―천문공원과 같은 천문공원으로서 일월공원을 설치하고 이곳에 귀비고를 복원하고 일정로에 신라일월신화의 길을 조성하면 효과가 있다고 본다. 그리고 전세계의 해의 신전과 달의 신전, 별의 신전도 조성하거나 모형을 설치하면 좋은 문화매력물이 될 것이다. 특히 신라일월 신화의 길은 연오랑 세오녀의 설화에서부터 시작하여 여러가지 관련 설화를 길을 따라 동상, 석조, 그림 등으로 전시하면 효과가 높을 것이다.

3. 김극기 월정교 시비 건립

그런데 『신증동국여지승람』에는 「월정교」 항목 바로 뒤에 김극기의 시를 실었는데 여기에는 월정교라고 직접 지칭하지는 않았지만 월정교에 대한 시라고 인식할 수 있는데 이 시에서 월정교의 형태를 가리켜 홍교(虹橋)라고 하였다. 홍교는 무지개다리인데, 설명만 그렇게 한 것이 아니고 시에서도 그것을 잘 형상화하였다. 따라서 월정교가 홍교일 가능성도 계속 탐구해보는 것도 의미가 있을 것으로 본다. <u>그런데 그러면 김극기가 홍교를 보았다면 월정교 아닌 다른 남천의 다른 다리가 홍교로 건축되어있었다는 것인가? 하는 것도 계속 탐구할 과제라고 하겠다.</u> 즉 효불효교나 칠성교가 홍교일 수도 있는 것이다.

그리고 김극기의 월정교 시는 매우 뛰어나므로 시비를 건립하여 기념하는 것도 좋을 것으로 본다. 시는 줄이기로 하겠다.

4. 효불효교의 홍보와 칠성교의 건립

효불효교도 문화매력물로서 매우 가치가 높다. 그러나 지금은 일정교가 효불효교라는 생각이 많이 희석되어가고 별도의 다리로 보는 것 같다. 그러나 효불효교가 달리 발견이 되지 않는 동안은 현재의 일정교를 효불효교라고 보는 것도 설화의 속성상 타당한 것이다. 논자가 보기에는 무너진 일정교를 보수하여 다리를 만들자 사람들이 효불효교라고 하였을 가능성도 있는 것이다. 따라서 설화의 연속성, 신화의 지층성의 측면에서 효불효교임을 적극 홍보하는 것도 타당하다고 본다.

그리고 칠성교도 별자리신앙의 측면에서 칠요신앙, 또는 칠성신앙을 보여주고 있으므로 적극 홍보하고 기회가 되면 건립하도록 한다. **그렇게 되면 신라의 태양, 태음, 성신신앙이 남천의 다리에서 상징적으로 완성되는 것이다.**

5. 새 동선의 개발

남천의 남북동선과 동서동선이 열리게 되므로 이를 활용하여 새로운 동선을 적극 발굴한다.

  1) 박물관-일정교-남산 상서장-남산 동선
  2) 박물관-일정교-일정로-인용사지-월정로-향교, 계림, 반월성 동선

3) 반월성-월정교-일정로 서로-천관사지-오릉 동선

4) 반월성-월정로-도당산-남산 동선

그리고 다른 다리도 순차적 복원하여 동선을 적극 개발한다.

6. 일정교-월정교-인용사지-도당산-천관사지 종합개발

일정교와 월정교는 도당산과 그 주위의 유적과 상당히 밀접한 관계가 있는 것으로 보인다. 따라서 논자가 발견한 도당산 삼각형과 주위의 천관사, 나정, 오릉, 포석정, 창림사 유적 등이 종합적으로 연계하여 개발되어야한다고 본다.

7. 일월사당과 일월지, 도구해수욕장과 연계한 신라신화 설화문화 상품개발

그리고 포항 영일의 일월사당과 일월지, 도구해수욕장과 연계한 신라신화 설화문화상품을 개발한다.

그리고 이 연구에서 사용한 사진은 인터넷에서 공개된 자료를 활용하였다. 많은 도움이 되었다.

VI. 맺는말

신라의 일월신앙은 아직도 일정교와 월정교에 고스란히 남아있다. 그것은 칠성교와 함께 모두 신라의 태양종교, 천신교의 유적인 것이다. 그러므로 이는 신라왕이 태양왕임을 상징하는 것이며 소중한 우리의 문화재이다. 따라서 이러한 제국 신라의 일월신앙, 태양종교, 천신교를 이해해야 일정교와 월정교를 복원할 수 있다는 것이다.

논자는 인류역사의 보편성과 특수성, 해석학적 접근, 그리고 문헌조사, 현장답사를 통해 일월신앙, 성신신앙, 태양종교, 천신교의 측면에서 일정교와 월정교의 신비를 연구하고 문화마케팅전략을 수립하였다. 이의 주요한 결론을 요약하면 다음과 같다.

첫째, 신라인은 일정교와 월정교, 칠성교를 남천에 건축하여 일월신앙, 태양종교, 성신신앙, 천신교를 구현하였다.

둘째, 따라서 일정교와 월정교, 칠성교는 신라 천신교의 유적이다. 이제 유적의 성격이 분명하게 나타났다.

셋째, 신라인이 일월신앙, 태양종교, 천신교사상의 측면에서 일정교와 월정교에 구현한 주요 핵심을 논자는 종교의례처, 태양·태음신전, 통과의례처, 태양력과 태음력과 관련된 다리, 일월왕으로서의 신라왕 구현, 일월오봉사상의 구현, 천지일월왕 구현, 태극 문천의 구현 등, 크게 8가지로 연구하였다. 특히 월정교-물의 정화-세례, 춘양교-불의 숭배-배화교의 종교적 이미지도 강조하고자 한다. 앞으로 이 부분들은 더 연구를 수행하여야할 것이다.

넷째, 신라인은 일정교와 월정교를 중심으로 주요한 유물을 배치하는 축선을 사용하였는데 이는 모두 하늘의 해, 달, 별자리의 천문현상과 관련된 것으로 보인다. 주로 춘추분, 동하지의 일출일몰방향, 별자리의 위치 등이 주요 축선으로 보인다. 앞으로 이는 더 깊이 연구해야할 과제이다.

다섯째, 논자는 선도산 축선 1개, 일정교 축선 12개, 월정교 축선 7개, 천관사 평행축선 1개, 도합 21개의 축선을 발견하였다. 더 정밀히 연구한다면 더 많은 축선을 찾아낼 수 있을 것으로 본다. 그리고 반월성 사각형, 도당산 삼각형도 발견하였다. 물론 이는 앞으로 실측을 해보아야 하겠지만 지각이 변화되었을 가능성을 감안한다면 신라인이 이러한 축선에 천신교의 이상을 이 땅에 구현하여 이 땅을 천국으로 만들고자 의도적으로 주요 유적을 배치한 것은 분명하다고 본다. 이 측면에서 도당산 바로 서편의 천관사도 주요한 일월신앙의 유적일 가능성이 높은 것이다.

여섯째, 논자는 크게 7가지의 일정교와 월정교의 신비에 따른 문화마케팅전략을 구축하였다. 물론 이러한 전략의 수행은 예산, 인력, 법제도 정비 등 많은 어려움이 있겠지만 선택과 집중의 원칙에 따라 가능한 것부터, 쉬운 것부터 실행하면 될 것이다.

그리고 향후 칠성교를 추가로 복원한다면 신라의 일월성(日月星)신앙을 완결복원하게 될 것이다.

신비는 있는 것인가? 그것은 이제 연구를 통해 더 밝혀내야할 과제인 것이다. 신비에서 과학으로 인류는 달려왔다고 보지만 그러나 과학에서 신비로 가는 것이 또한 인류의 역사인 것이다. 신비는 있다. 이제 제국 신라의 일정교와 월정교를 통해 그 신비를 볼 것이다.

》참고문헌《

경주시(1986), 『월정교지 발굴조사 및 복원설계보고서』.

경주시·한국전통문화학교(2006), 『월정교 복원에 따른 기본계획수립 및 타당성조사 연구 중간보고서 및 학술세미나』(발표문).

『舊唐書』「新羅」.

『舊五代史』「新羅」.

국립경주문화재연구소·경주시(2005), 『춘양교지(일정교지, 사적457호) 발굴조사보고서』.

국립경주문화재연구소(2006), 『황룡사복원국제학술대회논문집』.

국립경주박물관·경주시(1998), 『경주유적지도』(1:10,000), 재판.

김대문, 『화랑세기』.

김부식(1145), 『3국사기』.

김태숙·윤혜신·최선경(2003), 「비단으로 해와 달의 빛을 되돌린 세오녀」, 『삼국유사와 여성』, 서울 : 이회문화사.

동국대학교 관광산업연구소 엮음(2000), 『2000년 경주세계문화엑스포 성공을 위한 국제학술회의』(발표논문집), 2000. 2. 16.

박내회(1989), 『조직행동론』, 서울 : 박영사.

『北史』「新羅」.

위덕대학교 신라학연구소, 경주문화원 향토문화연구소 엮음(2002), 『경주지역 유교문화의 현대적 조명』(발표논문집), 2002. 11. 20.

손영식(2003),『옛다리』, 첫판 5쇄, 서울 : 대원사.

송민구(1987),『한국 옛 造形의 의미』, 서울 : 기문당.

『隋書』「新羅」.

『新唐書』「新羅」.

신라사학회(2006),「해와 달의 정령 – 연오랑과 세오녀」,『신라속의 사랑, 사랑속의 신라』(삼국시대편), 서울 : 경인문화사.

『신증동국여지승람』.

영일군사편찬위원회(1990),『영일군사』.

이강식(1997), "통일전의 문화마케팅전략구축,"『신라학연구소논문집』, 창간호, 경주 : 위덕대학교.

이강식(1998a), "노동 · 노서동 고분군의 문화마케팅전략구축,"『관광학논총』, 제2권, 경주대학교 관광진흥연구원.

이강식(1998b), "첨성대의 본질에 따른 문화마케팅전략구축,"『경주대논문집』, 제10집, 경주대학교.

이강식(1999), "경주향교의 문화마케팅전략구축,"『경주대논문집』, 제12집, 경주대학교.

이강식(2002a), "황룡사지의 문화마케팅전략구축,"『경주대논문집』, 제15집, 경주대학교.

이강식(2002b), "月池宮–雁鴨池–臨海殿의 문화마케팅전략구축,"『경주문화논총』, 제5집, 경주문화원 향토문화연구소.

이강식(2003a), "남천과 첨성대일원 역사 문화관광마케팅,"『남천과 첨성대일원 자연생태환경 학습단지조성 기본계획」, 경주시, 2003. 12.

이강식(2003b), "朴赫居世居西干 神宮과 五陵, 關英井의 문화마케팅전략구축," 『경주문화논총』, 제6집, 경주문화원 향토문화연구소.

이강식(2004), ""신라역사문화대공원" 조성을 통한 경주문화마케팅전략구축," 경주문화원 경주문화특강, 2004. 9. 7(화).

이강식(2005a), "신라 역사문화마케팅으로서의 데이 마케팅전략구축," 『비화원』, 제5호, 안강문화연구회.

이강식(2005b), "경주국립공원화랑지구의 문화마케팅전략구축 : 김동리 생가터, 금산재와 홍무왕릉, 옥녀봉, 조익청 묘의 문화상품개발," 『경주문화논총』, 제8집, 경주문화원 향토문화연구소.

이강식(2005c), ""신라역사문화대공원" 조성을 통한 경주역사문화도시 마케팅전략구축," 『신라학연구』, 제9집, 경주 : 위덕대학교.

이강식(2005d), 『논어의 경영학』, 경주 : 환국.

이강식(2006), "양동마을의 문화마케팅전략구축," 『경주문화논총』, 제9집, 경주문화원 향토문화연구소.

이명식(2003), 「연오랑 세오녀 설화와 일월제」, 『신라정치변천사연구』, 대구 : 형설출판사.

일연(1281 ~ 3), 『3국유사』.

정기호(1991), 「경관(景觀)에 개재(介在)된 내용(內容)과 형식(形式)의 해석(解釋) ─ 석굴암의 조영(造營)을 통하여 본 석굴형식(石窟形式)과 신라의 동향문화성(東向文化性)을 중심으로」, 『한국조경학회지』, 제19권, 2권.

정기호(1995),「역사경관(歷史景觀)에 개재된 도형적(圖形的) 형식(形式)
의 고찰」,『한국조경학회지』, 제22권, 4권.

정창조(1997),「연오랑 세오녀 설화고찰」,『동대해문화연구』, 제3집,
동대해문화연구소.

최병용(1990),『신마케팅론』, 전정판, 서울 : 박영사.

필립 코틀러 지음, 이종영 · 구동모 옮김(1997),『내 고장마케팅』,
서울 : 삼영사.

厭髑의 月庭과 劍君의 風月之庭 :
花郎徒組織의 새로운 기원으로서의 太子敎育組織

이 강 식[*]

〈 目 次 〉

Ⅰ. 첫 말

화랑도조직은 신라 3국통일전쟁에서 가장 큰 성과를 거둔 유효성이 높은 조직이다(이강식 1998a). 그러므로 화랑도조직의 이론과 실천은 현대조직에서도 많은 벤치마킹의 과제를 주고 있다고 할 수 있다. 따라서 그 기원에 대해서도 많이 연구되어왔는데 논자도 이미 화랑도조직의 기원이 선도신모의 신선술에 있다는 것을 연구한 바가 있다

---

* 경주대 교수

- 59 -

(1998b). 물론 화랑도조직의 기원은 다각적으로 고찰이 되어야하며 더 많은 연구가 필요하다고 할 수 있다. 그러므로 더 나아가서 논자는 이미 신라건국초기 궁실 내에 설치된 태자, 왕귀족·양가자제의 교육조직이 후일 劍君의 風月之庭과 같은 화랑도조직의 원형이었다고 논증하였고(1998a, p.192), 또 厭髑(503 [507] ~528)의 內史舍人직관에 대해서 연구를 하였으며(1999a, pp.63~7), 뿐만 아니라『3국유사』에 기록된 厭髑의 月庭과『3국사기』에 기록된 劍君의 風月之庭이 같은 성격의 교육조직인 화랑도조직의 도량으로서 신라의 태자교육조직임을 논증하였다(2002, pp.199~201). 따라서 이 연구는 논자의 기존의 연구에 기반을 두고 그 후의 연구를 추가하여 화랑도조직의 새로운 기원이라는 논제로 독립된 논문으로 재구성하였다.

그리고 이 연구의 또 다른 의의는『3국사기』(1145)와『3국유사』(1281~3년경)가 겉으로 나타나는 표현상의 차이가 있음에도 불구하고 깊은 구조에서 일치한다는 것이다. 이는 앞으로 두 사서를 연구함에 있어서 새로운 시사점을 줄 수 있을 것이다.

그러므로 이 연구의 목적은『3국유사』에 기록된 厭髑의 月庭의 본질이 신라의 태자교육조직이며 이 月庭이『3국사기』에 기록된 劍君의 風月之庭과 성격이 같은 화랑도조직이며 따라서 태자교육조직이 화랑도조직의 기원을 이루고 있다는 것을 밝히는 데에 있다.

물론 논자는 화랑도조직의 가장 큰 기원은 신라의 현묘지도인 풍월도 - 풍류도이며, 풍월도는 신선술이라는 우주의 진리를 깨닫는 종교조직에 기원을 두고 있다고 본다. 이는 기존의 논자의 연구를 참고하기 바란다.

그러므로 이러한 기원이 다양하게 연구되지만 물론 큰 물줄기는 풍월도로서 하나이다. 그러나 크고 작은 기원이 서로 영향을 주며 합해 서 오랜 기간에 걸쳐 화랑도조직이라는 유효성이 높은 조직을 형성하 였다는 것이라는 것을 먼저 이해해야할 것이다. 즉 단일해답을 추구하 기 보다는 복수해답을 추구하는 것이 바람직하다는 것이다.

그리고 화랑도조직에 대한 다방면의 연구가 지금까지 수행되었는데 (참고문헌참조), 여기서는 설명을 줄이기로 하겠지만 모두 참고가 될 것으로 본다.

Ⅱ. 厭髑의 月庭

박염촉은 불교흥법을 위하여 멸신하였다(528). 이때의 상황을 일 연(1208~89)은 『3국유사』「原宗興法 厭髑滅身」(1281~3년경)에서 신라 의 一念의 「髑香墳禮佛結社文」(806~20년경)를 인용하여 자 세히 기 록하고 있는데 다음과 같은 귀중한 기록을 남겼다.

(Ⅱ-1) 春宮 連鑣之侶, 泣血相顧,
　　　月庭 交袖之朋, 斷腸惜別.(『3국유사』「원종흥법 염촉멸신」, 1281~3년경).
　　　춘궁에서 말을 달리던 동무들은 피눈물을 흘리면서 서로 돌아보고,
　　　월정에서 소매를 맞잡던 친구들은 창자가 끊어지는 아픔으로 이별을
　　　애달파하였다.

이처럼 염촉에게 춘궁의 동무(侶)와 월정의 친구(朋)들이 있었다고 하였다. 이때 춘궁은 물론 東宮으로서 태자가 있는 궁이다. 춘궁은 「皇 龍寺刹柱本記」(872)에도 이를 쓴 신라의 명필 姚克一의 관직을 <崇文

- 61 -

臺郞 兼 春宮 中事省臣>으로 기록하고 있으므로 금석문에서도 확인이 되는 궁명이다.

따라서 법흥왕(재위 514~40) 당대에 춘궁 - 동궁이 설치되어 있었고 그 궁이 태자궁이므로 염촉은 태자, 왕귀족의 자제와 동무(侶)사이였다 는 것을 알 수 있다. 이는 염촉도 아직 어려서 직급은 舍人으로 낮다 고 볼 수 있으나 어디까지나 법흥왕의 5촌조카가 될 수 있는 왕귀족 의 자제이므로(이강식 1998, pp.66~7), 당연하다는 것을 알 수 있다. 그런데 이는 단순히 동무(侶)사이라기 보다 춘궁 - 동궁은 태자가 사는 곳이며 동시에 이곳에서 태자와 함께 왕귀족의 자제를 교육시키는 교 육기관도 설치하는 것이 일반적인 것이므로 이때의 동무(侶)는 동문수학 한 친구라는 것을 의미한다고 보아야할 것이다. 이는 외국의 사례에서 도 나타나는데 중국과 일본에서도 마찬가지로 왕궁 내에 이러한 태자교 육조직을 설치하는 것이다. 다만 여기서는 설명은 줄이기로 하겠다.

그러면 구체적으로 동궁 내에 어떤 교육기관이 설치되었는지를 알 아봐야 할 것이다. 그런데 동시에 염촉은 월정의 친구(朋)들이 있었다 고 하였다. 지금까지 월정에 대해서는 별다른 주해가 없었다. 그러나 논자는 처음으로 이 <月庭>(528)이 김부식(1075~1151) 등의 『3국사기』 (1145)에 실려있는 「劒君열전」의 <風月之庭>(628)의 축약어로 보아서 같은 화랑도조직으로 해석을 하였다(2002). 즉 춘궁과 대귀를 이루기 위해 월정으로 글자수를 줄인 것으로 보았다. <月庭>(법흥왕 15년, 528)과 <風月之庭>(진평왕 50년, 628)은 시기적으로도 100년의 차이밖 에 나지 않는다. 그러므로 춘궁과 월정이 일념이 「촉향분예불결사문」 을 기록하던 때인 806~20년경의 신라사회의 사정을 반영한 것이 아 니냐는 의문도 상정하려면 할 수는 있겠지만 그것은 별로 그렇지 않

- 62 -

다는 것을 알 수 있다. 이미 일념의 200여년전에 검군의 <風月之庭>(628)이 있었기 때문이다. 따라서 일념도 박염촉 당대의 기록을 가지고「촉향분예불결사문」을 저술하였다는 것을 알 수 있다.

그러면 춘궁 - 동궁에 설치된 태자와 왕귀족의 자제를 교육시키는 교육기관의 구체적인 이름은 월정 - 풍월지정이 될 것이다. 즉 동궁의 태자교육조직을 월정으로 불렀고 그것이 나중에 <국공열행의 시대>에서 화랑도조직으로 크게 발전하였을 것으로 본다(이강식 2001, pp.53~4).

따라서 신라는 국초부터 현묘지도인 풍월도의 종교수련이 있었고, 또 논자는 신라황실의 주요한 전통이 풍월도를 수련하는 화랑도가계라는 것을 논증한 바가 있는데(2000a), 따라서 신라황실에서 풍월도와 화랑도의 수련을 하는 월정을 설치하였고 그것이 화랑도조직으로 크게 발전하였다고 보는 것이다.

그러면 동궁과 월정을 장소, 시기, 조직에서 완전 별개로 볼 수 있는 가능성도 살펴보아야 하겠지만 그러나 그 가능성도 매우 적다고 본다. 이는 문무왕 14년(674)에 축조된 月池(현 안압지), 그리고 이어서 문무왕 19년(679)에 창조된 東宮(현 안압지)이 같은 장소라는 것을 보면 쉽게 알 수 있는 것이다. 이는 또 기록상으로도 직접 알 수 있는데 『3국사기』「신라본기」<헌덕왕 14년>(822)과 같은「祿眞열전」을 보면 헌덕왕이 친동생 秀宗을 副君으로 삼아 월지궁으로 들어가게 하였다 (822)고 했는데 이때 월지궁이 동궁과 같은 의미로 쓰였다는 것을 보면 잘 알 수 있는 것이다. 또 같은「잡지 제8」<직관 중>에 보면 東宮官에 月池典과 月池嶽典이 소속되어 있는 것이다. 따라서 동궁과 월지궁이 같은 장소라는 것을 알 수 있다. 물론 이때 월정과 월지궁이 같겠느냐고도 하겠지만 그러나 <춘궁 - 월정>, <동궁 - 월지궁>이 짝

- 63 -

을 지어 반복된다는 것을 볼 때, 월정과 월지궁이 같은 의미를 갖고 동궁에 설치되었다는 것을 알 수 있는 것이다. 그러면 월지궁도 풍월지정의 의미를 갖고 있다고 볼 수 있다.

그러므로 처음에는 <동궁 - 춘궁>과 <월정 - 풍월지정>은 같은 곳에 설치되었다는 것이다. 다만 후대에서 풍월도가 발전하였을 때에는 또 다른 풍월지정이 동궁 밖에도 별개로 설치되었을 가능성도 있는 것이다. 즉 황립 풍월지정이 있을 수 있고 사립 풍월지정도 있을 수 있는 것이다. 그러나 가장 권위있는 곳은 동궁 내의 황립 풍월지정이었을 것이며 그 성격은 같다고 볼 수 있다. 또 황실 뿐만이 아니고 종교조직인 소도에서도 사제를 양성하기 위한 풍월도 수련도 있었을 것이고 그러한 조직도 있었을 것이다. 또 화랑 뿐만이 아니고 원화도 양성하였을 것이다.

따라서 동궁 내에 풍월지정을 설치한 것은 어릴 때에 신선도 - 풍월도 - 풍류도를 수련하면 가장 효과가 뛰어나기 때문일 것이다. 선도신모도 어릴 때에 신선술을 수련하였던 것이며 박혁거세거서간과 알영황후도 마찬가지였을 것이다(이강식 1998b, pp.70~1).

그런데 문무왕이 동궁 - 월지궁을 현 안압지의 위치에 창조하기 전(675, 679)의 춘궁 - 월정은 반월성 내에 있었을 가능성이 크다고 본다. 즉 염촉과 검군의 월정(528) - 풍월지정(628)은 반월성 내에 있었을 것이다.

그러면 염촉이 춘궁의 친구들이 있었다고 했는데 이때의 太子는 누구인가? 염촉이 528년에 멸신할 때의 나이는 22세 또는 26세였다. 그러면 503년 또는 507년 출생이므로 이때는 지증왕 4년 또는 8년이다. 지증왕(437~514)은 64세에 즉위하였으므로 염촉이 태어났을 때는 67

- 64 -

세 또는 71세이다. 그런데 지증왕의 元子, 즉 맏아들인 법흥왕은 현재 출생년을 추정하기는 어렵지만 지증왕이 67세 또는 71세에는 최소한 40대에서 20대까지로 봐야할 것이다. 그러므로 법흥왕이 514년 즉위할 때에는 최소한 50세에서 30세까지로 보이는데 이때 12세 또는 16세의 염촉과 친구사이가 되기는 거의 상정하기 어려운 것이다. 더욱이 『3국유사』「원종흥법 염촉멸신」에서는 일념의 「촉향분예불결사문」(806~20년경)를 인용하여 염촉이 법흥왕의 <內養子>라고 하였고 『栢栗寺石幢記』(818년경)는 신라 당대의 금석문인데 여기서는 염촉을 <一子>라고 하였고 또 법흥왕이 염촉을 <小兒, 小子>라고 호칭하였기 때문에 그 호칭이 관례적인 표현이라고 하더라도 법흥왕이 아버지에 가까운 매우 연장자로 보여서 법흥왕이 514년 즉위하기 전의 태자 시절에 12세 또는 16세까지의 염촉과 친구로 지냈을 가능성은 거의 없는 것으로 보인다. 뿐만 아니라 법흥왕의 조카인 다음의 진흥왕은 540년 즉위할 때 7세였으므로 534년 출생인데 그러면 528년에 멸신한 염촉과는 당연히 춘궁의 친구가 될 수 없는 것이다. 따라서 염촉의 춘궁의 친구인 태자는 법흥왕의 후사로서 있기는 있었지만 일찍 죽었거나 어떤 다른 이유로 왕위에 오르지는 못한 인물로서 앞으로 더 연구할 과제를 가지고 있다고 본다.

그런데 물론 춘궁과 월정이 완전 동일한 성격의 조직은 아니라는 것이다. 춘궁은 동궁으로서 태자가 살고 교육을 받는 곳이며 월정은 그 동궁에 설치된 교육기관을 뜻하는 것이다. 그러므로 염촉의 춘궁의 동무(侶)와 월정의 친구(朋)가 대부분은 일치하겠지만 완전 일치하는 것은 아니라고 볼 수도 있다.

이처럼 춘궁과 같이 설치된 월정이 풍월지정으로서 태자와 왕귀족

- 65 -

의 교육조직이며 동시에 화랑도조직이며 이 조직이 확대발전하여 후
일의 화랑도조직이 되었다고 보는 것이다.

따라서 법흥왕 15(528)에 박염촉이 화랑도출신임을 알 수 있으므로
이미 법흥왕 15년(528)에 화랑도조직이 설치되어있었다는 것을 알 수
있다.

Ⅲ. 劍君의 風月之庭

검군은 대의를 위하여 멸신한 신라의 대표적인 花郎徒이다(628). 이
때의 상황을 김부식 등은 『3국사기』「검군열전」(1145)에서 잘 기록을
하고 있으며 다음과 같은 소중한 기록을 남겼다.

> (Ⅲ-1) 劍君 笑曰, "僕 編名 於 近郎之徒, 修行 於 風月之庭, 苟非 其義,
> 雖 千金之利, 不動心焉."(김부식 등, 『3국사기』「검군열전」, 1145).
> 검군이 웃으면서 말하기를, "저는 근랑의 낭도로서 이름을 편성하였고,
> 풍월의 정에서 수행하였으니, 진실로 대의에 맞지 않는다면, 비록 천
> 금의 이익이 있다고 하여도 마음이 흔들리지 않습니다."라고 하였다.

여기서 보면 검군은 근랑이라는 화랑의 낭도에 소속하고 있고 풍월
의 정에서 수련을 하고 있다고 하였다. 즉 <風月之庭>이 風月道의 화
랑도조직의 수행장소라는 것이다. 논자는 이 <風月之庭>이 바로 앞에
서 논급한 염촉의 월정을 의미하는 것으로 보고 있다. 물론 이때는 염
촉보다 100년 뒤이고 화랑도조직이 더 발달한 진평왕대이기 때문에
약간의 변화는 있을 수 있지만 그 본질은 변하지 않았을 것으로 본다.

즉 이 조직이 곧 바로 태자교육조직인 그 월정이 아니라고 하더라도 그에서 파생한 별도의 조직이라고 하더라도 본질은 동일하다는 것이다. 이것이 논자의 주요한 결론이다.

그런데 여기서 주요한 것은 <庭>의 의미이다. 庭은 일반적으로 집안의 뜰을 의미하는 것이다. 그러므로 우리로 보면 마당이 오히려 어감이 비슷한 번역이 될 수도 있다. 대부분 그렇게 보지만 그러나 사전적으로는 더 살펴볼 과제가 있는 것이다. 사전에서는 庭이 다양하게 사용되고 있는데 <뜰, 대청, 백성을 상대하여 정무·소송을 취급하는 곳, 궁중, 가정, 장소, 조정 廷과 같은 자> 등등의 뜻이 있다(이상은 감수 1972, pp.421~2). 따라서 庭에 宮中, 官庭, 官廷의 뜻이 있을 수 있고 그러면 단순히 수련의 장소가 아니라 국가의 교육기관으로서 風月宮, 風月官廷, 風月官廳의 의미도 있을 수 있는 것이다. 그렇게 보면 月池宮의 의미와도 다소 맥락적으로 통할 수도 있는 것이다. 즉 단순히 풍월을 수련하는 뜰이 아니라 신라정부에서 설치한 풍월궁으로서 교육관청조직의 성격이 있을 수 있는 것이다.

논자가 2002년 8월 중국의 소림사를 방문하였을 때 직접 확인하기도 하였지만 특히 중국불교에서는 선종의 초조 달마대사가 주석한 소림사를 다른 말로는 <선종조정(禪宗祖庭)>이라고 하는데 이때 庭은 단순히 뜰이라는 뜻이라기보다 선종을 모시는 초조의 사원이라는 뜻으로 볼 수 있다. 그러면 월庭 - 풍월지庭도 이러한 禪宗祖庭의 뜻과 같이 풍월도의 사원이라는 뜻이 있을 수 있다고 본다. <u>따라서 논자는 月庭 - 風月之庭의 庭이 사원이거나 그러한 성격을 갖는 교육조직을 의미한다고 본다.</u> 이러한 사원의 성격을 갖는 교육조직에서 풍월도를 수행하였는 것이다.

- 67 -

그리고 여기서 <編名 於 近郎之徒, 修行 於 風月之庭,>이 대귀를 이루고 있기 때문에 <風月之庭>이 온전히 기록되었던 것이다. 따라서 이를 <風月庭>으로 볼 수도 있어서 더욱이 風月廷 - 風月宮의 의미에 보다 더 가깝게 볼 수 있다.

그런데 여기서 검군의 대의에 대하여 지금까지 연구자들에게 오해가 많은 것으로 보여서 잠깐 해명을 하고 가기로 한다. 즉 지금까지 마지막의 <君子 曰>의 번역에서 오해가 많아왔던 것 같다. 그러나 김부식 등이 「검군열전」을 왜 편성하였을까? 그것은 3국의 인물, 신라인, 花郎과 郎徒 중에서 유가적 명분에 가장 적합한 義人으로서 검군을 대표적으로 현창하기 위한 목적인 것이다. 그러므로 우선 마지막의 <君子 曰>의 논자의 번역을 보기로 하자.

(Ⅲ-2) 君子 曰, "劍君 死非其所, 可謂 輕 泰山 於 鴻毛者也."
    김부식 등, 『3국사기』「검군열전」, 1145).
    군자는 말하기를, "검군은 대의를 위하여 그 죽을 바가 아닌데도 죽었으니 가히 태산같이 중한 목숨을 기러기털 처럼 가벼히 던진 의인이라고 할 만하다." 라고 하였다.

논자는 찬자의 원래의 뜻에 맞게 의역을 하였다. 따라서 검군은 대의를 위하여 목숨을 초개(草芥)처럼 던진 의인으로 평가를 받아야하는데 그런데 지금은 오히려 거꾸로 검군이 사소한 일에 목숨을 건 사람처럼 보이게 하는 연구자들이 있다. 이는 마지막의 <君子 曰>의 번역에 오해를 가져왔기 때문으로 본다. 이러한 번역례는 줄이기로 하겠지만 지금까지의 번역례는 「검군열전」의 원래 편수목적과 전혀 반대로 번역을 한 것이다.

유교에서는 검군처럼 비리에 가담하지 않고 청렴한 것을 높이 평가하는 것은 더 설명할 필요가 없을 것이다. 그런데 또 유교의 시조 공자(-552~-479)는 자식이 부모의 잘못에 대해 증언하는 것을 정직이 아니라고 반대하였다(이강식 2005, pp.726~8). 물론 민주사회에서 고발은 시민의 제1정신이고, 내부고발자(whistleblower)를 보호하기도 하지만, 그러나 자신이 속한 조직에 대한 밀고는 동서양의 어떤 조직에서도 배신자로서 좋은 평가를 받지 못하는 것이다. 미국에서도 경영학의 인간관계론을 제창한 메이요(E. Mayo)의 연구에 따르면 비공식조직에는 주요한 비공식 룰이 4개가 있는데 그 중하나가 "동료를 고자질해서는 안 된다."는 것이었다(한희영 1987, p.149). 또 공자는 관중을 높이 평가하면서 대의를 위해서는 하찮은 의리는 지키지 않아도 된다고 하였는데(이강식 2005, pp.804~9, pp.944~5), 검군의 사례는 비리에 연루되지 않고 또 동료를 고자질하지 않는 것이 대의였던 것으로 볼 수 있다. 그것은 직장생활에서 참으로 어려운 일인 것이다. 그리고 검군은 신라를 떠나지 않았는데 공자는 제를 떠났다가 돌아온 진문자는 그저 맑다고 평가하였지만(이강식 2005, pp.243~8), 노를 떠나지 않은 류하혜는 상당히 높이 평가하였던 것이다(이강식 2005, pp.908~9, pp.1080~1, pp.1116~22). 검군이 피한다는 것은 신라를 떠난다는 것인데 그것이 인정받기는 어려운 것이다. 물론 공자도 피하는 것을 높이 평가는 하지만(이강식 2005, pp.845~8), 그러나 피할 수 없는 상황도 있는 것이다. 그러므로 검군은 공자의 덕목인 <守死>에 해당한다고 볼 수 있는데 <守死>는 논자의 연구에 따르면 <죽음을 지킨다.>는 것으로서(이강식 2005, pp.424~31), 자로선생의 죽음처럼 유교의 높은 평가를 받을 수 있는 것이다. 그래서 유교의 가치기준에 가장 적합한 인물로

- 69 -

검군이 선정되었고, <論 曰>도 아니고 더 높은 단계인 <君子 曰>을 빌어 좋은 평가를 했는데 오히려 지금까지 오역으로 인해 의인 검군에 대한 오해가 발생한 것이다. 즉 논자가 보기에는 「검군열전」이 유교적 가치관의 교과서로 볼 수 있는 것이다. 앞으로 더 연구가 필요하다.

IV. 月庭과 風月之庭은 太子教育組織

따라서 지금까지 살펴본 것처럼 庭이 단순히 뜰의 의미로서 수련하는 장소로만 보기 보다는 庭은 그 둘러싼 건물이 있기 때문에 물체적 건물과 수행자의 조직체계를 갖춘 교육조직으로 보아야할 것이다. 이미 검군도 <編名 於 近郎之徒,>라고 하여 조직체계를 갖추고서 풍월지정에서 수행을 하였던 것이다. 그러므로 반월성 내의 宮廷의 동궁에서 처음 설치되었을 것으로 본다. 그래서 月廷 - 月庭으로 이름 지어졌다고 본다.

그런데 월정과 풍월지정으로 이름이 붙은 것은 첫째는 반월성에 처음 설치되었기 때문으로 볼 수 있다. 둘째는 왕을 해로 보면 태자는 달로 볼 수 있기 때문에 태자교육기관을 월정으로 이름 붙인 것으로 볼 수 있다. 셋째 그러나 종교적으로 보면 신라의 현묘지도인 풍월도를 수련하는 것이 중심이기 때문에 월정으로 이름을 붙인 것으로 보아야하는데 이 경우 달은 깨달음을 상징하는 것이다. 따라서 신라의 국유현묘지도를 풍월도 - 풍류도라고 이름 붙이고 그 수련기관을 월정으로 이름 붙인 것으로 본다. 물론 월정은 한자로 차자된 이름이며 어느 시점에서 월정이라는 한문이름을 사용하였는지도 연구할 과제이다.

그런데 신라에서의 신선도 - 풍류도의 기원은 선도신모이다. 선도신모는 소도신모이기 때문에 소도에서 이러한 수련이 처음 시작되었을 것이다. 뿐만 아니라 선도신모의 아들인 박혁거세거서간(재위 -57~4)과 그 황후인 알영황후도 신선술 - 풍월도를 수련하였을 것이기 때문에 이 월정 - 풍월지정이 신라의 국초부터 태자교육조직으로 형성하고 있었다고 본다. 따라서 국초부터 국말까지 이러한 전통은 계승되었으며 신라는 국초부터 국말까지 天神敎의 神國이었던 것이다.

그리고 이 소도는 고조선에서 유래된 것이기 때문에 화랑도조직의 연원도 신라가 출자한 고조선에서 기원하였다고 볼 수 있다. 이는『환단고기』에도 기록이 나타나는데 이암(1297~1364)의 『단군세기』(1363)에서는 <國仙蘇塗>(21면), <國子郎, 天指花郎>(23면)이 나타나고 이맥(1455~1528)의 『태백일사』「3神5帝본기」(1520)에서는 <源花, 花郎>(55면)이 기록되어있다. 따라서 논자가 제시하는 또 하나의 화랑도조직의 기원은『환단고기』의 기록처럼 고조선에서 유래하였다는 것이다.『환단고기』의 화랑도조직의 기원도 향후 더 연구가 있어야할 것으로 본다.

V. 花郎徒組織의 새로운 기원인 太子敎育組織

월정 - 풍월지정은 신라의 태자교육기관으로서 이것이 풍월도의 수련을 중심으로 하였고 계속 발전하여 화랑도조직으로 일반화하였다고 본다. 물론 풍월도 외에 문무의 다른 교육도 실시하였을 것이다. 그러면 월정에서 교육을 받은 염촉도 화랑도였을 가능성이 있다.

그런데 논자는 그 핵심목적이 태자교육기관이라고 하였지만 그러나 태자와 함께 왕귀족·양가자제도 교육을 시켰기 때문에 이 월정이 3국통일 전의 신라 전반의 주요한 교육기관이었다고 본다. 그러므로 신문왕 2년(682)에 설치된 국학이전의 신라의 교육기관으로 월정 - 풍월지정이 인식되어야할 것이다. 이 월정 - 풍월지정에서 신라 3국통일의 많은 인재가 배출되었는데 오히려 화랑도조직만으로 알려져서 지금까지는 교육조직으로 분명하게 인식이 안 되어온 것 같다.

뿐만 아니라 한번 더 강조하면 논자는 이미 신선술을 조득한 선도신모의 아들인 박혁거세거서간과 그 부인인 알영황후가 궁실에서 풍월도를 수련하여 화랑과 원화의 시조가 되었으며 따라서 국초에 풍월지정이 설치되었다고 본다(1998a). 그러므로 논자는 국초에 이미 태자교육조직이라고 볼 수 있는 풍월지정 - 월정이 설치되었다고 보는 것이다. 더 나아가서 2성을 양육한 이 궁실을 논자는 초생신궁으로서 창림신궁이라고 보며 나중에 불교가 흥법되었을 때 창림사가 되었다고 본다(2001, pp.6~8, p.11, pp.13~8, 2002b, pp.194~5, 2003, pp.157~9).

한번 더 강조하면 중국와 일본에서도 이러한 태자교육기관이 설치되었으며 이는 앞으로 더 비교연구할 바라고 하겠다.

이상의 내용을 나타내면 <그림 1>과 같다.

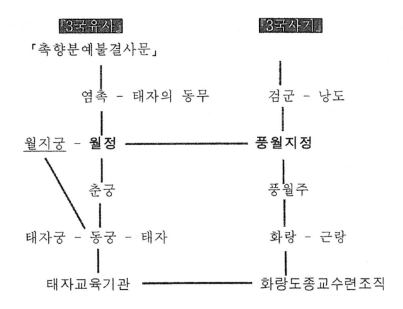

<그림 1> 염촉의 월정과 검군의 풍월지정의 계통도

VI. 맺는말

화랑도조직의 기원은 다양하게 제시될 수 있다. 오랜 기간에 걸쳐 발전되어왔기 때문이다. 물론 그 근원은 풍류도이다. 논자는 선도신모가 화랑도조직의 기원이라고 논증을 하였지만 이 연구에서 논자는 염촉의 월정과 검군의 풍월지정이 같은 말로서 신라의 춘궁 - 동궁에 설치된 태자교육조직이며 이것이 화랑도조직으로 일반화하여 발전하였다고 논증하였다. 선도신모의 신선술이나 월정, 풍월지정, 화랑도조직이 모두 국초의 현묘지도인 풍류도에서 발전해 나간 것이며 또 모두 풍류도를 이루고 있는 것이다. 그것은 또한 신라의 천신교이기도 하다. 논자는 엄정한 문헌고증을 거쳐 이 연구에서 다음과 같은 주요 결론을 내렸다.

첫째, 『3국유사』의 염촉의 월정과 『3국사기』의 검군의 풍월지정은 모두 같은 말로서 풍월도의 수련교육기관이며 동시에 화랑도조직이다.

둘째, 『3국유사』의 염촉의 월정은 춘궁에 설치되었으며 따라서 월정과 풍월지정은 태자교육기관이다.

셋째, 『3국사기』의 검군의 풍월지정은 화랑도조직의 교육기관이므로 월정과 풍월지정은 태자교육기관인 동시에 태자와 왕귀족·양가자제를 화랑으로 육성하기 위한 교육기관이다. 따라서 염촉도 화랑도였을 가능성이 있다.

넷째, 따라서 월정과 풍월지정은 풍월도에 입각한 태자교육기관으로서 화랑도조직의 기원이다.

다섯째, 월정과 풍월지정에서 정의 용례는 소림사의 다른 이름인 선종조정을 참고로 보면 단순히 뜰이 아니고 사원이거나 그와 같은 교육조직을 의미한다고 본다.

여섯째, 월정과 풍월지정은 국초부터 황실 - 궁실내에 설치되어 태자와 왕귀족·양가자제를 화랑으로 양성한 태자교육기관으로 본다.

일곱째, 국초부터 궁실에서 양육된 박혁거세거서간과 알영황후는 화랑과 원화의 시조이며 동궁내의 월정 - 풍월지정은 그러한 전통을 계승한 것이다.

여덟째, 박염촉이 월정에서 수학하여 화랑도출신임을 알 수 있으므로 이미 법흥왕 15년(528년)에 화랑도조직이 설치되어 있었다.

아홉째, 이처럼 『3국사기』와 『3국유사』의 기록은 깊은 구조에서 일치한다.

물론 종교조직인 소도에서도 사제를 양성하기 위한 풍월도 수련조
직도 있었을 것이다. 이러한 여러 가지 기원이 합하고 영향을 주어서
신라통일전쟁에 가장 유효성이 높은 화랑도조직을 신라인은 창안할
수 있었던 것이다. 따라서 화랑도조직의 이론과 실천을 깊이 연구하면
현대조직에도 매우 유효한 조직원리를 찾을 수 있을 것이다.

● 참 고 문 헌 ●

김기흥(1992), 「『三國史記』「劍君傳」에 보이는 7세기 초의 시대상」『한
　　　　국사학논총』(상)(수촌 박영석 교수 화갑기념), 논총간행위원회,
　　　　탐구당.

이강식(1998a), 「화랑도조직의 이론과 실천」『경영학연구』, 제27권 제1
　　　　호(1998. 2.), 한국경영학회.

이강식(1998b), 「선도신모가 화랑도조직의 기원이라는 변증」『신라학연
　　　　구소논문집』, 제2집(1998. 12.), 위덕대학교 신라학연구소.

이강식(1999a), 「원종흥법 염촉멸신과 알공의 이국의 대의 : 신라정부
　　　　조직의 조직적 의사결정과정」『경주문화논총』, 제2호(1999. 12.),
　　　　경주문화원 향토문화연구소.

이강식(1999b), 「사다함 풍월주의 화랑도조직경력」『경주문화』, 제5호
　　　　(1999. 12.), 경주문화원.

이강식(2000a), 「헌강대왕의 깨달음의 종교로서의 풍류도 : 화랑도조직
　　　　의 종교의 본질」『경주문화논총』, 제3호(2000. 12.), 경주문화원
　　　　향토문화연구소.

이강식(2000b), 「『화랑세기』에 기록된 화랑도조직의 3신5제조직구조」
　　　　『신라학연구』, 제4집(2000. 12.), 위덕대학교 신라학연구소.

- 75 -

이강식(2001), 「『화랑세기』를 중심으로 본 신라 천신교와 신선합일조직 사상에서 형성한 화랑도조직의 창설과정」『경주문화논총』, 제4호(2001. 12.), 경주문화원 향토문화연구소.

이강식(2002a), 「월지궁-안압지-임해전의 문화마케팅전략구축」『경주문화논총』, 제5호(2002. 12.), 경주문화원 향토문화연구소.

이강식(2002b), 「고조선의 국가정통성을 계승한 신라」『신라학연구』, 제6집(2002. 12), 위덕대학교 신라학연구소.

이강식(2003), 「박혁거세거서간 신궁과 오릉, 알영정의 문화마케팅전략구축」『경주문화논총』, 제6호(2003. 12), 경주문화원 향토문화연구소.

이강식(2004), 「신라 요석궁에 건립한 국학을 계승한 경주향교」『비화원』, 제4호, 안강문화연구회.

이강식(2005), 『논어의 경영학』, 경주 : 환국.

이도학(1990), 「신라 화랑도의 기원과 전개과정」『정신문화연구』, 13권 1호(통권 제38호), 한국정신문화연구원.

이맥(1520), 『태백일사』 ; 『환단고기』.

이상은 감수(1972), 『한한대자전』, 7판, 민중서관.

이암(1363), 『단군세기』 ; 『환단고기』.

이종욱(1996), 「『화랑세기』를 통하여 본 신라 花郞徒의 기원과 설치」『화랑문화의 신연구』, 한국향토사연구 전국협의회 엮음, 문덕사.

최재석(1996), 「화랑연구의 성과」『화랑문화의 신연구』, 한국향토사연구 전국협의회 엮음, 문덕사.

한희영(1987), 『경영학원론』, 법문사.

『환단고기』.

朴赫居世居西干의 탄강유적인
東泉의 발견과 문화마케팅전략구축

이 강 식 *

* 경주대학교 교수

I. 첫말

박혁거세거서간(재위 -57~4)의 탄강에 대해서는 그간 많은 연구가 있어왔다. 그리고 탄강유적에 대해서도 특히 박혁거세거서간이 탄강한 나정과 왕릉인 오릉에 대해서는 많은 연구가 있어왔다. 그러나 『3국유사』「신라시조 혁거세왕」(1281~3년경)에는 박혁거세거서간이 탄강한 후 목욕을 한, 또 다른 탄강유적인 東泉이 기록되어 있는데[1] 東泉 기록에 대해서는 현재까지 별다른 연구가 없었고, 東泉 실제 유적에 대해서도 논자가 東泉을 탐방한 후 꾸준히 문헌조사를 한 바로는 햇수로 28년 전의 현지조사보고서에서 보고가 되고 그후 논문에서 언급은 있었지만[2] 현재 학계나 문화관계자에게 전혀 알려져 있지 않고 있고, 또 구체적으로 논증이 되지 않았다는 아쉬움이 있다. 이는 뒤에서 다시 보도록 하겠다. 그리고 경주에서도 유적지도, 유적안내도 등에서 東泉이 전혀 소개가 안 되고 있으며 답사자도 없는 것으로 알고 있다. 더 나아가서 고문헌에서도 현재까지는 東泉에 대한 기록을 찾아보지 못하였지만 앞으로 더 연구하면 찾을 수 있다고 본다. 그런데 조선초의 김시습(金時習 1435~93)이 『유금오록(遊金鰲錄)』(1465~71)에서 「東川寺 看四季花」라는 시를 실었기[3] 때문에 東泉寺는 15세기에도 존속하고 있었다는 것

---

1) 일연, 『3국유사』「신라시조 박혁거세왕」(1281~3년경).
2) 최진원(1982), "삼국유사소재 서라벌설화의 현지조사보고서," 『대동문화연구』, 제15집, 성균관대학교 대동문화연구원, p.208, p.210, p.217, p.219.
   최진원(1990), "한국신화설화고석(3)-혁거세신화-," 『대동문화연구』, 제25집, 성균관대학교 대동문화연구원, pp.54~6.
3) 김시습(1465~71), 『매월당시집』, 『유금오록』「동천사 간사계화」(제26수).

을 알 수 있다. 그렇지만 이 시에서도 東泉은 나오지 않는다. 물론 동천사의 샘인 동천은 이때에도 있었을 것이다. 그러므로 東泉은 동천사지에서 동천마을 주민의 구전으로 2천여년을 넘게 이어져 내려온 것이다. 실제 마을 주민에게는 너무 잘 알려진 유적이며 매우 가까이 있는 유적이고, 학계에 보고도 되었으나, 현재 알려지지 않고 묻혀져 있는 유적인 것이다.

논자는 東泉寺址의 東泉을 탐방하고 東泉寺址의 이곳이 박혁거세거서간이 탄강한 후 목욕을 한 東泉임을 보다 구체적으로 논증하고자 한다. 그리고 동시에 논자는 東泉 발견의 의의를 살펴보고 문화마케팅전략을 수립하고자 한다.

그러므로 이 연구의 목적은 박혁거세거서간(재위 −57~4)이 탄강한 후 목욕을 한 유적인 東泉을 발견하여 논증하고, 발견의 의의를 강조하며, 문화마케팅전략을 수립하고자 하는 것이다.

이 연구의 의의는 실로 2천여년 넘게 이어져온 박혁거세거서간의 탄강유적인 東泉의 발견을 논증함으로써 신라건국사의 주요한 현장을 찾아낸 데에 있다. 이는 실로 신라사의 실증연구에 더 큰 지평을 열게 될 것이다.

Ⅱ. 朴赫居世居西干의 탄강과 東泉에서의 목욕

이알평공을 비롯한 6명의 6부촌장과 자제는 -69년 3월 1일에 알천안 상(閼川岸上)에서 신라건국회의를 개최하고 덕이 있는 사람을 찾아 군주로 추대하고 국가를 건국하고 수도를 건설하고자 하였다(欲覓有德人, 爲之君主, 立邦設都乎.). 이에 높은 곳으로 올라가 남쪽을 바라보니(於 是乘高南望), 양산 아래 나정 옆에서 한 자주색 알(一紫卵) 또는 푸른색 큰 알(靑大卵)에서 어린 남자아이(童男)가 나왔는데 東泉(東泉寺는 사뇌 야 북쪽에 있음.)에서 목욕을 시키니, 몸에서는 광채가 나고 새와 동물 이 춤을 추며 따르고, 천지가 진동하고, 일월이 청명하여 이로 인해 이 름을 혁거세왕으로 하였다(浴於東泉[東泉寺在詞腦野北.], 身生光彩, 鳥 獸率舞, 天地振動, 日月淸明, 因名赫居世王.).[4] 이처럼 東泉은 박혁거세 거서간이 탄강한 나정과 함께 주요한 탄강유적인 것이다.

그런데 박혁거세거서간이 양산 나정에서 탄강하였는데 나정에서 목욕 을 시키지 않고 굳이 남천과 북천을 건너는 수고를 하면서까지 북동쪽 끝으로 이동하여 현재의 금학산 아래 東泉에 모시고 와서 목욕을 시켰 다는 것은 東泉이 당시 신라천신교의 세례(baptism)의식을 거행하는 聖所였고 東泉이 聖泉으로서 聖水였다는 것을 알게 해 준다. 이는 신라 천신교의 유아세례에 해당하는 의식이었을 것으로 본다. 물론 아이가 태어나면 첫목욕을 시키는 것이지만 굳이 성수를 찾아 東泉으로 왔다는 것은 신라천신교의 세례의식으로 볼 수 있는 것이다.

---

4) 일연, 『3국유사』「신라시조 박혁거세왕」(1281~3년경).

이는 알영황후의 사례도 마찬가지다. 알영황후는 사도부 알영정(아리 영정)에서 탄강하였는데 역시 남천을 지나 월성북천(月城北川)으로 모시고 와서 목욕을 시키니 닭부리 같은 입술의 부리가 떨어져서 그 천의 이름을 발천이라고 하였던 것이다(將浴於月城北川, 其觜撥落, 因名其川 曰撥川.).[5] 이처럼 물의 정화의례를 통해서 聖人으로 거듭난다는 것을 알 수 있다.

신라는 남아는 동천에서 여아는 발천에서 세례의식을 가졌다는 것을 알 수 있다. 그런데 동천과 발천은 모두 이알평공의 급도부의 관내이므로 이 두 곳이 원래 성수이기도 하나 당시 6부의 수석촌장이었던 이알평공의 권력이 강력하게 작용하여 이 두 곳에서 두 성인(2聖兒)의 세례의식을 거행하였을 것으로 본다.

그러나 『3국사기』는 조금 다르게 기록되어 있는데 돌산 고허촌(사도부) 최소벌도리공이 양산 나정에서 탄강한 박혁거세거서간을 모셔서 양육하였다고 기록하고 있다.[6] 이는 사도부 알영정에서 탄강한 알영황후와 함께 사도부 최소벌도리공의 권력도 강력하였음을 알 수 있다.

그런데 이 날이 음력 3월 1일인데 이는 길일로서 양력으로는 4월 봄이고 국인이 알천 제방 위에 모였다고 하므로 이 역시 알천에서 신라천신교의 새봄맞이 물의 정화의례를 하였을 것이다.

그런데 당시 국인이 알천 제방 위에서 신라건국회의를 개최하였는데 이곳이 신라화백의 발상지라고 볼 수 있다. 그리고 알천안상에서 건국

---

5) 같은책.
6) 김부식 등, 『3국사기』「신라본기」〈시조혁거세거서간〉(1145).

회의를 하고 위로 높은 곳으로 올라갔다고 하므로 올라가서 남쪽을 바라본 곳은 알천 제방이 아니고 <u>그 북쪽의 더 높은 산</u>이라는 것을 알 수 있는데 이는 현재의 표암(경상북도 기념물 제54호)이다. 표암은 박바위로서 현재 표암봉 중간의 바위로 보는데 그런데 표암봉 위에 둥근 바위가 산재해 있어 이 역시 박바위일 것이다.

〈사진 1〉 표암봉정상의 표주박형의 박바위와 광림대, 경주이씨시조
　　　　　발상지비

그리고 표암봉에 올라가서 남쪽을 바라보았는데(南望), 이때 남쪽은 양산이 있고 또 그 맞은 편에는 망산(望山)이 있는데 논자는 이 망산(望山)이 〈남쪽을 바라보았는데(南望),〉라는 고사에서 유래한 산이름일 수도 있다고 보는데 물론 기존의 다른 전설도 있다.

〈사진 2〉 표암봉의 신라좌명공신급량부대인이공휘알평유허비(1806):
비각 뒤에서 바라본 양산과 망산, 이 사이에 나정과 알영정이 있다.

Ⅲ. 東泉의 발견

1. 박혁거세거서간의 東泉

그런데 『3국유사』에서는 東泉이 東泉寺에 있다고 하였고 동천사는 사뇌야 북쪽에 있다고 하였다. 현재 동천사는 〈사진 3〉처럼 『경주유적지도』에서 경주 東川洞 琴鶴山 밑으로 비정하고 있다.

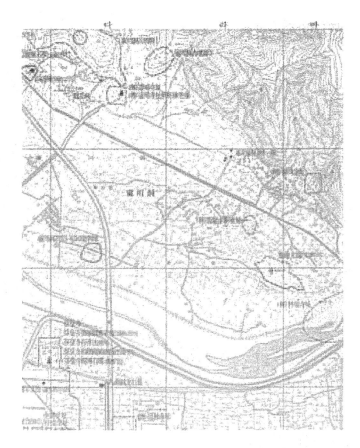

〈사진 3〉 東川洞 琴鶴山 밑의 東泉寺址

출처 : 국립경주박물관 · 경주시(1998), 『경주유적지도』(1:10,000), 재판.

그리고 그 남쪽에 넓은 東川들이 있어 이곳이 사뇌야가 되므로 전체적으로 타당하다고 본다. 그리고 이곳은 동천동에서도 〈윗동천, 웃마을, 上里〉로 불리는 곳이다. 그리고 표암재, 석탈해왕릉이 있는 동천동 中里를 〈샛말〉로 부르는데 이는 東村, 東里라는 뜻으로 보여서 신라의 東村의 이름을 간직하고 있고 현재 東川洞으로 계승된 것으로 본다. 그래서 사뇌야를 〈새내들〉로 보면 〈東川들〉에 그대로 대입이 되어 해석이 되지만 그러나 사뇌야는 그보다는 향가인 사뇌가와 관련이 있는 것으로 보는 것이 타당할 것이다. 즉 〈향가의 들〉로 보는 것이 타당하다고 본다.

그런데 〈사진 3〉의 『경주유적지도』에서도 東泉은 전혀 표시되어 있지 않다.

논자는 2008년 11월 22일에 동천동 마을 주민에게 탐문하여 東泉을 찾아 참배를 하였다. 東泉(동천동 105번지)은 〈사진 3〉에서 표시된 동천사지 보다 약간 서남쪽의 마을에 위치하고 있으며 현재 경주변전소의 북동쪽 모서리 담에 가까이 있고 지금은 이곳에 2005년에 천금사(天金寺, 동천동 105번지)가 창사되어 천금사에서 관리하고 있는데 용왕당으로 조성하고 있다.

〈사진 4〉 금학산 전경과 동천(중앙, 천금사), 동천사지(우측), 변전소(좌측)

-73-

〈사진 5〉 동천(중앙)과 천금사(좌측, 2005년 창사)

〈사진 6〉 동천 외관과 입구 - 천금사에서 보호막을 씌웠다.

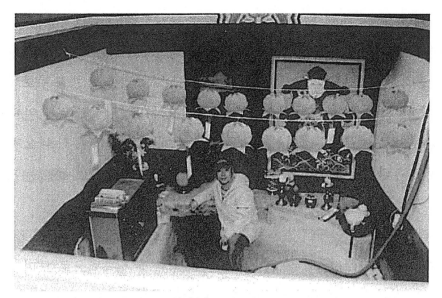

〈사진 7〉 東泉을 참배하는 논자(2008년 11월 22일)

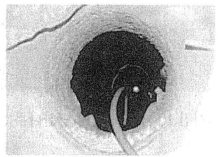

〈사진 8, 9〉 東泉

－75－

東泉은 원래 〈사진 8〉에서 보는 것처럼 고무호스가 걸쳐있는 곳이 지면이었는데 지금은 천금사를 신축하면서 지대를 높였다. 그리고 원래 부분은 시멘트로 만든 관 모양의 부분이 있고 그 밑에는 큰 나무로 받쳐 두었는데 깊이는 원래 지면에서 얼마되지 않는다. 옛날에는 샘이 상당히 넘쳤는데 보문호댐을 만들고 도로를 낸 뒤로는 물이 흘러 나오지 않는다고 한다. 과거에는 창호지공장인 지통공장이 있었고 나중에는 풀공장이 있었다고 한다.

그리고 東泉의 연접한 북편에는 당산나무가 있고 지금도 정월 6일에는 동제를 지내고 있다. 이 당산나무의 수령은 약 6백년으로 보며 보호수로 지정하고 보존책이 시급하다. 그리고 당산나무의 제단에는 신라 석재가 있는데 東泉寺의 석재로 본다.

〈사진 10, 11〉 東泉의 당산나무:보호수로 지정하고 보존책이 시급하다.

〈사진 12〉東泉 당산나무의 제단 : 제단의 석재는 東泉寺의 것일 가능성이 높다.

따라서 경주 東川洞 주민이 모두 이곳을 東泉으로 증언을 하고 또 이 장소가 신라 東泉寺 경내로 볼 수 있으므로 논자는 이곳이 東泉이라고 논증을 하는 것이다. 그런데 다만 현재 東泉寺址로 비정된 곳이, 가능성은 매우 적지만, 동천사가 아니라고 한다면 그러나 이 인근에 절터가 많으므로 새로이 동천사지를 찾을 수 있다고 본다. 그리고 이곳을 동천사의 東泉으로 보는 것은 원성왕(785~98)대의 3룡변어의 고사(795)에서도 찾아 볼 수 있다.

2. 원성왕대 東泉寺의 靑池가 東泉

『3국유사』「원성대왕」에는 東池와 靑池의 호국룡고사가 나온다. 원성왕(재위 785~98) 시대인 795년에 당사와 하서국 2인이 東池와 靑池, 그리고 분황사 井의 3룡을 작은 고기로 만들어서 통에 넣어가지고 돌아가고자 하였는데 이때 東池와 靑池의 호국룡의 두 부인이 진언을 하여 원성대왕이 하양관까지 쫓아가서 3룡을 구출하여 3곳에 놓아주니 각기 물이 한길이나 용솟음치고 3룡은 기뻐하며 뛰놀며 돌아갔다는 기록이 있다.[7] 이때 당은 덕종(재위 779~805)이 재위하고 있었다.

그런데 여기서 일연은 각주로 주요한 기록을 남겼는데 즉 〈청지는 곧 동천사의 샘이다. 『사기』에 샘은 동해용이 왕래하면서 설법을 듣는 땅이며, 동천사는 진평왕이 창건하였고 5백성중과 5층탑과 전민을 아울러 헌납하였다(靑池卽東泉寺之泉也, 『寺記』云, 泉乃東海龍往來聽法之地, 寺乃眞平王所造, 五百聖衆, 五層塔, 幷納田民焉.).〉[8] 라고 기록하였다. 즉 靑池를 東泉寺의 泉(샘)이라고 하였으므로 이는 靑池가 곧 東泉이라는 뜻이다. 東泉寺에 東泉이외의 샘이 있을 수 있고 또 그것이 東泉과는 다른 靑池일 수도 있지만 東泉寺의 샘하면 東泉인 것이니 이는 東泉의 다른 이름이 원성왕 대에 와서 靑池로도 불렸다는 것을 의미하는 것으로 본다. 5제사상으로 보면 靑이 곧 東이라는 뜻이므로 후대에 와서 東泉이 靑池로 불리울 수도 있는 것이다.

---

7) 일연, 『3국유사』「원성대왕」(1281~3년경).
8) 같은책.

그런데 논자는 주민에게 탐문을 한 결과 東泉 약간 서편에 원래 〈덤방(덩방)〉이라는 직경 10M 정도의 못이 있었다는 것을 알게 되었다. 덤방은 〈사진 13〉의 중앙의 검은 전봇대가 있는 곳에 있었는데 현재 경주변전소의 북동쪽 모서리 담에 편입이 되어 사라지고 없다. 東泉에서 샘솟은 물이 이곳 덤방에 흘러 들었다가 다시 동천동 중리 쪽으로 흘러갔다고 한다. 그리고 현재도 천금사와 경주변전소 사이에는 봇도랑이 있고 동천동 중리 쪽으로 계속 이어져 있다.

〈사진 13〉 東泉 서편의 덤방 터 : 중앙의 검은 전봇대가 있는 곳에서
직경 10M 정도의 못이 있었고 지금은 봇도랑이 되어 있다.

따라서 논자는 東泉에서 샘솟은 물이 서편으로 조금 흘러가 靑池를 형성하고 있는데 이 둘을 東泉이나 靑池로 불렀을 가능성도 있다고 본다. 즉 샘을 강조하면 東泉이라고 하고 못을 강조하면 靑池라고 하였을 가능성이다. 그런데 시기적으로 후대에서 다른 이름으로 東泉보다 靑池가 강조되어 불렸을 가능성이 있는 것이다. 그렇게 보면 東泉을 靑池로 부른 이유를 알 수 있을 것이다. 논자는 〈사진 13〉의 덤방 터가 東泉寺의 靑池일 가능성이 있으므로 앞으로 발굴하여 연구할 필요가 있고 또 복원하는 것이 좋다고 본다.

그런데 다르게 보면 이 東池와 靑池의 호국룡고사에서 東池와 靑池가 모두 東泉寺에 있지만 東池는 東泉이고 靑池는 샘으로서 된 靑池로서 동천사에 서로 떨어진 곳에서 전혀 별개로 있었을 가능성도 있다. 그렇다면 이 청지가 동천과 관계없이 있었을 가능성도 있다. 이는 일연이 東池는 東泉으로서 잘 알기 때문에 설명을 생략하고 靑池만 동천사의 샘이라는 것을 강조하여 설명하였을 가능성인 것이다.

그러나 東池가 동천사에 있지 않고 다른 절에 따로 있다면 그것은 林泉寺에 있었을 가능성도 있다. 동천사와 임천사는 알천 북쪽에 가까이 있고 그 이름에서 보면 주요한 성수인 샘이나 못이 당연히 있었고 또 분황사는 알천 남쪽에 있어 이 세 절이 매우 가까이 있기 때문이다. 그렇게 보면 이 세 절이 알천의 동쪽에서 신라 경주의 동쪽을 지키는 호국사찰이었을 것으로 본다. 그러면 더 나아가서 3호국룡은 신라의 용화화랑을 상징하는 것으로도 볼 수 있다. 즉 원성왕이 당사와 하서국 3인이 납치해 가는 3화랑을 친히 구출한 고사를 상징하는 것으로 볼 수 있는 것이다. 이는 앞으로 더 연구 해 보아야할 것이다.

그런데 원성왕 자신이 북천(알천)과 밀접한 관계가 있다. 즉 원성왕은 즉위하기 전에 북천신에게 빌어서 김주원을 제치고 등극하였다. 그러면 북천신(알천신)의 북천신사(알천신사)가 이곳에 있을 것인데 그곳이 동천사나 임천사였을 가능성도 있다. 즉 알천신사가 후대에 동천사 또는 임천사로 변화하였을 가능성이 있는 것이다. 그렇게 보면 원성왕이 북천신(알천신)에게 빌고 등극하였다는 것은 알천(북천)주변의 세 호국사찰의 화랑의 지지로 등극하였다고 추론할 수 있고 따라서 후일에 원성왕에게 동지, 청지의 2호국릉의 부인이 직소를 하고 이에 원성왕이 친히 하양관까지 가서 3호국릉을 구출한 것을 이해하게 해준다. 즉 원성왕과 북천 주위의 3호국릉 또는 용화화랑은 매우 깊은 동지적 관계에 있는 것이다. 더욱이 분황사 남에는 용궁과 황룡사가 있었다.

그리고 그러면 동지, 청지의 2호국릉은 부인이 있고 분황사 井의 호국릉의 부인은 나오지 않는데 이는 2호국릉은 화랑으로서 혼인을 하였고, 분황사 井의 호국릉은 화랑이지만 아직 어려서 혼인을 하지 않았을 가능성도 있다. 그리고 이 3호국릉을 물론 화랑으로 보지만 그러나 이 북천변 주위의 세 절에는 스님도 있었을 것이기 때문에 원성왕의 등극에는 신라천신교와 불교의 연합된 힘이 작용하였을 가능성도 있다. 그렇게 보면 이 세 절이 신라천신교와 불교가 합일된 절이었을 가능성이 있다.

그런데 논자는 동천사는 박혁거세거서간의 탄강유적이므로 동천사는 박혁거세거서간의 신사였을 가능성이 더 크다고 본다. 즉 동해용(왕)은 박혁거세거서간을 상징하는 것으로 볼 수 있는 것이다. 다만 후대에 가서 용과 함께 동천신사가 불교화되었다는 것을 의미한다. 지금 東泉이 천금사의 용왕당으로 불교식으로 다시금 해석되는 것과 같은 종교사적 맥락이다.

- 81 -

그리고 東泉寺는 진평왕(재위 579~632)이 창건을 하였고 5백명의 성중이 있었으니 스님 5백명이 상주하는 대단히 큰 절이라고 할 수 있다. 그리고 5층탑을 건립하였는데 이는 앞으로 발굴을 해보면 유물이 나올 것으로 본다. 또 전민을 배치하였다고 했는데 이는 동천들에서 경작을 한 농민일 것으로 본다.

지금까지 논자는 원성왕대 東泉寺의 靑池가 東泉이라는 것을 살펴보면서 실제 유적에서 東泉 서편의 덤방 터를 찾아 이곳이 靑池였을 가능성을 살펴봄으로써 현재의 東泉이 신라 때의 박혁거세거서간의 탄강유적인 東泉이라는 것을 논증하였다. 기록과 실제 유적이 많이 일치하기 때문에 그렇다는 것이다.

3. 고려와 조선의 東泉廟와 東泉

그리고 또 한가지 논자가 이곳을 신라의 東泉이라고 논증하는 더 큰 증거는 〈사진 3〉에서 보는 경순왕영당지이다. 신라의 끝왕인 경순왕(재위 927~35)의 영당을 다르게는 〈東泉廟〉라고 하는데 이 이름을 〈東泉廟〉라고 한 것은 신라의 첫 임금인 박혁거세거서간의 탄강유적인 東泉을 기념하기 위한 것으로 볼 수 있다. 그러면 이 가까이에 東泉이 있는 것이며 〈사진 3〉에서 보면 경순왕영당지의 조금 북편에 현재의 東泉이 있어서 이곳이 박혁거세거서간의 탄강유적인 東泉이 분명하다는 것을 알 수 있다. 그런데 〈사진 3〉에서 보는 동천동석재일괄의 근처에 東泉廟가 있었다는 견해도 있는데 그래도 역시 이 동편의 현재의 東泉의 바로 근처이므로 현재의 東泉이 박혁거세거서간의 탄강유적인 東泉이 분명하다는 것이다. 논자는 東泉廟인 경순왕영당지가 東泉의 논증에 주요한 증거가 된다고 본다. 그러면 자연히 이 북편에 있는 동천사지의 위치도 확실하게 인정을 받을 수 있다고 본다.

논자는 東泉廟 자체는 고려 때부터 있었다고 보는데, 조선의 東泉廟에 대해서는 논자가 주요한 기록을 더 찾아본 바로는『승정원일기』에서는 영조 22년(1746) 10월 14일(병자)에 〈東泉廟〉로 2번 나오며,[9]『정조실록』에서는 正祖 4年(1780) 2月 4日(癸丑)에 副司直 金孝大가 경순왕의 동천묘에 비를 세우자는 상소를 올렸는데 여기서는 2번이나 〈東川廟〉라고 하였다.[10] 그런데 같은 이 내용을 더 자세히 기록하고 있는『승정원일기』의 正祖 4年(1780) 2月 4日(癸丑)에는 〈東泉廟〉로 2번 나온다.[11] 그러므로 東泉과 東川은 이미 조선에서 혼용이 되었는 것으로 보인다. 그리고 더 살펴보면 또『승정원일기』에는 정조 4년(1780) 12월 25일에는 〈東泉廟〉로 1번 나온다.[12] 그러므로 경순왕의 금학산의 〈東泉廟〉로 볼때 조선에서도 현재의 東泉이 조선지식인에게 여전히 잘 알려져 있었다는 것을 알 수 있다. 그러므로 시나 고문헌에서 직접적인 기록은 있을 가능성은 매우 높으나 현재 찾아보기 어려운데 앞으로 더 연구해보아야 할 것으로 본다. 이처럼 경순왕의 東泉廟는 박혁거세거서간의 東泉 가까이 있어야하므로 현재의 東泉이 신라의 東泉이 맞다고 보는 것이다. 물론 앞으로 東泉의 논증에는 사계에서 더 많은 검증이 있어야 한다고 본다.

---

9)『승정원일기』, 영조 22년(1746) 10월 14일(병자).
10)『정조실록』, 正祖 4年(1780) 2月 4日(癸丑).
11)『승정원일기』, 正祖 4年(1780) 2月 4日(癸丑).
12) 정조 4년(1780) 12월 25일.

4. 東泉 발견의 의의

東泉 발견의 의의는 매우 주요한데 실로 2천년전 신라건국사의 실증 유적을 또 하나 찾았다는 것이다. 앞으로 이러한 실증 유적이 신라사를 연구하는 데에 확실한 증거가 될 것이다. 뿐만 아니라 6부조직사를 연구하는 데에도 많은 실증 근거를 제시해 줄 것으로 본다.

그리고 논자가 東泉을 탐방한 후, 문헌조사로써 이미 햇수로 28년 전에 東泉을 답사하고 현지답사보고서를 발표한 연구가 있었다는 것을 알수 있었다.[13] 그 보고서에서 답사하여 묘사한 東泉이 논자가 탐방한 東泉과 사실상 같은 장소라는 것을 알 수 있었고, 그후 비록 그 보고가 사계에 잘 알려지지 않아서 후속 연구가 없었는 것으로 보여서 아쉽지만, 논자는 그 보고가 매우 주요하다고 보며 논자의 이 연구에서는 〈東泉을 새로이 발견한〉 의의와 가치를 확실히 하였고 또 실제 東泉 유적에 대한 논증을 하였다. 그리고 여기서 〈東泉의 발견〉이라고 하는 것은 〈학문적인 새 발견〉이라는 뜻이라는 것을 이해할 것으로 본다.

그리고 東泉과 東川에 대해서도 더 살펴볼 과제가 있다. 東泉은 박혁거세거서간이 탄강한 후 목욕을 한 샘이고 東川은 알천, 북천과 같은 내를 의미하는 것이다. 지금은 東川洞이 되어서 東川을 계승하고 있다. 그러나 이를 혼용하는 사례도 있는데 이는 앞에서 본 것처럼 이미 조선초에서부터 혼용을 하여 왔는 것이다.

---

13) 최진원(1982), "삼국유사소재 서라벌설화의 현지조사보고서," 『대동문화연구』, 제15집, 성균관대학교 대동문화연구원, p.208, p.210, p.217, p.219.
　　최진원(1990), "한국신화설화고석(3)-혁거세신화-," 『대동문화연구』, 제25집, 성균관대학교 대동문화연구원, pp.54~6.

즉 이미 김시습(金時習 1435~93)의 『유금오록(遊金鰲錄)』「東川寺 看四季花」(1465~71) 시에서도 〈東川寺〉라고 하였던 것이니 조선초에서부터 혼용이 되었다는 것을 알 수 있다. 그리고 東泉寺는 이처럼 조선초인 15세기까지 존속하고 있었고 동천도 마찬가지라는 것을 알 수 있다.

그런데 김시습과 같은 시기의 『동국여지승람』(1481)에서는 東川은 北川, 闕川으로 기록하면서도[14] 당시 존속하고 있던 東泉과 東泉寺는 나오지 않고 있다. 이 이유가 이후 東泉과 東泉寺가 자연히 기록에서 멀어져 간 것과 관련이 있을 수도 있다고 본다. 그러나 주민은 구전으로 2천년 동안 전승하여 왔던 것이다.

그리고 직접적으로 혼용이 된 기록은 앞에서 본 『정조실록』과 『승정원일기』인데 여기서는 같은 기록이면서도 〈東川廟〉와 〈東泉廟〉로 잠시 혼용을 하였지만 〈東泉廟〉가 맞다는 것을 알 수 있다. 지금은 왜정시대를 거쳐 동명은 東川洞이 되었다. 앞으로 신라건국사에서 동천과 동천사의 주요한 의미를 더 연구해야할 것이다.

---

14) 『동국여지승람』「경주부」〈산천〉(1481).

Ⅳ. 東泉과 東泉寺址의 문화마케팅전략구축

1. 東泉의 문화마케팅전략구축

박혁거세거서간의 탄강유적인 나정과 알영황후의 탄강유적인 알영정, 발천에 대해서는 이미 전략을 수립한 바가 있는데, 이제 東泉은 기본적으로 이러한 세 유적과 연계하여 전략을 수립하는 것이 좋을 것으로 본다.

〈사진 14〉 알영황후가 목욕을 한 월성북천인 발천(계림앞)

여기서 東泉의 문화마케팅전략을 살펴보면 다음과 같다.

첫째, 東泉을 문화유적지도와 안내서에 게재를 하고 안내판을 세우는 것이 기본적인 과제이다.

둘째, 東泉에서 박혁거세거서간을 6부촌장과 국인이 목욕시키는 장면을 그림이나 작은 동상으로 만들어서 기념을 한다.

셋째, 東泉에 박혁거세거서간의 신사를 세워서 현창한다.

넷째, 東泉은 현재 원형을 다소 잃었기 때문에 가능하면 원형을 복원한다.

다섯째, 東泉과 함께 있었는 것으로 보이는 靑池의 터는 현재 경주변전소에 편입되어 원형을 잃고 있는데 향후 복원하고 원성왕대의 3호국릉을 기념하는 안내판을 설치한다.

여섯째, 東泉 주위에 있는 백률사, 굴불사, 표암재, 석탈해왕릉, 도량사지 마애불, 양무사, 동천사지, 알동재 터, 헌덕왕릉, 임천사지, 알천수개기 등 다른 유적과 연계하는 문화매력물을 개발한다.

일곱째, 박혁거세거서간 탄강축제를 향후 개발하여 표암봉, 나정, 동천, 창림사를 연계하는 탐방로의 동선을 개발하여 문화매력물로 발전시킨다.

여덟째, 우선적으로 東泉의 매년 정월 6일 당산나무에서 열리는 동제를 적극 홍보한다.

아홉째, 그리고 東泉과 東泉寺址를 한시바삐 유적지로 등록을 하는 것이 필요하다.

물론 이외에도 더 많은 문화마케팅전략이 필요하지만 향후 기회가 있으면 더 수립하도록 한다.

2. 東泉寺址의 문화마케팅전략구축

東泉寺는 처음에 이알평공 시기에 이미 신사로 있었을 가능성이 있고, 박혁거세거서간이 탄강한 후 목욕한 것을 기념하는 동천신사로 다시 건립되었을 가능성이 있으며 불교도입후 진평왕이 불교를 포용하여 불교식으로 현창을 하고 그 후 어느 시기에 절로 개편이 되었다고 본다. 특히 동천사지에서는 튼실한 붉은 기와가 지표상에서 많이 보이는데 이는 동천사가 단순히 절이라기 보다도 왕궁에 비견되는 신사였을 가능성이 있다고 보아지는 것이다. 따라서 동천사의 전신을 우선 논자는 동천신사로 부르고자 하는 것이다. 東泉寺는 고려 때까지 일연(1208~89)이 『3국유사』에 자세히 기록할 정도로 활발한 寺力을 가진 것으로 본다.[15] 그리고 김시습의 시에서도 나타나나 그러나 금학산의 지세로 인해 산사태 등으로 매몰되어 갔을 것으로 보이는데 대체로 조선중기 정도에 매몰되었을 가능성이 있어서 조선후기에서 東泉과 함께 기록에서 별로 나타나지 않는 것으로도 볼 수 있다.

東泉寺址에서 현재 유적이 도처에 많이 반출이 되어 갔으므로 우선 이를 조사연구하고 회수하는 것이 필요하다. 현재 표암재(1925년 건립)에는 東泉寺址에서 반출되어 갔는 것으로 보이는 석재가 다수 있는데 특히 東泉寺의 당간지주가 있으며 이는 〈사진 15〉와 같다. 또 〈사진 15〉의 하단에는 탑 기단석재가 보이는데 이 역시 동천사지에서 반출되었다면 진평왕의 5층탑의 석재일 가능성에 대해서도 연구할 필요가 있다.

---

15) 崔永好(2006), "13세기 중엽 경주지역 分司東京大藏都監의 설치와 운영형태,"『新羅文化』, 제27집, 동국대 신라문화연구소.
崔永好(2006), "13세기 중엽 江華京板『高麗大藏經』의 조성공간과 경주 東泉社,"『한국중세사연구』, 제20호, 한국중세사학회.

〈사진 15〉 표암재에 있는 東泉寺의 당간지주 : 상단에 2조각난 당간 지주 1기가 있고 하단에 탑재가 있다.

〈사진 16〉 표암재 뒤편의 주춧돌로 쓰이는 탑재

이외에도 〈사진 17~21〉에서 보는 것처럼 동천사지 인근에서 절 석재
가 많이 보이는데 대체로 동천사지에서 반출한 것으로 보인다.

〈사진 17〉 천금사 경내 석재

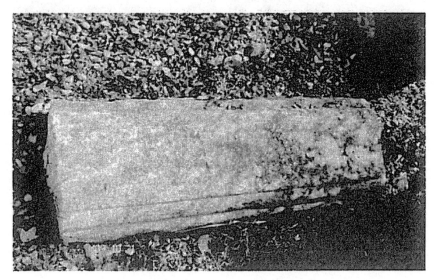

〈사진 18〉 동천동 73-8번지(옛정한식당) 석재

〈사진 19~20〉 동천동 54-2번지 석재

〈사진 21~22〉 동천동 27번지(알동재 터) 석재 : 이곳 역시 동천사지로
보인다.

그러면 東泉寺址의 문화마케팅전략을 다음과 같이 수립한다.

첫째, 우선 반출된 문화재를 조사연구하여 회수할 수 있는 것은 동천
사지로 회수하여 원형을 복원하고, 절터는 발굴을 통해 규모를 확인하
고 정비하여 문화재를 현장에서 전시할 수 있게 한다.

둘째, 동천사지와 임천사지, 분황사의 3호국룡의 고사를 알리는 안내

판 또는 전시물, 동상을 세우고 세 절을 연계하는 탐방로를 정비한다.

셋째, 김시습의 「동천사 간사계화」 시비를 건립한다.

동천사지는 향후 더 자세한 전략이 수립될 수 있을 것이다.

Ⅴ. 소금강산과 금학산유적지구 설정의 필요성

이처럼 경주 동북쪽의 소금강산과 금학산은 신라의 기원을 이루는 주요한 유적이 있는 지역이며 일일이 거론하지 않더라도 〈사진 3〉에서 보는 것처럼 신라, 고려, 조선의 많은 유적이 산재하고 있다. 물론 석기, 청동기 유적도 앞으로 더 조사연구될 수 있다. 그러나 이곳이 유적은 주요하지만 체계적으로 관리가 안 되고 있는 실정이며 많은 문화재들이 유출, 반출되고 유적지가 아무 의미없이 원형을 잃어가고 있다. 따라서 이 지역을 한시바삐 유적지구로 지정하는 새 방안을 마련하여 더 많은 조사연구를 하고 보존할 유적을 충분히 보호하는 것이 필요하다. 현재는 표암재 방면이 국립공원 소금강지구로 지정되어 있으나, 세계문화유산지구 등록과 같은 유적지구 설정방안이 시급한 실정이다.

더욱이 1982년의 현지조사보고서에는 알천봉의 알바위의 신라마애불이 보고되어 있는데도[16] 이를 전혀 모르고 있다가 다시 최근에 발견된 것으로 알려진 바가 있다.

---

16) 최진원(1982), "삼국유사소재 서라벌설화의 현지조사보고서," 『대동문화연구』, 제15집, 성균관대학교 대동문화연구원, pp.207~8, p.216.

〈사진 23~24〉 알천봉의 알바위의 마애불

  뿐만 아니라 1982년의 현지조사보고서에는 〈사진 25〉처럼 東泉이 알천의 발원지이며 북천과는 다르다는 보고가 있었는데도 역시 학계와 경주의 문화계에서 후속연구가 없는 실정이다. 이는 현재 임천사지가 수몰되어있고 東泉 주위에 여러 수로가 있고 특히 표암재 앞을 흐르는 수로는 지금도 남아 있어 타당성이 있는 것으로 보이는데 앞으로 충분히 더 연구할 바라고 본다. 또 이렇게 보면 알천 안상과 표암봉이 더 가까이 있어 신라건국회의가 표암봉 아래의 알천 안상에서 이루어졌다는 것을 더 잘 이해할 수 있다고 본다.

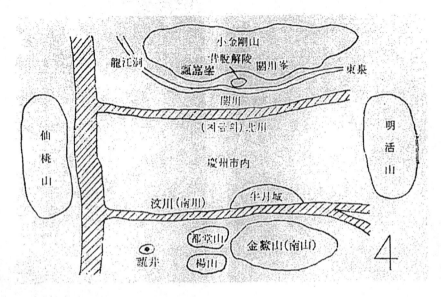

〈사진 25〉 알천과 북천

출처 : 최진원(1982), "삼국유사소재 서라벌설화의 현지조사보고서,"
　　　 p.219.

Ⅵ. 맺는말

광명이세의 신라건국정신은 영원하다. 그것은 東泉의 실증 유적이 증거하고 있다. 東泉은 동쪽의 샘으로서 해의 정기를 담은 샘이며 2천년을 흘러 신라의 원동력이 된 샘이다. 이제 이 東泉을 발견함으로써 새 2천년의 신라의 원동력이 되기를 바라는 것이다. 이 연구에서 엄정한 문헌연구와 현장답사로써 내린 결론을 요약하면 다음과 같다.

첫째, 東泉은 박혁거세거서간이 탄강 후 목욕을 한 유적인데 현재 경주시 동천동 105번지 천금사 동편에 현존하고 있다.

둘째, 東泉은 동천사지와 원성왕대의 청지, 동천묘로 보아서 그 위치가 타당하다고 논증하였다.

셋째, 東泉은 신라건국사의 실제유적으로서 그 의의와 가치가 높다.

그리고 東泉과 동천사지를 현창하는 문화마케팅전략을 수립하였고 소금강산과 금학산유적의 유적지구 설정을 제안하였다.

앞으로 더 많은 연구로써 東泉이 신라사에 가지는 의의와 가치를 더 밝혀야할 것이다.

〈참고 문헌〉

국립경주박물관·경주시(1998), 『경주유적지도』(1:10,000), 재판.

김부식 등(1145), 『3국사기』.

김시습(1465~71), 『유금오록(遊金鰲錄)』「東川寺 看四季花」(제26수).

『승정원일기』.

이강식(1998a), "花郎徒組織의 理論과 實踐," 『經營學研究』, 제27권 제
　　　1호, 한국경영학회.

이강식(1998b), "古朝鮮 3韓組織의 3國으로의 繼承," 『國學研究』, 제4
　　　호, 서울:국학연구소.

이강식(2001a), "『화랑세기』를 중심으로 본 신라 천신교와 신선합일조
　　　직사상에서 형성한 화랑도조직의 창설과정," 『경주문화논총』,
　　　제4집, 경주문화원 향토문화연구소.

이강식(2001b), "박혁거세거서간의 神과 聖 : 신라조직사상의 원형,"
　　　『신라학연구』, 제5집, 위덕대학교 신라학연구소.

이강식(2002), "고조선의 국가정통성을 계승한 신라," 『신라학연구』,
　　　제6집, 경주:위덕대학교 신라학연구소.

이강식(2003a), "제8장 남천과 첨성대일원 역사문화관광마케팅," 『남천
　　　과 첨성대일원 자연생태환경 학습단지조성 기본계획』, 경주시.

이강식(2003b), "朴赫居世居西干 神宮과 五陵, 鬪英井의 문화마케팅전
　　　략구축," 『경주문화논총』, 제6집, 경주문화원 향토문화연구소.

이강식(2004), "眞興大王의 風月道 優先政策에 따른 皇龍寺 創建과 迦

葉佛 宴坐石의 새로운 理解,"『경주문화논총』, 제7집, 경주문화원 향토문화연구소.

이강식(2007), "교촌 최부자의 경영이념과 최부자 고택의 문화마케팅전략구축,"『경주문화논총』, 제10집, 경주문화원 향토문화연구소.

이강식(2008a), "숭혜전의 문화마케팅전략구축,"『경주숭혜전과 경순왕 어진』, 경주문화원 향토문화연구소 외.

이강식(2008b), "숭혜전과 경순왕 어진의 문화마케팅전략구축,"『경주문화논총』, 제11집, 경주문화원 향토문화연구소.

이강식(2009), "양무공 이언춘 장군의 최초 임란창의와 생가터, 양무사의 문화마케팅전략구축,"『경주문화논총』, 제12집, 경주문화원 향토문화연구소.

일연(1281~3년경), 『3국유사』.

『정조실록』.

崔永好(2006), "13세기 중엽 경주지역 分司東京大藏都監의 설치와 운영형태,"『新羅文化』, 제27집, 동국대 신라문화연구소.

崔永好(2006), "13세기 중엽 江華京板『高麗大藏經』의 조성공간과 경주 東泉社,"『한국중세사연구』, 제20호, 한국중세사학회.

최진원(1982), "삼국유사소재 서라벌설화의 현지조사보고서,"『대동문화연구』, 제15집, 성균관대학교 대동문화연구원.

최진원(1990), "한국신화설화고석(3)-혁거세신화-,"『대동문화연구』, 제25집, 성균관대학교 대동문화연구원.

아도화상의 엄장사와 김극기의 엄장루: 신라불교 첫 전래지의 연구

이 강 식 *

*경주대학교 경영학과 교수

I. 첫말

아도화상(245~285?)은 고구려스님으로서 19세인 신라 미추왕 2년 (263)에 신라에 불교를 첫 전래하였다. 이는 한내마 김용행의 『아도화상비』에 기록이 되어 있으며, 현재 각훈의 『해동고승전』「아도·흑호자·원표·현창」(1215)에 실려 있는 박인량(1047~96)의 『수이전』과 일연(1208~89)스님의 『3국유사』「아도기라」(1281~3년경)에 이 비의 내용이 전재되어있다. 그러나 김부식(1075~1151) 등의 『3국사기』 (1145)에서는 신라불교 초전에 대하여 김대문(704년전후)의 『계림잡전』을 채택하여 기술을 하고, 한내마 김용행의 『아도화상비』에 대해서는 언급만 하면서 그 내용은 전혀 전재하지 않았다.[1] 이는 근본적으로는 아도화상의 포교시기를 미추왕 2년(263)으로 인정하지 않고자 하는 의도에서 비롯된 것으로 보이는데 유교사관의 영향으로 보인다. 그러나 이러한 유교사관이 일연 등 후대의 연구자에게도 많은 영향을 미쳤고 왜정시대를 지나면서 지금까지도 이러한 영향을 벗어나지 못하고 있는 것 같아서 아쉬움을 금할 길이 없는 것이다. 이는 앞으로 더 연구할 부분이다.

그런데 한내마 김용행의 『아도화상비』에서는 19세의 아도화상이 263년에 신라에 와서 처음 불교를 포교한 전래지를 〈而 來寓 新羅 王闕 西里, 今 嚴莊寺 是也.〉[2] 그리고 〈道 稟敎 至 雞林, 寓止 王城 西里, 今 嚴莊寺.〉[3]라고 분명하게 기록을 하고 있다. 그러므로 엄장사는 신라불교

---

1) 이강식, 「원종흥법 염촉멸신과 알공의 이국의 대의: 신라정부조직의 조직적 의사결정과정」, 『경주문화논총』, 제2호, 경주문화원 향토문화연구소, 1999. 12, pp.17~108 참조.
2) 각훈, 『해동고승전』「아도·흑호자·원표·현창」(1215); 박인량(1047~96)의 『수이전』.

의 첫 전래지로서 매우 주요한 역사적 위치를 차지하고 있으나 그러나 현재 엄장사에 대한 연구가 전무하다. 이 역시 아도화상의 신라불교 초전에 대한 회의적인 분위기가 많이 작용을 하고 있어서 그런 현상이 나타나고 있는 것으로 볼 수 있다.

그러므로 엄장사에 대한 연구를 수행하여 그 위치를 탐색하는 것이 매우 주요하며 이를 실제적으로 그 위치를 실증한다면 오히려 아도화상의 불교 첫 전래를 더욱 인정할 수 있고, 또 역사에서 매우 소중한 263년의 신라불교 첫 전래지를 복원할 수 있는 토대가 마련되는 것이다.

그런데 엄장사에 대한 추가 기록은 현재 나타나지 않고 있는 듯 한데, 이는 앞으로 계속 연구할 과제이다. 그러나 고려의 대시인인 김극기(1150년경~1209)의 시 『불계』에서 엄장루에 대한 기록이 나오는 바,[4] 이 엄장루가 엄장사에 대한 또 다른 기록으로 보이는데 이를 연구하면 엄장사에 대한 위치를 근사치에 가깝게 추정할 수 있을 것으로 본다.

따라서 이 연구의 목적은 신라 아도화상의 엄장사와 고려 김극기의 엄장루의 위치를 탐색하여 신라 불교의 첫 전래지를 밝히고 이를 통해 아도화상이 신라에 불교를 263년에 첫 전래하였다는 논증을 더욱 강화하고자 하는 것이다.

다시 한번 강조하면 경주 계림에서의 아도화상의 신라불교 첫 전래의 유적을 실제적으로 연구하여 아도화상의 신라불교 첫 전래의 논증을 더욱 강화하고자 하는 것이다. 즉 유적과 역사적 사실(史實)을 상보적으로 연구하는 것이다. 지금까지는 엄장사가 논증되지 않아서 아도화상의 사

---

3) 일연, 『3국유사』「아도기라」(1281~3년경).
4) 이강식, 「월정교를 홍교로 기록한 김극기 시의 연구」, 『비화원』, 제9호, 안강문화연구회, 2009, pp.115~51.

실(史實)이 다소 인정되지 않았는 것처럼 보이기도 하는 것이다. 따라서 엄장사가 논증이 된다면 아도화상의 사실(史實)도 확연하게 인정이 될 것이며 이는 신라사와 불교사에서 매우 주요한 과제라고 본다.

Ⅱ. 신라 아도화상의 엄장사

1. 김부식 등의 『3국사기』「신라본기」의 『아도화상비』

먼저 한내마 김용행의 『아도화상비』에 대한 기록을 김부식(1075~1151) 등의 『3국사기』「신라본기」(1145)에서 보자.

(Ⅱ-1) 此據 金大問 『雞林雜傳』 所記 書之. 爽 韓奈麻 金用行 所撰 『我道和尙碑』 所錄, 殊異.[5]

김부식(1075~1151) 등은 김대문(704년전후)의 『계림잡전』을 근거로 하여 신라불교 초전을 기록하였으며, 한내마 김용행의 『아도화상비』는 『계림잡전』의 기록과 매우 다르다고 하면서 전혀 전재하지 않았다. 이는 김부식 등이 김대문의 기록을 매우 신뢰한다는 뜻이 있으므로 『아도화상비』 자체는 김대문의 『계림잡전』 보다 후대의 저술일 가능성이 있고, 그 내용도 보다 불교사관에 가깝다는 것을 알 수 있다. 두 기록의 차

---

5) 김부식 등, 『3국사기』「신라본기」〈법흥왕 15년〉(528).

이는 이 연구에서는 상론을 줄이기로 하고 논자의 기존의 논문을 참고하기 바란다.

그리고 저자 김용행의 관등인 한내마는 신라의 17관등 중 10급인 대내마이고 5두품이상이 올라가는 직위이기 때문에 비교적 중간계층인 문사계층에 속한다고 볼 수 있으므로 김용행이 충분히 저술할 수 있는 자격을 갖추었다고 본다. 따라서 『아도화상비』는 신라 때에 저술된 것이 분명한 것이다.

구체적인 시기를 추정해 보면 아도, 법흥왕, 염촉이 3성(三聖)으로 추앙되던 때에[6] 저술되었을 가능성이 가장 높다고 본다. 그렇게 보면 염촉이 성인으로 추앙되던 시기로 보이는 때에 일념의 『촉향분예불결사문』(806~20년경)과 『백률사석당기』(818년경)가 저술되었다고 보면, 이때 『아도화상비』가 같이 건립되었을 가능성이 가장 높다고 본다. 그렇게 보면 800년대 초기 이전에 저술되고 건립되었다고 본다.

뿐만 아니라 김용행이라는 저자이름으로 보아서는 신라에서 한문식 성명이 사용된 이후에 저술되었다는 것을 알 수 있다. 따라서 저작년대가 800년대 초기 이전이라는 추정과 배치되지 않는 것이다.

2. 박인량의 『수이전』

이는 고려 각훈의 『해동고승전』「아도·흑호자·원표·현창」(1215)에 실려 있다.

---

6) 일연, 『3국유사』「원종흥법 염촉멸신」.

(Ⅱ-2) 若按 朴寅亮『殊異傳』云, 師 父 魏人 堀摩, 母 曰 高道寧 高麗人也. (중략) 師 旣承命 子之聲 出疆 而 來寓 新羅 王闕 西里 今 嚴莊寺 是也. 時當 味鄒王 卽位 二年 癸未矣. 師 請 天竺敎 以前 所不見 爲怪, 至有 將殺之者, 故 退隱 于 續村 毛祿家, 今 善州也. 逃害 三年 成國宮主 病疾不愈, 遣使 四方 求 能治者. 師 應募 赴闕 爲療 其患. 王 大悅, 問 其所欲. 師 請曰 "但 寺 於 天鏡林, 吾 願足矣." 王許之. 然 世質民頑 不能歸向, 乃以 白屋 爲寺. 後七年 始有欲 爲 僧者 來依 受法. 毛祿之妹 名 史侍 亦 投爲 尼, 乃於 三川岐 立 寺 曰 永興 以依住焉. 味雛王 崩, 後嗣王 亦 不敬 浮屠, 將欲 廢之. 師 還 續村, 自作 墓, 入其內, 閉戶, 示 滅因. 此 聖敎 不行 於 斯盧. 厥後 二百餘年 原宗 果 興 像敎. 皆如 道寧 所言.[7]

여기 『수이전』에서는 김용행의 『아도화상비』를 인용한다는 말은 없지만 이는 『3국유사』「아도기라」(Ⅱ-4)에 인용된 『아도본비』의 내용과 거의 같기 때문에 『아도화상비』라는 것을 알 수 있다.

그런데 여기서 〈而 來寓 新羅 王闕 西里 今 嚴莊寺 是也.〉라고 하였기 때문에 왕궐인 반월성 서리에 아도화상이 우거하였고[8] 이를 기념하여 후대에 이곳에 엄장사를 건립하여 성역화하였다는 것을 알 수 있다. 그러므로 엄장사는 신라불교의 초전지로서 매우 중요한 사찰인 것이다. 그러나 지금은 연구조차 되지 않고 있는 실정이다.

---

7) 박인량, 『수이전』; 각훈의 『해동고승전』「아도·흑호자·원표·현창」(1215).
8) 우거(寓居)의 사전적인 의미는 ① 남의 집에 붙이어 삶. ② 타향에 임시로 삶의 두 가지 뜻이 있다. 논자는 둘 다 타당하다고 본다. 이상은 감수, 『한한대자전』, 민중서관 간, 7판, 1972, p.363.

그런데 여기서 〈今 嚴莊寺 是也.〉가 원래 본문인지, 注인지가 더 연구되어야하겠지만, 설령 注라고 하더라도 원래 김용행이 쓴 것인지 아니면 후대에 注로 붙인 것인지 더 살펴보아야 할 것이다. 여기서는 줄였지만 논자는 앞의 전불7처의 〈今〉의 용례로 보아 신라 당대에 김용행이 썼을 가능성이 매우 크다고 본다. 그런데 이는 『3국유사』「아도기라」(Ⅱ-4)에서 다시 보도록 하겠다. 그러나 만약 후대에 와서 注를 썼다면 박인량과 각훈이 써넣었을 가능성이 있을 것이나 그렇더라도 엄장사 자체는 아도화상의 현창사업으로 신라 때에 건립하였다는 것은 분명하다고 본다.

그러면 〈王闕 西里〉는 어디인가? 이는 왕궁인 반월성 밖의 서쪽 마을로서, 대궐 밖의 서편인데, 왕궐 밖의 서쪽을 현재의 위치로 살펴보면, 당시의 요석궁인 현재의 향교 보다 더 서편에 있는 것이다. 더 나아가서 김유신(595~673) 장군의 고택인 재매정 보다 더 서편에 있는 마을이라고 봐야할 것이다. 따라서 재매정에서 현재의 문천교, 더 나아가면 오릉교까지가 이에 해당이 될 것으로 본다.

그리고 원래 전불7처의 다섯 번째로 사천(沙川) 끝에 영묘사(635 건립)가 있는데[9] 그렇게 보면 왕궐 서쪽 마을은 재매정과 영묘사 사이에 있었을 것으로 볼 수 있다.

---

9) 일반적으로 선덕여왕이 영묘사를 635년에 낙성하였다는 기록을 의문없이 믿고 있지만 그러나 『3국유사』「미륵선화 미시랑·진자사」에서 보면 진지왕(재위 576~79) 때에 미륵선화 미시랑과 진자사가 영묘사 동북로 노방수(견랑수, 사여수, 인여수)에서 만났다고 하는데 논자는 이 만남이 진지왕 원년(576)에 있었다고 보므로 635년 보다 이미 만 59년 전인 진지왕 대에 이미 영묘사가 있었다고 보는 것이다. 그렇게 보면 선덕여왕의 영묘사 낙성은 준공한 해일 수도 있다. 이강식, 「경주 서천변 유적의 문화마케팅전략구축: 노서동 석불입상, 경주공고 절터, 서천변 절터, 현전 흥륜사지(영묘사), 귀교지 등의 문화상품개발전략」, 『기업경영연구』, 제4집, 경주대 기업경영연구소, 2008, p.116.

그런데 이 위치는 1961년 초간인 『불교사전』에서 기록이 되어있다.

(Ⅱ-3) 엄장사[嚴藏寺] 경상북도 경주시 교리자 엄장동에 있던 절. 263(신라 미추왕 2년) 아도(阿道)가 있던 절.[10]

여기서 보면 263년에 아도화상이 있던 절로서 경주 교리(校里), 엄장동에 있던 절이라고 1961년의 기록에 나온다는 것이다. 교리(校里)는 엄장사가 향교 남쪽에 있기 때문에 타당하다고 본다. 그러므로 엄장사가 교리에 있었기 때문에 재매정에서 문천교 동쪽 사이에 엄장사가 있었을 가능성이 가장 크다. 문천교 서쪽은 대체로 황남동, 사정동에 해당이 되기 때문이다. 그리고 엄장사가 있었기 때문에 엄장동이라는 지명이 있었을 것이다. 이는 석장사에서 석장동이 유래된 것과 같다. 그러므로 이 기록은 엄장사의 실재를 보여주는 현대의 주요한 기록으로서 매우 소중하며 앞으로 더 연구되어야할 것이다. 그러나 이미 1961년 이전에 절은 없어졌고 따라서 장소가 보존되지 못하였다.

그리고 엄장(嚴莊)의 뜻은 결국 장엄(莊嚴)의 뜻으로 보아야할 것이다.

그런데 그러면 이 『아도화상비』가 건립된 장소를 살펴보아야할 것이다. 첫째의 장소는 아도화상이 열반한 선주의 모록의 집일 가능성이다. 둘째는 역시 경주 계림의 왕궐 서리의 엄장사일 것이다. 셋째는 아도화상이 266년 초창한 흥륜사일 것이다. 이 세 곳 중의 한 곳에 비가 세워졌을 때, 『3국유사』에서 말하는 『아도본비』라고 할 수 있을 것이다. 이

---

10) 운허용하 지음, 『불교사전』, 동국역경원, 초판: 1961년, 12판: 1982년, p.574. 여기서 〈교리자〉의 〈자〉의 의미는 더 연구해보아야할 것이다. 그리고 여기서는 장(藏)으로 되어있다.

는『아도화상비』의 성격과 함께 앞으로 더 연구되어야할 것이다. 즉 이비가 무덤 앞에 세워진 비인지, 아니면 엄장사나 흥륜사 절에 세워진 비일지를 앞으로 더 연구해야할 것이다. 논자는 비에서 〈新羅 王闕 西里〉를 〈今 嚴莊寺 是也.〉로 특히 〈是也.〉를 강조하였기 때문에 엄장사에 세워진 비일 가능성이 현재로서는 더 높다고 보지만 비의 일부만 인용되어 있기 때문에 앞으로 더 깊이 연구를 해보아야할 것이라고 본다. 물론비는 사적이 있는 여러 곳에 세워질 수가 있는 것이다.

3. 일연의 『3국유사』「아도기라」의 『아도본비』

『3국유사』에는 「아도기라」와 「원종흥법 염촉멸신」의 두 곳에서 비가나오는데 먼저 「아도기라」의 기록을 보자.

(Ⅱ-4) 有注 云, 與『本碑』及 諸『傳記』殊異. 又『高僧傳』云, 西竺人, 或云, 從吳 來.

按『我道本碑』云, 我道 高麗人也, 母 高道寧. (중략) 道 禀敎 至 雞林, 寓止 王城 西里, 今 嚴莊寺. 于時 未雛王 卽位 二年 癸未也. 詣闕 請行敎法, 世 以前 所未見 爲嫌, 至有 將殺之者. 乃 逃隱 于 續林(今 一善縣)毛祿家(祿 與 禮 形近之訛.『古記』云, 法師 初來 毛祿家, 時 天地震驚.時人 不知 僧名 而云 阿頭彡麼, 彡麼者 乃 鄕言之稱 僧也, 猶言 沙彌也)三年.

時 成國公主 疾, 巫醫不效, 勅使 四方 求醫, 師 率然 赴闕, 其疾

遂理. 王大悅, 問 其所須. 對曰, "貧道 百無所求, 但願 創佛寺 於 天鏡林, 大興佛敎, 奉福邦家爾." 王許之, 命興工. 俗方質儉, 編茅葺屋. 住而講演, 時或 天花落地, 號 興輪寺.

毛祿之妹 名 史氏, 投 師 爲尼. 亦於 三川岐 創寺而居, 名 永興寺. 未幾, 未雛王 卽世, 國人 將害之. 師 還 毛祿家, 自作 塚, 閉戶 自絕, 遂不復現. 因此 大敎亦廢. 至 二十三 法興大王, 以蕭梁 天監 十三年 甲午 登位, 乃 興 釋氏. 距 未雛王 癸未之歲 二百五十二年, 道寧 所言 三千餘月 驗矣.

據此, 『本記』與『本碑』二說相戾 不同如此.[11]

여기서 보면 일연은 『본비』, 『아도본비』라고 했는데 일연스님이 왜 비의 이름에 〈본〉을 추가했는지는 더 연구해보아야할 것이지만 논자는 아도화상의 여러 비 중에서 가장 주요한 비를 『본비』라고 했다고 본다. 즉 선산의 모록가의 무덤이나 경주 계림의 엄장사, 또는 천경림 흥륜사에 있던 비가 『본비』가 될 것으로 본다.

또 이처럼 박인량의 『수이전』(Ⅱ-2)이 『아도본비』(Ⅱ-4)를 인용하였다는 것을 알 수 있는데 다만 미세하게는 조금씩 다르다는 것이다.

그런데 여기서는 〈寓止 王城 西里, 今 嚴莊寺.〉라고 하여 『수이전』(Ⅱ-2)의 〈是也.〉는 빠졌지만 본문으로 나오고 있다. 원래의 비에서 본문으로 썼는지 아니면 일연스님이 본문으로 편입하였는지, 후대에 발간하면서 본문으로 편입이 된 것인지도 앞으로 더 살펴보아야할 것이나

---

11) 일연, 『3국유사』「아도기라」; 『아도본비』.

논자는 본문일 가능성이 높다고 보는데 이는 엄장사를 강조하기 위한 것이라고 볼 수 있기 때문이다. 그러면 이 비가 엄장사에 건립된 비일 가능성이 높은 것이다. 그런데 여기서도 줄였지만 전불7처의 각주는 『수이전』의 각주와도 조금 다르므로 이 부분도 앞으로 더 연구를 해봐야할 것으로 본다.

그런데 〈今 嚴莊寺.〉의 注를 고려 때의 박인량이나, 각훈, 일연스님이 붙인 것이라면 이때의 〈今〉은 고려시대를 의미하게 되어 조금 다른 관점이 발생하는 것이다. 즉 신라에서 고려 이때까지 엄장사가 실재하고 있었다는 의미가 되는 것이다. 그 가능성에 대해서는 이는 다른 注와 함께 앞으로 더 연구해야할 것으로 본다. 특히 고려 때의 실재에 대해서는 김극기의 시가 주요하다.

4. 일연의 『3국유사』「원종흥법 염촉멸신」의 『아도비』

그런데 일연의 『3국유사』「원종흥법 염촉멸신」에도 김용행의 『아도비』가 인용되어 있는데 이를 보기로 하자.

(Ⅱ-5) 又按 金用行 撰『阿道碑』, 舍人 時年 二十六, 父 吉升, 祖 功漢, 曾祖 乞解大王.[12]

여기서 보면 김용행의 『아도비』가 인용되어 있는데 따라서 일연스님

---

12) 일연, 『3국유사』「원종흥법 염촉멸신」; 『아도비』.

이 인용한 『아도본비』(Ⅱ-4)도 김용행의 『아도화상비』라는 것을 알 수 있고 또 이에 염촉의 기록도 나와있다는 것을 알 수 있어서 더욱이 이 비는 아도화상의 불교초전의 현창비로서 엄장사에 건립되었을 가능성이 높다는 것이다.

그런데 지금까지 신라의 엄장사에 대한 실제 기록은 박인량의 『수이전』을 인용하였다고 하더라도 고려불교의 스님들이 채록한 것이다. 고려 유가인 김부식 등은 비를 인용하지 않아서 엄장사에 대한 기록을 누락하였다는 것이다. 따라서 엄장사의 실체가 불교기록에 의존하고 있다는 느낌을 가질 수도 있을 것이다. 그러나 고려 유가인 김극기는 조금 다르게 엄장루라고 기록을 하였는데 이는 뒤에서 보기로 하자.

5. 아도화상이 불국사를 시창하였다는 『청대일기』(하)의 기록

권상일(權相一 1679~1759)의 『淸臺日記』(하)의 기록에 따르면 아도화상이 불국사를 始創하였다는 기록이 영조 13년(1737) 정사 3월 4일과 5일에 있는데 이를 보기로 하자.

(Ⅱ-6) 丁巳 三月, 大
初四日
佛國寺 多寶無影兩塔 寺蹟册, 阿道和尙 掛陵, 東京記 倭船 着押 倭船

早往陣場依幕, 兵相到將埋後, 卽禮數辭歸. 晩發歷訪南山村任君一欽家,

－138－

洞壑寬閑, 松林衛□. 亡友任實兮, 戊(午)年間, 新創客室, 扁以夢羲堂自
號, 是庵有記文揭壁, 其祖任漬建憑虛樓, 俯壓蓮池, 池卽羅朝書出池也.
廣幾數石許, 樓前一間立於水中, 皆

石柱年久頹廢, 今兮重創矣. 此樓以形勝, 入於東京志, 且有柳公命天 · 權
公重經 · 金公昌錫題(詠). 實兮伯兄英世及君玉兄弟及其從姪漸大在, 叙
話良久, 聞梅月堂在家後五里許, 而路險肩輿可行, 故未得往見可恨. 午後
發到佛國寺. 路遇微雨. 南君濟萬以治經來留相見, 俄又南舜會 · 舜寬, 自
影池來會穩話. 此寺乃道內名刹, 而別無可觀, 唯靑雲白雲兩石橋及多寶
無影兩塔製作極巧.

初五日
雨不得發, 觀寺蹟册則, 新羅阿道和尙始創, 法興王時, 梁武帝天監二年重
創, 神文王時, 唐高宗開曜□年, 金大城又重創, □石爲靑雲 白雲二橋, 多
寶 無影兩塔矣. 有佔畢齋詩韻, 次贈舜會, 又一篇用別韻.[13]

이처럼 권상일이 불국사 사적책을 보았는데, 신라 아도화상이 시창하
였고, 법흥왕이 양 무제 천감 2년(503)에 중창을 하였고, 신문왕 때인
당 고종 개요 □년(681~2) 김대성이 또 중창(3창)을 하였다고 하였다.
이 기록 자체는 권상일의 기록이므로 정확하다고 본다. 물론 앞으로 더
연구가 필요할 것이다. 그런데 여기서 아도화상이 미추왕 때의 아도화
상인지 눌지왕 때의 아도화상인지 분명하지 않으나, 그러나 논자는 미
추왕 때의 아도화상도 가능성이 있다고 본다. 아도화상이 266년 이후

---

13) 권상일, 「淸臺日記」(下), 1737. 3. 4~5일.

열반한 285년까지 20년 정도 불교포교를 하였기 때문이다. 한편 현존의 『불국사사적』에서는 눌지왕 때 아도화상이 불국사를 창건하였고 경덕왕 때 재상 김대성이 3창을 하였다고 한다. 따라서 권상일의 『청대일기』와 비슷한 부분도 많기 때문에 이러한 기록의 신뢰도도 높다고 본다. 이 부분들은 앞으로 더 연구되어야할 것이다.

Ⅲ. 고려 김극기의 엄장루

고려 김극기(1150년경~1209) 시인은 경주인으로서 경주유적을 누구보다 잘 알고 있는데 『祓禊』시에서 엄장루를 기록하고 있어서 엄장사의 실체를 더욱 분명하게 보여주고 있다. 이 시는 『동국여지승람』「경주부」(1481)에 기록되어있다.

(Ⅲ-1) 『祓禊』

1 今年濕蟄少開霽, 올해 봄 날씨 궂어 시원하게 갠 적 없고,
2 十日愁霖如倒河. 열흘 수심에 찬 장마비는 강물을 뒤엎은 것 같네.
3 忽喜陰雲淨似掃, 홀연히 즐겁게 씻은 듯 어둔 구름 걷히니,
4 南山萬朶開靑螺. 남산 만 가지가 푸른 빛 소라처럼 드러나네.
5 逸勢橫奔五百里, 산의 세찬 형세 5백 리를 치닫다가,
6 中途拗怒成坡陀. 중도에 구부러져 비탈처럼 솟았네.

7 下有蚊川一帶水, 그 아래 한 줄기 문천이 있어,

8 千盤萬折流活蛇. 천 번 돌고 만 번 꺾여 구불구불 흐르네.

9 走向月精橋口過, 월정교 어귀 향해 달려 나아가니,

10 警潤崩碎響鳴珂. 놀란 물결 부서져 옥을 울리는 소리로다.

11 嚴莊樓下漸泙漫, 엄장루 아래 와선 센 물결이 차츰 펼쳐져서,

12 浪息沙平鋪蜀羅. 물결은 잔잔하고 모래는 평편하여 비단을 펼쳤네.

13 洛邑諸生十萬指, 낙읍의 모든 선비 만 명이

14 臨流祓禊肩相磨. 물에서 불계하니, 어깨가 서로 닿는구나.

15 良辰美景古難必, 양신과 미경은 예부터 함께 갖기 어려운데,

16 盛集誰辭追永和. 영화의 난정 모임을 따라와 운집하니 뉘라서 사양 하리.

17 而子況又少放狂, 더구나 나는 젊어서부터 거침이 없으니,

18 擬掩紅船隨素波. 붉은 놀잇배 끌고 흰 물결 저어 가려네.

19 胡爲忽忽向學舍? 어째서 총총히 학사로 향할쏘냐?

20 足席共倒金叵羅. 자리를 맞대고 우리 함께 금잔을 기울이세.

21 蒲菊綠漲色可掇, 포도의 푸른 물빛은 익어서 딸만하니,

22 痛飲不省朱顏酡. 실컷 술 마셔 붉은 낯빛 된 줄을 몰랐네.

23 淸歡半酣客未散, 맑게 즐겨 반쯤이나 취해도 객은 아직 가지 않아,

24 乘酣意氣忽橫出. 술이 올라 의기가 홀연히 솟아오르네.

25 竹外紅日先蹉跎, 대숲 밖 붉은 해가 벌써 지려하니,

26 欲上靑天橫魯戈. 푸른 하늘에 올라가서 노양의 창 휘두르고 싶네.[14]

---

14) 김극기, 『불계』; 『동국여지승람』 「경주부」.

이 시에 대한 자세한 설명은 차후의 기회에 하기로 하고 여기서는 이 연구에 필요한 부분만 보기로 하겠다. 김극기는 열흘 장마비가 시원하게 갠 후의 경주 남산을 형용하고 나서 문천을 따라 서쪽으로 하류로 내려가면서 월정교를 지나 불계행사가 열리는 엄장루를 설명하고 있다. 즉 엄장루 밑에서 불계행사를 한다는 것이다. 그런데 그 장소는 모래사장이 펼쳐져 있는 곳이라는 것이다. 또 이 장소는 김극기 시인이 〈胡爲忽忽向學舍?〉라고 한데서 알 수 있듯이 고려의 학사(학원), 현재의 경주 향교 가까이 있다는 것을 알 수 있다. 따라서 이 장소는 김용행의 『아도화상비』에서 본 〈而 來寓 新羅 王闕 西里 今 嚴莊寺 是也.〉(Ⅱ-2), 그리고 〈寓止 王城 西里, 今 嚴莊寺.〉(Ⅱ-4)와 일치하는 장소이다. <u>즉 왕성 서쪽 마을에 있는 엄장사와 월정교를 지나 있는 경주 남천 북쪽의 엄장루는 같은 장소이며, 따라서 엄장사는 남천의 북쪽에 있었고 동시에 신라의 엄장사가 곧 고려의 엄장루라는 것이다. 이것이 논자의 주요 결론이다.</u>

또 이 북서편에는 현전 흥륜사가 있는데 이곳은 원래 선덕여왕 대(635)에 건립된 영묘사로 비정되고 있다. 따라서 이 영묘사가 엄장사의 북서쪽에 있는데 그것은 아도화상의 엄장사 가까이 절을 지었기 때문으로 본다.

그러면 엄장사를 엄장루로 부른 다른 가능성도 상정해 보자. 즉 엄장사가 고려 때에도 실재하고 있는데 김극기가 다만 그 절 중에서 하나의 누각인 엄장루만을 형용하였다고 볼 수 있다. 그러나 또 다르게는 엄장사는 이미 없어지고 엄장루만 남아 있든지, 아니면 절은 없어지고 그 연후에 엄장루만 새로 건축하였다고도 볼 수 있다. 그러나 어느 쪽이든 아도화상이 살던 곳에 엄장사를 건립한 것은 사실이며, 그 엄장사를 계승한 엄장루가 고려시대에도 같은 장소에 있었다는 것은 사실이다.

그런데 엄장사가 고려까지 존속하고 있었는데 김극기 시인이 엄장루로 바꿔 불렀을 가능성도 있는데 그것은 시적 형용, 또는 운을 맞추기 위함이거나, 유가적 입장일 수도 있다고 본다.

이는 밀양의 영남루(보물 제147호)와 같은 비슷한 사례이다. 밀양루가 있는 장소에는 원래 신라 경덕왕(재위 742~65)때 창건된 영남사가 있었는데 절은 없어지고 고려 공민왕 14년(1365)에 밀양군수 김주(金湊)가 그 장소에 누각을 지어 영남루라고 하였다. 이처럼 영남사와 영남루의 사례가 엄장사와 엄장루의 사례와 매우 비슷하다는 것이다. 위치도 영남루도 밀양강의 북쪽에 있고 엄장루도 남천의 북쪽에 있어 비슷한 것이다.

또『동국여지승람』(1481)에서는 이 남천의 남안에 남정(南亭)과 북안에 동정(東亭)이 있었다고 기록하고 있는데 특히 조선에서는 남정이 유명한 명소였다.

(Ⅲ-2) 남정(南亭): 주(州)의 남쪽 5리 오릉(五陵)의 북쪽에 있다. 부윤 김담(金淡)이 세운 것이다. 동정(東亭): 부의 동남쪽 5리에 있다.[15]

---

15)『동국여지승람』「경주부」〈누정〉.

이곳에는 또 천경림이 계속 남아있어서 조선에서는 남정 남수(南藪)와 북수(北藪)라고 하였는데 경치가 매우 좋았던 것이다. 따라서 고려의 엄장루도 남천 북안에 계속 유지가 되었고 다른 누각도 형성되었을 것으로 본다.

Ⅳ. 엄장사와 엄장루의 위치 탐색: 왕궐 서편, 남천 모래사장 북쪽

그러면 김극기가 묘사한 엄장루의 위치는 보다 더 구체적으로 어디인가? 김극기는 이곳을 월정교 지나서 모래사장이 넓게 펼쳐진 곳으로 형용을 하였다. 원래 남천은 신라에서부터 경주8괴의 하나인 문천도사로 유명하고 또 사천(沙川)으로 유명한 곳이다. 최근까지도 이곳을 〈몰개미〉라고 불렀다. 논자는 이 몰개미가 한자로 차자될 때, 문천(蚊川, 모기내)으로 되었을 가능성이 있다고 본다. 그런데 지금의 남천에서 신라나 고려 때의 지형을 찾기는 어려우나 다행히 조선에서 그려진『집경전 구기도』(1798)에 남천의 모습이 남아있다.

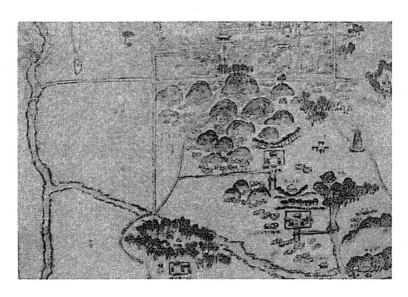

〈사진 1〉『집경전구기도』(1798)(부분)

이 『집경전구기도』(1798)는 김극기 시인이 별세한지 589년 뒤에 그려진 것으로서 이 남천의 모습이 고려 당대의 그것과 완전 같다고는 보기 어려우나 남천 자체는 그곳에 남아있는 것이므로 다소나마 고려 당시의 모습을 반영한다고 볼 수 있다.

다시 강조하면 이 『집경전구기도』(1798)는 조선시대에 경주의 주요 핵심적인 건물을 강조하여 그리고 다른 부분은 생략을 하였기 때문에 어느 정도 남천을 사실대로 그렸는지는 더 살펴보아야하겠으나, 강둑이 보이지 않고 또 남쪽 오릉 쪽에는 상당히 높은 둔덕이 그려져 있고, 남천의 북쪽에도 다소 둔덕이 있는 곳을 그렸는 등 비교적 사실적인 모습이 보인다. 전체적으로는 자연지형 그대로 남아있는 것을 비교적 충실히 그렸다고 볼 수 있다. 따라서 모래사장도 당시의 모습을 갖고 있다고 볼 수 있다.

〈사진 1〉의 『집경전구기도』에서 보면 신라 때의 요석궁이었던 향교와 오릉사이의 남천 북쪽에 다소 넓은 모래사장이 있는 것을 볼 수 있다. 따라서 엄장사의 위치는 지금으로 보면 재매정에서 문천교를 지나서 오릉교 사이 정도로 추정해 볼 수 있다. 이 사이의 남천 북쪽에 엄장사와 엄장루가 있었던 것으로 추정한다.

그런데 범위를 더 좁히면 『불교사전』(1961)(Ⅱ-3)에서 지명을 교리 엄장동이라고 하였기 때문에 재매정에서 문천교 동측의 모래사장까지로 볼 수 있다. 이는 『집경전구기도』에 나와 있는 교리의 범위와 일치하는 것이다. 또 1955년 9월 1일 이 일대가 법정동인 황남동이 되었는데 1961년에 교리라고 하였다면 그 범위는 향교 주위를 지칭한다고 봐야할 것이기 때문이다. 물론 『집경전구기도』에서 오릉 북편의 남천 북편의 공터도 교리로 볼 수 있는 가능성은 있고 이 경우라면 문천교 서편까지도 포함될 수는 있으나 1955년에 이 일대가 황남동이 되었기 때문에 이 일대라면 굳이 1961년에 교리라고 하지는 않았을 것이다. 현재는 오릉 북편, 남천 북편의 이곳은 국당마을이 되어있다. 그런데 신라 미추왕 대에 이곳에 마을이 있었을 가능성은 희박하다고 본다.

현재 지형에서도 문천교 좌우에 모래사장이 넓게 형성되어 있는데 어느 정도 고려의 지형을 반영한다고 본다. 다만 문천교 서편은 바로 오릉 북편이므로 이에 엄장루가 있었다면 바로 『동국여지승람』(1481)(Ⅲ-2)의 남정과 위치와 같게 되는데 그러면 엄장루가 남정으로 계승된 것으로 볼 수도 있으나 신라에서는 그 가능성은 작다고 본다. 왜냐면 이곳은 천경림이 연결된 곳으로서 신성한 곳일 뿐만 아니라 영묘사를 건축할 때에 큰 못이 있었다고 하였으므로[16] 263년에 이곳에 마을이 있기는 어렵기 때문이다. 그러므로 고려 중대의 엄장루가 소멸되고 후대에 그 서쪽, 오릉 북쪽에 남정이 다시 건립되었을 가능성은 있다 본다.

그리고 『집경전구기도』에서는 교리, 황남리, 사정리의 세 마을 이름이 다 나온다. 현재 오릉교 서북쪽은 사정동이 되었다.

그러면 고려까지 존속하였던 엄장사와 엄장루가 조선에 와서 소멸되었다고 볼 수 있는데 그것은 남천의 잦은 수재, 혹은 전란, 화재 등으로 인한 소멸, 또는 유가적 입장에서 소멸된 것으로 보아진다.

V. 신라불교 첫 전래지의 역사현장의 탐색

강은 계속 변화하므로 현재의 지형에서 엄장사의 위치를 추정하는 것은 쉽지 않을 것이다. 그러나 남천 자체는, 변화는 있지만, 현재 위치에 있는 것이므로 탐색을 할 수 있다. 가장 큰 변화는 강둑이 건설되고 또 모래사장이 많이 개간되어 원형을 알기가 쉽지 않다는 것이다. 더욱이 2009년 가을에 남천을 정비하여 또 많은 모습이 달라졌다는 것이다. 그러나 『집경전구기도』(1798)를 참고로 하여 위치를 추정하여 볼 수는 있다. 먼저 〈사진 2〉는 1960년대의 반월성과 남천의 모습인데 남천 하

---

16) 이강식, 「경주 서천변 유적의 문화마케팅전략구축: 노서동 석불입상, 경주공고 절터, 서천변 절터, 현전 흥륜사지(영묘사), 귀교지 등의 문화상품개발전략」, 윗책, pp.114~5.

류에 모래사장이 보인다. 대체로 재매정과 문천교 사이와 오릉 북편이
라고 볼 수 있다.

〈사진 2〉 반월성과 남천(1960년대)

그리고 〈사진 3, 4〉는 교촌교와 문천교 사이의 남천 북편이며 〈사진
3〉의 오른쪽에 재매정이 보인다.

〈사진 3〉 교촌교와 문천교 사이의 남천 북편: 재매정과 문천교 좌우
모래사장 사이에 염장사가 있었을 가능성이 가장 높다.

— 148 —

〈사진 4〉 문천교와 교촌교 사이의 남천 북편

〈사진 5, 6〉은 오릉교 동서편의 모습이다.

〈사진 5〉 문천교에서 본 오릉교: 오릉 북편의 남천 북편에 모래사장이 넓게 펼쳐져 있는데 이 북편은 현재 국당마을이고 현전 흥륜사(영묘사)가 있다.

— 149 —

〈사진 6〉 오릉교 서편: 모래사장이 넓게 형성되어 있다.

그리고 〈사진 7〉은 국당마을을 설명한 안내판이다.

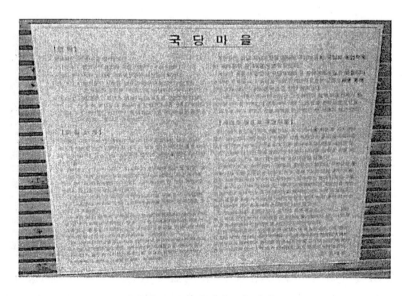

〈사진 7〉 국당마을 안내판

— 150 —

현재의 위치로 보면 엄장사를 대체로 재매정에서 문천교를 지나 오릉교 동편까지로 비정해 볼 수 있는데 더 좁히면 재매정에서 문천교 동측 모래사장까지로 볼 수 있다. 앞으로 더 자세히 연구하여야할 것이다.

VI. 맺는말

아도화상의 불교 초전지인 엄장사의 실재와 위치를 확인하는 것은 신라사와 불교사에서 매우 주요한 과제이다. 그러나 지금까지는 아무런 연구가 없었다. 이 연구에서는 엄정한 문헌고증과 현장답사를 통해서 아도화상의 엄장사의 실재와 위치를 연구하였는데 주요 결론을 요약하면 다음과 같다.

첫째, 아도화상은 미추왕 2년 계미 263년에 신라 왕궐 서리에 와서 신라불교를 첫 전래하였고 그 집은 엄장사가 되었는데 그 위치는 재매정과 문천교 동측 모래사장, 즉 오릉 동편 사이의 남천 북편으로 볼 수 있다. 엄장사가 된 시기는 아도화상 당대인 266년~284년까지 18년간 가능하며, 법흥왕이 불교를 흥법한 528년이거나, 3성의 한 분으로서 아도화상의 현창사업이 펼쳐진 800년대 초반으로 볼 수 있다.

둘째, 한내마 김용행의 『아도화상비』는 800년대 초에 건립되었던 것으로 추정되며 선산 모록의 집인 아도화상의 무덤에 세워졌거나 엄장사나 흥륜사에 세워졌을 것으로 보는데 엄장사에 건립되었을 가능성이 다소 높다고 본다.

셋째, 『아도화상비』의 전불7처와 엄장사의 원래의 注는 김용행의 저작일 가능성이 높다. 물론 후대의 필사자가 조금씩 개작하였을 가능성은 있다. 앞으로 注를 더 연구할 필요가 있다.

넷째, 고려 김극기가 그의 시 『불계』에서 기록한 엄장루는 엄장사의 실재와 위치를 확인할 수 있는 주요한 기록이며 그 위치는 월정교를 지나서 모래사장이 펼쳐진 남천 북편이다.

다섯째, 신라의 엄장사가 고려에서 엄장루로 바뀌었지만 결국 같은 실체이다.

여섯째, 교리와 함께 엄장동이라는 지명이 1961년에 기록되었는데, 이는 엄장사를 실증할 수 있는 현대의 주요한 기록이다.

일곱째, 엄장사의 위치는 재매정에서 문천교 좌우 모래사장, 오릉교 사이의 남천 북편으로 추정할 수 있으며 더 범위를 좁히면 재매정에서 문천교 동측 모래사장, 즉 오릉 동편의 남천 북편으로 볼 수 있다.

이 연구의 의의는 신라불교의 첫 전래가 기록된 대로 263년이라는 것이다. 그러므로 논자의 기존의 연구처럼 법흥왕은 528년에 불교를 기록에 있는 대로 흥법한 것이지 결코 공인한 것이 아니라는 것을 알 수 있다. 앞으로 엄장사의 위치를 특정할 수 있을 때까지 더 연구를 하여야할 것이다.

〈참고문헌〉

각훈(1215), 『해동고승전』「아도 · 흑호자 · 원표 · 현창」.

권상일, 『청대일기』(1737. 3. 4~5.).

김극기(1150년경~1209), 『불계』.

김부식 등(1145), 『3국사기』「신라본기」〈법흥왕 15년〉.

『동국여지승람』「경주부」(1481).

박인량(1047~96), 『수이전』.

운허용하 지음(1982), 『불교사전』, 동국역경원, 초판; 1961년, 12판; 1982년.

이강식(1999a), "원종흥법 염촉멸신과 알공의 이국의 대의: 신라정부조 직의 조직적 의사결정과정," 『경주문화논총』, 제2호, 경주문화원 향토문화연구소.

이강식(1999b), "경주향교의 문화마케팅전략구축," 『경주대논문집』, 제 12집, 경주대학교.

이강식(2003), "남천과 첨성대일원 역사 문화관광마케팅," 『남천과 첨 성대일원 자연생태환경 학습단지조성 기본계획』, 경주시, 2003. 12.

이강식(2004), "신라 요석궁에 건립한 국학을 계승한 경주향교," 『비화 원』, 제4호, 안강문화연구회.

이강식(2008), "경주 서천변 유적의 문화마케팅전략구축: 노서동 석불 입상, 경주공고 절터, 서천변 절터, 현전 흥륜사지(영묘사), 귀교

지 등의 문화상품개발전략,"『기업경영연구』, 제4집, 경주대 기
업경영연구소.

이강식(2009), "월정교를 홍교로 기록한 김극기 시의 연구,"『비화원』,
제9호, 안강문화연구회.

이상은 감수(1972), 『한한대자전』, 민중서관 간, 7판.

일연(1281~3년경), 『3국유사』「아도기라」, 「원종흥법 염촉멸신」.

(Ⅲ-16-21)

비화원, 제10호, 2010.11.

김유신 장군의 본가가 현재의 포항시 기계면 현내리라는 변증

이 강 식*

Ⅰ. 첫말

　김유신 장군(흥무대왕 595~673)은 세계사에서도 길이 빛나는 신라 3국통일의 불세출의 대명장이다. 그러므로 김부식(1075~1151)

────────────

* 경주대 교수

58

등의 『삼국사기』「열전」(1145)에서 3국의 대표인물로서 첫 번째로 편수된 인물이기도 하다. 따라서 지금까지 많은 연구가 있었는데 그러나 김유신 장군의 본가가 지금의 포항시 북구 기계면 현내리라는 것은 알려져 있지 않다.

지금까지 김유신 장군의 거주지는 만노군 태수였던 부친 김서현의 임소인 충북 진천에서 탄생하여 왕경인 월성 서쪽의 재매정택에서 살았던 것으로 기록되어 있으며 후일 재매부인이 죽은 후 재매곡의 송화방에서 종중 사녀들이 모임을 가졌다고 기록되어있다. 이렇게 보면 김유신 장군은 왕경인이라고 할 수 있다.

더욱이 방대한 『3국사기』「김유신 열전」(1145)의 첫 문장이 다음과 같이 시작하고 있다.

　　(Ⅰ-1) 金庾信 王京人也.[1]

그러므로 김유신 장군은 이에 따라 왕경인으로 알려져 왔으며 기존의 어떤 연구에서도 아무런 의문을 갖지 않았다. 그것은 김유신 장군의 재매정택이 월성 서쪽에 있기 때문이다. 그러나 이는 김유신 장군이 재매정택이 있는 월성 서쪽으로 이주한 이후를 가지고 김유신 장군을 왕경인이라고 한 것으로 본다.

그런데 『3국사기』(1145)와 일연(1208~89)의 『3국유사』(1281~3년경)와는 다르게 김유신 장군의 본가가 기계라는 기록과 구전, 전승이 꾸준히 전해지고 있어 논자는 이를 연구하고자 하는 것이다. 이는 단순히 김유신 장군의 본가만을 연구하는 것이 아니고 금관가야의 구형왕(仇衡王 재위 521~32)이 양국을 한 후 그 가문이 신라사에서 차지하는 비중과 역할을 연구하는 것과 관련이 있는 주요한 과제인데 논자는 주로 신라의 기마군단의 양성과 관련이 있다고 보

---

1) 『3국사기』「열전 제1 김유신 상」.

는 것이다.

따라서 이 연구의 목적은 김유신 장군의 본가가 현재의 포항시 기계면 현내리라는 것을 변증하고 구형왕 가문이 기계면에 이주하여 세거한 것이 신라의 기마군단의 양성과 관련이 있으며 이를 바탕으로 김유신 장군 가문이 신라에서 입지를 다졌고 3국통일의 원동력이 되었다는 것을 살펴보고자 하는 것이다.

따라서 이 연구는 우선 김유신 장군이 왕경인이 아니고 기계인이라는 것을 변증(辨證)하는 것을 주요한 과제로 삼고자 하는 것이다.

물론 김유신 장군의 본가가 기계면 중에서도 현내리가 유력하지만 그러나 화대리라는 기록도 있으므로 이를 동시에 살펴보는 것이다.

더 나아가서 구형왕이 양국 후 신라로 이주하였다는 것을 살펴보는데 특히 기계현에 이주하였다는 것을 처음 밝히는 것이다.

이러한 연구로 신라사에서 구형왕, 김무력, 김서현, 김유신 장군의 4대에 걸친 활약을 잘 이해하면 신라가 3국을 통일한 원동력을 동시에 이해하게 될 것이다.

II. 김유신 장군의 본가는 현재의 포항시 기계면 현내리

1. 「왕산 흥무왕 사대비명 병서」에서 김유신 장군을 기계인으로 기록

그런데 조선에서 경주 부윤으로 부임한 황경원(黃景源 1709~87)은 부임한 다음 해인 1752년에 경주인의 요청으로 「唐故奉常正卿平壤郡開國公食邑二千戶新羅國上將軍金公神道碑銘」을 찬하였는데 이 비문이 비에 새겨져 현재 경남 산청군 구형왕릉에 「王山興武王射臺碑銘」으로 남아있다. 그런데 그 첫 문장이 다음과 같다.

(Ⅱ-1) 謹按 金公 諱 庾信 杞谿人也.[2]

이처럼 황경원은 『3국사기』(1145)에 왕경인으로 기록된 것을 杞谿人(杞溪人)으로 바꿔서 기록(1752)을 하였다. 이처럼 경주 부윤이 『3국사기』(1145)와 다른 기록을 남겼다는 것은 상당한 근거가 있기 때문일 것이다.

그렇다면 이를 절충하면 신라시에는 기계를 왕경으로 보았다는 것으로도 볼 수는 있으나 그 가능성은 매우 작다고 본다. 즉 왕경(월성)에 기계현이 소속되기는 어려운데 현이라는 지명 자체가 왕경과는 별도의 지명이기 때문이다. 물론 아주 넓게 보아 경기(京畿)로 보면 그렇게 볼 수도 있을 것이다. 그런 측면에서 또 다른 가능성은 고려 현종 9년(1018)에 기계현을 동경유수 관할로 하였는데 이렇게 보면 동경유수 관할을 경주왕경으로 보아 김부식 등이 김유신 장군을 왕경인이라고 하였을 가능성도 있는 것이다. 그러나 고려 당대의 관할을 적용하였을 가능성은 매우 작다고 본다.

그렇다면 오히려 황경원의 기록이 연원에서 신뢰도와 타당성이 있다고 볼 수 있다. 즉 원래 김유신 장군의 본가가 월성(경주)으로 이주하기 전에 杞溪縣이라는 것을 정확하게 반영한 것이라고 볼 수 있다. 왜냐면 조선에서는 출향을 더 엄격하게 따지기 때문이다. 뿐만 아니라 조선 경주의 2년차 부윤 황경원의 이 기록에서 김유신 장군의 본가를 기계현이라고 한 것은 당대의 조선 경주인과 김유신 장군의 후손의 의사를 반영한 것이기 때문에 정확한 것이다. 당대의 조선 경주인과 김유신 장군의 후손의 의사와 다른 기록을 비명에 남길 수는 없기 때문이다. 따라서 이는 역사를 중시하는 조선유가가 『3국사기』(1145)의 기록을 더 정확하게 하고자하는 명분마저 엿보이게 하는 기록이다.

---

2) 황경원(1752), 「왕산 흥무왕 사대비명 병서」.

따라서 이 기록만으로도 김유신 장군의 본가가 杞溪縣이라는 것은 분명하다고 본다.

다만 현재의 杞溪縣은 원래 신라시대에서는 義昌郡에 소속된 芼兮縣, 化雞縣이라고 하였는데 경덕왕 16년(757)에 杞溪縣으로 개칭을 하였다.[3] 따라서 김유신 장군을 기계인이라고 하는 것은 757년 개칭이후의 지명을 적용한 것이다.

2.『각간선생실기』에서 김유신 장군의 본가를 기계현으로 기록

그런데 논자가 김유신 장군이 기계인이라는 논문을 쓰게 된 동기는 바로 이『角干先生實記』의 첫 면의 다음 기록이다. 처음에 이 기록을 보고 김유신 장군이 기계인이라는 것이 왜 연구되지 않았는지 큰 의문을 가졌던 것이다.

(II-2) 선생의 이름은 유신(庾信), 성은 김씨, 관향은 김해(金海), 가락태왕(駕洛太王) 十三세손(世孫)이다. 一O세손 때에 양왕(讓王)은 신라 자손에게 왕위를 물려주고 기계현(杞溪縣)에 살았다. 아버지의 이름은 서현(舒玄)이고 어머니는 신라 흘종(訖宗)의 따님이다.

진평왕(眞平王) 十七년 을묘(乙卯)에 선생은 만노군(萬努郡) 대인공(大人公) 임소(任所)에서 출생했다.[4]

여기서 보면 신라에 양국을 한 구형왕(讓王)이 신라로 이주하여 경주 북쪽 기계현에 살았다는 것이다. 이는 신라사와 금관가야사에서도 매우 주요하게 강조되어야 할 기록이고, 그리고『각간선생실기』는 알려진 서책인데도, 누구도 이를 연구대상으로 삼지 않았다는 것이다.

---

3)『3국사기』「잡지 제3 지리1」.

4) 朴斗抱 역(1972년 초판, 1974년 3판),『각간선생실기 - 김유신장군전기 -』, 을유문고 86, 서울:을유문화사, p.11.

62

그런데 구형왕릉(사적 제241호)이 <사진 1>처럼 현재 경남 산청군 금서면(今西面) 화계리(花溪里) 산 16, 왕산(王山, 923M)에 있는데 여기서의 구전은 <사진 2>처럼 구형왕이 양국을 한 후 왕산 수정궁(水晶宮)에서 5년을 살다가 붕어하고 이곳에 묻혔다고 한다.

<사진 1> 경남 산청군 왕산(王山)의 구형왕릉

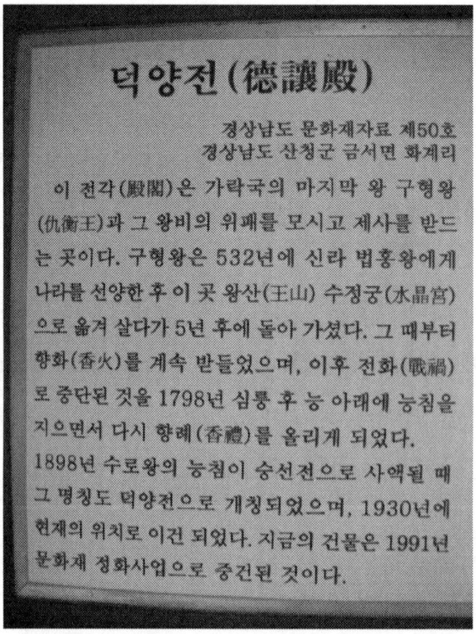

덕양전 (德讓殿)

경상남도 문화재자료 제50호
경상남도 산청군 금서면 화계리

이 전각(殿閣)은 가락국의 마지막 왕 구형왕 (仇衡王)과 그 왕비의 위패를 모시고 제사를 받드는 곳이다. 구형왕은 532년에 신라 법흥왕에게 나라를 선양한 후 이 곳 왕산(王山) 수정궁(水晶宮)으로 옮겨 살다가 5년 후에 돌아 가셨다. 그 때부터 향화(香火)를 계속 받들었으며, 이후 전화(戰禍)로 중단된 것을 1798년 심릉 후 능 아래에 능침을 지으면서 다시 향례(享禮)를 올리게 되었다. 1898년 수로왕의 능침이 숭선전으로 사액될 때 그 명칭도 덕양전으로 개칭되었으며, 1930년에 현재의 위치로 이건 되었다. 지금의 건물은 1991년 문화재 정화사업으로 중건된 것이다.

<사진 2> 구형왕릉내 덕양전(경남 문화재 자료 제50호)의 안내문

그러나 이는 물론 충분히 참고로 할 수 있는 구전이기는 하나 그 신빙성은 다소 희박하다고 본다. 당시 산청(산음)은 대가야의 영토 인데 대가야는 진흥왕 23년(562)에 신라에 완전히 복속되었으므로 신라에 양국을 한 구형왕이 신라에 비우호적이며 같은 가야국인 이 곳에서 5년이나 거주하였을 가능성은 거의 없는 것이다. 뿐만 아니 라 양국을 한 양왕을 그 영토의 영역 내에 살게 한다는 것은 역사 적으로 살펴볼 때 거의 있기 어렵기 때문이다. 물론 매우 특수한 사례로서 있을 수는 있는데 그것은 아주 노년에 5년간 고국 가까이 거주했을 수도 있을 수는 있지만 통상적인 사례는 결코 아니라는 것이다.

더욱이 『3국사기』(1145)에는 법흥왕 19년(532)에 양국에 대해 다음 과 같이 기록하고 있다.

(Ⅱ-3) ○ 十九年, 金官國主 金仇亥 與 妃及三子, 長曰 奴宗, 仲曰 武德, 季曰 武力, 以國帑 寶物 來降. 王 禮待之, 授位 上等, 以本國 爲 食邑. 子 武力 仕至 角干.[5]

여기서 <來降>이라고 하였기 때문에 이는 분명히 <신라로 와서 투항하였다>는 것이다. 그것은 당연한 것이다.

그리고 이 기록은 『3국사기』「잡지 제3 지리1」에 다시 나오고 있다.

(Ⅱ-4) ○ 金海小京 古 金官國(一云 伽落國, 一云 伽耶.), 自 始祖 首 露王 至 十世 仇亥王 以 梁 中大通 四年, 新羅 法興王 十九年, 率 百 姓來降, 以其地 爲 金官郡.[6]

이처럼 여기서도 <率 百姓來降,>라고 하였기 때문에 신라로 와

---

5) 『3국사기』「신라본기」<법흥왕 19년>.
6) 『3국사기』「잡지 제3 지리1」.

서 투항한 것은 분명한 것이다.

뿐만 아니라 『3국유사』「가락국기」(1281~3년경)에는 이를 보다 분명하게 기록하고 있다.

(Ⅱ-5) 泊 新羅 第三十王 法敏 龍朔 元年 辛酉 三月日, 有制 曰, "朕 是 伽耶國 元君 九代孫 仇衡王之 降 于 當國也, 所率來 子 世宗之子, 率友公之子, 庶云 匝干之 女, 文明皇后 寔生 我玆者."[7]

여기서 보면 구형왕이 신라에 투항할 때, <所率來 子>라고 하였기 때문에 신라에 온 것이 확실하다. 또 같은 다음의 기록을 보자.

(Ⅱ-6) 芬芠孝祀, 於是乎 在於我. 自 居登王 即位 己卯年 置 便房, 降及, 仇衡 朝末 三百三十載之中, 享廟禮典, 永無違者, 其乃 仇衡 失位去國, 逮 龍朔 元年 辛酉, 六十年之間, 享是 廟禮, 或闕如也.[8]

여기서 보면 <仇衡 失位去國,>이라고 하여 구형왕이 양국을 하고 나라를 떠났다고 하였기 때문에 신라로 간 것이 맞는 것이다. 계속해서 다음 기록을 보자.

(Ⅱ-7) 仇衡王 金氏. 正光 二年 即位, 治 四十二年. 保定 二年 壬午 九月, 新羅 第二十四君 眞興王, 興兵薄伐, 王 使親 軍卒, 彼衆我寡, 不堪 對戰也. 仍遣同氣 脫知爾叱今, 留在 於國, 王子 上孫 卒支公等, 降入 新羅. 王妃 分叱水爾叱女 桂花, 生 三子, 一 世宗 角干, 二 茂刀 角干, 三 茂得 角干. 開皇錄云, 梁 中大通 四年 壬子, 降于 新羅.[9]

여기서 보면 <仍遣同氣 脫知爾叱今, 留在 於國, 王子 上孫 卒支

---

7) 『3국유사』「가락국기」.

8) 『3국유사』「가락국기」.

9) 『3국유사』「가락국기」.

公等, 降入 新羅.>이라고 하였으므로 <신라에 투항하여 들어간 것>이 분명하며 이 경우 곧바로 신라 밖으로 나와서 가야영역으로 다시 돌아갈 가능성은 거의 없는 것이다.

마지막으로 일연의 사론을 보면 다음과 같다.

(II-8) 議 曰, 案『三國史』仇衡 以 梁 中大通 四年 壬子, 納土投羅, 則計 自 首露 初卽位 東漢 建武 十八年 壬寅, 至 仇衡 末 壬子, 得 四百九十年矣, 若以 此「記」考之, 納土 在 元魏 保定 二年 壬午, 則 更 三十年, 總 五百二十年矣. 今兩存之.[10]

여기서도 <納土投羅,>라고 하였고 또 <納土>라고 하여 신라에 투항하였다고 기록하고 있다. 그리고 같은「왕력」에는 역시 다음과 같이 기록하고 있다.

(II-9) 第十 仇衝王, 鉗知 子, 母 □女. 辛丑 立, 理 四十三年. 中大 通 四年 壬子 納土投羅. 自 首露王 壬寅 至 壬子 合 四百九十年.[11]

여기서도 <納土投羅.>라고 하였는데 역시 양왕이 국토를 바치고 투항하면서 신라로 가지 않기는 어려울 것이다. 물론 한번 더 강조하면 구형왕이 양국후 산청 왕산 수정궁에서 5년을 살다가 붕어하여 이곳에 왕릉을 조성하였다는 것은 최말년에 있을 수는 있겠으나 정치군사역학관계상 매우 어려운 일이라는 것이다. 이렇게『3국유사』「가락국기」(1281~3년경)는 구형왕이 양국을 하고 신라로 입국하였음을 수차에 걸쳐 분명하게 기록하여 강조하고 있다.

이처럼『3국사기』(1145)와『3국유사』(1281~3년경)가 구형왕이 신라에 투항하고 신라로 이주하였음을 분명하게 기록하고 있다.

---

10)『3국유사』「가락국기」.

11)『3국유사』「왕력」.

66

따라서 구형왕이 신라로 와서 杞溪縣에 거주하였다는 『각간선생
실기』의 기록은 신뢰도와 타당도가 높다고 보는 것이다.12)

따라서 김유신 장군의 본가는 杞溪縣이고 김유신 장군은 기계에
서 장성한 杞溪人인데, 『각간선생실기』에서는 김유신 장군이 杞溪
人이라는 기록이 산재하고 있다. 더나아가서 김유신 장군이 부모를
모시고 처음 왕경에 이사한 곳이 <서울 안 송화동(松花洞)>이라고
기록하고 있는데 이곳에 집을 지어준 이가 월성공자 김춘추
(602~61)라고 기록하고 있다.13) 이 송화동이 송화방으로서 현재의
금산재가 있는 송화산 동록 밑일 가능성이 높다. 따라서 처음에 왕
경에 와서 송화동에 살다가 김유신 장군이 고위관직에 오른 후 월
성 서쪽의 재매정택으로 이사를 했을 가능성이 높다. 그리고 말년
에 다시 송화동으로 이사하였을 가능성이 높다. 그리고 또 『각간선
생실기』에서는 송화동의 주택은 나오지만 재매정택은 전혀 나오지
않는다. 이 부분들은 앞으로 더 상세히 연구되어야할 것이다. 또 김
춘추(602~61)가 김유신 장군(595~673)을 천거하였다는 것은 상당히
의문이 될 수는 있으나 여기서는 상론을 줄이기로 하겠다.

이처럼 『각간선생실기』에서는 김유신 장군이 기계인이라는 것을
일관되게 강조하고 있으므로 기계인이 맞다고 본다. 뿐만 아니라
송화동에 거주한다고 기록하면서도 왕경인이라고는 전혀 나타내지
않고 있다. 그리고 논자가 『흥무왕3한전』을 소장하고 있는데 이는
차후의 기회에 연구하기로 하겠다.

---

12) 그런데 구형왕의 아들 김무력이 사탁부 소속이라는 금석문이 있으므로
구형왕도 사탁부 소속일 가능성이 높다는 견해도 있다. 권덕영(2007),
「금관가야 '仇衡王陵' 전승과 역사화 과정」『대구사학』, 제86집, p.29.
그러나 김무력 역시 공을 세운 후 기계현에서 사탁부로 이주하였을 가
능성 등 다면으로 상정해 봐야한다.

13) 朴斗抱 역(1972년 초판, 1974년 3판), 『각간선생실기 - 김유신장군전기 -』,
p.38.

3. 『일월향지』에서 김유신 장군의 탄생지를 기계면으로 기록

더 나아가서 김유신 장군의 본가가 杞溪縣이라는 분명한 기록은 박일천(朴一天 1915~95)의 『日月鄕誌』(1967)에서 찾아볼 수 있는데 여기서는 기계현이 오히려 탄생지로 기록되어있다.

(II-10) 金庾信 將軍의 異說

本郡杞溪面에 自古로 傳來하는 父老相傳之說에 依하면 新羅 三國統一의 名將인 太大角干 金庾信 將軍이 杞溪面 胎生이란 說이 있다. 一說에 依하면 杞溪面縣內洞 舊杞溪市場基 卽舊杞溪面事務所 터가 金將軍의 家邸로서 誕生基라고 하고 一說에는 花岱里(숙띠)에서 誕生하였다고 傳하는데 그 先은 金官國 首露王의 后로 父親은 蘇判金道衍 또는 舒玄이라 하여 代代 杞溪世居 하였다고 傳한다. 新羅眞平王三三年 辛未(西紀六一一年) 金將軍이 十七歲時에 才藝와 勇力과 智略이 出衆함이 國內에 風靡하여 衆望이 높아 金春秋가 來臨하고 龍華香徒 (花郞)에 入籍함을 勸하므로 金公은 快諾하고 同道 서울(金城)로 上京하게 되었는데 奈丹洞 龍山(新羅時代에는 蛇山 或云 沙山이라 稱하였다 함) 에 이르러 龍山峴을 넘을때 범(虎) 한마리가 山中險路에 金將軍 一行의 進路를 가로막고 앉았는지라 金將軍은 金春秋에게 말하기를 내가 登龍門을 열고 壯途에 오르는 이마당에 山虎가 길을 막으니 必是 不吉之兆라 回路하여 后日을 期함이 如何한가 酬議하고 있을 무렵 蛇山頂 上部로 부터 한사람의 壯丁이 내려와 범을 꾸짖어 가로되 너는 山之 英雄이나 禽獸에 不過한 妖物이라 何敢으로 大人의 行次를 가로 막음이 不當하니 退路하라고 大怒 號令하여도 범은 微動치 아니하니 當場 범을 打殺하여 버렸다. 金將軍이 神奇하게 여겨 그대는 어디사는 사람인가 하고 물으니 余沙山之人이라 一言하고 人忽不見하여 짐으로 金將軍 一行이 無事히 上京하여 從軍하고 兩金公이 三國統一 大業을 完遂하는 主體가 되었다 한다. (金南旭公 李錫河 談)[14]

---

14) 박일천(1967), 『일월향지』, 포항로타리크럽주관일월향지편찬위원회, p.185.

　여기서는 김유신 장군의 선조가 대대로 기계세거를 하였다고 하면서 김유신 장군의 탄생지가 <杞溪面 縣內洞 舊 杞溪市場 基 卽 舊 杞溪面事務所 터>라고 하는 부로상전의 설을 기록하고 있다. 여기서 17세까지 장성하다가 금성으로 상경한 것으로 기록하고 있다. 특히 김춘추가 몸소 왕림하여 김유신 장군을 용화향도 화랑으로 초빙해 가는 것은 『각간선생실기』와 같은 기록인데 다만 이 부분은 앞으로 더 연구가 필요하다. 다만 다른 기록에서는 김유신 장군이 15세에 화랑이 되었다고 기록하고 있는데 그것은 화랑의 단계를 의미한다고 본다.

　논자는 현재의 기계면 현내리 구 기계시장에서 구 기계면사무소 터를 방문하여 김유신 장군의 가저터를 확인하였는데 이는 뒤에서 보기로 하겠다.

　그리고 현내리 동북의 화대리가 또 다른 탄생지로 전해진다고 하였다. 화대리의 다른 지명은 숲뒤인데 동숲 뒤에 있는 마을이라는 뜻이며 현지발음으로 숙디, 또는 숙띠라고 한다.

　그리고 용산(307M)은 蛇山(배미산, 또는 沙山)이라고 하는데 김유신 장군을 위해 범을 타살한 사산지인의 전설이 서려있는 웅산이며 현재 현지에서는 배미산(즉 뱀산)으로 주로 부르고 있으며 騎馬와 관련한 지명이 산재하고 있는데 이는 뒤에서 다시 보기로 하겠다.

　그리고 용산에 대해서는 金鎔濟의 『迎日邑誌』「名山」(1929)에는 다음과 같이 기록하고 있다.

　　(Ⅱ-11) **蛇山** 在面東上有羅代胎封也.[15]

　즉 용산 위에 신라 때 왕실의 태를 묻었으므로 胎峯이라고도 한다. 이는 박일천의 『일월향지』(1967)에도 기록이 있다.

---

15) 김용제(1929), 『영일읍지』「명산」.

(II-12) **蛇山** 杞溪面奈丹洞區內에 羅代王室의 胎封地라 傳하며 一
云龍山이라 한다.16)

이처럼 용산은 용처럼 생겨 신라대에서부터 위용이 뚜렷한 명산
이었다. 그리고 봉화를 놓는 산이라고 해서 烽火峯이라고 부르기도
하였다.

그러면 『각간선생실기』에 따르면 구형왕이 532년에 기계현에 이
거를 하였는데 『일월향지』에 따르면 611년에 김유신 장군이 서울로
상경하였으므로 4대에 걸쳐 만 79년을 세거하였다고 볼 수 있다.
물론 김유신 장군이 상경한 후에도 그 집안에서 계속 세거를 하여
후손이 관리를 하였을 것이다.

이처럼 박일천의 『일월향지』(1967)에서 보면 기계현이 김유신 장
군의 탄생지라고 하였으나 다른 기록을 보면 탄생지는 아니고 세거
를 하였는 본가로 이해를 할 수 있다. 그리고 관련된 전설도 많다
는 것을 알 수 있다.

III. 포항시 기계면 현내리의 김유신 장군의 본가터

『일월향지』에 기록된 김유신 장군의 본가터는 구 기계면사무소
(포항시 북구 기계면 현내리 349-2번지)이며 현재는 기계면 생활체
육관이 되어있는데 <사진 3>과 같다.

---

16) 박일천(1967), 『일월향지』, 포항로타리크럽주관일월향지편찬위원회, p.7.

〈사진 3〉 김유신 장군의 본가터
(생활체육관인 뒷쪽 건물, 포항시 북구 기계면 현내리 349-2번지):
구 기계면사무소이며 지금은 리모델링을 한 후 생활체육관이 되어있다.

〈사진 4〉 김유신 장군의 본가터인 구 기계면사무소를 방문한 논자

〈사진 5〉 생활체육관 앞의 기계문화의 집 앞에서 본 기계시가지(서에서 동)

〈사진 6〉 구 기계면사무소로 가는 기계시가지 도로(동에서 서)

〈사진 7〉 기계시장-기계시가지(서에서 동):
좌측의 당산목은 2009년 4월 20일 새로 심은 당산목이고 원래는 수령 3백년된 팽나무가
당산목(고유번호 11-18-8-1-1, 지정일자 1992년 9월 14일, 영일군 기계면 현내1리 484-1)으로
있었는데 2007년 6월 11일 고사하였으며 옛 당산목의 석비가 지금의 당산목 밑에 여전히 있다.

〈사진 8〉 기계시가지 남쪽의 기계시장

　　그런데 『일월향지』(Ⅱ-10)의 기록에서 한가지 의문은 <杞溪面 縣內洞 舊杞溪市場基 卽舊杞溪面事務所 터>라고 하여 <舊 杞溪市場基>가 <卽舊 杞溪面事務所 터>라고 하였다는 것이다. 1967년에 박일천(1915~95)이 <舊杞溪市場基>라고 한 것은 이해하기 어려운데, 현재의 기계시장이 왜정시대부터 현재까지도 같은 자리에 있기 때문에 1967년에 <舊杞溪市場基>가 따로 있기는 매우 어렵기 때문이다. 오히려 1967년 당시에 <現 기계시장>이라고 하는 것이 더 정확하다는 것이다.

　　더욱이 이를 <卽舊杞溪面事務所 터>라고 한 것은 더 이해하기 어렵다는 것이다. 왜냐면 논자가 현장답사와 현지주민 면담을 통해서 백방으로 알아본 결과 <사진 3>의 구기계면사무소가 왜정시대부터 1967년을 거쳐 2002년까지 같은 그 자리에 있었다고 확인하였기 때문이다. 따라서 1967년 당시로서는 역시 <卽舊杞溪面事務所 터>라고 할 것이 아니고 오히려 <現 杞溪面事務所 터>라고 하는 것이 더 정확하기 때문이다. 그러므로 이는 앞으로 더 연구할 부분이지만 현재의 가능성은 1967년 당시에 <舊杞溪市場基>이라고 한 것은 <옛부터 전해 내려오는 전통 기계시장>이라는 뜻이고, <卽舊杞溪面事務所 터>도 <즉 옛부터 내려오는 왜정때의 목조식 기계면사무소의 터>라는 뜻으로 이해하는 것이 타당하다는 것이다. 또 다르게는 1967년 3월 1일 기계면에 기북출장소가 설치된 것이 영향을 준 것이 아닐까하는 추정도 해보는 것이지만 그렇다고 기존의 기계면사무소를 <구기계면사무소>라고 하기는 역시 어렵다고 보는 것이다. 그리고 혹 <舊>字가 誤字로서 2번이나 첨가되었을 가능성도 있지만 역시 가능성은 희박하다고 본다. 그러나 왜 이해하기 어렵게 <舊>字가 2번이나 들어갔는지는 물론 계속 연구할 필요가 있다고 본다.

　　<사진 3>의 <舊 杞溪面事務所 - 생활체육관> 건물은 처음에는 왜정시대부터 내려온 목조식 건축이었는데, 원래의 자리에 1990년

에 신축되었고 지금은 리모델링 후 생활체육관으로 활용되고 있으며, 현재의 기계면사무소는 2002년에 포항시 북구 기계면 현내리 284번지로 신축이전되어 있다.

원래 杞溪縣廳은 신라 때에 문성리의 기성현기(杞城縣基)에 있었는데 신라말 유삼재 아찬이 현내리로 옮겨왔다고 하며 그 이전 장소가 역시 후대의 구기계면사무소라고 알려져있다. 그리고 현내동은 1988년 5월 7일에 현내리로 개정이 되었다.

그러면 김유신 장군 본가터가 신라말에 기계현청이 되고 왜정 때에 다시 구기계면사무소가 된 것이다. 이는 신라말에 김유신 장군 본가터가 기계현청사로 사용될 정도로 주요하였다는 것을 의미하며 이때에도 주위에 김유신 장군의 후손이 살았을 것으로 본다.

따라서 논자는 기계면 전체 위치와 기록으로 봐서, 그리고 신라말 기계현청사가 이전하였고, 또 왜정시대에 그 장소가 구기계면사무소가 되었다는 비중에 비추어볼 때, 현내리 구 기계면사무소 터가 구형왕 이래 김유신 장군의 본가터로서 가장 타당하다고 본다.

즉 금관가야 구형왕이 기계현으로 이주를 하였다면 그 정치적 지위나 경제력으로 보았을 때 현재의 자리에 가저를 신축하는 것이 가장 타당하다고 보기 때문이다. 멀리 서쪽으로 봉좌산(鳳座山 600M), 운주산(雲住山 807M), 어래산(漁來山 444M), 성산(城山 383M) 등이 보이는 이곳은 전략적으로도 신라의 요충지라고 할 수 있다.

Ⅳ. 기계면 화대리(숲뒤): 또 다른 본가터

그런데 『일월향지』(Ⅱ-10)의 기록에서 김유신 장군의 또 다른 본가터(탄생지)로 화대리 즉 숲뒤를 제시하였다. 이곳은 기계면의 동숲(東藪)의 북쪽에 있어서 숲뒤라고 하는데 현내리의 동북쪽에 있고 <사진 9~10>과 같다.

〈사진 9〉 화대리(숲뒤) 전경:
서쪽 두봉산(頭峯山, 237M)과 동쪽 용산 사이에 있는 마을로서
마을 서쪽에 화대천이 흐른다.

〈사진 10〉 화대리(숲뒤)를 방문한 논자

　논자는 용산 서록이 신라 기마훈련장일 가능성이 있다고 보므로 이곳에서 구형왕 이래로 김유신 장군 가문인이 출입을 하고 머무는 건물은 있었을 것으로는 보나 가저는 현내리에 있었다고 보는데 앞으로 더 연구할 바라고 본다.

　그리고 또 두봉산 남쪽 파리골(팔리곡, 팔인곡)이나 용산 서록 옛 공수동에 김유신 장군의 본가가 있었다는 구전도 있는데 역시 같은 이유로 가능성은 낮다고 보지만 앞으로 더 연구할 바라고 본다.

V. 용산의 위용과 신라 기병훈련장의 가능성

　용산은 비록 해발 307M의 작은 산이지만 고인돌이 산재해 있고 용처럼 아주 위용이 있게 솟아있으며 <사진 11>과 같다.

〈사진 11〉 용산의 위용: 멀망 쪽으로 본 모습

그런데 내단2리인 이 산의 서록의 멀망과 남쪽의 안사산(內蛇山) 사이에 말십비알(말집비탈; 말을 사육하는 축사가 있는 경사지대를 뜻함), 마장(馬場)터, 질마(叱馬)들이라는 지명이 남아있다.17) 그리고 王之井(왕걸샘)이 내단2리 마을어귀 도로변에 있는데18) 구전에 의하면 신라 때에 왕이 거동하여 물을 마셨는 샘이다. 따라서 이 용산이 신라의 기병훈련장일 가능성이 있는 것이다.

그러므로 논자는 구형왕 이래 김유신 장군 가문이 기계현에서 세거한 것은 신라 동북의 기계현에서 군사활동으로 외적에 대한 공수(攻守)를 하고 또 신라의 기병을 훈련하는 것을 주요 목적으로 삼았다고 보는 것이다. 이러한 활동으로 기마군단을 형성한 것이 신라에서 가문의 입지를 다지고 김유신 장군이 화랑이 되는 주요 계기가 되었고 동시에 신라가 3국을 통일하는 큰 역할을 하게 되었다고 본다.

VI. 구형왕 가문의 신라 기계현 이주와 신라 기마군단의 관련성

구형왕과 그 가문은 현재의 포항시 북구 기계면 현내리 소재 구 기계면사무소(현 생활체육관)에 이주하여 세거를 하였는데 이는 경주 동북쪽의 군사공수와 동시에 금관가야의 기마군단의 기술을 바탕으로 신라에서 기마군단을 훈련시킬 목적이 있었다고 본다.

물론 신라도 구형왕 이전에 우수한 기마군단이 있었지만 구형왕 가문이 새로이 금관가야의 기마군단의 기술을 전수하고 또 금관국을 식읍으로 하는 강력한 경제력(Ⅱ-3)으로 신라에서 더욱 강력한 기마군단을 형성하였을 것으로 추정하는데 이로써 신라는 3국통일

---

17) 『포항시사』(하)(1999), 포항시사편찬위원회, pp.715~6.
18) 『포항시사』(하)(1999), 포항시사편찬위원회, p.716.

의 원동력인 기마군단을 형성하였고 동시에 구형왕의 후손인 김무력, 김서현, 김유신 장군 가문도 신라에서의 입지가 더욱 탄탄해지고 가문의 번영을 가져왔다고 본다.

이처럼 구형왕이 신라로 이주하였는데 특히 기계현으로 이주를 하였다는 것은 논자가 처음 밝히는 것이다. 이러한 부분은 앞으로 더 연구되어야할 것이다.

Ⅶ. 맺는말

금관가야 구형왕은 양국 후 신라의 기계현으로 이주하여 세거하였으며 따라서 김유신 장군의 본가는 현재의 포항시 북구 기계면 현내리 구기계면사무소 터이며, 현재 생활체육관 건물이 있는 터(기계면 현내리 349-2번지)로 추정한다.

지금까지는 김유신 장군을 왕경인으로 보았지만 논자의 이 연구로 기계인이라는 것이 여러 기록과 구전, 전승으로 충분히 변증된다고 본다.

김유신 장군이 기계인이며 기계현에 세거하였다는 것은 단순히 세거하였다는 것 이상의 의미를 가지는데 이곳에서의 여러 지명으로 추정할 때 구형왕 이래 김유신 가문이 신라 동북방인 기계에서 군사공수활동과 동시에 신라 기마군단을 훈련시켜 강력한 기마군단을 형성하였다고 볼 수 있다. 이러한 군사활동으로 양왕의 후손인 김유신 장군 가문의 입지가 탄탄해졌다는 것과, 동시에 신라 3국통일의 원동력인 강력한 기마군사력을 배양하였다는 것을 알 수 있으므로 역사적 의의가 매우 크다고 본다.

그러므로 이제는 생활체육관건물을 <김유신 장군 본가 기념관>으로 조성하는 것이 권고될 수 있다고 본다.

역사는 구전과 전승으로 전승되는 것이 더 원형적이고 직접적이고 주요할 때가 있다. 김유신 장군은 위대한 명장으로서 많은 기록과 구전, 전승을 남기고 있다. 이를 연구하여 김유신 장군과 3국통일의 정신을 현창하는 것은 현대에서도 매우 주요하다.

참고문헌

권덕영(2007), 「금관가야 '仇衡王陵' 전승과 역사화 과정」 『대구사학』, 제86집.

김부식 등(1145), 『3국사기』.

김용제(1929), 『영일읍지』.

朴斗抱 역(1972년 초판, 1974년 3판), 『각간선생실기 - 김유신장군전기 -』, 을유문고 86, 서울:을유문화사.

박일천(1967), 『일월향지』, 포항로타리크럽주관일월향지편찬위원회.

이강식(1998a), 「화랑도조직의 이론과 실천」 『경영학연구』, 제27권 제1호(1998. 2.), 한국경영학회.

이강식(1998b), 「선도신모가 화랑도조직의 기원이라는 변증」 『신라학연구소논문집』, 제2집(1998. 12.), 위덕대학교 신라학연구소.

이강식(1999a), 「원종흥법 염촉멸신과 알공의 이국의 대의 : 신라정부조직의 조직적 의사결정과정」 『경주문화논총』, 제2호(1999. 12.), 경주문화원 향토문화연구소.

이강식(1999b), 「사다함 풍월주의 화랑도조직경력」 『경주문화』, 제5호(1999. 12.), 경주문화원.

이강식(2000a), 「헌강대왕의 깨달음의 종교로서의 풍류도 : 화랑도조직의 종교의 본질」 『경주문화논총』, 제3호(2000. 12.), 경주문화원 향토문화연구소.

이강식(2000b), 「『화랑세기』에 기록된 화랑도조직의 3신5제조직구조」 『신라학연구』, 제4집(2000. 12.), 위덕대학교 신라학연구소.

이강식(2001), 「『화랑세기』를 중심으로 본 신라 천신교와 신선합일 조직사상에서 형성한 화랑도조직의 창설과정」 『경주문화논총』, 제4호(2001. 12.), 경주문화원 향토문화연구소.

이강식(2002a), 「월지궁-안압지-임해전의 문화마케팅전략구축」 『경주문화논총』, 제5호(2002. 12.), 경주문화원 향토문화연구소.

이강식(2002b), 「고조선의 국가정통성을 계승한 신라」 『신라학연구』, 제6집(2002. 12.), 위덕대학교 신라학연구소.

이강식(2002c), 『도덕경의 경영학』, 경주 : 환국.

이강식(2003), 「박혁거세거서간 신궁과 오릉, 알영정의 문화마케팅전략구축」 『경주문화논총』, 제6호(2003. 12.), 경주문화원 향토문화연구소.

이강식(2004), 「신라 요석궁에 건립한 국학을 계승한 경주향교」 『비화원』, 제4호, 안강문화연구회.

이강식(2006), 「양동마을의 문화마케팅전략구축」 『경주문화논총』, 제9집, 경주문화원 향토문화연구소.

이강식(2008), 「김알지 대보의 계림에서의 탄강지점과 가위돌의 발견, 묘소의 탐색, 그리고 세조대왕으로의 추존에 관한 연구」 『비화원』, 제8호, 안강문화연구회.

이강식(2009), 「월정교를 홍교로 기록한 김극기 시의 연구」 『비화원』, 제9호, 안강문화연구회.

이강식(2010), 「獨山의 발견: 내물왕 등이 왜구를 물리친 곳이며 선덕여왕의 지기3사에 기록된 神光의 산」 『경주문화논총』, 제13집.

일연(1281~3년경), 『3국유사』.

『포항시사』(하)(1999), 포항시사편찬위원회.

황경원(1752), 「왕산 흥무왕 사대비명 병서」.

『흥무왕3한전』.

(Ⅲ-17-22)
비화원, 제11호, 2011.11.

처용랑의 월명항과 월명사의 월명리

이 강 식*

≪ 차 례 ≫

Ⅰ. 첫말

처용랑은 국선화랑으로 왕위에 오른 경문대왕(재위 861~75)의 아들인 헌강대왕(재위 875~86)이 879년(또는 즉위 원년인 875년)에 지방인 울주에서 발탁하여 첫 임용에서 6두품의 끝 관등이지만 급간(9급)이라는 비교적 높은 관등에 곧바로 중용을 하고, 심하게 아름다운 미녀를 처로 주었고, 아마도 주택도 제공하였을

---

* 경주대 교수

44

것으로 보이는데, 왕경에 거주하게 하면서까지, 파격적인 대우를 하면서 왕정을 보좌하게 한 인물이다.[1] 오늘 날로 보아도 슈퍼급 인재에 해당하는 엄청난 대우를 받은 매우 뛰어난 인재인 것이다. 그러나 비교적 같은 시기의 최치원(857~923?)이 신화적인 요소가 있음에도 불구하고 6두품의 첫 관등인 아찬(6급)을 받은(894) 매우 현실적인 인물로 기록되어있는데 비해 처용은 매우 현실적인 인물인데도 심하게 신화적인 인물로 기록되어있어서 거의 비현실적인 인물로까지 보이고 있다. 처용이나 최치원은 다같이 6두품이며 처용은 9급을 제수 받았는데 6급을 제수받은 최치원보다 불과 15년 전인데도 이 같은 차이가 나는 것이다. 달빛에 물들면 신화가 되고 햇빛에 비치면 역사가 된다는 것인가? 더욱이 처용은 신라하대의 인물인데 왜 그렇게까지 신화화, 신격화되었는지, 오히려 이해하기가 어려울 정도이다. 그래서 그런지 『처용가』까지도 너무 신화적으로만 해석이 되고 있다. 그러다 보니 『처용가』의 역사현장인 월명항도 매우 불분명한 것처럼 얘기되며 찾지를 못하거나 안하고 있다. 『처용가』에 대해서 그 많은 연구가 있었지만 정작 월명항에 대해서는 전혀 연구가 없는 것이다. 그러나 처용이 인간적인 깊은 고뇌를 담고 때로는 해학적으로, 때로는 비장하게 보이는 『처용가』를 부르며 춤을 춘(唱歌作舞) 주택과 월명항은 비교적 분명하게 그 일대를 찾을 수 있다. 물론 장소를 특정하기는 현재로서는 어렵지만 그 일대는 기록상으로 분명하게 추정할 수 있다.

이와 동시에 처용의 월명항과 혼동을 일으키기까지 하는 월명사의 월명리도 같이 연구를 하기로 한다. 월명사는 경덕대왕(재위 742~65) 때의 인물(760)로서 처용보다 등장시기로도 119년이나 앞서는 인물이지만 처용의 월명항은 신라 초기의 금성과 관련이 있기 때문에 먼저 보기로 하는 것이다. 이 부분은

---

1) 이강식(2000), "헌강대왕의 깨달음의 종교로서의 풍류도: 화랑도조직의 종교의 본질," 『경주문화논총』, 제3집, 경주문화원 향토문화연구소, pp.6~32.

월명사께 양해를 구하는 바이다. 월명사가 일찍이 달밤에 피리를 부르며 가니 달이 피리소리에 취해 가는 것을 멈추었다(明常居四天王寺, 善吹笛. 嘗月夜吹過門前大路, 月馭爲之停輪.)는 월명리는 4천왕사 앞에 있으므로 비교적 찾기가 쉬운 곳이다. 물론 장소를 특정하기는 어려우나 대체로 그 일대는 찾을 수 있다.

따라서 이 연구의 목적은 처용의 월명항과 월명사의 월명리의 역사현장을 찾고자 하는 것인데, 그러나 처용의 월명항을 찾으려고 하면 금성을 동시에 찾아야하므로 금성의 역사현장도 같이 찾고자하는 것이다.

이러한 연구로 처용의 월명항과 월명사의 월명리 일대의 위치를 보다 분명하게 확인하여 신라사연구에 깊이를 더하고 역사현장연구와 신라문화마케팅전략의 구축에 기여하기를 바라는 것이다.

Ⅱ. 처용랑의 月明巷

처용은 직접 표현되어있지는 않지만 김부식(1075~1151) 등의 『3국사기』「신라본기」<헌강왕 5년>(879)(Ⅱ-1)에 기록되어있는데 여기서 이미 <山海精靈>으로 오인되어있다. 그러면 신라 하대의 헌강대왕이 산해정령을 급간(9급) 공무원으로 임명(879)했단 말인가? 그런 것은 아니고 처용이 신이하게 보였다는 것이다. 이는 계속해서 보기로 하자.

(Ⅱ-1) 三月, 巡幸國東州郡, 有不知所從來四人, 詣駕前歌舞. 形容可駭, 衣巾詭異, 時人謂之山海精靈(『古記』謂 王卽位元年事.).2)

처용은 일연(1208~89)의 『3국유사』「처용랑 망해사」(1281~3년경)에 보다 자세하게 나온다.

---

2) 『3국사기』「신라본기」<헌강왕 5년>(879).

(Ⅱ-2)「處容郎 望海寺」

第四十九憲康大王之代, 自京師至於海內, 比屋連墻無一草屋, 笙歌不絶道路. 風雨調於四時. 於是大王遊開雲浦(在鶴城西南今蔚州.). 王將還駕. 晝歇於汀邊. 忽雲霧冥㙮. 迷失道路. 怪問左右. 日官奏云, "此東海龍所變也. 宜行勝事以解之." 於是勅有司, 爲龍刱佛寺近境. 施令已出, 雲開霧散. 因名 開雲浦. 東海龍喜, 乃率七子現於駕前, 讚德獻舞奏樂. 其一子隨駕入京, 輔佐王政. 名曰 處容. 王以美女妻之, 欲留其意. 又賜級干職. 其妻甚美. 疫神欽慕之. 變爲人, 夜至其家, 竊與之宿. 處容自外至其家, 見寢有二人. 乃唱歌作舞而退. 歌 曰, 「東京明期月良夜入伊遊行如可入良沙寢矣見昆脚烏伊四是良羅二肹隱吾下於叱古二肹隱誰支下焉古本矣吾下是如馬於隱奪叱良乙何如爲理古.」 時神現形, 跪於前 曰, "吾羨公之妻, 今犯之矣. 公不見怒, 感而美之. 誓今已後, 見畫公之形容. 不入其門矣." 因此國人門帖處容之形, 以僻邪進慶. 王旣還. 乃卜靈鷲山東麓勝地置寺. 曰 望海寺, 亦名 新房寺. 乃爲龍而置也. 又幸鮑石亭, 南山神現舞於御前. 左右不見. 王獨見之. 有人現舞於前. 王自作舞. 以像示之. 神之名或曰 祥審. 故至今國人傳此舞. 曰 御舞祥審. 或曰 御舞山神. 或云, 旣神出舞 審象其貌. 命工摹刻. 以示後代. 故云 象審. 或云 霜髥舞, 此乃以其形稱之. 又幸於金剛嶺時. 北岳神呈舞, 名 玉刀鈐. 又同禮殿宴時, 地神出舞, 名 地伯級干. 『語法集』云, 于時山神獻舞. 唱歌 云, 「智理多都波都波等者.」 盖言以智理國者. 知而多逃. 都邑將破云謂也. 乃地神山神知國將亡. 故作舞以警之. 國人不悟. 謂爲現瑞. 耽樂滋甚. 故國終亡.[3]

　　이 「처용랑 망해사」(Ⅱ-2)의 자세한 분석은 논자의 앞의 논문을 참고하기 바라며 여기서는 진골이 아닌 처용이 6두품이 임

---

3)『3국유사』「처용랑 망해사」. 이 연구에서는 처용랑과 처용을 같이 쓰기로 한다.

용될 수 있는 급간(9급)에 임용되어 왕경에서 왕정을 보좌한 실제 인물로서 <唱歌作舞而退.>하였다는 것을 강조하고자 한다. 급간이 6두품의 마지막 관등이기는 하나 <山海精靈>으로 오인까지 되는 지방민인 처용이 첫 발령에서부터 비교적 높은 관등을 바로 제수받았다는 것이다. 그것은 처용이 매우 우수한 인물이라는 것을 알게 해 준다. 더 나아가서 『처용가』 자체는 전혀 신이함이 없고 지극히 인간의 노래라는 것이다. 그런데 이 노래를 둘러싼 해석이 기이하게도 모두 신이하게 되었다.

그런데 처용이 가무를 한 왕경 속의 지명이 월명항이라는 것은 『3국유사』에서 나오지 않는다. 이 월명항은 실로 『동국여지승람』(1481)에서 나오는 것이다. 이제 이를 살펴보기로 하자.

〈사진 1〉 경주엑스포공원에 건립된 「처용가 향가비」(2000 건립)

Ⅲ. 신라 금성과 월명항의 역사현장을 찾아서

1. 금성과 월명항의 위치

그러면 먼저 『동국여지승람』「경상도 경주 고적」<월명항>(1481)

48

의 월명항 기록을 보자.

(Ⅲ-1) 月明巷 在 金城 南. O 新羅 憲康王 遊 鶴城 至 開雲浦, 忽有 一人 奇形詭服, 詣 王前 歌舞贊德, 從王 入京, 自號 處容. 每月夜 歌舞 於 市, 竟不知所在, 時以爲神. 其 歌舞處 後人 名 爲 月明巷. 因 作 處容歌・處容舞 假面 以 戲. O 李齊賢 詩「新羅昔日處容翁, 見說來從碧海中. 見齒嚬脣歌月夕, 鳶肩紫袖舞春風.」O 李詹 詩「滿川月明夜悠悠, 東海神人下市樓. 路闊可容長袖舞, 世平宜掛百錢遊. 高蹤縹緲歸仙府, 遺曲流傳在慶州. 巷口春風時一起, 依然吹動插花頭.」[4]

이렇게 처용이 가무를 한 월명항은 금성 남쪽의 시장에 있다는 것이다. (Ⅱ-1)과 (Ⅲ-1)을 같이 보면 처용은 집안에서 처용가무를 하였고 또 집밖인 시장에서도 처용가무를 하였는데, 그 시장일대를 월명항이라고 하였으므로 처용의 집도 시장과 연접하여 월명항 내에 있다는 것을 알 수 있다. 처용은 헌강대왕이 중용을 하여 일거에 6두품에 임명하였으니 계림 왕경에 주택을 마련하여 주었고 심한 미인을 처로 맺어주었는데 그곳은 바로 왕경 번화가인 금성 남쪽이라는 것이다. 항(巷)의 사전적인 뜻은 <거리 항, 마을 또는 시가 안의 길>이니 당시 신라의 최전성기에 금성 남쪽의 시장이면 매우 번화가인 것이다. 그리고 월명항에 대해 고려 후기의 이제현(1287~1367)과 고려 말 조선 초의 이첨(1345~1405)이 시를 지을 정도로 유명했다는 것이다. 조선 초까지도 월명항이 명성을 유지하여 유명 시인이 시를 지었다는 것이다. 그러나 처용을 대체로 동해의 신인으로 보고 있는 것이다.

---

4) 『동국여지승람』「경상도 경주 고적」<월명항>(1481). 이하 <경상도 경주>는 생략.

그러면 금성은 어디인가? 그런데 반월성은 실물이 남아있어서 그런지 연구가 많이 되고 있는 듯 하나 금성은 기이하게도 연구가 제대로 되지 않고 금성의 위치에 대해서도 매우 구구한 설이 많다.[5] 그러나 기록상으로는 분명하다고 본다. 이 연구에서는 금성에 대한 기록을 위치추정에 필요한 부분만 먼저 보도록 하겠다. 먼저 『3국사기』「신라본기」<혁거세거서간 21년, 26년>(-37, -32)의 다음 기록을 보자.

(Ⅲ-2) O 二十一年, 築京城, 號曰, 金城.[6]

(Ⅲ-3) O 二十六年, 春正月, 營宮室於 金城.[7]

이처럼 혁거세거서간(재위 -57~4)이 -37년에 경성에 금성을 건축하였고 5년 뒤인 -32년에 궁실을 금성에 영조하였다. 금성은 이름 그대로 하면 <황금으로 장식한 성>이므로 황금치장을 하여 매우 성대하게 건축하였을 것이다. 이는 서천교인 천경림 흥륜사 서쪽의 금교(金橋)도 마찬가지이다. 금교도 이름 그대로 <황금다리>이므로 경성의 관문다리로서 황금치장을 하여 매우 화려하였을 것이다. 이는 신라왕이 금관과 각종 금장식으로 치장을 한 것과 같다. 그런데 천신교에서는 황금을 숭배하는데 이는 단순히 화려한 것을 숭배하는 것이 아니고 신라왕이 금인(金人)이라는 천신교의 교리를 구현하기 위한 것으로 본다. 그리고 금은 태양을 상징하므로 금성은 일성(日城)으로서 시조 박혁거세거서간 신라왕이 태양왕인 일광지신(日光之神)이라는 것을 나타내는 것이다. 이 부분은 논자의 기존의 연구를 참고하기 바란다. 따라서 일성과 월성이 짝을 이루어 신

---

5) 황보은숙(2009), "금성의 위치비정," 『신라문화』, 제34집, pp.161~91.
6) 『3국사기』「신라본기」<혁거세거서간 21년>(-37).
7) 『3국사기』「신라본기」<혁거세거서간 26년>(-32).

라왕이 일월왕이라는 것을 나타내는 것이다. 이는 일정교와 월 정교의 의미와 같다. 그러면 금성의 위치를 알기 위해 『3국사 기』「신라본기」<아달라니사금 7년>(160)의 다음 기록을 보자.

(Ⅲ-4) ○ 七年, 夏四月, 暴雨, 閼川 水溢, 漂流人家, 金城 北門 自毁.[8]

이렇게 알천이 홍수가 나서 물이 넘쳤을 때, 인가가 표류하고 금성의 북문이 저절로 무너졌다고 하므로 금성은 알천의 남쪽에 있는 것이다. 이 경우 알천을 북천으로 보고 현재의 북천과 위치가 크게 변동이 없다면 금성의 위치도 보다 분명해지는 것이다. 즉 금성이 북천의 남쪽에 있다는 것이다. 그것은 이 알천이 금강산과 경주시가지 사이의 협소한 지형에 있으므로 위치가 변동된다고 해도 크게 변동될 것은 없기 때문이다. 물론 사례가 있듯이 장구한 세월동안 물길이 바뀔 수는 있고, 만의 하나 북천의 물길이 바뀌어 후일 금성의 일부 또는 전부를 관통하였을 가능성도 있으나 그렇다고 해도 위치가 별반 차이는 없다는 것이다. 그러나 이처럼 북천 남쪽에 가까이 있는 금성은 홍수피해가 많았을 것으로 보이고 그것이 만월성과 함께 유적이 훼손된 원인이 될 수 있다고 본다. 뿐만 아니라 금성은 평지의 토성으로서 높이가 낮아서 그런지, 아니면 화려해서 그런지 왜적 등의 침략을 많이 받았는데 그것이 월성을 건축하고 이주하게 된 주요 원인이라고 본다. 그러나 『동국여지승람』「경상도 경주 고적」(1481)과 김정호(金正浩 1804?~1866?)의 『대동여지도』(1861)에까지 금성과 만월성이 분명하게 나오기 때문에 완전 훼손되었을 가능성은 별로 없다고 본다. 훼손이 되어도 근대에 와서 된 것이라고 본다. 그러면 『3국사기』「잡지 제3」<지리1>(1145)을 보자.

---

8) 『3국사기』「신라본기」<아달라니사금 7년>(160).

(Ⅲ-5) 初 赫居世 二十一年, 築宮城, 號 金城. 婆娑王 二十二年 於 金城 東南, 築城, 號 月城, 或號 在城, 周 一千二十三步. 新 月城 北有 滿月城, 周 一千八百三十八步. 又 新月城 東 有 明活 城, 周一千九百六步. 又 新月城 南有 南山城, 周 二千八百四步. 始祖 已來處 金城, 至後世多處 兩 月城.[9]

여기서 보면 혁거세왕 21년(-37)에 금성을 건축하였고 파사왕 22년(101)에 월성을 건축하였는데 그 위치가 금성의 동남이라는 것이다. 그러면 당연히 금성은 월성의 서북에 있는 것이다. <u>즉 북천 남쪽, 월성 서북에 금성이 있는 것이다.</u> 그리고 신월성의 북쪽에 만월성이 있고, 신월성의 동쪽에 명활성이 있다는 것이다. 그러므로 월성의 신라 때의 다른 이름은 <u>신월성</u>이라는 것을 알 수 있다. 물론 신라 때에 반월성도 썼을 가능성은 있으나 월성은 엄격히 말하면 초승달과 같기 때문에 <u>신월성</u>이 정확한 표현이고 반월성은 조금 다른 모양인 것이다. 그러므로 신월성과 만월성이 초승달과 보름달로서 짝이 되는 것이다. 또 금성이 일성으로 짝이 되는 것이다. 이는 모두 하늘의 천체를 지상에 구현한 것으로서 천신교의 교리에 따라 축조한 것이다. 명활성도 그 이름으로 보면 하늘의 주요 별자리를 나타낸 것으로 본다. 그리고 남산성과 함께 모두 5개의 성을 기록하고 있다. 경성의 가장 주요한 성을 5개로 기록한 것이다. 5는 5帝사상을 나타냈을 가능성이 있다.

그리고 초기에는 금성에 왕이 거처하였으나 후세에는 신월성, 만월성 두 성에 많이 거처하였다고 한다. 그러나 만월성은 현재 아무 연구도 없는 실정이다. 그것은 차후에 연구할 기회가 있기를 바라면서, 그러면 금성에 대한 『동국여지승람』「고적」 (1481)에 기록된 각 성의 기록을 보자.

---

9) 『3국사기』「잡지 제3」<지리 1>.

(Ⅲ-6) 金城 在 府 東 四里 始祖 赫居世 時 所築 土城, 周 二千四百七尺.

月城 在 府 東南 五里 破娑王 二十二年 築之 形如 半月 故名, 土築, 周 三千二十三尺(탈해왕 고사 및 이인로 시 생략).

滿月城 在 月星 北 土築, 周 四千九百四十五尺.

明活城 在 月城 東 新羅 慈悲王 移居 于此 石築, 周 七千八百十八尺.

南山城 在 月城 南 土築, 周 七千五百四十四尺.

關門城 在 府 東 四十五里 石築, 周 六千七百九十九尺 今廢.[10]

이처럼 경주의 성을 금성, 월성, 만월성, 명활성, 남산성, 관문성 6성의 순서로 분명하게 기록하고 있는데 특히 5성까지는 『3국사기』(Ⅲ-5)와 정확하게 일치한다. 이는 조선 초기의 기록이며 이 기록이 결국은 경주의 유가지식인이 신라의 전통을 이어 관찬으로 기록한 것이기 때문에 매우 분명하다는 것이다. 여기서 보면 금성이 부의 동쪽 4리에 있다고 했는데, 부는 경주부로서 경주고려읍성(사적 제96호)을 말하는 것이므로 이 위치는 분명하다는 것이다. 또 월성이 경주고려읍성(사적 제96호)의 동남 5리에 있다고 했으므로 결국 금성이 월성의 서북에 있다는 뜻이 되므로 이는 『3국사기』「잡지 제3」<지리1>(Ⅲ-5)과 정확하게 일치한다는 것이다. 금성은 부의 동쪽 4리에 있고 월성은 부의 동남쪽 5리에 있으므로 결국은 금성이 반월성의 서북쪽에 있다는 것이다. 물론 반월성의 서북쪽이기는 하나 북쪽이나 마찬가지인 것이다. 그러므로 금성이 경주고려읍성(慶州府)에서 북천을 넘어 북쪽의 황성동에 있을 하등의 이유가 없는 것이다. 다만 북천의 위치에 따라 금성이 조금 남북으로 변동이 있을 가능성은 있을 수도 있다는 것이다. 그러나 그렇다하더라도

---

10) 『동국여지승람』「고적」.

그 변동폭은 얼마 되지는 않을 것이다.

그러면 이 위치는 어디인가? 즉 부의 동쪽 4리이면서 월성의 서북쪽은 어디인가? 그것은 결국 현재 경주 성동동 전랑지(慶州城東洞 殿廊址)(사적 제88호)의 위치로 비정할 수 있다. 조금 달리 보면, 경주역의 동쪽에서 전랑지 사이의 북천 남쪽에 금성이 있었을 가능성이 매우 높다. 그렇게 보면 물론 현재의 전랑지와 일부 겹칠 수도 있다. 다시 한번 강조하면 기록상으로는 경주역의 동쪽과 전랑지 일대가 금성의 위치로 가장 타당하다는 것이다. 그러면 현재의 전랑지 일부 또는 전체가 금성의 터 위에 세워진 것으로 볼 수 있는 가능성도 있는데 그것은 앞으로 더 발굴하고, 연구해 보아야할 것이다. 기록으로 비교적 정확하게 위치를 추론하였으니 유물은 발굴하면 나올 것이다. 이론이 관찰에 선행하기 때문이다. 그런데 전랑지는 현재 발굴 결과로는 통일신라시대의 건물터로서 건물터의 성격은 알 수 없으나 관청이나 귀족의 저택이었을 것으로 짐작되는 유적이라는 것이다. 또 다르게는 통일신라시기의 궁전으로 보는 것이다. 그러면 전랑지에서 현재 통일신라시대의 건물터가 발굴된 것이라면, 경주역 동쪽 일대에서 금성의 유적이 나올 가능성도 있는 것이다. 아니면 전랑지의 북편과 옛 북천의 남쪽에 금성이 있었을 가능성도 배제할 수는 없다. 항상 가능성은 다양하게 봐야하는 것이다. 따라서 논자는 성동동 전랑지 이 부근의 월명항에 처용의 주택이 있었을 것으로 본다.

그러면 월명항은 어디인가? 월명항은 처용의 저택이 있는 곳이고 금성의 남쪽 시장이며 번화가이며 동시에 반월성의 북쪽에 있다는 것이다.

이를 고지도로서 보자. 먼저 『동여비고(東輿備攷)』(17C 후반, 보물 제1596호)를 보면 <사진 2>와 같은데 처용의 월명항이 기록되어 있다.

<사진 2> 『동여비고』(17C 후반): 알천 남쪽의 금성과 반월성 사이에 월명항이
보인다. 다만 만월성과 명활성의 위치가 다르게 되어있는 등 변형이 있
으나 그러나 월명항은 위치가 기록과 일치하여 정확하다고 본다.

그리고 김정호(金正浩 1804?~1866?)의 『대동여지도』(1861, 보
물 제850호)를 <사진 3>으로 보면 경주 4성의 위치가 기록과
정확하게 부합하며 이때까지도 경주에는 4성이 분명하게 존재
하였다는 것이다.

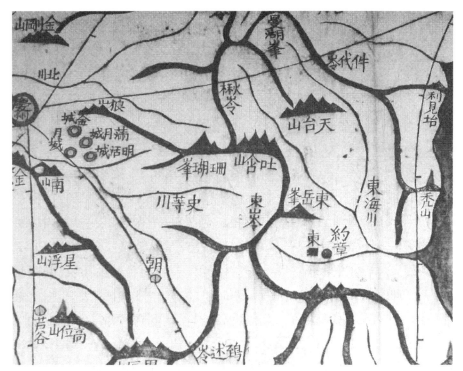

<사진 3> 『대동여지도』(1861): 북천의 남쪽에 금성이 있고 남천의 북쪽에 월성
이 있으므로 월명항은 이 사이에 있다. 4성이 기록과 완전 일치하며,
특히 금성이 현재의 전랑지 위치에 있다.

『대동여지도』(1861)에서 보면 금성이 현재의 성동동 전랑지
위치에 있음을 분명하게 알 수 있다. 이것이 논자의 주요 결론
중의 하나이다. 따라서 월명항은 금성과 월성 사이에 있는데,
특히 금성의 남쪽에 있는 것으로서 월명항 자체는 굳이 월성의
약간 서북쪽에 있을 것은 아닌 것이다. 만약 금성 남문 밖에
있다고 했다면 월성의 약간 서북쪽에 있을 가능성도 있으나 금
성의 남쪽이라면 금성의 토성벽의 남쪽이기 때문에 월명항 자
체는 월성의 정북쪽에 있을 수도 있는 것이다. 그러면 금성의
남문, 즉 남단과 월성의 북문, 즉 북단을 추정해야하는 문제가
있다. 그러면 대체로 경고사거리(양정로와 원효로의 교차로) 일
대에 월명항이 있을 것으로 추정할 수 있다. 이제 월명항의 현
장을 찾아가보기로 하자.

2. 월명항의 역사현장

처용의 월명항을 특정하기는 어렵지만 지금까지의 논자가 앞에서 논증한 것처럼 그 일대를 찾는 것은 충분히 가능하다. 지금까지 논자가 논증한 것을 종합하면 월명항은 금성의 남쪽에서 반월성의 북쪽을 잇는 대로에 있다. 처용이 춤을 춘 월명항은 동경의 많은 사람이 볼 수 있는 대로의 시장번화가일 것이므로 당시의 최대의 번화가는 바로 금성과 반월성을 잇는 주작대로이기 때문이다. 꼭히 주작대로가 아니더라도 금성과 월성을 잇는 주작대로와 같은 중심축선인 것은 사실이다. 물론 일연의 『3국유사』(Ⅱ-2)에 따르면 처용가무를 한 곳은 처용의 집(處容自外至其家, 見寢有二人. 乃唱歌作舞而退.)이지만 그러나 『처용가』에 따르면 이미 <東京明期月良夜入伊遊行如可入良沙寢矣.>라고 하여 밖에서 <遊行>을 하고 왔다는 것이다. 물론 <유행>이라고 해서 단순히 달밤에 가무를 즐기고 논다는 것이 아니고 제사나 수련의 방법이었을 것으로 본다. 그러므로 즉 밖에서 <유행>을 한 장소가 월명항이 되는 것으로 볼 수 있다. 이는 『동국여지승람』(Ⅲ-1)에서 <每月夜歌舞 於 市,>하여 市를 월명항이라고 하였기 때문에 비교적 일치하는 것이다. 이첨의 시에서도 <東海神人下市樓. 路闊可容長袖舞,>(Ⅲ-1)라고하여 이를 충분히 뒷받침하고 있다. 이첨은 직접 이 월명항 시루를 방문하고, 더욱이 번화가인 <路闊>을 보고 시를 지은 것으로 보인다. 그런데 신라의 시장이라면 소지마립간 12년(490)에 수도 경주에 설치된 경사시(京師市)가 있다.11) 이 경사시에서 처용이 가무를 했을 가능성도 있지만 처용의 등장(879) 후 389년이 지났고 통일 신라의 최번성기가 되었기 때문에 금성에 다른 시장이 생겼을 가능성이 많아서 더 연구할 과제이다. 물론 대표적인 시장으로서 경사시에서 처용이 노래를 하고 춤을 추었을 가능성이 충분히 있다. 논자는 경사시가 매우 맞을 것으로 보지만 그

---

11) 『3국사기』「신라본기」<소지마립간 12년>(490).

러나 이는 계속 연구해야할 과제이다. 그러나 처용이 가무를 한 주택과 시장은 가장 번화가에 있다고 봐야하므로 금성과 월성을 잇는 주작대로에 있었을 것이다. 또 한가지는 이처럼 금성 남쪽과 월성 북쪽 사이에는 시장이 있을 만큼 공간이 멀리 떨어져 있다는 것이다. 이 부분은 논자가 금성이 북천의 남쪽에 있다고 보는 것과 일치하는 것이며 혹자의 견해처럼 첨성대 주변이 금성이라고 보기는 매우 어렵다는 것이다. 첨성대는 반월성 궁내인 것이다.

또 금성 남쪽이라고 하였으므로 이는 금성 남쪽과 반월성을 잇는 주작대로가 맞는 것이다. 처용이 시장인 월명항과 집에서 처용가무를 했는데 그 월명항과 집은 이 금성 남쪽의 주작대로에 있었을 것으로 본다. 다만 금성이 월성의 서북쪽에 있으므로 주작대로가 비스듬할 수도 있지만 그러나 금성도 방리제에 의한 계획도시이므로 그럴 가능성은 거의 없고 일단 직선으로 가서 금성 남벽에서 90도로 꺾어져 남문으로 연결될 수도 있다. 그러나 그것은 큰 문제는 아니다. 왜냐면 어쨌든 번화가는 주작대로이고 금성과 월성이 크게 빗겨 있지 않기 때문에 비스듬한 사선도로나 직선도로나 거리에서 큰 차이는 없기 때문이다. 즉 <u>월명항은 주작대로 일대에 있는 것이다.</u> 금성 남쪽, 월성 북쪽의 주작대로는 현재 위치로서는 <사진 4~5>의 양정로이다.

〈사진 4〉 경고사거리에서 반월성 쪽의 양정로: 북에서 남

58

<사진 5> 경고사거리에서 전랑지 쪽의 양정로: 남에서 북

이 금성과 월성을 잇는 양정로가 신라의 옛 주작대로를 이어 건설된 것이라면 이 도로에 월명항이 있었을 가능성이 가장 높다. 그런데 반월성의 중앙에서 북쪽으로 중심축선을 그으면 주작대로는 대체로 선덕여고 동쪽 담장과 경주중고등학교 서쪽 담장을 지나가게 된다. 그러나 월명항은 월성의 서북쪽에 있는 금성 남쪽에 있으므로 경주중고등학교 서쪽 담장보다 조금 더 서쪽에 있는 경고사거리 일원으로 상정해도 무방하다고 본다. 이 경우에도 현재의 양정로는 그 당대에 주작대로와 같은 번화가였을 것이다. 그러면 금성의 남단과 월성의 북단을 확인해야 하나 그것은 현재로서는 더 연구가 필요하다. 그러나 금성은 주위가 2천4백7척이고 월성은 주위가 3천2십3척으로서 월성이 약 1.5배정도로 크다. 그러므로 월명항은 양정로의 보다 북쪽에 있으며, 그리고 금성 남쪽이라고 했으므로 월명항이 보다 더 금성 쪽에 가까이 있다는 것이다. <u>그러므로 논자는 월명항의 위치는 잠정적으로는 경고사거리 일대일 것으로 추정하는 것이다.</u> 즉 현재로서는 경고사거리 일원이 처용의 월명항에 가장 부합하다고 추론하는 것이다. 이것이 월명항에 대한 논자의 주요 결론이다. 앞으로 도로명을 월명항길, 처용길로 바꾸고 문화마케팅전략을 구축하는 것이 타당하다고 본다.

〈사진 6〉 경고사거리에서 경주고, 분황사 쪽의 원효로: 서에서 동.
중심축선이 보다 동쪽에 있었을 가능성도 있다.

〈사진 7〉 경고사거리에서 시내 쪽의 원효로: 동에서 서

〈사진 8〉 월명항 일대로 추정되는 경고사거리를 방문한 논자: 남에서 북

60

〈사진 9〉 경주 성동동 전랑지(사적 제88호):
이 전랑지 일대에 금성이 있었을 가능성이 있다.

그리고 처용이 신화적인 인물로 기록된 것은 국선화랑 경문 대왕의 아들 헌강대왕이 발탁하였으므로 처용은 같은 화랑일 가능성이 매우 높으며 천신교일 가능성이 매우 높다. 그래서 유교사관인 김부식 등의 『3국사기』(1145)와 불교사관인 일연의 『3국유사』(1281~3년경)에서 신화적인 인물로 기록하여 그 실체를 덮고자 한 것으로 보인다. 이제 월명사의 월명리를 보자.

Ⅳ. 월명사의 月明里

『3국유사』「월명사 도솔가」(1281~3년경)에는 경덕대왕(재위 742~65) 19년(760)에 국선도인 월명사를 접견하고 『도솔가』를 짓게 한 기록이 있다. 즉 월명사도 화랑도인 것이다. 다음 기록을 보자.

(Ⅳ-1)「月明師 兜率歌」
景德王十九年庚子四月朔, 二日並現, 挾旬不滅. 日官奏請, "緣僧作散花功德則可禳." 於是潔壇於朝元殿, 駕幸靑陽樓, 望緣僧. 時有月明師, 行于阡陌時之南路. 王使召之, 命開壇作啓. 明奏 云, "臣

僧但屬於國仙之徒, 只解鄉歌. 不閑聲梵." 王曰, "旣卜緣僧, 雖用鄉歌可也." 明乃作『兜率歌』賦之. 其詞曰,「今日此矣散花唱良 巴寶白乎隱花良汝隱 直等隱心音矣命叱使以惡只 彌勒座主陪立羅良.」解曰,「龍樓此日散花歌, 挑送靑雲一片花. 殷重直心之所使, 遠邀兜率大僊家.」今俗謂此爲『散花歌』, 誤矣. 宜云『兜率歌』, 別有 『散花歌』, 文多不載. 旣而日栖在卽滅. 王嘉之, 賜品茶一襲, 水精念珠百八箇. 忽有一童子, 儀形鮮潔. 墦奉茶珠, 從殿西小門出. 明謂 "是內宮之使." 王謂 "師之從者." 及玄徵而俱非. 王甚異之, 使人追之. 童入內院塔中而隱, 茶珠在南壁繪慈氏像前. 知明之至德至誠, 能昭假于至聖也如此. 朝野莫不聞知. 王益敬之, 更栖絹一百疋, 以表鴻誠. 明又嘗爲亡妹營齋, 作鄉歌祭之, 忽有驚颷吹紙錢, 飛擧向西而沒. 歌曰,「生死路隱 此矣有阿八次絣伊遣 吾隱去內如辭叱都 毛如云遣去內尼叱古 於內秋察早隱風未 此矣彼矣浮良落尸葉如一等隱枝良出古 去奴隱處毛冬乎丁 阿也 彌刹良逢乎吾道修良待是古如.」明常居四天王寺, 善吹笛. 嘗月夜吹過門前大路, 月馭爲之停輪. 因名其路曰 月明里. 師亦以是著名. 師卽能俊大師之門人也. 羅人尙鄉歌者尙矣, 蓋詩頌之類歟. 故往往能感動天地鬼神者非一. 讚曰,「風送飛錢資逝妹, 笛搖明月住姮娥. 莫言兜率連天遠, 萬德花迎一曲歌.」[12]

여기서 보면 월명사가 항상 4천왕사에서 거주하였다는 것을 알 수 있다. 화랑도인 월명사가 왜 4천왕사에 거주하였을까? 그 것은 신불합일사상에 따라 4천왕사가 신불합일사찰이기 때문이다. 그런데 월명사는 피리를 잘 불었는데(善吹笛), 일찍이 달밤에 피리를 불며 4천왕사문앞 대로를 건너가니(過) 달이 피리소리에 취해 가는 것을 멈추었다. 이로 인해 그 길을 월명리라고

---

12) 『3국유사』「월명사 도솔가」.

불렀다. 월명사 역시 이 때문에 보다 더 저명해졌다. 그런데 길을 월명리라고 하였는데 더 자세하게 보면 길은 월명로이고 그 길이 있는 마을이 월명리라고 할 수 있다. 그러면 월명리를 찾아가 보자.

V. 4천왕사와 월명리의 역사현장을 찾아서

그런데 월명리(로)는 이미 4천왕사에서 통일전으로 가는 길로 의견을 모아왔다.[13] 즉 옛날과 동일한 길은 아니겠지만 크게 어긋나지는 않을 것으로 보고 통일로를 월명로로 보는 것이다. 논자도 현재로서는 가능성이 충분하다고 보고 이를 월명사의 월명로, 이 일대를 월명리로 비정하고자 한다.

〈사진 10〉 4천왕사 문앞 대로: 현재의 문무로

13) 권오찬(2001), 『신라의 빛』, 2쇄(초판 1980), 경주:글밭, p.48.

〈사진 11〉 문무로를 건너 월명리로 가는 월명로(추정): 현재 통일로

〈사진 12〉 월명로로 추정하는 통일로를 방문한 논자: 4천왕사에서 사등이천(남천)의 화랑교를 건너야하며 통일로는 통일전 앞에서 칠불암길로 연결이 되어 계속 왕릉, 사찰, 탑과 만나게 된다.

〈사진 13〉 월명리 초입으로 추정되는 동남산 앞의 통일로를 방문한 논자

〈사진 14〉 보리사와 불무사(옥룡암) 입구 쪽의 동남산:
이 일대가 월명리 초입일 가능성이 있다.

〈사진 15〉 경북산림환경연구원에서 본 동남산:
이 일대가 월명리 초입일 가능성이 있다.

이처럼 월명사의 월명리는 처용의 월명항 보다 인물의 등장으로는 119년 앞선다. 그러나 금성의 고증 때문에 처용의 월명항 보다 뒤에서 보았는데 월명사께서도 이해해 줄 것으로 본다.

현재 항간에서는 처용의 월명항과 월명사의 월명리가 혼동이 되고 있기도 하다. 그러나 논자의 이 연구로 확실하게 변증이 되기를 바라는 것이다. 물론 위치의 특정은 앞으로 계속 연구할 과제이다.

VI. 맺는말

처용랑은 화랑일 가능성이 있고 월명사는 국선도라고 하여 화랑도임을 스스로 밝혔다. 화랑은 깨달음의 달을 좋아하여 처용은 월명항을 남기고, 그 이전에 월명사는 월명리를 남겼다. 그러나 화랑사(花郞史)가 정확하게 전달이 되지 못하여 특히 처용은 너무 신화적인 인물로 되었다. 그러나 역사는 언제나 처용과 월명항, 월명사와 월명리를 기억하는 것이니 그것은 그들의 치열한 삶이 반영되어있기 때문이다.

이 연구에서 엄정한 문헌고증과 현장답사를 통해 내린 결론을 요약하면 다음과 같다.

첫째, 금성은 현재의 경주역 동쪽과 전랑지 일대에 있는 것으로 본다.

둘째, 처용의 주택은 금성 남쪽 주작대로 번화가의 시장인 월명항에 있는 것으로 본다.

셋째, 월명항은 금성 남쪽의 시장에 있었는데, 그 시장은 경사시로 보며, 현재의 경고사거리 일대에 있는 것으로 본다.

넷째, 처용의 주택과 월명항은 금성 남쪽의 시장에 연접하여 같은 지역에 있었을 것으로 본다.

66

다섯째, 월명사의 월명로는 현재의 통일로와 비슷하다고 본다.

여섯째, 월명사의 월명리는 현재의 동남산 동쪽으로 본다.

그리고 금성의 위치에 관한 상론은 차후에 기회가 있으면 하겠다.

앞으로 이러한 위치비정이 사계에서 더 연구되어 처용의 월명항과 월명사의 월명리에 대한 문화마케팅전략이 구축되어 신라정신을 길이 현창하기를 바라는 것이다.

참고문헌

권오찬(2001), 『신라의 빛』, 2쇄(초판 1980), 경주:글밭.

『대동여지도』(1861).

『동국여지승람』(1481).

『동여비고』(17C 후반).

『3국사기』.

『3국유사』.

이강식(2000), "헌강대왕의 깨달음의 종교로서의 풍류도: 화랑도 조직의 종교의 본질," 『경주문화논총』, 제3집, 경주문화원 향토문화연구소.

황보은숙(2009), "금성의 위치비정," 『신라문화』, 제34집.

여성과 경영
(제3권 제2호)

신라 세 여왕의 삶과 경영

이강식 | 경주대학교 경영학과 교수

우리 역사 최초의 여왕은 신라에 있었고 더욱이 신라에서만 3명의 여왕이 있었다. 그러므로 신라에서 등극한 선덕여왕, 진덕여왕, 진성여왕의 세 여왕의 삶과 경영에 대해서 많은 연구가 필요하며 특히 현대 여성경영학에서도 많은 역사적 사례연구가 필요하다.

선덕여왕은 지기3사라는 비범한 통찰력을 보여주었고, 모성적 경영을 잘 하였으며, 화랑도조직을 통한 인재등용에 성공하였고, 조세감면의 정책을 잘 집행하였으며, 신라경영전략의 두 축인 자주성과 국제화전략을 잘 수행하였는데 특히 국제화전략의 일환으로 중국 불교와 유교를 적극적으로 현창하였다.

진덕여왕은 역시 자주성과 국제화전략을 잘 수행하였는데, 중국 유교의 도입을 제도화하여 대당외교에 성공하였고, 집사부를 조직하여 국정개혁을 시스템화하는 데에 성공하였다.

진성여왕은 역시 신라 하대의 개혁을 이끌어 내고자하였으나 대각간 김위홍의 이른 죽음이 결과적으로 가져온 인사파탄, 섣부른 조세감면이 가져온 재정파탄을 해결하기에는 어려웠고, 특히 세습 골품 신분제에 따른 무능한 관료를 개혁하지는 못하였지만, 그러나 개혁안을 가납하고, 기층민을 구휼하는 모성적 경영, 효도의 현창과 왕위를 조카에게 양위하는 비범한 경영을 보여주었다.

선덕, 진덕여왕의 3국통일에의 공로는 높으나 그렇게 높은 평가를 받지 못하고 있는 것 같으며, 진성여왕은 결과적으로 성공하지 못하여 더욱 평가를 받지 못하고 있는 것 같다. 이는 앞으로 여성경영학에서 계속해서 더 깊은 연구가 필요한 과제를 제시하고 있다.

주제어 : 선덕여왕, 진덕여왕, 진성여왕, 여성경영학, 모성적 경영

I. 첫 말

우리 역사 최초의 여왕은 신라에 있었다. 더욱이 신라에서만 3명의 여왕이 있었는데 이는 우리나라 뿐만이 아니고 동양, 그리고 세계사에서도 상당히 이례적인 것이다. 그리고 그 이후 천 백년이상 우리나라에서 더 이상의 여왕은 등극하지 않았다. 그러므로 신라에서 등극한 선덕여왕(재위 632~647, 27대), 진덕여왕(재위 647~654, 28대), 진성여왕(재위 887~897, 51대)의 세 여왕의 삶과 경영에 대해서 많은 연구가 필요하며 특히 현대 여성경영학에서도 많은 역사적 사례연구가 필요하다. 그러나 역사는 남성이 써왔기(hi-story) 때문인지 기록도 미비하고 여왕에 대한 연구도 본격적으로 이루어졌다고 보기 어렵다. 역사를 여성이 썼다(she-story)면 인류역사는 또 달라졌을까? 그런데 인류역사까지 논급을 하지는 않더라도 신라역사는 무척 달라졌을 것으로 본다. 더욱이 지금까지 역사연구도 남성이 주로 하고 있기 때문인지 신라의 세 여왕에 대한 연구도 많이 부족하고 심지어는 그 업적이 정확하게 평가를 받지 못하고 오히려 많은 편견이 있어왔다고 볼 수 있다.

더 나아가서 왕으로서 훌륭한 성과를 내었다고 볼 수 있는 신라 세 여왕의 국가경영에 대한 경영학적 연구도 지금까지 없었다. 그러므로 이 부분의 연구의 필요성은 매우 높으나 그러나 연구가 너무 방대할 수 있으므로 본격적인 연구는 차후의 과제로 하고 이 연구에서는 세 여왕의 국가경영상의 성공과 아쉬웠던 부분을 경영학적인 측면에서 핵심적인 요인을 가능한 한 간명하게 살펴보고자 한다.

그러므로 이 연구의 목적은 신라 세 여왕인 선덕여왕, 진덕여왕, 진성여왕의 삶과 경영을 현대 경영학적 측면에서 연구하고자 하는 것이다.

이는 현대 여성경영학에도 많은 시사점을 줄 수 있을 것으로 보며 특히 여성경영자가 당면할 수 있는 과제를 충실히 성찰하게 해 줄 수 있다.

더욱이 선덕여왕과 진덕여왕은 신라 상대 말의 마지막 두 임금으로서 국내외의 도전과 위협에 직면하여 이제 백척간두에 서 있는 신라를 중흥시켜야할 핵심적인 국가경영의 개혁과제를 찾아 실천을 하여야 했고, 진성여왕은 신라 하대의 주요한 시기에 또한 그러한 과제를 수행하여야 했으므로 이는 경영학에서도 주요한 연구과제이며 동시에 신라사에서도 주요한 과제인 것이다.

다시 한번 강조하면 즉 상대 말과 하대의 세 여왕이 모두 국가경영개혁의 과제를 가지고 있었던 개혁왕이라는 것이다. 그러나 상대의 선덕여왕과 진덕여왕의 두 여왕은 비교적 성공을 하였으나 하대의 진성여왕은 크게 성공을 거두지 못하였다고 볼 수 있는데 이러한 부분이 세 그런데 역사연구에서 국가, 개혁, 전쟁, 통일, 전략과 같은 거시사(macrohistory)도 주요하지만 그러나 개인의 삶과 같은 미시사(microhistory)도 매우 주요하다. 따라서 이 연구에서는 여왕의 삶과 같은 미시사와 국가경영과 같은 거시사를 동시에 살펴보고자 한다.

그리고 이 연구에서는 김부식(1075~1151) 등의 『3국사기』(1145)와 일연(1208~89)의 『3국유사』(1281~3년경)를 중심으로 살펴보고자 한다. 즉 최근에 발견된 김대문(704년전후)의 『화랑세기』(1989년 및 1995년 출현)는 차후의 과제로 하겠다. 물론 다소 참고로 할 부분은 살펴보기로 한다.

역사는 과거와 미래를 잇는 현재의 다리이다. 역사의 교훈은 항용 있으나 다만 찾으려는 지난한 노력이 있을 때 미래의 교훈을 찾을 수 있을 것이다.

II. 선덕여왕의 삶과 경영

2.1 선덕여왕의 삶과 통찰력

1) 선덕여왕의 삶

선덕여왕(재위 632~647, 27대)은 부왕인 진평왕(재위 579~632, 26대)의 장녀로 태어났다. 그런데 진평왕의 이름은 백정이고 어머니의 이름은 마야부인이었는데 이는 부처의 부모의 이름을 각각 이은 것이다. 이러한 기제(mechanism)는 선덕여왕을 부처에 비유한 것이다. 즉 선덕여왕은 태어나면서부터 부처에 비유된 성스런 인물이었는데 이는 신라인이 선덕여왕이 왕위에 등극시 칭송하여 성조황고(聖祖皇姑)라고 한 것에서도 알 수 있다. 즉 성조황고는 〈신성한 시조를 계승한 황실의 할머니〉라는 뜻이다. 물론 고(姑)를 직역하면 시어머니, 고모, 여성이라는 뜻인데 이를 종합하면 할머니로 번역하는 것이 타당할 것이다.

선덕여왕의 이름은 덕만(德曼)인데 이는 〈덕이 있고 아름다움〉의 뜻으로 보이며 성품이 관대하며 어질고 명민(寬仁明敏)한데서 비롯된 것으로 본다. 그리고 진평왕이 기골이 장대하였으므로 선덕여왕도 장대하였는데 이는 진성여왕 부분에서 다시 보기로 한다.

부왕(父王)인 진평왕은 햇수로 무려 54년을 재위하였는데 이는 신라 56왕의 평균재위년수가 17.7년인 신라사에서 그 3배나 되는 상당히 이례적인 것이며 이러한 장기통치로 닦은 기반이 장녀 선덕여왕의 등극에 큰 힘이 되었을 것으로 본다. 뿐만 아니라 선덕여왕은 명민한 공주로서 사실상 부왕(副王)의 위치에서 아들이 없는 부왕(父王)을 도와 국왕수업을 오래 동안 수행하였다고 볼 수 있는데 이 때 구축한 자신의 기반 역시 왕위등극에 큰 힘이 되었을 것이다. 또 이러한 후계수업이 선덕여왕이 왕위에 올라 국가경영을 하는 데에 큰 힘이 되었을 것으로 본다. 왕위에 등극할 때와 붕어할 때의 연세도 상당하였을 것으로 본다. 이는 선덕여왕이 등극시 이미 〈성조황고〉라는 칭송을 받은 것으로 봐서도 알 수 있다.

그런데 진평왕은 자신이 붕어하기 1년 전인 즉위 53년(631) 1월에 이찬 칠숙과 아찬 석품이 반역을 도모하는 것을 알고 선제적으로 진압을 하였다. 이는 우선 겉으로 보면 진평왕이 후사가 없어 선덕여왕에게 왕위를 물려주려는 것을 반대하여 이찬 칠숙과 아찬 석품이 반란을 도모하였다고 보기 쉬운데 그러나 다르게 보면 선덕여왕은 반란 후에 8개월 뒤에 등극을 하였다는 것으로서 이 반란의 진압이 선덕여왕의 등극에 정지작업이 되었다고도 볼 수 있다. 그렇게 보면 진평왕과 선덕여왕이 오히려 반란을 일으키려는 정적을 미리 제거한 정치적 사건일 가능성도 상정해 볼 수 있다. 이렇게 선덕여왕의 등극은 반란 후에 왔다. 그 만큼 여왕의 등극이 쉬운 일이 아니었다는 것이다. 그런데 이찬 칠숙과 아찬 석품이 정적이 된 것은 당시 신라국정수행에서 다른 측면이 있다고 볼 수 있는데 이는 계속 보기로 하겠다.

선덕여왕의 부군은 『3국유사』「왕력」에서는 음갈문왕으로 기록되어 있어 현재 추정은 하지만 누구인지는 알기 어렵다. 그런데 『화랑세기』를 보면 자제를 낳기 위해 무척 노력을 한 것으로 나타나지만 결국 후사가 없어 다음 왕위를 친사촌자매인 진덕여왕에게 물려주게 되었다. 즉 자신의 자제에게 왕위를 물려주지 못하였는데 이렇게 자신의 자제에게 왕위를 물려주지 못한 것이 선덕여왕의 국가경영의 장점과 단점을 같이 가지고 있다고 볼 수 있다. 즉 장점은 자식에게 왕위를 물려주기 위해 별도의 노력을 하지 않아도 되며 정책에만 집중할 수 있다는 것이다. 그런데 아쉬운 점은 혈통사회에서, 더욱이 여왕이 직계가 없을 경우에는 정치적 도전에 직면하거나, 정책의 계승과 후대의 평가에서 소홀해 질 수 있다고 볼 수 있다. 그리고 우선 여기서 보면 자제에게 왕위를 물려주지 못하거나 않은 것은 신라 세 여왕 모두의 공통점인데 계속 살펴보기로 하겠다.

선덕여왕의 죽음은 반란 중에 왔다. 즉위 16년(647) 1월 8일 비담과 염종 등의 반란의 외중에 월성에서 붕어하였는데 지기3사에 나오는 낭산에 장사를 지냈다. 그런데 『3국유사』의 기록으로 추정해보면 선덕여왕이 병중에 있다가 반란을 당하여 병사한 것으로 보인다.

2) 선덕여왕의 비범한 통찰력: 지기3사

선덕여왕이 등극을 하게 된 것은 신분이 성골이기 때문으로 흔히 알려져 있다. 물론 그러한 부분도 있을 것이다. 아무리 능력이 뛰어나도 신분사회에서 성골이 아니면 왕위에 오르지는 못하였을 것이다. 그러나 그 부분을 포함하여 선덕여왕의 비범한 통찰력에서 원인을 찾아야할 것이다. 오히려 비범한 통찰력을 폄하하기 위해서 단순이 성골이라는 신분을 내세우는 경향이 있는 것으로 보이기도 한다. 그러나 다시 말해서 단순히 남과 같은 능력이라든지, 성골이라는 신분 보다도 그 이상의 비범한 통찰력을 보여준 여왕이기 때문에 등극이 가능했다고 보는 것이 타당할 것이다.

선덕여왕의 지기3사 중 지기1사는 모란꽃고사이다. 그런데 『3국사기』에서는 이 때가 전왕인 진평왕 때의 일로 기록하고 있다. 그러면 선덕여왕이 공주로서 부왕을 도와 국정을 보좌할 때의 일로서 이 때 당 태종(재위 627~649)이 선덕여왕(덕만공주)이 배우자가 없고 왕위에 오르려고 하는 것을 알고 이를 비유하여 〈벌과 나비가 없는 모란꽃그림과 향기없는 모란꽃씨〉를 보냈던 것으로 볼 수 있다. 그러면 이는 선덕여왕이 모란꽃을 심기도 전에 당 태종의 의도를 바로 알아차린 것으로서, 당 태종과 맞먹거나, 그 이상의, 왕위에 충분히 오를 수 있는 예지력과 통찰력을 보여준 사례인 것이다.

즉 배우자가 없는 것을 단순히 비유한 것만이 아니고 논자가 볼 때 당 태종이 예지력과 통찰력이 뛰어난 선덕여왕의 즉위를 반대하여 방해공작의 일환으로 이를 보냈을 수도 있다는 것이다. 이것이 진평왕 붕어 1년 전인 631년 1월의 이찬 칠숙과 아찬 석품의 반란의 한 원인이 되었을 수도 있다. 그러나 이찬 칠숙과 아찬 석품의 반란은 국가경영정책적 측면에서 다르게 볼 수 있는데 이는 뒤에서 계속 보도록 하겠다.

물론 선덕여왕은 『3국유사』 「왕력」에서 음갈문왕이 배우자로 기록되어 있으므로 등극 이후 혼인을 했을 것이다. 그렇더라도 상당히 만년이므로 후사는 없었다.

선덕여왕의 지기2사는 여근곡고사이다. 즉 즉위 5년(636) 영묘사 옥문지에서 겨울철에 개구리가 많이 모여 3~4일을 우는 것을 보고 국인이 질문을 하자 여근곡에 백제병이 침입한 것을 알고 격퇴한 고사이다. 이는 개구리가 울었던 것에서 알았다고 상징적으로 표현하고 있지만 다르게 보면 선덕여왕이 개구리로 상징되는 정보기관을 운영하여 그 정보력이 정확하였다는 것을 의미한다고 본다. 따라서 선덕여왕의 지기와 통찰력은 대체로 정보력에서 왔을 것으로 본다.

선덕여왕의 마지막 지기3사는 도리천고사이다. 선덕여왕이 자신이 붕어할 날짜를 정확히 예측하고 도리천에 묻어달라고 하였는데 신하들이 당연히 그곳을 알 수 없어 질문을 하자 낭산이라고 하였다. 그후 32년 뒤 문무왕 19년(679)에 낭산 남쪽에 사천왕사를 건립하자 비로소 그 뜻을 알게 되었다. 즉 불경에 따르면 사천왕천 위에 도리천이 있다고 하였기 때문이다. 그런데 도리천의 중앙인 선견성에는 제석천이 주석하고 있다고 하므로 이 고사는 선덕여왕이 자신을 제석천에 비유한 것일 수도 있다. 그러나 다르게 보면 부처의 어머니인 마야부인이 죽은 뒤 도리천에 다시 태어났고 부처는 어머니를 위하여 도리천에 올라가 어머니를 위하여 3개월을 설법을 하였다고 하므로 이미 부처에 비유된 선덕여왕이 효성이 지극하여 어머니 마야부인을 위하여 자신을 도리천에 장사지내달라고 한 것일 수도 있다.

그런데 이는 낭산을 불교의 수미산에 비유한 것이지만 그러나 낭산은 이미 실성왕 12년 (413) 8월에 선령이 노니는 곳으로 알려져서 신유림으로 비유되었다. 이렇게 보면 선덕여왕은 자신을 천신교의 천신에 비유한 것으로 볼 수 있다.

이는 지기3사는 모두 선덕여왕이 단순히 성골이라는 신분을 뛰어넘어 뛰어난 통찰력을 보여주어 왕위에 올랐다는 것을 보여주는 것이다.

2.2 선덕여왕의 국가경영 개혁과제의 수행

1) 최초의 여왕에 대한 국내외 도전

선덕여왕이 최초로 여왕에 등극을 하여 사실상 동양 최초로 실권을 행사한 여왕이 되었는데 여왕의 권력에 대한 남성의 도전이 당연히 나타나게 되었다. 물론 국내에서도 있었겠지만 기록상으로 첫째는 오히려 외국인인 당 태종이 먼저 반대를 한 것이다. 앞서 논자가 살펴본 바와 같이 당 태종의 모란꽃그림과 모란꽃씨 고사가 바로 배우자 없는 것만을 비유한 것이 아니라 여왕 즉위에 대한 반대일 것으로 보지만 바로 직접적으로도 그런 반대를 하였다. 즉 선덕여왕 11년(642)에 대야성이 백제의 침공을 받아 함락 당하자, 이 해 겨울 김춘추가 고구려에 가서 청병을 하였으나 성사가 되지 않았고, 다음 해인 즉위 12년(643) 9월에 당에 사신을 보내 청병을 하자, 당 태종이 신라는 부인을 국주(國主)로 삼아 이웃나라의 경멸을 받아 국주를 잃고 도적질이 계속되어 편한 세월이 없으니(爾國以婦人爲主, 爲隣國輕侮, 失主延寇, 靡歲休寧.), 자신의 친척을 보내 왕으로 삼고 당군을 주둔시키는 것이 좋겠다는 말을 하였다. 물론 여왕이라는 이유만으로 고구려와 백제의 침략을 극심하게 당하는 것은 아닐 것이고, 당시 신라의 국력 때문에 그랬겠지만, 이를 여왕의 탓으로 돌리는 것은 항용 있을 수는 있을 것이다. 뿐만 아니라 유교경전에서 여성을 직접 경시하는 기록을 남기고 있어 더욱 그러하였을 것이다.

또 여기서 당 태종이 선덕여왕과 자신의 친척의 혼인을 직접 말하지는 않았지만 그러한 뜻을 내포하고 있다고 본다.

그러나 당 태종도 마초(Machismo, Macho)처럼 큰 소리를 칠 것은 아니었다. 이미 고구려는 을지문덕 장군(567?~629?)이 살수대첩(612)으로 수 양제(재위 605~616)의 침략을 물리쳐 수가 멸망하였고, 당 태종 자신도 이 2년 뒤인 645년에 고구려를 침략하다가 안시성의 양

만춘 장군에게 화살을 맞고 4년 뒤인 649년에 죽었기 때문이다. 결과적으로 보면 이는 당 태종의 허언이 되었다.

둘째는 선덕여왕 14년(645) 11월에 이찬 비담을 상대등에 임명을 했는데, 이 2년 뒤인 647년 1월에 이찬 비담과 염종 등이 여주(女主)가 능히 잘 다스리지 못한다(女主不能善理)하여 반란을 일으킨 것이다. 이는 선덕여왕이 직계 후사없이 병중이고 뿐만 아니라 다음 왕으로서 진덕여왕이 등극할 가능성이 있기 때문으로 본다. 그렇게 보면 논자는 여기서 여주(女主)가 오히려 진덕여왕을 지칭할 가능성이 더 크다고 본다. 또 2명의 여왕을 연속해서 모시기는 더 어렵게 느꼈을 수도 있다. 그리고 고구려가 당을 이긴 것에서 많은 영향을 받았을 것으로 본다.

셋째는 후대이지만 신라 자체에서 나타났는데 헌안왕(재위 857~861, 47대)이 5년(861) 1월에 승하하면서 유언으로 〈과인이 불행히도 남자아이없이 딸만 두었다. 우리나라 고사에 비록 선덕, 진덕 두 여주가 있었으나 이는 암탉이 새벽을 알리는 일(牝雞之晨)에 가까우므로 이를 왕위계승법으로 삼을 수는 없다. 사위 김응렴은 연령이 비록 어리지만 노성한 덕이 있으므로 경등이 왕으로 옹립하여 섬긴다면 반드시 조종의 훌륭한 후계자를 잃지 않을 것이니 곧 과인이 붕어하더라도 또한 마음을 놓을 것이다.〉라고 하여 사위인 경문왕(재위 861~875, 48대)이 즉위하였던 것이다. 그러나 역사는 또한 살아있는 생물체이므로 헌안왕의 유언은 지속되지 못하고 4대 뒤에 진성여왕(재위 887~897, 51대)이 등극하게 된다. 그런데 이 유언은 상당히 미심쩍은 부분이 있는데 헌안왕이 자신의 조상이며 선왕인 두 여왕을 〈여주〉로 지칭하고 또 〈암탉이 새벽을 알리는 일〉이라고 하면서까지 굳이 자신의 딸의 승계를 반대한다는 것은 이해하기 어렵기 때문이다. 따라서 이러한 문장으로 『3국사기』의 기록에 남긴 것은 김부식의 복선이 있었기 때문으로 본다.

넷째는 다음 왕조에서 나타났는데 이제 고려 유학자인 김부식(1075~1151)이 『3국사기』에서 직설적으로, 직접적으로 극렬하게 비판하였다. 김부식은 〈선덕여왕본기〉, 〈논왈〉에서 《(전략) 사람을 두고 말하면 남자는 존귀하고 여자는 비천한데 어찌 가히 늙은 할미가 안방으로부터 나와 국가의 정사를 처리하는 것을 허락할 수 있는가? 신라가 여자를 잡아일으켜 왕위에 앉게 하였으니 참으로 난세에나 있는 일이며 그러고도 국가가 망하지 않은 것이 다행이었다. 『서경』에 말하기를 "암탉이 새벽에 운다."고 하였고, 『역경』에 "암퇘지가 껑충거린다."고 하였으니 어찌 경계하지 않을 것인가? (以人言之, 則男尊而女卑. 豈可許姥嫗出閨房, 斷國家之政事乎? 新羅扶起女子, 處之王位, 誠亂世之事, 國之不亡, 幸也. 『書』云, "牝雞之晨." 『易』云, 羸豕孚蹢躅." 其可不爲之戒哉?)》라고 하였다. 지금 보면 오히려 읽는 사람이 얼굴이 화끈거릴 정도로 신라의 첫 여왕에 대해 극언을 하였다. 이는 후대의 진성여왕(재위 887~897, 51대)이 신라 종언의 원인이라고 보는 김부식의 사관이 많은 영향을 준 것으로 보인다. 그러나 여왕이 등극할 수 밖에 없는 상황을 만든 남성의 무능함을 너무 은폐한 것으로서 주관의 객관화

(projection)라고도 볼 수 있다. 더 나아가서 김부식은 신라의 헌안왕이 이와 같은 말을 시기적으로 먼저 한 것으로 기록하여 자신의 말에 대한 책임을 모면하고, 또 진성여왕의 등극과 실정에 대한 복선을 깔고자한 교묘한 화술을 구사하고 있다고 보아진다.

그러나 신라 유교를 현창한 것은 선덕여왕이기 때문에 고려 유학자인 김부식이 그 업적을 너무 극소 평가를 한 것으로 볼 수 있다.

따라서 이러한 도전과 비판은 선덕여왕 즉위 전부터 이미 있었다고 볼 수 있다. 국내외의 극심한 도전에도 불구하고 선덕여왕은 누란의 위기에 빠진 신라의 국가경영을 개혁하여 3국통일의 초석을 다졌는데 이는 결코 쉬운 과제가 아니었다. 이 부분이 잘 알려져 있지 않은 것 같은데 이를 보도록 하자.

2) 신라 국가경영의 개혁과 3국통일의 초석을 놓은 선덕여왕

(1) 선덕여왕의 모성적 경영

선덕여왕은 성품이 너그럽고 어질어서 그런지 즉위 후 계속 선정을 베풀었다. 즉위 원년(632) 겨울 10월에 홀아비, 과부, 고아, 독거 노인과 제 힘으로 살 수 없는 자(鰥, 寡, 孤, 獨, 不能自存者)를 위문하고 구제하였는데 이는 오늘 날로 보면 복지사회를 구현한 것으로 볼 수 있다. 그리고 즉위 2년(633)에는 크게 죄수를 사면하였다. 그리고 즉위 7년(638) 겨울 10월에 고구려가 칠중성을 침략하여 백성이 놀라고 두려워서 산골짜기로 피난하자 여왕이 알천을 시켜 백성을 안정시키고 모이도록 하였다. 이러한 것은 모두 선덕여왕의 모성적 경영으로 볼 수 있다. 물론 이러한 정책은 남성왕도 하였지만, 당시 3국전쟁중의 남성의 강력한 부성적 리더십에 피로를 느낀 백성에게 이러한 여성의 부드러운 힘을 활용하여 백성을 감화시킨 것이 효과가 컸고 선덕여왕의 주요한 성공요인이 되었다고 볼 수 있다.

(2) 화랑도조직을 통한 인재등용의 성공

화랑도조직은 물론 그 전부터 있었고 많은 전공을 세웠지만, 선덕여왕이 화랑도출신인 김춘추(태종무열왕 재위 654~661, 29대)를 외교부문에, 그리고 김유신(595~673)을 군사부문에 등용하면서부터 본격적으로 3국통일의 주역으로 활약을 하게 된다.

먼저 이찬 김춘추는 642년에 백제에 의해 대야성이 함락된 직후, 선덕여왕이 고구려 사신으로 파견한 때부터 비로소 역사의 전면에 나서게 되어 나중 진덕여왕 대의 대당외교(648)까지 치열한 국제외교전을 펼치게 되는데 이러한 국제외교전에 성공함으로써 신라 3국통일의 기틀을 마련하게 된다. 즉 작은 신라가 큰 나라들을 이긴 것은 실로 내부적으로는 국인이 단결하였고, 외부적으로는 당과의 연합을 이끌어 낸 신라 외교의 힘이었다. 이는 물론 김춘추의 역량이기는 하지만 인재를 발탁한 선덕여왕의 비범한 통찰력에서 기인한 것으로 볼 수 있다.

뿐만 아니라 김유신은 전왕인 진평왕 51년(629)에 고구려 낭비성 공격에서 부장군으로 처음 역사의 무대에 등장을 하기는 하지만 무엇보다 선덕여왕의 명으로 642년 고구려에 사신으로 간 김춘추를 구출하기 위해 결사대 1만명을 지휘하여 군사작전을 펼친 후 압량주 군주로 임명됨으로서 비로소 역사의 전면에 나서게 된 것이다. 그리고 그 후 불과 5년 뒤인 647년에 압량주 군주의 직위를 바탕으로 비담과 염종의 반란을 진압하는 큰 공을 세워 군권을 잡고 3국을 통일하는 데까지 결정적인 역할을 하게 된다.

그렇게 보면 선덕여왕의 지기4사를 상정한다면 김춘추와 김문희를 혼인시켜 김유신과 처남남매간으로 묶어준 것을 넣을 수 있다. 이 극적인 혼인이 3국통일을 가져온 혼인이라고 볼 수 있다.

그런데 김춘추와 김유신은 신라의 전통적인 주류라고 보기는 어려운데 즉 김춘추는 폐위된 진지왕(재위 576~579, 25대)의 손자이고 김유신은 금관가야출신이기 때문에 논자는 이들이 등용된 것은 화랑 중에서도 새로이 주류로 떠오른 신화랑(新花郞)이 형성된 것이라고 할 수 있다고 본다. 그러므로 이는 세습 골품제를 완화하여 능력에 따라 등용을 하는 열린 인재등용이라고 할 수 있으며 3국통일에 큰 성과를 가져왔다. 따라서 선덕여왕이 국가경영의 개혁과제를 수행함에 있어서 신분에 구애받지 않고 유능한 신화랑을 대거 등용한 것이 큰 성공요인이라고 볼 수 있다.

물론 선덕여왕은 신화랑만 등용을 한 것이 아니라 즉위 원년(632) 초인 2월에 대신 을제로 하여금 국정을 총지하도록 하였는데 이는 원로로 하여금 국정을 보필하도록 한 것으로서 신구인재의 조화를 이루도록 한 것이었는데 이것이 또한 성공요인이었다고 볼 수 있다.

(3) 조세감면

그런데 주요한 것은 즉위 2년(633)에 조세감면정책을 시행하였다. 즉 모든 주와 군의 1년 조조를 감면하였다(復諸州郡一年租調). 일반적으로 신라의 세금제도는 조용조(租庸調)에 바탕을 두는데, 조(租)는 토지의 현물세이고, 용(庸)은 노동력의 제공으로서 부역(賦役)이며, 조(調)는 특산물공납인데, 이중 조(租)와 조(調)를 1년간 감면하였다. 다만 노동력을 제공하는 부역은 감면하지 않았다. 이는 세금감면을 통해 경제활성화를 도모하는 친서민정책을 실천하였다고 볼 수 있으며 당시 전쟁과 각종 국책사업을 수행하던 신라로서 국가재정상의 손실을 무릅쓰고 국민에게 큰 혜택을 주었다고 할 수 있다. 앞에서 본 모성적 경영의 배려와 이러한 조세감면 정책으로 선덕여왕은 성조황고가 될 수 있었다고 본다. 그리고 이는 또 후대의 진성여왕 때의 조세정책과 대비가 된다.

(4) 첨성대 건립을 통한 신라 자주성의 확립

선덕여왕은 국제화외교전략을 수행하면서 동시에 자주적인 측면을 강화하였는데 즉위 2년 (633)에 친히 신궁에 제사를 지내고, 다음 해인 634년에 전왕들처럼 인평이라는 연호를 사용하였다. 이는 신라가 황제국가라는 자주성을 나타낸 것이다.

그런데 이와 같이 자주성을 나타낸 것으로서 첨성대 건립을 들 수 있다. 보통 첨성대는 천문관측을 하는 곳으로만 알고 있지만 그것이 상징하는 것은 매우 크다. 즉 중국과 별도로 천문을 관측한다는 것은 이는 신라가 중국과 대등한 황제국가라는 것을 표방하는 것이다. 더 나아가서 천문관측은 천신교와 관련이 있으므로 이는 화랑도조직의 종교적 기반인 천신교를 현창할 목적이 있다고 본다. 이러한 자주성은 신라 내부를 단결시킬 목적으로서 매우 주요한데 이에도 성공하였다고 본다.

(5) 신라의 국제화와 중국 불교의 현창

동시에 선덕여왕은 전왕들의 전략을 계승하여 국제화전략을 계속 수행했는데 이에 따라 중국 불교를 적극 현창하였다. 신라는 지리적으로 고구려와 백제에 막혀 자칫하면 국제적으로 고립될 수 있는데, 국제종교인 불교를 현창하여 이를 우회적으로 돌파하고자 한 것으로 보인다. 이는 대당외교라기 보다 신라의 국제화라는 큰 전략의 일환으로 보아야할 것이다. 따라서 우선 『3국사기』에서 보면 분황사 낙성(634), 영묘사 낙성(635), 황룡사 백고좌 개설(636), 그리고 특히 중국에서 유학한 자장법사의 건의에 따른 황룡사 9층탑 창조(645) 등의 거대한 불사가 있다. 그리고 다른 기록에서 나타나는 자장법사의 통도사 창건(646)을 들 수 있다. 이러한 대대적인 중국 불교의 현창으로 나중 3국통일시 중국과 연계된 불교계의 도움을 받을 수 있었던 것이 신라의 큰 성공요인이 되었다고 본다. 이는 현대에서도 항상 국제적으로 열린 국가경영이 주요하다는 것을 의미한다.

(6) 신라의 국제화와 중국 유교의 도입

무엇보다 주요한 것은 선덕여왕은 중국 유교를 적극적으로 도입하여 즉위 9년(640) 5월에 자제를 당 국학에 입학하기를 청하였다. 물론 이 보다 3개월 앞서 고구려에서는 영류왕(재위 618~642) 23년(640) 2월에 청하였고, 백제도 무왕(재위 600~641) 41년(640) 2월에 청하였던 것이다. 그러나 신라는 보다 적극적으로 도입을 하고자 하였던 것으로 보인다. 이처럼 신라유교의 도입에 선덕여왕의 공로도 크다고 볼 수 있는데, 그런데 왜 고려 유가 김부식은 선덕여왕을 그렇게 폄훼하였을까? 이처럼 신라가 국제종교인 중국 유교를 현창하여 세습 골품제를 뛰어넘는 유능한 인재를 양성하고, 중국 유교와 교류할 수 있는 인물을 양성한 것이 3국통일에 많은 도움이 되었다고 본다. 이는 진덕여왕 부분에서 다시 보도록 하겠다.

이처럼 선덕여왕의 정책은 전왕들의 국제화외교전략을 계승하여 중국 당과 교류하고 불교와 유교를 현창했는데 이 부분이 신라의 진보정책이라고 할 수 있다. 물론 선덕여왕이 자주정책도 주요하게 병행하였지만 그러나 이러한 국제화전략으로 국내의 보수정치계와 대립하게 되었다고 볼 수 있으며 선덕여왕은 국제화전략을 수행하는 신화랑을 등용하여 이를 돌파하고자 하였다. 이에 대해 천신교를 신앙하는 보수정치계와 구화랑의 반대가 결국 기회를 엿보아서 여왕에의 반대로 나타나게 되었다고 볼 수 있는데, 이는 칠숙과 석품의 반란(631), 비담과 염종의 반란(637)으로 표출되었다고 본다. 그러나 선덕여왕은 이러한 도전에 전혀 굴하지 않고 모성적 경영을 통해 많은 업적을 쌓아서 자신의 능력을 보여 주어 이를 돌파하는데 성공하였다. 그러나 무엇보다 자신의 후계로 다시 여왕을 추대하도록 한 것이 최대의 성공 중의 하나라고 볼 수 있다. 선덕여왕의 이러한 국가경영개혁정책과 실천적 업적이 3국통일의 원대한 초석을 쌓았던 것이다. 앞으로 이 부분이 더 연구되어야할 것이다.

III. 진덕여왕의 삶과 경영

3.1 진덕여왕의 삶

진덕여왕(재위 647~654, 28대)의 아버지는 진평왕의 아우인 국반갈문왕이며 어머니는 박씨 월명부인으로서 신라의 마지막 성골왕이고, 선덕여왕과는 친사촌자매간이다. 이름은 승만(勝曼)인데 이는 〈특별히 뛰어난 아름다움〉으로 해석할 수 있으며 실제로 자태가 풍만하며 아름다웠고(姿質豊麗), 키가 7척이며, 손을 드리우면 무릎을 넘겼다. 7척을 신라 때의 당척으로 계산(7척 × 29.7㎝)하면 207.9㎝가 되며 당시로나 지금으로나 사실 거인여성이라고 할 수 있다. 이러한 장대한 자태도 등극하는 데에 도움을 주었을 것으로 본다. 이는 큰아버지인 진평왕이 신체가 장대한 것에서 유전되었을 것으로 본다. 이는 진성여왕에서 다시 보도록 하겠다.

그런데 진덕여왕의 혼인과 자제에 대한 기록은 일절 나오지 않는다. 물론 혼인을 했을 가능성은 있지만 기록이 나오지를 않는다. 따라서 진덕여왕 역시 자신의 자제로 후계를 삼지는 못하였으며 동시에 성골의 대가 끊기게 되었다. 그러므로 다음 왕으로 진골인 태종무열왕 김춘추가 등극하게 되어 신라 중대를 열게 된다.

진덕여왕 역시 즉위할 때에 연세가 상당하였을 것으로 본다. 이는 후계수업을 상당히 쌓았다는 것을 의미하며 선덕여왕과 마찬가지로 성공의 큰 요인이 되었다고 본다. 무엇보다 선덕여왕의 성공이 다시 진덕여왕의 즉위를 가능하게 했다고 볼 수 있다.

그렇지만 비담과 염종의 반란의 구호가 선덕여왕을 반대했든지, 오히려 진덕여왕을 반대했든지 간에, 그 구호 자체로 인해 진덕여왕도 그렇게 우호적인 상황 속에서 즉위한 것은 아니라고 볼 수 있으며 이를 극복하고 누란의 위기에 빠진 신라국정을 개혁하여 3국통일의 초석을 다지는 것이 진덕여왕의 주요한 과제가 되었는데 역시 결코 쉬운 과제는 아니었다.

3.2 신라 국가경영의 개혁을 조직화하여 3국통일의 초석을 쌓은 진덕여왕

1) 진덕여왕의 자주화전략과 대당외교의 병행

진덕여왕은 즉위 원년(647) 7월에 연호를 태화로 고쳤다. 따라서 진덕여왕 역시 자주화전략을 계승하였다. 그리고 같은 해 11월에 신궁에 친히 제사를 지냈는데 이 역시 신라의 천신교의 의례를 수행하여 자주성을 표방한 것이다. 그러나 고구려와 백제의 오랜 침공을 받은 신라는 국제화전략의 일환으로 중국과의 외교를 통해 이를 극복하고자 하였다.

즉위 2년(648) 겨울에 한질허를 사신으로 당에 보냈는데 이때 당 태종이 당의 연호를 쓸 것을 명하였다. 이후 즉위 4년(650, 당 고종 원년)에 당의 영휘 연호를 사용하게 되었다. 뿐만 아니라 김춘추가 648년 겨울에 당에 사신으로 갔을 때 중국 관리의 복식을 따르겠다고 하여 다음 해인 즉위 3년(649) 1월부터 바로 중국 복식과 의관을 착용하게 되었다. 이는 당 태종과의 약속을 지킨 것인데 당 태종은 이를 보고 이 해 5월에 죽었다. 이러한 중국 관복을 입는 등의 국제화전략에 대해서 신라 보수정치인의 반대가 매우 컸을 것으로 본다.

그리고 즉위 4년(650) 6월에 진덕여왕은 백제침략에 대응하여 보다 적극적으로 대당외교에 나서 5언으로 된 「태평송」을 당 고종(재위 649~683)에게 보내어 당과의 외교를 확고히 하였다. 「태평송」은 당 고종을 매우 만족시킨 당대의 미문이어서 진덕여왕의 지위를 계림국왕으로 높이게 하였고, 신라와 당을 연합시킨 대당외교의 결정판이라고 할 수 있다. 이러한 대당외교에서의 성공으로 신라가 당과 연합하여 3국통일을 완수하게 되었는데 이는 고구려와 백제의 침략에 시달린 신라와 고구려 침략에 두 번이나 대실패를 한 중국의 이해관계가 일치한 결과이다. 그러나 진덕여왕이 대당외교만 한 것이 아니라 자주화전략을 병행한 것이 성공요인이라는 것을 이해해야할 것이다.

2) 신라의 국제화전략을 계승하여 중국 유교 도입의 제도화

더 나아가서 진덕여왕이 648년에 김춘추와 그 아들 김문왕을 당에 사신으로 보냈을 때 김춘추는 당 태종에게 청하여 국학에 가서 석전과 강론에 참가하였다. 이로써 기록상으로는 김춘추가 3국의 인물 중 유교를 직접 도입한 첫 번째 인물로 적시되었다. 이 때 김춘추는 앞서 본 것처럼 중국 복식을 도입할 것을 요청하였을 뿐만 아니라 중국에 자신의 자식을 보내어 당 태종을 숙위하겠다는 청을 하였다. 이에 당 태종은 김춘추의 아들인 김문주와 대감을 숙위하도록 하였는데 이렇게 숙위로 파견된 인물들이 나중 3국통일과 통일후 당격퇴전쟁에서 큰 역할을 하게 되었다.

뿐만 아니라 유교 도입 역시 단순히 유학을 보내고 수학만 한 것이 아니고 구체적으로 진덕여왕이 제도화하였는데 『3국사기』 「잡지 제7 관직 상」에서 보면 진덕여왕 5년(651)에 신라 국학의 전신으로 박사(약간명, 숫자는 정하지 않음)와 조교(약간명, 숫자는 정하지 않음)와 대사 2인을 두었는데 이는 유교의 도입을 제도화하고자 유교의 공무원집단을 형성한 것이다. 즉 이는 유교를 국가의 새 이념의 한 축으로 삼아 국가 시스템화하겠다는 공식선언인 것이다. 이 해는 집사부를 설치한 바로 그 해인데 이렇게 유교를 제도화한 것과 집사부의 설치는 직접 관련이 있는 것이다. 이는 뒤의 집사부에서 다시 보도록 하겠다.

그런데 이렇게 유교현창이 김춘추의 활약으로 기록되어있지만 그러나 어디까지나 진덕여왕의 국제화전략의 성공으로 봐야한다. 그리고 신라의 국학은 진덕여왕 이후 31년만인 신문왕(재위 681~692, 31대) 2년(682) 6월에 설치되었다. 이는 진덕여왕의 유교의 제도화가 그만큼 어려운 과제였다는 것을 알게 해 주며 동시에 점진적인 개혁을 하였다는 것을 알 수 있다.

3) 국가조직의 시스템화: 집사부의 조직화

선덕여왕은 인재를 등용하는 데에 성공을 하였다. 그러나 인재를 등용하는 것도 주요하지만 개혁을 시스템화(systematization)하는 것이 보다 주요하다. 진덕여왕도 이에 따라 국가조직을 보다 적극적으로 조직화(organizing)하기 시작하였다. 즉 개혁은 개인의 인치(人治)보다 시스템을 구축하여야 성공할 수 있는데 이를 살펴보기로 하자.

진덕여왕은 먼저 즉위 3년(649) 1월부터 중국조정의 의관을 복식으로 착용하게 하였는데 이는 단순히 복식착용의 문제가 아니라 중국 당의 관료제의 체계를 따르고자 한 것으로 볼 수 있다. 지금으로 보면 관료체계의 글로벌 표준화를 따른 것이라고 할 수 있다.

그리고 즉위 4년(650) 4월에는 진골로서 직위에 있는 자는 상아홀을 가지게 하였다. 즉 같은 직위에 있더라도 진골의 위격을 더 격상시켜 사실상 계층을 더 분화하여 계층화를 강화하였고 또 진골을 동기부여하는 효과를 가져 오고자 한 것으로 본다. 뿐만 아니라 이것은 진골인 김춘추의 위상을 더 높이는 결과를 가져와서 김춘추의 즉위에도 많은 도움을 주었을 것이다. 그렇게 보면 진골인 김춘추가 이를 건의하였을 가능성도 높다.

그리고 즉위 5년(651) 1월 1일에 진덕여왕이 조원전에서 백관의 신년축하인사를 받았는데 이로써 하정지례(賀正之禮)가 시작되었다. 이는 신라왕의 권위를 공식적으로 체계화한 것으로 볼 수 있다. 물론 신라왕의 권위가 그 전에도 막강하였겠지만 이제 이를 공식적으로 제도화하여 내외에 나타내 보인 것이다.

더 나아가서 이 하정지례(賀正之禮)를 실시한 바로 다음 달인 2월에 품주를 집사부(執事部)로 개편하고 파진찬 죽지를 집사중시에 임명하여 기밀사무를 맡게 하였다.

무엇보다 파진찬 죽지는 어떤 인물인가? 진덕여왕 3년(649) 8월에 백제의 대대적인 침공이 있었을 때 초기에 패하였다가 대장군 김유신 장군의 활약으로 큰 승전을 하였는데 이때 죽지는 화랑출신으로서 대장군 김유신의 바로 직속 부하 장군으로 참전하여 승리를 가져왔으며 이러한 공적을 바탕으로 2년 뒤에 집사중시로 임명된 유능한 인재이다. 즉 죽지는 김유신 장군의 계열(line)의 신화랑에 속하는 장군으로서 개혁적인 새로운 인물이라는 것을 알 수 있다. 그러므로 이러한 인물을 국왕직속의 집사중시에 임명하여 신라국정을 새롭게 개혁하고자 한 것이다. 다르게 보면 이는 무엇 보다 이때 만 56세의 김유신 장군이 국정을 실질적으로 장악할 정도로 권력이 막강해졌다는 것을 의미하며 이러한 권력이 진덕여왕의 후계로 김춘추를 왕위로 등극하게 하는 힘의 바탕이 되었다고 본다. 즉 집사부의 설치의 정치적 의미는 신화랑인 김춘추와 김유신이 국정을 장악하여 국정개혁을 이루어내는데 이바지하였다는 것이다.

그러므로 신라사에서 이의 의의는 매우 큰 데 무엇보다 집사부의 성격은 국왕 직속의 중앙행정조직을 확대, 개편, 조직하여 국난극복에 효율성을 달성하고자 한 것이다. 다르게는 신라가 능률적인 중앙행정국가로 나아가는 기틀을 마련한 것으로 볼 수 있다. 무엇보다 개혁의 시스템화에 성공하였다는 것이다. 이 역시 기존의 보수정치인의 반대가 있었을 것으로 보나 진덕여왕은 이러한 일련의 개혁을 순차적으로, 점진적으로 시스템화하여 성공을 이루어내었다고 본다.

뿐만 아니라 앞에서 보았지만 집사부를 설치한 같은 651년에 국학의 전신에 해당하는 유교연구인력을 국가공직자로 임용한 것도 이러한 시스템화이며 이는 유교 이념을 국가경영이념의 한 축으로 공식화한 것이다.

그런데 특히 이는 집사부의 이름에서부터 나타났다고 본다. 집사부의 집사(執事)의 출전은 『논어』에 있는데, 즉 〈섬김을 집행할 때는 공경히 하고,(執事 敬)〉(13-19)가 바로 그것이다(이강식, 2005). 그러므로 이는 단순히 집사부를 설치하였다는 데에 그 의의가 있는 것만이 아니고 국가관료체제를 유교적 관료제를 포용하여 운영하겠다는 크나 큰 선언인 것이다. 다르게 보면 유교적 이념의 국가 시스템화인 것이며 즉 공자 시스템을 포용하겠다는 진덕여왕의 국가경영전략을 나타낸 것이라고 볼 수 있다. 따라서 김춘추가 648년에 중국에서 유교를 도입한지 3년만에 유교를 제도화하고 집사부를 설치하였는데 이는 모두 유교를 국가경영이념으로 받아들인 것과 관련이 있다. 또 이는 세습 신분제를 완화하여 유능한 유교적 인재를 적극 등용하고자 하는 목적도 있는 것이다.

그러므로 더 나아가서 집사중시 죽지는 국제적인 유교적 이념을 포용한 신화랑이라고 볼 수 있다. 따라서 이러한 국제종교인 유교를 포용하여 국정을 개혁하여 효율적인 시스템구축에 성공한 것이 신라의 3국통일의 한 원인으로 본다.

그리고 진덕여왕은 유교는 활발히 현창하였으나 『3국사기』나 『3국유사』에서 불교와 관련된 기록은 전혀 나오지 않는다. 직접적인 불교활동이 있었을텐데, 왜 채록이 안 되었는지는 더 연구할 과제이다. 특히 『3국유사』에서는 「태평가」만 나올 뿐, 여왕으로서 충분히 또 다른 고사가 있을 것 같은데 하나도 전하지 않아 오히려 신비감 마저 느끼게 한다.

이렇게 진덕여왕은 국가경영개혁의 시스템화를 이끌어 냈는데 이러한 개혁으로 다음 진골왕인 태종무열왕과 문무왕과 김유신 장군이 수행한 3국통일의 실질적인 초석을 쌓았다고 본다.

이처럼 선덕여왕에서 진덕여왕까지 국가경영개혁을 점진적으로 시스템을 구축하여 3국통일의 초석을 성공적으로 쌓았다고 평가할 수 있는데 이 부분이 여왕인 측면에 가리워져 있는 것 같으므로 앞으로 경영학과 역사에서 정당한 평가를 받아야한다고 본다. 이제 243년의 시대를 훌쩍 뛰어 넘어서 진성여왕의 시대로 가보자. 이때는 이미 신라 하대이다.

IV. 진성여왕의 삶과 경영

4.1 진성여왕의 삶과 신라 하대

진성여왕(재위 887~897, 51대)은 경문왕(재위 861~875, 48대)의 딸이며 헌강왕(재위 875~886, 49대)과 정강왕(재위 886~887, 50대)의 누이동생이다. 경문왕이 국선화랑이므로 진성여왕은 화랑의 딸이다. 이름은 『3국유사』「왕력」에 따르면 만헌(曼憲)인데 이는 〈훤하게 아름다움이 본보기가 됨〉이라는 뜻으로 볼 수 있는데 즉 〈아름다움의 본보기〉라는 뜻이어서 매우 수려하게 아름다웠던 같다. 신라의 세 여왕의 이름에 모두 〈만(曼)〉이 들어가는데 이는 아름답다는 뜻으로서 등극에 많은 도움이 되었을 것이다. 그러나 그것뿐만이 아니고 아름다우면서도 체격에 장대한 것이 등극에 많은 도움을 주었다. 정강왕은 병중에 자기 누이동생인 진성여왕을 등극시키라고 할 때 〈나의 병이 위독하여 반드시 다시 일어날 수 없을 것이다. 불행이 후사로 할 아들이 없으나 누이동생 만(曼)이 천성이 명민하고 골상이 장부 같으니(天資明銳, 骨法似丈夫), 경등이 마땅히 선덕, 진덕의 옛일을 본받아 옹립하는 것이 좋을 것이다.〉라는 유지를 남겼다. 이는 앞서 본 정강왕의 외할아버지인 헌안왕이 여왕을 옹립하지 말라고 한 유지와는 정반대인데 정강왕의 옹립이유는 진성여왕이 천성이 명민하고 체격이 남자 같아 선덕, 진덕 두 여왕과 같기 때문이라는 것이다. 이는 신라인이 일반적으로 선덕, 진덕여왕의 성공을 높이 평가하고 있다는 것을 의미하며 동시에 신라인이 선덕, 진덕여왕과 같은 자질과 체격을 가진 진성여왕에 거는 기대가 컸다는 것을 알 수 있다. 즉 선덕, 진덕여왕의 성공이 다시 진성여왕의 추대를 가져왔다는 것이다. 다르게 보면 무능하고 부패한 신라 하대의 남성사회에서 오히려 〈여왕대망론〉이라고 할 수 있다. 진성여왕도 개혁을 위한 노력을 무척 하였고 붕어 후 〈진성(眞聖)〉이라는 매우 존대 받는 시호를 받은 것으로 보아 일부 성공도 한 것으로 보이나 신라 하대의 사회 해체적 상황을 극복하기는 이미 어려웠다는 것이다. 물론 진성여왕의 등극도 외할아버지 헌안왕의 유지에서 보는 것처럼 반드시 우호적인 분위기는 아니었을 것이다.

이처럼 세 여왕이 모두 아름다우면서도 체격이 남자같이 장대하다는 것을 알 수 있고 이 역시 여왕 등극의 주요한 한 원인이라는 것을 알 수 있다. 이는 더 나아가서 진성여왕이 효공왕(재위 897~912, 52대)을 골격이 장대하여 오빠인 헌강왕의 아들이 맞다고 인정하여 태자로 삼았던 것과 같은 맥락이다.

진성여왕의 부군(匹)은 『3국유사』 「왕력」에서는 대각간 김위홍(?~888)으로 기록되어 있는데 김위홍은 경문왕의 동생으로서 진성여왕의 삼촌이 된다. 진성여왕은 등극 후 김위홍을 선덕, 진덕여왕 때의 대신들처럼 국정을 총리하게 하여 도움을 받으려고 한 것으로 보이나 김위홍이 진성여왕 등극후 불과 8개월만에 죽어 보필을 사실상 받지 못하였다. 이 부분이 진성여왕에게는 가장 아쉬운 것 중의 하나라고 할 수 있다. 그런데도 『3국사기』나 『3국유사』에서는 김위홍 때문에 국정이 문란해졌다고 보나 그렇게 보기는 어려우며 이는 뒤에서 다시 보겠다.

진성여왕은 아들이 있었는데 『3국유사』 「진성여대왕 거타지」에서 보면 아찬 양패가 왕의 막내아들(季子)로 기록되어 있다. 그러면 진성여왕의 아들이 4명, 최소한 2~3명은 있었다는 것이다. 그러나 진성여왕은 자신의 아들로 후계를 세우지 않고 오빠인 헌강왕의 아들을 태자로 삼아, 재위 중에 양위를 하는데 이는 더욱이 여왕으로서 보기 드문 매우 비범한 일이라고 할 수 있으며 유가인 김부식의 큰 칭송을 받을 수 있는 일인데도 그렇게 되지는 않았다. 따라서 다시 한번 강조하면 신라의 세 여왕은 자신의 자제로 하여금 후계자로 삼지는 못하였다. 이는 아무래도 직계가 아닌 후대의 왕이나 그 신하들에게 좋은 평가를 받지 못하는 한 원인이 될 수 있다고 본다.

더 나아가서 진성여왕이 화랑의 딸로서 상당한 수련을 쌓았을 것으로 보이며 국왕으로서의 자질도 매우 우수하였다고 볼 수 있다. 그렇지만 진성여왕은 즉위할 때 연령이 23세 정도로 추정되는데 물론 이 연령도 적은 연령은 아니겠지만 신라 하대의 복잡한 국정을 수행하기에는 후계수업이 너무 빈약했다고 볼 수 있다. 정강왕이 만 1년 재위하고 붕어함으로서 사실상 준비없이 갑자기 왕위에 오른 사례라고 볼 수 있다. 만약 헌강왕과 정강왕이 계속 재위했다면 진성여왕은 왕위에 오를 가능성은 거의 없었을 것이다. 따라서 진성여왕의 아쉬움은 자질은 매우 뛰어났으나 후계수업이 매우 부족했던 것이라고 볼 수 있고 따라서 훌륭한 대신을 임명하여 국정의 도움을 받아야 했으나 그렇게 되지 못한 것이 실정의 기본적인 원인이라고 볼 수 있다.

더 나아가서 3국통일후 외부의 적의 침략이 사라지고 최대의 국부를 누리게 되자 기득권층에서 탐락(耽樂)과 동시에 내부의 극심한 권력투쟁이 시작되어 국력이 엄청 소모되고 있었지만, 신라는 새로운 국운 개척의 의제(agenda)를 찾지 못하고 하대를 향해 달려가고 있었다. 따라서 통일 후 219년이 지나 이미 하대의 깊은 사회모순 속에 있었던 이때의 신라는 새로운 개혁이 무척 필요한 때였고, 진성여왕도 하대의 다른 왕들과 같이 개혁을 무척 바라며 실행하고자 매우 노력도 한 것으로 보이나 결국은 개혁은 쉽게 이루어지지 않았고 진성여왕 붕어후 불과 38년만에 천년 제국 신라는 종언(935)을 고하게 되었다.

따라서 신라 종언의 책임을 단지 선덕여왕에서부터의 세 여왕에게만 전부 전가하는 김부식 같은 고려 유학자도 나오게 되었으나 이는 특히 진성여왕으로서는 매우 억울할 수도 있는 것이다. 즉 남성왕들의 권력투쟁 등으로 누적된 신라사회구조의 모순 때문이지 진성여왕 개인 혼자만의 실책이라고 보기는 어려우며 더욱이 여성왕이라서 실책을 했다는 것은 신라사의 전체적 흐름을 깊이 있게 이해하지 못한 것이라고 할 수 있다.

4.2 진성여왕의 국가경영개혁과 미흡한 달성

1) 각간 김위홍의 등용과 이른 사망

진성여왕은 무엇보다 각간 김위홍을 빼고는 설명하기가 어려울 정도로 이를 살펴보는 것이 신라사, 특히 신라하대사의 여러 측면에서 주요한 과제가 되고 있다. 먼저 『3국사기』에서는 즉위 2년(888) 2월에 기록하기를 〈진성여왕이 평소 각간 위홍과 정을 통하다가 이에 이르러 상시로 궁중에 들어와 사무를 보게 하였다. 이에 대구화상과 더불어 향가를 수집하게 하고 책 이름을 『3대목』이라고 하였다고 한다. 위홍이 죽으니 혜성대왕으로 추시하였다.〉라고 하였는데 진성여왕은 그 전해인 887년 7월에 즉위하였으므로 김위홍은 불과 8개월을 궁중에 출입하며 향가집인 『3대목』을 대구화상과 더불어 편찬한 것에 불과한 것이다. 따라서 국정문란을 김위홍과 관련 짓는 것은 너무 무리라는 것이다.

그런데 김부식은 교묘한 화법을 사용하였는데 바로 이 뒷 문장에 〈이 뒤로부터 소년 미장부

2~3인을 몰래 끌어들여 음란하였고, 이에 그들에게 요직을 주고 국정을 위임하니 이로 말미암아 아첨하고 총애를 받는 자들이 제 뜻대로 설치고, 재물로 뇌물을 바치는 일이 공공연히 성행하고, 상벌이 공평하지 못하고, 기강이 해이해졌다.)라고 하여 진성여왕의 인사시스템 파탄의 실정과 김위홍을 은근슬쩍 연결시켜 그것이 김위홍이 시작한 잘못이라는 인상을 주고 있다는 것이다. 그러나 자세히 보면 오히려 김위홍이 죽고 난 뒤의 일이므로 김위홍과는 그렇게 관련이 없다는 것을 알 수 있다. 그러나 이 기록으로 보면 진성여왕이 사랑하던 부군 김위홍을 잃고 깊은 슬픔에 빠져 국정을 제대로 살피지 못하였다는 것은 알 수 있다. 그 사랑은 애절하였으나 신라는 감상적인 진성여왕의 인간적인 약점으로 인해 무너지고 있는 것일까?

뿐만 아니라 김부식은 다시 이 뒷 부분에 왕거인 사건(888)을 기록하여 진성여왕이 죄없는 왕거인을 탄압한 다소 전제여왕인 것처럼 기록하고 있다. 그리고 진성여왕대의 기록을 대부분 도적이 일어난 것으로 채우고 있다. 따라서 김부식은 신라종언의 원인을 진성여왕의 실정으로 보고 있는 듯하다. 그러나 이는 진성여왕 개인의 실정만의 문제는 아니며 누적된 신라 사회구조의 모순에서 기인한다고 봐야할 것이며 실제 김부식도 사론에서는 다르게 기록하고 있다.

그리고 『3국유사』, 「진성여대왕 거타지」에서도 이 부분이 조금 왜곡되어 나오고 있다. 즉 〈제51대 진성여왕이 조정에 임한지 몇 년(有年)만에 유모 부호부인과 함께 그 부군 위홍 잡간 등 3~4명의 총신이 권력을 마음대로 하며 정사를 문란하게 하니 도적이 벌떼처럼 일어났다. 국인이 이를 우려하여 이에 다라니 은어를 작성하여 써서 길 위에 던져두었다. 진성여왕과 권신 등은 이를 얻어 보고 말하였다. "이것은 왕거인이 아니면 누가 이 글을 짓겠는가?" 이에 왕거인을 옥에 가두었다. 왕거인이 시를 써서 하늘에 호소하니 하늘이 그 옥에 벼락을 쳐서 왕거인을 놓아주었다.〉라고 하여 김위홍이 역시 권력을 전횡하고 왕거인 사건과 관련이 있는 것처럼 보이게 기술하였는데 그러나 앞서 본 것처럼 김위홍은 〈몇 년〉이 아니고 진성여왕 즉위 8개월만에, 이 왕거인 사건 직전에 죽었기 때문에 이 부분과 그렇게 관련이 없다는 것이다. 물론 『3국사기』와 『3국유사』가 같이 이렇게 기록하고 있는 것은 나름 이유가 있을 수도 있을 것이며 그러한 실정이 김위홍이 시작하였다는 것을 나타낼 수도 있지만 그래봐야 초기 8개월에 불과하다는 것이다. 그럼에도 불구하고 『3국유사』에서도 마치 김위홍이 〈몇 년〉이나 관련이 있는 것처럼 과장하여 기록하고 있는 것이다. 이렇게 보면 김위홍으로서는 억울할 것이며 진성여왕으로서도 진심이 왜곡된 억울한 점이 있을 것이다. 그리고 여기서는 유모 부호부인이 나오는데 위홍잡간이 진성여왕의 부군인지, 유모 부호부인의 부군인지 조금 애매하게 기록되어있지만 같은 「왕력」에서는 진성여왕의 부군으로 분명하게 기록되어 있으므로 그것을 따르는 것이 좋을 것으로 본다.

그런데 김위홍이 죽었을 때 진성여왕의 보령을 추정하면 24세 정도되는데, 결코 어린 나이는 아니지만 그러나 어리다면 어린 진성여왕이 부군의 빠른 죽음으로 사랑을 잃고 깊은 충격에 빠질 수도 있다고 본다. 그러나 다른 기록들을 보면 그렇게까지 정사를 저버릴 정도는 아닌 것이다. 그리고 김위홍이 죽었을 때는 41세 정도로 추정해 볼 수 있는데 오히려 김위홍이 더 오래 살았다면 진성여왕의 실정을 막을 수도 있었다고 본다.

그러므로 진성여왕의 실정은 김위홍이 빨리 죽고 난 뒤, 후계수업이 부족한 어린 나이의 진성여왕이 그 사랑의 슬픔에서 헤어나지 못하고 있는 상태에서 유능한 재상을 재빨리 임용하여 국난을 타개하지 못하고 측근정치에 빠져서 인사상의 잘못을 한 것에서 시작된 것으로 볼 수 있다. 이에 비해 선덕, 진덕여왕은 상당한 연세에 등극하였기 때문에 사랑은 하였겠지만 쉽게 빠지지는 않았을 것으로 본다.

2) 조세감면, 그리고 조세독촉에 따른 조세저항

진성여왕도 등극하면서 원년(887)에 곧바로 죄수를 크게 사면하고 모든 주와 군의 1년간 조세(租稅)를 면제하였다. 이는 선덕여왕의 조조(租調)의 감면처럼 조세감면을 통한 선정을 베풀려고 하였던 것으로서 정책은 좋았다고 할 수 있다. 그런데 이 부분이 진성여왕의 뜻대로 되지 않았다. 즉 그 2년 뒤인 즉위 3년(889)에 〈국내의 모든 주군에서 공부(貢賦)를 보내지 않아 창고가 텅텅 비고 국가재정이 궁핍하므로 진성여왕이 사신을 보내어 독촉을 하였더니 이로 말미암아 도처에 도적이 벌떼처럼 일어났다.〉는 것이다. 이렇게 공부(貢賦)를 보내지 않은 이유는 당시 흉년이 심하였기 때문으로 본다.

그러므로 섣부른 조세감면정책이 흉년기를 맞아 재정파탄을 가져왔고 동시에 무리한 조세독촉으로 조세저항이 일어나 도적이 도처에서 벌떼처럼 들끓었다는 것이다. 물론 이 역시 진성여왕으로서는 억울한 부분이다. 조세를 증가시킨 것도 아니고 감면해주었다가 미납된 조세를 독촉한 것이 도둑을 불러 일으켰으니 이 복잡한 국정상황을 이해하기는 어려웠을 것이다. 그러나 무엇보다 이는 국가의 근간인 조세시스템이 붕괴하고 있는 것으로서 인사파탄과 함께 이러한 재정파탄으로 인해 신라는 종언으로 가고 있는 것이었다. 다시 말하면 경영의 두 축인 인사경영권과 예산재정권이 무너지고 있는 것이었는데 다만 이는 진성여왕 만의 잘못은 아니라는 것이다.

물론 진성여왕은 조세를 무리하게 독촉하기 보다 당시 탐락(耽樂)한 사회 속에서, 자주 제기되는 개혁안처럼, 예산절감을 시도하는 것도 좋았겠지만 그러나 그 역시 쉽지는 않는 일이었을 것이다.

3) 무능한 중앙관료와 세습 신분제

그러면 진성여왕은 다른 많은 왕들과 다르게 왜 유능한 재상을 선임하지 못하였을까? 물론 측근정치로 인해 인의 장막이 쳐져 유능한 인물이 천거가 안 되었다고 볼 수도 있지만 이 역시 당시 쉽지는 않는 일이었을 것으로 보인다. 즉위 3년(889)에 앞에서 본 것처럼 조세저항으로 도적이 벌떼처럼 일어났는데 이때 현재의 상주인 사벌주에서 원종과 애노 등이 반란을 일으켰다. 이에 진성여왕이 중앙의 내마 영기에게 진압을 명하였지만 영기는 겁이 나서 나가지 못하고 오히려 지방의 촌주 우련이 힘껏 싸우다가 죽었다. 진성여왕은 영기의 목을 베고 나이가 10여세인 우련의 아들로 우련의 뒤를 이어 촌주가 되게 하였다.

이는 물론 한 가지 사례이기는 하나 오랜 탐락과 권력투쟁으로 중앙귀족의 무능함이 극심하게 나타났다는 것이다. 여기서 보면 지위가 낮은 지방공무원이 더 헌신적이라는 것이다. 이는 바로 골품제의 세습 신분제에서 성과와 관련이 없는 무능한 중앙귀족이 관직을 세습한 것이 문제라고 볼 수 있다. 따라서 진성여왕이 반드시 측근의 정실정치로 인해 인사파탄이 왔다기보다 근본적으로는 세습 골품제가 오래동안 누적되어 고위관직에 등용할만한 유능한 인재가 고갈되었다고 보는 것이 오히려 타당할 것이다. 따라서 신분이 낮더라도 유능한 인재를 등용하는 인사혁신이 무엇보다 필요하지만 기득권층의 저항을 이기기는 어려웠을 것이다. 진성여왕 역시 이러한 사회구조 속에서 인재등용에서 실정을 하였다는 것이 더 정확할 것이다.

4) 최치원의 시무 10여조의 가납

왕거인 사건(즉위 2년, 888)이 다소 언론과 지식인을 탄압한 것처럼 비치고 있지만 그러나 그것은 진성여왕의 본의는 아니었고 즉위 8년(894)에 최치원(857~?)의 〈시무 10여조〉를 기쁘게 받아들이고(嘉納), 최치원을 당시 6두품이 올라갈 수 있는 최고관등인 아찬(6급)에 임명하였는데 이때 최치원은 만 37세였고, 최치원은 이 때문만은 아니었겠지만 진성여왕을 매우 높이 평가하였다. 현재 시무 10여조의 내용은 전해지지 않으나 대체로 당시의 상황으로 짐작해 보면 신분에 관계없이 유능하고 청렴한 인재를 등용하는 것과 재정절감책 등이 포함되었을 것으로 본다. 그러나 왕귀족의 기득권층이 이를 받아들이지는 못한 것으로 보이며 최치원은 결국 태수라는 외직으로 나가게 되었고 최치원의 포부와 같이 개혁을 수행할 수 있는 중앙관직을 결코 제수 받지는 못하였다. 외직에 있어서도 말세의 인심 속에서 중앙 왕귀족의 상당한 시기와 견제, 모함이 있었을 것으로 본다. 따라서 유능한 인재는 최치원처럼 은둔을 하게 되어 더욱이 국가는 무너지는 것이다. 이러한 신라 하대의 사회모순을 신라 자체가 극복하지 못하고 결국 고려 건국을 초래하게 되었다.

5) 효녀 지은에 대한 모성적 경영

진성여왕 대의 주요한 기록은 오히려 『3국사기』「열전 제8 효녀지은」과 『3국유사』「빈녀양모」에 있다. 효녀 지은이 32세가 되도록 시집을 가지 않고 품팔이와 걸식으로 어머니를 봉양하다가 흉년을 만나 걸식으로도 봉양을 못하여 쌀 10여석에 부자집의 종으로 팔려가서 어머니를 봉양하게 되었다. 이를 어머니가 알게 되어서 같이 통곡을 하였다. 이때 화랑 효종랑이 알고 부모에게 청하여 조(粟) 1백석과 옷을 지은에게 실어다 주고, 또 지은의 주인에게 보상을 하고 지은을 양인으로 돌려놓았다. 또 효종랑의 낭도 약 천명도 조(粟) 1석씩을 모금을 하여 기증을 하였다. 이를 들은 진성여왕도 조(租) 5백석과 집 한 채를 하사하고 조세(租稅)와 부역(賦役)을 면제하여 주었으며 곡식(粟)이 많아 도둑이 들까하여 병사를 보내어 지키게 하고 그 마을을 효양방이라고 하였다. 그리고 효종랑이 어리지만 노성하다고 하여 오빠인 헌강왕의 딸을 아내로 주었는데, 효종랑의 아들이 후일 신라의 끝왕인 경순왕(재위 927~935, 56대)이 되었다.

여기서 보면 진성여왕이 적극적으로 빈민을 구휼하고자 하는 모성적 경영과 효도의 현창을 주요한 국정과제로 보았다는 것을 잘 알 수 있고 또 효종랑의 훌륭함을 알고 오빠의 딸과 혼인을 시키는 인재발굴의 비범한 통찰력을 볼 수 있다. 그러나 동시에 당시의 흉년상황에서 왕귀족의 기득권층과 기층민의 극심한 상대빈곤, 그리고 수도인 경주에서도 별도의 병사를 보내 곡식을 지키게 하는 치안부재의 현실은 이미 진성여왕으로서도 어떻게 할 수는 없는 한계를 넘어갔던 것으로 볼 수 있다.

6) 효공왕에게 양위

마침내 진성여왕은 즉위 11년(897) 6월에 오빠 헌강왕의 아들인 효공왕에게 양위를 하고 6개월 후인 12월에 북궁에서 붕어하였다. 자신의 아들이 있음에도 오빠의 아들에게 양위를 한 것은 더욱이 여왕으로서 매우 비범한 일이 아닐 수 없다. 신라 1천년사에서 재위 중에 스스로 양위를 한 것은 진성여왕이 처음이자 마지막이다. 다만 끝왕인 경순왕의 사례가 있기는 있으나 그것은 귀부로 봐야할 것이다. 또 이에 앞서 즉위 9년(895) 10월에 조카인 효공왕을 미리 태자로 삼아 국정을 위임하여 후계수업을 시키고자 한 것도 높이 평가할 수 있는 것이다. 그러나 효공왕도 즉위시까지 불과 1년 8개월의 후계수업이 충분하다고 보기는 어려울 것이다. 이 역시 아쉬운 일이라고 할 수 있다.

그리고 진성여왕이 마지막을 보낸 북궁을 합천 해인사로 본다면 해인사에 혜성대왕 김위홍의 원당이 있었던 것과 관련이 있으므로 진성여왕이 부군인 김위홍을 잊지 못해서 이곳에서

생을 마감하였다고 볼 수 있다. 그래서 그 사랑은 더욱 애절하였다고 볼 수 있다. 그리고 최치원이 해인사에 은둔을 한 것도 진성여왕과 관련이 있을 수 있다고 본다.

그러나 진성여왕이 비록 신라 하대의 완전한 개혁을 이끌어내지는 못하였으나 매우 노력을 한 비범한 여왕인 것으로 평가할 수 있다. 특히 효도의 현창과 양위는 유교의 최고 덕목들인데 그런데도 후대 유교인 김부식이 신라종언의 시초를 제공한 여왕처럼 기록한 것은 아쉬운 일이라고 할 수 있다.

V. 맺는말

신라 세 여왕의 국가경영은 국내외의 많은 도전과 시련을 갖게 되었다. 그러나 세 여왕은 모든 도전을 물리치고 국가경영의 개혁을 실천하고자 했으며 선덕, 진덕 두 여왕은 이에 성공을 하여 신라 3국통일의 초석을 굳게 쌓았으나, 진성여왕은 크게 성공을 하지 못하여 신라의 종언을 돌이키지는 못하였다. 이는 우선 선덕, 진덕 두 여왕은 후계수업을 장기간 받았고 진성여왕은 후계수업을 별로 받지 못한 것이 상당한 영향을 주었을 것으로 본다. 그리고 특히 진성여왕은 부군 김위홍의 이른 죽음이 실정에 큰 영향을 주었을 것으로 본다.

선덕여왕은 지기3사라는 비범한 통찰력을 보여주었고, 모성적 경영을 잘 하였으며, 화랑도 조직을 통한 인재등용에 성공하였고, 조세감면의 정책을 잘 집행하였으며, 신라경영전략의 두 축인 자주성과 국제화전략을 잘 수행하였는데 특히 국제화전략의 일환으로 중국 불교와 유교를 적극적으로 현창하였으며, 마침내 성조황고라는 칭송을 들을 정도로 성공을 하였는데 무엇보다 신라여왕의 길을 열었다는 것이 주요하다.

진덕여왕은 역시 자주성과 국제화전략을 잘 수행하였는데 중국 유교의 도입을 제도화하여 대당외교에 성공하였고 집사부를 조직하여 국정개혁을 시스템화하는 데에 성공하여 3국통일의 제도적 발판을 마련하였다.

진성여왕은 역시 신라 하대의 개혁을 이끌어 내고자하였으나 대각간 김위홍의 이른 죽음이 결과적으로 가져온 인사파탄, 섣부른 조세감면과 흉년이 가져온 재정파탄을 해결하기에는 어려웠고, 특히 세습 골품 신분제에 따른 무능한 관료를 개혁하지는 못하였지만, 그러나 개혁안을 가납하고, 기층민을 구휼하는 모성적 경영, 효도의 현창과 왕위를 조카에게 양위하는 비범한 경영을 보여주었다.

신라에서 세 명의 여왕이 등극한 것은 최초 선덕여왕이 성공적으로 직무를 수행하였기 때문에, 이에 진덕여왕이 등극할 수 있었고, 또 선덕, 진덕여왕이 성공적으로 직무를 수행함에 따라 진성여왕이 등극할 수 있었던 것으로 본다.

세 여왕은 모두 만(曼)자 이름을 가지고 있으며 아름답고 기골이 장대하였고, 자신의 자제에게 왕위를 물려주지 않은 공통점을 가지고 있다.

선덕, 진덕여왕의 3국통일에의 공로는 높으나 역사는 태종무열왕, 문무왕, 김유신 장군의 공로만 기억하고 있는 것 같으며, 진성여왕은 결과적으로 성공하지 못하여 더욱 평가를 받지 못하고 있는 것 같다. 다만 이는 개인의 실정 보다 사회구조적 모순을 극복하기는 어려웠다고 봐야 할 것이다. 그러나 더 나아가서 역사의 평가는 더욱 냉정한지 고려의 김부식은 혹독한 평가를 하였고, 세 여왕 후 다시는 여왕이 등극하지 못하였다. 다르게 보면 그만큼 유교화가 되었다는 것이다. 이는 앞으로 현대 여성경영학에서 계속해서 더 깊은 연구가 필요한 과제를 제시하고 있으며 세 여왕의 사례가 많은 시사점을 줄 수 있다.

참고문헌

김부식 등(1145), *3국사기*.

이강식(2005), 논어의 경영학, 경주, 환국, 728-734.

일연(1281~3년경), *3국유사*.

The Journal of Woman & Management
(Vol. 3, No. 2)

The Lives and Management of three Queens in the Silla Dynasty

Lee, Kang Sik[*]

In our history, the Silla Dynasty was the only Dynasty that had three Queens: Queen SeunDeuk, Queen JinDeuk, and Queen JinSeung.

The purpose of this paper is to study, in the light of modern business administration, the lives and management of the three Queens.

Queen SeunDeuk was the first Queen of the Silla Kingdom. She had an excellent ability to read the future, and therefore overcame many difficulties very well. She opened the offices to the talented through Hwarangdo organization, constructed many Buddhist temples and a nine-storied pagoda of Hwangroyngsa temple, and introduced Chinese Confucianism in the Silla Dynasty in order to carry out the internationalization strategies.

The second queen, Queen JinDeuk instituted a Confucian official group, especially systematizing government innovation through organizing the ministry of Jibsabu. These very successful systematizations contributed to the unification of three kingdoms of the Silla Dynasty.

The third queen, Queen JinSeung, in fact, was considered as a failure in view of personnel management and national finance. In this regard, she was sometimes blamed for these failures. However, these failures resulted from the structural contradictions of the Silla society. Therefore, Queen JinSeung should be held unaccountable.

[*] Professor, Dept, of Business Administration, GyeongJu University

Based on the results of the study, this paper provides many implications about management by these women.

Key words : Queen SeunDeuk, Queen JinDeuk, Queen JinSeung, women in management, maternal management

이강식 경영학자, 교수 · 명예교수(전), 경영학박사, 시인
李康植 經營學者, 敎授 · 名譽敎授(前), 經營學博士, 詩人

■ 학력
경북대학교 대학원 경영학과 졸업 경영학박사
경북대학교 대학원 경영학과 졸업 경영학석사
영남대학교 상경대학 경영학과 졸업 경영학사

■ 주요경력
경주대학교 경영학과 교수·명예교수(전).
경주대학교 경영학과 및 관광관경영학과 학과장(전).
경주대학교 교육방송국 방송주간(전).
단군학회 창립발기인(1997. 12. 12.), 부회장(전).
대한사랑 창립회원(2013. 5. 24.), 학술위원(현).
세계환단학회 창립발기인(2014. 6. 27.), 부회장(현).
대한경영학회 부회장(현), 한국인사관리학회, 한국경영사학회,
고조선단군학회 외 부회장 역임. 한국경영학회 외 영구회원.
한국자산관리공사(캠코) 선임사외이사 및 경영자문위원,
우리금융저축은행 선임사외이사 및 감사위원장 역임.
경영컨설턴트(중소벤처기업부).
도서출판 환국 대표, 출판인.
대한시문학협회 신인문학상 수상, 시인 등단(2021. 6. 26.).
대한민국 녹조근정훈장 4급 수훈(2018. 2. 28.).

신라경영사연구 값 30,000원, ⓒ 2024 이강식

ISBN 978-89-953431-6-6 93320

저　자: 이강식

발행인: 李康植

초판 인쇄: 2024년　5월 28일

초판 발행: 2024년　6월　1일

발행처: 도서출판 환국[桓國] * 서비스표등록 제 0105172 호

주　소: 경주시 성동동 장미동산타워아파트 101동 109호 (우 38138)

전　화: 010-2968-1258, e-mail: kslee63633@nate.com

출판등록: 제32호(1998년 3월 6일)

인쇄처: 한기획인쇄